다시 보는
이순신

해양사학회 해양사총서 01

다시 보는
이순신

김주식 지음

혜안

책을 내면서

　이순신은 우리 역사에서 자주 핫이슈가 되어온 위인이다. 그가 살았던 임진왜란 시기에는 왕과 원균과의 불화, 진린과 같은 명나라 장수들과의 관계, 일본군에게 심각한 타격을 주어 공포의 대상이 된 사실, 거북선을 건조하고 운영한 활동, 총통을 본격적으로 사용하여 해전에 함포술을 도입한 사실, 모친에 대한 효성, 부인과 자식들과의 가족애, 백성들에 대한 사랑 등 화제의 인물이었다. 조선 후기에는 국가가 어려울 때마다 상기하는 위인이 되었다. 일제강점기에는 일본군을 무찌른 장수로서 항일 활동의 대명사가 되었고, 나아가 인류의 사표가 될 수 있는 정신으로 화제의 인물이 되었다. 광복 이후에는 조국의 바다를 지키겠다는 해군의 정신적 지주가 되었으며, 국란 때 나라를 구한 인물로 국가와 국민에게 선양활동의 대상이 되었다. 또한 이순신은 영화, 드라마, 우표, 화폐나 주화 등 문화·예술·경제의 중요한 소재 중 하나가 되어왔다. 뿐만 아니라 전국에 동상이나 흉상이 가장 많이 제작되고 설치된 위인 중 한 명이기도 하다. 최근에는 이순신이 건조한 거북선은 세계 1위로 간주되는 한국 조선업에서 상징이 되었다.
　일본과 서구와 같은 외국에서는 이순신이 조선 말기부터 알려지기 시작했다. 이순신을 알게 된 외국인들은 전공(戰功), 전시 수군의 운영, 지휘통솔력, 심성이나 자질, 후대에 미친 영향 등을 보고서 놀라움과 찬탄을 연발하여왔다. 이러한 외국의 경향은 최근 유튜브에서도 나타나고 있는데, 유튜브에서는 외국의 방송이나 대학 혹은 군에서 그가 각별히 조명되고 있다는 사실을 알려주는 프로그램을 심심찮게 볼 수 있다. 이러한 현상은 전에는 이순신을 소수의 사람들만 알았지만, 이제는 세계의 대중들에게도 이순신이 빠른 시간 내에 알려지고 있음을 뜻한다.

필자는 이순신과 관련된 이러한 현상에 대한 실상 그리고 구체적인 내용과 근거를 알고 싶어 이 책을 펴내게 되었다. 그러나 이 책을 발간하는 것에 대해 약간의 망설임이 있었다. 왜냐하면 기존의 발표 논문들을 모아 책으로 펴내는 행위가 그리 좋게만 보이지 않았기 때문이다. 책을 펴내려면 처음부터 끝까지 새로 집필하는 것이 옳다고 생각했던 것이다.

필자는 교수로 근무하던 사관학교의 특수성과 현역 군인이라는 신분 덕분에 논문을 등재지에 게재하는 것에 관심을 갖지 않았다. 그 대신 필자는 필자 자신이 근무하는 기관이나 학교 또는 집단을 위해 도움이 되어야 한다고 생각했다. 그러다보니 필자의 많은 논문이 등재지가 아닌 사관학교 학술지나 신생 학술잡지에 게재되었으며, 그런 까닭에 필자가 발표한 논문들에 대한 인지도가 떨어졌다. 필자가 망설임을 떨쳐버리고 이 책을 출판하겠다고 마음먹게 된 중요한 이유 중 한 가지는 바로 이것이었다.

이 책에서는 과거에 발표한 논문들을 약간 수정보완한 부분이 없지 않지만 대부분 그대로 전재했다. 따라서 관련 논문의 발표 시기와 현재의 연구 상황은 크게 다를 수 있다. 어떤 논문이나 저서가 고찰되지 않았거나 누락되었다고 생각하는 독자에게는 위 사실을 감안해달라고 부탁하려 한다.

제1부는 그동안 진행되어온 이순신에 대한 연구와 평가를 살펴보고 있다. 우리나라에서 조선 후기부터 2010년대까지 연구와 평가가 어떻게 전개되어 왔는지를 살펴보았다. 이를 위해 기존의 연구논문 위주가 아닌 국립중앙도서관과 국회도서관이 보유하고 이순신 관련 자료를 살펴보는 방법을 사용했다. 이어서 임진왜란과 직접적인 관계를 갖고 있는 중국과 일본 그리고 객관적인 입장에 있는 서구인들이 이순신을 어떻게 연구하고 평가해왔는지를 살펴보았다. 또한 이순신과 비교하고 있는 동·서양 위인들

이 많다는 점을 감안하여 이순신과 비교되고 있는 위인들을 별도의 장으로 설정했다. 필자가 이 부분을 연구할 때만 하더라도 연구가 거의 되어 있지 않았기 때문에 전체적인 상황을 파악하는 데 주력할 수밖에 없었다. 그러나 오늘날에는 이 분야에 대한 정치한 연구들이 발표되고 있는데, 필자의 한계를 보완해주는 것 같아 반갑고 고마운 마음이 든다.

제2부는 우리나라에서 이순신을 어떻게 기려왔는가를 살펴보고 있다. 조선 후기부터 현대까지 이순신의 평가와 그에 대한 현창 활동을 종합적으로 고찰했다. 1930년대 이충무공유적보존운동은 충무공 위토문제와 현충사 복원활동을 다루고 있는데, 이순신의 정신을 강조하게 된 연유까지 밝힐 수 있을 것으로 생각된다. 이어서 일제강점기 동안 이순신의 유적과 유물이 전국적으로 어떻게 관리되어 왔는지를 총독부의 정책 변화와 함께 살펴보았다. 이순신이 항일활동과 항일정신의 상징적인 인물이기 때문에, 일제강점기의 현충사 복원운동과 유적과 유물의 관리 문제는 한계를 내포할 수밖에 없었음을 알 수 있을 것으로 생각된다.

제3부는 이순신의 참 모습은 어떤 것이었을까를 살펴보고 있다. 이를 위해 먼저 이순신과 관련된 새로운 국내자료의 발굴사례로 『충민공계초(忠愍公啓草)』를 살펴보았는데, 2010년대에 새로운 자료가 나왔다는 사실이 이례적이기 때문에 더욱 의미가 있을 것이다. 이어서 일본 해군제독 중 이순신에 푹 빠져있는 것으로 보이는 사람이 있음을 알고, 그가 이순신을 어떻게 연구하고 평가했는지를 외국자료 측면에서 집중적으로 살펴보았다. 마지막으로 이순신의 여자문제가 세간에서 많은 논란거리가 되고 있어, 사실을 밝히는 작업이 필요하다고 생각하였다.

제4부는 거북선 문제를 다루고 있다. 거북선은 이순신을 거론할 때 반드시 함께 거론되는 주제이다. 그런데 19세기 말부터 20세기 초까지 미국, 캐나다, 영국의 언론매체에 거북선 기사가 수십 회나 게재되었음이 최근에 밝혀졌는데, 그 현황과 이유 및 영향을 살펴보았다. 또한 거북선과 관련된 가장 중요한 논쟁거리 중 하나가 철갑론 여부인데, 이 문제는 거북선을 최초의 철갑선으로 볼 수 있는가라는 문제와 직결된다. 마지막으

로 거북선을 건조한 이유가 해전에 사용하는 것이었다는 점에서 해전술이라는 지렛대로 거북선의 구조를 밝히는 작업을 해보았다.

『다시 보는 이순신』이라는 제목을 단 것은 이순신을 다른 관점에서 살펴보면, 영웅화와 우상화, 인간성 결여, 이순신의 세계성 등 이순신과 관련된 여러 가지의 논쟁을 완전히 일소하지는 못하겠지만 어느 정도 완화시킬 수 있을 것이라는 희망이 내포되어 있다. 특히 이순신에 대한 외국인들의 시각은 우리 내부의 논쟁에 대한 훌륭한 참고자료가 될 수 있으리라 생각한다. 이순신과 같은 위인을 다시 보는 것은 역사가들의 일상적인 행동에 속한다고 할 수 있을 것이다.

2025년 8월 초

글싣는 차례

책을 내면서 ·· 5

제1부 이순신을 어떻게 보아왔는가?

제1장 한국인의 연구와 전망 ·· 15
　1. 머리말 ·· 15
　2. 이순신에 대한 연구 자료의 현황 ··························· 17
　3. 연구 자료의 분석 ··· 28
　4. 이순신 연구의 전망 ··· 34

제2장 일본인의 연구와 평가 ·· 38
　1. 머리말 ·· 38
　2. 일본인의 이순신 연구 현황 ····································· 40
　3. 이순신에 대한 평가 ··· 57
　4. 이순신 관련 논쟁점 ··· 62
　5. 맺음말 ··· 83

제3장 중국인의 연구와 평가 ·· 86
　1. 머리말 ·· 86
　2. 연구 현황 ·· 86
　3. 평가 현황 ·· 87
　4. 맺음말 ··· 92

제4장 서구인의 연구와 평가 ·········· 93
    1. 머리말 ·········· 93
    2. 이순신에 대한 연구 현황 ·········· 95
    3. 이순신에 대한 평가 ·········· 128
    4. 맺음말 ·········· 149

제5장 이순신과 비교되는 세계 위인 ·········· 158
    1. 머리말 ·········· 158
    2. 조선인들이 비교한 위인 ·········· 159
    3. 일본인이 비교한 위인 ·········· 165
    4. 서구인이 비교한 위인 ·········· 173
    5. 맺음말 ·········· 180

제2부 이순신을 어떻게 기려왔는가?

제6장 이순신에 대한 평가와 현창(顯彰) ·········· 187
    1. 머리말 ·········· 187
    2. 이순신에 대한 평가 ·········· 189
    3. 이순신에 대한 현창(顯彰) ·········· 204
    4. 이순신 평가와 현창에 대한 논란 ·········· 210
    5. 맺음말 ·········· 218

제7장 1930년대 이충무공유적보존운동 ·········· 221
    1. 머리말 ·········· 221
    2. 이충무공유적보존운동의 전개와 여론 ·········· 222
    3. 이충무공유적보존운동의 한계 ·········· 235
    4. 맺음말 ·········· 253

제8장 일제강점기 이순신 유적과 유물의 관리 ·········· 261
    1. 머리말 ·········· 261
    2. 1930년대의 보존활동 ·········· 264
    3. 1940년대의 파괴 활동 ·········· 274
    4. 이순신 유적과 유물 관리의 의미 ·········· 280

5. 맺음말 ··· 285

제9장 호남지역 이순신 관련사업의 개선 방안 ······················ 287

  1. 문제의 제기 ·· 287
  2. 이순신 선양사업의 현황 ··· 288
  3. 호남지역 이순신 관련자원의 가치 ······························· 290
  4. 이순신 관련사업의 현황 ··· 291
  5. 호남지역 이순신 관련사업의 개선 방안 ······················· 296
  6. 맺음말 ··· 308

제3부 이순신의 참 모습은 어떤 것일까?

제10장 이순신의 새로운 장계자료, 『충민공계초(忠愍公啓草)』 ············ 313

  1. 머리말 ··· 313
  2. 서지사항과 구성 ··· 315
  3. 표제(標題)에 함유된 의미 ··· 322
  4. 공문서로서의 가치와 의의 ·· 324
  5. 교감상의 특징 ·· 328
  6. 맺음말 ··· 345

제11장 사토 데쓰타로(佐藤鐵太郎) 해군중장의 이순신 연구 ············ 350

  1. 해군 경력 ·· 350
  2. 영관장교 시절 ·· 351
  3. 제독 시절 ·· 353
  4. 퇴역 이후 ·· 358
  5. 맺음말 ··· 360

제12장 이순신의 여인들 ·· 362

  1. 머리말 ··· 362
  2. 문제 제기의 배경과 과정 ·· 363
  3. 이순신의 부인과 측실 ··· 367
  4. 이순신 주변의 여인들 ··· 372
  5. 맺음말 ··· 384

제4부 세계 군함의 역사에서 거북선의 자리는 어디일까?

제13장 서구 언론에 소개된 거북선(1894~1921) ········· 389
  1. 머리말 ··· 389
  2. 거북선 관련 언론기사의 게재 현황 ············· 390
  3. 언론기사의 내용 ······························· 394
  4. 언론기사의 분석 ······························· 398
  5. 언론기사의 집중적인 증가 이유 ················ 405
  6. 결론 : 언론기사의 영향 ························ 410

제14장 거북선은 철갑함인가, 목갑함인가? ········· 415
  1. 머리말 ··· 415
  2. 기존 이론의 검토 ······························ 417
  3. 자료의 검토 ·································· 439
  4. 맺음말 : 아직 밝힐 수 없는 거북선의 진실 ····· 446

제15장 해전술을 통해 본 거북선의 구조 ············ 452
  1. 머리말 ··· 452
  2. 돌격전술과 노(櫓) ····························· 453
  3. 당파전술과 귀신머리(鬼頭) ···················· 465
  4. 당파전술과 용머리(龍頭) ······················ 475
  5. 맺음말 ··· 480

참고문헌 ··· 485
찾아보기 ··· 500
출 전 ·· 514

제1부

이순신을 어떻게 보아왔는가?

제1장

한국인의 연구와 전망

1. 머리말

 이순신은 16세기 말에 조선은 물론 일본과 명나라에까지 매우 크고 중요한 영향을 주어 국내외에 명성을 떨친 우리나라의 위인이다. 이순신과 관련된 많은 서적과 연구물, 문학과 예술작품, 화폐와 우표, 사당과 기념비, 동상과 흉상 등이 우리나라에서 임진왜란이 끝난 17세기부터 현재까지 지속적으로 나타나는 이유 중 하나는 바로 이 때문일 것이다.
 이순신과 관련된 이처럼 많은 자료 중에서 서적과 학술적인 연구물은 다른 분야에서 작품이나 결과물이 나오게 하는 기초자료의 역할을 하거나 근거를 제시하는 역할을 한다. 따라서 이순신에 대한 연구 현황과 전망을 고찰하는 것은 이순신에 대한 연구는 물론 향후 이순신과 관련된 모든 활동에 대한 현황과 전망까지도 짐작하게 해주는 주제라 할 수 있을 것 같다.
 우리나라에서 임진왜란이나 임진왜란 해전사에 대한 연구사는 비록 소수이긴 하지만 발표된 적이 있다.[1] 또한 이순신에 대한 평가를 둘러싼

---

1) 예를 들면, 조원래, 『새로운 관점의 임진왜란사 연구』(아세아문화사, 2005)와 李敏雄, 『壬辰倭亂 海戰史 硏究』, 서울대학교 박사학위논문, 2002. 3. 및 장학근, 「임란 해전사 연구의 현황과 향후 연구방향—크라우제비츠(Clausewitz)의 삼위일체론을 중심으로」, 『임진왜란사 연구의 새로운 과제』, 임진왜란사연구 100주년기념 학술논문발표회 발표문집(임진왜란연구회), 2008. 11. 19, pp.23-52 등을 들 수 있다.

연구는 상대적으로 양적 풍부함과 질적 다양성을 동시에 보여주고 있다.[2] 그러나 이순신에 대한 연구사를 정리한 글은 없는 것으로 보인다.

어떤 주제에 대한 연구사를 고찰하기 위해서는 먼저 그동안 발표되고, 게재되며, 출판된 모든 자료를 수집해야 한다. 이것은 단순해 보이지만, 실제로는 무척이나 지난한 작업이다. 관련 자료가 우리나라는 물론 외국에도 존재할 수 있어 자료 목록을 만들기 어려우며, 관련 자료가 많을 경우에는 자료 목록에 들어있는 자료만 모으는 것도 어렵다. 따라서 이러한 작업은 완전성을 추구하기 어렵다.

본고에서는 외국 자료를 별도로 고찰되어야 한다고 판단했으며, 따라서 여기에서는 우리나라의 연구 현황만 분석할 예정이다. 또한 광복 이전에는 우리나라에서 사실상 연구물이라 할 수 있는 자료가 거의 나타나지 않았다는 전제 하에 분석 시기를 광복 이후로 한정하려 한다. 본고는 국립중앙도서관과 국회도서관의 홈페이지 자료검색란을 이용하여 추출한 자료 목록을 분석 자료로 이용하고 있다. 왜냐하면 우리나라를 대표하는 정부와 국회의 두 공공도서관이 우리나라에서 나오는 도서와 잡지를 가장 많이 소장하고 있을 것으로 보았기 때문이다. 그렇다고 해서 이 두 도서관이 국내의 모든 자료를 수집하고 소장하고 있다고는 말할 수 없으며, 실제로 누락된 자료가 많이 있는 것으로 보였다. 그러나 누락된 자료들까지 일일이 찾아서 본고에서 고찰하는 것은 현실적으로 거의 불가능한 일이다. 한편 본고는

---

[2] 노영구, 「역사 속의 이순신 인식」, 『역사비평』 통권 69호, 2004. 겨울 ; 오종록, 「보통 장수에서 구국의 영웅으로 - 조선 후기 이순신에 대한 평가」, 『내일을 여는 역사』 18호, 2004 ; 이덕일, 「일본 축출의 영웅에서 군사 정권의 성웅으로」, 『내일을 여는 역사』 18호, 2004 ; 정두희, 「이순신에 대한 기억의 역사와 역사화: 4백년간 이어진 이순신 담론의 계보학」, 『한국사학사보』 14권, 2006. 12 ; 정두희, 「이순신에 대한 역사학적 반성」, 『鄕土서울』 제71호, 2008. 2 ; 권오헌, 「역사적 인물의 영웅화와 기념의 문화정치 : 1960-1970년대를 중심으로」, 고려대학교 사회학과 박사학위논문, 2009. 12 ; 김주식, 「이순신에 대한 일본인의 연구와 평가」, 『해양문화재』(국립해양문화재연구소) 제4호, 2011 ; 김주식, 「이순신에 대한 서구의 연구와 평가」, 『해양평론』, 2011 ; 김주식, 「이순신에 대한 평가와 현창」, 『해양전략』(해군대학) 제152호, 2011. 12 등이 있다.

자료의 질이나 내용을 분석하지 않으려 한다. 이것은 한편으로 필자 개인의 능력이 갖고 있는 한계 때문이며, 다른 한편으로는 개인이 한편의 논문으로 정리할 수 없을 정도로 방대한 자료의 양 때문이다. 이러한 한계들에도 불구하고, 계량적 분석을 하고 있는 본고는 이순신에 대한 연구의 전체적인 경향을 보여주는 데 기여할 수 있을 것으로 믿는다.

2. 이순신에 대한 연구 자료의 현황

국립중앙도서관(이하 중앙도서관으로 호칭) 홈페이지의 자료검색 항목은 도서정보, 연속간행물, 비도서정보, 온라인자료, 기타정보로 구분된다. 그중에서 도서정보는 일반도서, 학위논문, 고서, 교과서, 점자자료, 기타로 세분된다. 따라서 이 중에서 일반도서와 학위논문은 본고의 분석대상이 될 수 있다. 연속간행물은 잡지/학술지, 신문, 기사, 기타로 세분되는데, 이중에서 잡지/학술지만 분석대상이 될 수 있다. 그 밖의 항목들은 시청각자료, 전자책, 동영상, 지도 등으로 세분되기 때문에 분석대상에서 제외시켰다.

국회도서관 홈페이지의 자료검색 항목은 도서자료, 비도서자료, 학위논문, 학술기사, 연속간행물, 인터넷자료로 구분된다. 이 중에서 비도서자료가 전자책을, 그리고 연속간행물이 중앙도서관과는 달리 잡지명만을 보여주고 있기 때문에, 본고의 분석대상 자료는 도서자료와 학위논문 및 학술기사이다.

검색어의 경우, 이순신과 거북선이 불가분의 관계를 갖고 있다는 사실을 감안하여 '이순신', '거북선', 'Yi Sun-sin'으로 검색어를 설정하였다. 〈표 1〉은 이 검색어들을 이용하여 두 도서관의 홈페이지를 검색하고[3] 또한 중앙도서관의 일반도서 항목에 포함되어 있는 학위논문을 별도로 분류한

---

[3] 국회도서관의 검색일은 2012년 9월 5일이고, 국립중앙도서관의 검색일은 2012년 9월 11일이었다.

후 이 모든 결과를 정리한 결과이다.

두 도서관에서 '이순신' 검색어로는 1,558건이, 'Yi Sun-sin' 검색어로는 11건, '거북선' 검색어로는 287건이 검색되었다. 이를 항목별로 보면, 도서는 972건, 학위논문은 117건, 일반논문/학술기사는 767건이 검색되었다. 이를 도서관별로 보면, 중앙도서관에서 890건, 국회도서관에서 958건이 검색되었다. 여하튼 간에 1차 검색하여 나온 자료의 총 건수는 1,856건이다.

〈표 1〉 국립중앙도서관과 국회도서관의 검색자료 수

검색어	도서관	도서		학위논문		일반논문/학술기사		계	
이순신	국립중앙도서관	529	823	44	55	154	680	727	1,558
	국회도서관	294		11		526		831	
Yi Sun-sin	국립중앙도서관	5	11					5	11
	국회도서관	6						6	
거북선	국립중앙도서관	101	138	51	62	14	87	166	287
	국회도서관	37		11		73		121	
계			972		117		767		1,856

1) 서적

서적과 관련된 검색자료에는 여러 가지 고려 요소가 내포되어 있다. 한 자료가 한 도서관에 중복 등록되어 있으며, 주제가 아닌 저자나 출판사의 이름이 이순신이거나 거북선이고, 저자가 외국인이기도 하며, 검색어가 포함되어 있으나 내용이 주제와 무관한 자료들이 있다. 이러한 자료들은 분석 대상에서 제외했다. 또한 두 도서관의 자료를 비교할 때, 중앙도서관에 있는 자료가 국회도서관의 자료에 나타나는 경우도 있다. 이러한 중복의 경우에는 중앙도서관의 자료를 기준으로 하여 국회도서관 자료에서 중앙도서관에 들어있는 자료를 제외했다. 〈표 2〉는 이러한 점들을 항목별로 조사하여 정리한 결과이다.

중복된 자료는 181건, 이순신과 무관한 자료는 89건, 외국인의 자료는 29건이었다. 따라서 이 세 가지를 더한 299건의 자료를 총 건수에서 제외시

<표 2> 도서 자료에 대한 분석대상 자료 수

검색어	도서관	총건수	삭제 건수				계
			중복	무관	외국인	소계	
이순신	국립중앙도서관	529	1	74	10	85	444	555
	국회도서관	294	153	13	17	183	111	
Yi Sun-sin	국립중앙도서관	5					5	7
	국회도서관	6	2		2	4	2	
거북선	국립중앙도서관	101					101	111
	국회도서관	37	25	2		27	10	
계		972	181	89	29	299	673	

켰으며, 그리하여 673건이 도서 분야에서 분석대상 자료가 되었다. 이 자료를 도서관별로 보면, 중앙도서관은 550건이며, 국회도서관은 123건이다. 검색어별로 보면, '이순신'은 555건, 'Yi Sun-sin'은 7건, '거북선'은 111건이다.

<표 3>은 도서 분야의 분석대상 자료 673건을 발간년도를 기준으로 다시 정리한 결과이다. 50년대, 60년대, 70년대에는 도서 자료 검색건수가 거의 두 배씩 증가하다가 80년대에 이르러서는 70년대에 비해 약 14%가량(10건) 줄어든다. 그러나 90년대에는 70년대의 거의 두 배가 증가하고, 2000년도에는 4배 이상이나 증가한다. 다시 말하면, 2000년대의 자료가 전체의 45%를, 그리고 90년대의 자료가 22%에 달하며, 따라서 90년대와 2000년대의 자료가 67%를 차지하고 있음을 알 수 있다.

<표 3> 도서 분야 분석대상 자료의 출판년도별 현황

연도		중앙도서관	국회도서관	계		연도		중앙도서관	국회도서관	계	
10년대	11-12	26	8		34	70년대	76-80	28	9	37	74
00년대	06-10	129	29	158	303		71-75	23	14	37	
	01-05	126	19	145		60년대	66-70	21	5	26	32
90년대	96-00	61	12	73	147		61-65	5	1	6	
	91-95	63	11	74		50년대	56-60	4	5	9	15
80년대	86-90	34	4	38	64		51-55	4	2	6	
	81-85	24	2	26		40년대	45-50	2	2	4	4
						계		550	123	673	

도서의 검색 자료를 주제별로 보면 〈표 4〉와 같다. 주제별로 분석한 자료총수가 697건으로 검색자료 총수 673건보다 약간 많은 것은 개별 도서의 주제가 중복되는 경우가 있기 때문에 나타나는 현상이다. 이 주제는 총 53가지인데, 이를 다시 큰 유형으로 구분하면 11가지이다.

〈표 4〉 도서 분야 분석대상 자료의 주제별 현황

주제		건수		주제		건수		주제		건수	
유적 유물	유적	28	57	개인 신상	인격	1	14	문학 예술	아동도서	287	400
	유물	4			사상정신	5			전기	51	
	거북선	25			백의종군	1			문학	1	
사료	일기	62	77		죽음	5			소설	43	
	장계	5			세가	2			시	4	
	전서	4		인간 관계	인맥	2	7		백일장	1	
	서한문	2			원균	5			수필	2	
	실록	1		전략 전술	전략	6	14		희곡	4	
	재조번방지초	1			전술	5			만화	4	
	함경도일기	1			체육	1			오페라	1	
	총괄	1			점술	2			판소리	1	
역사	해양사	1	33	경제 경영	리더십	30	39		회화	1	
	지방사	16			경영	2		교육	교육	1	2
	수군사	3			경제	4			교과서	1	
	전사	10			농업	2		평가 인식	여론	1	3
	세미나	3			화폐	1			인식	1	
총론		25	25	문화 관광	관광	2	3		위인비교	1	
평론		23	23		축제	1		계		697	

무엇보다도 다른 주제들에 비해 대단히 많은 자료가 나타나는 대주제는 문학예술 분야이며, 이 자료는 400건으로 전체의 57%를 차지하고 있다. 다음으로는 사료 77건(11%), 유적유물 57건(8%), 경제경영 39건(6%), 역사 33건(5%)의 순으로 많이 나타나고 있다. 나머지 6가지 대주제는 모두 5% 이하로 나타난다.

문학예술과 관련된 대주제는 12가지의 소주제로 구성되어 있으며, 이 소주제들은 문학·음악·미술·연극·만화에 이르기까지 문학과 예술의 장르를 대부분 포함하고 있다. 그중에서 가장 많이 나타나는 것은 아동용

도서인데, 287건으로 문학예술 대주제의 71%를 차지할 뿐만 아니라 주제 전체에 대해서도 41%를 차지한다. 아동용 도서는 50년대에 1건이 나타났으며, 이후 80년대까지 계속 조금씩 증가하다가 90년대부터 큰 폭으로 증가하고 있다. 그 이전에는 30여 건 미만이었던 아동용 도서가 90년대에는 80편으로 그리고 2000년대에는 137건으로 증가한 것으로 나타나고 있다. 문학예술에서 다음으로 많이 나타나는 주제는 전기인데, 51건으로 문학예술의 13%를 차지한다. 자료에 등장하는 전기작가는 총 14명[4]이며, 이충무공기념사업회와 충무공연구위원회 같은 단체도 포함되어 있다. 전기작가 중에서 비교적 많이 나타나는 사람은 이은상과 조성도이며(각 7건), 다른 작가들은 1-2회만 나타나고 있다. 전기보다는 적지만, 소설도 43건(11%)으로 많이 나타나고 있다. 이 검색목록에서 나타나는 소설작가는 19명[5]이며, 그중에서 이광수의 소설이 13건으로 가장 많고, 이어서 신채호의 소설이 4회로 많이 나타나고, 나머지 작가들의 소설은 1~3회로 비교적 적게 나타난다.

다음으로 많이 나타나는 사료의 대주제는 7가지의 소주제로 구성되어 있다. 사료의 소주제 중에서 『난중일기』가 가장 많이 나타나고 있는데, 62회로서 사료 자료의 81%를 차지한다. 『난중일기』는 50년대에 3건으로 나타났으며, 그 이후 60년대부터 2000년대까지는 10~15건으로 꾸준히 거의 같은 건수가 나타나고 있다. 또한 『난중일기』를 발간한 사람은 33명 이상이다.[6] 다음으로 장계가 5회 그리고 『이충무공전서』가 4회로 많이

---

[4] 주요 전기작가는 이은상, 조성도, 황정덕, 김길형, 권오석, 최두환, 김의환, 강철원, 조병옥, 박정규, 최찬식, 이충무공기념사업회, 충무공연구위원회, 한국도서출판공사이다.

[5] 주요 소설가는 박은식, 신채호, 이광수, 최인욱, 강남형, 황문평, 장도빈, 이윤재, 김현구, 박선식, 박성부, 김훈, 김탁환, 김태훈, 김성윤, 안광, 박은우, 황원갑, 유광남이다.

[6] 주해, 번역, 역주, 편저 등의 명분으로 『난중일기』를 발간한 사람은 설의식, 이응열, 이찬도, 이석호, 이은상, 노승석, 이민수, 최두환, 장홍재, 이재윤, 정욱, 박동순, 구인환, 배상열, 임기봉, 김경수, 이동태, 송찬섭, 한창수, 윤광원, 김중일, 이선호, 허경진, 박혜일, 도천, 최희동, 배영덕, 김명섭, 해군본부 인사참모부, 이충무공문헌편찬위원회, 문교부, 충무공기념사업회, 한국고전연구회 등이다.

나타나고, 나머지는 1~2회로 나타난다. 유적유물에서는 유적과 거북선이 25~28회로 많이 나타나고 있으며, 유물은 상대적으로 아주 적게 나타나고 있다. 경제경영은 5가지 소주제로 구성된다. 그중에서 가장 많이 나타나는 것은 리더십으로서 30회로 유적유물 자료의 77%를 차지하고 있고 또한 리더십에 대한 서적의 저자는 29명[7] 이상이다. 역사에서는 5가지의 소주제가 나타나는데, 그 중 절반이 지방사에 관한 것이며, 30%는 전사에 관한 것이다. 수군사, 해양사, 학술세미나는 1~3회로 적게 나타나고 있다.

2) 학위논문

중앙도서관의 홈페이지에서는 학위논문이 일반도서에 포함되어 있다. 그렇기 때문에 일반도서의 검색목록에서 학위논문을 선별하는 별도의 작업이 필요하다. 반면에 국회도서관의 홈페이지에는 학위논문을 검색할 수 있는 별도의 난이 있어 쉽게 검색할 수 있다. 또한 도서의 경우와 마찬가지로, 학위논문 검색자료에도 두 도서관에서 중복되거나 '이순신'과 '거북선'의 검색어를 이용했을 때 중복되어 나타나는 경우도 있다.[8] 또한 저자명이 이순신일 뿐, 그 내용은 이순신과 무관한 자료도 있다. 〈표 5〉는 이 모든 사항을 고려하여 작업한 결과이다.

'이순신'이라는 검색어를 이용하면 두 도서관에서 95건이 그리고 '거북선'이라는 검색어를 이용하면 22건이 각각 나타나는데, 모두 117건이 나타나는 셈이다. 이를 도서관별로 보면, 중앙도서관에서는 55건이 그리고 국회도서관에서는 62건이 나타난다. 그 중에서 중복된 자료가 44건이며, 이순신과 무관한 자료는 15건이다. 따라서 이 두 가지를 검색자료 총수에서 제외하면 58건이 되는데, 이것이 바로 학위논문의 분석대상 자료 수이다. 이 분석대

---

7) 이순신의 리더십에 대한 책의 저자는 김덕수, 남재덕, 박종평, 김헌식, 장용운, 장한식, 김명교, 강은희, 전경일, 이옥련, 장동익, 김종대, 조말수, 전도근, 김형준, 임원빈, 이선호, 유성은, 경남매일, 이순신리더십연구회, 순천향대 이순신연구소 등이다.
8) 학위논문의 경우, 'Yi Sun-sin'이라는 검색어를 사용하면 검색되는 자료가 없다.

〈표 5〉 학위논문에 대한 분석대상 자료 수

검색어		총계		삭감 자료			분석대상 자료	
				중복	무관	소계		
이순신	중앙도서관	44	95		7	7	37	46
	국회도서관	51		34	8	42	9	
거북선	중앙도서관	11	22	1		1	10	12
	국회도서관	11		9		9	2	
계		117		44	15	59	58	

상 자료는 '이순신' 검색어 자료가 46건이고, '거북선' 검색어의 자료가 12건이며, 또한 중앙도서관의 자료가 43건이고 국회도서관이 11건인 것으로 나타난다.

〈표 6〉은 학위논문 검색자료를 그것들이 발표된 연대를 기준으로 정리한 결과이다. 60년대, 70년대, 80년대의 후반기와 90년대 전반기에는 각각 1편씩만 나타난다. 그러다가 90년대 후반기와 00년대 전반기에는 각각 8-9편으로 증가하며, 00년대 후반에는 34편으로 대폭 증가한다. 달리 말하면, 00년대의 자료가 37건으로 전체의 74%를 차지한다. 90년대의 자료는 9건으로 16%를 차지한다. 90년대와 00년대의 자료가 90%를 차지하고 있는 것이다.

〈표 6〉 학위논문 분야 분석대상 자료의 발표년도별 현황

연도		중앙 도서관	국회 도서관	계		연도		중앙 도서관	국회 도서관	계	
10년대	11-12	3		3		70년대	76-80	1		1	1
00년대	06-10	29	5	34	43		71-75				
	01-05	8	1	9		60년대	66-70		1	1	1
90년대	96-00	6	2	8	9		61-65				
	91-95	1		1		50년대	56-60				
80년대	86-90		1	1	1		51-55				
	81-85					40년대	45-50				
						계		48	10	58	

학위논문의 주제는 〈표 7〉과 같다. 소주제는 27가지이며, 이를 대주제로 다시 정리하면 11가지이다. 대주제에서는 유적유물이 16건으로 가장 많이

나타난다. 유적유물과 거의 비슷하게 나타나는 대주제는 문학예술(15건)과 개인신상(14건)이다. 다음으로는 경제경영(9건)과 역사(8건)인데, 두 가지는 거의 비슷하게 나타난다. 이어서 나머지는 사료(7건), 전략전술(6건), 문화관광(5건), 총론과 평가인식(각 3건), 인간관계와 교육(각 2건)의 순으로 나타난다. 소주제별로 보면, 가장 많이 나타나는 것은 거북선과 사상정신인데, 각각 13건씩 나타난다. 다음으로 비교적 많이 나타나는 소주제는 문학(9건), 리더십(8건), 전사(7건), 드라마(5건)이다. 나머지는 3건 이하로 소규모만 나타난다.

〈표 7〉 학위논문의 주제별 현황

주제		자료 수		주제		자료 수		주제		자료 수	
유적유물	유적	3	16	전략전술	전략	2	6	총론		3	
	거북선	13			전술	1		문학예술	문학	9	15
사료	일기		7		군수보급	1			드라마	5	
역사	전사	7	8		무예	1			공연	1	
	지방사	1			체육	1		교육	교육	1	2
개인신상	사상정신	13	14	경제경영	리더십	8	9		교과서	1	
	일가	1			경영	1		문화관광	관광	1	5
인간관계	막하	1	2	평가인식	인식	2	3		문화상품	1	
	의병	1			영웅화	1			축제	3	
								계		90	

3) 일반논문

일반논문에 대한 검색어는 학위논문과 마찬가지로 '이순신'과 '거북선' 두 가지이다. 이 분야에서도 1차 검색된 자료를 그대로 이용할 수는 없다. 왜냐하면 한 도서관의 검색 목록에서의 중복과 두 도서관을 비교할 때의 중복, 저자 이름이 이순신일 뿐 내용은 이순신과 무관, 월간지와 주간지 혹은 신문 기사와 같은 비논문, 외국인 저자, 이러한 경우들이 그 검색 자료 안에 내포되어 있기 때문이다. 이러한 모든 것들을 삭제하고 남은 것을 정리하면, 〈표 8〉과 같다.

<표 8> 일반논문 자료에 대한 분석대상 자료 수

검색어	도서관	총건수	삭제 건수					계	
			중복	무관	비논문	외국인	소계		
이순신	국립중앙도서관	156	9	10	3	3	25	131	337
	국회도서관	526	125	53	139	3	320	206	
거북선	국립중앙도서관	14	5		1		6	8	29
	국회도서관	73	26	1	24	1	52	21	
계		769	165	64	167	7	403		366

'이순신'이라는 검색어로 두 도서관에서 일반논문을 검색한 결과 682건을 그리고 '거북선'이라는 검색어로는 87건으로 나타나며, 이 두 가지를 합하면 769건이다. 달리 말하면, 중앙도서관에서는 170건이, 그리고 국회도서관에서는 599건이 나타난다. 이 중에서 중복된 자료는 165건, 이순신과 무관한 자료는 64건, 비학술적인 것으로 논문이 아닌 자료는 167건, 저자가 외국인인 자료는 7건이다. 따라서 이러한 자료들을 모두 더한 403건을 검색자료 총수에서 제외하면 366건이 남으며, 이것이 분석대상 자료 수이다. 이중에서 이순신 자료는 337건이고, 거북선 자료는 29건이다. 한편 중앙도서관의 자료는 139건이고, 국회도서관의 자료는 227건이다.

<표 9> 일반논문에 대한 분석대상 자료의 발표년도별 현황

연도		중앙도서관	국회도서관	계		연도		중앙도서관	국회도서관	계	
10년대	11-12		24	24		70년대	76-80		5	5	11
00년대	06-10	66	49	115	263		71-75		6	6	
	01-05	57	91	148		60년대	66-70	1	1	2	5
90년대	96-00	22	18	40	48		61-65		3	3	
	91-95	1	7	8		50년대	56-60		3	3	3
80년대	86-90		3	3	12		51-55				
	81-85	4	5	9		40년대	45-50				
						계		151	215		366

일반논문의 분석대상 자료를 발표년도를 기준으로 정리하면 <표 9>와 같다. 1950년대부터 나타나기 시작한 일반논문은 90년대 전반기까지만 해도 10여 편 안팎으로 적었음을 알 수 있다. 그러다가 90년대에는 80년대에

비해 갑자기 4배로 증가하여 48건이 나타나고, 2000년대에는 90년대에 비해 다시 5배로 증가하여 263건이 나타난다. 특히 90년대 후반에 40건이었던 일반논문이 2000년대 전반기에는 거의 4배에 가까운 148건으로 대폭 증가한다. 2000년대에 나타난 일반논문이 전체의 72%를, 그리고 90년대의 일반논문이 13%를 차지한다. 따라서 90년대와 2000년대의 논문이 전체의 85%를 차지하고 있음을 알 수 있다.

〈표 10〉은 일반논문의 주제를 정리한 것이다. 소주제는 71가지이며, 이를 대주제로 정리하면 12가지가 된다. 다른 항목보다 더 많고 다양한 주제가 일반논문에서 보이는 이유에는 일반논문의 검색건수가 도서나

〈표 10〉 일반논문에 대한 검색 자료의 주제별 현황

주제		자료 수		주제		자료 수		주제		자료 수	
유적 유물	유적	16	62	개인 신상	인간상	2	63	문학 예술	문학	6	44
	유물	1			사상정신	36			소설	23	
	거북선	45			성격	3			영화	2	
사료	일기	11	32		심리	1			시	5	
	시문	6			가문후손	3			희곡	1	
	서한문	2			출생지	1			드라마	4	
	교서	2			성장	2			만화	1	
	징비록	2			불차탁용	1			뮤지컬	2	
	중국자료	2			백의종군	1		연구	이순신학	2	6
	행록	1			진중생활	1			외국연구	1	
	유사	1			생애행적	5			연구방향	1	
	전서	1			구속	1			연구제안	1	
	임진록	1			죽음	1			연구사	1	
	수군	1			장례	2		평가 인식	인식	8	23
	인갑	1			공신	2			영웅화	12	
	조선군기대전	1		인간 관리	인맥	7	14		동상	3	
전략 전술	전략	20	49		막하	2			위인비교	4	
	전술	13			원균	5		문화 관광	관광	5	23
	무예	6		경제 경영	리더십	71	92		문화정책	2	
	궁술	3			경영	18			문화콘텐츠	4	
	무기	2			인사	1			축제	12	
	점술	1			조직	1		교육	교육사	3	5
	여가	3			보상	1			교과서	2	
	해안경계	1		역사	지방사	4	8	계		425	
총론		4			수군사	4					

학위논문보다 많다는 사실도 포함될 것 같다.

먼저 대주제를 보면, 경제경영이 92건(22%)으로 가장 많이 나타난다.

다음에는 개인신상과 유적유물이 263건(약 15%)으로 많이 나타난다. 이어서 전략전술은 49건(12%), 문학예술은 44건(10%), 사료는 32건(8%), 평가인식·문화관광은 각 23건(5%)으로 나타난다. 인간관계, 연구, 역사, 교육과 같은 주제들은 각각 3% 미만으로 비교적 적게 나타난다.

소주제를 보면, 가장 많이 나타나는 것은 리더십인데, 71건으로 전체의 18%를 차지한다. 리더십에 대한 글을 발표한 사람은 26명[9] 이상이다. 구체적으로는 리더의 덕목, 대장부론, 통일시대 리더십, CEO·정치지도자·대통령의 리더십·배경·상황요인·인간이해·소통 등 리더십의 기초, 감성·군사·위기관리·실천·개혁적 리더십, 한국형 리더십, 성경적 해석, 경제전쟁, 교육프로그램과 모델 개발 등 이순신이 해전과 일상생활에서 보여준 리더십의 기초와 실체 및 현대적 응용에 대한 글들이 나타나고 있다.

다음으로는 거북선이 45건(11%)으로 많이 나타난다. 논문 저자는 29명[10]으로 나타난다. 원형 거북선, 거북선의 구조·개판·갑판·무기·철갑, 거북선의 역할과 승첩, 모형개발·문화콘텐츠와 같은 현대적 응용 등의 주제가 다루어지고 있다.

10건 이상 나타나는 소주제는 사상정신(36건), 소설(23건), 전략(20건), 경영(18건), 유적(16건), 전술(13건), 영웅화와 축제(각 12건)이다. 사상정신에서는 20명의 저자[11]가 인생관과 사생관 및 역사의식과 같은 이순신의 정신, 충·효·예·도덕·책임·개혁·선비와 같은 일반적인 덕목, 호국·군사·

---

9) 이웅규, 제장명, 안진규, 김기태, 유은정, 노양규, 유연호, 최두환, 김현기, 김용하, 김종두, 이영관, 지용희, 임원빈, 박경식, 천정환, 이서행, 정광수, 신관근, 박상리, 홍기원, 임익순, 노부호, 노영구, 김경록 등을 말한다.

10) 김재근, 조성도, 박혜일, 남천우, 이원식, 제장명, 유연호, 정창덕, 정광수, 김천환, 최두환, 이귀주, 권규혁, 이건철, 장학근, 박재광, 김주식, 김경수, 고광필, 최준섭, 우상호, 신동원, 한원흠, 정형식, 이문호, 최준섭, 박상진, 방상현, 박병주 등이다.

11) 이찬구, 김현기, 한영춘, 강영오, 김성영, 임원빈, 최두환, 이광종, 남정집, 나종우, 신관근, 안종운, 홍순구, 김종두, 나승균, 제정관, 이원식, 신복룡, 노윤택, 경북교육위원회 등이다.

전술·전술·해양·해군 등에 대한 사상 등을 다루고 있다. 소설에서는 19명의 저자[12]가 이광수·박은식·신채호·박종화·김훈의 소설, 북한 소설, 역사소설, 『임진록』과 같은 소설을 다루면서 소설의 사실과의 괴리 문제까지 다루고 있다. 전략에서는 11명의 저자[13]가 제승방략과 이순신의 전략과 같은 당대의 전략 그리고 해양전략과 현대군사전략 및 현대적 분석과 같은 현대에의 응용문제를 다루고 있다. 유적에서는 15명의 저자[14]가 탄생지, 생가, 전라좌수영, 충민사, 현충사, 기념관, 순국해역 등을 다루고 있으며, 지역으로는 장흥·진해·진도·여수·보성·아산이 다루어지고 있다. 영웅화에서는 15명의 저자[15]가 이순신의 위상과 인간성, 민족영웅·무장의 상징화·국민통합·일본 축출 영웅·군사정권 성웅·구국영웅과 같은 영웅의 성격, 동상건립·국민동원·영웅전승과 같은 방법으로 영웅만들기 등의 문제를 다루고 있다. 축제에서는 9명의 저자[16]가 이순신축제·진남제·거북선축제·승첩제·해양축제와 같은 이순신 관련 축제들의 프로그램, 마케팅, 성공사례 등을 다루고 있다.

3. 연구 자료의 분석

앞 장에서 살펴본 자료들을 출판년도와 발표년도를 기준으로 종합하면 〈표 11〉과 같다.

---

12) 최영호, 한승욱, 박혜일, 최희동, 배영덕, 김명섭, 박현규, 권혁태, 고석호, 유재엽, 홍경표, 정혜경, 유은정, 장경남, 이민웅, 장양수, 최문정, 김인환, 이경선 등이다.
13) 나종우, 김태준, 김현기, 최두환, 김충영, 강영오, 장학근, 유정원, 김영호, 김구진, 최칠호 등이다.
14) 박현상, 황정덕, 김미경, 전성호, 홍순승, 김도형, 이운선, 이인섭, 김흥식, 박경룡, 황병성, 문영구, 이현종, 김영상, 충무공이순신장군순국해역조사단 등이다.
15) 윤진현, 소재영, 공임순, 박계리, 최연식, 전재호, 박노자, 장학근, 이석재, 정두희, 장미경, 이용재, 이덕일, 오종록, 노영구 등이다.
16) 이웅규, 정병웅, 송철호, 이정준, 김흥우, 이경엽, 강봉룡, 김은정, 노시호 등이다.

〈표 11〉 이순신 관련 검색 자료의 연대별 현황

연도		서적	학위논문	일반논문	계	
10년대	11 - 12	34	3	24	61	
00년대	06 - 00	158	34	115	307	609
	01 - 05	145	9	148	302	
90년대	96 - 00	73	8	40	121	204
	91 - 95	74	1	8	83	
80년대	86 - 90	38	1	3	42	77
	81 - 85	26		9	35	
70년대	76 - 80	37	1	5	43	86
	71 - 75	37		6	43	
60년대	66 - 70	26	1	2	29	38
	61 - 65	6		3	9	
50년대	56 - 60	9		3	12	18
	51 - 55	6			6	
40년대	45 - 50	4			4	
계		673	58	366	1,097	

　광복 직후부터 나타나기 시작한 서적은 10년 간격으로 거의 두 배씩 증가하다가 80년대에 감소한다. 그러나 90년대에는 80년대에 비해 2.3배 증가하고 또한 2000년대에는 90년대에 비해 다시 2배가 증가한다. 2000년 대의 자료가 609건으로 45%를, 그리고 90년대의 자료가 204건으로 22%를 차지하기 때문에, 이 두 시기의 자료가 67%를 차지하고 있음을 알 수 있다. 60년대부터 나타나기 시작한 학위논문은 80년대까지 매 연대마다 1편씩만 나타났다가 90년대에 9편으로 증가하며, 2000년대에는 42편으로 대폭 증가한다. 2000년대의 자료가 72%를, 그리고 90년대의 자료가 16%를 차지하기 때문에, 이 두 시기의 자료가 88%를 차지하고 있다. 일반논문은 40년대에 나타나지 않으며, 50년대부터 80년대까지는 소규모이지만 꾸준히 증가하는 경향을 보이고 있다. 그러다가 90년에 이르면 80년대의 4배인 204건으로 증가하며 또한 2000년대에는 90년대의 5.5배인 263건으로 다시 증가한다. 2000년대의 자료가 72%를, 그리고 90년대의 자료가 13%를 차지하고 있어, 두 시기의 자료가 85%를 차지한다고 할 수 있다. 이 모든 것을 종합하여 비교해보면 〈도 1〉과 같다.

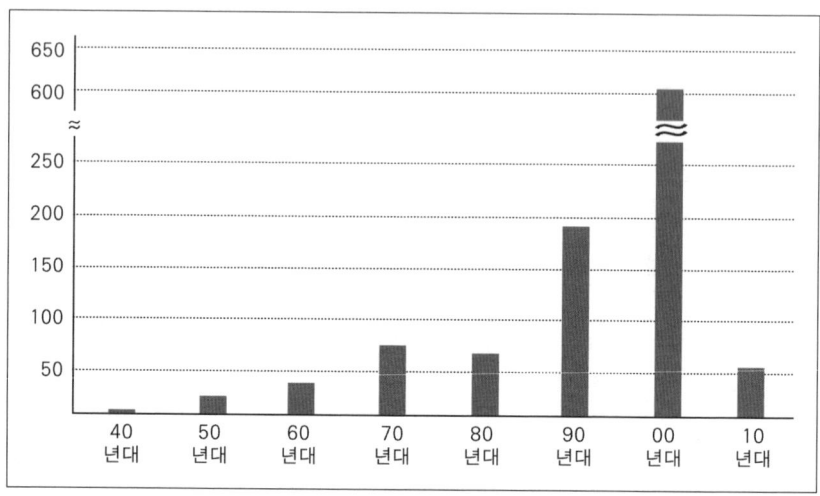

〈도 1〉 이순신 관련 검색 자료의 연대별 비교도

전체적으로 볼 때, 40년대에 4건이 나타났던 이순신 관련 자료는 50년대부터 70년대까지 10년 간격으로 거의 두 배씩 증가하다가, 80년대에 9건(10%)이 감소한다. 그러다가 90년대에 이르면 80년대의 2.6배로 증가하며, 00년대에는 90년대의 3배로 증가한다. 2000년대의 자료가 56%를 그리고 90년대의 자료가 19%를 차지하고 있으며, 따라서 두 시기의 자료가 75%를 차지한다. 이를 그래프로 그려보면 위의 〈도 1〉과 같다.

검색자료 전체를 대주제별로 분류하여 정리하면 〈표 12〉와 같다.

〈표 12〉 이순신 관련 검색자료의 대주제별 현황

주제	서적	학위논문	일반논문	계	주제	서적	학위논문	일반논문	계
유적유물	55	16	62	135	경제경영	39	9	92	140
사료	77	7	32	116	문학예술	400	15	44	459
역사	33	8	8	49	교육	2	2	5	9
개인신상	14	14	63	91	평가인식	3	3	23	29
인간관계	7	2	14	23	문화관광	3	5	23	31
전략전술	14	6	49	69	연구			6	6
총론	25	3	4	32	계	697	90	425	1,212
평론	23			23					

가장 많이 나타나는 대주제는 문학예술이며, 459건으로 38%를 차지한다. 다음으로 100건 이상을 차지하는 대주제는 경제경영(140건, 12%), 유적유물(135건, 11%), 사료(116건, 10%) 3가지이다. 50~100건에 속하는 대주제는 개인신상(91건)과 전략전술(69건) 2가지이다. 10~50건 사이로 나타나는 대주제는 역사(49건), 총론(32건), 문화관광(31건), 평가인식(29건), 인간관계와 평론(각 23건)으로 6가지이다. 10건 이하로 나타나는 대주제는 교육(9건)과 연구(6건)이다.

소주제 중에서는 많이 나타나는 것 중 50건 이상 나타나는 것은 7가지이며, 이를 정리하면 〈표 13〉과 같다.

〈표 13〉 50건 이상 나타나는 소주제 현황

세부주제	서적	학위논문	일반논문	계	세부주제	서적	학위논문	일반논문	계
아동용도서	287			287	소설	43		23	66
리더십	30	8	71	109	사상정신	5	13	36	54
거북선	25	13	45	83	전기	51			51
일기	62	7	11	80					

가장 많이 나타나는 소주제는 아동용 도서이며, 287건으로 전체의 24%를 차지하고 있다. 다음으로는 리더십이며, 109건으로서 9%를 차지하고 있다. 거북선과 일기는 83건과 80건으로 각각 7%를 차지하고 있다. 소설은 66건으로 5%를 차지한다. 사상정신은 54건으로 그리고 전기는 51건으로 각각 4%를 차지하고 있다. 따라서 7대 소주제 중에서 소설과 전기를 합하면 문학관련 자료가 117건(10%)으로 아동용 도서 다음의 위치를 차지하고 있음을 알 수 있다.

이러한 점들을 총괄하여 요약하면 다음과 같다.

1) 이순신 관련 자료는 10년 간격으로 볼 때 계속 증가했으며, 90년대에는 대폭 증가하다가 2000년대에는 가장 크게 증가하였다.
2) 80년대에는 유일하게 자료의 감소 현상이 나타났다.

3) 2000년대의 자료가 56%이고 또한 90년대의 자료가 19%이며, 두 연대의 자료가 전체의 3/4을 차지하고 있다.
4) 대주제에서는 문학예술이 38%, 경제경영이 12%, 유적유물이 11%, 사료가 10%로 많이 나타난다.
5) 소주제에서는 아동용 도서가 24%, 리더십이 9%, 거북선과 일기가 각각 7%를 차지하지만, 소설과 전기 및 문학을 합한 문학관련 주제는 10%를 차지한다.
6) 관련 자료 중에서 서적이 61%, 일반논문이 33%, 그리고 학위논문이 6%를 차지하며, 따라서 일반논문과 학위논문을 더하면 논문이 39%로서 서적보다 적게 나타난다.

이 자료 현황에서 가장 놀라운 점은 2000년대에 이르러 자료가 거의 폭발하다시피 많이 나타나고 있는 사실이다. 그 이유로는 무엇보다도 드라마의 방영을 들 수 있다. 한 방송국에서 2004년 9월 4일부터 2005년 8월 28일까지 만 일 년 동안 106부작으로 「불멸의 이순신」이라는 사극을 방영하였다. 시청률의 부침, 역사 왜곡, 느린 진행, 화면 반복 등 많은 논란을 일으켰음에도 불구하고, 이 드라마의 평균 시청률은 22%였으며, 심지어 33.1%까지 상승한 적도 있었다.[17] 이 드라마는 "21세기 경제전쟁 시대에 역사를 통해서 배우고, 국토를 통일시키며, 시대를 리드할 수 있는 지도자를 찾아 국민에게 희망을 제공한다."는 의도로 제작되었다.[18]

이 드라마가 방영되고 있을 때, 독도 문제가 등장하여 한국과 일본의 국내 여론을 달구었다. 2000년 5월에 일본『외무청서』에 독도가 일본 영토라고 서술되었고, 같은 해 9월에는 일본 수상(모리 요시로)이 한국 방송과의 인터뷰에서 이를 다시 주장하였다. 2002년 4월에는 시마네현의 독도 영유권 주장이 기술된 교과서가 검정을 통과했으며, 2004년 10월에는

---

17) 위키백과, 「불멸의 이순신」, http://ko.wikipedia.org (2012년 9월 23일 검색)
18) "불멸의 이순신 드라마"의 기획 의도, www.kbs.co.kr/drama/leesoonshin(2012년 9월 23일 검색)

시마네현이 '다케시마의 날'을 제정해달라고 일본 정부에 요청하였다. 그 결과, 2005년 3월에 시마네현에서 '다케시마의 날'에 대한 조례가 제정되었고, 같은 해 9월에는 일본『방위백서』에 독도가 일본 영토라는 주장이 포함되었다.[19] 독도 문제로 한·일 간의 첨예한 대립이 지속되는 국제정세에 따라 악화된 우리 국민들의 반일 감정은 임진왜란이라는 역사적 사실을 다루는 드라마와 결부되어 서로 영향을 주었다. 드라마에 대한 관심 유발은 일본의 침략을 물리치는데 주역으로 묘사된 이순신에 대한 관심과 흥미로 연결된 것으로 보인다.

이렇게 주장하는 근거는 두 가지이다. 하나는 이순신과 관련된 자료가 90년대 후반기에 121건이었다가 2000년대 전반기와 후반기에 각각 302건과 307건으로 대폭 상승한 것으로 나타난다는 점이다. 다른 하나는 대주제에서 문학예술과 경제경영이 그리고 소주제에서는 아동도서·소설·전기와 같은 문학과 리더십에 대한 자료가 가장 많이 나타나고 있다는 것이다. 이 주제들은 '21세기의 새로운 지도자'를 찾기 위해서라는 드라마의 기획의도와 부합되고 있는 것이다.

다음으로 주목을 끌고 있는 점은 전반적으로 계속 증가 추세를 보였던 자료가 80년대에만 감소한 것으로 나타난다는 사실이다. 이 사실은 2004년 말에 이미 언급된 바 있었다. "1980년대 들어와서는 1970년대의 폭압적 현실에 대한 강한 반발로 인해 그 시대의 주요 상징 대상이었던 이순신에 대한 관심이 의도적이든 의도적이지 않든 급격히 줄어들었다."[20] 본고는 이 주장을 계량적으로 입증하고 있는데, 단지 "급격히" 감소한 것이 아니라 9건 즉 10%가 줄었음을 보여주고 있다. 그러나 감소량이나 그 비율이 어느 정도이던지 간에, 본고는 자료의 일방적인 증가 추세에 제동이 걸린 시대가 1980년대뿐이었음을 분명히 보여주고 있다.

세 번째로 흥미로운 점은 2000년대에 서적보다 논문의 증가율이 훨씬 크다는 것이다. 서적은 90년대에 147건이었다가, 2000년대에는 303건으로

---

19) 한국해양수산개발원,『독도사전』. 서울: 한국해양수산개발원, 2011, pp.412-413.
20) 노영구,「역사 속의 이순신」,『역사비평』통권 69호, 2004년 겨울, p.355.

약 2배 증가한다.21) 그러나 학위논문은 같은 시기에 9건에서 42건으로 5배 그리고 일반논문은 48건에서 263건으로 거의 5.5배가량 증가한 것으로 나타난다. 서적에는 학술서적 외의 다른 부류의 서적들이 포함되어 있는 반면에 논문은 일반논문이든 학위논문이든 간에 모두 학술연구의 결과물이다. 이 점을 감안할 때, 논문 증가율의 큰 폭은 2000년대에 이르러 학술적인 연구가 그만큼 활발하게 그리고 많이 이루어졌음을 뜻한다. 또한 아동용 도서가 과학도서일 수도 있지만, 대부분 위인전에 속하기 때문에 이것까지 합하면, 문학관련 자료는 404건으로 34%까지 증가한다.

4. 이순신 연구의 전망

이순신에 대한 연구가 90년대에 크게 증가하다가 2000년대에 폭발적으로 증가하고 또한 같은 기간에 서적보다 논문의 증가 비율이 더 큰 것은 이순신에 대한 연구가 그만큼 증가하고 있음을 말해준다. 자료의 소주제가 71가지로 나타나는 것은 연구 분야의 다양성이 그만큼 크다는 것을 의미한다. 그 예로, 사료의 경우에는 소주제가 17가지22)이고 또한 개인신상과 문학예술의 소주제는 각각 16가지이다.23)

한편, 자료의 주제에서 문학예술과 같은 감성적인 분야는 38%, 경제경영

---

21) 이순신 관련 논문이 많이 게재되는 잡지는 두 가지이다. 하나는 1999년 4월에 창설된 순천향대학교 이순신연구소가 2003년 1월부터 발간하기 시작한 『이순신연구논총』이고, 다른 하나는 2007년 7월에 창설된 전남대학교 이순신해양문화연구소가 2008년부터 발간하기 시작한 『해양문화연구』이다.
22) 사료의 소주제는 일기, 장계, 서간문, 시문, 교서, 전서, 실록, 행록, 유사, 재조번방지초, 함경도일기, 징비록, 임진록, 조선군기대전, 중국자료, 수군자료, 인갑자료이다.
23) 개인 신상의 소주제는 인격, 인간상, 사상과 정신, 성격과 심리, 가문과 후손, 출생지, 성장, 불차탁용, 백의종군, 진중생활, 생애, 행적, 구속, 죽음, 장례, 공신이다. 문학예술의 소주제는 문학, 소설, 시, 백일장, 아동도서, 소설, 전기, 수필, 희곡, 드라마, 오페라, 판소리, 뮤지컬, 공연, 만화, 회화이다.

·평가인식·문화관광과 같은 응용분야는 17%, 유적유물·사료·역사·연구와 같은 역사연구는 25%를 차지하고 있다. 감성적인 분야와 응용 분야는 현실적인 의도가 강하게 작용할 수 있는 분야이다. 국제정세와 국내 현실을 겹쳐 볼 때, 답답해지고, 심지어 짜증나는 경우가 많은 현실에서 이순신 같은 리더와 그가 보여준 것처럼 통쾌한 승리를 해줄 수 있는 영웅의 출현을 기대하는 것은 자연스러운 현상일지 모른다. 그러나 목적이 앞서면 실체 규명과 이론(異論) 제기가 간과되기 쉽고, 그렇게 되면 미화작업과 역사적 사실의 왜곡이 만연될 가능성이 높아지며, 결국 또 다른 영웅화 작업이나 정치적이거나 개인적인 이용의 움직임이 나타날 수 있다.

이러한 우려를 줄이는 방법은 여러 가지가 있을 수 있다. 첫째, 역사적 사실에 대한 연구가 체계적으로 더 많이 진행되어야 한다. 소설가, 수필가, 예술가, 언론인, 경제학자, 경영학자 등 많은 분야의 종사자들이 발표한 자료들은 세간에 구전되거나 검증되지 않은 주장들을 사실인양 이용하거나 극히 세부적이거나 사소한 점을 엄청난 의미가 있는 것으로 침소봉대하는 경우가 많다. 이러한 잘못들은 역사가들에 의해 바로 잡아져야 하며, 그러기 위해서는 역사가들의 연구 참여가 더 많아져야 한다.

둘째, 사료의 발굴과 재해석이 필요하다. 근래 새로운 자료가 나타났다 하여 매스컴의 각광을 먼저 받으면, 역사가들이 그에 장단을 맞추는 일이 비일비재하다. 자료에 대한 철저한 검증 작업을 하지 않은 채 한탕주의식 발표를 하는 경우도 있다. 학술적 프로젝트만을 따라다니면서, 발주자나 발주기관의 요구대로 결과를 만드는 역사가도 있다. 심지어 새로운 자료가 없어 더 이상 연구할 것이 없다고 한탄하는 역사가도 있다. 그러나 새로운 시각과 분석 방법을 이용한 기존자료의 재분석과 재해석이 새로운 자료보다 더 중요한 결과를 가져다 줄 수 있다. 또한 몇 가지 자료에만 의지하지 않고 많은 자료를 비교해보는 작업도 역사가에게 남겨져 있는 과제 중 하나이다.

셋째, 이순신을 '우리의 위인'에서 '세계사적인 위인'이나 '세계적인 위인'으로 보려는 자세의 변화가 필요하다. 이를 위해서는 이순신의 언행,

사상, 전략전술, 지휘통솔, 무기체계, 수군의 조직과 운용, 영향, 평가 등을 세계의 군사, 전사, 위인, 무기체계, 전략전술의 역사, 외국에서의 평가 등과 비교하는 작업이 필수적으로 요구된다. 또한 이순신에 대한 중요한 연구물을 외국어로 번역하여 외국에 소개할 필요가 있으며, 외국어로 논문을 작성하여 발표하고 외국어로 집필할 필요도 있다. 그렇게 해야만 이순신에 대한 우리의 평가와 자긍심이 더 큰 설득력을 갖게 될 것이다.

넷째, 역사가들의 반성하는 모습이 요구되는데, 이것은 이미 제기된 적이 있는 문제이다. "이미 알려진 객관적인 사실의 나열"보다는 "이순신의 극적인 생애는 여러 각도에서 시대마다 새롭게 해석되어야 할 가치가 있다."24) "이순신에 관한 한 소위 직업적 역사가들의 학문적 연구라는 것이 매우 희소하다." "최근 온갖 대중매체들이 부추기는 이순신 열풍에 대해 아무런 메스가 가해지지 않는 것은 한국 역사학계의 직무유기라 생각한다."25) 그렇기 때문에 사실상 "이순신에 대한 객관적 연구와 평가는 거의 진행되지 못했다"26)고까지 말할 수 있다.

특정 집단의 출신이나 소수의 관심 있는 역사가들만 이순신을 연구하는 것은 주제는 물론 분석 시각과 방법 그리고 의미 부여를 지나치게 협소하게 만들고, 편향된 성향을 보여주기 쉬우며, 연구의 질적 수준에 대한 아쉬움을 느끼게 하고, 심지어 기존의 연구를 재탕하는 경우까지 나타나게 할 수 있다. 불행하게도 이러한 현상들은 이순신과 관련된 자료에서 쉽게 감지될 수 있다. 여러 가지 핑계를 대면서 굳이 이순신 연구를 기피하는 현상이 약화되고, 오히려 이순신 연구에 적극적으로 참여하는 역사가들이 많이 나타날 때, 이순신 연구는 질적인 도약을 하게 될 것이다. 따라서 역사학계에서 활발하게 활동하는 이른바 주류의 역사가들이 더 많이 이순신 연구에

---

24) 정두희, 「이순신-개인의 아픔을 넘어 나라를 위기에서 구한 장군」, 『한국시민강좌』 제30집, 2002. pp.122-123.
25) 정두희, 「이순신에 대한 역사학적 반성」, 『鄕土서울』 제71호, 2008. 2, pp.369-370과 p.384.
26) 노영구, 「역사 속의 이순신 인식」, 『역사비평』 통권 69호, 2004. 겨울, pp.355-356.

참여하여 이순신 연구를 역사학계의 주변에서 중심으로 이동시켜야 한다. 그랬을 때에야 비로소 이순신에 대한 역사적 의미 부여는 보편타당성을 띠게 될 것이다. 이러한 기반이 어느 정도 다져졌을 때 비로소 세계 역사학계가 이순신을 진정한 세계사적 위인으로 조명하게 될 것이다. 다가오는 2010년대는 바로 이러한 시대가 될 것으로 믿는다.

제2장

일본인의 연구와 평가

1. 머리말

임진왜란 당시 일본은 침략국으로서 가해국이었고, 조선은 피침략국으로서 피해국이었다. 그렇기 때문에 가해 당사자인 일본인들이 자국군의 침략을 막아내는데 결정적인 역할을 한 적장 이순신에 대해 어떻게 평가해 왔는지는 흥미로운 주제가 아닐 수 없다.

일본에서 군신(軍神)으로 숭앙되고 있는 러일전쟁의 영웅 도고 헤이하치로(東鄕平八郎) 제독이 이순신에 대해 자신과 영국의 넬슨보다 더 위대한 제독이라고 말했다는 사실은 우리나라에서 널리 알려져 있다. 이 에피소드는 이순신이 자신보다 더 위대하다는 점을 일본 영웅이 스스로 밝혔다는 점에서 우리를 우쭐하게 만들고, 나아가 민족적 우월감과 자부심을 느끼게까지 한다. 또한 청일전쟁과 러일전쟁이 발발할 무렵부터 일본 해군이 이순신을 존경하고 있었으며, 한국인이 잊고 있던 이순신을 일본인들이 발견하여 영웅화하기 시작했다고 주장하는 사람들도 있다. 이러한 주장들은 현재 우리나라 인터넷에서 퍼냄과 각색을 반복하여 무수히 나돌고 있으며, 그 결과 몇 가지 버전으로 분류할 수 있기까지 하다.

이러한 주장들은 정말 사실일까? 만약 사실이라면, 일본인들은 왜 그랬을까? 위와 같은 상황을 감안할 때, 이러한 의문들이 강력하게 제기되는 것은 당연한 일일 것이다. 그럼에도 불구하고 이에 관한 실제 연구는 손꼽을 정도로 지극히 적다.

1978년에 김태준은「일본에서의 이충무공 명성」이라는 논문을 발표하였다.[1] 그는 해상자위대 간부학교 도서관을 비롯하여 여러 일본 도서관을 돌아다니면서 자료를 구한 후 명치시대 일본 해군의 이순신 존숭(尊崇) 사례를 시바 료타로(司馬遼太郎)의 여행기[2]와 도쿠토미 이이치로(德富猪一郎)의 연구서[3]를 중심으로 간단히 설명하였다. 2006년에는 황정덕이「일본인이 이순신을 보는 눈」이라는 논문을 발표했는데,[4] 그는 자신의 글이 앞에서 소개한 김태준의 논문을 주요 내용으로 삼고 있음을 서문에서 밝히고 있다. 실제로 황정덕의 논문과 김태준의 논문의 차이는 전자가 도고 헤이하치로의 경력을 보완하여 설명하고 있는 부분이라 할 수 있다.

그밖에 이 논문의 주제와 직접 연관되지는 않으나 보조자료로 이용할 수 있는 연구들이 역사가 아닌 문학계에서 이루어지기도 하였다. 이 분야에서 문학계의 중심인물은 최관이었다. 그는 주로 임란이후 막부시대의 임란관련 소설들을 고찰하면서 이순신을 언급한 소설 대목을 소개하였다.[5]

이 논문은 그동안 구전이나 간단한 메모 혹은 에세이의 형태로만 유포되어 온 일본인의 단편적인 이순신 연구와 평가를 자세히 살펴본다는 목적을 갖고 있다. 구한말 이전에는 일본에서 이순신에 대한 연구나 평가와 관련하

---

1) 金泰俊,「日本에서의 李忠武公의 名聲」,『명지문학』제10호, 1978. 2, pp.69-85. 이 논문은『現代思潮』통권 제10호, 1978. 9, pp.143-150과 p.158에 그대로 다시 게재되었다. 또한「日本に於ける李舜臣の名聲」,『比較文學硏究』제4호, 1981에 일역되어 게재되었다(황정덕,「일본인이 이순신을 보는 눈」,『이순신연구논총』통권 제6호, 2006년 봄·여름, p.135).
2) 司馬遼太郎,『街道をゆく二』(東京: 朝日新聞社, 1972).
3) 德富猪一郎,『近世日本國民史 : 豊臣時代』, 朝鮮役(東京: 民友社, 1921-22).
4) 황정덕, op. cit., pp.135-162.
5) 최관,「일본문학에 나타난 임진왜란의 영향」,『南冥學硏究』제7집, 1997, pp.103-117 ; 최관,『일본과 임진왜란』(서울: 고려대학교출판부, 2003) ; 박창기, 「『조선군기대전』의 임진왜란 다시 쓰기와『징비록』」,『日本學報』제47집, 2001. 6, pp.503-517 ; 최영호,「일본인의 시각에서 본 '임진왜란' 문학 연구 : 오다 마코토(小田實)의「소설 임진왜란(民岩太閤記)」을 중심으로」,『해양연구논총』제39집, 2007. 5, pp.71-98.

여 참고할만한 자료가 거의 없었다. 따라서 고찰 시기는 일제강점기와 광복 이후로 양분하였는데, 전자는 사실상 구한말까지 포함하고 있다. 먼저 두 시대에 나타난 이순신 연구 상황을 비교적 상세하게 살펴볼 것이며, 이를 바탕으로 일본인들의 평가 양상과 그렇게 평가하는 이유를 살펴볼 예정이다. 이어서 일본인의 이순신 연구 그리고 평가와 관련하여 우리나라에 널리 알려져 있거나 논쟁중인 3가지 사항을 규명할 것이다.

이 논문은 실상을 정확하게 알림으로써 우리의 입맛이나 정서에 맞을 뿐만 아니라 우리를 우쭐하게 만들기까지 하는 에피소드를 쉽게 믿으려는 일반인들의 경향에 대해 약간의 우려를 제기하게 될 것이다. 역사적 인물에 대한 평가를 올바르게 하는 것이야말로 공부하는 사람의 기본적인 자세라 할 수 있을 것이다. 특히 자국 인물에 대한 외국인들의 평가는 국민감정과 대외관계를 고려할 때 더욱 정확하게 인식할 필요가 있으며, 이 문제를 해결하는 것도 공부하는 사람의 임무에 속할 것이다.

2. 일본인의 이순신 연구 현황

1) 일제강점기

도요토미 히데요시(豊臣秀吉)의 뒤를 이은 도쿠가와 이에야스(德川家康) 시대의 일본은 히데요시, 임진왜란, 기독교, 이에야스 등과 관련된 사건이나 기록 그리고 관련 무사들의 실명이 표기된 서적을 엄격하게 단속하였다. 따라서 조선과는 달리, 일본에서는 임진왜란에 관한 막부의 기록 정리가 없기 때문에 임진왜란에 관한 사실 추구가 어려웠으며, 그 결과 가상인물과 허구적인 스토리를 특징으로 하는 문학화가 진행될 수밖에 없었다.[6] 이러한 사회적 여건 때문인지 몰라도 이 시기의 문학작품에서 이순신의 실명이

---

6) 최관, 「일본문학에 나타난 임진왜란의 영향」, p.106.

나타나는 경우는 거의 없었으며, 그 대신 이순신의 실명을 모른 채 거북선의 특이한 모양이 구전되거나 역으로 일본 수군의 패배담을 통해 조선 수군을 상상할 뿐이었다. 사실상 근세 초기까지 일본에서 이순신의 이름은 잘 알려지지 않았다고 할 수 있다.7)

이순신의 이름이 일본인들에게 널리 알려지게 된 계기는 일본에서의 『징비록』 발간(1695)이었다.8) 일본인들은 『징비록』이 간행된 뒤에야 비로소 "임진왜란 최후의 해전에서 활약한 조선 무장의 이름이 이순신임을 알게 되었다. 또한 『징비록』에서는 이순신이 전사했다는 기사를 대단원으로 위치시키고 있는데, 이러한 구도가 『조선태평기』나 『조선군기대전』에 계승되어, 두 작품에서 이순신 전사와 관련된 기사는 각각 작품의 거의 마지막 부분에 위치하고 있다."9) 임진왜란이 발발한 지 100여 년이 지난 후인 17세기 말에 이르러서야 일본인들은 이순신에 대해 조금씩 알 수 있었던 것이다.10)

이순신에 관한 본격적인 서적은 일본에서 조선 말기에 간행되었다. 1876년에 체결된 조일수호조약에 의거, 조선 삼남지방 연해의 수심을 측량하였던 측량기사 세키 고세이(惜香生)는 이순신 전기를 집필한 후

---

7) *Ibid.*, p.114.
8) 『懲毖錄』의 초본은 조선에서 1604년에 완성되었으며, 1647년에 총 16권 7책으로 완간되었다. 일본에서는 1693년에 마쓰시타 겐린(松下見林)의 『異稱日本傳』에 『懲毖錄』의 발췌본이 포함되었으며, 1695년에는 야마토야 이베에(大和屋伊兵衛)가 당대의 대표적인 유학자 가이바라 에키켄(具原益軒)의 서문과 조선 지도를 첨가하고 또한 일본식 한문읽기 부호 등을 달아 전 4권으로 화각본(和刻本)으로 간행하였다. 최관, 『일본과 임진왜란』, pp.60-61.
9) 최관, *op. cit.*, p.62 ; 박창기, 「『조선군기대전』의 임진왜란 다시 쓰기와 『징비록』」, p.507. "일본 근세시대의 막부는 임진왜란에 관한 공식 기록물을 내놓지 못했고, 조정 차원의 정사가 아니라는 점이 특징적이었다. 그 후 17세기 중반이후부터 일본은 중국과 조선의 기록물에 영향을 받아 임진왜란을 전체적인 시각으로 접근한 결과물을 내놓기 시작했다"(최영호, *op. cit.*, p.78).
10) 일본인이 이순신의 일기와 장계를 발간한 것은 朝鮮史編修會 編, 『朝鮮史料叢刊 第6 : 亂中日記草, 壬辰狀草』(京城: 朝鮮總督府, 1935)이며, 그중에서 일기는 李舜臣 著, 北島万次 譯, 『亂中日記 1-3』, 東洋文庫 678, 682, 685(東京: 平凡社, 2001-2002)로 일역되어 출판되었다.

일본육군 보병대위 시바야마 나오노리(柴山尙則)의 열정(閱正)을 거쳐 1892년(명치 25)에 발간하였다.11) 그가 이 책을 집필하게 된 동기는 다음과 같았다. "어차피 늦어도 금년 안에는 우리 제국도 세계의 경쟁장에 발을 들여놓아야 하기 때문에 무엇보다도 외부와의 관계를 고려하여 입국(立國)의 방침을 정해 두어야 한다고 생각한다. 또 그렇게 하려면 우리 해군부터 진흥시킬 필요가 있다고 생각한다. … 소생은 우리 해군의 장래가 대단히 염려되며, 그래서 임진년 해군의 실패를 절실히 개탄하고 이를 두고 우리 해군을 더욱 원망하고 있다."12)

세키 고세이는 도요토미 히데요시가 "불수의 몸으로 지하에 누워 있게 된 한(限)은 바로 자국의 수군 때문이었으며 또 그 수군이 수치스럽게 패한 원인이 바로 조선의 한 사람 이순신에게 있다"고 보았다.13) 그가 보기에, "후세에 누군가가 다시 이순신을 위하여 붓을 들게 된다면 당시 조선의 운명을 구한 사람은 단적으로 이순신"이었음을 알려야 하였다.14) "나는 당시의 역사를 수세기가 지난 오늘날의 유럽 역사와 비교해보더라도 이순신의 전공이 훨씬 위대하다고 생각한다." 세키 고세이는 나폴레옹과 히데요시를 그리고 넬슨과 이순신을 비교하면서 여러 가지 유사점을 고찰

---

11) 惜香生, 『文祿征韓 水師始末 朝鮮 李舜臣傳』(東京: 偕行社, 1892). 통영 충렬사이사장이자 사단법인 통영사연구회의 일원인 박형균이 완역본을 2007년 9월에 비매품으로 발간한 덕분에 이 책을 쉽게 읽을 수 있었다. 여기에서 인용된 것은 이 번역본이며, 번역본을 제공해준 박형균 이사장에게 감사드린다.

12) 惜香生 저, 朴炯鈞 역, 『文祿征韓 水師始末 朝鮮 李舜臣傳』(통영사연구회, 2007), pp.6-7. 세키 고세이(惜香生)가 서울/인천주재 일본외교관이었던 오다기리 마스노스케(小田切万壽之助, 1868-1934)라는 주장이 최근에 제기되어 거의 정설화되고 있다. 서문을 쓴 시바야마 나오노리(柴山尙則)는 조선주재 육군무관으로서 조선의 지리정보를 수집하고 있었다. 宋判權, 「旧日本軍關係者文書に見る李舜臣像」, 『北東アジア研究』 25, 2007. 3 ; 金泰俊, 「日本における李舜臣の名聲」, 『比較文學研究』 40, 1981. 11 ; 이노우에 야스시(井上泰至), 「일본에서 본 이순신의 역사적 평가 - 1890년대의 '도약과 그 배경」, 『이순신, 서울에서 만나다』(서울특별시 국제학술대회, 2025. 4. 25), pp.135-155.

13) Ibid., pp.13-14.

14) Ibid., p.21.

하였다. 그가 보기에, "우리 해군장수들과 이순신과의 싸움은 전체 정국의 승패를 결정짓는 분수령이었다. 그래서 전후 두 전쟁(필자 주 : 임진왜란과 정유재란을 지칭)은 이순신 때문에 좌절되어 조선과의 역사에서 일본에게 더 없는 오점을 남기게 되었다."[15] "당시 영국을 굳게 지켜 나폴레옹의 전화를 입지 않게 한 것은 영국의 이순신이라 할 수 있는 넬슨의 전공이요 또 조선을 지켜 국운의 쇠락을 면하게 한 것은 실로 조선의 넬슨이라 할 수 있는 이순신의 위대한 전략이었다고 해야 할 것이다."[16]

근대에 이르러 이순신을 깊게 연구한 사람은 사토 데쓰타로(佐藤鐵太郞)였다. 그는 1890~1891년에 해군대위로서 포함 조카이함(鳥海)을 타고 한반도 연안을 항해하면서 러시아와 청의 조선과의 관계에 대한 장래와 일본제국의 진로에 대해 깊이 느낀 바 있어 1892년에 『국방사설(國防私說)』을 저술하였다.[17] 사토가 국방문제를 연구하면서 최초로 손을 댄 것은 히데요시의 조선출병과 이를 격퇴한 조선의 영웅 이순신의 사적을 연구하는 것이었으며, 이를 기초로 일본 국방의 위치를 논한 것이 바로 이 소책자 『국방사설』이다.[18] 그로부터 10년 후인 1902년에 해군소좌가 된 그는 이를 발전시켜 『제국국방론(帝國國防論)』을 발간하였고, 해군대좌로 진급한 1910년에는 완결편인 『제국국방사론(帝國國防史論)』을 발간하였다.[19] 육주해종론(陸主海從論) 위주였던 일본의 국방사상을 해주육종론(海主陸從論)으로 바꾸기 위한 노력의 일환으로 『제국국방사론』을 집필하였던 그는 자신의 이론적 근거를 동서양 역사에서 찾았는데, 동양에서 찾은 인물은 이순신이었다.

---

15) *Ibid.*, pp.66-67.
16) *Ibid.*, p.68.
17) 石川泰志 著, 金一相 譯, 『日本海軍國防思想史』(서울: 韓國海洋戰略硏究所, 2000), p.7.
18) 田中宏巳, 「海主陸從の理論的旗手 佐藤鐵太郞」, 『歷史讀本』 8月號, 別冊附錄, 1985, 「特輯 : 日本海軍の名將と名參謀」를 참조.
19) 石川泰志 저, 金一相 역, *op. cit.*, p.26. 그는 해군중장으로 전역한 후 대표적인 우익이론가 중 한 명으로 활동하면서 많은 책을 발간하였다.

고래로 기정분합(奇正分合)을 교묘하게 사용한 전장(戰將)은 한, 두 명이 아니었다. '전(全)으로 분(分)을 치라'는 나폴레옹의 말도 바로 이 뜻에 불과하다. 그러나 해군장관 중에서 이를 살펴보면, 먼저 동양에서는 한국 장수(韓將) 이순신을, 서양에서는 영국 장수 넬슨을 들 수밖에 없다. 이순신은 실로 개세의 해군장수(海將)임에도 불구하고, 불행하게도 조선에서 태어났기 때문에 용명(勇名)과 지명(智名)이 서양에 전해지지 않았지만, 조선정벌과 관련된 문헌을 보면 실로 훌륭한 해군장수였다. 서양에서 이와 필적할만한 사람으로는 틀림없이 네덜란드 장수 드 로이테르를 들 수 있다. 넬슨 같은 인물은 인격면에서 (이순신과) 도저히 견줄 수 없다. 이 장군은 실로 장갑함의 창조자이며, 300년 이전에 이미 탁월한 해군전술로 싸운 전장(戰將)이다.20)

이순신에 대한 사토의 생각은 해군중장으로 진급한 1926년에 종합적으로 정리되었다.

역사적 위인 중에서 … 해군장관으로서 내가 평생 경모해 마지않는 해장(海將)은 네덜란드의 명장 드 로이테르와 동양에서 조선의 명장인 이순신이다.
이순신은 인격적인 면과 여러 가지 장수의 자질 면에서 털끝만큼도 비난할 수 없는 명장이며, 만약 감히 위의 두 장수의 순서를 정한다면 의심할 여지없이 이순신이 위에 놓인다. … 넬슨은 인격과 천재적 창의성면에서 이 장군의 적수가 도저히 될 수 없다. … 드 로이테르를 보면 인격과 역량 두 가지 면에서 나무랄 데 없고 경력도 이 장군과 비슷하지만, 군장(軍將)으로서 필요한 독창적 천재성 측면에서는 이 장군에게 미치지 못하는 것처럼 보인다.
이 장군은 또한 독창적인 천재였다. 이 장군은 전쟁이 쉽게 끝나지

---

20) 佐藤鐵太郞, 『帝國國防史論』(東京: 水交社, 1908), p.464.

않을 것임을 알고 군비(軍備)를 충실히 하기 위해 부심했을 뿐만 아니라, 거북선이라는 신식 전함을 건조하였다. 이것이야말로 전투함의 효시이다. … 지금으로부터 400년 전에 장갑전함을 만든 것은 세계의 모든 사람이 놀랄 일인 것이다. …

내가 경모하는 이 장군은 실로 위와 같은 인물이었다. 이 경력을 대강 살펴보는 것은 드 로이테르 장군과 유사한 점이 많으며, 뿐만 아니라 이순신과 드 로이테르 및 넬슨 이 세 장군은 모두 대 승리라는 광영의 절정에서 전사한 것으로 특히 추모의 마음이 들게 한다. 나는 조선에 이순신이 있음을 자랑스럽게 생각하며, 일본 본토에 이 사람에 비견할 수 있는 장군이 하나도 없다는 것은 원통할 일이 전혀 아니라고 생각한다. 그러나 다행히 세계 제일의 명장 도고(東鄕) 원수가 역사를 새로 장식할 수 있음을 생각하면, 다시 한 번 유쾌해진다.[21]

전역한 후 사토는 1930년에 일본해전사에 대한 개론서를 발간하였는데, 이 책에서는 임진왜란 기간의 해전 상황을 27쪽에 걸쳐 서술하였다. 그는 이 책에서 "우리의 조선정벌전의 실패는 요컨대 해군의 실패에 따른 것이다"[22]라고 단언하면서, 그렇게 만든 조선장수 이순신을 '불세출의 명장',[23] '절대적인 명장'이자 '진실로 동서 해군장수 중 제1인자'[24]로 표현하였다. "이순신 같은 사람은 네덜란드 장수 드 로이테르의 인격과 영국 장수 넬슨의 영웅적 풍모를 겸비한 독보적인 명장이라 부를 만하고, 또한 조선의

---

21) 海軍中將 佐藤鐵太郞, 「絶世の名海將李舜臣」, 『朝鮮地方行政』(帝國地方行政學會 朝鮮本部 發行), 第6卷 2月號, 通卷 第62號, 1926, pp.56-59. 원문 pp.57-58의 중앙에는 사각형이 그려져 있고 그 안에 『이충무공전서』의 「도설(圖說)」에 있는 통영거북선과 전라좌수영거북선에 대한 설명문 중 일부와 그림이 간단하게 인용되어 있는데, 이 부분의 번역은 기존의 글들과 다름이 없고 널리 알려진 사항이기 때문에 제외하였다.
22) 佐藤鐵太郞 著, 阪谷芳郞 編, 『大日本海戰史談』(橫須賀 : 財團法人 三笠保存會, 1926), p.42.
23) Ibid., p.39.
24) Ibid., p.40.

역사에서 전해오는 대로 그 풍모를 생각하면 가장 경모할 만하고 품격 있는 체용(體容)을 지닌 귀공자라고 생각하지 않을 수 없다."25)

위관장교에서 중장에 이르는 현역 해군장교 시절은 물론 전역한 이후에도 이순신에 대한 사토의 생각은 가장 존경하는 세계 최고의 해군장수로서 일관되고 있으며, 오히려 약 40여 년 간 공부를 하면 할수록 이러한 생각이 더욱 견고해진 것처럼 보인다.26)

한편 일본에서 임진왜란에 대한 상세한 연구서는 1922년에 발간되었다.27) 저자인 도쿠토미 이이치로(德富猪一郎)가 보기에, 조선 수군은 의외로 우세하여 일본 수군을 괴롭혔으며, 히데요시의 해외경략이 실패한 원인 중 하나가 이것이었던 것은 두 말할 필요가 없었다.28) 따라서 임진왜란 때 일본으로 하여금 그러한 상황에 놓이게 만든 이순신은 단연코 홀로 돋보이는 인물이었다. "이순신의 죽음은 마치 넬슨의 죽음과 같았다. 그는 이기고서 죽었고, 죽어서 이겼다. 조선역의 7년 동안 흔적을 볼 때, 조선에는 많은 책사(策士), 변사(辯士), 문사(文士)가 있었다. 그러나 이 전쟁에서 진정으로 이순신 한 명만 자랑할 수밖에 없다. 그는 실로 조선역에서 조선의 영웅이었을 뿐만 아니라 3국의 영웅 중 한 명이기도 하였다."29)

---

25) Ibid., p.58.
26) 또한 사토는 청일전쟁에 함장으로 참전했으며, 러일전쟁 때에는 제2함대 참모로 참전했다. 그 후 그는 영국과 미국에서 파견근무를 했는데, 일찍부터 미국의 해양전략가 마한(Alfred Thayer Mahan)의 영향을 크게 받았다. 각계각층의 여론을 조성하고 예산을 확보하여 해군과 육군을 동등 수준으로 개선하여 "일본의 마한"으로 칭송될 뿐만 아니라 전쟁사 연구의 대가(大家)로도 간주되고 있다.
27) 德富猪一郎,『近世日本國民史 : 豊臣時代』, 朝鮮役(東京: 民友社, 1921-22). 이 책은 丁篇(上卷), 戊篇(中卷), 己篇(下卷) 3권으로 발간되었는데, 총 2,470쪽의 방대한 분량이며, 연표와 색인 및 서론을 제외한 본문만 해도 2,202쪽이나 된다. 저자(1863-1957)는 출판사(民友社)와 신문사(國民新聞)를 창설한 문필가이며, 일본 우익사상의 대표자로서 일본의 괴벨스로도 불린다. 그는 많은 조선 지식인들을 변절시켰으며, 전후 A급 전범으로 분류되었다. 그는 1952년에 근세일본국민사 100권을 완간하였다. 그는 蘇峰學人이라는 필명도 가지고 있다.
28) Ibid., 丁篇, 上卷(1921), p.604.
29) Ibid., 己篇 下卷(1922), pp.727-8.

언론인으로 조선에 파견되어 조선사연구회를 창설하는 역할을 하고 1912년부터 경성신문사 사장으로 근무하던 아오야기 난메이(靑柳南冥)는 같은 해인 1922년에 일종의 조선통사(朝鮮通史)를 발간하였다. 그는 임진왜란을 기술한 부분에서 이순신의 활동 외에도 일생까지 간략히 서술하고서 이순신이 노량 해전에서 전사했음에도 불구하고 일본 장수들이 싸우지 못하고 달아난 것을 "죽은 제갈(諸葛)이 산 자들을 도망가게 한 것"에 비유할 수 있다고 보았다. 그가 보기에, "이조가 쇠망의 흔적을 남기고 300년 후 일본제국에 병합되었지만, 죽어서도 국가에 충렬(忠烈)을 바친 이순신의 영명(英名)은 천년만년 이어질 것이다." 아오야기는 "조선에 순신과 같은 충성스럽고 용감한 호걸이 있다는 것을" 자랑스럽게 여겼다.[30] 또한 7년 후에도 아오야기는 "이순신은 수군의 명장으로서 병선을 능수능란하게 조종하며", "지모(智謀)와 군략(軍略)이 일세에 이름 높은" 사람으로 간주하였다.[31]

그러나 이순신을 좋게 생각하는 사람만 있었던 것은 아니다. 이순신을 대수롭지 않은 인물로 평가절하하려는 연구서가 1922년에 발간되었다. 이 책에 의하면, "세상에서 이순신을 소양을 갖춘 해군장수(海將)로 논하는 사람이 있지만, 그는 우연히 준비를 제대로 하지 못한 우리 수군을 상대로 했기 때문에 승리했을 뿐이며, 교양면에서는 우수한 점을 전혀 찾아볼 수 없다."[32] 명량 해전 때 "순신을 원래 상리(常理)를 이해하고 상당한 인격자라고 하지만, 순신으로 하여금 이름을 떨치게 한 데 실로 수로에 정통했던 어영담의 역할이 컸다는 것은 조금도 의심할 바가 없다."[33] "(일본) 수군장수들의 … 순신이 주의를 기울이는 것에 신경 쓰지 않고 멍청하게 배를 끌고서 조류간만의 차가 크고 복잡하며 수많은 섬들이

---

30) 靑柳南冥, 『李朝史大全』(京城: 朝鮮史研究會, 1922), pp.373-374.
31) 靑柳南冥 編著, 『朝鮮史家の記せる豊太閤朝鮮役-慶長の卷』(京城: 京城新聞社出版部 藏版, 1930), pp.27, 57.
32) 杉村勇次郎, 『軍事的批判: 豊太閤朝鮮役』(東京: 日本學術普及會, 1922), p.212.
33) Ibid., p.13.

분포되어 있는 조선의 연해로 나아간 것이다. 이것이 승산이 없었던 것은 오히려 당연한 일이었다. 구태여 이순신이 크고 명과 조선의 수군이 강하다고 할 것도 없다."34)

또한 일본군 참모본부는 1924년에 임진왜란 연구서를 편찬하였다.35) 비록 집필자들의 이름이 밝혀지지 않고 있지만, 정사와 야사 및 개인기록이나 문집을 포함하여 일본자료 166종과 한국자료 116종 및 중국자료 17종으로 구성되는 총 399종의 자료를 참고한 사실이 1924년 판본에서 밝혀지고 있을 뿐만 아니라36) 임진왜란의 전개과정을 군사적 측면에서 자세히 분석하고 있기 때문에 전문적인 학술서적으로 분류할 수 있을 것 같다.

이 책은 일본의 수군이 보유한 함선이 상대적으로 조선의 함선보다 약한 것을 조선 수군의 연전연승 원인으로 내세우기 위해 조·명·일 삼국의 함선을 비교하고서37) 다음과 같이 결론짓고 있다. "조선 육군이 연패한 것에 비해 수군이 연승하여 일본 수군의 서진(西進)을 막은 것은 첫째로 조선의 선체 건조가 일본보다 우수했기 때문이다. 그러나 전선의 운용과 무기의 사용은 장수의 좋고 나쁨에 달려있다. 조선 수군은 명장 이순신을 얻어 처음으로 효과를 보았다. 하지만 순신이 중상모략을 당하고 원균이 대신 수군장수가 되자 경장(慶長) 벽두에 일본 수군은 조선 수군의 대형선 100여 척을 전멸시킬 수 있었다."38) 또한 이 책은 임진왜란기의 해전과 거제도 해전(필자 주 : 칠천량 해전을 지칭)을 설명할 때 이순신을 거론하고

---

34) Ibid., p.214.
35) 參謀本部 編纂, 『日本戰史 : 朝鮮役』(東京: 偕行社, 1924). 이 책은 다이쇼(大正) 13년 즉 1924년에 출판되었는데, 德間文庫로서 舊參謀本部 編纂, 『日本の戰史 : 朝鮮の役』(東京: 德間書店, 1995)로 재편집되어 출판되었다. 재편집본은 이 책이 원래 "메이지 연간에 참모본부가 편집"된 것이라고 「凡例」에서 밝히고 있는데, 大正 13년에 초판이 발간되었기 때문에 엄밀히 말해 다이쇼 시대에 발간된 것으로 보아야 한다. 재편집본에는 문어체와 한문이 현대어로 번역되어 있고 또한 별책으로 간행된 『日本戰史朝鮮役經過一覽表』와 지도들이 본문에 삽입되어 있다.
36) 參謀本部 編纂, op. cit., pp.1-5의 「引用及參考書目」을 참조.
37) 舊參謀本部 編纂, op. cit., pp.363-368.
38) Ibid., p.367.

있지만, 「이순신의 훈공(勳功)」과 「이순신의 전사」에 대해서는 별도의 작은 항목으로 설정해서까지 설명하고 있다.[39] 조선 수군의 전공을 폄하하려고 노력한 흔적이 역력히 나타나지만 이순신에 대해서만큼은 주로 한국 자료를 그대로 이용하면서 아무런 평가 없이 비교적 사실만 서술하고 있음을 볼 때, 이 책은 이순신에 대한 집필자들의 생각을 간접적으로 엿볼 수 있게 해주고 있다.

그러나 이순신에 대한 부정적인 생각이나 폄하하려는 노력은 일본에서 극소수였다. 이후에 나타난 대부분의 일본 연구서들은 이순신에 대해서만큼은 찬사를 아끼지 않고 있다. 1939년에는 일본 수군이 부진하게 된 원인을 이순신에게서 찾는 연구 결과가 나왔다. 이 책에 의하면, "게다가 이순신이 원균의 뒤를 이어 삼도수군통제사로 임명되고 또한 일본 수군이 억제되어 힘을 쓰지 못함으로써 일본군은 북방경로의 뜻을 단념하게 되었는데, (일본군에게) 힘이 없어서 그랬는지도 모른다."[40] "이순신의 재기에 의해 일본군의 제해권이 동요되었으며, 그 때문에 일본군이 오지로 진군하는 것이 불가능하게 되었고, 충청도와 전라도에 주둔하는 것조차 불안하게 되어 원래대로 경상도 연안으로 물러나려고 했음을 알 수 있다."[41]

1942년에는 해군대좌 아리마 세이호(有馬成甫)가 임진왜란 연구서를 발간하였다.[42] 대부분의 사람들과는 달리, 그는 해전의 역할과 의의를 별로 중시하지 않으려 하였다. 예를 들면, 한산도 해전에 대해 "조선의 살라미스 해전"이며 "일본의 대명(大明) 정벌군에게 사형선고"를 내렸다는 평가를 반박하였다. 그가 보기에, 이 해전에 참가한 일본 수군은 전체가 아니라 작은 일부 세력에 불과하였다. 그는 오히려 이 패배가 자극제가 되어 이후 해상작전의 계획을 수립하는데 긍정적인 영향을 주었고, 그

---

39) 임진왜란기의 해전은 Ibid., pp.196-205, 거제도해전 즉 칠천량해전은 pp.261-5, 「이순신의 훈공」은 pp.392-394, 그리고 「이순신의 전사」는 pp.471-472를 참조.
40) 京口元吉, 『秀吉の朝鮮經略』(東京: 白揚社, 1939), p.280.
41) Ibid., p.281.
42) 有馬成甫, 『朝鮮役水軍史』(東京: 海と空間, 1942).

결과 칠천량 해전에서 조선 수군을 전멸시킬 수 있었기 때문에 이 일전이 전쟁 국면의 운명을 결정했다고 말할 수 없다고 보았다.[43] 그는 이순신의 명량 해전 승리에 대해서도 이순신이 아닌 일본 수군에게서 그 원인을 찾았다. "우리 수군은 결국 명량도(鳴梁渡)를 서진하여 북상하는 것이 불가능하게 되었다. 이 한 가지는 결정적인 전과였다. 이순신은 이 해전의 승리를 천운으로 돌리고 있다. 천운이라 해도, 일본 수군이 수로와 조류에 어두웠다고 추정할 수 있는 것이며, 일본군이 인사(人事)를 다하지 않은 점이 많았던 것을 생각하지 않으면 안 된다."[44]

그가 보기에, 임진왜란의 실패는 히데요시가 수군 준비를 소홀히 한 데에 있었다. 히데요시는 우월감이 너무 큰 나머지 조선 수군을 안중에 두지 않았으며, 조선 수군을 알려고도 하지 않았다. 봉건제도 하에서는 재정, 지휘통솔, 인물 등용의 세 가지 때문에 강력한 수군을 건설하는 것이 불가능하였다. 한편 조선 수군의 일부가 "우리 수군을 여러 차례 파괴했지만, 우리 병참선을 위협하거나 방해할 정도로 적극적인 행동을 할 수 없었으며, 결국 제해권을 장악할 수 없었다." "요컨대 수군의 제해권 상실로 조선 원정군이 임무를 수행할 수 없었다고 주장하는 것은 육상병력과 해상병력이 서로 밀접한 관계에 있었기 때문에 사실상 정곡을 찌르지 못할 뿐만 아니라 잘못된 이념이기도 하다. 바꿔 말하면, 마한(Alfred Thayer Mahan)의 제해권 이론은 임진왜란의 경우에 해당되지 않는다."[45]

2) 광복 이후

광복 이후 일본에서는 일제강점기처럼 많지는 않지만 이순신에 대한 매우 긍정적인 견해를 갖고 연구한 서적과 글이 나타나고 있다.

1964년 나니와 센타로(難波專太郎)의 짧은 이순신 평론이 국내에 소개되

---

43) Ibid., pp.98-99.
44) Ibid., p.262.
45) Ibid., pp.285-290.

었다. 미술평론가였던 그는 이순신을 다음과 같이 묘사하였다. "이순신은 이조(李朝) 굴지의 명장으로 그 인물의 뛰어남은 이조 500년에 걸쳐 그의 위에 설 사람이 드물 정도다. 그는 지략이나 발명에 뛰어났으며 또한 호용(豪勇)한 사람이었다. 시기심이 많고 간사한 짓을 하면서 녹을 먹던 조신(朝臣)이나 무장이 많던 한국사에 있어서 오직 샛별과 같이 빛나는 이는 바로 이순신이었다. 문록경장(文祿慶長)의 역(役) 때에는 용감무쌍한 일본군도 그이 때문에 번번이 패배 당하였다." 이러한 이유로 나니와는 이순신을 "참으로 고금에 볼 수 없는 명장"으로 간주하였다.[46]

1972년에는 역사소설가 시바 료타로(司馬遼太郎)가 이순신을 조선의 으뜸가는 인물로 칭송하였다. "이조 500년 동안 한국 관계(官界)의 대관들은 말할 것도 없이 문제가 많았다. 그러나 무과 출신의 무신이면서 이순신만큼 두드러지게 고아청결하고, 게다가 죽음에 이르기까지 이 민족의 어려움을 극복하기 위해 몸을 바치며, 또 그 업적으로 보거나 문장을 읽어도 그처럼 자신의 공을 조금도 자랑하지 않았던 사람이 없다." "그는 조선의 수군을 이끌고 경이적인 활동을 하였으며, 일본 수군을 여러 차례 격파하였고, 제해권의 80%를 확립하여 전체적인 전국(戰局)에 중대한 영향을 준 인물이다."[47]

1989년에는 시바가 이순신에 대해서 다음과 같이 설명하였다. "어느 한 민족이 명장을 배출한다는 것-배출하지 못하는 민족도 있다-. 어떤 민족에게나 여러 가지 재능이 있는 것 같다. 미술가, 건축가, 학자, 이러한 사람들은 한 시대에 여러 명이 나타나지만, 명장의 재능을 가진 사람은 그 민족의 오랜 역사에서 두, 세 명 있으면 많은 편일 것이다. 더구나 바다의 명장은 그보다 더 적고, 일본사에서는 쓰시마(對馬島) 해전까지 한 명도 나오지 않았다. 도요토미 히데요시가 조선을 침략했을 때, 조선에

---

46) 難波專太郎,「日人이 쓴 李舜臣論」,『世代』6월호, 1964, pp.358-363. 이 잡지에는 '나니와 젠따로오'로 표기되어 있는데, 이 논문에서는 현대식 표기법으로 바꾸었다.
47) 司馬遼太郎,『街道をゆく二』(東京: 朝日新聞社, 1972), p.64.

서는 이순신이라는 멋진 인물이 제독으로서 대단한 활약을 하였다. 조선의 일이기는 했지만, 정세가 복잡하였다. 그는 이겼어도 시샘을 받아 감옥에 투옥되었다. 그리고 일본의 수군이 다가오자, 이순신은 감옥에서 나와 일본 수군을 멋지게 격퇴시켰다. 그는 결국 전쟁터에서 죽었다."[48]

1982년에는 후지이 노부오(藤居信雄)의『이순신각서(李舜臣覺書)』가 출판되었다. 후지이는 "그(이순신)에게서 우리와 많은 공통점을 찾아낸다고 해도 이순신은 역시 꿈속에서조차 도저히 우리가 미치지 못하는 힘을 가진 사람이고 영웅이다"[49]라고 단언하였다. 그가 보기에, 이순신은 "군인이라는 것만으로도 알레르기를 일으키고 얼굴을 찡그리게 만드는 어떤 나라의 악한에게도 모자를 벗게 만드는 매력을 갖고 있는 장군"이었다.[50] 그가 보기에, 임진왜란은 "이순신만을 영웅으로 만들기 위해 역사가 만들어 낸 전쟁이었다."[51] 그는 실제로 이순신을 "바다의 신을 멋지게 인간으로 만들고 또한 여몽연합군의 일본 침입 때 불었던 호국의 몬순 기후에 인격을 부여한 것이 이순신의 이미지"라고 생각하였다.[52] 그러나 "애석하게도 이순신의 이름은 오늘날에도 아직 세계적이라 할 수 없다. 동시대의 드 로이테르와 드레이크, 2,000년 전의 테미스토클레스, 100년 후 넬슨의 지명도에 비해 이순신은 가려져 있다." 그 예로 넬슨과 비교해보면, "부질없이 비교를 좋아하는 나는 이순신에게서 보다 진한 영웅 냄새를 맡는다. 왜 그럴까? 순풍에 돛단 영웅은 서사시적 영웅이기 쉽다. 실망, 비명, 난세가 강자에게 있을 때 영웅이 되는 조건은 훨씬 충만하다. 백의종군, 노모의 죽음, 노량해협에서의 최후가 없었더라면, 이순신의 영웅상이 변질되었을 것이다."[53] 그렇기 때문에 그는 이순신에 대해 다음과 같이 결론지었다. "한반도 역사에서 초창기 이래 홀로 우뚝 서있는 구국의 군신(軍神)이

---

48) 司馬遼太郎,『明治という國家』(東京: 日本放送出版協會, 1989), p.210.
49) 藤居信雄,『李舜臣覺書』(東京: 古川書房, 1992), p.122.
50) Ibid., p.253.
51) Ibid., p.69.
52) Ibid., p.70.
53) Ibid., pp.256-256.

다. 한국에서 태어난 사람이 철이 들면 먼저 익히고 외워야 하는 인명은 이순신일 것이다."54) 나아가 그는 이순신을 신장(神將)으로까지 간주하였다. "하여튼 7년간의 전쟁에서 해상에서 일본군이 압승한 것은 원균과의 전투가 처음이자 끝이었다. 이순신을 신장으로 부를 가치가 있는 것은 그가 아무리 열세한 함대의 지휘관이라 하더라도 훌륭하게 싸웠으며, 그 자신이 전사한 노량 해전도 시마즈 요시히로(島津義弘)를 주장으로 한 일본군을 간신히 탈출할 수 있게 한 것으로 결말지었기 때문이다."55)

1983년에는 가다노 쓰기오(片野次雄)가 이순신을 "세계 제일의 해장(海將)"으로 간주하였다. "이순신, 몇 년 후 세계에서 제일가는 바다의 지장(智將)이라 찬사를 받게 될 대제독의 이름이 조선군부 고위층에 알려지게 된 것은 이때가 처음이었다. 이때 이순신의 나이 47세, 벌써 50고개에 가까워진 일개의 수사가 후에 조선을 국난으로부터 구해내는 수호신이 될 줄이야, 그 누구도 예상하지 못했던 일이다."56) 그가 보기에, 이순신은 "하늘이 내린 구국의 명장"이었다.57) 또한 "이순신의 이름은 한산도 앞바다의 승리가 3대첩에 들어감으로써 비로소 서양에 널리 알려지게 되었으며, 결국 '구국의 영웅'이라는 평가를 얻기에 이르렀다."58) 그리하여 "조선을 국난에서 구한 세계 굴지의 제독"이 되었다.59)

1991년에는 한국해군이 주최한 심포지엄에서 마키 히로시(槇浩史)가

---

54) Ibid., pp.279-280.
55) Ibid., p.146.
56) 片野次雄, 『李舜臣と秀吉 : 文祿慶長の海戰』(東京: 誠文堂新光社, 1983) ; 가다노 쓰기오 지음, 윤봉석 옮김, 『이순신과 히데요시』(서울: 도서출판 우석, 1997), p.58.
57) Ibid., p.172.
58) Ibid., p.214. 한산도 해전이 3대첩에 들어갔기 때문에 이순신의 이름이 서구에 널리 알려지게 되었다는 주장은 근거가 없다. 이순신이 전후 공신 평가에서 1등공신이 되었으며, 중국 황제가 이순신에게 팔사품(八賜品)을 하사하였고, 일본의 도요토미 히데요시가 이순신 함대와 전투하지 말라고 명령한 사실 등은 이순신의 이름이 임진왜란 당시에 이미 조·명·일 3국에 널리 알려졌음을 뜻한다. 다음 기회에 살펴보겠지만, 서구인들도 구한말부터 이 사실들과 이순신의 이름을 잘 알고 있었다.
59) Ibid., p.303.

임난 초기 이순신의 전략전술에 대한 논문을 발표하였다. 그는 옥포 해전과 당포 해전을 고찰하고서 "더구나 옥포 해전은 한산대첩 때와 같은 연합함대가 아닌 이순신 함대만으로 서전에서 승리를 거두었다고 하는 것은 놀랄만한 점이며, 해양을 지키는 훌륭한 장수였다는 점은 재평가되어야 할 것이다"라고 주장하였다.[60] 왜냐하면 "이순신 장군의 수전은 서전부터 2차 출전에 이르기까지 아무도 생각할 수 없었던 위대한 전과를 거두고 나아가 제해권을 장악하기에"[61] 이르렀기 때문이다.

같은 심포지엄에서 가다노 쓰기오(片野次雄)는 임진왜란의 전 기간 동안 이순신의 활동을 고찰하였다. "조선이 입은 전화(戰禍)가 심대했으나 더 이상 확대되지 않게 된 것은 오로지 이순신의 공적 이외의 아무 것도 아닌 것이다. (이순신이) 명장 중의 명장이라는 근거는 바로 이것이다."[62] 그럼에도 불구하고 일본인들이 이순신을 잘 모르고 있는 원인을 그는 다음과 같이 보았다. "그런데 (일본에서) 이순신 장군에 대한 인식이 왜 단절되어버린 것일까? 명치시대부터 현대까지의 시기에는 한국·조선에 일본의 식민지라고 하는 불행한 시대가 있었다. 당시 일본은 조선의 역사를 부정하고 조선의 영웅을 무시하는 잘못된 방향으로 일관하였다. 만약 이 원인 때문에 이순신장군에 대한 인식이 단절되었다고 한다면, 전란 400주년을 맞이하는 오늘날 세계 역사상 굴지의 영웅호걸에 대한 인식을 더욱 새롭고 깊게 할 필요가 있다."[63]

1993년 나카자토 노리모토(中里紀元)는 조선에서 침략군과 싸워 독립을 지킨 인물로 이순신을 교육해 왔다고 생각하고서 "기가 약해 일본군의 모습을 본 것만으로도 틀림없이 기절하였을 조선 수군은 이순신의 지휘를 받아 각 포구에서 일본군을 격파하고 있었다."고 주장하였다.[64]

---

(60) 槙浩史,「壬辰亂과 李舜臣의 戰略戰術」,『第2回 國際海洋力심포지엄 發表文集 : 壬辰倭亂과 海洋力』(大韓民國海軍·海軍海洋硏究所, 1991. 8), pp.137-138.

(61) Ibid., p.143.

(62) 片野次雄,「壬辰·丁酉倭亂과 李舜臣 提督의 功勳」,『第2回 國際海洋力심포지엄 發表文集 : 壬辰倭亂과 海洋力』, 大韓民國 海軍·海軍海洋硏究所, 1991. 8, p.300.

(63) Ibid., p.301.

1994년에는 가다노 쓰기오가 "도요토미 히데요시의 조선침략 당시 일본 수군에게 커다란 타격을 준 조선수군의 명장"으로 이순신을 설명하였다. "이순신 장군의 용기와 지략이 도요토미 히데요시의 야망을 깨부셨다고 해도 과언은 아닐 것이다." 따라서 "이순신은 조선 백성이 숭배하여 마지않는 제일의 구국 영웅이었다."[65]

1995년에 기타지마 만지(北島万次)는 이순신에 대해 다음과 같이 서술하였다. "이순신이 이끄는 조선 수군이 일본군을 격파하고 보급로를 차단하였다. 그것은 객관적으로 조선 각지의 의병투쟁과도 호응하여 히데요시의 야망을 산산이 조각내는 결과가 되었다."[66] 그리하여 "이순신은 그 충절과 지략으로 나라를 구한 인물로서 사람들로부터 추앙받고 있다."[67]

2002년에는 기타지마 만지가 임진왜란의 서전(緒戰)에서 이순신의 업적을 더 자세히 설명하는 책을 발간하였다. "옥포에서 율포까지의 해전에서 왜군은 예기치 않았던 조선 수군의 습격을 당했다. 한산도와 안골포 해전에서는 왜군이 조선 수군을 격파하려고 했지만, 거북선을 중심으로 한 선단과 해역 및 조류를 이용한 이순신의 전술에 농락당했으며, 히데요시는 급기야 해전 중지 명령을 하달하기에 이르렀다. 부산포 해전에서는 조선 수군이 충분히 목적을 달성하지 못했지만, 이것에 의해 조선 수군은 제해권을 장악하게 되었다. 그 결과, 왜군은 16만 명에 이르는 병력을 조선에 보냈지만, 보급로의 유지가 어렵게 되었다."[68]

2003년에 구로다 게이이치(黑田慶一)는 이순신에 대해 "인격이 고결하고, 조국을 구한 불세출의 수군사령관"으로서 "적과 아군을 뛰어넘는 군신(軍

---

64) 中里紀元, 『秀吉の朝鮮侵攻と民衆－文祿の役(壬辰倭亂)』, 上 : 日本民衆の苦惱と朝鮮民衆の抵抗(東京: 文獻出版, 1993), pp.2와 223.
65) 片野次雄, 『朝鮮滅亡』(東京: 新湖社, 1995). 이 책의 역서가 우리나라에서 출판되었으며, 필자는 역서를 이용하였다. 가다노 쓰기오 지음, 윤봉석 옮김, 『일본인이 쓴 조선왕조 멸망기』(서울: 도서출판 우석, 1998), pp.2009-2010.
66) 기타지마 만지, 김우성·이민웅 공역, 『도요토미 히데요시의 조선침략』(서울: 경인문화사, 2008), p.103.
67) Ibid., p.250, 〈그림 26〉 설명문.
68) 北島万次, 『壬辰倭亂と秀吉·島津·李舜臣』(東京: 校倉書房, 2002. 7), p.218.

神)"이라고 주장하였다. 그가 보기에, "이순신의 대활약이 결과적으로 조선 왕조의 기적적인 인사(人事)의 결과라 말할 수밖에 없다." "이순신의 투쟁심, 전략, 부하의 용선(用船), 바다에 대한 지식 등이 서로 조화되어 연전연승의 수군을 만들었다고 말할 수 있다." "이순신 수군의 눈부신 활약은 수길 군의 전의를 좌절시켰을 뿐만 아니라 보급로까지도 단절시켜 수군에게 결정적인 타격을 주었다." "이순신의 수군은 수길 군이 보유한 군사능력의 근간을 끊어버렸던 것이다." 따라서 구로다는 "수길이 도저히 넘어설 수 없었던 것은 이순신의 활동이었다."고 결론지었다.69)

2005년 오가와 하루히사(小川晴久)는 이순신을 "조선의 수호신"으로 간주하였다. "이번에 이순신의 전체를 접할 수 있는 기회를 가지면서 나는 마음속 깊이 이 인물이 한국 민족의 가장 훌륭한 자손이라는 것을 확신하게 되었다. 나는 지금 확실하게 이순신이 한국 민족이 가장 자랑스럽게 생각하는 민족의 영웅이라는 것을 인정할 수 있다." 오가와는 그 자신의 이순신 평가 근거를 다음과 같이 설명하였다. "거북선을 창안하고 수군의 장수로서 조국을 지켰던 구국의 공적(이것이 최대의 공적이다), 최후의 승리를 목전에 두고 유탄에 쓰러진 비극성, 열세를 항상 극복하고 승리로 이끈 주도면밀한 실행력, 모든 것을 국사(國事)에 바친 사심 없는 애국애민의 정신, 신분이나 지위에 관계없이 내실 있는 제안을 지체 없이 받아들인 지도력, 모친의 사망과 아들의 전사를 접한 후 보여준 박진감 넘치는 인간성 등이다."70) 그가 보기에, 역사에서 이순신만큼 "개인의 역할이 이 정도로 훌륭하게 입증되어 드러난 인물은 드물다."71) "이순신은 한국 민족의 가장 훌륭한 아들인 동시에 민족을 초월한 이상적인 인간상으로서 그를 아는 사람들을 계속 매료시켜 갈 것이다."72)

---

69) 笠谷和比古·黒田慶一 共著, 『秀吉の野望と誤算 : 文禄·慶長の役と關ヶ原合戰·』(東京 : 文英堂, 2000), pp.85, 87, 88, 115, 116. 이 책은 공저이지만, 이순신 관련 부분은 黒田慶一이 서술했음을 밝히고 있다.
70) 小川晴久, 「조선의 수호신」, 『海洋戰略』 제128호, 2005. 10, p.28.
71) Ibid., p.36.
72) Ibid., p.38.

3. 이순신에 대한 평가

1) 평가 양상

일본인들의 이순신 평가에는 긍정적인 시각과 부정적인 시각이 공존하고 있다. 그러나 부정적인 시각을 가진 사람은 극히 적고, 대부분은 긍정적인 시각을 갖고 있다고 할 수 있다(〈표 1〉[73]을 참조).

〈표 1〉 일본인의 이순신 평가

연도	이름	출처	내용
1892	세키 고세이 (惜香生)	『문록정한 수사시말 조선 이순신전』	조선의 운명을 구한 사람. 조선의 넬슨
1910	사토 데쓰타로 (佐藤鐵太郎)	『제국국방사론』	개세의 해군 장수. 넬슨이 견줄 수 없고 드 로이테르에 필적할만한 인물
1922	도쿠토미 이이치로 (德富猪一郎)	『근세일본국민사 : 풍신시대-조선역』	이기고서 죽고 죽어서 이긴 조선의 영웅이자 구국의 영웅
1922	아오야기 난메이 (靑柳南冥)	『이조사대전』	천년만년 이어질 영명(英名), 충성스럽고 용감하며 자랑스러운 호걸, 제갈량과 같음.
1922	스기무라 유타로 (杉村勇太郎)	『군사적 비판 : 풍태합 조선역』	이순신이 강한 것이 아니었다. 우수한 점을 찾을 수 없다
1924	참모본부 (參謀本部)	『일본전사 : 조선역』	조선수군은 명장 이순신을 얻어 처음으로 효과를 보았다
1926	사토 데쓰타로 (佐藤鐵太郎)	'절세의 명 해장 이순신'	평생 경모한 해장. 드 로이테르, 넬슨, 쉬프랑, 패러거트보다 우위에 있고 털끝만큼도 비난할 수 없는 명장
1929	가와다 이사오 (川田功)	『포탄을 잠재우고』	세계 제일의 해군 장수
1930	사토 데쓰타로 (佐藤鐵太郎)	『대일본해전사담』	불세출의 명장. 절대적인 명장. 동서 해군 장수의 제1인자
1939	교구치 모토키치 (京口元吉)	『수길의 조선경략』	이순신의 재기로 제해권이 동요, 일본군의 진군 불가, 경상도 연안으로 철수

---

73) 〈표 1〉은 이 논문의 '나. 이순신에 대한 일본인의 연구 현황'을 근거로 작성한 것이다.

1942	아리마 세이호 (有馬成甫)	『조선역수군사』	이순신이 일본 수군의 일부에게만 승리. 이순신은 천운과 일본수군의 준비부족으로 승리
1964	나니와 센타로 (難波專太郎)	'일인이 쓴 이순신론'	이조(李朝) 굴지의 명장. 이조 500년 중 가장 훌륭한 명장. 한국사에서 샛별처럼 빛나는 유일한 인물. 고금에 볼 수 없는 명장
1972	시바 료타로 (司馬遼太郎)	『가도를 가다』	조선의 으뜸가는 인물. 동양이 배출한 유일한 바다의 명장
1982	후지이 노부오 (藤居信雄)	『이순신 각서』	꿈속에서도 미칠 수 없는 영웅. 해신(海神)과 신풍(神風)을 의인화한 이미지. 한반도 역사에서 홀로 우뚝 서있는 구국의 군신. 신장(神將)
1983	가다노 쓰기오 (片野次雄)	『이순신과 수길 : 문록경장의 해전』	세계 제일의 해군 장수. 세계에서 제일가는 바다의 지장(智將). 조선을 국난에서 구한 수호신. 하늘이 내린 구국의 명장. 세계 굴지의 제독
1989	시바 료타로 (司馬遼太郎)	『명치와 국가』	바다의 명장. 제독으로서 대단한 활약을 한 멋진 인물
1991	마키 히로시 (槇浩史)	'임진란과 이순신의 전략전술'	해양을 지킨 훌륭한 장수
1991	가다노 쓰기오 (片野次雄)	'임진·정유왜란과 이순신 제독의 공훈'	명장 중의 명장. 세계 역사상 굴지의 영웅호걸
1994	가다노 쓰기오 (片野次雄)	『조선멸망』	조선수군의 명장. 제일의 구국 영웅
1995	기타지마 만지 (北島万次)	『도요토미 히데요시의 조선침략』	히데요시의 야망을 산산조각 냄. 충절과 지략으로 나라를 구한 인물
2003	구로다 게이이치 (黑田慶一)	『히데요시의 야망과 오산』	불세출의 수군사령관, 적군과 아군을 뛰어넘은 군신, 히데요시가 극복할 수 없는 사람, 일본군 능력의 근간을 절던, 일본군의 전의 좌절과 보급로 절단
2005	오가와 하루히사 (小川晴久)	'조선의 수호신'	조선의 수호신. 한국 민족의 가장 훌륭한 자식. 민족을 초월한 이상적인 인간상

이 표는 일본인들의 이순신 평가를 3가지로 나누어 볼 수 있게 한다. 첫 번째는 이순신에 대한 개인적인 감상이며, 두 번째는 이순신을 조선과

한민족에게 국한시켜 평가하는 것이고, 세 번째는 이순신을 세계사 속에서 평가하는 것이다.

첫 번째는 "꿈속에서조차" 따라갈 수 없어 "평생 경모"해 왔다는 것으로서 이순신에 대한 평가자 자신의 개인적인 생각을 표현한 것이다. 두 번째는 조선과 한민족에 국한시켜 평가하는 것인데, 다시 두 가지로 나누어 볼 수 있다. 하나는 "이조 굴지의 명장", "이조의 가장 뛰어난 장수", "조선의 으뜸가는 인물", "조선 수군의 명장"처럼 이순신을 조선시대의 영웅으로 국한하는 것이다. 다른 하나는 "한민족의 가장 훌륭한 인물", "한국 역사의 샛별", "한반도 역사에서 홀로 우뚝 서있는 인물", "해양 수호자", "구국의 수호신", "제일의 구국 영웅"처럼 이순신을 한국과 한민족의 전체 역사에서 평가하는 것이다. 세 번째는 세계사 속에서 이순신을 평가하는 것인데, 이것도 두 가지로 나누어 볼 수 있다. 하나는 "세계사에서 굴지의 영웅호걸", 드 로이테르와 넬슨 그리고 패러거트와 쉬프랑보다 더 뛰어난 장수, "동서양의 제일인자", "동양이 배출한 유일한 해군 장수", "고금에 볼 수 없는 장수", "불세출의 명장", "개세의 명장", "절대적인 명장", "명장 중의 명장", "영원히 기억될 영명(英名)" 등에서 알 수 있는 것처럼 이순신을 세계와 세계사 속에서 평가하는 것이다. 다른 하나는 "하늘이 내린 분", "민족을 초월한 이상적인 인간상", "군신(軍神)", "신장(神將)" 등에서 볼 수 있는 것처럼 이순신을 거의 신의 경지에 있는 인물로 보는 것이다. 이중에서 개인적인 감상을 표현하는 첫 번째 것은 지극히 적고, 한국과 세계적인 차원에서 영웅으로 간주하는 두, 세 번째 것은 그 수가 비슷하다. 이러한 평가 양상을 한마디로 말하면, 일본인들이 주로 이순신을 세계사적인 인물로 간주했다고 할 수 있다.

2) 일본인이 이순신을 존경하는 이유

그렇다면, 일본인들은 왜 이순신을 존경하고 있을까? 그 이유를 알기 위해서 먼저 앞에서 언급한 내용을 근거로 이순신을 존경하는 이유에 대해 〈표 2〉를 만들었다.

〈표 2〉 일본인이 이순신을 존경하는 이유

연도	이름	존경하는 이유
1892	세키 고세이	나라를 구함. 정국 전체의 승패를 결정
1910	사토 데쓰타로	기정분합을 교묘하게 사용. 장갑함의 창조자. 탁월한 해군전술
1922	도쿠토미 이이치로	히데요시의 조선경략을 실패하게 함
1922	아오야기 난메이	국가에 충렬을 바침. 충성심. 용감함
1926	사토 데쓰타로	인격과 장수 자실의 무결점. 신식 전함 거북선 건조와 지형을 이용한 집중전술로 대표되는 독창적 천재성. 제해권의 중요성 입증. 외교력. 고매한 인격. 모범적 장군. 진솔하고 큰 도량
1929	가와다 이사오	인격. 전술. 발명. 지휘통솔력. 계략. 용기. 인내심
1930	사토 데쓰타로	일본의 조선정벌을 실패하게 함. 인격과 영웅적 풍모를 겸비
1939	교구치 모토키치	일본군의 북방경로를 단념시킴. 일본의 제해권을 동요시킴. 일본군의 진군을 불가하게 함. 일본군을 경상도 연안으로 후퇴시킴
1964	나니와 센타로	지략. 발명. 호용
1972	시바 료타로	고아청결. 국난 극복을 위해 목숨 희생. 놀라운 업적. 뛰어난 문장. 일본 수군을 여러 차례 격파. 제해권 확보. 전체 전국에 중대한 영향
1982	후지이 노부오	열세 속에서 승리. 매력 있는 장군. 영웅의 조건을 구비(실망·비명·난세)
1983	가다노 쓰기오	국난에서 나라를 구함
1991	마키 히로시	자기 함대만으로 서전(緖戰)에서 승리. 해양 수호. 제해권 장악
1991	가다노 쓰기오	전화(戰禍)의 확대를 방지
1994	가다노 쓰기오	일본 수군에 큰 타격을 가함. 용기와 지략으로 히데요시의 야망을 격파
1995	기타지마 만지	일본군 격파. 보급로 차단. 히데요시의 야망을 산산조각 냄. 충절과 지략으로 나라를 구함
2003	구로다 게이이치	인격 고결, 전투의지, 전략, 바다에 대한 지식, 천재성, 시대를 앞선 해전술, 일본군 전의 좌절과 보급로 절단
2005	오가와 하루히사	거북선 창안. 구국의 공적. 최후 승리 직전에 전사. 주도면밀한 실행력. 사심 없는 애국애민 정신. 각계각층의 의견을 수렴하는 지도력. 박진감 넘치는 인간성. 개인의 역할을 훌륭하게 입증

이 표는 일본인이 이순신을 존경한 이유가 매우 다양하다는 것을 보여주고 있다. 이를 요소별로 다시 재분류하면, 일본인이 이순신을 존경한 이유는 크게 보아 국가에 대한 공로, 전쟁에 대해 미친 영향, 전쟁기간 동안 실전에서 보여준 전략전술을 비롯한 전공(戰功), 그리고 개인이 보유하고 있는 자질로 나눌 수 있다. 〈표 1〉에서 이 항목들이 나타는 빈도를 조사하면 〈표 3〉과 같다.

〈표 3〉 일본인이 이순신을 존경하는 원인의 요소별 현황

요소	국가에 대한 유공		전쟁에 미친 영향		전 공(戰 功)		개인 자질			
	구분	수	구분	수	구분	수	구분	수	구분	수
세부항목	구국	4	일본의 정복야욕 좌절	4	제해권 인식·확보	5	인격·인간성	7	전투 중 전사	1
	충성·충절·충렬	2	전국(戰局)을 좌우	2	일본수군을 타격	5	발명·창조	5	장수자질	1
	애국애민 정신	1	일본군의 북진 좌절		전술전략	3	지략	4	외교력	1
	국가를 위한 희생	1	전화(戰禍) 확대 방지	1	열세에서의 승리	1	지휘통솔력	3	매력	1
			해양 수호	1	일군 보급로 차단	2	호용·용감	2	인내심	1
							영웅의 조건	1	문장	1
계	8		7		16		30			

4가지 요소 중에서 개인적인 자질이 49%로 절반을 차지하고 있다. 전공은 26%를 차지하고 있다. 나머지 두 요소 즉 전쟁에 미친 영향(12%)과 국가에 대한 유공(13%)은 모두 전쟁과 관련된 것들인데, 두 가지 모두 비슷한 비율을 보이고 있다. 세부항목별로 보면, 이순신의 인격, 인간성, 도량을 포함하는 인간성/인격이 7회로 가장 많이 나타난다. 이어서 거북선의 건조와 지형지물을 이용한 탁월한 전술 구사를 뜻하는 발명/창조, 제해권의 인식과 확보, 일본군에 대한 타격이 각각 5회로 많다. 다음으로 전시에 나라를 구했다는 구국, 일본이나 히데요시의 조선과 대륙 진출의 야욕을 좌절시키거나 단념시킨 것, 그리고 전시에 제해권의 중요성을 인식하게 하고 실제로 제해권을 확보했다는 것이 각각 4회로 많이 나타난다.

이와 같이 보았을 때, 일본인들은 무엇보다도 이순신의 개인적인 성품이나 자질에 끌렸으며, 다음으로 전공을 높이 평가하였던 것 같다. 물론

국가와 전쟁에 대해 보여준 이순신의 언행과 업적도 일본인들로 하여금 이순신을 존경하게 만든 중요한 요소들이지만, 개인적 자질에 비해 이 요소들의 빈도는 각각 거의 1/3 수준으로 떨어진다. 이것은 국가나 민족보다 개인적인 차원에서 이순신을 평가하려는 경향이 일본인들에게 그만큼 강하다는 것을 말해주고 있다. 그러나 존경하는 이유가 무엇이건 간에, 일본인들이 일본은 물론 서구의 명장들보다 더 위대한 인물 즉 영웅으로 평가하고 있는 것은 주목할 만한 사실임에 분명하다.

4. 이순신 관련 논쟁점

이순신에 대한 일본인의 연구 그리고 평가와 관련하여 세 가지 사항이 많이 논의되고 있다. 하나는 일본제국의 해군장병들이 이순신을 존경하였으며, 통영충렬사 참배를 연례행사 중 하나로 실시하였다는 것이다. 다른 하나는 쓰시마 해전의 대첩으로 러일전쟁의 승리를 가져오는데 결정적인 역할을 하였으며 또한 일본의 군신(軍神)으로 불리는 도고 헤이하치로(東鄕平八郎)가 자신과 넬슨을 이순신과 비교하면서 이순신을 극찬하였다는 것이다. 나머지 하나는 조선에서 잊혀진 이순신이 일본인들에 의해 새롭게 발견되고 영웅으로 부각되었다는 것이다. 앞 두 가지 사항은 인터넷에서 무차별하게 나돌고 있을 뿐만 아니라 논문이나 책에도 그대로 인용됨으로써 기정사실화되는 경향까지도 보여주고 있다. 세 번째 사항은 그 결과가 이순신의 평가나 이해에서 한·일 양국의 주도권과 자존심과 관련되는 것이다. 따라서 일본에서의 이순신의 평가를 고찰할 때, 이 세 가지 사항도 함께 반드시 규명되어야 할 필요가 있다.

1) 이순신에 대한 일본 해군의 존경

먼저 첫 번째 사항부터 살펴보자. 합자회사인 전기(戰記)간행위원회가

해군장교의 소설 1편과 육군장교의 소설 2편을 모아 1929년에 전기명저집(戰記名著集) 제5권을 발간하였는데,74) 여기에 수록된 해군소좌 가와다 이사오(川田功)의 소설 『포탄을 잠재우고(砲彈を潛りて)』에 이 이야기가 최초로 나타난다.

> 해도실로 머리를 들이밀고 현재 함 위치가 어디인지 보았다. 말할 필요도 없이 일본해 한가운데로서 울산 동쪽이었다. 그곳의 항구와 거리명을 더듬어보았으나, 도요토미 히데요시가 조선을 정벌했을 때의 옛 전쟁터 같은 곳은 하나도 없었다. 당연한 일이지만, 이러한 생각을 하니 세계 제일의 해군장수인 조선의 이순신을 떠올리지 않을 수 없었다. 그의 인격, 그의 전술, 그의 발명, 그의 지휘통솔력(統御の才), 계략(謀), 용기(勇) 어느 것 하나 칭찬하지 않을 수 없지만, 이때 특히 분키치(文吉)를 움직인 것은 이순신이 일본 함선에서 날아온 탄환을 왼쪽 어깨에 맞아 유혈이 낭자하여 발뒤꿈치까지 흘렀음에도 침묵하고 고통을 표현하지 않은 채 전세를 살핀 후에야 비로소 단도를 꺼내 살을 베어 탄환을 꺼냈는데, 탄환이 수 촌(寸) 깊이까지 박혀있음을 보고 보는 사람들의 얼굴이 흙빛으로 변했으나, 순신은 태연자약하게 담소하였던 사실이었다. 이 일을 생각하자마자, 분키치의 인내심도 10배로 증가되었으며, 통증이 갑자기 몰려올 때마다 마음속으로 이순신을 부르면서 용기를 냈다. 위대한 영웅의 유업이 아닐까? 300년 후인 오늘날 이순신이라는 이름은 분키치의 통증을 덜어주는 힘이 되었다.75)

이 장편소설은 러일전쟁 때 발생한 해전들을 수뢰정 갑판수병 교분키치(京文吉)를 중심으로 묘사한 것이며, 작가인 가와다가 수뢰사령(水雷司令)으로서 수뢰정을 타고 쓰시마 해전에 참전한 자신의 경험을 소설화한

---

74) 川田功·野田果重, 『砲彈を潛りて·斜陽と鐵血·軍服の聖者』(東京: 戰記名著刊行會, 1929).
75) Ibid., pp.207-208.

것처럼 보인다. 그러나 비록 소설의 형식이라 하더라도 가와다는 사실을 사실대로 쓰기 위해 나름대로 노력한 것처럼 보인다. 작가는 실제로 자신의 의견을 다음과 같이 피력하기도 하였다. "러일전쟁에 대해 썼다. 이 전쟁에서 승리한 것은 일본군이다. 그렇기 때문에 자칫하면 선배에게 잘 보이기도 하고 세상에 잘 보이기 위한 것과 같은 방식으로 이루어지기 쉽기 때문에 가능한 한 인명과 함정명을 밝히지 않으려고 노력하였다. 이 때문에 사실이 명확해 보이지 않는 것 같은 점이 있을지도 모르지만, 내 성격상 허용하지 않으므로 부디 양해하기 바란다."76)

이 이야기는 오랫동안 잊혔다가 1972년에 다시 거론되기 시작하였는데, 거론된 글은 앞에서 이미 언급한 적이 있는 역사소설가 시바 료타로(司馬遼太郎)가 부산을 여행한 후 발표한 여행기였다.

    메이지 이후 해군을 창설하여 아직 자신이 없었던 일본 해군은 동양이 배출한 유일한 바다의 명장으로 이순신이 존재하는 것을 알고서, 그를 연구한 끝에 원래 적장이었던 그를 크게 존경하게 되었다.
    메이지 38년(1905) 5월 도고 함대는 극동으로 오고 있는 발트 함대를 부산 서쪽의 진해만에서 기다리고 있었다. 드디어 "적함 보임"이라는 보고를 받고서 함대가 출동할 때, 당시 수뢰사령(水雷司令)이었던 가와다 이사오(川田功) 소좌에 의하면 이순신 장군의 영혼에 기도를 했다 한다. 그의 문장을 인용하면 다음과 같다. "그의 인격, 그의 전술, 그의 발명, 그의 지휘통솔력, 그의 계략, 그의 용기 어느 것 하나 칭찬하지 않을 수 없는 것이 없었다." 메이지 시대 일본 해군장교가 이순신이라는 300년 전의 적장에 대해 얼마나 외경심을 갖고 있었는지 알 수 있을 것이다. 그 후에도 일본 해군장교에게 이 전통이 있었으며, 내가 알고 있는 한 예비역 해군대좌 마사키 이쿠토라(正木生虎)와 야마야 다닌(山屋他人) 등도 그러하다. "이조 이래로 한국인들이 잊고 있었고, 오히려 일본인들이

---

76) *Ibid.*, 「自序」.

이순신에게 큰 경애심과 관심을 계속 갖고 있었던 것 아닌가"라고 나에게 말하는 한국인도 있다.77)

그런데 시바는 1989년에 이르러 다른 이야기를 소개하였다.

발트 함대가 다가오고 있을 때, 수뢰정 정장이었던 미즈노 히로노리(水野廣德)라는 젊은 장교-마쓰야마(松山) 출신-는 … 수뢰정을 타고 쓰시마만에 숨어 있으면서 이순신의 영혼에 기도했다고 말하고 있다. … 이순신에 대한 연구를 살펴보면, 당시 한국인들은 이순신의 이름을 몰랐다. 훨씬 옛날에 잊혀져버렸다. 이순신을 발견한 것은 메이지(明治)의 일본해군이었다. 그를 연구한 것도 메이지 일본해군이었다. 메이지는 모방의 시대인 동시에, 전에 아키야마(秋山)의 독창성을 논할 때 말한 것처럼 과거라는 흑설탕을 정제하여 백설탕을 만드는 일을 하고 있던 시대였다. 그러므로 메이지 37, 8년경 일본 해군장교는 이순신의 이름을 학교에서 배우고 책에서 읽어 잘 알고 있다. 그런데 당시 수뢰정에 근무하던 소좌가 기도했다고 쓰고 있다. 아주 옛날에는 적이었기 때문에 이순신이 기도를 들어주었을지 어떨지 모르지만, 같은 동양인이었기 때문에 그랬을 것이다.78)

시바는 쓰시마 해전 직전 이순신에게 기도한 장교의 이름을 17년간의 사이를 두고 가와다 이사오를 미즈노 히로노리(水野廣德)로 바꾸었다. 이러한 시바의 주장을 그대로 받아들여 우리나라에서도 미즈노 히로노리를 이순신에게 기도한 인물로 인정하는 사람도 있다.79) 그러나 필자는 그 근거로 제시한 서적80)을 살펴본 결과 관련된 구절을 찾을 수 없었으며,

---

77) 司馬遼太郞, 『街道をゆく二』(東京: 朝日新聞社, 1972), pp.67-68. 이 책은 『週刊朝日』에 1971년 2월부터 1972년 2월까지 연재된 글을 모아 간행된 것이다.
78) 司馬遼太郞, 『明治という國家』(東京: 日本放送出版協會, 1989), pp.210-211.
79) napjai, "이순신에 도와달라 기도한 일 장교(2007. 6. 21)," http://www.ksgermany.com/_boardg/bbs/tb.php/peacekorea_pol/112.
80) 이 책은 水野廣德, 『此一戰』(東京: 博文館, 1911)인데, 『戰影·此一戰·空爆下の帝都』,

따라서 가와다 이사오가 맞다고 생각한다. 한편 시바 료타로는 메이지 시대 일본 해군이 이순신을 연구하고 공부했으며, 한국인이 잊어버린 이순신을 세상에 드러낸 것이 일본해군이었다는 주장을 일관되게 하고 있다.

가와다 이사오와 관련된 이야기는 1977년 수필가 김소운(金素雲)에 의해서도 거론되었다. 그는 일어로 발간되는 한국 월간지에 연재하던 수상(隨想)에서 조선시대의 붕당정치를 논하는 글에서 다음과 같이 언급하였다. "한 예로 이순신을 들 수 있다. 항상 승리한 명장으로 불린 수군통제사 이순신의 이름은 한반도에서 구국의 성웅으로 숭배되고 있고, 일본에서도 지식인들 사이에 널리 알려졌다. '넬슨 10명을 데려와도 이순신 1명에게 미치지 못할 것입니다.' 이것은 지금은 고인이 된 해군중령 가와다 이사오(川田功)가 40년 전에 필자에게 보여준 감회이다."[81] 40년 전이라면 1930년대를 말하며, 그때 김소운(金素雲)이 가와다 이사오를 만났다는 것을 의미한다. 김소운은 같은 연재물에서 가와다 이사오와의 상봉 장면을 더 구체적으로 다음 해에 밝혔다. 그는 일본출판사 박문관에서 당시『소녀세계(少女世界)』의 편집장으로 일하던 러일전쟁 당시 해군대위였던 가와다 이사오를 만났으며, 그때의 상황을 다음과 같이 묘사하였다.

"진해에서의 일이 지금도 종종 생각나곤 합니다. 매년 이순신 장군 제사 때에는 통영까지 갔었습니다. 사령부의 중요한 연례행사였거든요." 이순신 장군이 갑자기 튀어나와 놀랐지만, 그 제사가 진해요새사령부의

水野廣德傑作集(東京: 潮文閣, 1939)에 수록되었으며,『此一戰』(東京: 圖書刊行會, 1978)으로 다시 간행되었다. 이 책의 초판본 서문에서 이지치 히코지로(伊地知彦次郎) 해군중장은 미즈노 히로노리가 쓰시마 해전 때 수뢰정 41호 정장이었으며, 명치 37-38년에 해전사 편찬업무에 종사했음을 밝히고 있다(1911년 博文館에서 발간된 책,「서」, p.1). 실제로 쓰시마 해전 때 이지치 히코지로는 당시 대령으로서 기함 미카사(三笠)함의 함장이었으며, 수뢰정 41호는 제3함대 휘하의 제10정대에 소속되어 있었다(해군본부, 2006. 8,『명치 37, 38년 해전사』, 상권, 일본일반도서 06-1, pp.20과 29).『此一戰』은 소설이 아니라 해전사를 각주 없이 서술한 전사관련 서적이다.

81) 金素雲,「魚睡園閑話」, 第10回,『アジア公論』(韓國弘報協會), 7月號, 1976.

중요한 연례행사였다는 말을 듣고서 의외라는 생각이 들었다. 가와다는 쫓기듯이 덧붙였다.

"실례지만 지금 조선인들이 이순신의 진정한 위대성을 알고 있나요?"

나는 급소를 맞은 것처럼 대답도 못하고 물끄러미 가와다의 얼굴을 바라보았다. 무엇이라고 말할 수 있을까? 팽팽했던 나의 긴장은 마치 주문에 걸린 것처럼 덜썩 풀어져버렸다. 구국의 성웅으로 숭배받는 이순신 장군을 이렇게까지 경배하고 있는 사람이 우리의 원수인가? 게다가 일본 번사(藩史)에 대해 본심을 말하면서 '수군에게 이롭지 않았던' 강력한 적장에게 매년 제사를 지내는 것을 '중요한 행사'로 실시하였다 한다.[82]

1992년에 후지이 노부오(藤居信雄)는 일본제국 해군 장병이 이순신에 대해 제사를 지냈다는 이야기를 다시 언급하였다. "일본 해군의 진해요새사령부가 중시하던 연례행사 중 하나에 이순신 진혼제가 있었다. 그때 사령부 장병들은 통영에 가서 제사를 지냈다." "진해만의 마산도 제독의 전쟁터였음에도 불구하고, 진해사령부 장병들이 멀리 통영에까지 가서 제독의 영혼을 위로한 것은 … 한산도 해전에 대한 일본측의 평가를 보여주고 있다."[83]

1995년에는 가다노 쓰기오(片野次雄)가 가와다 이사오와 관련하여 일본 해군 장병들의 이순신 제사를 연중행사로 실시했다고 서술하였다. "일본 해군의 장군들이 경애하고 숭앙하는 제독은 넬슨 이외에 또 한 사람 있었다. 바로 조선 해군의 3도해군통제사 이순신 장군이었다." "그 이순신의 사당과 전적지는 부산, 거제도, 통영, 고성, 한산도, 남해도, 여수 등 남부 해안 일대에 점재(点在)하고 있었으며, 일본 해군 장군들이 한가한 시간을 이용하여 이 지역을 세심하게 훑어보았다. 그리고 마침내 진해해군기지에

---

82) 金素雲, 「魚睡園閑話」, 第22回, 『アジア公論』(韓國弘報協會), 10月號, 1977, pp.198-199. 김소운은 이 글이 『文藝春秋』, 1954년 9월호에 게재된 '恩讐二十年'을 다시 전재한 것이라고 밝히고 있다. 나는 『文藝春秋』를 구하지 못해 이를 확인하지 못하였다.

83) 藤居信雄, op. cit., pp.266-267.

있었던 장군들은 연중행사로 치르기까지 이르렀다."[84]

2000년도에는 구로다 게이이치도 일본 해군이 이순신에 대해 진혼제를 거행했다고 주장하였다. "경상도 진해에 구 일본해군의 요새사령부가 있었을 무렵, 사령부가 중요하게 여긴 연중행사 중에는 남서쪽으로 약 40km에 있는 통영의 충렬사에서 거행된 이순신의 진혼제가 있었다. 해군성은 그 경비를 예산에 계상했으며, 사령부 장병들은 당일 통영까지 가서 제를 올렸다."[85]

이와 같이 볼 때, 일본제국 해군 장병들이 이순신을 존경했던 것은 사실인 것 같다. 물론 이순신을 존경하고 러일전쟁 때 이순신에게 기도까지 했다는 에피소드가 소설의 한 대목을 근거로 한 것 같아 보이지만, 그 소설의 작가가 해전에 직접 참가한 장교였으며 또한 자신의 해전 체험담을 소설 형식으로 표현한 것으로 볼 수 있다.

그런데 일본제국 해군 장병들이 이순신을 존경했다는 것은 이순신을 알고 있었다는 것을 의미하며, 감동받아 존경할 정도로 이순신을 잘 안다는 것은 이순신에 대한 연구가 선행되지 않고서는 불가능하다. 그들은 이순신을 연구했을까? 일본제국 해군장교들이 이순신을 연구했던 것은 사실인 것처럼 보인다. 이것은 사토 데쓰타로가 40여 년간 자신의 글에서 이순신을 언급하거나 이순신 관련 글을 발표하였으며, 참모본부가 임진왜란과 관련된 본격적인 학술서적을 1922년에 출판했으며, 1940년에 아리마 세이호가 임진왜란 연구서를 발간한 사실 등으로 입증될 수 있다. 그들이 이순신을 연구한 이유에 대해서는 세키 고세이가 서문에서 밝힌 집필 목적이 시사적이다. 그들은 청일전쟁과 러일전쟁에서 승리하여 조선과 중국에 대한 침략과 열강으로의 진입에 성공하기 위해 이순신을 연구했다고 할 수 있다.

일본제국 해군은 장병들에게 이순신을 교육하였을까? 이순신을 이처럼 많이 연구한 것을 보면, 조선과 중국 침략의 타산지석으로 삼기 위해

---

84) 가다노 쯔기오 지음, 윤봉석 옮김, *op. cit.*, pp.243-244.
85) 笠谷和比古·黑田慶一, *op. cit.*, p.85.

교육하지 않았을까 하고 생각하기 쉽다. 정말 교육했을까? 시바 료타로는 다음과 같이 주장한 적이 있다. "이순신을 발견한 것은 메이지의 일본 해군이었다. 메이지 37, 8년경 일본 해군 장교는 이순신의 이름을 학교에서 배우고 책에서 읽어 잘 알고 있었다."[86] 메이지 37~38년은 러일전쟁이 전개되던 1904~1905년이다. 이때까지 일본에서 발간된 이순신 관련 서적은 세키 고세이의『문록정한 수사시말 조선 이순신전』(1892)과 사토 데쓰타로의『국방사설』(1892)이 전부이며, 모두 소책자이다. 나머지는 1910년 이후에 발간되었다. 그런데『국방사설』을 구하지 못했기 때문에 이 책에서 이순신이 어느 정도 언급되고 있는지는 알 수 없다. 다만 이 책이 이순신 연구서가 아니고 일본의 국방을 전반적으로 논하는 서적이며, 이후 자신의 국방론에 대한 결정판으로 두껍게 발행한『제국국방사론』(1910)에서 이론의 사례로 이순신이 간단하게 언급되어 있는 것으로 보아 비슷한 형태로 언급되어 있을 것으로 보인다.

아무튼 이순신을 연구하여 자신의 서적에서 언급하였기 때문에, 러일전쟁 때까지 일본 해군에서 이순신을 강의할 수 있는 사람으로는 사토 데쓰타로가 가장 적합하다고 할 수 있다. 그런데 사토는 1887년에 해군병학교(현 해군사관학교에 해당)를 졸업하고 소위로 임관하였으며, 함정을 타고 청일전쟁(1894~1895)에 참전하였고, 1899~1901년까지는 서구 유학을 갔으며, 러일전쟁(1904~1905)에는 제2함대 선임참모로 참전하였고, 1908년 이후에야 해군대학에서 교관 생활을 하였다.[87] 이러한 경력으로 보아 사토가 해군 장병들에게 이순신을 가르쳤다고는 할 수 없을 것 같다. 또한 세키 고세이의 서적이 출판된 후 러일전쟁이 발발할 때까지는 근 12년간의 기간이지만, 일본 정국과 해군의 서구위주 전력건설과 전술개발을 위해 서구에 많은 인원을 파견한 것으로 미루어 보아 이순신 연구가 교육기관에서 가르칠 수 있을 정도로 많이 진척되었다고도 볼 수 없다.

---

86) 司馬遼太郎,『明治という國家』, pp.210-211.
87) 原剛·安岡昭男 編,『日本陸海軍事典コンパクト版 (下)』(東京: 新人物往來社, 2003), p.211.

뿐만 아니라 12년 동안 청일전쟁과 러일전쟁 두 차례의 전쟁을 치르기 위해서는 전쟁 준비와 후속조치에 많은 노력과 시간이 필요하다는 점도 고려해야만 한다. 그렇기 때문에 러일전쟁 시기에 일본 해군이 이순신을 가르쳤다는 것은 사실상 납득하기 어려운 주장이다. 그러나 한일합방 이후에 일본 해군의 이순신 연구는 활발하게 전개되었다고 할 수 있다. 이것은 일본 참모본부가 임진왜란에 대한 전문 학술서적의 성격을 띠고 있는 『일본전사 : 조선역』(1924)을 편찬한 사실로 알 수 있다. 이러한 서적을 집필하여 발간하기 위해서는 상당한 기간의 시간이 필요한 것이다.

일제강점기에 일본 해군 장병들이 통영 충렬사를 참배하고 이순신을 기리는 것을 연례행사로 실시했다는 것은 당시 해군장병으로 근무한 사람들의 글들로 미루어 보아 사실인 것 같다. 만일 이것이 사실이라면, 연례행사에 관한 내용이 사령부의 부대기록부나 일지에 기록되어 있을 것이다. 따라서 당시 일본 해군의 기록을 살펴보아야 하지만, 아쉽게도 필자는 그 기록을 입수하지 못해 직접 확인할 수 없었다.

2) 이순신에 대한 도고 헤이하치로의 언급

두 번째로 이순신과 관련된 도고 헤이하치로(東鄕平八郞)의 언행을 살펴보자. 이 에피소드가 처음 소개된 것은 1964년에 발간된 서적이었다. 도고가 쓰시마 해전에서 대승을 거두고 개선한 후 개최된 축하석상에서 어떤 사람이 아부하는 투로 말하였다. "이 대승은 역사에 남을 위대한 것입니다. 바로 나폴레옹을 트라팔가르 해전에서 패배시킨 넬슨 제독과 필적할 수 있는 귀하는 군신입니다." 도고는 이에 답했다. "그 정도로 높이 보아주어 감사하나, 나는 넬슨 정도의 인물이 아닙니다. 정말 군신이라는 이름의 가치가 있는 제독이 있다면, 그것은 이순신 정도의 인물일 것입니다. 이순신에 비하면, 나 자신은 하사관만큼의 가치도 없는 사람입니다."[88]

1978년에는 이와 유사한 이야기가 출처를 밝히지 않은 채 나타났다.

이 이야기에 따르면, 쓰시마 해전의 전첩(戰捷)을 축하하는 석상에서 많은 찬사에 이어 도고는 다음과 같이 대답하였다. "불초 도고를 넬슨에 비교하기도 하고 이순신에 비의(比擬)하여 상찬(賞讚)해 주셨습니다만, 분에 넘치는 영광입니다. 그러나 넬슨이라면 몰라도 이순신에 비유하는 것은 당치도 않습니다. 불초 도고 같은 놈은 이순신의 발 뿌리에도 멀리 미칠 수 없는 놈이올시다."89)

1982년에는 전혀 다른 이야기가 일본에서 소개되었다.

> 현양사(玄洋社)의 두령 도야마 미쓰루(頭山滿)가 한국 실업가 이영개(李英介)와 함께 도고를 만났을 때, 도고가 이씨에게 "귀국의 이순신 장군은 나의 선생입니다"라고 말했던 것 같다. 또 도고는 진즉에 "나는 넬슨과 비교될 수 있을지 모르지만, 이순신에게는 미치지 못한다"라고 말했던 것 같다. 메이지 이후 일본해군, 아니 일본 육군과 해군 양군의 이순신관이 이른바 일본의 이순신인 도고의 말에 숨어있다.90)

1997년에는 나고시 후타라노스케(名越二荒之助)가 수필가 김소운이 소개한 에피소드라며 다음과 같은 이야기를 소개하였다.

> 도고가 개선했을 때, 일본 조야(朝野)가 일제히 모여 성대한 승리 축하연을 열었다. 그 석상에서 도고는 수많은 찬사에 답하면서 이렇게 말하였다. "불초 도고를 넬슨이나 이순신에 비유하면서 칭찬하는데, 분에 넘치는 영광입니다. 그러나 넬슨은 몰라도 이순신과 비교하는 것은 당치 않습니

---

88) 安藤彦太郎·寺尾五郎·宮田節子·吉岡吉典 編, 『日·韓·中 三國連帶の歷史と理論』(東京: 日本朝鮮研究所, 1964), pp.6-7.
89) 金泰俊, 「日本에서의 李忠武公의 名聲」, p.72.
90) 藤居信雄, op. cit., pp.271-272. 이 책에 따르면, 이 내용은 경성공립중학교의 교지인 『慶熙』 第8號, 1977. 12.에 게재된 후지이(藤井明直)의 글 '애드미럴 이순신을 찬'에 포함되어 있다. 그러나 나는 이 글을 구하지 못해 볼 수 없었음을 밝힌다.

다. 불초 이 도고는 이순신의 발밑에도 미치지 못하는 사람입니다." 발트 함대를 격멸한 도고 제독으로 하여금 이러한 예를 올리게 한 이순신, 이전의 적장이자 지금의 피정복자의 조상인 사람을 이 정도로 칭찬한 도고, 나에게 이 이야기를 들려준 예비역 해군중령 가와다 이사오(川田功) 등의 옛 무사정신도 훌륭하다고 하지 않을 수 없었다.[91]

이듬해인 1998년에 가다노 쓰기오도 이와 유사한 에피소드를 소개하였다. "도고 헤이하치로는 동해해전(쓰시마 해전) 후에도 항상 다음과 같은 말을 주위 사람들에게 하곤 했다고 한다. '나는 넬슨에게는 비교될지 모르지만, 이순신 장군에게는 도저히 필적할 수 없다.' 도고 헤이하치로는 동양 제일이라고 칭해지는 명제독의 전법에 대해 연구하던 중 이순신의 인품과 행동으로부터 해군 장군으로서의 이상적인 인간상을 보았다. 그것이 도고 헤이하치로로 하여금 이순신을 숭배하고 존경하는 마음이 강하게 자리 잡도록 했던 것이다."[92]

2000년에는 구로다 게이이치가 이와 유사한 이야기를 게재하였다. "러일전쟁 때 일본해에서 러시아의 발트 함대를 섬멸한 도고는 해외에서도 완전한 승리라고 칭찬받았는데, 당시 도고는 「자신이 넬슨과 비교될 수 있지만, 이순신에게는 미치지 못 한다」고 전부터 말하고 있었다 한다."[93]

그런데 이 에피소드는 우리나라에서도 내용이 조금씩 바뀌면서 널리 소개되어 왔다. 도고의 언행이 소개된 우리나라의 책으로는 2005년에 『이순신과 임진왜란』을 먼저 들 수 있다.

러·일전쟁에서 도고 제독이 기적 같은 승리를 거두자 세계가 깜짝 놀랐고, 곧바로 '도고 신드롬'이 일어났다. 도고 신드롬에 편승하여 세계 해군들의 '도고 배우기'가 붐을 이루었는데, 1906년 미국 해군사관생도들

---

91) 名越二荒之助, 『日韓2000年の眞實』(東京: 株式會社 國際企劃, 1997), p.104.
92) 가다노 쯔기오 지음, 윤봉석 옮김, op. cit., p.244.
93) 笠谷和比古·黒田慶一, op. cit.

이 졸업여행 차 세계 일주를 하던 중 도고를 방문한 적이 있었다. 그때 미국 해사 생도들이 "각하께서 가장 존경하는 분은 누구입니까?" 하고 묻자, 도고는 "내가 가장 존경하는 분은 16세기 말 조선왕국의 이순신일세. 그분의 무훈과 인품을 따를만한 제독은 아직 없네."라고 답했다. 그런데 1905년은 일제가 조선은 스스로를 다스릴 능력이 없다면서 강압으로 을사보호조약을 체결한 해였고, 도고가 이 같은 발언을 한 때는 바로 그 이듬해였기 때문에 일본의 조야가 경악했다.

1907년에는 영국 해군사관학교 생도들도 도고를 방문했다. 그리고는 "각하와 넬슨, 그리고 이순신 제독을 비교하면 어떻습니까?" 하고 묻자, 도고는 "나와 넬슨은 비교해도 좋을지 모르나 이순신 제독과는 비교하지 말게" 라고 했다. 그러자 이번에는 영국 국민들이 놀랐다. 자신들이 그토록 자랑스럽게 생각하던 넬슨이 조선의 이순신에게 비교조차 되지 않는다는 말이었기 때문이다. 아무튼 이런 과정으로 이순신은 세계에 알려졌고, 일본을 비롯한 세계 해군들의 이순신 연구도 본격화되었다.[94]

2006년에는 역시 『이순신각서』에 나오는 이야기를 소개한 글이 국내에서 발표되었다. 이 글을 쓴 사람은 이어서 도고의 약력을 3쪽에 걸쳐 설명하고서 다음과 같이 결론지었다. "도고가 개선한 것은 이해 10월 20일이었고, 이어 23일에는 개선관함식이 있었으며, 식후에 있었던 환영회 석상에서 그에게 쏟아진 찬사를 듣고 그 답사에서 앞에서 든 바와 같은 이충무공에 대한 비교가 몹시 송구스러움을 고백하는 것이다."[95]

이 에피소드는 우리나라의 인터넷에서도 자주 볼 수 있다. 어느 한 네티즌은 후지이 노부오의 『이순신각서』를 인용하는 것이라 밝히면서 다음과 같이 소개하고 있다. "이 도고를 넬슨에 비교하는 것은 좋으나,

---

94) 이순신역사연구회, 『이순신과 임진왜란』, 1 : 삼가 적을 무찌른 일로 아뢰나이다 (서울: 비봉출판사, 2005), p.417.
95) 황정덕, 「일본인이 이순신을 보는 눈」, 『이순신연구논총』 통권 제6호, 봄·여름, 2006, pp.138-140.

조선의 이순신과 비교하는 것은 옳지 않다. 이 도고가 다시 태어난다 해도 이순신과는 견줄 수 없다. 내가 만일 이순신과 같은 시기에 태어났다면, 결코 지금과 같은 명예를 얻지 못했을 것이다."96)

그런가 하면 어떤 인터넷상의 글은 『이순신과 임진왜란』(2005)의 인용문을 약간 각색하여 인용하고서 다음과 같이 결론짓고 있다.

도고의 발언으로 이순신은 세계에 알려졌다고 합니다. 그리고 세계 열강은 본격적으로 이순신 연구에 돌입하게 되었고, 1·2차 세계대전 때 육·해·공군을 막론하고 크고 작은 성과들을 거두었다고 합니다.97)

다른 이야기도 인터넷에서 널리 유포되고 있다.

러시아 발트 함대와의 대한해협해전에서 대승전을 기록한 러일전쟁 승전축하연이 있던 날 밤, 어떤 신문기자가 도고 제독에게 "각하의 업적은 영국의 넬슨과 조선의 이순신 제독에게 비견할만한 기록이었습니다." 라고 아부성 발언을 하자, 도고 제독은 그 기자를 즉각 야단쳤다는 기록이 있다. "나를 이순신 제독에게 비교하지 말라. 그분은 전쟁에 관한 한 신의 경지에 오른 분이다. 이순신 제독은 국가의 지원도 제대로 받지 않고, 훨씬 더 나쁜 상황에서 매번 승리를 끌어냈다. 나를 전쟁의 신이자 바다의 신이신 이순신 제독에게 비유하는 것은 신에 대한 모독이다." … 〈이하는 일본 해군사관학교 방문 연설이라 하면서 소개되고 있다〉 "조선의 이순신 제독에 비한다면, 나는 그의 신발도 들 수 없는 사람이다. 제독은 나와는 도저히 비교가 되지 않는다. 비교하는 것 자체가 이순신 제독을 욕되게 하는 것이다. … 나는 러시아 함대와 싸우기 위해 통영에

---

96) koryoemperur, 「불멸(不滅)의 상승장군(常勝將軍) 충무공(忠武公) 이순신(李舜臣)(1)」, http://enjoykorea.
97) 벽소명월, 「세계가 평가한 이순신 – 역시 성웅이다(4)(2006. 10. 3)」, http://bbs1.agora.media.daum.net/gaia.

있는 이순신 제독의 사당에 들려 당신에게 머리 숙여 빌었다. 우리 일본 해군이 무적 러시아 함대를 물리치게 해달라고. … 우리는 조선의 이순신 제독의 애국정신과 적과 싸워 기필코 승리하여 나라를 지켜야 하겠다는 투철한 군인정신, 나라를 위하여 장렬히 전사한 조선의 이순신 제독을 기려야 할 것이다."[98]

그 밖에도 기존의 것들과 유사하지만, 차이가 약간 있어 보이는 에피소드들도 인터넷에서 볼 수 있다. 도고가 러일전쟁 전승기념 파티에서 한 기자의 질문을 받았다. "영국의 넬슨과 비교한다면 자신을 어떻다고 생각하십니까?"라고 물어보자, 도고는 "넬슨은 스페인 무적함대와 비슷한 수준의 함대를 가지고 싸워서 이겼다. 그러나 우리 함대는 러시아 발트함대의 3분의 1 정도의 규모에 불과한데도 이겼다"고 말했다는 것이다. 이어서 기자가 "그러면 조선의 이순신 장군과 비교하면 어떻습니까?" 하고 물었더니, 도고는 "이순신 장군이 군신이라면, 나는 하사관에 불과하다"며 자신을 "넬슨과는 몰라도 이순신 장군과 비교하는 것은 너무나 황공스러운 일이다" 하고 했다는 것이다.[99]

이어서 이 글은 이 도고 에피소드에는 몇 가지 버전이 있음을 밝히고 있다. 연회석상에서 기자가 물었다는 설도 있고, 부하가 물었다는 것도 있다. 공개석상이 아니라 사적인 자리에서 측근에게 말했다는 버전도 있는데, 그 측근이 누구인지는 모른다. 아무튼 이 글은 이 에피소드가 "우리 입맛에 딱 들어맞는 이야기이기는 한데," 근거가 없다고 결론짓고 있다.

그런데 이 정도로 많은 사람들에 의해 인용되고 있고 당시 일본과 영국의 조야를 놀라게 한 에피소드라면, 도고와 관련된 서적이나 기록에 분명히 남아 있어야 한다. 이러한 기대감 속에서 나는 도고와 관련된 몇 가지

---

98) 조경래, 「성웅 이순신 장군에 대한 도고 제독의 평가(2008. 7. 19)」, http://cafe. daum.net/착1738/DjQP/62.
99) napaj, 「이순신에 도와달라 기도한 日 장교(2007. 6. 21)」, http://www.ksgermany. com/_boardg/tb.phb/peacekorea_pol/112.

서적을 살펴보았다.100) 그러나 이러한 내용은커녕 도고가 이순신에 대해 언급한 사실조차 찾을 수 없었다. 따라서 나는 이 에피소드야말로 누군가 지어낸 것이며, 에피소드가 여러 사람에게 전파되는 와중에서 조금씩 각색되거나 수정되고 있고, 그럼에도 불구하고 "우리의 입맛에 딱 맞는" 내용이라 우리나라에서 많이 이용되고 있으며, 우리나라에서 거의 상식처럼 알려져 있기 때문에 소수의 일본인도 이 에피소드를 이용한 것이라 할 수밖에 없다.101)

3) 일본인에 의한 이순신의 재발견과 영웅화

시바 료타로는 "이순신을 발견한 것은 메이지의 일본해군이었다"고 주장한 바 있다.102) 이 명제는 우리나라에서 2006년에 논쟁 형태로 나타났다. 국제학술대회에서 발표한 박환무의 논문을 바탕으로 "이순신에 대한 기억, 내선일체 기능 수행"이라는 기사가 매스컴에 발표되었다. 이 기사에 따르면, "민족의 수호신이자 구국의 영웅, 동양의 넬슨으로서 이순신의

---

100) 필자가 살펴본 서적은 다음과 같다. 外山三郎, 『日淸·日露·大東亞海戰史』(東京: 原書房, 1979) ; 外山三郎, 『日本海軍史』(東京: 敎育社, 1987) ; 小笠原長生, 『東鄕平八郎全集』 全三卷(東京: 平凡社, 1930) ; 眞木洋三, 『東鄕平八郎』 上·下(東京: 文藝春秋社, 1985) ; エドウイン·A·フォ―ク 著, 柴田賢一·木田重三郎 共譯, 『東鄕平八郎』(東京: 靑年書房, 1941) ; 下村寅太郎, 『東鄕平八郎』, 講談社學術文庫 563(東京: 講談社, 1981) ; 『図說 東鄕平八郎: 目でみる明治の海軍』(東京: 東鄕神社·東鄕會, 1992). 이중에서 출판사와 출판년도가 불명인 『東鄕平八郎全集』은 도고의 전기도 포함되어 있지만, 도고와 관련된 언론기사와 연설문 등도 망라해 놓은 자료집이다.
101) 이 에피소드와 관련하여 사토 데쓰타로가 언급한 내용들은 다시 생각해 볼 필요가 있다. 그는 1908년에 넬슨이 이순신과 도저히 견줄 수 없을 정도로 낮은 장수라고 말한 적이 있다(佐藤鐵太郎, 『帝國國防史論』, p.464). 또한 그는 1926년에 넬슨이 인격과 천재적 창의성면에서 이순신의 적수가 되지 못하고, 쉬프랑과 패러거트는 넬슨보다 못하기 때문에 말할 필요도 없으며, 드 로이테르도 독창적 천재성면에서 이순신보다 못하다고 말하였다(海軍中將 佐藤鐵太郎, 「絶世の名海將李舜臣」, p.56). 이와 같이 볼 때 사토 데쓰타로가 한 말이 도고 헤이하치로의 말로 둔갑했을 가능성도 전혀 부정할 수 없을 것 같다.
102) 司馬遼太郎, 『明治という國家』, pp.210-211.

기억은 내선일체적 통합의 기능을 수행하였다."

청일전쟁 직전 일본 육군대위 시바야마 나오노리(柴山尙則)가 장교단체 기관인 가이코샤(偕行社)에서 발간한 『조선이순신전』은 중화세계 속의 명장 이순신을 서양군대 중심의 세계사 속의 명장 이순신으로 만들었으며, 식민지 조선에서 3·1운동 이후 문일평에 의해 「일본이 저술한 이충무공전」 으로 번역되어 읽혔다. 이순신의 전술, 발명, 지휘통솔력, 지모, 용기 등은 제국 일본의 해군의 모델이자 일본군의 행동규범인 군인칙유의 구현자로 자리매김 되어갔다. 일본제국주의가 총력전을 수행하기 위해 이순신에 대한 기억을 이용, 식민지 조선과 일본의 이데올로기적 통합을 꾀했다는 분석이 제기되었다.103)

이 기사가 나오게 된 근거였던 박환무의 논문은 인터넷 논객으로부터 반박되었다.

수년 전부터 이순신 영웅화는 일본인에 의해 이룩된 것이라는 묘한 주장이 나타나기 시작하였다. 망각된 이순신을 최초로 위인의 반열로 올려놓은 것은 일본인이라는 주장까지 나왔다. 1892년 시바야마 나오노리 의 책은 한일 양국을 통틀어 최초로 나온 이순신 전기이다. 그 이후에도 일본 군부를 중심으로 지속적으로 이순신 영웅화 작업이 이루어졌으므로 이순신 영웅화의 바람에 깔린 제국주의적 위인상을 경계해야 한다는 주장이다. … 메이지 유신 이후 군부를 중심으로 한 다수의 일본인들이 이순신을 영웅이자 위인으로 생각했던 것은 사실이다. 자기희생적 멸사봉 공 스타일의 영웅적 군인을 바람직한 인간상으로 생각하는 것 자체가

---

103) 김용래 기자, 「이순신에 대한 기억, 내선일체 기능 수행」, 연합뉴스 2006년 6월 14일(수) 기사. daum.net/nms/service/news 혹은 yonglae@yna.co.kr. 이 기사는 통영시와 서강대 국제한국학센터가 「임진왜란 : 조일전쟁에서 동아시아 삼국전 쟁으로」라는 주제로 2006년 6월 19-20일 공동 개최한 세미나에서 발표된 박환무 (낙성대경제연구소)의 "이순신, 제국과 식민지 사이에서"를 기반으로 작성되었다.

정치적 의도를 바탕에 깔고 나온 평가라는 점도 부분적으로 사실이다. 그래서 … 뭘 어쨌단 말인가. 굳이 따지자면 일본에서 이순신 영웅론의 뿌리는 생각보다 더 과거로 거슬러 올라간다. … (1600년대 일본에서 『징비록』 출판 언급) … 조선 정조대 『이충무공전서』 자체가 조선시대에도 이순신을 절대영웅으로 간주했음을 보여주는 증거이다. … 근대 이후라는 한정된 전제조건 하에서만 이순신 영웅화가 일본인의 손에 의해 시작되었다는 것은 가능한 논리다. ……근대 이후 학문 자체가 일본에 의해 이입되었는데, 이제 와서 일본의 손을 탄 모든 것을 거부하겠다는 논리는 자폭 그 자체나 다름없다. … 적국조차 영웅으로 볼만큼 이순신이 위대했다고 이해하면 안 되나. 꼭 이런 부분을 비틀어서 이해해야 우매한 대중을 뛰어넘는 지식인이 되는 건가.[104]

그런데 이 주장은 사실 우리나라에서 박은식에 의해 1915년에 이미 제기된 것이었다. 그는 자신의 『이순신전』 서문에서 충무공 이순신의 사후 300년 만에 나라가 멸망한 것을 한탄하면서 다음과 같이 서술하였다.

"우리가 어찌하여 여기에 이르렀나? 우리 인민이 우리의 이순신을 잊어버렸기 때문이다." 무릇 이순신은 임진란의 으뜸 공훈자로서 부녀자나 어린아이도 모두 알고 제사를 지내고 있다. 기념을 금석같이 드리며 서로 우러러 쳐다봄이 명백한데, 어찌하여 이를 잊어버렸다고 하는가? 즉 그 정신이 계승되지 않는 터라 이를 잊어버렸다고 말한 것이다.
　이순신을 칭하여 고금 수군의 제일 위인이라고 말하고, 또 영국의 넬슨보다 현명하다고 불리는 것은 즉 일본 사람이 공공이 전하는 말이다. … 아! 우리 국민이 우리 이순신을 스승으로 삼지 않고, 저 일본인이 이를 스승으로 삼았도다. 구본(舊本) 『이순신전』이 그 나라에 통행되어 군인의 모범이 되었는지 이미 수백 년이다. 지금 그 해군이 날로 강대해졌

---

[104] 번동아제, 「과연 제국주의 일본이 이순신 영웅화를 만들었나?(2007. 2. 5)」, http://lyuen.tistory.com/84?srchid=BR1http%3A%sF%sFlyuen.tistorycom%sF84.

으며, 또 해군성에서 새로이 편찬한 『이순신전』이 있다. 이것으로 보건대 일본 군사계의 교육이 실로 그 혜택 받은 것이 많은데, 우리 국민은 이를 갑자기 잊어버렸는가?[105]

일본에서 수백 년 간 읽혀진 구본 『이순신전』이 어떤 책인지 알 수 없으며, 실제로 있었는지조차 의심스럽다. 또한 해군성이 새로 편찬했다는 『이순신전』도 어떤 책인지 알 수 없다. 일본군 참모본부가 『일본전사 : 조선역』을 1924년에 발간했기 때문에 1915년에 작성된 글에서 박은식이 언급한 『이순신전』이 참모본부가 편찬한 책을 의미하는 것 같지는 않다. 게다가 새로 편찬했다는 것은 그 이전에 발간된 적이 있다는 것을 의미한다. 그런데 1915년 이전에 발간한 『이순신전』은 1892년에 발간된 세키 고세이의 서적밖에 없다. 따라서 세키 고세이의 서적이 새로 편찬되었다는 것을 의미하는지 모르겠다.

일본인에 의해 이순신이 발견되고 영웅화되었다는 주장은 세키 고세이의 『문록정한 수사시말 조선 이순신전』이 최초의 이순신 전기라는 믿음에서 비롯되었다. 이 믿음은 믿을 수 있는 사실일까? 조선시대에 편찬된 이분(李芬)의 『행록』은 분명히 전기에 속하는 서적이며, 따라서 세키 고세이의 서적이 최초의 이순신 전기라는 주장은 잘못된 것이다. 또한 『이충무공전집』은 조선시대에 왕명에 의해 관에서 편찬한 것으로서 유일한 개인문집이다. 이순신이 일본인에 의해 처음으로 영웅화되었다는 것도 잘못된 주장이다.

한국인들은 정말 이순신을 잊어버리고 있었을까? 〈표 4〉[106]에서 보듯이 우리나라 정사 자료는 이순신이 활동하던 당대부터 정조연대까지 약 200여 년간 이순신이 계속 칭송되어 왔음을 보여주고 있다. 또한 『완역 이충무공

---

105) 朴現圭·權赫泰, 「朴殷植 『李舜臣傳』의 全文 발굴과 분석」, 『이순신연구』 창간호, 2003, pp.232-233에서 재인용.
106) 〈표 4〉는 김주식 외 공편저, 『조선시대 수군 :《실록》 발췌 수군관련 사료집 3-6』(서울: 신서원, 2000-03)에서 발췌하여 작성한 것이다.

〈표 4〉『조선왕조실록』에서 이순신을 평가하고 있는 자료들의 문구

왕명	평가자	평가 내용
선조	왕	업무 게을리, 대장 업무를 잘못 수행, 불성실하고 출정하지 않으며 호출에 불응, 이순신의 승리는 당연하고 사소한 데 중국 장수가 과장
	기타	수륙의 모든 장수 중 가장 우수(유성룡), 공이 매우 크지 않음(김응남), 비상한 장수(정탁), 쓸 만한 장수이자 장사(將士)들도 조용하여 중도에 맞는다 한다(김응남), 많은 장수 중 가장 쟁쟁한 자이자 경상도의 장수 중 제일 훌륭(이원익), 직무수행능력이 훌륭하고 굽힐 줄 모른다(유성룡), 조용하나 속임수가 많다(윤두수·김응남), 옛 어진 장수도 이보다 더할 수 없다(사관), 충성·용맹·토벌·엄한 군율·사졸 사랑으로 모두의 존경을 받다(사관), 중국인도 승첩을 칭송(비변사), 국가를 회복시킨 최고의 공로자이고 옛 명장의 풍모를 소유(비변사), 옛 명장에도 부끄러울 것 없다(이덕형), 중국인도 명장이라 불리는 이(사신), 죽음으로 나랏일에 애 쓰고 큰 환란을 막아낸 이(이항복)
인조	왕	중국인을 마음대로 부리고 중국인도 이순신의 죽음에 통곡
	기타	중국인도 이야(李爺)라 호칭(정경세)
효종	왕	하늘이 나라의 중흥을 위해 탄생시키고, 악비보다 더 능하고, 쉽게 얻을 수 없는 인재
	기타	우리나라에서 충신으로 드러나 칭송할 수 있는 유일한 분(김육)
숙종	왕	명장
	기타	국조 이래 최고의 공로자(이이명)
영조	왕	
	기타	임란 때 발탁된 유일한 분(원경하), 이순신만 무적의 장수(박문수)
정조	왕	선정(先正) 칭호를 사용, 당파로 해를 당함, 명나라 은총으로 천하 명장이 된 이, 선조의 국가 중흥에 유일한 기초를 세운 이
	기타	임진년 승첩의 원훈(구선복), 거제 전첩은 진실로 기위한 것(임제원), 제갈무후 이후 일인자(이병모)

전집』에서 이순신을 칭송하거나 평가한 문구를 찾아보면 〈표 5〉[107]와 같다.

〈표 5〉는 선조부터 순조 때까지 이순신이 동아시아에서 영웅으로 칭송되던 제갈량, 장순, 허원, 악비, 곽자의, 이성과 같은 격이거나 그 이상의 인물로 거론되어 왔으며, '천지신명'이나 '하늘'이 내린 백년에 한, 두 명 날까말까 하는 인물로 칭송되어 왔음을 보여주고 있다. 조선인들의 사고가

---

[107] 〈표 5〉는 李殷相 譯,『完譯 李忠武公全書』, 上·下(서울: 成文閣, 1989)를 근거로 작성한 것이다.

〈표 5〉『완역 이충무공전집』의 이순신 평가 문구

연도	치세왕명	평가자	평가 내용
1599	선조	오윤겸(수찬)	나랏일과 군 사기를 좌우한 분
1599		유성룡(영의정)	한 손으로 하늘을 떠받든 장군
1615	광해군	이항복(중추부사)	죽음으로 국가 환란을 방어한 분
1656		차천로(봉상정)	유일한 무적장군
1588-1641	인조	최유해(승지)	천지신명이 낸 분
1581-1643		김시양(판중추부사)	하늘에서 태어나 영구한 모습을 지닌 분, 제갈무후와 한 수레를 탈 수 있는 분
1643		이식(대제학)	백년에 한, 둘 나오는 인물 중 최고
1685	숙종	이민서(대제학)	참 장군
1693		김육(영의정)	정순, 허원, 제갈무후보다 더 큰 공로자
1643-1707		임홍량(목사)	왕은 '명장'으로, 백성은 '만리장성'으로 호칭
1794	정조	정조	국가 중흥의 기초를 세운 유일한 분
1724-1802		홍양호(판중추부사)	국가 중흥의 원공(元功)이자 명장 중 최고
1832	순조	홍석주(이조판서)	장순, 주유, 악비, 곽자의, 이성, 제갈량과 같다.
		『선조중흥지』	국가 중흥의 제일 명장
		『이대장한풍실기』	곡식문제 발생할 때마다 이순신의 둔전설치제도가 거론

중국을 중심으로 하고 있어 서구 세계를 알지 못하고 있었기 때문에 그들에게는 중화세계가 곧 세계 자체였다. 따라서 조선인들이 이순신을 이처럼 중국의 최고 영웅들과 나란히 견주었다는 것은 그들이 이미 이순신을 세계적인 인물로 간주해왔다는 것을 뜻한다.

그러나 조선인이 잊어버린 이순신을 일본인이 새롭게 발견하였고 일본인들에 의해 영웅화되기 시작했다는 주장은 부분적으로 옳다고 할 수 있다. 즉 조선에서는 국가 위기 때마다 이순신을 상기하였으며, 심지어 그가 취했던 행동이나 조치를 그대로 따르려 하기까지 하였다. 문제는 19세기에 이르러 조선이 쇠퇴하고 외세의 침입에 대해 제대로 준비하고 대처하지 못함으로써 결국 20세기 초에 국가 멸망이라는 국치를 당하게 되었다. 박은식이 이순신의 정신을 계승하지 못하여 나라가 멸망했다고 주장한 것은 바로 이를 가리킨다. 그렇다고 해서 박은식의 말대로 일본이 임란이후 계속 300년 동안 이순신의 정신을 계승하기 위해 노력했다고는 볼 수 없다. 일본인들에게는 17세기 말에 이르러서야 이순신의 이름이 대중들에게 알려지기 시작했으며, 일본도 서구세력의 해상침입으로 고통을 받았다. 일본인들이 깨이기 시작한 것은 메이지 유신(1868) 이후이다. 그리고 일본인들이 이순신을 연구하기 시작한 것은 그로부터 한참 지난 19세기 말이었다. 그러므로 조선인이 잊어버린 이순신을 일본인이 발견하여 부각시키고 영웅으로 만들었다는 주장은 19세기 말 이후에만 적용될 수 있다.

여기에서 간단하게나마 짚고 넘어가야 할 사항이 두 가지 있다. 하나는 우리나라에서 이순신을 서구의 명장들과 비교하기 시작한 것이 일본보다 뒤진다는 사실이다. 일본에서는 1892년에 발간된 세키 고세이의 서적에 영국의 넬슨과 비교하는 대목이 들어있다. 신채호의 『이순신전』이 이순신과 넬슨을 비교하고 있는 것으로 알 수 있는 것처럼, 우리나라에서는 1907~8년에 이르러서야 이순신을 서양 명장들과 비교하는 글들이 나타났다. 이처럼 이순신을 서구의 명장들과 비교하는 것이 우리나라에서 늦게 나타나는 현상은 서구의 근대 문물과 학문에 대한 도입시기가 그만큼 늦었다는 데에서 그 연유를 찾을 수 있다. 조선에서는 1910년까지만 해도 서양학문을 공부한 사람이 극히 적어 넬슨이란 인물을 아는 사람이 드물었던 것이다.

다른 하나는 일본인이 '내선일체의 통합적 기능'을 위해 이순신 영웅화를 시작했다는 주장이다.[108] 세키 고세이는 서문에서 "금년 안에 우리 제국도 세계의 경쟁장에 발을 들여놓아야 하기 때문에 … 그렇게 하려면 우리 해군부터 진흥시킬 필요가 있다고 … 임진년 해군의 실패를 확실히 개탄"하기 때문에 책을 썼다고 밝히고 있다. 그 후 발간된 많은 일본 서적들은 히데요시의 대륙정벌전이 좌절된 원인을 이순신과 수군에서 찾으면서 아쉬워하고 있다. 또한 사토 데쓰타로를 위시하여 이순신을 연구한 많은 일본인들은 일본 제국의 미래를 위해 두 번 다시 같은 실패를 하지 않도록

---

108) 김용래 기자, 「이순신에 대한 기억, 내선일체 기능 수행」, 연합뉴스 2006년 6월 14일(수) 기사. daum.net/nms/service/news 혹은 yonglae@yna.co.kr.

타산지석으로 삼기 위해 이순신을 연구하였다. 이러한 점들로 볼 때, 일본의 이순신 연구와 평가는 '내선일체'를 위해 실시된 것이 아니라 구한말 일본 제국이 조선정벌과 대륙진출을 계획하면서 임진왜란 때처럼 실패하지 않기 위해 노력하는 과정에서 반면교사로 삼기 위해 나온 산물이라 할 수 있을 것 같다.

5. 맺음말

청일전쟁 직전부터 시작된 일본인의 이순신 연구는 우리의 입장에서 두 시기로 나눌 수 있다. 하나는 일제강점기인데, 구한말부터 일제강점기까지를 포괄한다. 다른 하나는 광복 이후의 시기이다.

일제강점기에 이순신을 연구한 사람들의 신분은 일반인과 군 장교 두 집단으로 나눌 수 있다. 먼저 일반인의 경우를 보면, 이순신 평가는 1892년에 일본인으로서 최초로 이순신전기를 발간한 세키 고세이(惜香生)로부터 시작되었다. 그 후의 이순신 연구는 30년 후인 1922년(德富猪一郞·靑柳南冥)과 1924년(京口元吉)에 나타난다. 다음으로 군 장교의 경우를 보면, 이순신 연구는 일반인과 마찬가지로 1892년부터 시작되었다. 해군대위 사토 데쓰타로(佐藤鐵太郎)는 이때부터 시작하여 일생동안 발간한 많은 서적에서 이순신을 연구했으며, 심지어 이순신을 평가하는 에세이를 발표하기까지 하였다. 또한 이순신 평가가 개인이 아닌 군의 이름(參謀本部)으로 1924년에 이루어지기도 하였으며, 일제강점기의 말기인 1942년에도 해군장교(有馬成甫)의 이순신 연구가 있었다.

광복 이후에는 연구자의 신분에서 군 장교가 사라지고 일반인만 나타났으며, 이는 패전 이후라 당연한 현상이었던 것 같다. 일본군은 순수한 학문 연구가 아니라 향후 도요토미 히데요시처럼 대외침략을 실패하지 않기 위해 이순신을 연구하였으며, 그 결과 자연스럽게 이순신을 평가하게 되었던 것이다. 이순신 연구는 1964년에야 비로소 나타나기 시작하였다(難

波專太郞). 이것은 태평양전쟁의 패전이 일반인의 이순신 연구와 평가에도 영향을 주었다고 할 수 있는데, 전후 약 20여 년 동안 일반인에게서도 이순신 연구가 나타나지 않은 것으로 입증된다. 1964년에야 비로소 한·일 외교관계가 수립되었으며 1965년에 한일협정이 체결된 양국 간의 관계나 분위기와 연관될 수 있는지 모르겠다. 그 후에는 소설가(司馬遼太郞), 교육자(藤居信雄), 역사가(片野次雄·槇浩史·北島万次·小川晴久) 등 다양한 계층의 사람들이 이순신을 연구하고 평가한 것으로 나타난다.

이 평가는 긍정적인 것과 부정적인 것으로 나뉘는데, 전자가 대부분을 차지하고 후자는 소수일 뿐이다. 긍정적인 평가는 개인적인 숭배 대상, 조선시대의 영웅, 한민족이나 한국사의 영웅, 세계사의 영웅, 신과 같은 영웅으로 구분된다. 일본인들이 이순신을 조선시대나 한국 즉 특정 시기나 특정 국가가 아닌 세계적인 위인이나 영웅으로 간주하고 있는 경우가 많으며, 심지어 신으로 숭배할 수 있을 정도의 인물로까지 간주하는 경우도 있다.

일본인들이 이순신을 그처럼 대단한 인물로 평가하는 이유를 큰 항목별로 보면, 개인적인 자질, 전쟁과 전투에서 이룩한 전공, 전쟁에 미친 영향, 국가에 대한 유공 순으로 나타난다. 구체적인 항목별로 보면, 이순신의 인간성과 인격, 발명과 창조력, 구국활동, 일본의 야욕 차단, 제해권의 중요성 인식 등의 순서로 나타난다. 이것은 일본인들이 무엇보다도 이순신의 개인적인 성품, 자질, 언행에 먼저 매료되었기 때문에 존경하고 있다는 것을 뜻한다. 그러나 그들이 자국이나 동·서양의 명장들보다 더 위대한 인물로서 세계 최고의 명장으로까지 이순신을 평가하고 있는 것도 주목할 만한 현상이다.

일본인의 이순신 평가와 관련하여 3가지 사항이 논란되고 있다. 첫째, 일본제국 해군 장병들이 이순신을 존경했다는 것이다. 해군장교가 청일전쟁 이전부터 이순신을 연구하기 시작했으며, 한일합방 이후에는 군 교육기관에서 이순신을 교육하였고, 진해에 주둔하고 있던 해군장병들이 통영에 직접 가서 충렬사를 매년 참배한 사실 등으로 미루어 볼 때, 이 주장은 사실이었던 것처럼 보인다. 둘째, 도고 헤이하치로가 이순신을 자신과 넬슨보다 더 훌륭한 제독으로 칭송하였다는 것이다. 이것은 그 주장의 출처가 의심스럽고 또한 이 사실이 도고 제독과 관련된 자료에서 나타나지 않는 것으로 보아 사실무근인 것처럼 보인다. 셋째, 이순신이 일본인에 의해 발견되고 영웅화되기 시작했다는 것이다. 이것은 임란이후 조선에서 이순신에 대한 칭송과 기리는 활동이 계속 이루어진 것으로 보아 사실이 아니라고 말할 수 있다. 그러나 이 주장은 19세기 말 이후의 경우 사실이었던 것으로 보인다. 19세 말 이후에 일본인들이 그렇게 한 이유는 '내선일체의 통합적 기능'을 위한 것이 아니라 조선 침략과 대륙진출을 히데요시처럼 실패하지 않도록 타산지석으로 삼기 위한 것이었다.

철저한 자기 관리와 수양을 통해 개인의 자질을 향상시키고, 개인이든 공직자로서든 간에 항상 귀감이 될 만한 삶을 살며, 국가가 위기에 처했을 때 최선을 다하여 위기 극복을 위해 노력한 사람은 비록 적국 국민들이라 하더라도 존경하기 마련이다. 특히 외적의 침략을 받았을 때 몸과 마음을 다하여 외적을 격파하는데 성공하며, 온갖 안팎의 시련과 최악의 상황에도 불구하고 계속 승리하고, 나아가 창조적인 능력과 훌륭한 지휘통솔력을 발휘한 장수라면 아군과 적군 그리고 제3국의 군을 가리지 않고 모두가 숭앙하기 마련이다. 이순신은 이에 대한 전형적인 사례이며, 일본인의 이순신 평가는 그 증거로 보기에 충분하다고 할 수 있을 것 같다.

제3장

중국인의 연구와 평가

1. 머리말

　중국인은 임진왜란 때 조선을 위해 군대를 파병했으며, 조·명 연합군을 결성하여 싸운 적이 있는 참전국 국민이다. 따라서 중국인들이 이순신을 어떻게 연구하고 평가해왔는지는 참전국의 이순신 평가와 인식을 알 수 있는 중요한 근거가 될 수 있다. 그러나 불행하게도 중국에서는 이순신에 대한 연구가 거의 이루어지지 않고 있다가 2010년 이후에야 시작되고 있다.

　명나라는 1644년 청나라에 의해 멸망했다. 임진왜란에 참전한 지 48년 후에 멸망한 것이다. 청나라는 명나라를 멸망시킨 후 명나라의 업적을 폄훼하는 작업을 했으며, 임진왜란 기간의 명군 활동도 여기에서 벗어날 수 없었다. 이러한 경향은 오랫동안 지속되었으며, 2010년 이후에야 참전활동과 참전한 장수들에 대한 연구가 하나씩 나타나기 시작하고 있다.[1]

2. 연구 현황

　이순신에 대한 중국의 연구와 평가에 대해서는 2편의 연구논문이 있으

---

1) 孫衛國, 「明水軍統帥陳璘和朝鮮水軍統制使李舜臣的生前与身后」, 『이순신 서울에서 만나다』(서울특별시 국제학술학술대회, 2025. 4. 25).

며, 2013년과 2014년 및 2024년에 발표된 최근 논문들이다.2) 1편은 이순신이 아닌 임진왜란에 대한 연구 현황이라고 할 수 있는 논문이며, 다른 1편은 중국에서 발간된 이순신 전기에 대한 논문이다. 나머지 2편은 선조와 이순신 간의 갈등을 연구한 논문과 『선조실록』과 『선조수정실록』 및 『행록』의 기록이 보여주는 차이를 연구한 논문이다. 이순신에 대한 연구가 중국에서는 거의 이루어지지 않았다고 할 수 있다.

그러나 중국인이 이순신을 평가하지 않았던 것은 아니다. 이순신이 아닌 다른 주제를 다룬 서적이나 논문에서 이순신에 대해 짧게나마 언급한 자료들이 있는데, 이 자료들로부터 이순신에 대한 평가를 단편적이나마 알 수 있다.

3. 평가 현황

중국사에서 임진왜란의 명칭은 몇 가지 경향으로 나눌 수 있다. 첫째는 명나라 만력제의 연호와 전쟁지역을 결합하여 부르는 경향이다. 만력지역(萬曆之役), 만력조선지역(萬曆朝鮮之役), 만력동정(萬曆東征), 만력조선전쟁(萬曆朝鮮戰爭), 만력원조(萬曆援朝) 등과 같은 명칭으로 알 수 있는 경향은 중국 고문헌부터 최근 중국학계의 일부에서 나타나고 있다. 둘째는 전쟁발발년도의 60간지와 왜국이 일으킨 난리라는 뜻을 가미하여 부르는 경향이다. 임진왜화(壬辰倭禍), 임진왜란(壬辰倭亂)과 같은 이 경향은 20세기 후반 이후 대만 지역에서 많이 나타나고 있다. 세 번째는 명나라가 조선을 지원하여 왜국을 물리쳤다는 의미의 용어를 사용하는 경향이다. 항왜원조

---

2) 추이원펑(崔云峰), 「중국 내 이순신에 대한 연구현황 : 조선시대의 임진왜란을 중심으로」, 『해양담론』 창간호, 2014. 6 ; 박현규, 「중국 편찬본 『朝鮮民族英雄李舜臣』의 출판 배경과 특징」, 『이순신연구논총』, 2013년 봄·여름호 ; 孫中奇, 「朝鮮宣祖對李舜臣的制衡与打壓」, 『当代韓國』, 2024年 第3期 ; 孫中奇, 「〈朝鮮王朝實彔〉對李舜臣的歷史書寫」, 『古代文明』, 2024年 第4期.

(抗倭援朝), 원조항왜(援朝抗倭), 원조축왜(援朝逐倭), 항일원조(抗日援朝)와 같은 이 경향의 용어들은 20세기 후반 중국 대륙에서 강하게 나타나고 있다. 넷째는 전쟁 발발년도의 60간지와 국가를 수호한 전쟁의 의미를 조합하여 사용하는 경향이다. 조선임진위국전쟁(朝鮮壬辰衛國戰爭)에서 알 수 있는 이 경향은 북한이 사용하는 임진조국전쟁(壬辰祖國戰爭)이라는 용어를 중국식으로 변형한 것으로서 20세기 중반 이후 조선족 학자들에게서 나타나고 있다.3) 이 네 가지 경향은 임진왜란에 대한 중국 역사학자들의 시각이 기본적으로 명나라가 조선에 출병하여 왜군을 물리쳐준 전쟁이라는 인식을 바탕으로 하고 있다. 그들은 조선이 항복할 수밖에 없는 지경이었을 때(義州 蒙塵) 선조의 간곡하고 거듭된 요청에 따라 파병하여 멸망의 위기를 벗어나게 해주었다고 생각하고 있다. 중국에서는 임진왜란 때 명군의 활동을 주로 연구하고,4) 조선군에 대한 연구는 거의 이루어지지 않고 있다.

이순신에 대해서도 기본적으로 명나라가 도와주지 않았으면 승리할 수 없었던 장수로 생각하고 있다. 그런 연유로 이순신을 주제로 한 논문이나 저술은 아주 적어 찾아보기 어렵고, 나머지는 임진왜란을 논하는 과정에서 이순신을 간략하게 언급하는 것이 대부분이다.

임진왜란 당시부터 현대까지 중국 자료에서 이순신은 '영선의 큰 성(令鮮百雄)',5) '우수한 통수(統帥)',6) '조선 민족의 영웅',7) '한민족이 대대손손

---

3) 박현규, op. cit., pp.351-352.
4) 최근에는 陳璘에 대한 연구가 활발하게 전개되고 있다. 黃學佳, 『抗倭英雄陳璘』(广州: 广東人民出版社, 2010) ; 顔广文, 「論'壬辰之役'中的陳璘」, 『東亞人文學』(韓國), 2006年 第9輯, pp.85-96 ; 孫衛國, 「陳璘与李舜臣」, 『韓國學論文集』第4輯, pp.224-233. ; 孫衛國, 「明抗倭援朝水師統帥陳璘与露梁海戰」, 『南開學報』, 2020年 第4期, pp.161-172. 2015년 11월 27일에는 在广東省 翁源에서 중산(中山)대학교 역사학과와 翁源縣 위원회 선전부가 〈민족영웅 진린과 그 시대의 국가학술심포지엄〉을 공동 개최했는데, 30여 편의 논문이 발표되었다.
5) 都督 陳璘, 「李統制를 제사하는 글」, 李殷相 譯, 『李忠武公全書』下(서울: 成文閣, 1989), p.189.
6) 「御製(正祖御製神道碑銘 및 서문)」, 李殷相 譯, 『李忠武公全書』上, p.43 ; 楊通方,

기리는 인물',[8] '한민족의 위업을 위해 몸을 바친 인물,'[9] '조선의 저명한 해군 장령(將領)'과 '항일민족영웅',[10] '조선의 명장'과 '조선의 항일민족영웅' 및 '조선의 애국 명장'[11] 등으로 불리고 있다. 이순신이 그저 한국의 명장이자 한민족의 구국 영웅으로만 간주되고 있다.

〈표 1〉 중국 자료에 나타난 이순신 평가 내용

항목	내용	항목	내용
역사에 미친 영향	보천욕일(補天浴日)의 공[12] 풍신수길의 미몽을 격파[13]	전쟁에 미친 영향	패전 분위기 일소와 항전의지 고취[14] 전라도 침입 방지와 수륙병진 침략계획 분쇄, 침략군 철수 가속화[15] 왕조 멸망의 분위기 일소, 수륙병진 계획 분쇄, 국민에게 희망의 씨앗 뿌림, 전쟁의 승리 기반 마련[16] 수군 승리로 식량과 사료의 기지인 전라도를 지키고, 일본침략자들의 수륙병진계획(水陸幷進計劃)이 파탄[17] 왜군의 해상보급로 차단, 수륙병진의 침략계획이 수포, 왜구의 침략야욕 좌절[18] 항전의지 고취, 항전승리 의지 견고화, 연해 지역 안전 보장, 조선수군 재조정 시간 획득, 명군 군사행동의 유리한 조건 창조[19]
전략 전술	많은 꾀[20] 제해권 장악[21] 해전의 주동권(主動權)과 남해의 제해권 장악[22] 조선수군을 강철 수군으로	해전	백전백승[26]

「壬辰·丁酉亂과 明軍의 役割」, 『第二回 國際海洋力 심포지엄 發表文集 — 主題: 壬辰倭亂과 海洋力』(大韓民國 海軍·海軍海洋研究所, 1991. 8), p.103.

7) 박현규, op. cit., pp.345-365.
8) 延邊歷史研究所, 『延邊歷史研究』 第2輯, 1987, p.26.
9) 李建立·張海濱, 『韓國崛起之謎』(北京: 解放軍文藝出版社, 1995), p.34.
10) 中國海軍百科全書編纂委員會 編, 『中國海軍百科全書』 上(北京: 海潮出版社, 1999), p.1245.
11) 陳貞壽, 『図設 中國海軍史』 上: 古代-1955(福建教育出版社, 2002. 10), p.70.

	부활23) 우세한 병력 집중, 지략, 수문지리 활용으로 소수병력으로 승리24) 전략전술이 뛰어난 모략가25)		
심성	용감27)	자질	경천위지(經天緯地)의 재주28) 충분한 지혜29) 탁월한 지휘능력, 뛰어난 임기응변 능력30)
거북선	귀갑선(龜甲船)31) 귀선(龜船) 창건32) 세계에서 가장 선진적인 철갑선33) 세계에서 위력이 가장 강한 철갑전함, 철갑선의 원조34)		

12) 柳成龍 著, 南晚星 譯, 『懲毖錄』(서울: 玄岩社, 1970). p.272 ; 神道碑(領議政 金堉), 李殷相 譯, 『李忠武公全書』 下, p.111 ; 「御製(正祖御製神道碑銘 및 서문)」, Ibid., 上, p.43.
13) 延邊歷史硏究所, op. cit., p.26.
14) 嚴圣欽, op. cit., p.18.
15) Ibid., pp.21-23.
16) 延邊歷史硏究所, op. cit., p.26.
17) 北京大學歷史系 編, 『簡明世界史 : 古代部分』(北京: 人民出版社, 1979). 간수, 「壬亂에 대한 中國學界의 認識과 評價」, 『壬辰倭亂과 거북선』(해군사관학교 박물관 학술발표회), 1994. 6. 4, p.7에서 재인용.
18) 楊昭全, 「論明代援朝禦倭戰爭的幾個問題」, 『中國關係史論文集』, 1988. 간수, 「壬亂에 대한 中國學界의 認識과 評價」, 『壬辰倭亂과 거북선』(해군사관학교 박물관 학술발표회), 1994. 6. 4, p.7에서 재인용.
19) 鄭勵新·方十可·馬合秋, 『中外名將彔(下)』(北京: 解放軍出版社, 1988), pp.262-265.
20) 楊金森·范中義, 『中國海防史』, 上冊(北京: 海軍出版社, 2005), p.315.
21) 許曉光, 『世界著名將帥彔』(河南: 河南人民出版社, 1999), p.35.
22) 嚴圣欽, op. cit., pp.21-23.
23) 許曉光, op. cit.
24) 鄭勵新·方十可·馬合秋, op. cit.
25) 潘光·費成康, 『外國著名戰役故事』(北京: 少年兒童出版社, 1985), p.99.
26) 許曉光, op. cit.
27) 楊金森·范中義, op. cit., p.315.
28) 柳成龍 著, 南晚星 譯, op. cit., p.272 ; 神道碑(領議政 金堉), 李殷相 譯, op. cit., p.111 ; 「御製(正祖御製神道碑銘 및 서문)」, Ibid., p.431.
29) 楊金森·范中義, op. cit., 上冊, p.315.

이순신을 그렇게 평가하고 있는 이유는 역사에 미친 영향, 전쟁에 미친 영향, 전략전술, 해전, 심성, 자질, 거북선으로 이루어지는 7가지이다.

먼저 역사에 미친 영향을 보면, '보천욕일(補天浴日)의 공'은 한 나라를 바로 서게 한 공이라는 뜻이며, 이것은 이순신이 패망 직전의 조선을 구한 인물이었다는 뜻이다. 이러한 표현은 이순신을 중국 신화에 등장하는 신이 세운 것과 같은 큰 공을 세운 인물로 간주한다는 점에서 중국 신화의 신과 동격의 인물로 간주하는 것 같은 인상을 준다. 그가 조선과 중국 정복이라는 도요토미의 꿈을 깨버리게 했다는 주장도 있다.

전쟁 즉 임진왜란에 미친 영향은 조선의 멸망 위기를 넘기게 하고, 조선인들의 항전의지와 승전 희망을 갖게 했으며, 명군의 전쟁 준비 시간을 벌어주었고, 조선군이 재정비할 수 있게 했으며, 일본군의 수륙병진 계획을 좌절시켰다는 점이었다.

전략과 전술을 보면, 이순신이 많은 꾀를 갖고 있는 뛰어난 모략가였으며, 조선 수군을 강철 수군으로 만들었고, 제해권을 장악했고, 해전의 주동권(主動權)을 확보했으며, 수문지리(水門地理)를 이용하고, 병력을 집중했다고 기술되어 있다.

해전에 대해서는 백전백승했다고 기록되어 있고, 심성에 대해서는 용감했다는 표현만 찾아볼 수 있다.

자질에 대해서는 충분할 만큼의 지혜와 경천위지(經天緯地)의 재주를 가졌을 뿐만 아니라 탁월한 지휘능력과 뛰어난 임기응변의 능력도 보유한 것으로 표현되어 있다.

거북선에 대해서는 세계에서 가장 선진적이고 위력이 가장 강한 '귀갑선', '귀선', 철갑전함, 철갑선이라는 표현과 철갑선의 원조라는 표현도 있다.

---

30) 鄭勵新·方十可·馬合秋, op. cit..
31) 陳貞壽, op. cit., p.70.
32) 中國海軍百科全書編纂委員會 編, op. cit., 上, p.1245.
33) 許曉光, op. cit.
34) 路宁·劉慶, 『世界戰爭故事叢書·弓馬篇·絞殺与征戰』(浙江: 浙江少年兒童出版社, 2000), p.258.

중국에서 이순신에 대한 평가는 동북아 역사와 전쟁 자체에 미친 영향이 거의 결정적이지만, 조선의 위인이나 영웅으로 국한되어 있다. 그러나 거북선에 대해서는 "세계에서 가장 선진적인" 혹은 "세계에서 위력이 가장 강한"과 같은 표현을 사용함으로써 세계사적인 의미를 갖는 것으로 평가하고 있음을 알 수 있다. 그러나 이순신과 거북선에 대한 연구가 상당히 부족하다는 주장35)은 틀림이 없는 것으로 보인다.

4. 맺음말

이순신에 대한 중국인의 연구는 거의 없다가 2020년대에야 나타나기 시작하고 있다. 이러한 현상은 명나라를 몰락시킨 청나라가 명나라의 활동을 무시하거나 폄훼하는 활동을 했기 때문에 나타난 현상으로 볼 수 있다. 다음으로는 임진왜란을 항왜원조전쟁(降倭援朝戰爭)이라고 표현하는 것에서 볼 수 있듯이, 중국인들이 임진왜란의 종전이나 승전의 원인을 명군이나 명군 장수에서 찾으려 하고 있기 때문이다. 이순신은 명군이나 명군 장수의 활동을 논할 때 보조인물로 언급하는 인상을 준다. 중국에서 이러한 현상이 출현하는 데 우리나라도 일조를 했다고 할 수 있다. 당대의 국왕이었던 선조부터 조정 대신들이 명군 장수들에게 모든 공을 돌리고 이순신을 포함한 조선 장수들의 공을 애써 폄훼하려는 행동들을 왕조실록에서 쉽게 볼 수 있고, 그 후 조선 후기 내내 조선 지배층이 명과 청을 우선시해온 경향은 부인할 수 없는 사실이기 때문이다.

---

35) 추이윈펑(崔云峰), *op. cit.*, p.205.

제4장

서구인의 연구와 평가

1. 머리말

 이순신에 대한 서구인들의 연구와 평가는 이순신이 살아온 삶의 모습과 그의 활동이 세계사적으로 어떤 의미를 갖는지 알아볼 수 있는 자료가 될 수 있다. 서구인이 우리의 위인을 칭송하는 것은 우리를 기쁘게 하고, 뿌듯함을 느끼게 하는 행위이다. 그러나 서구인의 칭송에서 거두절미하고 구호와 같은 간단명료한 표현이나 단어만을 살펴보는 것은 일시적인 감정의 기복만 일으킬 뿐이며, 서구인의 칭송 의도와 이유를 오해할 가능성마저 있다. 우리나라의 이순신 관련 서적과 글들이 서구인들의 표현을 많이 인용하고 있는 현실은 우리가 그 같은 우려에서 자유롭지 못하다는 것을 알 수 있게 해준다.
 2010년까지만 해도 서구인들의 이순신 연구 경향을 알 수 있게 해주는 연구는 별로 정리할 것이 없었다. 홍이섭(洪以燮)은 1948년에 「외국문헌에 보인 이순신 장군」을 발표하였다. 그는 논문(Sadler)과 서적(Griffis·Hulbert·Underwood) 및 편지(Frois) 5편에 대해 짧게 일별하고서 충무공에 대한 기초·다각·종합적 연구와 자료 정리 그리고 그 결과의 번역 소개가 필요하다고 주장하였다.[1] 1966년에는 한국해군이 발간하는 잡지 『해군』의 편집부가 「외국지에 나타난 이순신 제독」을 게재하였다. 특집으로 기획된

---

1) 洪以燮, 「外國文獻에 보인 李舜臣 將軍 : 特히 歐文文籍 一, 二에 就하야」, 『新天地』, 3 : 10. 1948. 11. 12, pp.85-87.

이 글은 3가지 자료(미 해군 잡지의 표지·영국대백과사전·국립지리월간지)를 두 쪽으로 간단하게 소개하고 있는데, 홍이섭의 글보다 더 짧다.[2] 2005년에는 모스크바대학 미하일 박 교수가 임진왜란에 대한 러시아의 연구 경향을 정리하였다. 이 논문은 모스크바대학의 역사 교과서, 한국사 개설서, 도요토미의 전기를 주로 설명한 후, 이바노비치 한의 불행하게도 발간되지 못한 이순신 연구 활동을 소개하였다.[3] 따라서 이때까지만 해도 서구인의 이순신 연구와 평가에 대한 국내의 연구는 사실상 없었다고 해도 과언이 아니다.

이러한 이유 때문에 2011년에 본고를 발표할 때에는 우선 이순신에 대한 서구인의 연구가 어떤 것이 있는지 종합적으로 파악하고, 자료를 수집하며, 그 내용이 대충 어떤 것인지 알려고 하는데 몰두할 수밖에 없었다. 현황을 파악하는 작업부터 시작해야 했던 것이다.[4] 그런데 2010년대 후반기에 이르자 새로운 연구자들이 몇 편의 연구 결과를 발표했다.[5] 이 연구들은 개별 주제나 연구대상을 더 자세히 연구하거나 연구 배경과

---

2) 「〈特輯〉外國誌에 나타난 이순신 제독」, 『海軍』 통권 제158호, 1966, pp.34-35.
3) 미하일 박, 「임진왜란(1592-1598년 일한전쟁)에 대한 러시아 역사가들의 서술」, 『이순신연구논총』 통권 제4호, 2005년 봄·여름호, pp.13-38. 러시아에서도 임진왜란과 이순신에 대한 연구가 극히 적지만 있었다. 그 한 예로 모스크바 대학 역사교재에는 이순신이 수군의 중요성을 임란 이전에 이미 알고 있었다는 선견지명을 보여주고, 전함의 완성과 화포로의 무장을 완료했으며, 백성들이 그의 이름을 일본 침략자들에 대한 영광스러운 승리와 연결시키는 위대한 애국자이자 마지막 해전에서 전사한 인물로 묘사되어 있다.
4) 김주식, 「이순신에 대한 서구의 연구와 평가」, 『해양평론』(한국항해항만학회·한국해양대학교 장보고연구실), 2011.
5) 석영달, 「1920년대 초 영국 해군 장교의 일본사 서술 속 이순신 일기 - 조지 알렉산더 밸러드의 『해양이 일본 정치사에 미친 영향』을 중심으로 - 」, 『韓日關係史硏究』, 제55집, 2016. 12. ; 석영달, 「세계 속의 충무공 일기 - 호머 헐버트의 이순신 관련 서술들을 중심으로」, 『충무공 이순신과 한국 해양』, 제3호, 2016. ; 조덕현, 「미국인들이 이해하고 있는 이순신 제독」, 『이순신연구논총』, 통권 제17호, 2017. 봄/여름. ; 석영달, 「이순신 해외 전파의 연결고리 : 제임스 머독의 〈일본의 역사〉」, 『軍史』, 제110호, 2019. 3. ; 이안 바우어스(Ian Bowers), 「영국인과 유럽인들이 알고 있는 이순신 제독」, 『이순신연구논총』 통권 제27호, 2017. 봄/여름.

결과의 상관관계를 밝히려 하고 있다. '서구인의 이순신 연구와 평가'가 정밀성과 상관성을 조금씩 밝혀나감으로써 그 폭과 깊이를 더해가고 있는 느낌이 든다.[6]

이 글은 몇 가지 한계를 내포하고 있다. 무엇보다도 수정하고 보완하려 했음에도 불구하고 관련 자료를 모두 다 섭렵하지 못하였다. 그 이유는 서구의 지리·언어적 개념의 미비, 언어 해독능력의 한계, 자료 확보의 어려움, 필자의 개인적인 문제들 때문이었다. 따라서 누락된 중요한 자료가 있을 수 있으며, 누락된 자료를 찾는 작업이 계속되어야 할 것으로 생각한다. 이 논문은 이순신에 대한 서구인의 연구와 평가에 대한 개략적인 상황과 흐름을 파악하는데 어느 정도 도움이 될 수 있으리라 믿는다.[7]

2. 이순신에 대한 연구 현황

1) 연구 현황

(1) 조선 말기

이순신과 거북선이 서구인에 의해 최초로 언급되거나 서구에 소개된 것은 1870년대 말 이후 조선의 개방정책에 따라 조선을 방문한 서구인들에 의해 이루어졌다.

---

6) 한편 2010년대 전반에 제2차 세계대전 때 프랑스의 영웅인 드골과 이순신을 비교하는 연구로 Jérémie EYSSETTE, "Charles de Gaulle et Yi Sun-Shin : Étude comparative de deux stratèges face à l'Histoire,"『한국프랑스학논집』제83집, 2013. 8.이 국내에서 발표되기도 했다.
7) 석영달,「이순신 해외 전파의 연결고리 : 제임스 머독의 〈일본의 역사〉」, p.275는 필자가 '텍스트가 갖는 함의'에 대해 거의 언급하지 있다는 점을 지적하고 있는데, 옳은 지적이다. 필자에게는 당시 이 지적사항들을 수행할 여력이 없었는데, 이 바람을 충족시켜줄 수 있는 일련의 논문들이 조금씩 발표되고 있어 기쁘다.

1882년 미국의 동양학자로서 주로 일본을 연구했던[8] 그리피스(William Elliot Griffis)가 고대부터 당대까지 조선사와 조선의 정치·사회·교육·종교·민속 등을 개관한 책을 발간했는데, 여기에는 임진왜란의 역사가 약 80여 쪽에 걸쳐 서술되어 있다. 그는 거북선을 '금속으로 덮여있는(covered with metal)' 선박으로 묘사하면서 조선 수군이 일본이라는 용의 발톱에서 진주를 빼앗아 용으로 하여금 몸이 뒤틀리고 구겨지게 만들었다고 보았다. 이 거북선을 이용한 조선 수군의 승리가 조선인에게 미친 영향은 대단하여 장졸들이 스스로 자신을 희생하면서까지 적에게 저항하도록 고무시켰다.[9] 그러나 이순신에 대한 서술은 지극히 적다. 그는 이순신을 개인이 아닌 조선 수군의 활동으로 표기하였으며, '명 수군 제독 리신신(Rishinshin)'으로 오기하고 있고, 조선의 전선과 전투병이 훌륭하고 조선 장수들이 전술을 개발하여 함대를 훌륭하게 지휘했으며, 조선 수군의 해전 승리가 정유재란의 운명을 결정지었다고 서술하고 있다.[10] 이러한 서술은 그리피스가 일본에 살면서 조선이 아닌 일본을 주로 연구했기 때문에 나타난 것으로 보인다.[11]

1883년 주일 영국영사관에서 근무하던 일본어문학자 애스턴(William George Aston, 1841~1911)은 이순신과 거북선을 분리하여 기술했다. 조선 수군의 "새로운 형태의 전투함정은 정크선으로 불리었으며, 적의 함포 공격으로부터 승조원을 보호하기 위해 지붕을 나무덮개로 씌웠는데, 이 함정들이 전쟁 승리에 기여했다."[12]

---

[8] 1876~1926년의 50년 동안 그는 총 50권의 책과 글을 발간하고 발표했는데, 한국에 관한 것은 3편뿐이고 나머지는 대부분 일본에 관한 것이다. http://en.wikipedia.org/wiki/William_Elliot_Griffis (2011년 11월 26일 검색)

[9] W. E. 그리피스 지음, 신복룡 역주, 『은자의 나라 한국』, 한말 외국인 기록 3(서울: 집문당, 1999), pp.160-161. 이 책의 초판은 William Elliot Griffis, *Corea : The Hermit Nation* (London: Harper & Brothers, 1882)으로 발간되었다.

[10] Ibid., p.189.

[11] "그리피스는 참고문헌이 일본측 자료이고, 일본에서 일본사를 연구한 서구인의 저서를 이용하였고, 일본인 조수를 이용했기 때문에 이순신의 공적이 말살되었다"는 주장이 있다. 洪以燮, op. cit., p.86.

1883년 미국 무관이었던 포크(George C. Foulk) 해군소위는 남한지방 기행문에서 이순신에 대해 "국가와 백성을 위해 일본군을 많이 죽인 통영의 영웅(hero of Tongyong)은 자신의 힘의 과시가 목숨을 잃게 한다는 것을 알고 일본 함대가 잘 볼 수 있도록 기함의 높은 곳에 서 있다가 적의 권총이나 소총에 명중당해 죄인으로 죽는 것을 피했다."13)고 기술했다.

1887년 조선에 온 미국 감리교 선교사 존스(George Heber Jones)는 1892년 자신이 창간한 3개의 잡지14) 중 하나에 게재한 「일본의 침략」이라는 글에서 다음과 같이 서술하였다. "서울에서 걱정하고 있던 일본군 당국자들에게 짙게 드리운 구름이 남쪽에서는 이미 나타났다. 해상에서는 그들을 기다리고 있는 것이 재앙뿐이었다. 침략 직전에 해안가 외진 곳의 관리로 부임했던 이순신은 일본함대의 어떤 사령관도 필적할 수 없는 전투능력을 가진 해군사령관으로 성장하였다. 그는 첫 해전에서 일본함대를 격파했으며, 이 해전에서 일본군이 9천명을 잃은 것으로 보고되었다. 이때부터 이순신은 일본군을 발견할 때마다 격렬하게 공격했으며, 미국혁명기 모니터함(Monitor)의 원조인 자신의 유명한 거북선(Tortoise Boats) 덕분에 한반도 연안 해역에서 일본군을 문자 그대로 휩쓸어버렸다." "이순신은 조선 해역에서 일본군을 소탕하고 있었던 것이다."15)

1899년에는 미국 감리교 선교사로 조선에 와서 한국어와 한국사를 연구하기도 했던 헐버트(Homer Bezaleel Hulbert)가 미국의 잡지에 「한국의 발명품들(Korean Inventions)」이라는 제목의 기고문을 게재했는데, 거북

---

12) W. G. Aston, "Hideyoshi's Invasion of Korea," *Transactions of the Asiatic Society of Japan*, Vol.II(1883), p.242. 이안 바우어스(Ian Bowers), 「영국인과 유럽인들이 알고 있는 이순신 제독」, 『이순신연구논총』 통권 제27호, 2017. 봄/여름, p.26에서 재인용.
13) 조지 클레튼 포크 저, 사무엘 홀리 편집·소개, 조법종·조현미 번역·주석, 『화륜선 타고 온 포크, 대동여지도 들고 조선을 기록하다』, p.287.
14) 그가 창간한 잡지는 *The Korean Repository*, *The Korean Review*, 그리고 「神學月報」였다.
15) George Heber Jones, "The Japanese Invasion," *The Korean Repository*, Vol.I, 1892, pp.187-188.

선을 발명품 중 하나로 들고 있다. 임진왜란 초기 침략군인 일본군의 활발한 공세에 대해 "이순신 제독(Admiral Yi Sun-sin)이 해결책을 마련했다."고 보았다. 일본군을 증강하려는 보충군을 막아야만 일본군을 견제할 수 있다고 생각한 이순신은 "귀선(kwi-sun) 혹은 거북선(tortoise-boat)"을 건조했다. 거북선은 최초의 철갑전함(iron-clad war-ship)이었으며, 일본군은 "초인적인 기원(superhuman origin)"을 가진 배로 간주했다. 이 거북선 때문에 "한국의 살라미스(Salamis) 해전"에서 "침략의 중추가 부러지고", "세계 최초로 방호순양함(protected cruiser)의 장점이 입증되었다."16)

헐버트는 1901년부터 1906년까지 월간지 『코리아 리뷰(Korea Review)』를 발간했다. 그는 이 잡지의 1901년 창간호부터 1904년 12월호까지 「한국사(Korea History)」를 연재했다. 그 중에서 임진왜란을 다룬 것은 1902년 9월호부터 1903년 4월호까지였는데,17) 임진왜란을 비교적 자세하게 서구에 최초로 알렸다는 점에서 중요하다고 생각하여 좀 길게 설명하려 한다. 그가 보기에, 옥포 해전은 "이 위대한 제독의 첫 번째 성공이었으며, 이 한국의 전사(戰士)가 잘 이끌었을 때 겁쟁이가 아니었다는 사실을 보여주었다. 따라서 조선에 있던 일본군은 보급과 강화의 원천에서 차단되어 엄청난 타격을 입었다. 이 승리가 전쟁의 결정적인 계기가 되었다고 할 수 있다." 그는 이순신이 해상에서 승리한 주된 이유로 거북선의 발명과 건조를

---

16) HOMER BEZA HULBERT, "Korean Inventions", *Harper's Magazine* (New York), 1st June 1899, pp.104-107.
17) 이 연재문은 발행호수마다 "Korean History"와 "History of Korean" 등 여러 용어를 사용하고 있는데, "한국사"로 번역하는 데에는 문제될 것이 없을 것으로 생각된다. "한국사"는 서론, 고대, 중세(890-1392), 근대(1392-1897)로 구성되었다. 서론은 참고한 한국자료와 도움 준 한국인을 간략히 소개하고 있고, 고대는 고려 건국 이전까지의 시기를 서술하고 있다. 중세는 고려시대를 그리고 근대는 조선시대를 서술하고 있다. 임진왜란에 대한 서술은 근대편에 들어있는데, 한국사 전체가 총 54개의 장으로 기술되었는데, 그중 10개의 장이 임진왜란에 대한 서술이다 (15.8%). 이 연재물은 Homer B. Hulbert, *The History of Koreas*, Vol.II (Seoul: Methodist Pub. House, 1905)라는 단행본으로 출판되었으며, ed. Clarence Norwood Weems, *Hulbert's History of Korea*, Volume I-II (New York: Hillary House Publishers LTD, 1962)로 재발간되기도 했다.

내세우면서 거북선의 구조적 특징을 서술했다. "거북등과 같은 곡선형 철판갑판이 그 아래 전사와 노 젓는 사람들을 완전히 보호했다는 점이 가장 큰 특징이다. 앞쪽에는 화살과 기타 미사일을 발사할 수 있는 입을 크게 벌린 끔찍한 볏이 있는 머리가 있었다. 뒤쪽에는 또 다른 구멍이 있었고 양쪽에는 같은 목적으로 6개의 구멍이 있었다. 곡선형 갑판 위에는 선미에서부터 거북등의 중간을 가로지르는 좁은 통로가 있었지만, 등의 다른 부분은 철창으로 가득 차 있어 적이 그 배에 올라타는 즉시 창끝에 찔릴 수 있었다. 이 갑판이 철로 되어 있어 화살을 막아주었기 때문에, 탑승자들은 근대 전선이 한 세기 전의 목조 전선들과 교전할 수 있었던 것만큼 안전하게 활동할 수 있었다. 이 외에도 이 배는 빠른 속도를 낼 수 있도록 건조되었기 때문에 해상에 떠 있는 모든 배들을 쉽게 추월할 수 있었다." 이어서 여기에는 다음과 같이 부기되어 있다. "이 놀라운 배의 늑재(肋材, ribs)가 오늘 경상도 해안에 있는 고성 마을의 모래 위에 놓여 있었다고 하는데, 1884년 미국 해군대위 포크(George C. Foulk)가 이 배를 목격한 것으로 추정된다. 이 마을 사람들은 매년 축제를 열며, 위대한 이순신 제독과 그의 거북선을 기리기 위해 배를 타고 항구를 항해한다."[18]

한산 해전에서는 견내량에서 일본의 강력한 함대를 조우한 이순신 함대가 처음에는 도망치는 것처럼 보이도록 하여 일본함대가 추격하게 만들었다. "이순신 제독은 한산도 맞은편에서 철갑선을 선회시켜 가장 가까운 추격자들에게 충각작전을 펼쳤으며, 이어서 거북선이 적선의 무기로부터 아무런 영향을 받지 않기 때문에 단독으로 혹은 여러 척이 함께 다른 적함들과 교전했다. 그 함대의 다른 함선들은 거북선을 따라갔으며, 적선들을 무력화시킨 후에야 일을 마무리했다. 그날 일본 함선 71척이 침몰했고, 바다는 붉게 물들었다고 한다. 그러나 곧 한산도 근처 안골 항에서 적의 증강함대가 올라왔고, 이 제독은 자신의 하루 일과가 아직 끝나지 않았다는

---

18) THE KOREA REVIEW, Volume 2, November 1903. chapter VII, pp.519-521.

것을 알게 되었다. 공격은 곧바로 시작되었고, 일본군은 동료들이 당한 것과 똑같은 곤경에 처했다. 많은 적군은 이 철갑선에 맞서 싸우는 것이 얼마나 불가능한지 목격하고서 자신들의 함선을 접안시킨 후 육로로 도망쳤다. 그리하여 같은 날 48척의 적선이 더 불탔다. 전투 중 탈출한 소수의 적선은 본국을 향해 동쪽으로 재빨리 도망갔다. 전투가 그렇게 끝났기 때문에, 우리는 세계의 위대한 해전 중 하나라고 믿어도 좋을 것이다. 이 해전은 한국의 살라미스(Salamis) 해전이라고 불릴 수 있다. 그것은 침략에 대한 사형집행영장임을 알렸다."[19]

593년에는 "일본군이 본국으로 돌아가고 싶어도 이순신 제독이 일본 증강군에게 가한 끔찍한 처벌 때문에 해안에 접안하는 것 자체를 꺼렸으며, 그리하여 남쪽에 있던 일본군은 실제로 함정에 빠져버렸다. 이때 이 제독처럼 노련하고 용감한 사람이 조선의 지상군을 지휘했더라면, 이 나라는 수년간의 전쟁을 피할 수 있었을 것이다."[20]

명량 해전에 대해서는 다음과 같이 서술되어 있다. "하지만 이 무렵 이순신 제독은 다시 활동무대에 올랐다. 그의 휘하에 10척의 함선밖에 없었지만, 그의 복직 소식을 듣고 해안 전역에 있던 사람들이 그에게 몰려왔기 때문에 부하가 부족하지 않았다. 그는 진도(섬)의 산그늘에 10척의 소규모 함대를 세워놓고 일본함대가 다가오고 있는지 알기 위해 정탐선을 내보냈다. 달이 산 뒤로 떨어지자 조선의 함대는 완전히 어둠에 잠겼고, 일본 함선들이 곧 일렬종대로 항해하기 시작했다. 이순신 제독은 자신의 함선들을 길게 배치했으며, 의심하지 않고 있던 일본함선들을 향해 갑자기 큰 함성을 지르면서 근접사격을 했다. 일본 함선들은 강력한 함대와 조우하게 되었다고 생각하고 곧 사방으로 흩어졌다. 그러나 다음날 수백 척의 함대가 나타나 더 심각한 상황이 되어버렸다. 조선군은 어느 정도 두려움에 떨었다. 그러나 이 두려움이 없는 제독은 적을 향해 곧장 돌진했으며, 얼마 가지 않아 포위되었지만 적선 30척을 침몰시키는데 성공했다. 나머지

---

19) *Ibid.*, Volume 2, December 1902, Chapt. IX, pp.575-576.
20) *Ibid.*, Volume 3, February 1903, Chapt. I, p.87.

적선은 이순신 제독의 놀라운 솜씨(master hand)를 알고 뒤돌아 도망쳐버렸다. 그는 추격하기 시작했으며, 전투가 끝나기 전에 일본군 사령관 마다시가 전사했다. 이 놀라운 전투를 마치고 돌아온 이 제독은 한산으로 진격하여 병영을 재건하고 소금을 만드는 작업을 시작했다."21)

노량 해전에 대해서는 다음과 같이 서술되어 있다. "일본군은 모두 승선해 있었고, 어둠 속에서 이 무서운 제독에게 미끄러져가기로 작정했다. 그러나 그는 적의 의도를 잘 알고 있었으며, 새벽이 오기 전에 명령을 하달하여 모든 함선을 집결시켜 순천 요새 앞에 정박해있는 일본함대를 향해 나아갔다. 그는 접근하면서 하늘에 빌었다. '오늘 저는 죽을 것입니다. 이 일본군에 대해 한번만 더 승리하게 해준다면, 저는 기꺼이 죽을 것입니다.' 그는 결국 자신을 몰락시키려는 적들이 조정에 있다는 것을 잘 알고 있었으며, 그리하여 필사적인 마지막 전투에서 죽을 결심을 했다. 전투는 짧지만 치열했으며, 아침 바람이 전투 연기를 걷어냈을 때 일본 함선 50척이 화염에 휩싸였고 해상은 고군분투하는 모습으로 가득 차 있었다. 이 연로한 제독은 그 짧은 시간 동안 적군 2,000명의 수급을 건져 올렸다. 그러나 가토 장군은 작은 배를 타고 탈출했다. 그러나 이 일은 시작에 불과했다. 바다는 무자비한 이 제독의 두려운 수중에서 벗어나려고 필사적으로 노력하는 배들로 뒤덮여 있었다."22) 이순신은 이 전쟁의 가장 위대한 승리 중 하나(one of the grandest victories)의 한복판에서 적군의 총알에 맞아 전사했으며, 그리하여 "한국의 넬슨(Nelson of Korea)"으로 불릴 수 있는 사람이 되었다.23) "조선을 직접 구한 사람(the very salvation of Korea)"이었지만, 만일 종전 후까지 살아남는다면 반대자들이 자신을 끌어내릴 것을 알고 전투에서 죽으려했던 이순신 제독에게 전후에 많은 명예가 안겨졌다.24)

---

21) *Ibid.*, Volume 3, March 1903, Chapt. II, pp.139-140.
22) *Ibid.*, Volume 3, April 1903, Chapt. III, p.187.
23) *Ibid.*, p.188.
24) *Ibid.*, p.191.

헐버트는 1906년에 발간한 다른 한 서적에서 이순신에 대한 칭송을 이어갔다. "일본군이 증강되지 못하도록 한 것은 이순신 제독의 충성심과 천재성 덕분이었다. 이순신은 세계의 위대한 영웅들 중 그 누구와도 어깨를 나란히 할 수 있는 조선인이었다." 또한 이순신에 의한 일본 수군의 패배는 일본군의 침략의지(spirit of the invasion)를 약화시켰기 때문에 "이 전쟁의 전환점(turning point)"이었다.25) 1596년 일본군 고니시는 "무서운 이순신이 여전히 살아있고 그가 바다에 있는 한 일본군이 한반도에 증원군을 보낼 수 없었기 때문에 일본으로 기꺼이 떠나려 했다. 그들은 이 한국의 넬슨(Korean Nelson)에 의해 이미 18만 명을 잃었기 때문에 그를 두려워하고 있었다."26) 이순신은 최후 해전에서 "적함 전체를 거의 다 격파하였다. 이 해전에서 그는 치명상을 당했다. 그러나 조국이 침략자들에게서 자유로워졌음을 보았기 때문에 치명상을 당한 것을 유감스럽게 생각하지 않았다. 그는 자기가 전쟁에서 살아남더라도 조정에 있는 자기 적들이 결국 자신을 죽일 궁리를 할 것임을 알고 있었다."27)

헐버트는 거북선을 '귀선'이나 '거북선'으로 표기했으며, 임진왜란의 통사를 서술하는 과정에서 이순신의 활동을 묘사했다. 그가 보기에, 거북선은 이순신이 만든 철갑선이었으며, 이순신은 '한국의 살라미스 해전'과 같은 한산도 해전, 명량 해전, 노량 해전 등에서 승리하여 전쟁의 전환점을 만들었을 뿐만 아니라 '조선을 구한 사람'이기도 했다. 또한 마지막 해전에서 승리하고 전사했다는 점에서 '한국의 넬슨'으로 불릴 수 있는 인물이었

---

25) Homer B. Hulbert, *The Passing of Korea* (1906), p.97. 여기에서는 1969년에 연세대학교 출판부가 출판한 한국관계 구미총간(A series of Reprints of Western Books on Korea) 제1집을 이용하였다.
26) *Ibid.*, p.99.
27) *Ibid.*, p.101. 헐버트의 서적들에 대해 다음과 같은 평이 있다. "헐버트의 조선사는 조선에서 조선사적 입장에서 보고 서술했으며, 다른 책보다 이순신에 대해 비교적 상세히 서술했지만, 남해 해전과 귀선에 관한 것만 있다. 헐버트의 조선의 변천사는 조선 민족의 위기를 전환시킨 충무공의 공적을 최고의 찬사로 극구 칭송하고 있고, 우리처럼 이순신을 찬양하는 외국문헌을 볼 수 있어 기쁘다"(洪以燮, *op. cit.*, p.88).

다. 거북선을 철갑선으로 가장 간주한 사람이 포크였지만, 이순신을 넬슨과 비교한 최초의 인물은 헐버트였던 것이다.

1903년에는 스코틀랜드 출신으로 호주로 이민을 간 저널리스트이자 언어학교수인 머독(James Murdoch)이 일본사와 관련된 책을 발간했는데, 여기에서 임진왜란을 언급했다. 그는 1883년 영국 해군의 조선원정대가 기이한 함선을 보고서 작성한 공식보고서(British Naval Report of 1883 from Korea)의 내용이 시카고의 한 신문에 게재되었다고 했다. 기사의 내용은 "16세기 조선의 주요 전선은 거북등처럼 철판으로 뒤덮이고, 따라서 일본 목선들이 이 조선 전선과 대적하지 못했으며, 거북선의 잔해가 용용 (Yong-yong)에서 발견되었고, 조선인이 철갑선을 최초로 건설하였다"는 것이었다.[28] 그러나 1883년도 영국해군의 보고서는 실재 여부가 불명확하며, 아직까지 밝혀지지 않고 있다. 따라서 머독이 영국해군의 보고서라고 표기한 것은 포크의 보고서 즉 미국해군의 보고서를 오기한 것으로 보인다.

머독(James Murdoch)은 대체로 임진왜란의 동기와 연장에 대한 부분을 제외하고 특히 거북선과 이순신의 활동 모습에 대해 헐버트의 견해가 옳다고 하였다. 실제로 그의 책에는 헐버트의 글에서 인용한 부분이 많이 포함되어 있다.[29] "이순신 제독은 도주하는 적군을 아주 많이 참수했으며,

---

28) James Murdoch, M. A., *A History of Japan during the Century of Early Foreign Intercourse, 1542-1651* (Kobe: Office of the Chronicle, 1903), p.336, n. 17. 여기에서 Yong-yong은 통영의 오기인 것으로 보인다.

29) James Murdoch의 책이 1903년에, 그리고 Homer B. Hulbert의 *History of Korea*가 1905년에 출판되었다. 그런데 한 실례를 들면, Murdoch의 책 p.335에 있는 인용문은 Hulbert의 책 Vol.I, pp.376-377에 있는 구절이다. 전자가 2년 늦게 출판된 후자를 어떻게 인용할 수 있었는지 모르겠다. 이상은 2012년 초고에서 필자가 의문을 제기한 각주이다. 이 의문에 대해 석영달, 「세계 속의 충무공 읽기 - 호머 헐버트의 이순신 관련 서술들을 중심으로-」, 『충무공 이순신과 한국 해양』 제3호, 2016, pp.142-143은 답을 제시해주었다. 석영달은 1902년 『코리언 리뷰(*Korean Review*)』에 실린 「한국의 역사(The Korean History)」가 "1904년 말 5대륙의 19개국으로 배달되고 있었으며」, 1905년 "토씨도 하나 다르지 않게" 그대로 『한국사(*The History of Korea*)』라는 단행본으로 간행되었다고 했다. 이 설명은 1903년과 1905년 시간차를 이해하는데 결정적인 도움이 되었다. 그러나 의문을 완전히

노량에서의 격전에서는 일본 전선 12척을 나포하거나 격침시켰다. 이리하여 실제로 적군은 그를 존경하게 되었다." "철갑전선(ironclad warships)이 거의 300년 전에 나타난 것처럼 보인다." "이것은 사실상 눈부신 시작이었다. 이순신 제독은 히데요시의 사령부가 수립한 전략이 어떤 것인지 분명히 예측하고서 전라도 서남쪽으로 물러가 고속순양함(swift cruisers)이 초계하는 지점에서 동부 해안 전체를 관장하였다." "미래의 논쟁점을 제쳐두고, 여기에서 우리가 주목해야 할 것은 당시 최정예병 20만 명의 적군이 조선 땅에서 진을 치고 있었을 때조차 실제로 이 전역(戰役, campaign)을 결정짓고 조선을 구한 것은 해전이었다는 점이다."30) 그가 보기에 조선 수군은 "넬슨과 같은 용감한 뱃사람(seaman)에 의해 지휘되었다."31)

(2) 일제강점기

일제강점기에 서구인의 이순신 연구는 1911년에 처음 나타났다. 주일 영국영사관에 근무한 후 일본학 교수였던 롱포드(Joseph. H. Longford)는 자신의 책에서 임진왜란과 관련된 장의 제목을 「히데요시의 침략(Hideyoshi's Invasion)」이라 하고, 이를 다시 2개 장으로 나누어 1단계와 2단계로 설명했다. 그는 "이순신 제독은 해양력(sea power)이 해양국가(maritime nation)를 지탱해주는 구원자라는 것을 해군력이 미친 역사를 통해 증명했다."고 서술했다. 그가 보기에, 이순신은 "예리한 기술적 마인드와 혁신적인 공학 능력을 바탕으로 해전에서 승리하는데 크게 기여한 인물이며, 한국의 위대한 해군제독 중에서 가장 존경받는 인물"이었다.32)

해소해주지는 못하고 있다. 『코리언 리뷰』에 임진왜란이 서술된 글이 게재된 기간은 1902. 9.~1903. 4.이었다. 그런데 일본에서 외국인이 같은 해인 1903년에 발행하면서 그 내용을 참고하여 인용했다는 것은 당시의 집필, 식자, 교정, 인쇄 등과 같은 서적의 발간절차 그리고 잡지의 유통과정을 감안할 때 의문이 완전히 가시지는 않는다.

30) James Murdoch, *op. cit.*, pp.336-338.
31) *Ibid.*, p.355.

그는 거북선을 남북전쟁 때 출현한 이중 외륜선(double paddle ship)과 비교하면서 이순신의 천재성을 "19세기 해군함정의 발전 방향을 예견했다."고 격찬했다. 또한 그는 "조선공학의 개념이 아예 없었던 시대에 가장 과학적인 전선을 건조할 수 있었던 이순신의 능력은 넬슨 제독의 해군정신과 비교된다."고 까지 했다.33)

영국 해군성 정보부 차장과 작전부장을 역임하고 1921년에 중장으로 예편하는 동안 해군전술가로 명성을 떨쳤으며, 1924년에 예비역 대장이 된 밸러드(George Alexander Ballard)는 전역한 1921년에 일본 해양력의 역사에 관한 서적을 발간하였다. 이 책은 서론과 결론을 합하여 모두 11개 장으로 구성되어 있는데, 임진왜란에 관한 부분은 2개 장 31쪽이다.34) 이 책은 서구의 이순신 평가와 이순신의 세계성을 언급할 때 가장 많이 인용되고 있기 때문에 중요한 부분을 조금 길게 소개하려 한다.

이 책에 따르면, 16세기 조선 그리고 중국과의 엄청난 전쟁에서 일본 수군과 육군이 실시한 작전들은 규모면에서 그때까지 영국이 치른 모든

---

32) J. H. Longford, *The Story of Korea*(London: T Fisher Unwin, 1911), p.171. 이안 바우어스(Ian Bowers), 「영국인과 유럽인들이 알고 있는 이순신 제독」, 『이순신연구논총』 통권 제27호, 2017. 봄/여름, p.12에서 재인용. Joseph Henry Longford(1849-1925)는 포모사와 나가사키 주재 영국영사를 역임한 후 King's College London에서 1902-16년 동안 일본어교수로 근무한 후, University of London의 명예교수가 된 자로서 런던일본협회 회원으로 일본에 관한 서적들을 여러 권 발간하고 친일 경향의 글들을 기고했다.
33) *Ibid.*, pp.21과 32에서 재인용.
34) vice-admiral G. A. Ballard, C. B., *The Influence of the Sea on the Political History of Japan* (New York: E. P. Dutton & Co., 1921). 그는 17세기 이전을 집필할 때 머독의 책을 주로 참고한 사실을 서문에서 밝히고 있다. 이 책의 II장 중 일부는 해군중령 羅英宣의 번역으로 『해군』, 1962. 12월호에 「壬辰倭亂과 李舜臣 提督」으로 게재되었으며, II장 전체는 林炯鈞 국역, 『조선 해전』, 통영사연구회 제2집(2005)으로 출판되었다(비매품). 그밖에도 인터넷에는 xeln, 「영국 발라드 제독이 언급했던 충무공 이순신」(Naver 지식iN, 2005. 5. 16)이 일부에 대한 원문 사진과 번역물을 동시에 게재하고 있으며(2008년 1월 22일 검색), 「진리는 손에 잡히지 않는다 : 발라드 제독의 '충무공 이순신'에 대한 언급」, http://dangee14.egloos.com/4794684 (2009년 2월 21일 검색)에도 일부가 번역되어 있다.

전쟁을 하찮은 것으로 만들어버린다. 유럽에서 나폴레옹 전쟁 이전에 트라팔가르(Trafalgar) 해전과 워털루(Waterloo) 전투보다 훨씬 더 많은 수의 일본 수군과 지상군이 전투를 한 사실을 아는 영국인은 거의 없다.35) "운명의 여신은 세상에 알려지지 않고 대체로 이순신이라는 평범한 인물이 이러한 위기 때 이 민족에게서 태어나게 했다. 그의 이름이 서구 역사가들에게 거의 알려지지 않았지만, 그의 업적은 그를 위대한 해군지휘관들의 최상층에 놓기에 충분하다. 해군전술가로서 전략적 상황 파악 능력과 탁월한 재주를 보유한 이순신은 진실되고 유일한 전투정신 즉 불굴의 공격정신과 지휘통솔력(spirit of leadership)을 겸비하고 있었다."36) "이순신은 넬슨처럼 기회가 왔을 때 주저 없이 공격했지만, 승리하기 위해 세심한 주의를 기울이는 것도 게을리하지 않았다. 더욱이 그는 다른 천부적 재능 외에도 비범한 기계 개발 능력을 갖고 있었다. 그는 당대 동양보다 앞선 조선기술을 갖고 있었으며, 실제로 그것이 해전에서 승리하는데 기여하였다. 이것과 다른 여러 가지 특성 면에서 그는 유명한 코크레인(Cochrane) 제독과 많이 비슷하다." 밸러드는 이어서 "철판을 씌운 거북등 갑판"과 충각 및 여러 개의 포문을 가진 거북선을 사실상 당시 동양의 드레드노트함(Dreadnought)으로 지칭하였다.37)

(일본의) "모든 함대의 운명은 매우 비참하였다. 전쟁 발발 10일 후에 일본군이 지상에서 절정에 달한 승리의 진격을 하고 있을 때, 조선의 서남단에 운집한 이순신은 독자들로 하여금 마한(Mahan)이 길게 묘사한 것으로서 나일강(Nile) 해전을 시작하기 전에 프랑스 함대에 대한 넬슨의 접근을 생각나게 하는 방식으로 일본 함대에 접근하였다."38) "이제 이순신은 적에 대한 두려움 없이 해상 상황을 지배하였다. 이것은 이러한 전략적 상황에서 실제로 그가 육상 상황도 지배했다고 말할 수 있게 해주었다.

---

35) vice-admiral G. A. Ballard, C. B., op. cit., p.vi.
36) Ibid., p.50.
37) Ibid., p.51.
38) Ibid., p.52.

그는 적 함대를 격파한 후 나일강 해전이후 넬슨이 차지하고 있던 것과 유사한 위치 즉 적군의 주요 교통로상에 효과적으로 위치하고 있었는데, 이는 해군 제독이 취할 수 있는 것 중 성공 가능성이 가장 높은 위치 중 하나였다." "이 사건들은 이순신의 판단에 대한 건전성을 충분히 보여주었으며, 중요한 전략적 이동이 이보다 더 시기적절하게 이루어진 적은 없었다."39)

"이것은 위대한 조선 제독의 영광스러운 전공(戰功)이었다. 그는 6주간이라는 단기간에 일련의 승리를 거두었는데, 이는 해전의 역사에서 유례가 없는 일이었다. 그는 적의 전투함대를 격파하고, 해상교통로를 차단하며, 호송선단을 일소하고, 전장에서 승리를 구가하던 적 지상군의 상황을 위태롭게 만들었으며, 적의 가장 야심찬 계획을 완전히 망치게 만들어버렸다. 넬슨, 블레이크(Blake), 쟝 바르(Jean Bart)도 지독한 압박 하에 있던 이 작은 나라의 거의 알려지지 않은 대표적인 인물보다 더 많은 일을 할 수 없었다. 그의 조국이 아닌 다른 어떤 나라에서도 그를 오랫동안 모르고 있었다는 것은 유감스러운 일이다. 왜냐하면 어떤 편견으로도 그가 인류의 타고난 지도자 중 한 명임을 거부할 수 없기 때문이다.40) 이어서 벌어진 대 해전은 조선의 트라팔가르(Korean Trafalgar) 해전이었다. 왜냐하면 일본군의 패배가 프랑스와 스페인의 경우처럼 거의 완전하지 못했더라도 일본 전투함대의 활동을 중지시켰기 때문이다. 그러나 일본군은 자신들이 지금까지 싸워본 사람 중 가장 위대한 한 해군의 생명을 대가로 받았다." "넬슨과 동등한 해군제독이 있다는 것을 인정하는 것은 영국인들에게 항상 어려운 일이다. 그러나 그렇게 간주될 수 있는 자격을 갖춘 사람이 있다면, 분명히 그는 패배라는 것을 결코 몰랐으며 적의 면전에서 전사한 아시아의 이 위대한 해군사령관일 것이다."41)

"그가 과거 역사에서 지침이 될 수 있는 어떤 교훈도 배우지 못했지만,

---

39) Ibid., pp.54-55.
40) Ibid., p.57.
41) Ibid., pp.65-66.

그의 모든 경력은 결정적인 결과를 얻으려면 해야만 하는 방식으로 해전을 했고, 조국의 방어자 중 최고의 인물을 희생으로 해전을 끝냈다고 요약될 수 있을 것이다." 이어서 밸러드는 임진왜란이라는 해외 전역(overseas campaign)의 교훈으로 도해(渡海)의 안전성 확보, 해외 적군을 공격할 때 해양우세(maritime superiority)의 필요성, 해상작전에서 공격의 중요성, 기계 발명의 거대한 가치 4가지를 주장하였다. "그러나 육군과 해군에서 소수만이 자립심이 적은 동료들보다 명석한 상상력을 갖고 있어 당대의 관습에 매이기를 거부하고 새로운 방향으로 과감하게 나아간다. 이러한 인물로는 20세기에 피셔 경(Lord Fisher)이 있고, 16세기에는 이순신 제독이 있다. 그들은 모두 강력하고 기이한 함정을 건조하였다."[42]

그러나 밸러드의 저서는 참고문헌이나 각주를 거의 달지 않아 '공신력'이 약하고 머독(James Murdoch)의 서적에 주로 의존하여 이순제독(Admiral Yi-sun)으로 표기하는 것 같은 오기가 있다는 지적을 받았다. 밸러드의 서적은 "사료에 근거한 역사가의 연구라기보다는 기존의 일본사 관련 서술들을 잘 정리하여 영국 해군의 의견을 지지할 수 있는 서사 구조로 적절히 엮어 출판한 것이라고 보는 것이 더 적절할 것이다." 또한 밸러드 제독은 이순신이 "나일강 해전을 시작하기 전 프랑스 함대에 대한 넬슨의 접근을 생각나게 하는 방식으로 일본함대에 접근"했다고 하여 1592년의 이순신의 전술을 1789년 넬슨의 전술에서 배워온 것처럼 묘사했다. 그밖에도 밸러드는 이순신이 "승리를 달성하기 위해 경계하는 것 또한 잊지 않는 넬슨을 닮았기 때문이라고 하여" 조선인이 아닌 영국인과 가까운 인물로 표현하였다. 그는 "우생학 논리로" 이해할 수 없는 조선 수군의 승리를 넬슨, 피셔 제독을 동원하여 이순신을 전설적인 장수나 영국 제독들과 같은 장수로

---

42) Ibid., pp.67-70. 밸러드 제독은 "일본이 역사 속에서 해양에 대한 잠재력을 가지고 있음을" 보여주어 일본 해군이 신흥 강국이 아니라 동아시아에서 영국 해군의 위험요소라는 것을 보여주고자 이 책을 집필했다. 석영달, 「1920년대 초 영국 해군 장교의 일본사 서술 속 이순신 일기 - 조지 알렉산더 밸러드의 『해양이 일본 정치사에 미친 영향』을 중심으로-」, 『韓日關係史硏究』 제55집, 2016. 12, p.206.

그려내면서 설명하려 했다. 결과적으로 밸러드의 저서에서 이순신은 "서구적인 미덕의 총화로 즉 열등한 동양 속 뛰어난 서양인의 체현으로 그려짐으로써 불가사의한 승리를 해석하는 하나의 단서가 되었다.[43]

1933년에는 미국 장로교 선교사이자 교육자로서 한국에 체류하고 있던 언더우드(Horace H. Underwood)가 한국 선박사에 대한 책을 발간하였다.[44] "지금까지 참고해온 난관과 불리한 조건 그리고 해양 개발의 궁극적인 미비에도 불구하고, 한국인들이 그들 역사에서 유일하게 실제 해군 전역(戰役)에서 그처럼 한결같이 승리한 것은 기이한 일이다. 그것은 이순신이라는 동시대인과 그의 유명한 거북선 혹은 귀선에 대한 이야기이다."[45] 부산포 해전에서 "유명한 동시대인이었던 드레이크(Drake)가 카디즈(Cadiz)에서 한 행동을 그가 의도적으로 모방한 것은 아니나, 그는 자기 함대를 항만으로 직진시켜 투묘중인 일본함선 500척과 교전하여 승리했다." "이 일련의 교전은 세계사에서 가장 중요한 것들로 간주되고 있다. 이 교전은 중국 정복이라는 히데요시의 바람과 꿈을 모두 산산조각 내버렸다."[46]

"이 마지막 대규모 해전에서 이순신은 승리의 순간에 적탄에 맞아 쓰러졌으며, 넬슨처럼 기함 갑판 위에서 전사했다. 이 승리는 항상 거북선의 발명과 소유 덕분이다. 오늘날 대체로 잠수함이었던 것으로 전해지는 거북선은 장비를 갖추고 연막을 내품었다. 이순신은 이 배 안에 있어 거의 완전하게 은폐되었다.[47]

---

43) 석영달, op. cit., pp.208-211, 216, 218.
44) Horace H. Underwood, M. A., Ph. D, *Korean Boats and Ships* (Seoul: Read before the Society, 1933). 이 책은 *Transactions of the Korea Branch of the Royal Asiatic Society*, Vol.XXIII에 게재되었고, 1934년 2월에 The Library Department of Chosen Christian College에 의해 재판되었는데, 여기에서는 1934년판을 이용하였다. 이 책의 제6장은 崔在洙 譯, 「壬辰倭亂과 李舜臣 將軍의 海戰」, 『海洋戰略』 75호, 1992. 6월호에 소개되어 있다.
45) Ibid., p.71.
46) Ibid., p.73.
47) Ibid., p.74.

"이순신의 머리가 실제로 서구보다 250년이나 앞서 장갑판(armor plate)을 고안하여 실용화했는지는 확신할 수 없다. 그러나 이 전역을 조심스럽게 연구하면, 그가 당시 이용되고 있던 모든 해전양상을 포기하고서 지구 반대편에서 거의 동시에 드레이크 그리고 하워드(Howard)와 같은 아이디어를 갖고 있었다." "그러나 그의 전투체계는 살라미스 해전이나 레판토(Lepanto) 해전이 아니라 유틀란트(Jutland) 해전에 더 가까웠다. 그는 조총 탄환과 화살에 대한 보호만 필요했기 때문에 철갑을 두를 필요가 없었다."48) "일본군을 패배시킬 수 있고 시대를 훨씬 앞서갔던 전술을 사용했던 놀라운 천재성에 주목하는 한국과 일본 혹은 서구의 학자들이 없다는 것은 이상하게 보인다."49)

"이순신이 실제로 세계의 위인 중 한 명이라는 주장에는 의심할 여지는 물론 다시 생각할 여지도 없다." "계급과 지위가 모든 것을 결정하던 시기와 장소에서 그는 스스로의 힘으로 일했다." "그는 당파에 전혀 관심이 없이 오직 나라만 생각하였다." "그는 천한 신분이 되어서도 조용히 평민 노동자로 일했으며," "원균이 영광의 노른자위를 차지하려 했을 때 이순신은 승리가 오래 가기만 하면 문제될 것 없다고 말했다." 이러한 특징들 외에도 "중국 제독 진린의 마음을 얻은 기지, 드레이크가 카디즈에 뛰어든 것처럼 부산항에 뛰어든 용감성, 전시에 보여준 보기 드문 기사도, 그리고 고도의 천재성을 더해야 한다." "여러분이 세계적인 명예의 전당(Hall of Fame)에 그의 자리를 마련할 가치가 있는 사람이다."50) "이순신의 시대는 다시는 돌아오지 않을 것이다. 오늘날 거북선이 바다에서 항해하는 모습을 결코 볼 수 없겠지만, 한국의 선박과 선원들에게서 이순신의 정신을 발견할 수 있을 것이라는 희망을 진지하게 가질 수는 있을 것이다."51)

---

48) Ibid., pp.79-80.
49) Ibid., p.81.
50) Ibid., pp.82-83.
51) Ibid., p.84. "언더우드는 이순신에 대한 끝없는 애정을 갖고 연구에 주력했으며, 총 84쪽 중 14쪽에서 해전을 설명하고, 충무공 초상화와 거북선 구조도 4점을 삽입하였고, 이순신과 거북선을 집중적으로 서술"하였다. 洪以燮, op. cit., p.84.

1937년에는 영국의 일본학자로서 호주 시드니 대학과 군사대학의 교수였던 새들러(Arthur Lindsay Sadler)가 임진왜란과 관련된 논문을 발표했다. "1592년 한반도를 통해 중국을 침략하려는 히데요시의 노력을 무력화시키고 이순신 제독의 천재성으로 한국에게 그처럼 찬란한 결과를 가져다준 한·일 함대 간의 해전들은 많은 유럽학자들의 주제가 되어 왔으며, 해양력의 결정적인 효과에 대한 고전적인 사례로 간주되어 왔다." 그러나 저자는 기존 학자들이 많이 참고하는 머독의 서적이 일본 서적52)을 주로 참고한 사실을 밝히면서 머독이 한, 두 가지의 해전만 고찰하고, 일본함대의 패배 이유를 이순신의 거북선 사용으로 간주하고 있다고 비판하였다. 새들러가 보기에, 조선 수군의 우수성은 장거리포(longrange artillery)와 함대사령관이었다. 특히 조선의 함대사령관이었던 이순신은 두려움을 몰랐으며, 휘하 장병들의 사기를 올릴 줄 알았고, 함정의 건조와 운용에서 천재적 능력을 갖고 있었다.53) 이어서 그는 조선군과 일본군의 함선과 지휘관을 비교하고서 일본이 열세인 것은 함정의 무장과 함선조종술(seamanship)이었다고 결론지었다.54) 또한 그는 거북선에 대해 길게 설명하고서 "거북선이 어뢰정(torpedo boats)과 같았고, 다른 함정들의 보조함으로 사용되었다"고 주장하였다.55) 그가 보기에, 이순신이 해전에서 승리할 수 있었던 요소는 일본군의 준비 미비, 일본군 사령관의 자질 부족과 해양지식 부족, 일본군의 통합지휘 부재였다.56) 이순신에 대해서는 "한국의 영웅일 뿐만 아니라 구국의 영웅이었으며, 그가 조국을 침략에서 구했을

---

52) Tokutomi, *History of the Japanese Peoples*로 표기되어 있다. 도쿠토미(1863~1957)의 원명은 德富猪一郎이고, 필명은 德富蘇峰이다. 그는 民友社라는 출판사를 경영하고, 『國民新聞』을 발간하면서 일본 군국주의와 제정을 지지한 역사가로서 일본의 괴벨스라 불리고 1급 전범으로 분류되었다. 조선총복부의 기관지 『京城日報』의 감독을 연임했으며, 1918~1952년에 『近世日本國民史』를 100권 발간하였다.
53) A. L. Sadler, "The Naval Campaign in the Korean War of Hideyoshi," *The Transactions of the Asiatic Society of Japan*, second series, Vol.XIV, 1937, pp.180-181.
54) *Ibid.*, p.185.
55) *Ibid.*, p.190.
56) *Ibid.*, p.199.

뿐만 아니라 중국까지 구했다는 이유로 중국군도 고마워했다"는 도쿠토미의 견해를 인용하였다. 그가 보기에, 넬슨이 트라팔가르 해전에서 그리고 이순신이 한산도 해전에서 승리한 때가 모두 46세였으며, 드레이크는 이순신보다 2년 전에 56세의 나이로 죽었다. 일본군이 조선 주변의 제해권을 확보하지 못하게 한 이순신의 대담함, 노련함, 방책이 없었다면, 히데요시는 거의 분명히 북중국 침략과 병합 계획을 실현시켰을 것이다.[57]

1943년에는 미국의 군사학자이자 저널리스트인 키랄피(Alexander Kiralfy)가 일본의 해군전략에 관한 글에서 이순신에 대해 언급하였다. "이 중요한 순간에 이순신이라는 한 조선의 제독은 신기한 함선을 많이 포함한 함선들의 합류를 주도했던 거북등의 드레드노트급 전함(turtle back dreadnought)이나 장갑거북선(armored kopukson)을 타고 나타났다. 서해안으로 기동하려던 침략군 전선과 수송선은 전멸했다. 일본의 보호전대들(Japanese protective squadrons)이 박살나버린 것이다."[58] 그는 일본 수군의 패배를 제해권(command of the sea)의 사전 확보와 조선의 수군과 그 무기체계에 대한 과소평가로 간주하였다.[59] 그러나 이 글은 철저히 일본의 입장에서 쓰인 것으로 이순신보다는 일본 수군의 문제를 주로 분석하고 있어 이순신에 대한 언급이 매우 적다.

1944년에는 미국 해군잡지에 이순신에 대한 글이 게재되었다. 임진왜란 기간 동안 일본 수군의 패배를 일본 역사에서 유일한 패배로 간주하고 있고 또한 발표 시기가 태평양전쟁이 막바지에 이르렀던 때임을 감안할 때, 이것은 일본 해군의 패배 사례를 통해 일본이 무적이 아니며, 따라서 태평양 해전에서 승리할 수 있다는 확신을 장병들에게 주기 위해 쓰인 것처럼 보인다. 참고문헌이 없어 어떤 자료를 이용했는지 알 수 없지만,

---

57) Ibid., pp.204-205.
58) Alexander Kiralfy, "Chapter 19. Japanese Naval Strategy," ed. Edward Mead Earle, *Makers of Modern Strategy : Military Thought from Machiavelli to Hitler* (Princeton: Princeton University Press, 1943), p.465.
59) Ibid., p.466.

첫 장에서 밸러드의 서적 중 일부를 인용한 것으로 보아 밸러드의 책이 주요 참고문헌인 것으로 보인다.

"도요토미에 대해서는 많이 알려져 있으나 역사에서 거의 언급한 적이 없는 이순신은 동양에서 당시까지 알려진 어떤 것보다 우수한 함선을 건조했는데, 그것은 당대의 드레드노트 전함(Dreadnought of her day)이자 세계 최초의 철갑함(world's first ironclad warship)이었다." "유능하고 정력적인 이순신은 해양통제권(control of the sea)을 확보하여 적의 해상교통로와 보급로를 지배함으로써 침략군의 이동을 불가능하게 만들었다."[60] 또한 중국 수군이 조선에 파병되었을 때, 이순신은 뛰어난 정치력과 기지로 난국을 극복하였다.[61]

"반대쪽에는 조국에 대한 침략과 약탈에 대해 보복하려는 동양의 역사에서 가장 위대한 바다의 전사(the greatest sea fighter in eastern history)가 있었다. 고대 한국의 전설에 따르면, 이순신은 살아있을 시간이 조금밖에 없음을 알고 가공할 적에게 접근하면서 말했다. '오늘 내가 죽을 것이다. 내가 이 일본군에게 한 번 더 승리한다면, 나는 만족하면서 죽을 것이다.' 이 전투 이후 일본은 죽음을 무릅쓰면서 본국 국경을 감히 벗어난 적이 없었는데, 이는 그들이 얼마나 철저하게 패배했는지를 보여준다."[62]

(3) 광복 이후

1945년 10월에 미국의 영국해군사가 마더(Arthur J. Marder)는 히데요시를 "일본의 나폴레옹(Japanese Napoleon)"으로, 그리고 이순신을 "동양의 넬슨(Nelson of the Orient)"으로 호칭하였다. 그가 보기에 나폴레옹처럼 히데요시는 지상군의 상륙과 지상진격만 중시하고, 해양력을 약화시키며,

---

60) Lieutenant Roy Campbell Smith III, "Yi-Sun Sin Defeated Japan at Sea," *United Naval Institute Proceedings*, Vol.70, No.496, June 1944, pp.691-692.
61) *Ibid.*, p.695.
62) *Ibid.*, p.696.

함대를 육군에 예속시키는 오판을 저질렀다.63) 반면에 이순신은 눈부신 전술가, 전략가, 조선기술자로서 뛰어난 해군천재였다. 그 예로 이순신의 전투전술(battle tactics)은 극동에서 전에 있던 그 어떤 것보다 훨씬 앞선 것이었다. 이순신은 효율적인 사령관이었으며, 일본군에게는 이러한 수군 지휘관이 없었다. 또한 이순신은 혁신적인 유형의 함선 즉 일종의 16세기 드레드노트급 전함(a sort of sixteenth century dreadnought)을 건조하였다. 이순신은 전선을 플랫폼으로만 사용하던 동양의 전통을 깨고 화력 관점에서 보았다.64) 정말 무서운(redoutable) 이순신이었다.65) 일본에서는 기발하게도 임진왜란을 용두사미적 전역(戰役)으로 불리었다. 이순신의 눈부신 활동이 없었다면, 3세기 전에 일본군의 거대한 제국 개척작업은 잘 진척되었을 것이다.66)

1957년에 7월에는 미 해군잡지의 표지가 거북선으로 장식되었고, 다음과 같은 설명문이 게재되었다. "16세기가 다 지날 무렵 일본이 한국을 침략했을 때 이순신 제독의 우수한 전술적 도움이 없었더라면, 아마 그들의 목적은 달성되었을 것이다. 격노한 이순신 제독은 자신의 거북선으로 일본의 함선이나 병력을 모두 전멸시켰고, 이는 세계에서 가장 완전한 승리 중 하나였다."67)

1967년에는 미국 해군대령 해거먼(George M. Hagerman)이 거북선에 관한 글을 발표하였다. "16세기 후반기에 중요한 해군작전 세 가지가 세계의 서로 다른 곳에서 발생하였다. 이 세 가지는 위치나 세력의 상호 연관성이 결코 없다. 첫 두 가지 즉 1571년 레판토 해전과 1588년 스페인 무적함대의 패배는 잘 알려져 있다. 세 번째는 서구 세계에 사실상 알려지지 않고 있다. 그러나 이 해전이 역사의 흐름에 미친 영향은 최소한 다른

---

63) Arthur J. Marder, "From Jimmu Tenno to Perry: Sea Power in Early Japanese History," *The American Historical Review*, Vol.LI, No.1, October 1945, pp.21-22.
64) *Ibid.*, pp.25-26.
65) *Ibid.*, p.27.
66) *Ibid.*, p.30.
67) *United States Naval Institute Proceedings*, Vol.83, No.7, July 1957.

두 가지만큼 의미가 있다."68) 그는 거북선을 "역사상 최초의 철갑선(the first ironclad in history)"으로 규정하고서 언더우드의 책을 근거로 거북선과 충통을 자세히 설명하였다. 이어서 이순신의 생애와 활동을 설명한 후, "한국의 가장 위대한 영웅(Korea's greatest hero)"이라고 표현하였으며, 이순신이 일본의 극동 정복을 300년 이후로 미루게 만들었다는 주장이 사실일 수 있다고 보았다.69)

1968년에는 제2차 세계대전의 영웅 중 한 명인 영국의 몽고메리(Bernard law Montgomery) 원수가 책을 발간하였는데, 이순신에 대해서는 다음과 같이 서술되어 있다. "한반도 사람들은 항해술에 능한 민족이었고, 조선에는 이순신이라는 뛰어난 장군이 있었다. 이순신 장군은 전략가이자 전술가였으며, 탁월한 자질을 지닌 지휘관이었을 뿐만 아니라 기계 제작에도 뛰어난 재능을 지니고 있었다." "이순신 장군은 어떤 공격에도 버틸 수 있고 대단한 방어력을 지닌 배를 고안했다." "일본 수군 장병은 용감하게 싸웠지만, 이순신 장군의 철갑전함에 저항할 수 없었다." "조선이 바다에서 승리를 거둔 결과, 도요토미의 지상공격은 마비되고 말았다."70)

---

68) Captain George M. Hagerman, *United States Naval Institute Proceedings*, No.778, Vol.93 No.12, December 1967, p.66. Hagerman은 6·25전쟁 때 DD-56 *Wren*의 함장으로 근무했으며, 1965. 3~1967. 7에는 유엔군/주한미군의 민사참모(assistant chief of staff of G-5)로 한국에서 근무하였다. 이글은 미 해군 군사지원계획국장(Director of the Military Assistance Program Division, Op 63)으로 근무할 때 작성한 것이다.
69) *Ibid.*, p.75.
70) Montgomery of Alamein, *A History of Warfare* (London: Collins, 1968). 여기에서 인용한 것은 번역서인 버나드 로 몽고메리 지음, 승영조 옮김, 『전쟁의 역사』, II권(서울: 책세상출판사, 1995), p.608이다. 한편 1986년 4월 전두환 대통령의 방영 때 대처 수상이 만찬사에서 이순신을 인용하기도 했다. "우리는 대한민국을 위대한 역사를 가진 나라로 알고 있습니다. 이순신 장군은 우리나라의 가장 유명한 트라팔가르 해전의 승리보다 2백여 년이나 앞선 1592년에 이미 일본 함대를 섬멸시켰던 것입니다." "대처 首相 晩餐辭 〈요지〉",「동아일보」, 1986년 4월 10일자 기사. 제2차 세계대전에서 영국군이 일본군에게 승리한 경우가 없고, 오히려 동남아에서 육군과 해군의 패배로 철수해야만 했던 기억을 갖고 있는 영국인으로서는 일본 수군에 대한 이순신의 승리가 놀라웠던 것 같다.

1971년 영국의 중국과학사가인 니덤(J. Needham)은 영국에 유학 중인 중국과학자 2명과 함께 『중국의 과학과 문명』의 제4권 : 물리학과 물리학기술 중 제3부 : 토목공학과 항해학을 발간했다. 그는 언더우드의 서적과 『이충무공전서』 등 한국자료들을 몇 가지 참고했다. 그는 노수와 선원을 노출시키지 않고 또한 적군이 아군 함정의 갑판에 올라오는 것을 막기 위한 목제 현장(木製舷墻, wooden bulwarks), 돛대를 세우거나 빼는데 필요한 구멍을 남겨두고 갑판 전체에 지붕을 씌우기, 지붕과 현측을 철판이나 등판으로 덮기가 순차적으로 발전했는데, 조선의 위대한 이순신 제독의 함대가 이를 크게 발전시켰다고 보았다. 니덤은 거북선의 구조와 장단점을 설명하고서 거북선이 충격전술(shock tactics)이 아닌 중국 해전의 포격전통(projectile tradition)을 극단으로 끌어올렸다고 기술했다. 거북선의 무장은 일본군의 무장을 40 : 1의 비율로 능가했다. 이순신은 연속적인 현측일제사격과 그에 필요한 단종렬진을 구사했으며, 적선이 활동불능 상태가 되었을 때만 충각전술(ramming)을 사용했다. 그러나 그는 이러한 선박과 무기가 임진왜란 훨씬 이전부터 발달했다는 점을 중국자료들을 통해 규명하려고 했다.[71]

1988년에는 영국인으로 근대초기 전쟁사가였던 파커(Geoffrey Parker)가 16~18세기 서구의 군사혁명을 고찰한 서적에서 이순신을 언급하였다. 그의 주장에 따르면, 임란 초기에 이순신이 연승한 주요 이유는 두 가지였다. 첫째, 1560년대 왜구가 중국인에게 패하자 일본은 경험 있는 해군인력

---

[71] Joseph Needham, Wang Ling, Lu Hwei-Djen, *Science and Civilisation in China*, Volume IV : *Physics and Physical Technology*, Part 3 : *Civil Engineering and Nautics*(Press Syndicate of the Cambridge University, 1971), Chapt. 29. Nautical Technology, pp.379-699가 조지프 니덤 지음, 왕링·루구이전 공동연구, 김주식 옮김, 『조지프 니덤의 동양항해선박사』(서울: 문현, 2016)로 번역되었다. 여기에서는 번역서의 pp.733-759를 참고했다. 니덤은 거북선이 제물포해전과 부산만해전에서 큰 효과를 발휘했다고도 서술하고 있는데, 제물포해전은 오기이다. 조선의 거북선과 화약무기 발달을 중국과학사의 맥락에서 보려고 한 것은 이 책의 서술 목적, 중국의 협조와 지원, 영국에 유학한 중국과학도들을 공동연구자로 선정(王鈴, 魯桂珍) 등의 이유 때문일 것으로 생각된다.

을 많이 잃었으며, 보충되지도 않았고, 조선침략 때 함선에 타고 있던 병사들은 최근에 마지못해 징집된 사람들이 대부분이었다. 둘째, 유명한 거북선의 이용이었다. 가장 주목할 만한 전선(remarkable warship) 중 하나였던 거북선은 현대 어뢰정처럼 가까이 접근하여 현측 사격을 했으며, 금속제 충각으로 적선에 구멍을 냈고, 적선을 격침시키기 위해 40 : 1의 압도적으로 우세한 무장으로 일본 함선들을 포위했다. 결국 일본 육군은 해군의 지원 부족으로 부산 기지에서 멀리 나갈 수 없었고, 1598년에 생존자들이 귀국하고 말았다.72)

1996년에는 영국의 일본군사사가였던 턴불(Stephen Turnbull)이 일본 사무라이의 전쟁을 고찰하고 또한 임진왜란도 사무라이의 전쟁으로 간주하면서 이순신을 언급하였다. 일본 해군력은 이순신 제독과 그의 거북선과 전투하여 굴욕적인 반전으로 고통을 겪었다. 이순신은 노련한 해군사령관(skilled naval commander)이었다. 이순신 제독은 거북선들에게 일본 수송선들을 향해 직진하게 하여 총통을 발사하고, 연막진을 펼쳤다. 일본군은 상갑판에 꽂아놓은 스파이크 때문에 뱃전오르기를 시도하기 어려웠으며, 이순신은 점차 일본군의 교통로를 차단할 수 있게 되었다.73)

같은 해 영국 성공회 신부이자 한국사가였던 테넌트(Charles Roger Tennant)는 이순신의 생애와 활동을 비교적 상세하게 기술한 서적을 발간했다. 그가 보기에, 이순신은 "훈련을 받은 해군장교가 아니었지만, 가난한 집안에서 태어나 상대적으로 재능을 가진 전사형 육군장교였다."74)

---

72) Geoffrey Parker, *The Military Revolution : Military Innovation and the Rise of the West, 1500-1800* (Cambridge & New York: Cambridge University Press, 1988), 2nd ed. 1996, p.109.
73) Dr. Stephen Turnbull, *Samurai Warfare* (London: Cassell Imprints, 1996), p.104.
74) C. R. Tennant, *A History of Korea* (OXON: Routledge, 1996), p.163. 이안 바우어스(Ian Bowers), 「영국인과 유럽인들이 알고 있는 이순신 제독」, 『이순신연구논총』 통권 제27호, 2017. 봄·여름호, p.14에서 재인용. Charles Roger Tennant(1919~2003)는 항공기 설계를 연구하다가 제2차 대전에 참전한 후 신학대학을 졸업했으며, 1956년에 성공회 사제로서 한국에 파견되었다. 이 책은 그가 1988년 은퇴한 후 집필한 책이다.

2000년에는 스웨덴의 근대사가 얀 글레테(Jan Glete)가 16세기에서 17세기 중반까지 해전을 고찰한 서적에서 임진왜란의 해상작전에 대한 부분을 짧게 포함시켰다. "1592년 4월 13만 명의 병력(20만 명까지 증가)으로 조선을 침략한 것은 근대 초기에 세계 어느 곳에서도 없었던 '가장 대규모 해상침략(the largest seaborne invasion)'이었다. 이순신 제독은 거북선과 소형 함선으로 구성된 타격부대(strike force)로 1592년 5월과 9월에 조선 다도해에 널리 산재해 있던 일본 수송선들에 대해 일련의 성공적인 공격을 시작했다. 일본과는 달리, 조선에는 이순신이 지방함대사령관의 임무를 수행하기 시작했으며, 전투가 시작되자 모든 작전용 함선에 대한 지휘권을 갖게 되었다. 몇 달 후 조선인들은 제해권을 확보하였고, 넓은 의미에서 침략군의 지상군을 고립시켰다. 이순신의 지휘 하에 있던 한·중 연합함대는 1598년 11월 19일 노량진에서 일본 함대에게 재기불능의 패배를 안겨주었다."75)

(4) 2000년대

2002년에 이르자, 미국의 항공군사사가인 길마틴(John F. Guilmartin)은 유럽에서 주로 발생한 갈레온과 갤리의 해전이 임진왜란 때에도 나타났다고 주장하였다. 그가 보기에, 이 전쟁은 해양력과 지상력의 드라마틱한 전쟁이었으며, 또한 천부적인 리더(gifted leader) 이순신 제독의 기술혁신에 대한 이야기였다.76) "보잘 것 없는 신분의 이순신은 공로를 세워 진급했는데, 상관을 포함하여 어리석은 사람들을 관대하게 대하지 않아 많은 적을 만들었다." "한국 남해안에서 발생한 일련의 격렬한 해전에서 이순신은 일본군을 각개 격파했으며, 지리·조류·해류에 대한 해박한 지식을 이용하였고, 일본군의 지휘구조가 분할된 덕을 보았다." "패배한 적을

---

75) Jan Glete, *Warfare at Sea, 1500-1650 : Maritime Conflicts and the Transformation of Europe* (Abinglo: Routledge, 2000), pp.90-92.

76) John F. Guilmartin, JR., *Galleons and Galley* (London: Cassell & Co, 2002), p.182.

해안에서 추적하지 않았기 때문에 이순신의 승리는 전술적으로 불완전하지만, 전략적으로는 결정적인 것이었다. 한국에서 국가 영웅(national hero)으로 존경받고 있으며, 애국의 상징(patriotic symbol)이기도 한 이순신은 터키의 하이르 알 딘 바르바로사(Khaireddin Barbarossa)와 영국의 넬슨에 필적한다."77) "이순신의 연승은 분명히 히데요시와 그 계승자들이 중국 황제자리를 차지하지 못하게 했다." "이순신이 최후 해전이 아니라 초기 해전에서 전사했다면, 일본군이 과연 정지했을지 의문이다. 그 결과는 엄청났을 것이다. 왜냐하면 1644년 만주의 마상궁수들에게 함락된 명나라와는 아주 다른 도요토미가 지휘하는 중국이 되었을 것이기 때문이다."78)

2003년에는 영국의 일본군사사가인 턴불이 자신의 신간서적에서 다시 이순신을 언급하였다. "유명한 이순신 제독의 휘하에서 실시된 해군 전역(戰役)은 이 전쟁의 가장 중요한 사건들이었으며, 명나라 지상군의 차단작전과 조선인들의 게릴라전과 함께 결국 일본 침략군에 대한 전쟁의 국면을 바꾸었다." "이순신은 일본군이 해안교두보를 형성한 지 한참 지나서야 저항에 합류할 수 있었고, 해전으로 한국 남해안에서 해상침략군의 약탈행위를 제한할 수 있었다."79) "이순신은 해군 보급부대의 종렬진을 괴롭혔으며, 연안 전초전(前哨戰)으로 해상을 압박하였다."80) 턴불은 이순신을 "한국의 구세주(saviour of Korea)"81)로 간주하였다.

2005년에는 캐나다의 소설체 실화작가이자 역사가인 홀리(Samuel Hawley)가 임진왜란에 대한 두꺼운 연구서를 발간하였다.82) 이 책은 서구

---

77) Ibid., pp.186-187. Khaireddin Barbarossa는 튀르키예의 Hayreddin Barbarossa를 지칭한다.
78) Ibid., p.190.
79) Stephen Turnbull, *Fighting Ships of the Far East (2) : Japan and Korea AD 612-1639* (Botley & Long Island City: Oeprey Publishing, 2003), p.11.
80) Ibid., p.12.
81) Ibid., p.45.
82) Samuel Hawley, *The Imjin War : Japan's Sixteenth-Century Invasion of Korea and Attempt to Conquer China* (Berkeley & Seoul: The Institute of East Studies University of California & The Royal Asiatic Society Korea Branch, 2005), pp.XV-664.

인이 한·중·일 3국과 서구의 자료를 거의 섭렵하여 비교적 객관적으로 서술하려고 노력한 것 같아 보이는 최초의 임진왜란 연구서이다. 저자는 거북선을 철갑함이 아니라 개판을 씌운 목제 장갑함으로 간주하고서 이순신의 활동상황을 비교적 자세히 서술하였다. 그가 보기에, "이순신은 일본 해군의 서진(西進)을 중지시키면서 히데요시의 핵심적인 전쟁조직을 실패하게 만들었다."[83] 이순신의 명량 해전은 아마 그의 탁월한 전술의 가장 좋은 사례였다. "이 해전은 7년이라는 전쟁기간 동안 그의 리더십이 비상한 것(extraordinary)에서 숭고한 것(sublime)으로 발전하고, 다시 전설(legend)로 이어지는 계기가 되었다. 현대 서구학자들은 이순신을 동시대의 영국인 드레이크 경과 1805년 트라팔가 해전에서 나폴레옹을 격파한 넬슨 경에 이르는 위대한 인물들과 비교하면서 그에 대한 찬사를 토로해 왔다."[84] "존경받는 사령관(revered commander)으로서 충무공이라는 시호가 그에게 하사되고, 수많은 사당이 세워졌으며, 한국인들은 이순신이 조국을 구했다고 생각하고 있다."[85]

2005년에 미국의 고대군사학자인 스트라우스(Barry Strauss)는 이순신을 "전설적인 제독(Legendary Admiral)"으로 표현한 글을 발표하였다. "한국 사람들은 임진왜란을 충격적이고 굴욕적인 것으로 보지만, 침략자를 몰아낸 영웅적인 분투로 나라를 구한 국가의 영웅 중 한 명(one of country's hero)인 이순신 제독을 배출하였다." "역사에서 육지나 바다에서 그처럼 많은 것을 이룩한 지휘관은 거의 없다. 그의 자질은 완벽한 장군이 되는데 필요한 자질의 명부(roster of the complete general)처럼 읽힌다. 그는 애국적이고, 희생적이다. 그는 교묘한 전략가이고, 용기와 경계가 잘 조화되어 있는 전술가이며, 기술혁신가이고, 뛰어난 보급장교이며, 훌륭한 행정가이자, 타고난 지도자였다." 스트라우스는 조선 수군과 거북선 그리고 이순신 휘하 조선 수군의 활약상을 설명하고서 한산도 해전에 대해서는

---

83) *Ibid.*, p.240.
84) *Ibid.*, p.490.
85) *Ibid.*, p.557.

다음과 같이 설명하였다. "이것은 전략면에서 혁명이었다. 해양을 통제하지 않는 한, 일본은 중국으로 진군할 수 없었다. 이 제독의 후원자 유성룡이 말했듯이, 조선 수군의 한산도 해전 승리는 조선을 측면공격하려는 일본의 '한 팔을 자른' 것이었다." "이 제독의 지휘관으로서의 업적을 과대평가하는 것은 어려운 일이다. 빛나는 전술가였던 그는 탁월한 전략가였고, 청렴결백하며, 용기 있고, 명석한 전략적 비전을 갖고 태어났다. 그러나 이 제독의 놀라운 해상 승리는 이 전쟁을 이기기에 충분하지 않았다. 조선의 해양력은 히데요시의 중국 점령 야욕을 좌절시킬 수 있었지만, 그의 군대를 한반도에서 몰아낼 수는 없었다." "이 제독은 중국에서 유명해졌고, 결국 일본에서도 유명해졌다."86)

같은 2005년 미국의 중국군사사가 스워프(Kenneth M. Swope)도 임진왜란과 관련된 논문을 발표하였다.87) 그는 임진왜란을 "아시아 최초의 지역적인 세계전쟁(Asia's first regional world war)"이자 아시아에서 근대무기로 무장한 대규모 군들이 전장에서 충돌한 최초 사례로 간주하였다. 이순신은 "조선의 주요 해군사령관(Korea's leading naval commander)"이었으며, 한국사에서 유일하게 가장 위대한 영웅이었다.88) 이어서 스워프는 이순신의 행동을 "한국의 가장 존경받는 역사적 인물인 이순신 제독의 영웅적인 행위(heroism of Korea's most revered historical figure)"89)로 그리고 판옥선을 조선의 "1급전선(first-class man of war)"90)으로 표현하였다.

---

86) Barry Strauss, "Korea's Legendary Admiral," *The Quarterly Journal of Military History*, Summer 2005, Vol.17, No.4, pp.52-61. http://blog.daum.net/han0114/17045682. 여기에서는 후자를 인용하였다.

87) Kenneth M. Swope, "A Dragon's Head & a Serpent's Tail : Ming & the First Greater East Asia War, 1592-1598," *The Journal of Military History*, 69, January 2005, pp.11-42. 이 논문은 성균관대 동아시아학술원·BK21동아시아유교문화권 교육연구단의 해외동아시아 석학 초청 학술강연회 발표문집인 『豊臣秀吉의 오만과 明 萬曆帝의 분노 : 명나라와 임진왜란』(2005. 8. 5)에 복사되어 게재되어 있다.

88) Ibid., pp.11-12.

89) Ibid., p.31.

2008년에는 영국의 일본군사사가 턴불이 임진왜란을 개관한 소책자를 발간하였다. 그는 이 책에서 조선 수군만을 고찰했으며, 이순신에 대해서는 그림 설명에서만 언급하였다. "사무라이의 조선 침략을 격파한 '가장 위대한 영웅(the greatest hero)' 이순신 제독,"[91] "한국의 가장 위대한 영웅(Korea's greatest hero) 이순신 제독은 일련의 해전 승리로 일본군의 교통로를 차단하였다."[92] "이순신 제독의 해전 승리들은 일본군의 패배에 결정적인 역할을 한 것으로 판명되었다."[93] 턴불은 결과적으로 이순신을 "한국의 가장 유능한 지도자이자 가장 위대한 영웅(its ablest leader and greatest hero)"[94]으로 평가하였다.

역시 같은 해인 2008년에 미국의 중국사학자인 로즈(Peter A. Lorge)는 아시아의 화약무기사를 연구한 서적에서 임진왜란과 이순신을 다음과 같이 고찰하였다. "전쟁의 조류가 6월 16일 조선 수군의 승리로 바뀌기 시작했다. … 이순신 제독은 본래 왜구에 대처하는 과정에서 개발된 포와 우수한 선박운용술을 이용하여 해전에서 연승하기 시작했다."[95] "이순신 제독은 명량에서의 기적(Miracle at Myongyang)에서 총통, 폭탄, 소구경 화기로 무장하고 적절한 지휘통솔로 화승총과 뱃전오르기 전술에 의지하던 일본 함선들을 결정적으로 패배시켰다."[96]

그밖에도 이 해에 미국의 역사가이자 저술가인 그랜트(R. G. Grant)는 3,000년 동안의 세계 해전사를 요약한 책을 발간했는데,[97] 두 번째 장

---

90) Ibid., p.32.
91) Stephen Turnbull, The Samurai Invasion of Korea, 1592-98 (Oxford: Osprey Publishing, 2008), p.5.
92) Ibid., p.16.
93) Ibid., p.17.
94) Ibid., p.87.
95) Peter A. Lorge, The Asian Military Revolution from Gunpowder to the Bomb (Cambridge: Cambridge University Press, 2008), p.83.
96) Ibid., p.85.
97) R. G. Grant, Battle at Sea : 3,000 Years of Naval Warfare (New York: DK Pub., 2008). 이 책은 『해전 3,000년』(해군본부, 2012)[비매품]으로 번역되었다.

범선시대(1550~1830)의 서론에 해당하는 '개관'에서 임진왜란을 다루었다. 그는 이순신이 침략에 대비하여 건조했던 "거북선을 판옥선의 변형으로 지중해의 갈레아스(galleass)와 비견할 수 있는 것"이지만, 갈레아스보다 2세기 앞서 실험적으로 사용되었다고 보았다. 이순신은 한산도 해전에서 승리하여 일본 침략군에게 결정적인 영향을 주었다. 또한 한국인들은 이순신의 함대가 해협의 조류와 같은 '지역의 환경정보'를 이용하여 승리한 명량 해전을 "양 진영 간의 전력의 엄청난 불균형에도 불구하고 승리하였으므로 '명량의 기적'이라고 말한다." 그가 보기에, "이순신은 한국의 가장 위대한 국가적 영웅으로 칭송을 받고 있다."[98]

2009년에는 영국의 군사학자 5명이 공동으로 해전의 전투기술에 대한 서적을 편찬하였다. 이 책의 공동저자들은 거북선을 철갑거북선(Iron Turtles)으로, 총통을 무쇠대포(Iron Cannon)로, 그리고 이순신을 "일본이 간과했던 제독(The Overlooked Admiral)"으로 간주하였다.[99] "이순신은 자국민들과 일본인들보다 조선 수군의 장점을 훨씬 높게 평가했다."[100] "이순신은 대포의 성능을 이해했고, 조국을 방어하는데 이 대포를 사용하자고 한결같이 제안했다." "기술혁신뿐만 아니라 전투기법에서도 이순신이 찬사를 받을 만한 것이 많다. 이순신이라는 조선의 구세주는 자비롭고 인정이 많아 의탁하러 온 피난민들로부터 일본 침략군의 위치와 의도에 대한 귀중한 정보를 얻었고, 어민들에게서 해안과 조류에 관한 지식을 얻었으며, 백성들을 이용하여 전문적인 관측망을 구축할 수 있었다."[101] "일본 수군이 사실상 제해권을 갖고 있지 못했음을 이순신은 아주 신속하고

---

98) 『해전 3,000년』, pp.110-115.
99) 이에인 딕키 외 공저, 한창호 옮김, 『해전(海戰)의 모든 것』(서울: Humand & Books, 2010), pp.126과 129. 이 책의 원전은 Iain Dickie, Martin J. Dougherty, Phyllis J. Jestice, Christer Jörgansen, Rob S. Rice, Rice, *Fighting Technique of Naval Warfare 1190 BC - Present : Strategy, Weapons, Commanders, and Ships* (New York: Thomas Duane Books, 2009)이나, 여기에서는 번역본을 인용하였다.
100) Ibid., p.129.
101) Ibid., p.133.

살벌하게 증명했다."102) "이순신의 승리는 대포 개발에서 두 세기나 앞선 최무선의 관심이 정당했음을 오랜 세월이 흐른 뒤 입증한 셈이었다." "이순신의 연승으로 조선은 5년 동안 여유를 누릴 수 있었으며, 그동안 히데요시로선 침공을 멈출 수밖에 없었다." "해상에서 기술에 대한 믿음의 정당성은 여러 차례 입증되었다. 이순신과 거북선은 그가 구하고자 했던 나라에서 영원한 전설(enduring legend)이 되었다."103)

역시 2009년에 미국의 중국사학자 스워프는 2005년에 발표한 논문과 같은 제목으로 책을 발간하였다. 각주와 참고문헌에서 알 수 있듯이, 그는 중국사학자답게 한·중·일 3국의 많은 1차 사료를 섭렵하였다. 그는 이순신을 "한국의 가장 위대한 국민 영웅(Korea's greatest national folk hero)"으로 간주하였다.104) "일본인이 예상하지 못한 것 중 하나는 이순신 제독 휘하의 수군이 보여준 놀라운 용감성이었다. 흔히 동시대의 드레이크 경과 비교되는 이순신은 한국 역사에서 가장 위대한 위인 중 한 명으로 나타난다." 그는 결코 "잘못이 없는 영웅(infallible hero)"으로 묘사되고 있으며,105) 해전의 승리는 거북선의 화력과 기동성 덕분이었다.106) "더 흥미롭고 놀라운 점은 한국에서 이순신의 명성이 대개 일본 해군장교들의 노력에 기인하고 있다는 점이며, 그들은 러일전쟁의 해전에서 승리를 위해 이순신의 정신을 희구하였다. 그들의 국가가 한국에 대한 지배를 주장한 것처럼, 그때 이순신의 공적에 대한 연구도 다시 활기를 띄게 되었다."107)

2010년에는 영국의 해군역사가인 램버트(Andrew Lambert)가 편찬한

---

102) Ibid., p.136.
103) Ibid., pp.137-139.
104) Kenneth M. Swope, *A Dragon's Head and a Serpent's Tail : Ming China and the First Great East Asian War, 1592-1598* (Norman: University of Oklahoma, 2009), p.4.
105) Ibid., p.114.
106) Ibid., p.119.
107) Ibid., p.293.

것으로서 세계사에서 등장한 주요 함선을 소개하는 책에 거북선이 소개되었다. 이 부분을 집필한 미국 해군사가 현민기(Mingi Hyun)는 거북선이 16세기 후반 극동에서 적함에게 치명적인 피해를 줄 수 있는 쉽킬러 (ship-killers)였으며, 이순신 제독이 지휘하고 있던 조선 수군은 7년간의 해전에서 한 번도 패배하지 않았고, 19세기 일본제국해군이 출현할 때까지 거북선과 판옥선이 2세기 동안 계속 발전하여 전성기를 구가하였다.[108)

2) 연구 현황의 분석

본고에서 살펴본 자료는 영어권 자료들이며, 사실상 미국과 영국 중심의 자료를 고찰 대상으로 삼았다고 할 수 있다. 이 자료들을 국가별 그리고 시기별로 보면 〈표 1〉과 같다.

〈표 1〉 작성자의 국적별로 본 연구 대상자료 현황

시기	미국	영국	호주	캐나다	스웨덴	계
조선 말기	6	1	1			8
일제강점기	3	3				6
광복 이후	2	5			1	8
2000년대	8	3		1		12
계	19	12	1	1	1	34

조사 시기는 1882년부터 2010년까지 약 130여 년 동안이었는데, 편의상

---

108) ed. Andrew Lambert, *Ship : a History in Art & Photography* (London: Conway, 2010), p.41. 이 책에서 'Geobukseon, Turtleship c. 1592'의 집필자는 재미교포 Mingi Hyun이다. 그는 2007년 11월 14일 King's College London에서 개최된 Laughton Naval History Seminar Series에서 "The Construction of Admiral Yi Sun-Shin's Navy : Naval Warfare and Technological Development in Early Modern Korea (14th-16th Centuries)"를 발표한 적이 있다. 이 발표에서 그는 "이순신 제독 휘하의 조선 수군이 일본 함대의 규모를 빠르게 감소시키고, 대륙 점령을 꿈꾼 일본이 아시아 대륙에 대한 전쟁 노력을 더 이상 유지할 수 없게 했지만, 임란기 조선 수군은 이순신과 그 휘하 장병들을 위한 것이 아니라 진정으로 조선을 위한 수군이었다는 점에서 이순신의 수군이 아니라 조선의 수군이었다"고 주장하였다.

이 시기를 우리나라 역사의 변화에 맞추어 조선 말기(대한제국 포함), 일제강점기, 광복 이후 20세기, 2000년대로 4시기로 구분했다. 또한 한 명이 서로 다른 자료를 발간하거나 발표했을 때에는 자료 수에 주안점을 두어 별도의 자료로 계산했다. 필자가 조사한 자료는 모두 34가지였다. 조선 말기와 광복 이후 20세기 후반기에는 각 8가지씩(각 24%), 일제강점기에는 6가지(17%), 그리고 2000년대에는 12가지였다(35%). 일제강점기에는 기간이 조선 말기보다 기간이 3배 더 길었지만, 자료 수는 오히려 2가지가 줄었다. 그러나 2001~2010년의 10년간이라는 단기간에 35%가 나타난 것은 이순신에 대한 서구인의 관심이 2000년대에 이르러 크게 높아졌다고 생각할 수 있게 해준다.

자료 집필자의 국적은 5개국(미국·영국·호주·캐나다·스웨덴)이었다. 동일인물이 여러 편의 자료를 작성했을 때 편수대로 인원을 계산하고 또한 한 권의 저자가 여러 명일 때 별도의 인물로 간주하여 계산하면, 집필자의 수는 38명이었다. 그중에서 미국인이 19명(50%)으로 절반을 차지했다. 이어서 영국인이 16명(42%)으로 많았다. 나머지 3개국의 국적자는 각 1명씩이었다. 미국인과 영국인이 약 92%를 차지했다. 따라서 본고의 연구대상이 된 자료는 거의 대부분 미국인과 영국인의 것이라고 할 수 있으며, 이것은 영어권 자료만 다루었기 때문에 당연한 현상이라 할 수 있다.[109]

자료 작성자의 신분이나 직업은 〈표 2〉와 같다.

〈표 2〉 자료 작성자의 직업과 신분

시기	지역학자	역사학자	군사학자	어문학자	교육자	외교관	성직자	작가	저널리스트	장교	계
조선 말기	1	2		4		2	4		1	1	15
일제강점기	2		1		1	1	1		1	2	9
광복 이후		6					1			2	9
2000년대		10	5					2			17
계	3	18	6	4	1	3	6	2	2	5	50

---

109) 서구권 언어 중 영어 외에 다른 언어로 작성된 자료는 사실상 아주 드물다.

집필자를 직업과 신분별로 보면 총 50명으로 나타났는데, 이것은 한 명이 복수의 직업을 갖고 있는 것으로 나타날 때 그 직업을 각각 별도로 계산했기 때문에 나타나는 현상이었다. 〈표 2〉는 이를 10개의 직업군으로 재분류한 결과였다. 제일 많이 나타나는 부류는 역사학자로 18명이었다 (36%). 다음으로는 군사학자와 성직자가 각 6명(각 12%)으로 많았다. 군 장교는 5명(10%), 어문학자는 4명(8%), 또한 지역학자와 외교관은 각 3명(각 6%)이었다. 그밖에 작가와 저널리스트는 각 2명씩이었고, 교육자는 1명이었다. 역사학자를 분야별로 구분하면, 군사를 연구하는 사람이 10명으로 가장 많았고, 이어서 일반적인 역사를 연구하는 사람이 7명이었으며, 과학사를 연구하는 사람도 1명 있었다. 역사가를 각국사로 구분하면, 한국사 연구자가 4명으로 가장 많았고, 이어서 일본사, 중국사, 미국사 연구자가 각 3명으로 많았다. 영국사 연구자는 2명이었고, 통사 연구자가 3명이었다. 지역학자 3명은 모두 일본을 연구하는 사람들이었다. 성직자 6명은 기독교 선교사 5명과 성공회 신부 1명이었다. 어문학자 4명은 한글연구가 3명과 일본어문학자 1명이었다. 군 장교 5명은 해군장교 4명과 육군장교 1명이었다. 따라서 세부분류에 따르면, 직업과 신분은 21종류로 나타났다고 할 수 있는데, 학자, 군인, 성직자, 교육자, 언론인, 작가, 외교관 등 다양한 분야의 종사자들이 이순신을 연구했다는 것을 알 수 있도록 해준다. 한편, 해군사가, 전쟁사가, 군사사가, 군사학자, 장교는 모두 군과 관련 있는 사람들이라 할 수 있는데, 이러한 사람은 27명으로 54%를 차지했다. 이순신의 연구자 중 거의 절반이 군과 관련이 있는 사람들이었던 것이다. 이들을 시대별로 살펴보면, 조선 말기에는 성직자와 어문학자가 각 4명으로 역사학자와 외교관이 각 2명인 것보다 많았다. 일제강점기에는 지역학자와 군 장교가 각 2명으로 많았다. 광복 이후 20세기에는 역사학자가 6명으로 가장 많았다. 2000년대의 10년 동안에는 역사학자가 가장 많았고, 군사학을 연구하는 사람이 그 다음으로 많았다.

연구의 질을 보면, 조선 말기와 일제강점기에는 그리 깊지 않다고 할 수 있는데, 이에 대해서는 대략적으로 설명된 글이 있다. "중국학이나 일본학처럼 「조선학」이 성립될 조건이 없어 조선에 대한 서구인들의 흥미 조차 희박했기 때문에, 이순신 장군에 대한 영문 문적(文籍)이 한, 두 가지에 불과하고, 그것도 단편적인 서술뿐이다. 특히 일본학을 연구하는 서구인이 일본인을 통해 일본사적인 입장에서 보기 때문에 주로 일본관련 영문 문헌에 나타나고 또한 그 내용이 보잘 것 없다."110) 그러나 이처럼 좋지 않은 여건에서 헐버트, 밸러드, 언더우드의 자료들이 출현했는데, 이는 그들이 개인적으로 보여준 놀라운 혜안과 관심 그리고 열정과 집념의 결과라 할 수 있을 것 같다. 이러한 경향은 광복 이후에도 나타났다. 대부분 일본사나 중국사를 연구하다가 이순신이나 조선 수군을 언급하는 수준이었다. 한·중·일 3국과 서구의 자료를 폭넓게 이용한 연구물은 2005년 홀리의 저술과 2009년 스워프의 저술 2점이다. 특히 홀리는 한국에서 태어나 어린 시절을 보냈으며, 일본에 거주한 적도 있어 자료 접근과 활용에서 큰 이점을 가졌을 것으로 보인다. 이런 이유로 이순신에 대한 서구인의 중요한 연구는 헐버트, 밸러드, 언더우드, 홀리, 그리고 스워프의 서적이라 할 수 있을 것 같다.

3. 이순신에 대한 평가

1) 평가 양상

서구인들은 이순신을 어떻게 평가했을까? 이를 알기 위해 〈부록〉을 작성하였다. 〈부록〉은 이순신에 대한 평가가 아주 다양하다는 것을 보여주지만, 전체적인 모습을 파악하는데 혼란을 주기도 한다. 이러한 난점을 다소나마 해소하기 위해서는 몇 가지 항목으로 유형화시켜 보는 것도 한 방법이 될 수 있을 것으로 보인다.

---

110) 洪以燮, op. cit., p.85.

서구인들의 이순신 평가 항목을 유형화시킬 때 한 인간으로서의 모습과 지리적 범주를 기준으로 삼을 수 있다. 인간으로서의 모습은 사는 동안 보여준 인격이나 지도력 등 개인적인 요소들을 평가하는 것이다. 지리적 범주는 크게 보아 그 인간의 행동과 활동이 미친 영향을 자국과 세계로 나누어 평가하는 것이다.

(1) 인간으로서의 모습

서구인들은 이순신의 행적을 처음 보았을 때 놀라는 모습을 공통적으로 보여 왔다. 1903년 헐버트는 명량 해전 때 이순신에게 "10척의 함선밖에 없었지만," 공격해오는 일본함대는 수백 척이었다고 보았다. 이순신은 적을 향해 돌진했으나 곧 적 함선들에게 포위되었으며, 이 어려운 상황에서도 그는 적선 30척을 침몰시켰다. 헐버트가 보기에, 10척 대 수백 척이라는 수적인 열세 때문에 조선수군의 장졸들이 두려움에 떨었지만, "두려움이 없었던 이순신"은 과감하게 공격했고, 포위된 상황에서도 용감하게 싸워 대승을 거두었다.[111]

서구인들이 보기에, 이순신은 용감하기만 한 지휘관이 아니었다. 1945년 마더는 이순신을 전술, 전략, 조선기술의 부분에서 뛰어난 해군천재였고, 효율적이고도 혁신적인 수군지휘관이었다고 생각했다. 나아가 그는 일본군에서는 볼 수 없는 "정말 무서운(redoutable) 이순신"이었다고까지 묘사했다.[112]

이러한 평가는 오늘날까지도 이어지고 있다. 예를 들면, 2005년 스트라우스는 다음과 같이 서술했다. 애국적이고, 희생적이고, 청렴결백하고, 용감했던 이순신은 교묘하고 탁월한 전략가였고, 용기와 경계가 잘 조화되어 있는 전술가였으며, 기술혁신가였고, 뛰어난 보급관이었으며, 훌륭한 행정관이었고, 또한 명석한 전략적 비전까지 갖고 태어난 "타고난 지도자"였다.

---

111) THE KOREA REVIEW, Volume 3, March 1903, Chapter II, pp.139-140.
112) Arthur J. Marder, op. cit., pp.21-22.

따라서 이순신은 완벽한 장군이 되는데 필요한 자질을 모두 보여주는 일종의 명부(roster of the complete general)와 같았다.[113] 2009년에는 스워프가 이순신을 결코 "잘못이 없는 영웅(infallible hero)"[114]으로 무결점의 지휘관으로까지 평가했다.

이러한 일련의 평가는 1921년 밸러드의 평가를 다시 떠올리게 한다. 그는 다른 나라에서 오랫동안 이순신을 모르고 있었던 것을 유감스러운 일로 생각했다. 이어서 그는 서구인들이 어떤 편견을 갖고 있더라도 이순신을 "인류의 타고난 지도자 중 한 명"[115]으로 간주하는 것을 거부할 수 없을 것이라고 했다.

서구인들이 보기에, 이순신은 두려움이 없고, 정말 무서울 정도로 모든 면에서 탁월한 천부적이고도 완벽한 인간이었다. 그렇기 때문에 그들 중에서 이순신을 인류의 지도자로 간주해야 한다고 주장하는 사람까지 있었던 것 같다.

(2) 한국사에서의 위상

서구인들은 이순신을 한국사에서 어떤 위상을 가진 인물로 보았을까? 1903년 머독은 임진왜란 당시 최정예병 20만 명의 적군이 조선 땅에서 진을 치고 있었을 때조차 실제로 이 전역(戰役, campaign)을 결정짓고 조선을 구한 것은 해전이었다는 점을 주목해야 한다고 했다.[116] 그는 당시 조선 수군을 지휘한 것은 "넬슨과 같은 용감한 뱃사람(seaman)이었다.[117] 한국인의 선원 자질을 주목한 사람은 또 있었는데, 몽고메리였다. 그는 1968년 "한반도 사람들은 항해술에 능한 민족이었고, 조선에는 이순신

---

113) Barry Strauss, op. cit., pp.52-61.
114) Kenneth M. Swope, A Dragon's Head and a Serpent's Tail : Ming China and the First Great East Asian War, 1592-1598, pp.137-139.
115) vice-admiral G. A. Ballard, C. B., op. cit., p.57.
116) M. A. James, Murdoch, op. cit., pp.336-338.
117) Ibid., p.355.

이라는 뛰어난 장군이 있었다."118)고 서술했다. 그는 자신이 육군 원수였지만, 한국인의 해양적 기질을 파악하고, 이러한 바탕 위에서 이순신 같은 걸출한 제독이 출현한 것으로 보았다고 할 수 있다. 한편 1911년 롱포드는 이순신을 "예리한 기술적 마인드와 혁신적인 공학 능력을 바탕으로 해전에서 승리하는데 크게 기여한 인물이며, 한국의 위대한 해군제독 중에서 가장 존경받는 인물"이라고 했다.119) 서구인들은 이순신이 해양민족적 기질의 유전자를 갖고 있는 이순신의 개인적인 마인드와 능력 덕분에 승전했기 때문에 가장 존경받고 있다고 보고 있음을 알 수 있다.

이순신이 한국인들로부터 "존경받는 사령관(revered commander)"이 된 보다 더 크고 중요한 이유는 그가 조국을 구했다는 사실이었다. 이순신이 조선을 구했다는 주장은 일찍부터 있었다. 1903년에 이미 헐버트가 이순신을 "조선을 직접 구한 사람(the very salvation of Korea)"120)으로 간주했고, 또한 2003년에도 이순신을 "한국의 구세주(saviour of Korea)"121)로 간주하는 사람이 있었다. 이 때문에 한국인들이 그에게 충무공의 시호를 하사하고 사당을 세웠다라고 말하는 사람도 있었다.122)

서구인들이 보기에, 한국인들은 이순신을 존경하는 마음이 그를 영웅이나 위인으로 간주하기에 이르렀는데, 이러한 움직임은 서구인이 이순신을 알기 시작한 초기부터 나타났다. 1884년에 포크는 나라를 위해 수많은 일본인을 죽인 "통영(Tongyoung)의 영웅"123)으로 간주했다. 1937년에

---

118) 버나드 로 몽고메리 지음, 송영조 옮김, 『전쟁의 역사』, p.608.
119) J. H. Longford, op. cit., p.171. 이안 바우어스(Ian Bowers), 「영국인과 유럽인들이 알고 있는 이순신 제독」, p.12에서 재인용.
120) THE KOREA REVIEW, Volume 3, April 1903, Chapt. III, p.191. ; ed. Clarence Norwood Weems, op. cit., p.54.
121) Stephen Turnbull, Fighting Ships of the Far East (2) : Japan and Korea AD 612-1639, p.45. ; 이에인 딕키 외 공저, 한창호 옮김, 『해전(海戰)의 모든 것』, p.129.
122) Samuel Hawley, op. cit., p.557.
123) ed. and int., Samuel Hawley, Inside the Hermit Kingdom : The 1884 Korea Travel Diary of George Clayton Foulk, p.94. ; 조지 클레튼 포크 저, 사무엘 홀리 편집·소개, 조법종·조현미 번역·주석, op. cit., p.287.

새들러는 이순신이 "한국의 영웅일 뿐만 아니라 구국의 영웅이었으며, 그가 조국을 침략에서 구했을 뿐만 아니라 중국까지 구했다는 이유로 중국군도 고마워했다"는 도쿠토미의 견해[124]를 인용하였다. 1967년에 해거먼은 이순신을 "한국의 가장 위대한 영웅(Korea's greatest hero)"이라고 칭송했으며, 이순신이 일본의 극동 정복을 300년 이후로 미루게 만들었다는 주장을 사실로 인정했다.[125] 이순신을 한국의 영웅으로 간주한다는 주장은 2000년 이후에도 계속 나타났다. 2005년에 길마틴은 "한국인들은 임진왜란을 충격적이고 굴욕적인 것으로 보지만, 침략자를 몰아내기 위한 영웅적인 분투로 나라를 구한 국가의 영웅 중 한 명(one of country's hero)인 이순신 제독을 배출하였다."[126]고 주장했다. 같은 해에 스트라우스는 이순신이 "조선의 지도적인 해군사령관(Korea's leading naval commander)" 이었으며, 한국사에서 유일하게 가장 위대한 영웅이었다.[127]고 주장했다. 이어서 스워프는 이순신을 "한국의 가장 존경받는 역사적 인물인 이순신 제독의 영웅적인 행위(heroism of Korea's most revered historical figure)"[128] 로까지 표현하기도 했다. 또한 2008년에도 이순신을 "한국의 가장 유능한 지도자이자 가장 위대한 영웅(Korea's ablest leader and greatest hero)"으로 간주하는 주장을 볼 수 있다.[129]

한국인들이 이순신을 영웅으로 칭송하고 있다는 서구인의 시각은 2000년 이후 한걸음 더 나아가기도 했다. 2002년 길마틴은 한국에서 국가

---

124) A. L. Sadler, op. cit., pp.204-205. Sadler가 인용한 도쿠토미의 글에는 심지어 "그(이순신)는 실로 조선역에서 조선의 영웅이었을 뿐만 아니라 3국의 영웅 중 한 명이기도 하였다."는 내용도 있다. 德富猪一郎, 『近世日本國民史 : 豊臣時代』, 朝鮮役(東京: 民友社), 1921-2, 己篇 下卷(1922), pp.727-8.
125) Captain George M. Hagerman, op. cit., p.75. ; Stephen Turnbull, The Samurai Invasion of Korea, 1592-98, p.87.
126) Barry Strauss, "Korea's Legendary Admiral," pp.52-61.
127) Kenneth M. Swope, "A Dragon's Head & a Serpent's Tail : Ming & the First Greater East Asia War, 1592-1598," pp.11-12.
128) Ibid., p.31.
129) Stephen Turnbull, The Samurai Invasion of Korea, 1592-98, p.87.

영웅(national hero)으로 존경받고 있는 이순신이 애국의 상징(patriotic symbol)이 되었다고 보았으며,130) 2009년에는 일단의 군사학자들이 "이순신과 거북선은 자신이 구하고자 했던 나라에서 영원한 전설(enduring legend)이 되었다."131)고까지 서술했다.

이와 같이 볼 때, 서구인들은 이순신이 한국에서 차지하는 위치나 위상에 대해 해양기질의 민족성을 보여준 걸출한 뱃사람, 지도자, 존경받는 인물, 나라를 구한 인물, 영웅이자 위인, 애국이나 국가의 상징적 인물, 전설적인 인물 등으로 파악하고 있음을 알 수 있을 것 같다.

(3) 세계사에서의 위상

1903년 헐버트는 옥포 해전의 승리를 "이 위대한 제독(this great admiral)"의 첫 번째 승리로 표현했으며132), 이순신의 함대가 한산도에 주둔 중이었을 때에도 "위대한 이 제독(the great Admiral Yi)"으로 묘사했다.133) 1921년 밸러드도 이순신이 거둔 여러 해전의 승리를 "위대한 조선 제독의 영광스러운 전공(戰功)"으로 간주했다.134) 이순신이 노련한 해군사령관(skilled naval commander)이었지만,135) 일본인들은 알아보지 못하고 "간과했던 제독(The Overlooked Admiral)"이었다.136)

서구인들이 보기에, 일본인들만 이순신을 몰랐던 것이 아니었다. 1944년 스미스는 이순신을 "침략과 약탈에 대해 보복하려는 동양의 역사에서 가장 위대한 바다의 전사(the greatest sea fighter in eastern history)"였다고 서술했다.137) 1921년에 밸러드는 이순신에 대해 다음과 같이 기술했다.

---

130) John F. Guilmartin, JR., *op. cit.*, p.182.
131) 이에인 딕키 외 공저, 한창호 옮김, *op. cit.*, p.136.
132) *THE KOREA REVIEW*, Volume 2, November 1903. Chapter VII, p.519.
133) *THE KOREA REVIEW*, Volume 3, February 1903, Chapter I, p.89.
134) vice-admiral G. A. Ballard, C. B., *op. cit.*, p.57.
135) Stephen Turnbull, *op. cit.*, p.104.
136) 이에인 딕키 외 공저, 한창호 옮김, *op. cit.*, pp.126과 129.

"넬슨과 동등한 해군제독이 있다는 것을 인정하는 것은 영국인들에게 항상 어려운 일이다. 그러나 그렇게 간주될 수 있는 자격을 갖춘 사람이 있다면, 분명히 그는 패배라는 것을 결코 몰랐으며 적의 면전에서 전사한 아시아의 이 위대한 해군사령관일 것이다."[138]

한편, 밸러드는 같은 책에서 이순신을 아시아가 아닌 세계 최고의 해군지휘관이었다고도 기술했다. 이순신은 "그의 이름이 서구 역사가들에게 거의 알려지지 않았지만, 그의 업적은 그를 위대한 해군지휘관들의 최상층에 놓기에 충분하다."[139] 다른 서구인들도 이순신을 세계적인 인물로 간주했다. 1906년 헐버트는 "이순신은 세계의 위대한 영웅들 중 그 누구와도 어깨를 나란히 할 수 있는 조선인이었다."[140]고 기술했다. 심지어 1933년에 언더우드는 다음과 같이 기술하기도 했다. "이순신이 실제로 세계의 위인 중 한 명이라는 주장에는 의심할 여지는 물론 다시 생각할 여지도 없다." "그는 우리가 세계적인 명예의 전당(Hall of Fame)에 그의 자리를 마련할 가치가 있는 사람이었다."[141] 심지어 2005년에 스트라우스는 이순신을 "전설적인 제독(Legendary Admiral)"으로 표현하기까지 했다.[142]

이와 같이 볼 때, 서구인들의 이순신 평가는 위대한 제독이나 해군지휘관, 일본이나 영국은 물론 서구인이 몰랐던 동양과 아시아의 바다의 전사나 해군사령관, 세계 최고의 해군사령관, 위대한 해군사령관들 중 최고의 상석에 앉을 인물, 세계 명예의 전당에 들어갈 인물, 전설이 되어버린 제독 등으로 구분할 수 있다. 서구인의 평가는 일반적인 위인, 아시아의 최고 위인, 아시아를 벗어난 세계의 최고 위인, 그리고 이 모든 것을 초월하는 전설적인 위인으로 지리적 스펙트럼이 넓다는 것을 알 수 있다.

---

137) Lieutenant Roy Campbell Smith III, op. cit., p. 696.
138) vice-admiral G. A. Ballard, C. B., op. cit., pp.65-66.
139) Ibid., p.50.
140) Homer B. Hulbert, The Passing of Korea (1906), p.97.
141) Horace H. Underwood, M. A., Ph. D, op. cit., pp.82-83.
142) Barry Strauss, op. cit., pp.52-61.

2) 평가 이유

서구인들은 이순신을 왜 그렇게 평가할까? 이 의문을 해소하기 위해 여기에서는 이순신이 역사와 전쟁에 미친 영향, 그가 치른 여러 해전들의 의미, 그가 보여준 전략과 전술, 세계군함발달사에서 그가 건조한 거북선의 위치, 심성과 자질과 같은 개인적인 요소 같은 5가지 항목으로 나누어 보려 한다.

(1) 역사와 전쟁에 미친 영향

우리는 임진왜란과 정유재란이라는 용어에서 보듯이 조선과 일본의 전쟁이라는 용어 대신 왜가 일으킨 난리라는 표현을 사용해왔다. 일본을 얕보려는 의도가 다분히 있어 보인다.[143] 그러나 서구인들은 임진왜란을 바라보는 시각이 우리와 다르다. 이 왜란을 단순한 난으로 보지 않고 항상 전쟁으로, 그것도 의미가 적지 않았던 전쟁으로 간주해왔다. 그들이 보기에 임진왜란은 "아시아 최초의 지역적인 세계전쟁(Asia's first regional world war)"이자 아시아에서 근대무기로 무장한 대규모 군들이 전장에서 충돌한 최초 사례였다.[144] 또한 임진왜란은 근대 초기에 세계 어느 곳에서도 없었던 "가장 규모가 큰 해상침략(the largest seaborne invasion)"이었으며,[145] "해양력과 지상력의 드라마틱한 전쟁"이었다.[146] "이순신 제독은 해양력(sea power)이 해양국가(maritime nation)를 지탱해주는 구원자라

---

[143] 우리가 자주 사용해온 6·25동란이라는 용어도 이 역사적 사건을 전쟁이 아닌 난리로 표현하고 있는데, 최근에 이르러서야 6·25전쟁이라는 용어를 사용하고 있다. 동족간의 전쟁이라는 용어를 사용하기 거북해서인지 몰라도, 난리라는 용어는 전쟁이라는 용어에 비해 강도가 약해 보인다. 그러나 서구에서는 처음부터 한국전쟁(Korean War)이라는 용어를 사용해왔다.

[144] Ibid., pp.11-12.
[145] Jan Glete, op. cit., pp.90-92.
[146] John F. Guilmartin, JR., op. cit., p.182.

는 것을 해군력이 미친 역사를 통해 증명했다."147)

　이 전쟁에서 "이순신의 눈부신 활동이 없었다면, 3세기 전에 일본군이 거대한 제국을 개척하려고 했던 작업은 잘 진척되었을 것이다."148) 이순신이 대담성과 노련함을 보이면서 훌륭한 방책을 사용하여 조선 주변의 제해권을 장악하는데 성공하는 바람에, 히데요시의 북중국 침략과 병합 계획은 좌절되어 버렸다.149) 이순신과 조선의 해양력은 히데요시의 중국 점령 야욕과 꿈을 산산조각 내버리고 좌절시켰으며,150) 분명히 히데요시와 그 계승자들이 중국 황제자리를 차지하지 못하게 했다.151) 서구인들이 이 전쟁에서 이순신과 조선의 수군이 중국까지 구했다고 보는 것은 바로 이러한 이유였다.152) 결국 그들은 이순신이 일본의 극동 정복을 300년 이후로 미루게 만들었다고 보았던 것이다.153)

　이순신이 전쟁에 미친 영향은 무척이나 크고 광대했다. 서구인들이 보기에 이순신은 조선군과 일본군의 심리와 전투의지에 영향을 주었다. "이 거북선을 이용한 조선 수군의 승리가 조선인에게 미친 영향은 대단하여 장졸들이 스스로 자신을 희생하면서까지 적에게 저항하도록 고무시켰다."154) 반면에 이순신에 의한 일본 수군의 패배는 일본군의 침략의지(spirit of the invasion)를 약화시켰기 때문에 "이 전쟁의 전환점(turning point)"이 되었다.155)

---

147) J. H. Longford, op. cit., p.171. 이안 바우어스(Ian Bowers), op. cit., p.12에서 재인용. 한편 Dr. Stephen Turnbull, Samurai Warfare, p.104.은 "사무라이의 전쟁" 으로 간주했다.
148) Arthur J. Marder, op. cit., p.30.
149) A. L. Sadler, op. cit., pp.180-181.
150) Horace H. Underwood, M. A., Ph. D, op. cit., p.74. ; Barry Strauss, "Korea's Legendary Admiral," pp.52-61.
151) John F. Guilmartin, JR., op. cit., p.190.
152) A. L. Sadler, op. cit., pp.204-205.
153) Captain George M. Hagerman, op. cit., p.75.
154) W. E. 그리피스 지음, 신복룡 역주, op. cit., pp.160-161.
155) Homer B. Hulbert, The Passing of Korea (1906), p.97.

이순신은 전쟁의 진행과 수행체계에도 영향을 주었다. 이순신은 미국혁명기 모니터함(Monitor)의 원조인 자신의 유명한 거북선(Tortoise Boats) 덕분에 한반도 연안 해역에서 일본군을 문자 그대로 쓸어버렸다. 이순신은 조선 해역에서 일본군을 소탕하고 있었던 것이다.156) 거북선은 '금속으로 덮여있는(covered with metal)' 전선이었으며, 조선 수군은 거북선을 이용하여 "일본이라는 용의 발톱에서 진주를 빼앗아 용으로 하여금 몸이 뒤틀리고 구겨지게 만들었다."157) 또한 "일본 해군의 서진(西進)을 중지시키면서 히데요시의 핵심적인 전쟁조직을 실패하게 만들었다."158) "조선 해군의 해상 승리와 일본과 아시아 대륙 간의 군수보급망의 성공적인 차단으로 인해 일본으로 하여금 전쟁 노력을 계속할 수 없게 만들었다."159) 뿐만 아니라 조선 수군의 해전 승리가 정유재란의 운명까지 결정지었다.160) 이순신이 지휘했던 해군 전역(戰役)은 이 전쟁의 가장 중요한 사건들이었으며,161) 임진왜란 기간 동안 일본 수군이 패배한 것은 일본 역사에서 유일한 패배였다.162)

서구인들은 이순신이 수군이나 바다에 영향을 주었음은 물론 지상군에게도 큰 영향을 주었다고 보고 있다. 이순신은 전쟁 초기 6주간이라는 단기간에 일련의 승리를 거두었는데, 이 승리들이 적 지상군의 상황을 위태롭게 만들었으며, 적의 가장 야심찬 계획을 완전히 망치게 만들어버렸다.163) 이순신의 조선함대가 바다에서 승리를 거둔 결과, 도요토미의 지상 공격은 마비되고 말았던 것이다.164)

---

156) George Heber Jones, op. cit., pp.187-188.
157) W. E. 그리피스 지음, 신복룡 역주, op. cit., pp.160-161.
158) Samuel Hawley, op. cit., p.240.
159) ed. by Andrew Lambert, op. cit., p.41.
160) W. E. 그리피스 지음, 신복룡 역주, op. cit., p.189.
161) Stephen Turnbull, Fighting Ships of the Far East (2), p.11.
162) Lieutenant Roy Campbell Smith III, op. cit., pp.691-692.
163) vice-admiral G. A. Ballard, C. B., op. cit., p.57.
164) 버나드 로 몽고메리 지음, 송영조 옮김, op. cit., p.608.

그들이 보기에, 임진왜란이라는 해외 전역(overseas campaign)은 도해(渡海)의 안전성 확보, 해외 적군을 공격할 때 해양우세(maritime superiority)의 필요성, 해상작전에서 공격의 중요성, 기계 발명의 거대한 가치 4가지 교훈을 남겨주었다.[165] 이 교훈들은 모두 이순신의 활동을 통해 산출된 것들이었다.

이런 연유로, 서구인들은 이순신의 해전 승리들이 일본군의 패배에 결정적인 역할을 한 것으로 보았다.[166] 그들이 보기에 역사에서 육지나 바다에서 그처럼 많은 것을 이룩한 지휘관은 거의 없었던 것이다.[167]

(2) 해전의 의미

서구인들이 보기에, 16세기 후반기에 중요한 해군작전 세 가지가 세계의 서로 다른 곳에서 전대되었다. 이 세 가지는 위치나 세력의 상호 연관성이 결코 없었다. 처음 두 가지 즉 1571년 레판토(Lepanto) 해전과 1588년 스페인 무적함대의 패배는 널리 알려져 있지만, 세 번째는 서구 세계에 사실상 알려지지 않고 있다.[168] 이 마지막 한 가지는 임진왜란 동안 이순신이 지휘하는 조선함대가 일본함대를 패배시킨 사건이었는데, 이 기간 동안 전개된 해전의 양상을 "유럽에서 주로 발생한 갈레온과 갤리의 해전"과 같은 것으로 간주한 사람도 있었다.[169]

이순신 제독은 거북선과 소형 함선으로 구성된 타격부대(strike force)로 1592년 5월과 9월 사이에 조선 다도해에 널리 산재해 있던 일본 수송선들에 대해 일련의 성공적인 공격을 시작했다.[170] 이것은 위대한 조선 제독의 영광스러운 전공(戰功)이었다. 그는 6주간이라는 단기간에 일련의 승리를

---

165) vice-admiral G. A. Ballard, C. B., *op. cit.*, pp.67-70.
166) Stephen Turnbull, *The Samurai Invasion of Korea, 1592-98*, p.17.
167) Barry Strauss, *op. cit.*, pp.52-61.
168) Captain George M. Hagerman, *op. cit.*, p.75.
169) John F. Guilmartin, JR., *op. cit.*, p.182.
170) Jan Glete, *op. cit.*, pp.90-92.

거두었는데, 이는 해전의 역사 전체에서 유례가 없는 일이었다.[171]

서구인들이 본 이순신의 해전은 옥포 해전, 한산도 해전, 명량 해전, 노량 해전으로 네 가지였다.

옥포 해전은 "이 위대한 제독의 첫 번째 성공이었으며, 이 한국의 전사(戰士)는 훌륭하게 지휘하면서 자신이 겁쟁이가 아니라는 사실을 보여주었다." 따라서 조선에 있던 일본군은 보급품과 증강군을 보낼 수 있는 해로가 차단되어 엄청난 타격을 입었다. 그렇기에 이 해전에서의 "승리가 전쟁의 결정적인 계기가 되었다"고 할 수 있다.[172] 이순신은 초기의 출전에 성공한 후 "나일강 해전이후 넬슨이 차지하고 있던 것과 유사한 위치 즉 적군의 주요 교통로상에 효과적으로" 함대를 배치했다. 이것은 이순신이 함대를 한산도에 전진 배치하여 견내량을 지키고 있었던 사실이 갖는 군사적 의미를 기술한 것이다. "이 사건들은 이순신의 판단에 대한 건전성을 충분히 보여주었으며, 중요한 전략적 이동이 이보다 더 시기적절하게 이루어진 적은 없었다."[173]

트라팔가르 해전에서 승리한 넬슨의 나이와 한산도 해전에서 승리한 이순신의 나이는 모두 46세로 같았다.[174] 한산도 해전에서 이순신의 함대는 일본 함선 71척을 침몰시키고, 이어서 48척을 불타게 만들었다. 전투 중 탈출한 소수의 적선은 본국을 향해 재빨리 도망갔다. 이러한 이유로 한산도 해전을 "우리는 세계의 위대한 해전 중 하나라고 믿어도 좋을 것이다. 이 해전은 한국의 살라미스(Salamis) 해전이라고 불릴 수 있다. 이 승리는 침략에 대한 사형집행영장의 의미를 가졌다."[175] 이는 이순신이 이 해전의 승리로 일본 침략군에게 결정적인 영향을 주었으며,[176] 조선을 측면공격하려는 일본의 '한 팔을 자른' 것이었다.[177]

---

171) vice-admiral G. A. Ballard, C. B., *op. cit.*, pp.65-66.
172) *THE KOREA REVIEW*, Volume 2, November 1903, Chapter VII, p.520.
173) vice-admiral G. A. Ballard, C. B., *op. cit.*, pp.54-55.
174) A. L. Sadler, *op. cit.*, pp.204-205.
175) *THE KOREA REVIEW*, Volume 2, December 1902, Chapt. IX, pp.575-576.
176) 『해전 3,000년』, pp.110-115.

명량 해전 때에는 이순신의 휘하에 10척의 함선밖에 없었으며, 장졸도 거의 모두 2개월 전에 칠천량 해전을 치른 패잔병들이었다. 수백 척의 일본함대가 이 10척을 공격했는데, 오히려 30척이 침몰되었다.[178] 이순신의 함대는 총통, 폭탄, 소구경 화기로 무장하고 적절한 지휘통솔로 화승총과 뱃전오르기 전술에 의지하던 일본 함선들을 결정적으로 패배시켰다.[179] 이 해전은 이순신이 자신의 탁월한 전술을 구사한 가장 좋은 사례였다. "이 해전은 7년이라는 전쟁기간 동안 그의 리더십이 비상한 것(extraordinary)에서 숭고한 것(sublime)으로 발전하고, 다시 전설(legend)로 이어지는 계기가 되었다."[180] 그러기에 어떤 서구인은 "한국인들은 이순신의 함대가 해협의 조류와 같은 '지역의 환경정보'를 이용하여 승리한 명량 해전을 양 진영 간의 전력의 엄청난 불균형에도 불구하고 승리하였으므로 '명량의 기적(Miracle of Myongyang)'이라고 말한다."[181]고 생각했다. 그러나 한국인들만 이 해전을 명량의 기적이라고 말한 것이 아니라 서구인 중에서도 "명량에서의 기적(Miracle at Myongyang)"[182]이라고 기술한 사람이 있다. 명량 해전과 비교할 수 있는 해전을 세계 해전사에서 찾을 수 없어 "기적"으로 표현한 것이 아닐까하는 생각이 든다.

노량 해전에서는 일본 함선 50척이 화염에 휩싸이고, 적군 2,000명의 수급을 얻을 수 있었다. 그러나 이순신은 최후 해전에서 "적함 전체를 거의 다 격파하였다. 이 해전에서 그는 치명상을 당했다."[183] "이순신은 이 전쟁의 가장 위대한 승리 중 하나(one of the grandest victories)를 거두는 도중 적군의 총알에 맞아 전사했으며, 그리하여 한국의 넬슨(Nelson of Korea)으로 불릴 수 있는 사람이 되었다."[184] 이 해전은 프랑스와 스페인

---

177) Barry Strauss, *op. cit.*, pp.52-61.
178) *THE KOREA REVIEW*, Volume 3, March 1903, Chapt. II, pp.139-140.
179) Peter A. Lorge, *op. cit.*, p.85.
180) Samuel Hawley, p.557.
181) 『해전 3,000년』, pp.110-115.
182) Peter A. Lorge, *op. cit.*
183) *THE KOREA REVIEW*, Volume 3, April 1903, Chapt. III, p.187.

의 경우처럼 완벽하지 못했더라도 일본 전투함대의 활동을 중지시켰기 때문에 "조선의 트라팔가르(Korean Trafalgar) 해전"으로 불릴 만했다.[185] 이순신의 지휘 하에 있던 조선과 명의 연합함대는 1598년 11월 19일 노량진에서 일본 함대에게 재기불능의 패배를 안겨주었던 것이다.[186]

(3) 전략과 전술

서구인들은 이순신의 전략과 전술에 대한 감각을 보고 놀라워했다. "이순신은 눈부신 전술가, 전략가, 조선기술자로서 뛰어난 해군천재였다. 그 예로 이순신의 전투전술(battle tactics)은 극동에서 전에 있던 그 어떤 것보다 훨씬 앞선 것이었다."[187] 서구 역사가의 눈에는 이순신이 교묘한 전략가였고, 용기와 경계가 잘 조화되어 있는 전술가였으며,[188] 영국의 육군장군이 보기에도 그러했다.[189] 또한 해군전술가로서 전략적 상황 파악 능력을 갖고 있었다.[190]

이순신의 전략 중에서 가장 먼저 들 수 있는 것은 해양력과 해양통제에 대한 개념이었다. 그는 "해양을 통제하면, 일본군은 중국으로 진군할 수 없다."고 생각했으며, 이 생각은 "빛나는 전술가"이자 "탁월한 전략가"로서 이순신이 보여준 당시 혁명적인 전략이었다.[191] "제해권을 확보"한 조선 수군은 "넓은 의미에서 침략군의 지상군을 고립"시키기도 했다.[192] 실제로 그는 "해양통제권(control of the sea)을 확보하여 적의 해상교통로와 보급

---

184) Ibid., p.188.
185) vice-admiral G. A. Ballard, C. B., op. cit., pp.65-66.
186) Jan Glete, op. cit., pp.90-92.
187) Arthur J. Marder, op. cit., pp.25-26.
188) Barry Strauss, op. cit., pp.52-61.
189) 버나드 로 몽고메리 지음, 송영조 옮김, op. cit., p.608
190) vice-admiral G. A. Ballard, C. B., op. cit., p.50.
191) Barry Strauss, op. cit., pp.52-61.
192) Jan Glete, op. cit., pp.90-92.

로를 지배함으로써 침략군의 이동을 불가능하게 만들었다."193) 뿐만 아니라 그는 "적 함대를 격파한 후 나일강 해전이후 넬슨이 차지하고 있던 것과 유사한 위치 즉 적군의 주요 교통로상에 효과적으로 위치하고 있었는데, 중요한 전략적 이동이 이보다 더 시기적절하게 이루어진 적은 없었다."194)

서구인들은 이순신이 해상전투에 함포를 도입한 사실에도 놀라고 있다. 이순신은 전선을 플랫폼으로만 사용하던 동양의 전통을 깨고 화력 관점에서 보았다.195) 그는 대포의 성능을 이해하고서 "조국을 방어하는데 이 대포를 사용하자고 제안했다."196) 그가 만든 "거북선은 충격전술(shock tactics)이 아닌 중국 해전의 포격전통(projectile tradition)을 극단으로 끌어올렸다. 거북선의 무장은 일본군의 무장을 40:1의 비율로 능가했다. 이순신은 연속적인 현측일제사격과 그에 필요한 단종렬진을 구사했으며, 적선이 활동불능 상태가 되었을 때만 충각전술(ramming)을 사용했다."197) 그는 "거북선들로 하여금 일본 수송선들을 향해 직진하게 하여 총통을 발사하고, 연막진을 펼쳤다. 일본군은 상갑판에 꽂아놓은 스파이크 때문에 뱃전오르기를 시도하기 어려웠으며, 이순신은 점차 일본군의 교통로를 차단할 수 있게 되었다."198) 바로 이러한 사실들 때문에 서구인 중에는 이순신이 "본래 왜구에 대처하는 과정에서 개발된 포와 우수한 선박운용술을 이용하여 해전에서 연승하기 시작"199)했다거나 "해전의 승리는 거북선의 화력과 기동성 덕분"200)이었다고 주장하는 사람도 있다. "조선 수군의

---

193) Lieutenant Roy Campbell Smith III, op. cit., pp.691-692.
194) vice-admiral G. A. Ballard, C. B., op. cit., pp.54-55.
195) A. L. Sadler, op. cit., pp.25-26.
196) 이에인 딕키 외 공저, 한창호 옮김, op. cit., p.133.
197) Joseph Needham, Wang Ling, Lu Hwei-Djen, op. cit., pp.379-699. 이 부분은 조지프 니덤 지음, 왕링·루구이전 공동연구, 김주식 옮김, op. cit.,pp.733-759에서 재인용.
198) Dr. Stephen Tuenbull, Samurai Warfare, p.104.
199) Peter A. Lorge, op. cit., p.83.
200) Kenneth M. Swope, A Dragon's Head and a Serpent's Tail : Ming China and the First Great East Asian War, 1592-1598, p.119.

우수성은 장거리포(longrange artillery)"와 이순신이라는 "함대사령관"이 었던 것이다.201)

해상교통로의 차단도 이순신의 전략에서 찾아볼 수 있다. 그는 "일본군을 증강하려는 보충부대를 막아야만 일본군을 견제할 수 있다고 생각"했다.202) 차단하는 방법은 일련의 해전에서 승리하는 것이었다.203) 실제로 그는 "서해안으로 기동하려던 침략군 전선과 수송선을 전멸"시켰다. "일본의 보호전대들(Japanese protective squadrons)"이 박살나버린 것이다.204)

이순신의 전술도 서구인들의 눈에 감탄의 대상이었다. 이순신은 "거북선과 소형 함선으로 구성된 타격부대(strike force)"로 일본 수송선들에 대해 일련의 성공적인 공격을 시작했다.205) 일본 "해군 보급부대의 종렬진을 괴롭혔으며, 연안 전초진(前哨戰)으로 해상을 압박하였다."206) 그는 이러한 전술로 "일본군을 각개 격파했으며, 지리·조류·해류에 대한 해박한 지식을 이용하였다."207) 또한 그는 "의탁하러 온 피난민들로부터 일본 침략군의 위치와 의도에 대한 귀중한 정보를 얻었고, 어민들에게서 해안과 조류에 관한 지식을 얻었으며, 백성들을 이용하여 전문적인 관측망을 구축할 수 있었다."208)

바로 이러한 사실들 때문에 "시대를 훨씬 앞서는 전술을 사용했던 놀라운 천재성에 주목하는 한국과 일본 혹은 서구의 학자들이 없다는 것"을 이상하게 보는 서구인도 있다.209)

---

201) A. L. Sadler, op. cit., pp.180-181.
202) HOMER BEZA HULBERT, "Korean Inventions", pp.104-107.
203) Stephen Turnbull, The Samurai Invasion of Korea, 1592-98, p.16.
204) Alexander Kiralfy, op. cit., p.465.
205) Jan Glete, op. cit., pp.90-92.
206) Stephen Turnbull, Fighting Ships of the Far East (2), p.12.
207) John F. Guilmartin, JR., op. cit., pp.186-187.
208) 이에인 딕키 외 공저, 한창호 옮김, op. cit., p.133.
209) Horace H. Underwood, M. A., Ph. D., op. cit., p.81.

(4) 군함발달사에서 거북선의 위치

서구인들이 이순신을 언급하면서 함께 주목하고 언급하는 것이 거북선이다. 이 거북선을 바라보는 그들의 시각은 아주 다양하다.

서구인들이 거북선을 철갑선으로 보는 견해가 가장 많다. 1883-7년에 포크는 본국에 보낸 보고서에서 거북선을 "조선 철갑함(Korean Ironclad)"으로 표기했으며, 1884년부터 1922년까지 미국언론에 계속 게재된 기사들에는 "한국의 철갑함(Corean's One Ironclad)," "물고기 모양 고대 함선(Ancient and Fishlike)," "한국인이 최초의 철갑함을 건조(Corean Built First Ironclad)" 등의 제목이 달려 있었다.210) 1899년 헐버트는 "귀선(kwi-sun) 혹은 거북선(tortoise-boat)"이라는 용어를 사용하면서 거북선을 최초의 철갑전함(iron-clad war-ship)으로 간주한 후, 일본군이 거북선을 "초인적인 기원(superhuman origin)"을 가진 배로 간주했다고 했다.211) 이후 거북선을 철갑함으로 간주하는 서구인들이 많이 나타났다. "금속으로 덮여있는(covered with metal)" 전선,212) "철판을 씌운 거북등 갑판", 충각과 여러 개의 포문을 가진 거북선은213) 철갑거북선(Iron Turtles)이었고, 그 안에 탑재한 총통은 무쇠대포(Iron Cannon)였다.214) 거북선은 "어떤 공격에도 버틸 수 있고 대단한 방어력을 가진" "철갑전함"이었다.215) 서구인들은 거북선을 미국혁명기에 등장한 철갑함이었던 모니터함(Monitor)의 원조로 보았을 뿐만 아니라216) "철갑전함(ironclad warships)이 거의 300년 전에 나타난 것"으로도 보았다.217) 거북선은 "동양에서 당시까지 알려진

---

210) 「서양에 거북선을 최초의 철갑함으로 알린 포크」, 『화륜선을 타고 온 포크, 대동여지도 들고 조선을 기록하다』, pp.44-60.
211) HOMER BEZA HULBERT, "Korean Inventions", pp.104-107.
212) W. E. 그리피스 지음, 신복룡 역주, op. cit., p.189.
213) vice-admiral G. A. Ballard, C. B., op. cit., p.51.
214) 이에인 딕키 외 공저, 한창호 옮김, op. cit., pp.126과 129.
215) 버나드 로 몽고메리 지음, 송영조 옮김, op. cit., p.608.
216) George Heber Jones, op. cit., pp.187-188.

어떤 것보다 우수한 함선"이었다. 거북선은 "세계 최초의 철갑함(world's first ironclad warship)"이었으며,218) 조선인이 철갑함을 최초로 건설하였다.219) 한편 서구인 중에서 『이충무공전서』와 같은 한국자료를 참고한 후 거북선을 "철갑함이 아니라 개판을 씌운 목제 장갑함"으로 간주하는 사람도 있는데, 단 한 명에 불과하다.220)

거북선과 가장 많이 비교되는 함정은 드레드노트함(Dreadnought)이다. "철판을 씌운 거북등 갑판"과 충각 및 여러 개의 포문을 가진 거북선은 사실상 "당시 동양의 드레드노트함"이었다.221) 이순신은 동양에서 당시까지 알려진 어떤 것보다 우수한 함선을 건조했는데, 그것은 "당대의 드레드노트함(Dreadnought of her day)",222) "거북등의 드레드노트급 전함(turtle back dreadnought)",223) "혁신적인 유형의 함선 즉 일종의 16세기 드레드노트급 전함(a sort of sixteenth century dreadnought)"이었다.224) 드레드노트함은 1906년 영국해군이 건조한 것으로 전장거포(全裝巨砲)와 증기터빈기관을 특징으로 한 당시 함정 건조의 혁명으로 불리던 전함이었다.225) 서구인들이 거북선을 이 전함과 많이 비교하는 것은 거북선이 그만큼 혁신적인 함선으로 보였기 때문이다. 또한 "조선의 제독은 신기한 함선을 많이 포함한 함선들의 합류를 주도했던 거북등의 드레드노트급 전함(turtle back dreadnought)이나 장갑거북선(armored kopukson)을 타고 나타났다."226)고 하여, 거북선이 두 종류가 있었던 것으로 보는 사람도 있음을

---

217) James Murdoch, op. cit., pp.336-338.
218) Lieutenant Roy Campbell Smith III, op. cit., pp.691-692. ; James Murdoch, M. A., op. cit., p.336, n. 17. ; Captain George M. Hagerman, op. cit., p.75.
219) James Murdoch, M. A., op. cit., p.336, n. 17.
220) Samuel Hawley, op. cit., p.240.
221) vice-admiral G. A. Ballard, C. B., op. cit., p.51.
222) Lieutenant Roy Campbell Smith III, op. cit., pp.691-692.
223) Alexander Kiralfy, op. cit., p.465.
224) Arthur J. Marder, op. cit., pp.25-26.
225) ed Andrew Lambert, op. cit., p.192.
226) Alexander Kiralfy, op. cit., p.465.

알 수 있다.

서구인들 중에는 거북선을 근대와 현대의 여러 함정 유형과 비교하는 사람들도 있다. 거북선과 비교되고 있는 함정 유형으로 먼저 외륜전함을 들 수 있다. 롱포드는 거북선을 남북전쟁 때 출현한 "이중 외륜선(double paddle ship)"과 비교하면서 이순신이 "19세기 해군함정의 발전 방향을 예견"했으며, "조선공학의 개념이 아예 없었던 시대에 가장 과학적인 전선을 건조할 수 있었던 이순신의 능력은 넬슨 제독의 해군정신과 비교된다."227)고 했다. 외륜전함은 1850년대에 스크류와 철갑함이 출현하기 전까지 사용되었으며, 크림전쟁(1853~1856)과 멕시코전쟁(1846~1848) 및 남북전쟁(1861~1865) 때 널리 사용되었다. 그밖에도 "정크선",228) "고속순양함(swift cruisers)",229) "세계 최초의 방호순양함(protected cruiser)",230) "어뢰정(torpedo boats)"과 같은 보조함,231) "잠수함"232) 등으로 간주하거나 비교하는 사람들이 있다.

한편, 거북선이 충격전술(shock tactics)이 아닌 중국 해전의 포격전통(projectile tradition)을 극단으로 끌어올렸다고 보는 사람도 있지만,233) 거북선이 16세기 후반 극동에서 적함에게 치명적인 피해를 줄 수 있는 쉽킬러(ship-killers)였으며, 19세기 일본제국의 해군이 출현할 때까지 거북선과 판옥선이 2세기 동안 계속 발전하여 전성기를 구가하였다.234)고 보는 사람도 있다.

---

227) J. H. Longford, op. cit., pp.21과 32에서 재인용.
228) 이안 바우어스(Ian Bowers), op. cit., p.26에서 재인용
229) James Murdoch, op. cit., pp.336-338.
230) HOMER BEZA HULBERT, "Korean Inventions", pp.104-107.
231) A. L. Sadler, op. cit., p.190. ; Geoffrey Parker, op. cit., p.109.
232) Horace H. Underwood, M. A., Ph. D., op. cit., p.74.
233) 조지프 니덤 지음, 왕링·루구이전 공동연구, 김주식 옮김, op. cit.
234) ed. Andrew Lambert, op. cit., p.41. 한편, Kenneth M. Swope, "A Dragon's Head & a Serpent's Tail : Ming & the First Greater East Asia War, 1592-1598," p.32.는 판옥선을 조선의 "1급전선(first-class man of war)"으로 간주하고 있다.

(5) 심성과 자질

서구인이 이순신을 보고 감탄하는 것은 그의 전공(戰功)만 보고 그런 것이 아니라 인간의 됨됨이와 군인의 지휘통솔력과 같은 개인적인 요소들까지 감안한 결과라 할 수 있다.

이순신은 "충성심"이 강했으며,[235] "당파에 전혀 관심이 없이 오직 나라만 생각하였다."[236] 애국적이고, 희생적이고, 청렴결백하며, 용기가 있었다.[237] 그는 백의종군 때 조용히 평민 노동자로 일했으며, 다른 사람이 자신의 공을 가로챌 때에도 승리만 하면 된다고 생각했다.[238] 그는 진실한 사람일뿐만 아니라 전투정신 즉 불굴의 공격정신도 겸비하고 있었다.[239] 그는 건전한 판단력을 보유하고 있었으며,[240] 두려움을 몰랐고, 휘하 장병들의 사기를 올릴 줄 알았고,[241] 상관을 포함하여 어리석은 사람들에게는 관대하지 않아 적을 많이 만들었다.[242] 그는 지리, 조류, 해류에 대해 해박한 지식을 갖고 있었으며, 그것을 전쟁과 전투에 이용할 줄 알았다.[243]

이순신은 한편으로 "훈련을 받은 해군장교가 아니었지만, 가난한 집안에서 태어나 상대적으로 재능을 가진 전사형 육군장교였다."[244] 다른 한편으로는 그는 탁월한 자질을 보유한 지휘관이었으며,[245] 효율적으로 일하는 사령관이었다.[246] 그의 지휘통솔력(spirit of leadership)은[247] 명량 해전을

---

235) Homer B. Hulbert, *The Passing of Korea* (1906), p.97.
236) Horace H. Underwood, M. A., Ph. D, *op. cit.*, pp.82-83.
237) Barry Strauss, *op. cit.*, pp.52-61.
238) Horace H. Underwood, M. A., Ph. D, *op. cit.*, pp.82-83.
239) vice-admiral G. A. Ballard, C. B., *op. cit.*, p.50.
240) *Ibid.*, pp.54-55.
241) A. L. Sadler, *op. cit.*, pp.180-181.
242) Lieutenant Roy Campbell Smith III, *op. cit.*, pp.691-692.
243) John F. Guilmartin, JR., *op. cit.*, pp.186-187.
244) C. R. Tennant, *op. cit.*, p.163. 이안 바우어스(Ian Bowers), *op. cit.*, p.14에서 재인용.
245) 버나드 로 몽고메리 지음, 송영조 옮김, *op. cit.*, p.608.

계기로 7년이라는 전쟁기간 동안 비상한 것(extraordinary)에서 숭고한 것(sublime)으로 발전하고, 다시 전설(legend)로 이어지게 되었다.[248]

이순신은 명나라 수군이 조선에 파병되었을 때 뛰어난 정치력과 기지로 난국을 극복했는데,[249] 실제로 기지를 발휘하여 연합군인 명나라 제독 진린의 마음을 얻는데 성공하기도 했다.[250] 전시에는 보기 드물게도 기사도를 보여주었으며,[251] 마침내 적군도 그를 존경하기에 이르렀던 것이다.[252]

서구인들은 이순신이 자신이 보유하고 있던 이공계의 자질을 발휘하여 거북선을 개발하고 건조했다고 보면서 그러한 능력을 천재성으로 표현했다. 그는 예리한 기술적 마인드와 혁신적인 공학 능력을 보유하여[253], 조선공학의 개념이 아예 없었던 시대에 가장 과학적인 전선을 건조할 수 있었다.[254] 이 전선은 어떤 공격도 버틸 수 있는 대단한 방어력을 보유하도록 고안되었는데,[255] 이를 위해 서구보다 250년 전에 장갑판을 고안하여 실용화했다.[256] 거북선의 건조기술은 당대 동양보다 앞선 것이었다.[257] 그는 조선기술자의 능력을 보유한 뛰어난 해군 천재였다.[258] 서구인 중에는 이순신은 다른 천부적 재능 외에도 비범한 기계 개발 능력과[259] 뛰어난 기계 제작 재능도 갖고 있었다[260]고 하여 이러한 조선공학의 설계와

---

246) Arthur J. Marder, op. cit., pp.21-22.
247) vice-admiral G. A. Ballard, C. B., op. cit., p.50.
248) Samuel Hawley, op. cit., pp.490.
249) Lieutenant Roy Campbell Smith III, op. cit., p.695.
250) Horace H. Underwood, M. A., Ph. D, op. cit., pp.82-83.
251) Lieutenant Roy Campbell Smith III, op. cit., pp.691-692.
252) James Murdoch, op. cit., pp.336-338.
253) J. H. Longford, op. cit., p.171. 이안 바우어스(Ian Bowers), op. cit., p.12에서 재인용.
254) J. H. Longford, op. cit., pp.21과 32에서 재인용.
255) 버나드 로 몽고메리 지음, 송영조 옮김, op. cit., p.608.
256) Horace H. Underwood, M. A., Ph. D, op. cit., pp.79-80, 82-83.
257) vice-admiral G. A. Ballard, C. B., op. cit., pp.67-70.
258) Arthur J. Marder, op. cit., pp.21-22.
259) vice-admiral G. A. Ballard, C. B., op. cit., p.51.

건조 능력을 기계 제작이나 개발 능력으로 간주한 사람도 있었음을 알 수 있다.

4. 맺음말

한편 서구에서 일반 대중들의 이순신 평가를 엿볼 수 있는 자료도 있다. 금강경독송회라는 종교단체는 2005년부터 Korean Spirit and Culture Series 1로 『이순신 제독 : 그의 생애와 업적(Admiral Yi Sun-sin : A brief overview of his life and achievements)』[261]을 6개 국어(한·영·독·불·이·중)로 발간하여 외국인들과 외국 기관 및 대학에 무료로 배포해왔다. 이 책을 읽은 서구인들은 소감문을 이 종교단체의 홈피에 보내오고 있는데, 주요 내용을 정리하면 다음과 같다.

- 이순신의 업적은 사실이라기보다 신화에 가깝다.
- 이순신 제독은 실제 인물이라고 하기에는 너무 거대한 인물인 것 같다.
- 조국과 민족을 위한 용기와 리더십의 표본이다.
- 인간이 할 수 없는 불가능한 일을 많이 했다. 세상에서 이런 인물을 모를 수 있나?
- 한국의 아들 이순신
- 역사상 제독 중 가장 뛰어난 이 분, 위대한 전사이자 겸손하여 존경받아야 마땅하다.
- 이순신 장군은 모든 이가 연구해 볼만한 사례이다.
- 그의 승리는 에게해에서 페르시아를 무찌른 그리스를 생각나게 했다. 그는 대단히 흥미롭지만, 너무 과소평가 되어온 군인이다.

---

260) 버나드 로 몽고메리 지음, 송영조 옮김, *op. cit.*, p.608.
261) 이 책의 서점용은 Diamond Sutra Recitation Group, *Admiral Yi Sun-sin* (배문사, 2008)으로 출간되었다.

- 이순신은 조지 워싱턴, 링컨을 능가하는 사람이다.
- 마치 성자들이 실패와 패배를 무릅쓰고 결과에 집착하지 않은 채 무조건 신을 섬기는 태도와 매우 닮았다.262)

이 소감문들은 일반 독자들의 것이다. 따라서 서구의 일반인들은 대체로 전문가들보다 이순신에 대해 훨씬 더 많이 놀라고, 탄복하고 있는 것처럼 보인다.

그러나 연구자든 일반인이든 간에 서구인들이 이순신을 어떻게 연구하고 평가하는지를 살펴보면, 몇 가지 의혹을 떨칠 수 없다. 그들은 이순신을 정말 동양과 서양을 막론하고 역사상 최고의 해군지휘관으로 여겼을까? 그를 결함이 없었던 최고의 위인이자 인류의 사표로 보았을까? 이 모든 것이 정말일까? 이순신의 단점이나 잘못한 점에 대해서는 언급하는 사람이 없고, 최고의 찬사만 늘어놓는 이유가 무엇일까?

근래 들어서 서구에서 이순신을 알고 놀라며 또한 이순신을 칭송하는 경향이 많다는 것을 알리려는 유튜브 영상들이 심심찮게 나타나고 있다. 심지어 미국 해군이 이순신에 대한 강의까지 하고 있다는 것을 알려주는 유튜브 영상도 있다. 그러나 이 영상들은 그 진위 여부를 확인하기 어렵고, 또한 진실이라고 해도 그 근거가 되는 연구 결과물이 어떤 것인지 알기 어렵다.

그런데 서구인들이 이순신을 그 정도의 위인으로 생각한다면, 그를 본격적으로 연구한 사람은 왜 없을까? 미국 해군은 1997년에 『위대한 해군제독(The Great Admirals)』을 발간했다. 이 책은 부제에서 알 수 있듯이, 1587년부터 1945년까지 해상에서 실제로 함대를 지휘한 해군사령관들만 다루었다. 여기에 포함된 해군사령관들은 9개국 19명이었다.263) 그런데

---

262) 「'성웅 이순신'을 읽은 외국인들의 소감문」(2006. 1. 25), http://www.korean patriot.net 과 청우불교원금강경독송회, 「2006년 2월 회보 – '성웅 이순신'을 읽은 외국인들 소감문」(2006. 1. 25), http://cafe.daum.net/diamondyouth/1fQ. 원문은 Korea Spirit and Culture Promotion Project(KSCPP)의 홈피 http://www.kscpp. net/publications/tabid197/Default.aspx에 있다.

이순신은 이 책의 고찰 시기에 속하는 인물이었으며 또한 함대를 지휘하여 직접 출동하고, 해전에 직접 참여했음에도 불구하고 여기에서 제외되어 있는데, 이순신을 칭송해오던 것과는 다른 서구인의 모습이다. 이것은 그만큼 이순신을 연구하는 서구인들이 적었고, 상세하게 연구되지도 않았고, 그나마 있는 연구결과물도 대중에게 널리 알려지지 않았다는 것을 의미하지 않을까? 따라서 본고에서 살펴본 자료들이 이순신에 대한 서구 대중들의 인식에 대해 별로 영향력을 발휘하지 못해왔음을 인정할 수밖에 없을 것 같다.

왜 이런 현상이 나타날까? 이 의문에 대한 답은 여러 분야에서 찾을 수 있겠지만, 서구의 도서관에서 관련 자료를 검색해보면 대충 짐작할 수 있다. 미국 의회도서관(Library of Congress)에서 이순신(Yi Sun Sin, Yi Sun-sin, Yi Sun-shin, Yi Sun Shin)을 검색하면 704,681가지가 나타나는데, 이름이나 제목에 Yi, sun, sin 등의 단어가 들어가 있는 것이 대부분이며, 우리가 보고자 하는 이순신과 관련된 자료는 16가지이다. 미국 해군사관학교 도서관(Nimitz Library)에서는 모두 150가지가 나타나는데, 관련 자료는 11가지이다. 영국도서관(The British Library)에서는 관련 자료가 17가지 나타난다.[264] 그런데 이 자료들 중에서 대부분은 한글로 발간된 서적이나 논문이며, 영문으로 발간된 서적은 7가지에 불과하다.[265] 이것은 서구인들

---

263) ed. Jack Sweetman, *The Great Admirals : Command at Sea 1587-1945* (Annapolis: Naval Institute Press, 1997). 19명은 영국인 6명(Drake, Blake, Hawke, Nelson, Jellicoe, Cunningham), 미국인 4명(Farragut, Dewey, Spruance, Halsey), 일본인 2명(Togo, Yamamoto), 네덜란드인 2명(Tromp, de Ruyter), 그리고 오스트리아인(Tegetoff), 덴마크인(Juel), 프랑스인(Suffren), 독일인(Scheer), 그리스인(Miaoulis)은 각 1명씩이다. 이들을 시기별로 보면, 16세기 1명, 17세기 4명, 18세기 2명, 19세기 5명, 20세기 7명이다.

264) Home ｜ Library of Congress ; Library Home： : Nimitz Library： : USNA ; British Library Interim Catalogue (검색일 2025. 3. 19)

265) Jho, Sung-do, *Yi Sun-shin ; a national hero of Korea* (Chinhae: Cgoongmoo-kong Society, 1970). ; Park Yun-hee, *Admiral Yi Sub-shin and his turtleboat armada : a comprehensive account of the resistance of Korea to the 16th century Japanese invasion* (Seoul: Shinsaeng Press, 1973). ; Jho, Sung-do. revised and enlarged by Kim

이 이순신 관련 자료를 접근하기가 매우 힘든 상황에 있음을 뜻한다. 그 예로 이순신과 관련된 한국 사료들의 영역본 출판은 3가지뿐이다.[266] 실제로 본고에서 다룬 34건의 자료 중 한·중·일 3국과 서구의 자료를 폭넓게 이용하고 비교적 객관적으로 분석하려고 노력한 연구물로는 조선 말기의 헐버트, 일제강점기의 밸러드와 언더우드, 광복 이후의 홀리와 스워프 정도에 불과하다. 국내에 이순신 연구자와 유관기관이 많고, 유관 서적이나 논문이 매년 많이 발간되지만, 대부분 국내용이고 그 결과를 외국에 알리려는 노력, 방법, 수단은 찾아보기 어렵다. 이순신에 대한 국내 연구는 상당한 수준에 올라 있으니, 이제부터라도 자료와 연구결과들을 외국어로 번역하고, 발간하며, 배포하여 외국에 알리는 작업을 본격적으로 시작해야 할 것으로 생각한다.

Joo-sik &Jeong Jin-sool, *Admiral Yi Sun-shin ; a national hero of Korea* (Seoul: Sinseowon, 2005). ; Ch'oe, Tu-hwan, Admiral Yi Sun-shin : the holy hero of Korea (Seoul: Gong-ok Publishing House, 2020). ; *Admiral Yi Sun-sin : a brief overview of his life and achievements* (New York: Diamond Sutra Recitation Group.2006). ; *Admiral Choong-Moo-Kong Lee and the R.O.K Navy*, S.I. : s.n., 1962. ; *Nanjung Ilgi : war diary of Admiral Yi Sun-sin*, tr. Ha Tae Sung & Son Po-gi (Seoul: Yonsei University Press, 1977).

266) 한국 원사료의 영역본 출판으로는 다음과 같은 『임진장초』, 『난중일기』, 『징비록』 등을 들 수 있다. trans. Ha Tae-hung, ed. Lee Chong-young, *Imjin Changch'o. Admiral Yi Sun-sin's Memorials to Court* (Seoul: Yonsei University Press, 1981). ; trans. Ha Tae-Hung, ed. Sohn Pow-Key, *Nanjung Ilgi : War Diary of Admiral Yi Sun-sin* (Seoul: Yonsei University Press, 1977) ; Yu Songyong, tr. Choi Byonghyon, *The Book of Corrections ; Reflections on the National Crisis during the Japanese Invasion of Korea 1592-1598* (Berkeley: University of California Press, 2003).

□ 부록 □ 이순신에 대한 서구인의 평가

연도	이름	평가 내용
1882	William Elliot Griffis 미국 일본학자 (1843~1928)	조선 수군이 용의 발톱에서 진주를 빼앗음, 수군의 승리가 조선의 전투의지를 고취, 정유재란의 운명을 결정
1884	George Clayton Foulk 미국 해군장교, 외교관 (1856~1893)	조국과 백성을 위해 일본군을 많이 죽인 통영의 영웅, 최초의 철갑선
1892	George Heber Jones 미국 감리교 목사 (1867~1919)	일본의 어떤 사령관보다 전투능력이 뛰어난 해군사령관, 조선 해역에서 일본군을 일소, 거북선은 미국혁명기간 Monitor함의 원조
1899	Homer B. Hulbert 미국 감리교 선교사 (1863~1949)	한국의 살라미스(Salamis) 해전, 침략의 중추를 부러트림. 최초의 철갑전선(iron-clad war-ship), 세계 최초의 방호순양함(protected cruiser), 초인적인 기원(super-human origin)을 가진 배
1902~1903	Homer B. Hulbert 미국 감리교 선교사 (1863~1949)	위대한 제독, 한국의 전사(戰士), 두려움이 없는 제독, 해전 승리가 전쟁의 결정적인 계기. 한산도 해전은 세계의 위대한 해전 중 하나, 한국의 살라미스(Salamis) 해전, 침략에 대한 사형집행영장, 노량 해전은 이 전쟁의 가장 위대한 승리 중 하나, 한국의 넬슨, 조선을 직접 구한 사람, 전쟁의 전환점, 일본군의 침략의지 약화
1903	M. A. James Murdoch 호주 저널리스트, 언어학자(1856~1921)	조선을 구한 것은 해전, 히데요시가 계획한 것을 분명히 예측, 승리 이유는 충각이 달린 장갑 거북선, 철갑전선(ironclad warships)이 300년 전에 출현, 고속순양함(swift cruisers), 전역(戰役, campaign)을 결정짓고 조선을 구한 것은 해전, 넬슨과 같은 용감한 뱃사람(seaman)
1906	Homer B. Hulbert 미국 감리교 선교사 (1863~1949)	이순신의 충성심과 천재성이 일본군 증강을 불가하게 만듬, 이순신의 이름은 세계의 위대한 위인들과 나란히 놓을 수 있음, 한국의 넬슨, 전사당하는 것을 후회하지 않음, 일본 수군의 패배가 침략의지를 약화시켜 전란의 전환점이 됨
1911	Joseph. H. Longford 영국 외교관, 일본학교수 (1849~1925)	해양력이 해양국가를 지탱해주는 구원자라는 것을 해군력이 미친 역사를 통해 증명, 예리한 기술적 마인드와 혁신적인 공학 능력을 바탕으로 해전에서 승리하는데 크게 기여한 인물, 한국의 위대한 해군제독 중에서 가장 존경받는 인물, 조선공학의 개념이 아예 없었던 시대에 가장 과학적인 전선을 건조, 넬슨 제독의 해군정신과 비교 가능

1921	G. A. Ballard 영국 해군중장, 군사학자 (1862~1948)	트라팔가르 해전과 워털루 전투보다 더 많은 병력이 참가한 전쟁, 해군지휘관의 최상층에 위치, 해군전략가, 공격정신과 지휘통솔력 겸비, 전략적 상황파악 능력, 탁월한 재주, 천부적 재능, 비범한 기계개발 능력, 당대 동양보다 앞선 조선기술 보유, Cochrane과 유사, 나일강 해전과 유사, 육상 상황도 지배, 건전한 판단, 시기적절한 전략적 이동, 위대한 조선 제독의 영광스러운 전공, 해전사상 유례가 없는 단기간의 많은 승리, 적의 가장 야심찬 계획을 망침, 한국의 위대한 제독, 넬슨·쟝 바르·블레이크보다 더 많은 것을 이룸, 피셔 경과 유사, 인류의 타고난 지도자 중 한 명, 조선의 트라팔가르 해전, 가장 위대한 해군장교, 넬슨과 대등한 인물, 조국의 방어자 중 최고의 인물, 아시아의 가장 위대한 해군사령관, 거북선은 동양의 *Dreadnought*함
1933	Horace H. Underwood 미국 선교사, 교육자 (1890~1951)	승리는 거북선 덕분, 세계에서 가장 중요한 일련의 교전에서 승리, 드레이크와 하워드와 같은 생각, 살라미스·레판토·유틀란트 해전과 비교, 히데요시의 중국정복 꿈과 바람을 산산조각 냄, 서구보다 250년 앞선 장갑판을 고안, 유틀란트 해전의 전투체계 보유, 시대를 앞서간 전술을 사용한 천재성, 세계의 위인 중 한명, 자력으로 행동, 나라만 생각, 전공보다 승리만 생각, 평민노동자로 근무, 기사도, 이순신의 정신, 세계적인 위인 중 한 명, 세계적인 명예의 전당에 오른 인물, Drake와 Howard와 대등한 인물, Drake와의 유사점과 차이, 세계사에서 가장 중요한 것으로 간주되는 해전, 드레이크의 카디즈 작전과 유사, 오늘날 잠수함, 해군 전투함 건조의 신기원
1937	A. L. Sadler 영국 동양학자 (1882~1970)	해양력의 결정적인 효과에 대한 고전적 사례, 조선수군의 우수성은 장거리포와 사령관, 두려움 부재, 사기진작 능력, 함정 건조와 운용의 천재성, 이순신이 대담성·노련함·방책으로 조선 주변의 제해권을 장악하여 히데요시의 북중국 침략과 병합 계획을 좌절시킴, 이순신 제독의 천재성이 히데요시의 의도를 무력화, 뱃전오르기 대신 장갑은 천재적 착상, 종렬진 함포사격, 조선 수군의 이점은 장거리 포와 함대사령관 이순신, 한국 영웅, 구국 영웅, 중국까지 구함, 드레이크와 비교, 거북선은 어뢰정(torpedo boats)이자 보조정
1943	Alexander Kiralfy 미국 저널리스트,	중요한 순간에 이순신이라는 한 조선제독이 출현, 귀갑(龜甲)의 드레드노트급 전함(turtleback dread-

제4장 서구인의 연구와 평가 155

	군사학자(1899~1981)	nought), 장갑거북선(armored kopukson), 일본의 보호전대(protective squadrons)를 박살
1944	Roy C. Smith Ⅲ 미국 해군장교 (?)	한국의 천재적인 해군전략전술가, 뛰어난 정치력과 기지, 해양통제권 확보, 해상보급로와 교통로 지배, 침략군의 이동 불가, 당시 알려진 어떤 것보다 우수한 함선, 최초의 철갑전함 발명가, 동양에서 가장 우수한 함정, 당대의 Dreadnought함, 세계 최초의 철갑선, 유능하고 열정적인 이순신, 동양 역사에서 가장 위대한 바다의 전사
1945	Arthur Jacob Marder 미국 해군사가 (1910~1980)	히데요시는 일본의 나폴레옹이고 이순신은 동양의 넬슨, 눈부신 전략가, 전술가, 조선기술자로서 해군 천재, 극동에서 가장 앞선 전투전술, 효율적인 사령관, 정말 무서운 이순신, 전선을 플랫폼으로 보는 동양의 전통을 깨고 화력의 관점에서 고찰, 16세기 Dreadnought함
1957	Proceedings, 표지 미국해군잡지	세계에서 가장 완전한 승리, 이순신 제독의 우수한 전술이 일본의 침략목적을 좌절, 세계 최초의 철갑선
1967	George M. Hagerman 미국 해군대령 (1917~2010)	레판토 해전과 트라팔가르 해전과 비교, 한국의 가장 위대한 영웅, 일본의 극동 정복을 300년 뒤로 미룸, 역사상 최초의 철갑선
1968	Bernard Law Montgomery 영국 육군원수 (1887~1976)	뛰어난 장군, 전략가, 전술가, 탁월한 자질을 보유한 지휘관, 뛰어난 기계제작 능력, 어떤 공격도 버틸 수 있는 대단한 방어력을 보유한 배 고안, 해전의 승리가 지상 공격을 마비, 철갑전함
1971	Joseph Needham 영국 중국과학사가 (1900~1995)	거북선이 해전의 중국식 포격전술을 극대화, 충각전술 사용
1988	Geoffrey Parker 영국 근대초기전쟁사가 (1943~)	이순신의 승리 이유는 왜구 금지로 인한 일본의 노련한 해군력 상실과 거북선 이용, 어뢰정처럼 공격, 가장 주목할 만한 전선
1996	Stephen Turnbull 영국 일본군사사가 (1948~)	노련한 해군지휘관, 일본군 교통로 차단, 이순신 제독과 거북선 때문에 일본 해군력이 굴욕적 반전
1996	Charles Roger Tennant 영국 성공회신부, 한국사가(1919~2003)	훈련 받은 해군장교가 아니라 재능을 가진 전사형 육군장교
2000	Jan Glete 스웨덴 근대사가 (1947~2009)	가장 대규모 해상침략, 거북선과 소형함선의 타격부대, 일본 수송선과 군수지원을 파괴, 일본 함대가 이순신이 지휘하는 조·중 연합함대에게 재기불능의 패배, 제해권 확보, 침략군 지상군의 고립
2002	John F. Guilmartin	해양력과 지상력의 드라마틱한 전쟁, 천부적 리더

	미국 항공군사학자 (1940~2016)	이순신의 기술혁신, 공로로 진급, 어리석은 자에게 불관용, 일본군을 각개격파, 해박한 해양지식 이용, 전술적으로 불완전하나 전략적으로 결정적인 해전 승리, 한국의 국가 영웅, 애국의 상징, 영국 넬슨과 터키 바르바로사에 필적, 히데요시의 중국황제자리 포기
2003	Stephen Turnbull 영국 일본군사사가 (1948~)	한국의 위대한 영웅, 한국의 구세주, 이순신의 해군 캠페인이 전쟁 국면을 바꾼 가장 중요한 사건, 해전으로 일본군 약탈 행위를 제한, 일본 보급부대를 공격, 연안 전초전 실행, 한국의 구세주
2005	Samuel Hawley 캐나다 소설체실화작가 (?)	7년 동안 이순신의 리더십이 비범에서 숭고로 숭고에서 전설로 바뀜, 넬슨과 드레이크와 비교 칭송, 존경받는 사령관, 조국을 구함, 일본 해군의 서진을 저지, 명량 해전은 탁월한 전술의 가장 좋은 사례, 명량 해전은 이순신의 리더십을 비상한 것에서 숭고한 것으로 다시 전설로 만듦, 히데요시의 핵심적인 전쟁조직을 실패하게 함, 리더십, 탁월한 전술, 한국의 영웅, 개판을 씌운 목제장갑함인 거북선은 중무장 함선으로 일본 해군의 두통거리이자 한국인의 국민적 프라이드의 상징물
2005	Barry Strauss 미국 고대군사학자 (1953~)	전설적인 제독, 나라를 구한 영웅 중 한 명, 한산도 해전은 전략의 혁명, 일본의 한 팔을 자름, 청렴결백, 용기, 명석한 전략적 비전, 히데요시의 중국점령 야욕을 좌절시킴, 역사상 해·육전에서 그렇게 큰 많은 업적을 달성한 지휘관이 없다, 완벽한 장군의 자질, 전략가·전술가·기술혁신가 뛰어난 보급장교·훌륭한 행정가, 타고난 지휘관
2005	Kenneth M. Swope 미국 중국군사사가 (?)	아시아 최초의 지역전쟁, 근대무기로 무장한 대규모 군대의 아시아 최초의 충돌 사례, 한국사에서 유일하게 가장 위대한 영웅, 한국의 가장 존경받는 역사적 인물, 유명한 이순신 제독, 일본침략기간 한국의 주요 해군사령관, 판옥선은 조선의 1급전선(first-class man of war)
2008	Stephen Turnbull 영국 일본군사학자 (1948~)	해전 승리로 일본군 교통로 차단, 해전 승리가 일본군 패배의 결정적 원인, 일본군 패배에 결정적인 역할, 사무라이의 한국 침략을 물리친 가장 위대한 영웅, 한국의 가장 유능한 리더이자 가장 위대한 영웅
2008	Peter A. Lorge 미국 중국사학자(1967~)	포와 우수한 선박운용술로 해전 연승, 명량의 기적(Miracle at Myongyang)
2008	R. G. Grant 미국 역사가, 저술가	지중해의 갤리스(galleass)와 비견 가능, 2세기 앞선 갤리스, 한산도 해전이 일본 침략군에게 결정적 영향,

	(1949~)	명량 해전은 명량의 기적(Miracle of Myongyang), 한국의 가장 위대한 국가적 영웅
2009	Iain Dickie & Martin J. Dougherty 영국 군사학자 (?)	일본이 보지 못했던 제독, 조선 수군의 장점을 인식한 유일한 사람, 대포의 성능을 이해, 기술혁신, 전투기법, 자비, 인정, 제해권 확보, 해상에서의 기술과 대포의 중요성 입증, 조선의 구세주, 이순신의 연승으로 조선은 5년간의 여유를 확보, 이순신의 탁월함 때문에 침략군이 후퇴, 이순신과 그의 거북선은 그가 구하고자 했던 나라에서 영원한 전설이 됨, 거북선의 무력화 공격, 철갑거북선(Iron Turtles)
2009	Kenneth M. Swope 미국 중국사학자 (?)	용감성, 한국 역사의 가장 위대한 영웅, 거북선의 화력과 기동성 덕분에 승리, 당대의 드레이크와 비교되는 인물, 결코 잘못이 없는 인물, 이순신의 명성은 러일전쟁의 해전에서 승리를 기원한 일본 해군제독들의 노력에 기인
2010	Mingi Hyun 미국 해군사가 (?)	거북선은 16세기 후반 극동의 ship-killers, 이순신의 무패, 일본 함대의 규모를 신속하게 감소, 일본의 아시아 대륙에 대한 전쟁 노력 유지 불가, 거북선과 판옥선이 2세기 동안 전성기

제5장

이순신과 비교되는 세계 위인

1. 머리말

 이순신을 연구하면서 흔히 볼 수 있는 모습 중 한 가지는 이순신의 활동이나 됨됨이를 외국의 위인과 비교하는 것이다. 어느 한 위인을 다른 위인과 비교하는 것은 각자의 개인적인 요소, 활동 시기, 활동 내용, 주변 조건, 영향 등 거의 모든 점에서 상이하기 때문에 어려운 일이다. 그럼에도 불구하고 독자의 이해를 도우려는 목적 때문에 이 비교 방법을 자주 사용하곤 한다.
 세계의 위인을 이순신과 비교하는 행동은 국내인들은 물론 외국인들에게서도 나타나고 있다. 게다가 이순신과 비교되는 위인들은 국적과 신분이 다양하며, 시대도 고대부터 근대에 이르기까지 대단히 길고, 그 수도 많다. 그러나 이 점에 대해서는 그동안 근거 없이 나도는 이야기들과 지극히 단편적인 이야기들만 전해져 오다가 2011년도에 비로소 조금씩 연구되기 시작했다.[1] 그런데 이 무렵의 연구들은 전체적인 이순신 연구와 평가를 각 자료나 연구자별로 정리하는 과정에서 이 문제를 간단히 언급하는 수준에 그쳤을 뿐 체계적이고 종합적인 분석으로까지 나아가지 못했다. 이후 2016년부터 외국인의 이순신 연구와 평가에 대한 소주제를 다루는 더 자세하고 깊은

---

 1) 김주식, 「이순신에 대한 서구인의 연구와 평가」, 『해양평론』(국립해양대학교), 2011. 12 ; 김주식, 「이순신에 대한 평가와 현창(顯彰)」, 『해양전략』(해군대학), 2011. 12 ; 김주식, 「이순신에 대한 일본인의 연구와 평가」, 『해양문화재』 제4권(국립해양문화재연구소), 2011. 12 ; 김주식, 「이순신에 대한 연구 현황과 전망」, 『해양평론』(국립해양대학교), 2012. 10.

연구들이 나타나고 있다.2) 그러나 이순신과 비교되는 외국 위인들에 대한 연구는 한 편도 없는 것이 현재 학계의 실정이며, 본고는 이러한 연구 분야의 빈 공간을 조금이나마 채워보려는 의도를 갖고 있다.

연구 방법으로는 국내, 일본, 서구로 나누어 살펴보는 것을 택했다. 국내는 조선 후기로 한정했다. 그 이유는 일제강점기 이후 현대까지 관련 자료가 너무 많아 이 짧은 글에서 소화하기 어렵고 또한 외국의 사례를 재인용하거나 반복하는 경우가 많기 때문이다. 또한 중국의 경우는 해당 자료를 찾기 어려워 제외했다. 이 분야의 연구가 본고를 계기로 더 깊게 연구되기를 기대한다.

2. 조선인들이 비교한 위인

임진왜란 이후 즉 조선 후기에 조선인들은 이순신을 중국의 역사 위인들과 비교하는 경향을 보여왔는데, 이를 정리하면 〈표 1〉과 같다.

〈표 1〉 조선 후기 이순신과 비교된 중국 위인

중국 위인명	연도	비교자	출처
관중(管仲, ?-B.C.645)	1760	이익(李瀷)	『성호사설(星湖僿說)』(p.354)
안영(晏嬰, B.C. 578-500)	1760	이익(李瀷)	『성호사설(星湖僿說)』(p.354)
노중련(魯仲連, B.C. 305-245)	1677-1727	이간(李柬)	한산도시 차운(閑山島詩 次韻)(p.327)
장량(張良, ?-B.C.186)	1801-1859	유신환(兪莘煥)	쌍도명 병서(雙釖銘 幷序)(p.332)
관우(關羽, ?-219)	1548-1630	곽열(郭說)	사당 참배(p.330)

2) 석영달, 「1920년대 초 영국 해군 장교의 일본사 서술 속 이순신 일기 - 조지 알렉산더 밸러드의 『해양이 일본 정치사에 미친 영향』을 중심으로」, 『韓日關係史研究』 제55집, 2016. 12 ; 석영달, 「세계 속의 충무공 일기 - 호머 헐버트의 이순신 관련 서술들을 중심으로」, 『충무공 이순신과 한국 해양』 제3호, 2016 ; 조덕현, 「미국인들이 이해하고 있는 이순신 제독」, 『이순신연구논총』 통권 제17호, 2017. 봄/여름 ; 석영달, 「이순신 해외 전파의 연결고리 : 제임스 머독의 〈일본의 역사〉」, 『軍史』 제110호, 2019. 3 ; 이안 바우어스(Ian Bowers), 「영국인과 유럽인들이 알고 있는 이순신 제독」, 『이순신연구논총』 통권 제27호, 2017. 봄/여름.

주유(周瑜, 175-210)	1832	홍석주(洪奭周)	관음포유허비(觀音浦 遺墟碑)(p.113)
제갈량(諸葛亮, 181-234)	1581-1631	김시양(金時讓)	『하담자유고(荷潭子遺稿)』(p.289)
	1548-1630	곽열(郭說)	사당 참배(p.330)
	1652-1696	김이성(金履成)	신도비 제어문(神道碑 御製文) 아래(p.330)
	1672-?	조해수(趙海壽)	묘소 제문(p.333)
	1677-1727	이간(李柬)	한산도시 차운(閑山島詩 次韻)(p.327)
	1693	김육(金堉)	신도비문(神道碑文)(p.113)
	1801-1859	유신환(兪莘煥)	쌍도면 병서(雙釖銘 幷序)(p.332)
	1810-1884	신헌(申櫶)	한산도시 차운(閑山島詩 次韻)(p.326)
	1816-1886	조병로(趙秉老)	충렬사(忠烈祠) 제문(p.334)
	1827-?	이원회(李元會)	충무 이공(忠武 李公)(p.329)
	?	?	연설(筵說)(p.353)
	1832	홍석주(洪奭周)	관음포 유허비(觀音浦 遺墟碑)(p.113)
	1892	고종(高宗)	충렬사(忠烈祠) 제문(p.313)
곽자의(郭子儀, 697-781)	1810-1884	신헌(申櫶)	한산도시 차운(閑山島詩 次韻)(p.326)
	1832	홍석주(洪奭周)	관음포 유허비(觀音浦 遺墟碑)(p.113)
	1677-1727	이간(李柬)	한산도시 차운(閑山島詩 次韻)(p.327)
이백(李白, 701-762)	1760	이익(李瀷)	『성호사설(星湖僿說)』(p.354)
장순(張巡, 709-757)	1693	김육(金堉)	신도비문(神道碑文)(p.113)
	1832	홍석주(洪奭周)	관음포 유허비(觀音浦 遺墟碑)(p.113)
허원(許遠, 709-757)	1693	김육(金堉)	신도비문(神道碑文)(p.113)
두보(杜甫, 712-770)	1760	이익(李瀷)	『성호사설(星湖僿說)』(p.354)
이성(李晟, 727-793)	1760	이익(李瀷)	『성호사설(星湖僿說)』(p.354)
	1832	홍석주(洪奭周)	관음포 유허비(觀音浦 遺墟碑)(p.113)
	1892	고종(高宗)	충렬사(忠烈祠) 제문(p.313)
악비(岳飛, 1103-1141)	1832	홍석주(洪奭周)	관음포 유허비(觀音浦 遺墟碑)(p.113)

* 출처 페이지 : 李殷相 譯, 『完譯 李忠武公全書』 下(서울 : 成文閣, 1989).

이순신을 중국 위인과 비교한 사람은 모두 15명이다. 그들의 신분은 왕, 조정 대신, 학자, 무신 등 다양하게 나타난다. 구체적으로는 왕과 학자가 각 1명, 무신이 2명, 그리고 나머지 11명은 모두 문신이다. 무신이 글이나 서적을 남기는 경우가 흔치 않고, 주로 문신들이 제문이나 비문을 작성하거나 시를 짓기 때문에 문신의 수가 많이 나타난 것으로 보인다.

거론된 중국 위인은 14명이었다.[3] 제갈량은 삼국시대(220~280)에 유비

---

3) 이하 각 위인들에 대한 간략한 설명은 https://www.wikipedia.org에서 해당 인물을 입력하여 검색한 후 요약한 것이다.

를 도운 촉한의 재상이자 정치가로서 중국 역사상 지략과 충의의 전략가로 많은 이들의 추앙을 받고 있다. 곽자의는 당나라 중기의 명장으로 안사의 난(일명 안록산의 난, 755~763)을 진압하고 토번과 위구르의 침입을 막아냈다. 장순은 당나라 장수이고 허원은 태수였는데, 안사의 난 때 성을 지키다 반란군에게 잡혀 처형되었다. 이성은 당나라 장수로서 4왕2제의 난을 평정하고 경사(京師)를 수복한 공으로 서평왕(西平王)에 봉해졌다. 관우는 후한 말 장수로 유비를 도왔는데, 충의의 화신으로 중국의 민담이나 민간 전승과 전설에서 널리 이야기되었고 나중에는 신격화되어 관제묘(關帝廟)가 세워졌으며, 오늘날에도 중국인들이 숭배하는 대상 가운데 하나이다. 주유는 후한 말 장수로서 제갈량과 함께 적벽대전에서 조조의 위나라 군을 격파했다. 장량은 전국시대, 초한쟁패기, 전한시기의 전략가이자 정치가로서 유방이 한나라를 건국하고 중국을 제패하는데 기여했으며, 동양문화권에서 참모의 대명사로 통한다. 악비는 남송의 장군으로 금나라 군과 용감하게 싸웠으나 송의 실책으로 살해되었으며, 한족의 영웅으로 추앙되어 왔다. 노중련은 전국시대 제나라 의사(義士)로서 조나라와 위나라가 진나라의 칭제(稱帝)를 막도록 하게 한 인물이다. 관중은 제나라의 재상으로서 군사력의 강화와 상공업의 육성을 통하여 부국강병을 꾀하였으며, 환공(桓公)을 중원의 패자(霸者)로 만들었다. 안영은 전국시대 제나라의 재상으로 청렴결백하고, 학문이 깊고 언변도 거침이 없었고, 사려 깊고 과단성이 있었으며, 정책이 분명하여 백성들이 쉽게 따르게 하여 제나라의 전성기를 이루었으며, 참된 재상으로 추앙받고 있다. 또한 두보는 당나라 시인으로 시성(詩聖)으로 불리고, 이백도 당나라 시인으로 시선(詩仙)으로 불리고 있다.

이 14명 중에서 춘추전국시대 인물은 3명, 후한시대 인물은 2명, 후한~삼국시대 인물은 1명, 당나라 인물은 6명, 남송의 인물은 1명이다. 당나라 인물이 거의 절반을 차지하며, 기원전 시대의 인물과 후한과 삼국시대의 인물도 각각 3명이다. 금, 원, 청대의 인물은 한 명도 없다. 이 위인들의 신분은, 정치가와 전략가를 겸하고 있을 때 이를 별도의 것으로 계산하면,

무장 7명, 정치가 6명, 전략가와 시인 각 2명, 관리 1명의 순으로 많았다. 이순신이 무장이었음에도 불구하고 그와 비교되는 위인의 신분이 물론 정치가, 전략가, 시인, 관리처럼 다양하게 나타나고 있다. 이러한 현상은 조선시대 사람들이 이순신을 칭송한 이유가 단순한 무장이나 무공만이 아니라 정치력, 지도자의 면모, 전략전술가, 개인적인 자질 등도 포함되었음을 의미한다고 할 수 있다.

이순신을 그들과 비교하는 이유는 국가에 미친 영향, 명성, 전공(戰功), 사망의 의미, 심성과 자질 5가지로 나눌 수 있다.

1) 국가에 미친 영향을 보면, "위태로움을 돌려 편안케 하고 세상을 바로잡아 그 한 몸으로써 나라의 운명을 좌우함은 저 곽분양(郭汾陽, 子儀)과 이서평(李西平, 晟)과" 같았다. "(제갈)무후는 죽고 나서 한나라 왕실이 위태로웠지만, 공은 비록 죽었어도 종묘사직이 그에게 힘입었으니", "생각하건대 하늘은 나라의 운수를 바로잡고 사직에 공을 세운 저 한나라의 량(亮)이나 당나라의 성(晟)과 같은 재주가 뛰어나고 어진 사람을 내기도 한다는데 일찍이 공에 비길만한 사람은" 없었다. 이런 이유로 "나라를 중흥시킨 공로가 널리 알려져 한나라 제갈공명보다 더욱 빛나네."라고 칭송한 사람도 있었다. 국가에 미친 영향이라는 점에서 조선인들이 이순신을 곽자의와 이성 및 제갈량과 비교해 왔음을 알 수 있다.[4]

2) 명성과 공훈을 거론할 때에는 구체적인 내용을 밝히지 않는 경우도 있다. "충무공 이순신 같은 분은 어떠하였던고. 제갈무후 이후에는 오직 한 사람이라고 할 만한 분인데", "옛날 한나라의 공명이 떠난 후에 우리나라엔 또 충무공이" 태어났다. "큰 별이 홀연히 떨어지니 임금께서는 곧 제갈무후가 죽었노라고" 했으니, "공훈은 제갈량과 비교하여 부끄러울 바" 없기 때문에 "이름은 제갈량처럼" 높았다.[5] 또한 "공의 훈공은 천지를 덮었고

---

4) 「忠烈祠에 내리신 제문」(고종 임진년), 李殷相 譯, 『完譯 李忠武公全書』下(서울: 成文閣, 1989), p.313 ; 「증영의정 옛 신도비 어제문 아래서」(참판 金履成), op. cit., p.330.

5) 「忠烈祠에 내리신 제문」(고종 임진년), op. cit., p.313 ; 「忠武公 李舜臣 장군 閑山島 詩에 次韻함 十六」(판부사 申櫶), op. cit., p.328 ; 「忠武李公」(통제사 李元會), op.

명성은 온통 우리나라는 물론 중국에까지 떨쳤는데, 우뚝하여 간성과 같기로는 장수양(張睢陽, 巡)"과 같다고 한 사람도 있다.6) 명성과 공훈이라는 점에서는 이순신이 제갈량 그리고 장순과 비교되어 왔다고 할 수 있다.

3) 이순신의 전공은 "곽자의(郭子儀)만큼" 컸다. 구체적으로 보면, "바다를 가로막아 덮어오는 적의 형세를 꺾음은 저 장순(張巡), 허원(許遠)과" 같았다. 또한 "바다를 가로막아 물길을 끊고 기묘한 전술로 승첩하여 잔악한 적을 제압하여 남김없이 불사른 것은 주공근(周公瑾, 瑜)과 같고, 적은 군사로 많은 적을 무찌르고 한쪽 군단을 가로막아 백만 명의 날랜 군사를 당해내어 그 앞에는 굳센 적이 없고 당당한 명성을 떨쳐 멀고 가까운 곳에서 그의 위풍을 우러러 바라봄은 저 악무목(岳武穆, 飛)과" 같았다.7) 조선인들이 이순신의 전공을 곽자의, 장순, 허원, 주유, 악비의 전공과 비교해왔음을 알 수 있다.

4) 이순신의 사망과 관련해서는 국가를 위한 희생과 죽음을 이용한 전술 두 가지로 나누어 볼 수 있다. 전자는 "마침내 뜻을 결단하고 몸을 버림과 같은 것은 오직 제갈무후(亮)가 그러하다."거나 "몸소 힘을 다해 죽고 마는 것은 저 제갈무후와도 같거니와"를 들 수 있다. 후자의 구체적인 내용은 "노량싸움에서 공이 죽으면서도 북을 치고 기를 휘두르라 분부하여 아들이 그 명령을 지켰으니 저 옛날 죽은 제갈량이 산 사마중달(司馬仲達)을 쫓듯이 했으니 계획이 더욱 신기하다 하겠다."였다. "공명은 죽어서도 사마의(司馬懿)를 물리쳤고, 관운장(關雲長)은 죽었어도 영험이 남아있네."라는 찬시(讚詩)의 구절도 위와 같은 맥락의 글이다.8) 이순신의 사망이

---

cit., p.329 ; 「묘소의 제문」(현감 趙海壽), op. cit., p.333 ;「筵說에서」, op. cit., p.353 ;「충렬사 제문」(판서 趙秉老), op. cit., p.334 ;「觀音浦遺墟碑」(이조판서 洪奭周), op. cit., pp.345-6.

6) 「觀音浦遺墟碑」(이조판서 洪奭周), op. cit., pp.345-6.

7) 「神道碑」(영의정 金堉), op. cit., p.113 ;「觀音浦遺墟碑」(이조판서 洪奭周), op. cit., pp.345-6 ;「忠武公 李舜臣 장군 閑山島 詩에 次韻함 十六」(판부사 申櫶), op. cit., p.328.

8) 「神道碑」(영의정 金堉), op. cit., p.113 ;「觀音浦遺墟碑」(이조판서 洪奭周), op. cit., pp.345-6 ;「荷潭子遺稿에서」(판중추부사 金時讓), op. cit., p.289 ;「이충무공의

갖는 의미에 대해서는 이순신을 제갈량 그리고 관우와 비교해왔다고 할 수 있다.

5) 심성과 자질은 인간적인 됨됨이를 보여주는 개인적인 요소들이다. 이순신은 "정성을 펼치고 공평하게 베풀며 몸을 바치고 힘을 다하여 덕망과 위엄이 아울러 빛나 백성과 군졸들이 모두 사모"하였다는 점에서 제갈무후와 같았다. 한편 이순신의 "마음이 초년에는 제갈공명과 같고 만년에는 장자방(張子房, 良)과 같다고" 보거나 그의 "의리가 중련(仲連)보다" 더 높았다고 보는 사람도 있었다. "무공이 혁혁하고 사람됨이 어질고 당당하여 큰 뜻을 인륜에 두고 때맞추어 태어나서 뛰어난 경륜으로 빛나는 공훈을 세웠다."는 점에서는 한나라의 제갈량이나 당나라의 이성도 비길 수 없었다. 또한 이순신의 재주에 대해 다음과 같이 칭송한 사람도 있었다. "비록 옛날 중국의 관중(管仲)이나 안영(晏嬰)의 재주인들 어찌 이보다 나을손가. 만약에 두보(杜甫)나 이백(李白)이 보았다면 반드시 느낌이 있었으리라."[9] 심성과 자질에 대해서는 제갈량, 장량, 노중련, 관중, 안영, 두보, 이백이 이순신과 비교되어 왔다고 할 수 있다.

〈표 2〉 이순신과 비교되는 중국 위인의 항목별 현황

항목	중국 위인	계
국가에 미친 영향	곽자의, 이성, 제갈량	3
명성과 공훈	제갈량, 장순	2
전공	곽자의, 장순, 허원, 주유, 악비	5
사망의 의미	제갈량, 관우	2
심성과 자질	제갈량, 장량, 노중련, 관중, 안영, 두보, 이백	7

〈표 2〉는 이순신과 비교되는 중국 위인들을 바로 위에서 살펴본 항목별로 고찰한 것을 바탕으로 작성한 것이다. 제갈량이 4가지 항목에 들어가 있다. 이어서 곽자의와 장순이 2가지 항목에 그리고 나머지 11명은 1가지

사당에 참배하고」(문정랑 郭說), op. cit., p.330.
9)「觀音浦遺墟碑」(이조판서 洪奭周), op. cit., pp.345-6 ;「忠武公 李舜臣 장군 閑山島 詩에 次韻함. 十二」(문정공 李𩛰), op. cit., p.327 ;「雙劒銘 并序」(문간공 俞莘煥), op. cit., p.332 ;「忠烈祠에 내리신 제문」(고종 임진년), op. cit., p.354.

항목에 들어있다.

그들은 모두 중국 고문헌에 자주 등장하는 인물로 중국인들로부터 지금까지도 위인이나 영웅으로 칭송되고 있는 사람들이다. 조선 후기에는 조선인들이 중국문헌을 갖고 공부했기 때문에 그 문헌에 등장하는 위인이나 영웅들을 이순신과 비교한 것으로 보인다. 그러나 이러한 비교는 한편으로 조선인이 중국에서 비교할 수 있는 인물을 찾을 수밖에 없었던 세계관과 인식의 한계를 보여주지만, 다른 한편으로는 이순신을 그들보다 더 뛰어난 인물로 간주한 경우들이 있음을 볼 때 그 한계를 극복하려는 의지도 있었음을 알 수 있게 해준다.

3. 일본인이 비교한 위인

〈표 3〉 일본인이 이순신과 비교한 위인

국적	위인명	출처
영국	Horatio Nelson (1758-1805)	惜香生, 『文祿征韓 水師始末 朝鮮 李舜臣傳』(東京：偕行社, 1892), 惜香生 저, 朴炯鈞 역, 『文祿征韓 水師始末 朝鮮 李舜臣傳』(통영사연구회, 2007), pp.66-67. 佐藤鐵太郎, 『帝國國防史論』(東京：水交社, 1908), p.464. 海軍中將 佐藤鐵太郎, 「絶世の名海將李舜臣」, 『朝鮮地方行政』(帝國地方行政學會 朝鮮本部 發行), 第6卷 2月號, 通卷 第62號, 1926, pp.56-59. 佐藤鐵太郎 著, 阪谷芳郎 編, 『大日本16세기 1, 17세기 1海戰史談』(橫須賀：財團法人 三笠保存會, 1926), p.58. 藤居信雄, 『李舜臣覺書』(東京：古川書房, 1992), p.256.
	Francis Drake (1540-1596)	藤居信雄, 『李舜臣覺書』(東京：古川書房, 1992), p.256.
	Charles Howard (1536-1624)	海軍中將 佐藤鐵太郎, 「絶世の名海將李舜臣」, 『朝鮮地方行政』(帝國地方行政學會 朝鮮本部 發行), 第6卷 2月號, 通卷 第62號, 1926, p.56.
미국	David G. Farragut (1801-1870)	佐藤鐵太郎 著, 阪谷芳郎 編, 『大日本海戰史談』(橫須賀：財團法人 三笠保存會, 1926), p.58.
프랑스	Pierre André du Suffren(1729-1788)	海軍中將 佐藤鐵太郎, 「絶世の名海將李舜臣」, 『朝鮮地方行政』(帝國地方行政學會 朝鮮本部 發行), 第6卷 2月號, 通卷 第62

네덜란드	Michiel de Ruyter (1607-1676)	號, 1926, p.56. 海軍中將 佐藤鐵太郎,「絶世の名海將李舜臣」,『朝鮮地方行政』(帝國地方行政學會 朝鮮本部 發行), 第6卷 2月號, 通卷 第62號, 1926, pp.56-59. 佐藤鐵太郎 著, 阪谷芳郎 編,『大日本海戰史談』(橫須賀 : 財團法人 三笠保存會, 1926), p.58. 佐藤鐵太郎 著, 阪谷芳郎 編,『大日本海戰史談』(橫須賀 : 財團法人 三笠保存會, 1926), p.58.
그리스	Themistocles (B.C. 524-459)	藤居信雄,『李舜臣覺書』(東京 : 古川書房, 1992), p.256.
일본	도고 헤이하치로 (東鄕平八郎, 1848-1934)	海軍中將 佐藤鐵太郎,「絶世の名海將李舜臣」,『朝鮮地方行政』(帝國地方行政學會 朝鮮本部 發行), 第6卷 2月號, 通卷 第62號, 1926, p.56.
중국	제갈량 (諸葛亮, 181-234)	靑柳南冥,『李朝史大全』(京城 : 朝鮮史硏究會, 1922), pp.373-374.
계	9	

 이순신을 외국 위인들과 비교한 일본인은 4명이었는데, 그들의 신분은 기술자, 해군 장교, 저술가, 언론인이었다. 그중에서 세키 고세이(惜香生)는 측량기사였으며, 청일전쟁이 발발하기 전에 한반도 삼남지방의 해역의 수심을 측량한 적이 있었다. 사토 데쓰타로(佐藤鐵太郎)는 해군장교로서 해전사와 해양전략을 연구했으며, 일본의 마한(Alfred Thayer Mahan)으로 불리는 인물이다. 후지이 노부오(藤居信雄)는 고등학교 교장과 도서관장을 역임한 저술가이다. 아오야기 난메이(靑柳南冥)는 언론인으로 조선에 파견되었다가 조선사연구회를 창설하는 역할을 하고 1912년부터 경성신문사 사장으로 근무하고 있었다.
 일본인이 이순신과 비교한 위인은 7개국 9명이었다. 그중 7명은 서구의 위인이었고 나머지는 일본인과 중국인이 각 1명이었다. 서구의 위인 중에서는 영국 위인이 3명으로 가장 많았으며, 나머지는 5개국 위인으로 나라별로 1명씩이었다.
 넬슨은[10] 영국 해군 장수로 프랑스혁명전쟁(1792~1802)과 나폴레옹전

---

10) 이하 각 위인들에 대한 간략한 설명은 https://www.wikipedia.org에서 해당 인물을 입력하여 검색한 후 요약한 것이다.

쟁(1803~1815) 때 영국에게 결정적인 승리를 가져다주었다. 그는 코르시카 (Corsica)의 칼비(Calvi) 해전 때 오른쪽 눈을 실명했다. 세인트 빈센트 만(Cape St. Vincent) 해전에서 승리한 후 산타 크루즈(Santa Cruz) 해전때 탄환을 맞아 오른팔을 절단했다. 코펜하겐(Copenhagen) 해전과 나일강 (Nile) 해전에서 승리한 후, 지중해총사령관으로 임명되어 빅토리함 (*Victory*)을 타고 트라팔가르(Trafalgar) 해전의 승리로 영국을 구했지만, 해전 도중에 전사했다. 그는 탁월한 지휘통솔력, 틀에 얽매이지 않는 전략과 전술을 구사했다. 영국 역사상 가장 위대한 해군영웅이자 군사사상 가장 위대한 해상지휘관 중 한명으로 칭송되고 있다. 그러나 주나폴리 영국대사 부인 엠마(Emma Hamilton)를 정부로 삼고, 딸까지 낳아 추문에 휩싸이기도 했다.

드레이크는 잉글랜드-스페인전쟁(1585~1604) 때 활약한 영국의 사략선장, 탐험가, 해군제독이었다. 칠레 연안의 약탈에 성공한 후 세계일주를 하면서 귀국하여 해적의 역사에서 전설이 되었으며, 여왕으로부터 기사작위를 받았다. 1588년 스페인 무적함대가 영국을 원정하자 영국함대 부사령관이 되어 함대의 실질적인 지휘관 역할을 했다. 그라블린(Gravelines, 일명 Gravelingen) 해전, 카디즈(Cadiz) 만 해전, 칼레(Calais) 해전(일명 Armada 해전)에서 승리하여 스페인군의 영국 원정을 실패하게 하는데 기여했다. 그가 탔던 골든 하인드함(*Golden Hind*)은 1973년에 복원되어 런던에서 박물관으로 사용 중이며, 그 자신은 국민적 영웅으로 추앙받고 있다.

하워드는 에핑엄의 하워드경(Lord Howard of Effingham)으로도 불리는 영국의 귀족, 정치가, 해군제독이었다. 1585년에 대제독(Lord of Admiralty, Lord High Admiral)이 되었다. 스페인 무적함대가 영국으로 원정했던 1588년 영국해군총사령관으로서 부사령관이었던 드레이크와 함께 무적함대에 대항했으며, 칼레 해전에서 화공전술을 사용하여 크게 승리했다. 1596년 카디즈(Cadiz) 원정에 참여했고, 제임스 1세(James I)가 즉위한 후 1603년에 해군경(Lord of the Navy, Lord High Steward)이 되었다.

패러거트는 미국 북군의 제독(Flag Officer)이었다. 그는 1812년 전쟁에 참전했으며, 카리브 해에서 해적을 퇴치하는 작전에도 참여했다. 멕시코-미국전쟁(1846~1848)에도 참전했으며, 미국의 최초 태평양해군기지(Mare Island)의 건설을 감독했다. 그 후 남북전쟁(1861~1865)에 참전하여 잭슨 요새, 세인트 필립 요새, 뉴올리언스 점령, 허드슨 항 포위작전, 모빌만 공격작전에 참여하여 크게 활약했다. 그의 묘지는 미국국립사적지로 등재되어 있고, 1881년에는 워싱턴에 동상이 건립되었다.

쉬프랑(Pierre André du Suffren)은 프랑스 제독으로서 18세기 후반 인도양 제해권을 두고 영국 휴즈(Edward Hughes)와 대립했는데, 이때 영국 해군을 공포에 떨게 만들었다. 7년전쟁(1756~1763)에 참전했다. 1778~1779년에는 북미 연안과 서인도제도에서 여러 작전에 참여했다. 1779년에는 그레나다(Grenada) 해전에서 패배했다. 1781년 프르토 프라야(Porto Praya) 해전 그리고 1782년 발생한 4회의 해전(Sadras, Providien, Negapatam, Tringcomali)에서 휴즈의 함대를 격파했다, 1783년 쿠달로레(Cuddalore) 해전에서도 영국군을 방해하는데 성공했다. 그는 모국에서 멀리 떨어진 해외에서 벌어진 전쟁에서 바다를 제압하는 자가 지상전의 지원에도 커다란 이점을 얻을 수 있다는 것을 알았다. 그가 일련의 해전에서 보여준 적극성과 초기의 성공은 영국 육상부대를 태운 함대의 목적지를 아메리카 식민지로부터 인도의 반란지역으로 변경시키게 만들었으며, 아메리카 식민지군이 눈부신 승리를 하는데 기여했다. 선박조종술이 뛰어나 상관들로부터 크게 칭찬받았으며, 18세기 프랑스 해군의 최고지휘관으로 칭송되고 있다. 또한 그의 활동은 세계사의 주요 사건 중 하나로 간주되고 있다.

드 로이테르(Michiel de Ruyter)는 포르투갈 독립전쟁(1640~1668) 때 참전한 네덜란드 해군제독이었다. 1642~1652년에는 모로코와 서인도제도의 무역선 선장으로 활동했다. 영란전쟁(1652~1654)이 발발하자 다시 해군제독이 되었으며, 스헤베닝언(Scheveningen) 해전에서 승리한 후 중장으로 승진했다. 1667년 메드웨이(Medway)를 기습하여 템스강 하구를 봉쇄함으로써 영국군의 네덜란드 침공을 저지했다. 1672년 솔베이(Solebay) 해전과 1673년 텍셀(Texel) 해전에서 영불연합함대에게 승리했고, 1676년 아우구스타(Augusta) 해전에서 프랑스함대에 의해 전사했다. 그는 위계질서를 무시했으며, 평소 신중한 성격을 가지고 있음에도 불구하고 위험하고 대담한 작전을 외면하지 않았기 때문에 선원들과 장병들로부터 존경을 받았고, 역사상 가장 노련한 해군사령관 중 한명으로 칭송되고 있다.

테미스토클레스(Themistocles)는 고대 아테네(Athens)의 정치인이자 군인이었다. B.C. 493년 집정관으로 선출된 후 군항을 건설하고 해군력 증강을 위해 노력했다. B.C. 483년 200척의 3단노선을 건조하여 아테네 해군을 그리스 제일 해군으로 성장시켰다. 그리스-페르시아전쟁(B.C. 499~449)이 발발하자 B.C. 480년 살라미스(Salamis) 해전에서 366~378척으로 1,800~2,000척의 페르시아 함대를 격퇴시켰다. 아테군의 피해는 40척이었지만, 페르시아군의 피해는 200여 척이었다. 이후 페르시아군은 후퇴하고, 그리스 연합군은 반격으로 전환했다. 이 승리로 고대 그리스가 발전하고 또한 서구 문명의 확대도 가능하게 되었다. 그러나 스파르타(Sparta)와의 갈등으로 실권한 후 소아시아로 망명하여 생활하다가 사망했다.

도고 헤이하치로(東鄕平八郎)는 메이지시대 해군제독이었다. 영국으로 관비 군사유학을 한 후(1871~1878), 1893년 하와이(Hawaii)의 미국인 농장주들이 하와이왕국에 대해 쿠데타를 일으켰을 때 하와이왕국을 도왔다. 청일전쟁(1894~1895) 때에는 방호순양함 나니와호(浪速)의 함장으로 풍도(豊島) 해전에 참전하여 고승호(高陞號) 사건을 일으켰다. 황해(黃海) 해전과 위해위(威海衛) 해전의 승리로 해군소장으로 진급하여 상비함대사령관으로 취임했다. 러일전쟁(1904~1905) 때에는 연합함대사령관으로 노급전함들로 편성된 주력함대 간 해전이었던 쓰시마(對馬島) 해전에서 정자전술(丁字戰術, Togo Turn), 흑색화약보다 성능이 향상된 시모세(下瀨)화약, 정밀한 신관, 36식 무선전신기(신형무선기)를 사용하여 대승했다. 일본의 피해는 89척 중 3척 침몰, 117명 전사, 583명 부상이었다. 러시아함대의 피해는 27척 중 16척 침몰, 자침 5척, 나포 6척, 중립국 도피 6척, 자국항 도착

3척, 전사 4,380명, 포로 6,106명이었다. 과묵하여 침묵의 제독으로 불리기도 한 그는 일본에서 군신(軍神)과 동양의 넬슨으로 칭송되고 있다.

제갈량(諸葛亮)은 『삼국지연의』에서 유비의 책사로 나오는 인물로 삼국시대 촉한의 재상이었다. 그는 내치, 군부대의 관리, 병법 등의 대가였으며, '와룡선생'이라는 무속신으로 추앙받고 있다.

일본인들이 이러한 위인들을 이순신과 비교하는 이유는 전공과 전략전술, 사망의 의미, 심성과 자질의 3가지 항목으로 나누어 볼 수 있다.

1) 전공과 전략전술을 보면, 세키 고세이는 "나폴레옹과 히데요시를 그리고 넬슨과 이순신을 비교하고, 당시의 역사를 수세기가 지난 오늘날의 유럽 역사와 비교해보더라도 이순신의 전공이 훨씬 위대하다고 생각한다."고 했다.[11] 사토 데쓰타로는 "기정분합(奇正分合)을 교묘하게 사용한 전장(戰將)은" "동양에서는 한국 장수(韓將) 이순신을, 서양에서는 영국 장수 넬슨"을 들 수 있다고 했다.[12] '기정분합'에서 '기정'은 『손자병법』의 "싸움은 정으로 합하고 기로써 이긴다(凡 戰者 以正合 以奇勝)"는 구절을 그리고 '분합'은 "그러므로 싸움은 거짓으로 하고, 이로써 움직이고, 나누고 합하는 것으로 변화하는 것이다(故 兵以詐立 以利動 以分合爲變者也)"의 구절에서 유래하는 용어이다.[13] 이것은 전투에서 승리하려면, 정공법과 임기응변술을 자유자재로 사용해야 한다는 병법의 일부이다. "일본 본토에 이 사람에 비견할 수 있는 장군이 하나도 없다는 것은 원통할 일이 전혀 아니라고 생각한다. 그러나 다행히 세계 제일의 명장 도고(東鄕) 원수가 역사를 새로 장식할 수 있음을 생각하면, 다시 한 번 유쾌해진다."[14] 전공과 전략전술에 대해서는 일본인들이 이순신을 넬슨 그리고 도고와 비교하고 있음을

---

11) 惜香生, 『文祿征韓 水師始末 朝鮮 李舜臣傳』(東京: 偕行社, 1892), 惜香生 저, 朴炯鈞 역, 『文祿征韓 水師始末 朝鮮 李舜臣傳』(통영사연구회, 2007), pp.66-67.

12) 佐藤鐵太郎, 『帝國國防史論』(東京: 水交社, 1908), p.464.

13) 盧台俊 譯解, 『新譯 孫子兵法』(서울: 弘新文化社, 1987), 5. 병세편(兵勢篇), pp.100-102과 7. 군쟁편(軍爭篇), pp.157-158.

14) 海軍中將 佐藤鐵太郎, 「絶世の名海將李舜臣」, 『朝鮮地方行政』(帝國地方行政學會 朝鮮本部 發行), 第6卷 2月號, 通卷 第62號, 1926, pp.56-59.

알 수 있다.

2) 이순신이 마지막 전투인 노량 해전에서 전사한 사실을 전투 도중에 전사한 다른 위인들과 비교하는 경우가 있다. 그 예로, "이순신과 드 로이테르 및 넬슨 이 세 장군은 모두 대 승리라는 광영의 절정에서 전사한 것으로 특히 추모의 마음이 들게 한다."[15]는 사토 데쓰타로의 언급을 들 수 있다. 또한 아오야기 난메이는 이순신의 전사를 제갈량이 사망한 후 적군을 물리친 고사와 비교하였다. 이순신의 사망에 대해서는 일본인들이 이순신을 드 로이테르, 넬슨, 그리고 제갈량과 비교하고 있다고 할 수 있다.

3) 이순신의 심성과 자질은 일본인들이 가장 많이 내세우는 이유 중 하나인데, 이에 대해서는 사토 데쓰타로가 여러 자료에서 언급하고 있다. 사토는 1908년 "넬슨 같은 인물은 인격면에서 (이순신과) 도저히 견줄 수 없다."[16] 그로부터 18년 뒤인 1926년에는 이순신의 개인적인 요소에 대해 더 장황하게 설명하였다. "넬슨은 인격과 천재적 창의성면에서 이 장군의 적수가 도저히 될 수 없다. 프랑스의 장수 쉬프랑(Pierre-André de Suffren de Saint-Tropez)과 미국의 장수 패러거트(James Glasgow Farragut)도 세계적인 명장으로 존경받을 만하지만, 오히려 넬슨 밑에 위치하는 인물들이다. 드 로이테르를 보면 인격과 역량 두 가지 면에서 나무랄 데 없고 경력도 이 장군과 비슷하지만, 군장(軍將)으로서 필요한 독창적 천재성 측면에서는 이 장군에게 미치지 못하는 것처럼 보인다." "내가 평생 경모해 마지않는 해장(海將)은" 네덜란드의 명장 드 로이테르와 동양에서 조선의 명장인 이순신인데-"장수의 자질 면에서 털끝만큼도 비난할 수 없는 명장이며, 만약 감히 위의 두 장수의 순서를 정한다면 의심할 여지없이 이순신이 위에 놓인다.-넬슨은 인격과 천재적 창의성면에서 이 장군의 적수가 도저히 될 수 없다. … 드 로이테르를 보면 인격과 역량 두 가지 면에서 나무랄 데 없고 경력도 이 장군과 비슷하지만, 군장(軍

---

15) *Ibid.*
16) 佐藤鐵太郎, 『帝國國防史論』, p.464.

將)으로서 필요한 독창적 천재성 측면에서는 이 장군에게 미치지 못하는 것처럼 보인다."17) 사토는 같은 해에 발간된 다른 서적에서도 이점을 다음과 같이 확인했었다. "이순신 같은 사람은 네덜란드 장수 드 로이테르의 인격과 영국 장수 넬슨의 영웅적 풍모를 겸비한 독보적인 명장이라 부를" 만하다.18) 이 심성과 자질에 대해 일본인들이 이순신을 넬슨, 쉬프랑, 패러거트, 드 로이테르와 비교하고 있음을 알 수 있다.

1992년 일본의 저술가였던 후지이 노부오는 이 3가지 이유를 종합하여 다음과 같이 정리했다. "동시대의 드 로이테르와 드레이크, 2,000년 전의 테미스토클레스, 100년 후 넬슨의 지명도에 비해 이순신은 가려져 있다." 그 예로 넬슨과 비교해보면, "나는 이순신에게서 보다 진한 영웅 냄새를 맡는다. 왜 그럴까?-강자가 실망, 비명, 난세를 겪을 때 영웅이 될 수 있는 조건은 훨씬 충만하다. 백의종군, 노모의 죽음, 노량해협에서의 최후가 없었더라면, 이순신의 영웅상이 변질되었을 것이다."19)

이와 같이 볼 때 일본인들은 전공과 전략전술이라는 면에서 이순신을 넬슨, 드 로이테르, 드레이크, 테미스토클레스, 도고, 사망하는 모습에 대해서는 드 로이테르와 넬슨, 그리고 심성과 자질에 대해서는 넬슨, 쉬프랑, 패러거트, 드 로이테르와 비교했음을 알 수 있다.

일본인이 이순신을 서구나 자국의 위인들과 비교하여 평가한 것은 우리나라보다 빨랐다. 세키 고세이의 책이 1892년에 출판되었기 때문에, 일본인이 이순신을 그러한 위인들과 비교하기 시작한 것도 1892년이라 할 수 있다. 우리나라에서는 신채호의『이순신전』이 이순신을 외국의 위인과 비교한 최초의 자료라고 할 수 있는데,20) 따라서 우리나라에서 이러한

---

17) 海軍中將 佐藤鐵太郞,「絕世の名海將李舜臣」, pp.56-59.
18) 佐藤鐵太郞 著, 阪谷芳郎 編,『大日本海戰史談』(橫須賀: 財團法人 三笠保存會, 1926), p.58.
19) 藤居信雄,『李舜臣覺書』(東京: 古川書房, 1992), pp.256-256.
20) 수군제일위인(水軍第一偉人)이라는 수식어를 붙인「이순신(李舜臣)」은 국한문본으로 1908년 5월 2일부터 8월 18일까지『대한매일신보』의「위인유적(偉人遺蹟)」란에 금협산인(錦頰山人)이라는 필명으로 연재되었다. 또 순 한글본이 같은 해

작업은 1908년에 시작되었다고 할 수 있다. 이처럼 이순신을 서구의 명장들과 비교하는 것이 우리나라에서 늦게 나타나는 현상은 서구의 근대 문물과 학문에 대한 도입시기가 그만큼 늦었다는 데에서 그 연유를 찾을 수 있다. 조선에서는 1910년까지만 해도 서양학문을 공부한 사람이 극히 적어 넬슨이란 인물을 아는 사람이 드물었던 것이다.

4. 서구인이 비교한 위인

서구인들은 이순신을 어떤 위인들과 비교했을까? 서구인들이 이순신과 비교하고 있는 위인들은 8명인데, 모두 서구의 위인들이다. 〈표 4〉는 이를 정리한 것이다.

〈표 4〉 이순신과 비교되는 서구의 인물

국적	위인명	출처
영국	Horatio Nelson 1758~1895	Homer B., Hulbert "Korean History,"*THE KOREA REVIEW*, Volume 3, April 1903, Chapt. III, p.188. Homer B., Hulbert, *The Passing of Korea* (New York : Doubleday, 1906), p.99. M. A. James Murdoch, *A History of Japan during the Century of Early Foreign Intercourse, 1542-1651* (Kobe : Office of the Chronicle, 1903) p.355. J. H., Longford, *The Story of Korea* (London : T. Fisher Unwin, 1911), pp.21, 32. vice-admiral G. A. Ballard, *The Influence of the Sea on the Political History of Japan* (New York : E. p.Dutton & Co., 1921), pp.51, 54-55, 57, 65-66. Horace H. Underwood,, M. A., Ph. D, *Korean Boats and Ships* (Seoul : Read before the Society, 1933), p.74. A. L. Sadler, "The Naval Campaign in the Korean War of

---

6월 11일부터 10월 14일까지 『대한매일신보』의 「소설」란에 「수군의 제일 거룩한 인물 이순신전」으로 연재되었다. 「이순신전」 우리역사넷https://contents.history.go.kr

			Hideyoshi," *The Transactions of the Asiatic Society of Japan*, second series, Vol.XIV, 1937, pp.204-205.
			Arthur J. Marder, "From Jimmu Tenno to Perry : Sea Power in Early Japanese History," *The American Historical Review*, Vol.LI, No.1, October 1945, pp.21-22.
			Samuel Hawley, *The Imjin War : Japan's Sixteenth-Century Invasion of Korea and Attempt to Conquer China* (Berkeley & Seoul : The Institute of East Studies University of California & The Royal Asiatic Society Korea Branch, 2005), p.490.
		Francis Drake 1540~1596	Horace H. Underwood, M. A., Ph., *op. cit.*, pp.20, 79. A. L. Sadler, *op. cit.*, pp.204-205. Samuel Hawley, *op. cit.*, p.490. Kenneth M. Swope, *A Dragon's Head and a Serpent's Tail : Ming China and the First Great East Asian War, 1592-1598* (Norman : University of Oklahoma, 2009), p.119.
		Charles Howard 1536~1624	Horace H. Underwood,, M. A., Ph. D,, *op. cit.*, p.79.
		Thomas Cochrane 1775~1860	vice-admiral G. A. Ballard, *op. cit.*, p.51.
		Robert Blake 1598~1657	vice-admiral G. A. Ballard, *op. cit.*, p.57.
		John Arbuthnot "Jacky" Fisher 1841~1920	vice-admiral G. A. Ballard, *op. cit.*, pp.67-70.
프랑스		Jean Bart 1651~1702	vice-admiral G. A. Ballard, *op. cit.*, p.57.
튀르키예		Khaireddin Barbarossa 1480~1546	John F. JR. Guilmartin, *Galleons and Galley*, (London : Cassell & Co, 2002), pp.186-187.

　이순신을 다른 위인과 비교한 서구인은 10명이며, 그들의 국적은 4개국이었다. 그 중 절반에 해당하는 5명은 미국인이었고, 3명은 영국인이었으며, 그밖에 호주인과 캐나다인이 각 1명이었다. 시기별로 보면, 조선 말기가 2명, 일제강점기가 4명, 광복 이후가 1명, 그리고 2000년대가 3명이었다. 이순신을 다른 위인들과 비교하는 서구인들의 경향은 조선 말기부터 현대에 이르기까지 계속해서 이어지고 있음을 알 수 있다. 그들의 직업이나 신분을 보면, 역사학자가 7명으로 가장 많았고, 언어학자와 선교사는 각

2명이었으며, 저널리스트, 작가, 교육자, 해군장교는 각 1명이었다.

이순신과 비교되는 있는 서구의 위인은 8명인데, 그중에서 3명(넬슨, 드레이크, 하워드)은 일본인이 비교한 위인들을 살펴볼 때 이미 언급하였다.

언급하지 않은 사람 중에서[21] 코크레인은 영국 해군장교이자 정치가였으며, 기사작위를 받았다. 미국독립전쟁(1775~1783), 프랑스혁명전쟁(1792~1802)과 나폴레옹 전쟁(1803~1815), 1712년 전쟁에 참전했다. 나폴레옹 전쟁 때 "바다의 늑대"로 불렸으며, 잠시 동안(1800~1806) 의회 의원으로 활동하기도 했다. 또한 그는 1814년 볼티모어(Baltimore) 전투 때 맥헨리 요새(Fort McHenry)에 대한 함포사격에 실패했는데, 이 사건을 계기로 미국 국가 "성조기여 영원하라(The Star-Spangled Banner)"가 창작되었다. 그는 해군장교로 근무할 때 초기 증기선의 건조, 함정기관과 프로펠러 및 증기추진력을 개발했다.

블레이크는 영국 남북전쟁(1651), 제1차 영란전쟁(1652~1654), 튀니스만 공략(1665), 영국-스페인 전쟁(1654~1660)에 참전하여 많은 전공을 세웠다. 최초의 해군 규정인 『전쟁법과 해양조례(The Laws of War and Ordinances of the Sea)』(1649)와 최초의 해군군법회의 규정인 「제독과 장군의 전쟁위원회 지침(Admirals and Generals of the Fleet for Councils of War)」(1653), 범선시대 해군전술에 대한 『항해지침서(Sailing Instructions)』(1653)와 전술신호에 대한 『전투지침서(Fighting Instructions)』(1653)를 제정했다. 그는 "영국 제해권의 주요 건설자(chief founder of England's naval supremacy)"와 "영국해군의 아버지(Father of the Royal Navy)"로 불리고 있다. 그는 넬슨과 비교되는 위인이지만, 그의 업적이 넬슨을 뛰어넘는다고 말하는 사람도 있다.

피셔 경은 크림전쟁(1853~1856), 제1차 아편전쟁(1839~1842), 영국-이집트 전쟁(1882), 제1차 세계대전(1914~1918)에 참전한 영국 해군장교였다. 1904년 참모총장에 해당하는 제1해군경(First Sea Lord)이 되자 150척의

---

[21] 이하 각 위인들에 대한 간략한 설명은 https://www.wikipedia.org에서 해당 인물을 입력하여 검색한 후 요약한 것이다.

함정을 퇴역시키고 근대함정으로 대체했다. 함포 성능의 개량, 어뢰 장착, 대잠용 어뢰구축함(torpedo-boat destroyer)의 개발, 최초의 전장거포(全裝 巨砲) 전함(*Dreadnought*)의 건조, 잠수함 개발, 왕동복기관을 터빈기관으로 대체, 함정의 연료를 석탄에서 석유로 대체, 함상식량을 비스킷에서 구운 빵으로 대체 등을 추진했다. 1911년 퇴역한 후, 다음해에 연료와 엔진에 관한 왕립위원회의 의장이 되었으며, 1914년 제1차 세계대전이 발발하자 다시 제1해군경이 되었지만, 1915년 갈리폴리 작전에 대한 논란 때문에 사임했다. 그는 1917년 발명과 연구위원회의 의장이 되었다. 그는 해군개혁가로 불리고 있으며, 영국해군에서 넬슨 다음으로 중요한 인물로 간주되고 있다.

쟝 바르는 네덜란드 해군에 복무하다가 프랑스-네덜란드 전쟁(1672~1678) 때 프랑스 사략선장이 되어 지중해에서 큰 공을 세워 해군장교가 되었다. 그는 루이 14세의 제3차 침략전쟁 즉 9년 전쟁(1688~1697) 때 3차례의 해전(Beach Head, Texel, Doger Bank)에서 386척의 적선을 나포, 침몰, 소각했다. 그는 네덜란드 해군에게 공포의 대상이 되었으며, 네덜란드 무역에도 큰 타격을 주었다. 그는 현재 프랑스 해군의 가장 인기 있는 영웅이다.

바르바로사는 오스만의 해적으로 오스만의 무역을 방해하던 성 요한 기사단과 스페인의 함선들을 지중해와 아프리카 북부에서 격퇴했으며, 1553년 대제독으로 임명되었다. 프레베자 해전(1538)에서 신성동맹군에 대한 승리로 1571년 레판토(Lepanto) 해전이 발발할 때까지 지중해의 제해권을 오스만 제국에게 안겨주었다. 또한 프랑스 남부를 공격하는 스페인 함대를 격퇴시켰고, 나폴리를 탈환하는데 성공하기도 했다. 그는 "역사상 가장 위대한 해적이자 지중해가 배출한 가장 영리한 전략전술가"로 불리며, 그의 사망이 유럽인에게 안도감을 주었다고 말하는 사람도 있다. 그는 현재 튀르키예의 최고 영웅으로 칭송되고 있다.

서구인이 이순신을 이러한 위인들과 비교한 이유는 명성과 공훈, 전공과 전략전술, 사망의 의미, 모습심성과 자질로 4가지였다.

1) 명성과 공훈을 보면, 먼저 영국의 위인인 넬슨과 많이 비교되고 있다. "넬슨과 동등한 해군제독이 있다는 것을 인정하는 것은 영국인들에게 항상 어려운 일이다. 그러나 그렇게 간주될 수 있는 자격을 갖춘 사람이 있다면, 분명히 그는 패배라는 것을 결코 몰랐으며 적의 면전에서 전사한 아시아의 이 위대한 해군사령관일 것이다."[22] 이런 이유로 어떤 연구자는 이순신을 "동양의 넬슨(Nelson of the Orient)"으로 호칭하기도 했다.[23] 이순신을 넬슨을 포함하여 다른 위인들과도 비교한 사람들이 있었다. "이순신은 튀르키예의 하이르 알 딘 바르바로사와 영국의 넬슨에 필적한다."[24] "넬슨, 블레이크, 쟝 바르도 지독한 압박 하에 있던 이 작은 나라의 거의 알려지지 않은 대표적인 인물보다 더 많은 일을 할 수 없었다."[25]. 특히 후자의 경우에는 이순신의 업적을 이러한 서구 위인들의 것보다 더 뛰어난 것으로 설명하고 있음을 알 수 있다. 명성과 자질이라는 점에서는 이순신과 비교되는 위인은 넬슨, 바르바로사. 블레이크, 쟝 바르이다.

2) 전공과 전략전술을 보면, 먼저 전쟁에 끼친 영향을 얘기할 수 있다. 1596년 조선 수군은 "넬슨과 같은 용감한 뱃사람(seaman)에 의해 지휘되었다."[26] 일본군 고니시는 "무서운 이순신이 여전히 살아있고 그가 바다에 있는 한 일본군이 한반도에 증원군을 보낼 수 없었기 때문에 일본으로 기꺼이 떠나려 했다. 그들은 이 한국의 넬슨(Korean Nelson)에 의해 이미 18만 명을 잃었기 때문에 그를 두려워하고 있었다."[27] "그러나 이 전역을

---

22) M. A. James Murdoch, A History of Japan during the Century of Early Foreign Intercourse, 1542-1651 (Kobe: Office of the Chronicle, 1903), pp.65-66.
23) Arthur J. Marder, "From Jimmu Tenno to Perry : Sea Power in Early Japanese History," The American Historical Review, Vol.LI, No.1, October 1945, pp.21-22.
24) John F. Guilmartin, JR., Galleons and Galley (London: Cassell & Co, 2002), pp.186-187. Khaireddin Barbarossa는 튀르키예의 Hayreddin Barbarossa를 지칭한다.
25) vice-admiral G. A. Ballard, C. B., The Influence of the Sea on the Political History of Japan (New York: E. p.Dutton & Co., 1921), p.57.
26) James Murdoch, M. A., op. cit., p.355.
27) Homer B. Hulbert, The Passing of Korea (1906), p.99.

조심스럽게 연구하면, 그가 당시 이용되고 있던 모든 해전양상을 포기하고서 지구 반대편에서 거의 동시에 드레이크 그리고 하워드와 같은 아이디어를 갖고 있었다."28) 이러한 언급들은 이순신이 적군에게 두려움을 주어 철수하게 만들었고, 이순신이 기존의 해전방법을 버리고 화력전을 중시하여 전쟁과 전투의 양상을 바꾸었다는 것을 말하고 있다.

이순신의 전술에 대해서는 많은 언급이 있다. "이순신은 넬슨처럼 기회가 왔을 때 주저 없이 공격했지만, 승리하기 위해 세심한 주의를 기울이는 것도 게을리하지 않았다."29) "전쟁 발발 10일 후에 일본군이 지상에서 절정에 달한 승리의 진격을 하고 있을 때, 조선의 서남단에 운집한 이순신은 독자들로 하여금 마한(Mahan)이 길게 묘사한 것으로서 나일강(Nile) 해전을 시작하기 전에 프랑스 함대에 대한 넬슨의 접근을 생각나게 하는 방식으로 일본 함대에 접근하였다."30) 이것은 넬슨의 함대가 나일강 해전(1798) 때 2개 분대로 나누어 한 분대가 프랑스 함대의 앞을 가로질러 측면으로 기동하고 다른 한 분대가 프랑스 함대의 정면에 위치하게 하여 십자포화를 퍼부었던 것처럼, 이순신의 함대가 한산도 해전에서 유인하여 학익진으로 포위한 후 집중사격을 하는 전술을 사용했음을 말하고 있다. 또한 이순신은 "유명한 동시대인이었던 드레이크가 카디즈(Cadiz)에서 한 행동을 그가 의도적으로 모방한 것은 아니나, 그는 자기 함대를 항만으로 직진시켜 투묘중인 일본함선 500척과 교전하여 승리했다."31) 1587년 드레이크의 영국 함대는 영국 침공을 목적으로 카디즈에 집결한 스페인 함대를 공격하여 스페인 함선 27척(스페인측 주장) 혹은 37척(영국측 주장)을 파괴하는 대승을 거두었다. 이 언급은 이순신의 부산포 해전을 이 카디즈 습격과 같은 유형의 해전으로 간주하고 있다. 전공과 전략에 대해 이순신과 비교되

---

28) Horace H. Underwood, M. A., Ph. D, *Korean Boats and Ships* (Seoul: Read before the Society, 1933), p.81.
29) vice-admiral G. A. Ballard, C. B., *op. cit.*, p.51.
30) *Ibid.*, p.52.
31) Horace H. Underwood, M. A., Ph. D, *Korean Boats and Ships* (Seoul: Read before the Society, 1933), p.73.

는 위인은 넬슨, 드레이크, 하워드이다.

3) 사망의 의미를 보면, "넬슨이 트라팔가르 해전에서 그리고 이순신이 한산도 해전에서 승리한 때가 모두 46세였으며, 드레이크는 이순신보다 2년 전에 56세의 나이로 사망했다."[32] 1598년 노량 해전 도중에 이순신은 적군에 피탄되어 전사했다. 서구인이 보기에, 결전 도중 전사했지만 결국에는 대승을 한 모습이 넬슨과 같기 때문에 이순신은 "한국의 넬슨(Nelson of Korea)"으로 불릴 수 있는 사람이 되었다.[33]

4) 심성과 자질을 보면, 이순신은 "당대 동양보다 앞선 조선기술을 갖고 있었으며, 실제로 그것이 해전에서 승리하는데 기여하였다. 이것은 물론 다른 여러 가지 특성 면에서도 그는 유명한 코크레인(Cochrane) 제독과 많이 비슷하다."[34] "그러나 육군과 해군에서 소수만이 자립심이 적은 동료들보다 명석한 상상력을 갖고 있어 당대의 관습에 매이기를 거부하고 새로운 방향으로 과감하게 나아간다. 이러한 인물로는 20세기에 피셔 경(Lord Fisher)이 있고, 16세기에는 이순신 제독이 있다. 그들은 모두 강력하고 기이한 함정을 건조하였다."[35] 결국, 이순신의 심성과 자질은 "드레이크가 카디즈에 뛰어든 것처럼 부산항에 뛰어든 용감성, 전시에 보여준 보기 드문 기사도, 그리고 고도의 천재성을 더해야 한다."[36] 심성과 자질에 대해 이순신과 비교되는 위인은 코크레인, 피셔, 드레이크이다.

이 8명은 전쟁과 해전에서의 전공 그리고 한 시대를 대표할 정도의 신형 군함과 장비의 개발과 건조로 모두 그 나라의 국민적 영웅이거나 해군의 영웅으로 칭송되고 있는 해군제독들이다. 특히 밸러드는 이순신을 평가할 때 넬슨과만 비교하는 것이 아니라 영국의 존경받는 해군제독들을 거의 망라하고 있으며, 언더우드도 여러 명과 비교하고 있다. 이것은

---

32) A. L. Sadler, "The Naval Campaign in the Korean War of Hideyoshi," *The Transactions of the Asiatic Society of Japan*, second series, Vol.XIV, 1937, pp.204-205.
33) *THE KOREA REVIEW*, Volume 3, April 1903, Chapt. III, p.188.
34) vice-admiral G. A. Ballard, C. B., *op. cit.*, p.51.
35) *Ibid.*, pp.67-70.
36) Underwood, *op. cit.*, pp.82-83.

서구의 해군 영웅들이 갖고 있었거나 보여준 좋은 점들을 이순신이 모두 다 갖고 있었다는 의미를 갖는다고 할 수 있다. 서구인들이 이순신을 동양이나 아시아를 넘어 세계의 위인이자 영웅이며, 나아가 세계에서 가장 위대한 인물 중 한 명이라고까지 평가하는 것은 바로 이러한 이유 때문인 것으로 생각된다.

5. 맺음말

이 글은 한국인, 일본인, 서구인이 이순신을 다른 위인들과 비교한 상황을 정리한 것이다. 한국인의 경우에는 조선시대로 국한하여 살펴보았는데, 사실상 임진왜란 이후 즉 조선 후기에 해당한다.

이순신을 다른 위인과 비교한 연구자는 조선인 15명, 일본인 3명, 서구인 10명으로 모두 28명이었다. 그들의 국적은 한국, 일본, 미국, 영국, 캐나다, 호주, 스웨덴으로 7개국이었다. 조선인 중에서는 문신이 11명으로 거의 대부분이었으며, 그밖에 무신(2), 학자(1), 왕(1)도 있었다. 일본인은 기술자, 해군장교, 저술가가 각 1명이었다. 서구인은 역사학자가 7명으로 가장 많았고, 언어학자와 선교사(각 2명), 저널리스트, 작가, 교육자, 해군장교는 각 1명이었다. 특이한 점은 문신, 역사가, 학자, 교육자 등 문과계열의 사람들이 거의 대부분이고, 무신과 해군장교는 각 2명일뿐이라는 것이었다.

이순신과 비교되는 위인은 총 27명이었다. 그중에서 아시아인은 15명(중국인 14, 일본인 1)이었고, 서구인은 12명이었다. 동양과 서양의 위인이 거의 절반씩 차지하고 있다고 할 수 있다. 조선인들은 중국 위인 14명을, 일본인들은 서구 위인 7명과 일본 위인 1명을, 그리고 서구인들은 서구 위인 8명을 거론했다. 조선인이 언급한 중국 위인들은 남송이 멸망한 1279년 이전의 인물들이었다. 일본인이 언급한 위인들은 고대인은 2명뿐이고, 나머지는 모두 16세기부터 20세기 초까지의 인물들로서 각 시대마다 골고루 분포되었다(16세기 2, 17세기 1, 18세기 1, 19세기 2, 20세기 1). 서구인이 언급한 위인들은 16세기부터 20세기 초까지의 인물들이었는데, 역시 각 시대마다 골고루 분포되었다(16세기 3, 17세기 2, 19세기 2, 20세기 1).

그런데 중국 위인들과 다른 외국 위인들의 직업이나 신분은 많이 다르게 나타났다. 중국 위인들은 무신(7)과 정치가(6)의 수가 비슷하게 많았고, 전략가(2), 시인(2), 관리(1)도 소수이지만 있었다. 그러나 일본과 서구의 위인들은 모두 해군장교 출신이었다.

이순신과 비교되고 있는 외국 위인들을 항목별로 분류하면 〈표 5〉와 같다. 이 표는 무엇보다도 이순신이 심성과 자질면에서 가장 많은 외국 위인들과 비교되고 있음을 보여준다(14). 이어서 전공과 전략전술면에서 비교되고 있는 외국 위인이 많은 것으로 나타났다(11). 나머지 항목들은 이 두 항목에서 나타나는 수의 약 절반 이하만 나타나는데, 서로 엇비슷하다 (6-4). 이것은 외국 연구자들이 이순신의 개인적인 요소와 군사 분야의 활동을 중시해왔다는 것을 의미한다.

〈표 5〉 이순신과 비교되는 외국 위인들의 항목별 분류

(계에서 중복되는 인물은 1명으로 분류)

항목	조선인	일본인	서구인	계
국가와 역사에 미친 영향	곽자의, 이성, 제갈량	하워드		4
명성과 공훈	제갈량, 장순		넬슨, 블레이크, 쟝바르, 바르바로사	6
전공과 전략전술	곽자의, 장순, 허원, 주유, 악비	넬슨, 드 로이테르, 드레이크, 테미스토클레스, 도고	넬슨, 드레이크, 하워드	11
사망의 의미	제갈량, 관우	드 로이테르, 넬슨, 제갈량	넬슨	4
심성과 자질	제갈량, 장량, 노중련, 관중, 안영, 두보, 이백	넬슨, 쉬프랑, 패러거트, 드 로이테르	코크레인, 피셔, 드레이크	14

가장 많은 항목에서 거론되는 위인은 동양인 중에서는 제갈량인데, 3가지 항목에서 나타난다. 이어서 장순과 곽자의가 2개 항목에서 나타나며, 나머지 위인들은 1가지 항목에서만 나타난다. 서구인 중에서는 넬슨이

가장 많이 나타나는데, 4가지 항목이다. 다음으로는 드 로이테르이며, 3가지 항목에서 나타난다. 드레이크와 하워드는 각각 2가지 항목에서 나타나며, 나머지 위인들은 1가지 항목에서만 나타난다. 이것은 이순신과 비슷한 위인이 동양권에서는 제갈량, 곽자의, 장순 순으로, 서양권에서는 넬슨, 드 로이테르, 드레이크, 하워드 순으로 간주되고 있음을 뜻한다.

이 위인들을 국적별로 보면, 중국 위인 14명은 당나라(6), 춘추전국(3), 후한(2), 후한-삼국과 남송 각 1명의 분포를 보여주고 있다. 춘추전국시대는 중국 대륙이 통일되기 전 군웅할거의 난세였으며, 많은 영웅호걸과 인재들이 출현하고, 문화와 사상이 발전하며, 중국의 지리적 확장이 이루어져 중국의 정체성이 확립된 시대로 간주되고 있다. 당나라는 문물을 발달시키고 대외활동을 활발하게 하여 중국 중심의 세계관을 완성했으며, 이 세계관을 주변국에게까지 영향을 주었다. 중국인들은 당나라 시대를 영광스럽게 생각하고 가장 좋아하며, 주변국들은 그 시대 이후에도 당을 중국을 뜻하는 단어로 많이 사용해왔다. 후한과 삼국은 『초한지』와 『삼국지』라는 유명한 소설의 배경이 되는 시대로 많은 영웅호걸이 회자되는 시대였다. 남송은 한족이 통치하는 왕족의 마지막 시대로 문화와 경제가 발전한 시대였다. 따라서 조선 후기에 조선인들이 송대까지의 위인들과 이순신을 비교한 이유로는 먼저 그들이 즐겨보던 사서와 고문헌에 주로 송대까지의 역사와 인물들이 많이 거론되고 있었다는 점이다. 다른 한 이유는 송나라 이후의 원나라가 몽골족이 통치하던 왕조였다는 점이다. 명나라가 임진왜란 때 원군을 보내기도 했지만, 조선인들은 병자호란 때 자신들의 숭명정책 고수로 치욕을 겪었을 뿐만 아니라 그 치욕을 준 청나라가 계속 통치하던 시대도 조선 후기였기 때문에 송대 이후 위인들을 이순신과 비교하지 않았던 것으로 볼 수 있다.

중국 위인을 제외한 나머지 위인들은 영국인(6), 프랑스인(2), 네덜란드인, 미국인, 그리스인, 튀르키예인, 일본인이 각 1명씩이었다. 아시아의 위인으로는 일본인 1명뿐이고, 나머지는 모두 서구의 위인들이었다. 서구의 위인 중에서 영국 국적자가 압도적으로 많은 이유는 그들이 세계를 지배했다고 해도 과언이 아닌 대영제국을 16세기부터 건설하고 20세기 초까지 운영하는데 중요한 역할을 한 인물들이었기 때문이다. 역사에 등장하는 한 인물이 동양과 서양은 물론 고대인부터 현대인에 이르기까지 이처럼 많은 위인들과 비교되는 현상은 아주 드문 현상이다. 필자가 보기에는 전무후무한 사례로 보아도 무방할 것 같다. 이순신과 비교되는 위인들이 많다는 것은 그들을 위인으로 간주하게 하는 업적이나 활동 혹은 개인적인 장점을 이순신 한 명에게서 모두 찾아볼 수 있다는 것을 뜻하기도 한다. 이순신이 그 위인들보다 더 훌륭하다거나 이순신을 명예의 전당에서 최상층에 위치시켜야 한다는 주장이 간혹 나타나는 것은 바로 이 때문이라고 할 수 있을 것 같다.

일반적으로 위대하다고 여겨지는 해군 제독들의 특징은 4가지이다. 1) 거의 모든 제독이 해전 방식을 숙지한 전문적인 뱃사람이었고, 상선 근무 경력을 가진 사람도 있었다. 2) 자신의 책임을 다하지만, 면밀하게 계산된 위험도 받아들일 수 있는 강한 정신력을 보유하고 있었다. 3) 공격 정신을 갖고 있었다. 4) 위험에 직면했을 때 용감성을 과시하여, 전투 도중에 전사하는 경우가 있었다.[37] 이순신의 경우는 첫 번째를 제외한 나머지 특징들과 부합된다. 그럼에도 불구하고 일본과 서양에서 세계의 해군 명장들과 동등하거나 더 훌륭하고. 나아가 '신'과 같거나 '타고난 인류의 지도자'로까지 칭송된다는 점에서 이순신의 위대성은 더욱 커져 보인다.

그러나 외국 자료에서 이순신에 대한 본격적인 연구서나 논문은 거의 보이지 않으며, 그런 연유로 이순신과 임진왜란 동안 조선 수군에 대한

---

[37] ed. Jack Sweetman, *The Great Admirals : Command at Sea, 1587-1945* (Annapolis: Naval Institute Press, 1997), pp.xix-xx. 이 책은 9개국의 해군제독 19명을 고찰하고 있는데, 영국인 6명(Drake, Blake, Hawke, Nelson, Jellicoe, Cunningham), 미국인 4명(Farragut, Dewey, Spruance, Halsey), 일본인 2명(Togo, Yamamoto), 네덜란드인 2명(Tromp, de Ruyter), 그리고 오스트리아인(Tegetoff), 덴마크인(Juel), 프랑스인(Suffren), 독일인(Scheer), 그리스인(Miaoulis)은 각 1명씩이다. 이순신이 여기에 포함되지 않은 것은 안타까운 일이 아닐 수 없다.

본격적인 세계사적 비교 연구가 전무한 것은 당연한 현상으로 보인다. 이순신을 세계사적인 시각에서 조명하는 것은 그를 세계사적인 위인으로 간주할 수 있는 보편타당한 근거를 마련할 수 있다. 그러나 이 작업은 조선과 명나라 및 일본은 물론 당대 서양의 주요 해군국들을 모두 연구해야 하기 때문에 오랜 기간의 준비와 작업이 필요하다. 그럼에도 불구하고 이 작업은 임진왜란과 이순신의 세계사적 의미와 위상을 규명하기 위해 반드시 필요할 수밖에 없는 것이다.

제2부

이순신을 어떻게 기려왔는가?

제6장

이순신에 대한 평가와 현창(顯彰)

1. 머리말

이순신 평가에 대한 역사학계의 연구물이 우리나라에서 2002년에 본격적으로 나타나기 시작하였으며, 2004년부터 많이 나타났다고 할 수 있을 것 같다. 2002년도에 정두희는 이순신의 인간적인 모습을 보아야 한다고 주장하였다.[1] 2004년에는 오종록이 이순신에 대한 조선 후기의 평가를 그리고 이덕일이 일제부터 현대까지 이순신 평가의 흐름을 분석하는 논문을 같은 잡지에 발표하였으며,[2] 같은 해에 노영구도 17세기부터 현대까지의 이순신 평가를 밝힌 논문을 발표하였다.[3] 2005년에는 이상록이 '박정희 체제'의 활동을 집중적으로 조명하였다.[4] 2007년과 2008년에는 정두희가 이순신 평가를 상세히 고찰한 논문을 다시 발표했으며,[5] 2008년에는 장학

---

1) 정두희, 「이순신-개인의 아픔을 넘어 나라를 위기에서 구한 장군」, 『한국시민강좌』 제30집, 2002, p.122.
2) 『내일을 여는 역사』 18호, 2004. 가을에 게재된 오종록의 논문 「보통 장수에서 구국의 영웅으로-조선 후기 이순신에 대한 평가」와 이덕일의 논문 「일본 축출의 영웅에서 군사 정권의 성웅으로, 다시 인간 이순신으로」를 참조.
3) 노영구, 「역사 속의 이순신 인식」, 『역사비평』 통권 69호, 2004. 겨울.
4) 이상록, 「이순신 : '민족의 수호신' 만들기와 박정희 체제의 대중규율화」, 권혁민·이종훈 엮음, 『대중 독재의 영웅 만들기』(서울: 휴머니스트, 2005), pp.304-359.
5) 정두희, 「이순신에 대한 기억의 역사와 역사화 : 4백년간 이어진 이순신 담론의 계보학」, 『한국사학사학보』 14권, 2006. 12. 이 논문은 정두희·이경순 엮음, 『임진왜란, 동아시아 삼국전쟁』(서울: 휴머니스트, 2007), pp.187-232에 재수록되어

근이 임진해전사의 연구 현황을 밝히면서 군 출신 학자들의 이순신 연구 경향을 밝혔다.6) 그리고 2009년에는 이순신 평가를 주제로 한 박사학위논문7)이 출현하기에 이르렀다.

오늘날 이순신에 대한 평가는 양극화 현상을 보이고 있다. 이순신의 순절, 충효, 인격, 문학적 재능, 전공(戰功), 리더십 등의 측면에서 극구 칭송하는 사람이 있는가 하면, 원균을 부각시키면서 상대적으로 이순신을 폄훼하려는 사람도 있다. 또한 이순신을 긍정적으로 언급하는 것을 군국주의나 전체주의적 영웅사관을 보유한 우익적 행동으로 간주하려는 경향마저 있다.

이순신 평가의 양극화 현상은 이순신의 성웅이나 영웅적인 모습이 아닌 인간적인 모습을 보아야 한다는 일종의 사회적 신드롬을 초래하였다. 이순신을 새롭게 보되 인간적인 모습을 중시하려는 이 움직임은 너무나 커서 마치 시대 조류인 것으로 보였으며, 이러한 상황을 틈타 원균을 명장으로 재평가해야 한다거나8) 어린 시절에 이순신이 원균의 부하 노릇을 하고 원균이 이순신을 보호해 주었다는 왜곡된 사실이 진실로 둔갑하는 일까지 벌어졌다(KBS 드라마). 이순신에 대한 기존 평가를 거부하려는 움직임이 역사왜곡으로까지 이어짐으로써 이순신의 실체가 모호해지게 될 우려마저 하게 된 것이다.

이 논문은 이순신에 대한 평가와 현창 활동이 우리나라에서 어떻게 전개되어 왔는지를 문헌과 연구물을 이용하여 밝히고, 이를 바탕으로

있으며, 여기에서 참고한 것은 후자이다. ; 정두희, 「이순신에 대한 역사학적 반성」, 『鄕土서울』 제71호, 2008. 2.
6) 장학근, 「임진해전사 연구의 현황과 향후 연구 방향―크라우제비츠(Clausewitz)의 삼위일체를 중심으로」, 임진왜란연구회, 『임진왜란사 연구의 새로운 과제』, 임진왜란사 연구 100년 기념 학술논문발표회 발표문집, 2008. 11. 9, pp.23-52.
7) 권오헌, 「역사적 인물의 영웅화와 기념의 문화정치 : 1960-1970년대를 중심으로」, 고려대학교 사회학과 박사학위논문, 2009. 12.
8) 李在範, 『元均正論』(대구: 啓明社, 1983)이 『원균을 위한 변명 : 기록을 남기지 않은 자의 비애』(서울: 학민사. 1996)로 다시 발간되었는데, 2004년에 재판되었으며, 이를 근거로 원균을 두둔하는 글이 인터넷에서 많이 돌아다니고 있다.

관련된 논쟁을 어떻게 보아야 하는지를 고찰하려는 목적을 갖고 있다. 그 과정에서 평가의 변천 과정은 조선시대, 일제강점기, 광복 이후로 시대를 구분하여 그리고 현창 활동은 통시대적으로 고찰될 것이다.

2. 이순신에 대한 평가

1) 조선시대

조선시대의 이순신 평가를 살펴보는데 유용한 자료는 『조선왕조실록』과 『이충무공전서』이다. 왜냐하면 두 서적이 오랜 기간의 많은 자료를 집대성해 놓은 것들이기 때문이다. 『조선왕조실록』에서 이순신에 대한 평가와 관련된 기사는 총 106건이 나타나며, 이를 역대 왕의 치세기간별로 분류하면 〈표 1〉9)과 같다.

〈표 1〉『조선왕조실록』의 이순신 평가관련 자료

왕명	치세기	자료 수	왕명	치세기	자료 수	왕명	치세기	자료 수
선조	1567~1608 (42)	20	현종	1659~1674 (16)	6	순조	1800~1834 (35)	3
광해군	1608~1623 (16)	3	숙종	1674~1720 (47)	12	고종	1863~1907 (35)	1
인조	1623~1649 (27)	7	영조	1724~1776 (53)	20	순종	1907~1910 (4)	1
효종	1649~1659 (11)	7	정조	1776~1800 (25)	26	계		106

선조에서 대한제국까지 역대 왕 14명 중에서 경종(1721~24), 헌종(1834~49), 철종(1849~63) 3명을 제외한 11명의 치세기간 동안에 관련

---

9) 〈표 1〉은 김주식 외 공편저, 『조선시대 수군 : 「실록」발췌 수군관련 사료집』, 2·3·4·5·6권(서울: 신서원, 2000-4)을 근거로 필자가 만든 것이다. 자세한 목록은 분량이 길어 이 논문에서 생략하였다.

자료가 나타나고 있다. 이것은 임진왜란이 발발한 1592년부터 실질적으로 조선이 멸망한 1910년까지 총 318년의 기간에서 3명의 치세기간 36년간을 제외한 282년 동안 관련 자료가 꾸준히 나타나고 있음을 뜻한다. 자료가 가장 많이 나타나는 때는 정조대로서 26건(25%)이다. 이어서 영조대와 선조대가 각각 20건(19%)으로 많이 나타난다. 이순신이 활동하던 시대와 이순신 사후의 시대를 포함한 선조대가 180여년 이후인 정조대보다 적게 나타나고 있음을 알 수 있다. 다음으로 숙종대가 12건(11%)으로 많이 나타난다. 전체적으로 보면 숙종·영조·정조로 이어지는 3대의 치세기간 127년 동안(1674~1800) 나타나는 자료가 58건으로 전체의 55%를 차지하고 있다. 반면에 나머지 왕들의 치세기간에는 자료가 비교적 적게 나타나고 있다. 또한 역대 왕의 치세기간과 자료 빈도수를 비교하면, 선조대가 연평균 1.3건으로 가장 많이 나타나고, 이어서 정조대가 1건씩으로 많이 나타난다. 숙종·영조·정조의 3대 왕의 치세기간에는 연평균 0.5건의 자료가 나타나고 있다.

이 기록을 남긴 사람들의 신분은 〈표 2〉와 같다.

〈표 2〉 이순신 평가관련 자료의 제공자 신분

품계	자료 수	내용
왕	42	선조 11, 광해군 1, 인조 3, 효종 2, 현종 1, 영조 5, 정조 16, 순조 2, 순종 1
정1품	24	영의정 7, 좌의정 8, 우의정 5, 영중추부사 2, 돈영부영사 1, 도체찰사 1
종1품	5	판중추부사 3, 규장각 각신 1, 의정부 좌찬성 1
정2품	12	병조판서 1, 공조판서 1, 이조판서 3, 형조판서 1, 호조판서 2, 예조판서 1, 지중추부사 1, 영남균세사 1, 제조 1
종2품	4	수군통제사 2, 사헌부 대사헌 1, 경상감사 1
정3품	5	홍문관 부제학 2, 승정원 승지 1, 균역청 당상 1, 이정청 당상 1
종3품	1	사간원 사간 1
정4품	4	홍문·예문관 응교 4
종4품		
정5품	3	홍문·집현전 교리 1, 경연 시독관 2
종5품	2	승문원·교서관 교리 1, 숭문·홍문관 부교리 1

정6품	5	이조 정랑 1, 홍문관 수찬 2, 경연 검토관 2
종6품	1	5위 부사관 1
기타	31	예조 4, 비변사 5, 찬집청 1, 사관·사신 17, 유생 3, 유학 1
계	139	

신분을 알 수 있는 사람은 총 139명이며, 그들의 신분은 왕으로부터 종6품의 관리들에 이르기까지 아주 다양하다. 또한 기타 항목에서 볼 수 있는 것처럼, 품계를 알 수 없는 관리(예조·비변사·찬집청·사관과 사신) 27명과 지방 유생과 유학 4명도 나타나며, 하위 품계에서 고위 품계까지 심지어 국왕에 이르기까지 비교적 고루 나타나고 있다.

그런데 이 표에서 가장 먼저 눈에 띄는 것은 왕이 42회(30%)로 가장 많이 나타나고 있는 점이다. 자료 제공자로 나타나는 역대 왕은 9명인데, 그중에서 정조(16회)와 선조(11회)가 압도적으로 많은 비중을 차지한다. 이어서 영조(5회)와 인조(3회)가 많이 나타나고, 나머지 왕들은 1~2회로 아주 적게 나타난다.

관리의 경우에는 정1품에서 종6품까지 12가지 품계 중 종4품 1가지를 제외한 11가지 품계가 66회 나타난다. 그중에서 정1품이 24회(17%)로 가장 많이 나타나고, 이어서 정2품이 12회(9%)로 많이 나타난다. 당상급 이상인 정3품 이상의 고위관직자가 49회로 거의 대부분을 차지하고 있다. 나머지는 모두 5회 이하로 비교적 적게 나타난다. 제공자의 관직을 기준으로 보면, 이 표에는 50종의 관직이 나타난다. 그 중에서 영의정(7), 좌의정(8), 우의정(5)으로 구성되는 최고위 관리인 정승(정1품)이 20회로 가장 많은 부분을 차지하고 있다. 또한 정2품의 관직에 6조 판서들이 모두 포함되어 있는 것도 눈여겨 볼 점이다. 한편 이 표에 나타나는 관리들이 문관과 무관을 모두 포함하고 있다는 점도 주목할 만한 사항이다. 그러나 문관이 대부분을 차지하고 있으며, 무관의 경우는 극소수에 불과하다.

이 자료들 중에서 이순신을 직접 평가하고 있는 문구들을 발췌하면 〈표 3〉과 같다.

〈표 3〉『조선왕조실록』에서 이순신을 평가하고 있는 자료들의 문구

왕명	평가자	평가 내용
선조	왕	업무 게을리, 대장 업무를 잘못 수행, 불성실하고 출정하지 않으며 호출에 불응, 이순신의 승리는 당연하고 사소한 데 중국 장수가 과장
	기타	수륙의 모든 장수 중 가장 우수(유성룡), 공이 매우 크지 않음(김응남), 비상한 장수(정탁), 쓸만한 장수이자 장사(將士)들도 조용하여 중도에 맞는다 한다(김응남), 많은 장수 중 가장 쟁쟁한 자이자 경상도의 장수 중 제일 훌륭(이원익), 직무수행능력이 훌륭하고 굽힐 줄 모른다(유성룡), 조용하나 속임수가 많다(윤두수·김응남), 옛 어진 장수도 이보다 더할 수 없다(사관), 충성·용맹·토벌·엄한 군율·사졸 사랑으로 모두의 존경을 받다(사관), 중국인도 승첩을 칭송(비변사), 국가를 회복시킨 최고의 공로자이고 옛 명장의 풍모를 소유(비변사), 옛 명장에도 부끄러울 것 없다(이덕형), 중국인도 명장이라 불리는 이(사신), 죽음으로 나랏일에 애쓰고 큰 환란을 막아낸 이(이항복)
인조	왕	중국인을 마음대로 부리고 중국인도 이순신의 죽음에 통곡
	기타	중국인도 이야(李爺)라 호칭(정경세)
효종	왕	하늘이 나라의 중흥을 위해 탄생시키고, 악비보다 더 능하고, 쉽게 얻을 수 없는 인재
	기타	우리나라에서 충신으로 드러나 칭송할 수 있는 유일한 분(김육)
숙종	왕	명장
	기타	국조 이래 최고의 공로자(이이명)
영조	왕	
	기타	임란 때 발탁된 유일한 분(원경하), 이순신만 무적의 장수(박문수)
정조	왕	先正 칭호를 사용, 당파로 해를 당함, 명나라 은총으로 천하 명장이 된 이, 선조의 국가 중흥에 유일한 기초를 세운 이
	기타	임진년 승첩의 원훈(구선복), 거제 전첩은 진실로 기위한 것(임제원), 제갈무후 이후 일인자(이병모)

 선조대에는 이순신이 생존해 있을 때부터 부정적인 평가가 왕을 중심으로 존재하고 있었다. 선조는 이순신이 백의종군 이후 세운 전공을 사소한 것으로 치부하였다. 중국 장수에 대해서는 항상 무조건 굴종적인 모습을 보여주던 선조가 이순신을 높이 평가하는 중국 장수의 견해조차도 과장된 것으로 폄하하는 모습까지 나타나고 있다. 선조대의 일부 관리들은 왕의 이러한 의도를 간파하고 역시 이순신을 부정적으로 평가하고 있다. 이순신은 당대에 왕명을 무시하며, 원균의 전공을 가로채고, 남을 모함하는 죄를 저지른, 사형을 피할 수 없는 중죄인으로 간주될 만큼 국왕을 중심으로

한 일부 지배층으로부터 인정을 받지 못한 인물이었다. 반면에 일반 백성들과 일부 지배층은 이순신을 영웅으로 간주했다. 다시 말하면 지배층과 국가는 그를 영웅으로 인정하려 하지 않았다. "학자와 관료 중심의 문신이 주도하는 사회였던 조선에서 변방의 하급 장수에 불과하던 그가 어느 날 갑자기 구국의 영웅으로 등장하는 것을 쉽게 허용하지 않았으며, 그것은 그가 죽은 다음에야 가능할 수 있었다."10)

그러나 선조대 이후에는 거의 모든 왕들과 관리들이 이순신에 대해 긍정적인 평가를 내리고 있으며, 이는 〈표 4〉11)를 통해서도 알 수 있다.

〈표 4〉『완역 이충무공전서』의 이순신 평가 문구

연도	치세 왕명	평 가 자	평가 내용
1599	선조	오윤겸(수찬)	나랏일과 군 사기를 좌우한 분
1599	선조	유성룡(영의정)	한 손으로 하늘을 떠받든 장군
1615	광해군	이항복(중추부사)	죽음으로 국가 환란을 방어한 분
1656	효종	차천로(봉상정)	유일한 무적장군
1588-1641	인조	최유해(승지)	천지신명이 낸 분
1581-1643	숙종	김시양 (판중추부사)	하늘에서 태어나 영구한 모습을 지닌 분, 제갈무후와 한 수레를 탈수 있는 분
미상	숙종	이식(대제학)	백년에 한, 둘 나오는 인물 중 최고
1685	숙종	이민서(대제학)	참 장군
1693	숙종	김육(영의정)	장순, 허원, 제갈무후보다 더 큰 공로자
1643-1707	숙종	임홍량(목사)	왕은 '명장'으로, 백성은 '만리장성'으로 호칭
1794	정조	정조	국가 중흥의 기초를 세운 유일한 분
1724-1802	정조	홍양호 (판중추부사)	국가 중흥의 원공(元功)이자 명장 중 최고
1832	순조	홍석주(이조판서)	장순, 주유, 악비, 곽자의, 이성, 제갈량과 같다.
미상		『선조중흥지』	국가 중흥의 제일 명장
미상		『이대장한풍실기』	곡식문제 발생할 때마다 이순신의 둔전설치제도가 거론

전사 직후의 시기에는 전란기에 실추된 조정과 국왕의 권위를 만회하려

---

10) 오종록, op. cit., p.152.
11) 〈표 4〉는 李殷相 譯, 『完譯 李忠武公全書』, 上下(서울: 成文閣, 1989)를 근거로 필자가 작성한 것이다.

는 정치적 의도 때문에 이순신을 온전하게 인정하지 않으려는 경향이 있었다. 이것은 이순신을 원균과 동일시하거나 그 이하의 공신으로 간주하려 했던 선조의 일관된 행동을 통해 알 수 있다. 따라서 이 표는 이순신이 당대에는 '원균의 전공을 가로챈 인물'이었으나, 임란 이후에는 '희대의 영웅'으로 평가되었다는 주장12)이 사실임을 입증하고 있다.

선조대 이후 이순신에 대해 찬사가 많았던 이유는 시대마다 조금씩 달랐다. 인조대에는 정묘호란(1627)과 병자호란(1636~1637)을 겪는 와중에서 국왕이 삼전도에서 굴욕을 당하는 지경에 이르렀다. 이러한 시대 상황 때문에 이 시기에는 전공(戰功)이 아닌 절의(節義)와 충절(忠節)로 충신열사를 새로 해석하려는 움직임이 일어났는데, 이점에서 이순신은 대표적인 인물로 부각되었다. 효종대에는 청국에 대한 복수심에 불타는 북벌론이 대두했는데, 외적을 물리치고 죽음을 불사하는 충신명장의 필요성에 의해 이순신을 칭송하고, 그에 대한 현창사업을 국가가 관리하기까지 했다. 숙종대에는 군사적 북벌론이 현실적으로 어렵다는 것을 깨닫고 사상과 문화적 측면에서 북벌론 즉 조선중화주의가 대두했는데, 이순신은 명국과 조선을 연관시키고 또한 양국을 구한 장수로 평가되어 다시 칭송되었다. 정조대에는 탕평책으로 왕권을 강화하고 여러 분야에서 개혁이 이루어졌다. 정조 전반기에는 이순신의 현창사업이 확대되었으며, 후반기에는 조선중화론을 주창하고 신하들의 충성을 요구하기 위해 이순신에 대한 현창사업을 집중적으로 시행했다.13) 심지어 그가 무장임에도 불구하고 유학자의 최고봉에게 헌정되는 선정(先正)14)이라는 칭호까지도 사용하

---

12) 송우혜,「문학작품을 통해 진행되고 있는 이순신 폄훼 현상과 KBS 대하드라마 『불멸의 이순신』의 원작소설이 지닌 심각한 역사 왜곡의 문제」,『이순신연구논총』 통권 제2호, 2004년 봄·여름호. 당대에는 '백성들의 영웅'이었으나 '지배층으로부터 거부'당했으며, 사후에야 영웅으로 인정받았다는 주장도 있다. 오종록, op. cit.
13) 이러한 해석은 노영구, op. cit., pp.341-47 ; 이상록, op. cit., pp.304-359 ; 정두희, 「이순신에 대한 기억의 역사와 역사화 : 4백년간 이어진 이순신 담론의 계보학」 등에서 동일하게 나타나고 있다.
14) 先正은 "국가와 군주를 올바른 길로 인도하고 고인이 된 신하"라는 의미로 조선시대에 신하에게 부여하는 최고의 호칭이기도 했다. 오종록, op. cit., p.159.

는 것을 왕이 직접 허락했다.

조선시대의 이순신 평가를 연구한 것이 별로 없다는 이유 때문에, 조선시대에 이순신이 제대로 평가되지 않았다가 국가 위기를 맞이한 19세기 말이나 일제강점기에 이순신이 거론되고 부각되기 시작했다고 믿었던 사람들도 있다.15) 그러나 실제로는 이순신에 대한 칭송과 긍정적인 평가가 서민들은 물론 국가 지도층에 의해서도 조선시대 내내 계속되어 왔던 것으로 볼 수 있다.

조선인들이 이순신을 그렇게 평가하는 데에는 중국장수들과 관리들이 이순신을 높이 평가하고, 칭송하며, 존경심을 보인 점도 어느 정도 역할을 한 것처럼 보인다.16) 실제로 명 황제가 이순신에게 도독이라는 직위와 팔사품(八賜品)을 직접 하사한 것으로 알고 있었다.17) 당시 조선인들의 세계관과 지식영역이 중화권에서 벗어나 있지 못했던 시기였기 때문에, 이 사실은 조선인들에게 엄청난 사건으로 받아들여졌을 수 있다. 이러한 견해는 조선인들이 이순신과 비교한 장수들이 모두 중국사에서 등장하는 장수들이라는 점으로도 어느 정도 짐작할 수 있다.

이순신과 비교된 중국인은 제갈량(諸葛亮, 221~264), 관우(關羽, 160~219), 주유(周瑜, 175~210), 장순(張巡), 곽자의(郭子儀, 697~781), 이성(李晟, 727~793), 악비(岳飛, 1103~1141), 허원(許遠, 709~757)으로 모두 8명이다. 이 중국 위인들은 삼국시대(184~280)에서 당나라 때까지 중국을 대표하는

---

15) 그 예로 박은식을 들 수 있다. "왜 조선 조정이 이순신을 망각했을까? 박은식은 그 호물을 조선사대부에게 두었다. … 조선사대부들이 공리적인 성리학만 치중하고 실용적인 학문을 등한시했다는 폐단이 있었고, 신사들이 족당을 만들고 문호를 세워 자기편의 이익만 생각하여 정략에 따라 다른 사람들을 척결했던 일이 비일비재했다." 박현규·권혁태, 「朴殷植「李舜臣伝」의 全文 발굴과 해석」, 『이순신연구논총』 창간호, 2003, p.235.

16) 정두희, op. cit., p.201.

17) 장경희는 중국 산동대학 劉寶全 교수가 2012년 서울대 특강에서 주장한 사실을 들면서 진린이 이순신에게 개인적으로 준 선물이라고 주장했다. 「통영 출렬사 '팔사품', 명나라 긴종황제 하사품 아니다」(2014. 11. 19), 공감언론 뉴시스통신사 : https://www.newsis.com/

무장들이었다. 이것은 조선인들이 이순신을 중국에서 역사적 위인으로 추앙받고 있는 대표적인 무장들과 비교했음을 알 수 있게 해주는데, 조선인이 중국에서 비교할 수 있는 인물을 찾을 수밖에 없었던 세계관과 인식의 한계를 보여주기도 한다.

이순신에 대한 평가는 다음 몇 가지 유형으로 구분할 수 있다. 먼저 왕을 중심으로 한 지배층의 입장에서 볼 때, 이순신은 왕정이라는 지배체제를 유지하는 데 절대적으로 필요한 상징적인 인물이었다. 지배체제와 지배층을 위해 몸과 마음을 다 바친 헌신과 충성심은 특히 지배구조가 허약해졌을 때, 내·외부의 위협으로 국가가 어려움에 처했을 때, 지배층의 분란과 동요로 왕권이 위태로웠을 때, 그리고 최고 지배자인 왕의 대외 팽창야욕이 강했을 때 주로 나타났다. 국가와 사직을 위해 충성하고 죽는 것은 유교 사상의 근본인데, 이순신은 이를 실현한 인물이었기 때문에 지배사상의 강화에도 도움이 되는 인물이었다. 긍정적 평가의 기록을 남긴 사람들의 신분이 왕부터 정3품에 이르는 최고위층에 많다는 점은 이러한 주장에 대한 증거가 될 수 있을 것 같다.

다음으로 무관의 입장에서 볼 때, 이순신은 닮고 싶거나 똑같은 인물이 되고 싶은 가장 이상적인 무관이었다. 전장에서 전사하는 것은 무인들이 최고의 영광으로 생각하는 삶의 형태이고, 힘들고 열악한 상황에서도 궁극적으로 연전연승을 하는 것은 고금의 전 세계 군인들이 원하는 전공이며, 휘하 장병들은 물론 국민들까지 품 안에 거두며, 보호하고, 살피며, 신상필벌하는 모습은 전·평시 지휘통솔의 귀감이었다.

마지막으로 일반 국민들의 입장에서 볼 때, 이순신은 가장 원하는 통치자였다. 탐관오리, 사리사욕, 아부아첨, 출세를 위한 파당 등이 항상 하층민의 희생을 기반으로 하는데, 선조대 즉 조선 중기는 이러한 현상들이 상당히 심했던 시대였다. 따라서 장병들의 어려움과 아픈 곳을 어루만져주고 또한 일반 백성과 피난민까지 살피고 품에 안는 모습을 보여준 이순신은 일반 국민들이 어버이처럼 생각할 수 있는 고위관리였다. 이순신이 근무하거나 통치했던 지방은 물론 다른 많은 지방에서도 이순신에 대한 칭송활동이 나타나는 것은 바로 이 때문이라고 할 수 있다.

2) 일제강점기

일제강점기는 한일합병이 일제에 의해 선포된 1910년부터 시작되어 일제가 태평양전쟁에서 패배한 1945년 8월 15일에 종료되었다. 그러나 1904년 러일전쟁의 승리 이후부터 노골화되었던 일제의 한국 침략행위는 사실상 을사늑약(乙巳勒約)이 체결된 1905년부터 본격적으로 그리고 구체적으로 이루어지기 시작했다. 따라서 이 책에서는 일제강점기의 시기를 1905년부터로 확대하여 살펴보려 한다.

필자가 조사한 바에 따르면, 일제강점기에 나타난 이순신 관련 문헌자료는 〈표 5〉와 같다.

〈표 5〉 일제강점기의 이순신 자료

년도	집필자	제목
1907	현공렴	이충무공실기
1907	홍양호	동국명장전
1908	박은식	이순신전(서우학회『서우』)
1908	신채호	이순신전(『대한매일신보』)
1909	신문관 편	이충무공일사(『소년』 제10권)
1911	한치연	해동역사
1916	조선연구회	이순신전집
1918	신문관	이충무공전서(2책)
1922	개발사편집부	조선지위인
1924	장도빈	이순신전
1925	최찬식	충무공 이순신실기
1926	개발사편집부	조선지위인
1928	이호	세계적 대원수 조선의 충무공(『한빛』 제6호)
1928	최남선	민족적 시련기의 조선, 상 : 임진란의 본말(『여시』 제1호)
1931-32	이광수	이순신전(동아일보)
1931	이윤재	성웅 이순신
1931	이광수 역	이충무공 행록(『동광』 제23호)
1932	이광수	이순신전
1934	최남선	이순신과 넬슨(『매일신문』)
1941	박은식	이순신(『광복』)

이 시대의 이순신 관련 자료는 학술적인 연구물이 아니라 대부분 위인전이나 소설류이며, 총 20가지 중에서 강제병합 이전의 자료는 5가지이다.

이 자료들은 대부분 1920년대 이후부터 나타나고 있으며,[18] 이순신에 대한 평가도 1920년을 기준으로 달라진다. 1920년 이전의 시기에는 침략 당사자인 일본을 이긴 이순신의 존재가 다른 위인보다 더 부각되는 것이 필연이었다. 박은식은 이순신을 '고금 수군의 제일 위인이자 세계 철함의 발명 시조'로 간주하고서 일본이 이순신을 스승으로 삼았기 때문에 해군력을 강화하여 일본제국이 될 수 있었던 것으로 보았다. 반면에 조선은 사대부들이 공리적인 성리학에 치중하고 실용학문을 멀리 했으며, 사적인 족당을 만들어 사리사욕만 생각하고 정략에 따라 행동했다.[19] 신채호는 정치적 부패문란과 조정 신료들의 치열한 당쟁으로 나라가 쇠잔하여 침입한 왜적에 대해 제반 대적하지 못하던 때 우리 민족을 살리고 우리의 사기로 빛낸 인물로 이순신을 간주했다. 그가 보기에, 이순신은 제갈량과 넬슨보다 더 위대한 명장이었다.[20] 박은식과 신채호가 이순신을 민족영웅으로 크게 부각시킨 것은 이러한 시대적 상황에서 비롯되었다고 할 수 있다. 그들은 이순신을 '민족의 영웅'으로 보았으며, 일본의 침략으로 다시 고통에 빠진 민족을 구할 용기를 북돋아줄 수 있는 인물로 부활시키려 했던 것이다.[21]

1920년대 이후에는 영웅보다 온전한 인간적 면모를 중시하는 경향이 대세를 이루었다. 특히 이광수는 철갑선의 발명이나 임란 전공자가 아닌 이순신의 자기희생적이고 끝없는 초훼예적(超毁譽的)인 충의 때문에 이순신을 숭앙한다고 하면서 민족주의 사상을 구현한 최고의 이상적인 인물로 간주했다.[22] 그리하여 현대에 이르러 이광수의 작품은 "당파싸움에 초연한

---

[18] 이 자료들을 모두 섭렵하지 못했기 때문에 선학들의 연구결과물을 이용하였다.
[19] 박현규, 권혁태, op. cit., pp.232-33과 235.
[20] 신채호, 『을지문덕·이순신·최도통전』, 독립운동사교양총서 1(독립기념관 한국독립운동사연구소, 1989), pp.160-65.
[21] 정두희, 「이순신론에 대한 역사적 반성」, 『鄕土서울』(서울특별시사편찬위원회) 제71호, 2008. 2, p.374.

성웅 이순신과 당파싸움에 미친 조센징의 대결", "조국 대 왜국의 전쟁을 성웅 대 속물의 대결로 바꿔치기", "민족 자학의식을 정신병적 경지까지 끌어올린 작품", "성웅의 죽음으로 조국의 수호신이 없어졌기" 때문에 "일본의 식민지 지배를 받아들여야" 한다는 것을 주장하였다는 혹평을 받기도 하였다.23) 다음과 같은 주장을 볼 때, 이 혹평은 학계에서도 받아들여진 것처럼 보인다. 이광수는 "철갑선의 발명자이거나 임진왜란 극복의 주체로 묘사하기보다 자기희생적이며 충성스러운 인격자, 애국자로 묘사하고자 했다. 즉 그 이전의 역사소설에 보이는 영웅으로서 이순신을 그리는 것이 아니라, 조선민족의 고질적 병폐로 강조되던 당쟁에 희생된 군인으로서, 또한 인격적 힘으로 열등한 민족을 개조하는 영웅으로 그리고 있다." 이것은 개량적 민족주의자들이 자신들의 주장에 맞도록 각색한 것으로 볼 수 있다.24)

그러나 전체적으로 볼 때에는 조선 후기에 형성되었던 이순신의 이미지가 일제강점기에 다시 일깨워졌다고 할 수 있다.25) 그 이유에 대해서는 다음과 같이 잘 요약된 한 소설가의 견해를 통해 알 수 있다.

> 일본에 의해 나라가 멸망하게 되자, 한민족의 지식인들은 새삼 이순신에 대해 주목하고 이순신을 민족에게 널리 알리기에 나섰다. 3백 년 전에 일본을 통쾌하게 이긴 이순신을 상기함으로써 민족정기를 북돋우고 사기를 진작시키려는 의도였다. … 이 시대의 '이순신전'에 나오는 이순신은 문자 그대로 '성웅'의 이미지를 갖고 있는 것이 특징이다.26)

---

22) 신동욱, 「이광수작 「이순신」의 인물형상화에 관한 고찰」, 『예술론문집』(예술원) 31권, 1992. 12, pp.27과 59.
23) 최상천 지음, 『알몸 박정희』, 개정판(서울: 인물과사상사, 2007), pp.65, 67, 74, 75 등.
24) 노영구, op. cit., p.351.
25) 을파소, 「이순신과 원균에 대한 평가 : 근·현대」, 2005. 10/8 기사, http://cafe.daum.net/root.2/lxk7/1029.
26) 송우혜, op. cit., p.262. 한편 국문학계에서도 이순신을 평가하는 글이 나타났다. 趙潤濟, 『朝鮮詩歌史綱』(1937)은 이순신을 "조선 중기의 시조문학 발휘시대의

3) 광복 이후

광복 이후 이순신에 대한 주요 평가는 〈표 6〉과 같다.

〈표 6〉 광복 이후 이순신에 대한 평가

연도	이름	내용
1950	이병도27)	세계사상에 짝이 없는 드문 위인
	김두헌28)	민족 만대의 사표이자 의범(儀範)
	김성칠29)	민족을 구하려고 하늘이 내린 위인
	이홍직30)	고래의 명장, 민족정신 위해 끝까지 싸운 사람
	이상백31)	역사상 최대 영걸, 세계적으로 비견할 인물 드물다
	김상기32)	일본과 동양의 국면을 좌우, 초인적 창안력 겸한 위인
	이병기33)	열사, 통재, 성자
1960	이은상34)	민족의 태양, 역사의 면류관, 대이상 구현, 대인격 완성자, 성웅이란 칭호가 부족
1961	최석남35)	구국의 신장(神將)
1963	천관우36)	거종(巨鐘), 논평과 평가가 불가한 큰 인물
	원갑희37)	영웅이나 단순한 명장에 불과
1964	조인복38)	경세의 대전략가, 명제독
1967	이형석	성자의 고통을 지닌 무장
	해사충무공연구위원회39)	민족의 등불
1969	조성도40)	인류의 사표, 흠잡을 곳이 없는 위대하고 성공적인 생애
	조성도41)	위인 또는 성웅이기에 앞서 매사에 성실했던 보잘 것 없는 인간
1974	이형석42)	작전용병의 신장(神將), 해중왕(海中王), 군령과 군정의 위재(偉材), 흔하지 않은 전형적인 영걸의 제일인자, 성자의 고풍을 지닌 무장
1979	이형석43)	성웅이 과찬이 아니다. 신장(神將)
1986	이석호44)	구국영웅, 강토의 성벽, 역사의 등불
1991	오붕근45)	애국 명장
1992	최석남46)	구국의 명장, 극동평화수호자, 인류의 은인
1994	박성부	역사와 더불어 영원히 사는 인간 완성의 한 전형
1998	최두환47)	세계에서 으뜸가는 영웅
2001	이선호48)	진정한 대장부, 불세출의 영웅, 지성적 인격자, 조선엘리트 중 엘리트, 뛰어난 무골장수

대표적 인물 중 일인"으로 간주하였다.

	최상천[49]	넉넉한 인품과 탁월한 전략적 능력을 겸비한 세계 최고의 명장, 호국 영웅, 참 좋은 사람
2003	박혁규, 권혁태	고금 수군 제일 위인
	송우혜[50]	광복-90년대 : 하늘이 내린 영웅 현대 : 박정희 혐오가 이순신 폄하를 야기
2004	노영구[51]	해방 후 : 국난극복의 민족 영웅 쿠데타 후 : 성웅, 국난 극복의 상징인물 80년대 : 신격화 중단, 관심 저조 90년대 : 자살, 은둔설 대두 최근 : 인간 중심 평가
	김태훈[52]	평범에서 비범으로 나아간 진정한 영웅
	강봉룡[53]	구국의 해양영웅
2005	황원갑[54]	으뜸가는 위인, 절세의 명장, 구국의 영웅, 민족 구세주, 최고 경영자
2006	이순신역사연구회[55]	5천년 역사의 최고 명장
2008	제장명[56]	뛰어난 전략가, 민족의 영웅, 세계 제일 해전 영웅
	김종대[57]	생사 초월한 도인, 대인격의 성자, 성웅, 성장

27) 李丙燾, 「序文」, 震檀學會 編, 『李忠武公－三百五十週忌紀念論叢』(同硏社, 1950), p.8.
28) 金斗憲, 「李忠武公」, 같은 책, p.40.
29) 김성칠, 「이순신장군」, 같은 책, p.66.
30) 李弘稙, 「受難의 忠武公」, 같은 책, p.83.
31) 李相佰, 「哭忠武公－戰歿 三百五十週年 記念日에」, 같은 책, p.85.
32) 金庠基, 「東洋史上으로 본 忠武公의 偉勳」, 같은 책, p.105.
33) 李秉岐, 「忠武公의 文學」, 같은 책, p.260.
34) 李殷相 譯, 『完譯 李忠武公全書』 上(成文閣, 1989), p.19.
35) 崔碩男, 『李舜臣과 그들』(鳴洋社, 1961), p.9.
36) 千寬宇, 「李舜臣論－「公은 名將보담도 聖者다」」, 『세대』, 1963년 9월호, p.262.
37) 元甲喜, op. cit., p.220.
38) 趙仁福, 『李舜臣戰史硏究』(鳴洋社, 1964), p.328.
39) 海軍忠武公硏究委員會, 『민족의 등불 忠武公 李舜臣』(1967).
40) 趙成都, 『忠武公 李舜臣』(서울: 南榮文化社, 1991), p.328. 이 책은 해군충무공연구위원회가 1967년에 발간한 『민족의 등불 忠武公 李舜臣』을 다시 발간한 것이다.
41) 조성도, 「충무공과 점」, 『해군』 제189호, 1969. 4, p.23.
42) 李炯錫, 『壬辰戰亂史』 下卷(서울: 壬辰戰亂史刊行委員會, 1974), pp.1128-29.
43) 李炯錫, 「聖雄 李舜臣將軍의 戰略觀」, 『정훈』 64호, 1979. 4, pp.24, 26.

이순신 평가와 관련된 자료 총 34건 중 1/3에 해당하는 11건이 2000년대에 나타났다. 다음으로 1950년대와 1960년대가 8건으로 많이 나타났다. 1970년대와 1980년대는 1~2건으로 아주 적게 나타났다. 그런데 이 표는 광복 이후 이순신을 평가할 때 사용된 단어가 무척 다양했음을 보여주고 있으며, 구체적으로 말하면 34가지의 단어가 사용되었다. 이 단어들은 두 가지 범주로 구분하여 살펴볼 수 있다.

먼저 이순신의 국적을 기준으로 볼 때, 우리 민족과 국가의 인물로 칭송하는 단어, 세계적인 인물로 칭송하는 단어, 성인이나 신의 경지에 이른 인물로 칭송하는 단어 3가지로 구분할 수 있다. 우리 민족/국가의 인물로 찬사가 39회 나타남으로써 전체의 52%를 차지한다. 성인/신의 경지에 이른 인물로 찬사는 21회 그리고 세계적인 인물로 보는 찬사는 15회 나타난다. 따라서 이 두 가지를 합하면 36회로서 전체의 48%를 차지한다. 이순신을 우리 민족이나 국가의 인물로 칭송하는 단어가 가장 많이 나타나는 것은 당연하다고 할 수 있다. 그러나 우리 민족/국가의

---

44) 李錫浩 譯, 『난중일기』(集文堂, 1973. 5), p.1.
45) 오붕근 편저, 『조선수군사』(한국문화사, 1998), p.262. 이 책은 오붕근·손영종·지승철, 『조선수군사』(사회과학출판사, 1991)의 영인본이다.
46) 崔碩男, 『救國의 名將 李舜臣』下卷(敎學社, 1992), p.540.
47) 崔斗煥, 「충무공 이순신의 陣法 운용과 신호체계」, 『임진왜란과 이순신 장군의 전략전술』(문광부·전쟁기념관, 1998. 12), p.5.
48) 이선호, 『이순신의 리더십』(팔복원, 2001), p.4.
49) 최상천, op. cit., p.78. 여기에서는 2007년 5월에 출간된 개정판을 인용하였다.
50) 송우혜, op. cit.
51) 노영구, op. cit., pp.338-358.
52) 김태훈, 『이순신의 두 얼굴』(창해, 2004), 부제 : '평범'에서 '비범'으로 나아간 진정한 영웅.
53) 강봉룡, 『한국 해상세력 형성과 변천』(재단법인 해상왕장보고기념사업회, 2004), p.243.
54) 황원갑, 『부활하는 이순신』(이코비즈니스, 2005), 「책머리에」.
55) 이순신역사연구회, 『이순신과 임진왜란』, 4권(비봉출판사, 2006), p.4.
56) 제장명, 『이순신 파워인맥』(서울: 행복한나무, 2008), pp.4, 376-377.
57) 김종대, 『여해 이순신』(예담, 2008), p.12.

인물로 찬사하는 경우와 세계적인 인물이거나 성인/신의 경지에 이른 인물로 찬사하는 경우의 차이가 극히 적어 거의 같다고 볼 수 있으며, 또한 성인/신의 경지에 이른 인물로 칭송하는 단어가 세계적인 인물로 칭송하는 단어보다 더 많이 나타나는 것은 이 표가 보여주고 있는 특징들이다.[58]

다음으로 이순신의 직업을 기준으로 살펴보면, 이 단어들은 군인에 대한 칭송 단어와 일반인에 대한 칭송 단어 및 성인/신의 경지에 이른 인물에 대한 칭송 단어로 구분할 수 있다. 이중에서 가장 많이 나타나는 것은 일반인에 대한 칭송 단어이며, 28회로 전체의 44%를 차지한다. 그리고 성인/신에 대한 칭송 단어는 21회 33%를 차지한다. 군인에 대한 칭송 단어는 15회로서 23%를 차지한다. 이순신의 직업이 군인이고 그가 칭송되는 주요 근거가 군인으로서의 활동이었음에도 불구하고, 군인보다 일반인과 성웅/신에 대한 칭송 단어가 훨씬 더 많이 나타나고 있는 것도 이 표가 보여주는 특징 중 하나라고 할 수 있다.[59]

이 표는 이순신에 대한 찬사들이 1950년대부터 2000년대에 이르기까지 비교적 계속해서 그리고 고루 나타났음을 보여주고 있다. 이것은 이순신에 대한 칭송 움직임이 박정희 대통령 시절과 같은 어느 특정 시기에만 나타난 현상이 아니라는 것을 뜻한다. 한 인물을 평가할 때 사용된 단어가 이처럼 많은 것은 흔치 않은 현상이며, 그것도 인간이 당대에 사용할 수 있는 최고의 찬사가 사용된 것은 더욱 더 흔치 않은 일이다. 특히 무인의 경우에는 더욱 드물다.

한편 북한에서는 이순신을 어떻게 인식해왔을까? 최근의 연구에 따르면 북한에서는 시기마다 이순신의 인식에 대해 차이를 보이고 있다. 북한

---

[58] 지금까지 세계사적인 인물로 칭송하는 경우들은 대부분 외국인의 단편적인 칭송 문구를 인용하며, 선언적으로 표현하고, 표피적으로만 비교작업을 하고 있다. 또한 세계적인 명장이나 위인들과 이순신을 학술적으로 정치하게 비교하고 연구해 보려는 시도가 아직 나타나지 않고 있다.
[59] 이 특징이 나타나는 이유가 무엇인지 모르겠다. 무인에 대한 조선시대의 천시 사상이 우리에게 남아있고 또한 한국 현대사에서 군인들이 보여준 부정적인 모습이 부분적이라도 영향을 준 것이 아닐까 추측해본다.

정권의 초창기인 1945~1956년에는 유물사관과 스탈린 교시를 통한 이순신의 전략전술 평가, 일제 식민사관을 극복하기 위한 이순신의 애국적 영웅화, 인민을 잘 지도한 탁월한 애국명장으로 인식되었다. 유물사관의 '주체적' 적용기인 1957~1966년에는 이순신 평가에 대한 김일성 교시의 절대적인 영향, 북한 혁명과 애국적인 전통에서 이순신에 대한 평가, 탁월한 전쟁지도보다 인민과의 연계 중시의 특징을 보였다. 주체사관 시기인 1967~80년대 후반에는 수령만이 진정한 영도를 할 수 있다는 '주체사관의 수령론' 때문에 이순신 연구가 20년 이상 중단되었다. 1980년대 후반 이후에는 소련과 동구의 몰락으로 대두된 '조선민족제일주의' 때문에 이순신에 대한 획일화된 서술을 벗어나 풍부하게 묘사하고, 인간성까지 강조하였다.[60] 그러나 전반적으로 볼 때, 북한에서는 이순신을 왜적을 물리친 영웅으로 추앙하고 있다. 이러한 현상은 웹사이트, 백과사전, 문학예술, 정치, 체육 등 여러 분야에서 나타나고 있다.[61] 따라서 이순신은 "우익세력만의 영웅이 아니라"[62] 남·북한에서 함께 숭앙되고 있는 역사적 인물이라 할 수 있다.

3. 이순신에 대한 현창(顯彰)

이순신이 전사한 직후부터 2009년까지 이순신을 현창한 자료를 연대기순으로 정리하여 항목별로 분류하면 〈표 7〉[63]과 같다.

전체 항목 수는 48가지인데, 이는 8가지로 다시 대별할 수 있다. 가장 많은 세부항목으로 구성된 큰 항목은 문화유적과 관련된 항목으로 11가지

---

[60] 이상은 권준석, 「북한의 역사 인식을 통해 본 이순신 인식과 평가」, 연세대학교 통일학협동과정 석사학위논문, 2006. 7을 요약한 것이다.
[61] 정연식 기자, 「북한에서 본 이순신 장군은 어떨까」(2005. 9. 5), http://article.joins.com/article/article.asp?total_id=11674346.
[62] 을파소, 이순신과 원균 바로보기(42), 「이순신과 원균에 대한 평가 : 근현대(2005. 10. 8)」, http://cafe.daum.net/root2/lxk7/1029.
[63] 〈표 7〉은 필자가 그동안 모은 여러 자료를 이용하여 만든 것이다.

〈표 7〉 이순신에 대한 현창 활동

항목		세기			일제강점기	년대 (1945-2009)						계	
		17	18	19		45-50	51-60	61-70	71-80	81-90	91-00	01-09		
공신	시호	1											1	7
	공신록	1											1	
	추증	1	1										2	
	가증	1											1	
	서적발간		1										1	
사당	상소		1										1	50
	건립	8	6			2	1	1	1	1			20	
	중건	1		2	1	2		1	1	1			9	
	재건			1		1							2	
	중·개수	1											1	
	복원						1	1		1			3	
	소실				1								1	
	철거				1								1	
	철폐			8									8	
	사액	2	2										4	
비/탑	건립	8	5	2	2	3	9		3	8	2		42	47
	중수			1									1	
	파괴				1	1							2	
	유실				1								1	
	복원				1								1	
문화유적	성역화							2	2				4	33
	지명				1	1	1			1			4	
	유적 건립	2			2								4	
	유적 복원								1				1	
	유적 철거			1									1	
	유적 중건			1					1				2	
	동상 건립						3	2	3	2	1		11	
	공원 조성										1	1	2	
	기록화							1	1				2	
	국보 지정					1							1	
	기념일 지정							1					1	
선박	거북선복원건조								1	1	1	2	5	10
	거북선 발굴								1			1	2	
	함정 건조					1	1					1	3	
교육	후예모집벽보					1							1	3
	장병참배 정례화					1							1	
	생도 정규과목화										1		1	

정부기구	충무공해전유물발굴단								1		1		2
	충무공수련원									1	1		
단체/연구소	유적보존회			1							1		8
	충무공기념사업회				1								
	충무공연구위원회						1				1		
	이순신역사연구회							1			1		
	이순신리더십연구회									1	1		
	21세기이순신연구회									1	1		
	명량해전연구회									1	1		
	이순신연구소								1		1		
	이순신해양문화연구소									1	1		
	계	26	16	16		11	14	17	10	15	16	9	9	159

이다. 다음으로는 사당과 관련된 항목이 10가지이고, 단체/연구소와 관련된 항목이 8가지이다. 나머지 항목들은 5가지 이하로 비교적 적다고 할 수 있는데, 공신·비/탑, 선박·교육, 정부기구의 순으로 나타난다.

이 표를 시기별로 보면, 17세기가 16%(26회)로 가장 많이 나타난다. 다음으로는 18세기, 19세기, 1940년대, 1950년대, 1980년대가 각각 9~10%(11~16회)로 나타난다. 나머지 일제강점기, 1960년대, 1990년대, 2000년대는 6~7%(9~11회)로 나타난다.

큰 항목별로 보면, 가장 많이 나타나는 것은 사당 항목이며, 31%(50회)를 차지하고 있다. 다음으로 비와 탑에 관한 항목은 30%(47회)로 그리고 문화유적 항목은 21%(33회)로 나타난다. 나머지 선박, 단체/연구소, 공신, 교육, 정부기관은 6% 이하로 비교적 적게 나타난다. 공신으로 예우하는 활동은 17~18세기에만 이루어졌다.

사당에 대해서는 17세기에서 1980년대까지 비교적 고르게 그리고 활발하게 조치와 활동이 전개되었다. 비/탑과 관련된 활동은 17세기부터 1990년대까지 이루어졌다. 문화유적에 대한 활동은 전 시대에 고르게 전개되어 왔다. 선박관련 조치와 활동은 1970년대 이후부터 시작되어 현재까지 계속되고 있다. 교육과 관련된 활동은 1940년대와 1990년대에만 이루어졌는데, 그 수가 매우 적다. 이순신과 관련된 정부기구는 1980년대와 1990년대에만 이루어졌다. 단체와 연구소는 일제강점기, 1960~70년대, 1990년대,

그리고 2000년대에 창설되었다. 달리 말하면, 사당·비/탑·문화유적·동상과 관련된 조치와 활동은 1950년대부터 1990년대까지 고루 실시되었으며, 선박·단체/연구소와 관련된 조치와 활동은 1940년대부터 산발적으로 이루어지다가 2000년대에 크게 활발해졌다. 공신·문화유적·사당·비/탑과 같은 이순신을 추모하고, 기념하며, 숭앙하는 조치와 활동은 이순신과 관련된 조치와 활동 전체의 88%를 차지하며 또한 17세기부터 1990년대까지 계속되었다. 정부기구·단체/연구소·교육·선박과 같은 이순신을 연구하고, 교육하며, 관련 유물을 복원하는 조치와 활동은 12%를 차지하며, 주로 1980년대 이후부터 시작되었다.

시대별로 보면, 조선시대의 경우 사당(31회), 비/탑(16회), 공신(6회), 문화유적(4회) 순으로 나타나고 있다. 이것은 조선시대에 이순신을 기리기 위해 사당과 비/탑을 많이 건립했으며, 이순신의 후손에 대한 예우 행위와 유적에 대한 활동이 약간 실시되었음을 뜻한다. 비교적 적게 실시된 항목 중에서는 선박관련 항목(10회)이 두드러진다. 특이한 것은 『이충무공전서』의 편찬과 고금도 관왕묘에 진린과 이순신을 함께 향사한 조치였다. 특히 『이충무공전서』는 일종의 개인 문집의 성격을 띤 서적이다. 국왕이 직접 신하의 문집을 편찬해주고, 신하의 비문과 제문을 작성하는 경우는 조선시대에 거의 드문 일이라는 사실을 감안할 때, 정조가 이순신을 위해 한 조치들이 얼마나 예외적인 것인지 알 수 있다. 조선시대와 조선 장수를 중국 장수 진린과 함께 사당에 모시는 것은 엄두를 내지 못할 일이지만, 이순신은 명 황제로부터 도독인을 받았기 때문에 천장(天將) 즉 중국 장수와 동등하게 대우를 받는 유일한 조선장수가 되었다.

이순신의 후손들에 대한 예우 행위는 정조대에 가장 많았다. 이순신의 아들들에 대한 증직과 정려, 자손의 천거와 우대, 집안에 시호 하사, 자손에 대한 녹용(錄用)과 단향집사로의 차입에 대한 법제화를 들 수 있다. 원래 무신은 단향 집사가 되지 못하는 것이 당시 예규였음에도 불구하고, 이순신의 자손에게는 예외였다. 또한 이순신의 자손을 기용하는 것으로 그의 공적에 보답하려는 조정의 조치가 계속 이어졌다.

군사 분야에서도 이순신의 언행을 뒤따르려는 조치가 취해졌다. 예를 들면, 선조 다음의 왕이었던 광해군은 이순신의 방식대로 변란에 대비하라는 명령을 하달했다. 영조는 재정 부족으로 전선을 건조할 수 없다는 지방관의 상소에 대해 전시에 조정의 도움 없이 많은 전선을 건조한 이순신의 사례를 들어 꾸짖고 자체경비 조달을 통해 전선을 건조하라고 명령하였다. 그밖에도 이순신이 했던 대로 사졸을 훈련시키고, 이순신과 연관된 장소에 수군기지를 건설하며, 이순신의 운영방식대로 둔전을 관리하고 운영하여 군량을 충족하고, 이순신의 승전 원인이 무엇인지 논의하기까지 했다.

또한 후대인들은 이순신의 언행을 귀감으로 삼고 싶어 하였다. 인조대에는 이순신이 만든 둔전제의 혁파가 금지되었고, 그밖에도 식량이 부족할 때마다 이순신의 둔전경영 사례가 곤궁의 극복책으로 인용되었다. 이순신을 선발한 제도였던 불차탁용제(不次擢用制)가 자주 거론되고 시행되었다. 예를 들면, 정조대에는 이순신의 사례를 들어 소원하고 미비한 곳에서 인재를 선발하려 한 경우가 있었다.

일제강점기에는 비/탑(4회), 사당(3회), 문화유적(2), 단체연구소(1회) 순으로 나타나지만, 1990년대와 2000년대보다 약간 많이 나타난다. 이것은 비/탑과 사당 같은 기념물과 건축물과 관련된 활동이 주로 이루어졌음을 의미한다. 일제강점기라는 시대적 상황에서도 이순신의 현창활동이 전개된 것이다. 그중에서 주요 활동을 살펴보면, 유허비들이 건립되었으며, 성금을 모으고 이충무공유적보존회를 설립하여 현충사를 중건했다. 한산도에 관련 유적을 건립했으며, 사당이 1개씩 복원되고 소실되었다. 또한 일본인들에 의해 명량대첩비가 파괴되고 유실되었으며, 통영군이 설치되기도 했다.

광복 이후에는 비/탑(29회), 문화유적(25회), 사당(15회), 선박(9회), 단체연구소(7회), 교육(3회), 정부기구(2회)의 순으로 나타난다. 이것은 이전 시기에 비해 현창활동의 영역이 넓어졌으며, 여전히 기념물이나 건축물 관련 활동이 주류를 차지했음을 의미한다. 문화유적 중에서는 동상건립(11

회)이 상대적으로 많이 나타난다. 주요 활동을 살펴보면, 유실된 명량대첩비의 잔해를 발견하여 복원했고, 서울의 한 거리가 충무로로 명명되었다. 특히 광복된 바로 그 해 즉 1945년에 창설된 해군은 충무공의 후예임을 자처하면서 최초의 함정을 충무공정으로 명명했으며, 관련 유적에 대한 해군 장병의 참배를 연례행사로 거행하기 시작했다.

1950년대에는 6·25전쟁의 와중에서도 비와 동상이 건립되었으며, 해군도 제2충무공정을 건조했다. 전후에는 비·동상·사당이 건립되었으며, 통영읍이 충무시로 개명되었고, 이충무공의 유물이 국보로 지정되었다.

1960년대에는 현충사의 성역화 사업이 시작되었으며, 사당을 건립·중건·복원하였고, 동상을 건립하였다. 특히 성역화와 함께 충무공탄신기념일의 제정, 기록화인 10경도의 제작, 해군의 충무공연구위원회 발족도 이루어졌는데, 해군의 충무공연구위원회는 이순신에 대한 최초의 연구회라는 의미를 보유하고 있었다.

1970년대에는 현충사의 성역화사업이 기록화의 제작과 함께 계속되었다. 또한 사당과 유적의 건립이 건립되거나 중건되었고, 비와 탑이 건립되기도 했다. 뿐만 아니라 해군의 주도로 거북선을 최초로 복원했으며, 민간 동호인들이 이순신역사연구회를 발족시킨 것도 이 시기의 중요한 특징이라 할 수 있다.

1980년대는 사당과 비/탑이 많이 건조된 시기이다. 비와 탑의 건립은 1960년대와 1970년대에 뜸하다가 이 시기에 대폭 증가했으며, 거북선의 건조장소로 여천의 선소를 복원하였고, 또한 해군에 충무공해전유물발굴단이 설립되기도 하였다.

1990년대에는 비와 탑이 계속 건립된 사실 이외에도 몇 가지 사항이 눈에 띈다. 첫째, 해남에 기념공원이 건립되기 시작하였다. 둘째, 일반대학에 그것도 사립대학에 이순신연구소가 설립되었다. 셋째, 충무시가 통영시로 개명되었다. 넷째, 해군은 충무공정신을 사관생도의 정규과목으로 편성했으며, 충무공해전유물발굴단을 해체하고 그 대신 충무공수련원을 신설하였고, 노후된 거북선을 다시 복원 건조하였다.

2000년대에는 통영에 기념공원이 건설되었으며, 해군은 새로 건조된 최신형 함정을 충무공이순신함으로 명명하였다. 또한 연구회와 연구소가 다수 만들어졌으며 또한 지방자치단체들에 의해 거북선 발굴과 복원사업 및 이순신을 이용한 관광사업이 본격적으로 전개되기 시작한 것도 중요한 특징이다.

4. 이순신 평가와 현창에 대한 논란

오늘날 이순신 평가와 현창에 관련된 논란의 중심은 두 가지 사항이다. 하나는 박정희 대통령 시절에 추진된 이순신 선양사업의 목적이나 의도이며, 다른 하나는 이순신의 성웅화나 신격화를 배제하고 인간적인 모습을 보려는 경향이다. 이 두 가지 사항은 언뜻 보기에 별개의 것으로 보이지만, 실제로는 서로 불가분의 관계에 있기 때문에 한 문제로 간주될 수 있다.

원래 1920년 이후 이광수를 중심으로 전개된 것으로서 성웅이나 영웅이 아닌 인간으로서 이순신을 바라보아야 한다는 주장이 논란거리가 된 것은 박정희 대통령에 의해 이순신 현창이 본격적으로 이루어지기 이전인 1960년대부터였다. 1963년에 한 철학도가 다음과 같이 주장하였다. "이순신은 영웅이다. 그러나 단순한 명장에 불과하여 워털루 전투의 웰링턴이나 『삼국지』의 관운장에 해당하는 가치밖에 없는 인물이다. … 이런 인물을 전국민적 존경을 받도록 교육하는 것은 전제국가주의 사고방식이다."[64]

---

64) 元甲喜, 「우리의 思考·價値觀에 對한 反省」, 『高大文化』 5호, 1963. 9, p.220. 그는 민영환의 자결, 안중근의 행동을 가장 소박하고 본능적인 범사에 불과한 것으로 보고, 그들의 희생으로 조선에 가져온 것이 아무 것도 없으며, 차라리 일찍 개화에 눈을 뜨는 것이 더 나았으며, 총을 들고 사람을 죽였다고 애국자로 만드는 가치가 너무나 값싼 사상의 안이성이라고 주장하고 있다. 나아가 그는 3·1운동도 단순히 외민족의 압제에서 벗어나려는 흔한 현상에 불과하다고 주장하기까지 한다. 그가 이처럼 생각하는 이유는 그의 글 말미에 나타나 있다. "동양의 유산을 숙명적으로 짊어져야 할 의무는 없는 것이다. 그러나 나의 정신의 풍토가 이들 속에서 형성되어 있는 이상, 나는 내가 가지고 있는 부채를 정리할 필요가 있는

1969년에는 이순신을 한 인간으로 바라보아야 하고 또한 일방적인 평가에 치우치지 않아야 한다는 주장이 제기되었다. 이 주장에 따르면, 이순신은 막연한 수식사에 지나지 않는 '위인' 또는 '성웅'이기에 앞서 매사에 성실했던 한 보잘것없는 인물이었다.[65] "충무공의 경우에 있어서도 남긴 업적이나 그 시대의 사람들이 논평한 기록만으로는 자칫하면 너무 미화하게 되든가, 아니면 일방적인 평가에 치우치게 되는 경우가 있을 수 있는 것이다."[66]

그 후 30여 년 동안에는 이순신의 성웅화나 신격화 혹은 우상숭배에 대해 별다른 이견이 나타나지 않았으며, 1998년에 이르러서야 박정희의 이순신 선양사업에 대한 긍정과 부정의 측면을 동시에 포함하고 있는 주장이 제기되었다. 홍순승은 이순신을 알아보는 안목을 가진 것만으로도 비범하다고 할 수 있는 박정희가 우리 민족의 잠재적 에너지를 한 데 불러 모으고 발동을 걸어주는 정신적 지주로 이순신을 삼으려 했다고 주장하였다. 동시에 그는 정권이 체제 유지를 위해 이순신을 과도하게 비인간적인 성웅시하는 동안, 국민들 사이에서 이에 대한 반감이 서서히 싹트고 있었다고 주장하기도 하였다. 그의 주장에 따르면, 3공화국이 붕괴하자 이순신을 비판하고 원균을 옹호하는 현상까지 나타났는데, 이러한 잘못은 이순신을 정치적 목적에 이용한 사람에게 있는 것일 뿐 이순신 자신에게 있는 것이 아니었다.[67] 이러한 주장은 2000년이 되면서부터 더 구체화되어 갔다. 전재호는 2000년 5월에 박정희에 대한 연구서를 발간하였다. 이 책에 의하면, "박정권은 60년대 말부터 호국선현과 국방유적 정화를 통해 국민들에게 자주국방, 총력안보, 국민총화로 대표되는 군사주의, 국가주의 및 반공주의를 주입시키려 했으며, 선현유적 보수

것이 내가 철학하는 길의 올바른 출발점이라고 생각한다."
65) 조성도, 「충무공과 점」, 『해군』 제189호, 1969. 4, p.23.
66) 조성도, 「충무공과 형벌」, 『해군』 제192호, 1969. 7, p.44.
67) 홍순승, 『이 시대에 충무공을 생각한다』(서울: 오늘의문학사, 1998. 12), pp.283-284.

등을 통해 자신들이 민족적 정통성을 갖고 있음을 부각시키려 하였다."68) 전재호는 박정희의 이순신 신격화 사례로 유적보수와 확장, 건축물 건립, 추모제례와 의식, 이순신 홍보작업 4가지를 상세히 설명하였다. 그가 보기에, 신격화의 목적과 효과는 이순신의 반일이미지로 박정희 자신의 친일적 이미지 희석, 이순신의 구국영웅적 이미지를 통해 군 출신 대통령의 통치를 합리화, 이순신과 박정희를 동일시하여 야당세력을 비판하는 것이었다. "한마디로 박정권은 이순신을 애국애족의 정신과 예지 및 용기를 가진 위인이라고 신격화하면서, 자신들을 그와 동일시함으로써 자신들이 진정한 애국자라는 인상을 국민들에게 심고자 했다."69)

2001년 4월에는 보다 더 충격적인 서적이 출판되었다. 최상천은 이순신을 "넉넉한 인품과 탁월한 전략능력을 겸비한 세계 최고의 명장"이자 "따뜻한 체온이 느껴지는" 사람으로 보았다. 그는 이처럼 '참 좋은 사람'을 감히 쳐다볼 수 없는 영웅이나 성웅으로 내몰자니 가슴 아프지만, 그래도 이순신에게 꼭 영웅이름을 붙여야 한다면 '호국영웅'이 어울릴 것으로 보았다.70) 이어서 최상천은 춘원 이광수의 이순신 성웅기획 목적을 '조선 대 왜국의 전쟁'을 '성웅 대 속물의 대결'로 바꿔치기, '조선 사람의 머리에서 민족 정체성을 지우기', 일본 식민지 지배의 수용이라고 분석하고서,71) 박정희가 항일전쟁을 한 이순신이 아니라 이광수가 묘사한 이순신에게 감동한 것으로 주장하였다. 특히 박정희는 이순신의 '일편단심 충군애국정신'을 좋아했으며, 성웅=멸사봉공 정신=사무라이 정신이라는 공식을 만들었다.72) 박정희는 구체적으로 이순신의 3가지 성웅사업에 착수하였다. 첫째는 이순신의 신격화와 이를 위한 성웅의 칭호 사용이다. 둘째는 이순신

---

68) 전재호, 『반동적 근대주의자 박정희』(서울: 책세상, 2000. 5), p.94. 필자는 2006년 8월 20일에 발간된 판본(10쇄)을 이용하였다.
69) Ibid., pp.98-99.
70) 최상천, 『알몸 박정희』(서울: 인물과 사상사, 2007. 5), pp.73과 84. 이것은 개정판이며, 초판은 2001년 4월에 발간되었다.
71) Ibid., pp.69-74.
72) Ibid., pp.86-88.

과 관련된 일체를 성역화하는 것으로서 현충사의 국민 성지화, 순례와 참배의 도덕적 의무화, 제례와 기념식의 국가 종교적 행사화이다. 셋째는 희생과 애국심의 표상으로 이순신을 박제하여 충군애족정신과 멸사봉공 정신을 국민윤리로 제정하는 것이다.[73]

전재호와 최상천의 서적들은 대단히 큰 파장을 일으켰다. 박정희 대통령 시대의 이순신 선양사업과 성웅화 작업에 대해 이 두 사람의 주장을 인용하거나 같은 맥락을 따르는 것들이 인터넷[74]은 물론 논문이나 서적[75]에서 많이 나타났다. 심지어 미술사학계에서도 같은 현상이 나타났다.[76]

---

73) Ibid., pp.89-94.
74) ktlcats,「박정희가 이순신을 그리 좋아한 이유」(2004. 7. 29)와「박정희가 이순신을 그리 좋아한 이유－두 번째」(2004. 7. 30), http://mibroad.miclub.com ; 을파소,「이순신과 원균 바로보기(2)－이순신과 원균에 대한 평가 : 조선 후기」(2005. 10. 1), http://cafe.daum.net/root2/lsk7/1021과「이순신과 원균 바로보기(2)－이순신과 원균에 대한 평가 : 근현대」(2005. 10. 8), http://cafe.daum.net/root2/lsk7/1029 ; 김덕수 교수의 파워칼럼,「47장－이순신과 박정희」(2007. 10. 6), http://expressnews.co.kr ; 지승호,「최상천의 알몸 박정희를 읽고(1)」(2003. 9. 25), http://blog.naver.com/kenny666/20004521054와「최상천의 알몸 박정희를 읽고(2)」(2004. 7. 31), http://blog.naver.com/kenny666&logNo=20004521054 등을 참조.
75) 이준식,「박정희시대 지배 이데올로기의 형성」, 한국정신문화연구원,『박정희시대 연구』(백산서당, 2002. 12) ; 이덕일,「일본 축출의 영웅에서 군사정권의 영웅으로, 다시 인간 이순신으로」,『내일을 여는 역사』 18호, 2004. 겨울 ; 노영구, op. cit. ; 전인권,『박정희 평전』(이학사, 2006. 8) ; 최연식,「박정희의 '민족' 창조와 동원된 국민통합」,『한국정치외교사논집』 제28집 2호, 2007. 2 ; 오마이뉴스 이기원기자,「박정희는 왜 이순신 성역화에 집착했을까?－최상천의 〈개정판 알몸 박정희〉 서평」(2007. 6. 19) ; 조희연,『박정희와 개발독재시대 : 5.16에서 10.26까지』(역사비평사, 2007. 8) ; 제장명, op. cit.
76) "충무공 이순신은 20세기 우리 국민들 속에서 지속적으로 사랑받아온 민족영웅이었다. 그러나 그 이면에는 일제강점기부터 박정희시대까지 각 정권이 자신들의 국가이데올로기를 표상하기 위한 의도로 역사 속에서 충무공을 끊임없이 부활시켜낸 정책적 배려가 존재하였다. 이속에서 충무공은 일제강점기에는 민족의 영웅임과 동시에 일제의 황민화 정책의 표상으로, 이승만 정권에서는 이 정권의 존재기반인 반공이데올로기를 적극적으로 표상시키기 위하여 반일이데올로기로 결합시킨 이미지로, 박정희 정권에서는 반공이데올로기를 기반으로 한 국가주의를 표상하는 지도자 박정희의 분신으로 끊임없이 역사 속에서 부활하였다."

이러한 비판은 나름대로 근거가 있었다. 이은상이 위원장으로 재직하였던 충무공기념사업회는 1973년에 이충무공 탄신 428회 기념일을 맞이하여 발표한 글에 다음과 같은 구절을 포함시켰다. "이러한 민족 주체성의 확립과 그를 바탕으로 한 자주적 생활노선의 지향, 이것이 바로 10월 유신의 근본정신이며 이념이다. … 우리는 오늘날 시대가 요청하는 유신정신을 비록 400년 이전 시간의 격차는 있지마는 일찍이 오늘날과 같은 국난의 소용돌이 속에서 나라를 건지고 민족을 수호했던 임진란 당시의 선조들의 슬기와 발자취 속에서 찾아볼 수 있다. … 앞에서 살펴본 바와 같이 충무공정신이 곧 유신이념이요, 유신이념이 곧 충무공정신이기 때문에 우리 모두가 일치단결하여 유신과업의 완수에 매진하는 것은 곧 충무공의 거룩한 정신을 이어받는 동시에 되살리는 길이 되는 것이다. 그러므로 우리는 충무공정신을 생활화하기 위해 온갖 노력을 다 하여야 할 것이다."77) 이 글은 박정희 대통령 시대에 추진된 이순신 성웅화작업의 의도를 간명하고도 확실하게 보여주는 자료이다. 이 자료는 박정희 대통령 시대의 이순신 선양사업이 정치적으로 이용하기 위한 것이었다고 비판되는 부정할 수 없는 증거이기도 하다.

성웅화 작업이 정치와 사회 등 각 분야에 어떤 영향을 주었는지는 유신정권 하에서 초등학교 교육을 받은 사람의 글을 통해 어느 정도 짐작할 수 있다. "반공포스터 표어, 민족영웅 이순신 독후감, 교과서에는 충신 이순신, 구국의 영웅 이순신의 위대함을 칭송하는 글로 가득했고, 나는 그것을 무의식적으로 습득했다. … 이런 연유로 나는 이순신 하면 늘

박계리, 「충무공 동상과 국가 이데올로기」, 『한국근대미술사학』 제12집, 2004, pp.169-170.
77) 충무공기념사업위원회, 「유신이념과 충무공정신」, 『국토통일』 1973년 5월호, pp.28-40. 이어서 충무공정신을 생활화하는 방법 5가지를 다음과 같이 열거하고 있다. ① 민족의식과 조국애를 본받아 민족주체성을 확립하자. ② 멸사봉공의 애국정신을 받들어 유신과업 완수하자. ③ 유비무환의 자위정신 받들어 총력안보 태세를 확립하자. ④ 자주, 자립정신 이어받아 새마을운동 추진하자. ⑤ 창의와 개척정신 본받아 과학화운동에 앞장서자(Ibid., pp.40-42).

유신이 내게 주입한 폭압적인 국가관이 떠오른다. … 이순신을 성웅으로 만들고 그의 국가관을 유신정권을 정당화하는데 일부 활용하기도 했던 독재자의 그림자가 슬금슬금 기어 나오는 것이다. 전국의 수많은 이순신 유적지에 어김없이 그의 표식이 남아있는 것처럼, 거기다 1980년대 군부독재정권과 그들이 만든 군사문화에 대한 반발심 때문인지 갑옷을 입은 무인 이순신은 더욱 거북스러웠다. 그리고 전쟁에 대한 혐오감까지 겹치면서 이순신은 나와 전혀 상관없는 역사 속 인물이 되었다."[78]

한편, 이순신의 평가에서 새로운 주장을 하는 사람들도 있다. 이덕일은 박정희의 이순신 선양사업을 이순신의 애국군인의 표상을 쿠데타 합리화에 이용한 것으로 비판하고서 다음과 같이 결론짓고 있다. "최근 성웅이나 영웅 이순신이 인간의 모습을 지워버렸다고 비판하면서 인간 이순신을 강조하고 있다. 성웅 이순신에서 인간 이순신으로의 전환은 현재 우리 사회가 요구하는 리더십이라는 점에서 중요하다. 어떤 의미에서 이순신은 이제 제자리를 잡았다고 할 수 있다. 현재 이순신 신드롬의 또 다른 배경에는 현재 우리 사회의 리더십에 대한 깊은 불신이 있다."[79] 제장명은 1980년대 이후 이순신 개인에 대한 연구가 출현하여 성웅시되어 왔던 이순신상 정립에 일침을 가했다고 보았다. 그의 주장에 따르면, "그동안 역사학계에서는 이순신이 민족의 성웅으로 숭배하는 국민적 믿음이라는 장벽을 넘어선다는데 커다란 부담감을 갖고 있었기 때문에 … 요컨대 현 시기는 이순신의 성웅적 이미지에서 인간적 이미지로, 과거 그의 위대한 인격과 정신을 강조한데서 그의 리더십과 전략전술을 강조하는 측면으로 전환해가는 전환점에 놓여 있다."[80]

그러나 이처럼 비판적인 경향에 대해 유보조항을 달거나 지나치게 편협한 주장이라고 비판하는 사람들도 있다. 그 일례로, 노영구는 2004년에 이러한 경향에 대해 질타하였다. "최근 인간 중심 재평가에는 기존 해석에

---

78) 이진이, 『이순신을 찾아 떠난 여행』(서울: 책과함께, 2008. 9), pp.8-9.
79) 이덕일, *op. cit.*, p.173.
80) 제장명, *op. cit.*, pp.248-251.

대한 강한 비판의식과 자의적 활용만 존재한다. … 민족 영웅을 지나치게 평가하거나 필요 이상으로 비하하는 것은 역사 인물로서 이순신의 진면목에 제대로 다가가지 못하게 하고, 이는 새로운 역사인식의 왜곡으로 나타나게 된다. … 인간 이순신을 위해 그의 영웅적 풍모마저 의도적으로 부정하려는 의도는 1970년대까지 이순신 인식에서 그다지 발전된 것으로 보이지 않는다."[81] 또한 송우혜는 이순신 관련 여러 소설과 방송드라마의 문제점을 지적한 후 다음과 같이 결론지었다. "기가 막힌다. 1980년대에 돌연 시작된 '이순신 죽이기'의 흐름이 여기까지 이르렀다. … 우리 민족은 시대에 따라, 인심의 변화에 따라, 자신의 취향에 따라 각기 그를 다르게 평가해 왔다. 그래서 현재 우리에게 남겨진 이순신의 모습은 실로 다양하다. 이런 현상이 벌어진 근본원인은, 아직까지도 이순신의 생애에 대한 정확하고 공정한 고증이 제대로 이루어지지 않은 것에 있다."[82] 또한 어떤 사람은 인터넷상에서 송우혜의 글을 약간 인용한 후 다음과 같이 주장하였다. "이런 재평가론이 쉽게 수용된 데는 이데올로기적 문제도 바탕에 깔려 있습니다. 박정희는 이순신 교도라고 할 만큼 열렬한 이순신 숭배자였습니다. … 박정희를 너무 혐오하다 보니, 박정희가 존경했던 이순신까지 폄하하고 공격하게 된거죠. 요즘은 마치 이순신을 평가절하하고 원균을 재평가하는 것이 무슨 영웅화, 우상화를 배격하고, 객관적 역사인식을 위한 옳은 길인 것처럼 주장하는 사람들도 있는데, 제대로 공부하지도 않고 하는 이야기들입니다. … 일반적인 것보단 신기하고 특이한 것을 좋아하는 무리들이나, 광적인 박정희 혐오증에 빠진 인간들의 수작에 불과합니다. (박정희는 물론 잘못된 행동도 많이 했으므로 그를 비난하는 것은 자유이나, 이순신 우상화나 멸사봉공의 강조가 독재 이데올로기로 연결된다고 보고 이순신까지 폄하하는 것은 지나친 행동입니다.)"[83]

---

81) 노영구, *op. cit.*, p.356.
82) 송우혜, *op. cit.*, pp.317-318.
83) 386구충박멸,「드라마 '불멸의 이순신' 비판(송우혜)」(2008. 4. 2), http://gall.dcinside.com/list.php?id=history&no=235018.

한편, 이러한 선양사업 논란에서 해군도 피해갈 수 없다. 해군이 박정희 대통령 시절부터 이순신을 선양하였으며, 거북선도 그 일환으로 복원되었다고 생각하면서 해군의 이순신 선양활동을 정치적 의도와 관련지어 생각하는 사람이 없지 않다. 그러나 이렇게 생각하는 사람은 해군의 선양사업이 언제부터 실시되었는지를 보면 자신의 생각이 얼마나 잘못된 것인지 알 수 있을 것이다.

서울시내에 해군모집 벽보가 붙은 날은 광복된 지 6일 후인 1945년 8월 21일이었다. 손원일이 붙인 벽보에는 "조국의 광복에 즈음하여 앞으로 이 나라 해양과 국토를 지킬 뜻 있는 동지들을 구함"이라는 문구가 그리고 김영철의 벽보에는 "우리의 바다를 우리가 지키자. 조국의 바다를 지켜나갈 충무공의 후예를 모집함"이라는 문구가 적혀 있었다.[84] 따라서 해군의 이순신 숭앙은 광복 직후의 창군 준비 단계부터 이루어지고 있었다고 할 수 있다.

1945년 11월 11일 해방병단의 명칭으로 창설된 해군은 일본이 건조하다가 종전으로 중단한 소형 경비정을 우리 손으로 다시 건조하기 시작하여 7개월 만에 완성하였다. 1946년 7월 17일 진수하고 이어 이듬해인 1947년 2월 7일 명명식을 거행한 이 함정이 바로 충무공정(PG-313)인데, 해군은 대한민국 제1호 함정을 이순신의 시호를 이용하여 명명하였다.[85] 해군의 모표 정중앙에는 거북선이 있으며, 해군부대기에 거북선이 그려져 있는 경우가 아주 많다. 또한 1947년부터 한산도와 통영의 충렬사 참배를 시작하여 지금까지 매년 실시해오고 있다. 그밖에도 해군은 이순신과 관련된 활동을 많이 해오고 있으며, 오늘날 충무공정신을 장보고정신과 함께 해군정신의 두 축으로 삼고 있다.[86] 그러므로 해군이 박정희 대통령의

---

84) 오진근·임성채 공저, 『해군 창설의 주역 손원일 제독』 상권(서울: 한국해양전략연구소, 2006, p.25.
85) 海軍本部, 『大韓民國 海軍史』, 行政編 : 第1輯(해군본부 : 단기 4287, 1954), p.37. 대한민국 정부수립일이 1948년 8월 15일이며, 같은 해 11월에 제정된 법률 제9호 국군조직법에 의거 해군과 육군이 조직되었음을 상기할 필요가 있다.
86) Ibid.

지시에 따라 선양사업을 했다고 말하기보다는 창군기부터 계속 해오던 해군의 이순신 선양사업이 박정희 대통령의 큰 관심에 의해 더 탄력을 받을 수 있었으며, 해군의 이순신 선양활동이 지금도 계속되고 있다고 하는 것이 올바른 표현인 것으로 생각된다.

5. 맺음말

조선시대에는 역대 왕, 지휘고하를 불문하고 많은 조정 관리, 그리고 유학이나 유생들이 이순신을 직접 칭송하였다. 실제로『조선왕조실록』에서 이순신만큼 많은 사람들에 의해 오랫동안 계속해서 많이 거론된 인물을 찾는 것은 쉽지 않으며, 어쩌면 유일한 사례일지도 모른다.

이순신이 칭송받은 이유는 세 가지였던 것 같다. 첫째, 이순신은 조선왕정의 체제 유지에 필요한 상징적인 인물이었다. 특히 왕조의 지배구조가 허약해지고, 대내외의 위협이 존재하며, 왕권이 위태로워지고, 왕의 대외 팽창욕이 클 때, 이순신은 이용할 수 있는 최적의 인물이었다. 둘째, 이순신은 모든 무관이 닮고 싶은 이상적인 장수였다. 연전연승의 전공, 휘하 장병들과 전력(戰力)에 대한 훌륭한 지휘통솔, 마지막 전투에서의 전사 등은 이순신이 조선시대 무관들의 귀감이 되기에 충분한 근거가 되었다. 셋째, 이순신은 국민들이 가장 원하는 유형의 통치자였다. 하층민의 희생과 당파에 의한 출세를 꿈꾸는 일반 관리들과는 달리, 이순신은 전시에 백성들을 살피고 품어준 어버이 같은 관리였다.

일제강점기에는 침략자인 일본군을 물리친 민족 영웅으로서 일본의 침략과 강점이라는 상황에서 용기를 줄 수 있는 인물로 칭송되었다. 그러나 1920년대부터는 영웅보다는 이순신의 온전한 인간적 면모를 중시하여 자기희생과 초훼예적인 충의 및 당쟁에 의한 희생자라는 점이 강조되었다. 이것은 3·1운동이후 강점 기간이 10년이 지나 장기화되는 상황에서 비롯된 체념적인 정신상태의 결과인 것으로 보인다.

광복 이후에는 이순신을 민족과 국가적인 인물로 보는 경향이 절반을 약간 넘을 정도로 가장 강했으며, 성인이나 신의 경지에 이른 인물 그리고 세계사적인 인물로 보는 경향도 합하면 거의 절반에 이르렀다. 또한 군인이나 성인 혹은 신의 경지에 이른 사람보다 한 인간으로서 이순신을 숭앙한다는 주장이 더 많이 나타났다.

이순신에 대한 현창 활동은 그가 전사한 1598년부터 오늘에 이르기까지 계속되어왔다. 사당 그리고 비/탑과 관련된 활동은 절반 이상으로(각 30~31%) 가장 많았다. 다음으로 문화유적관련 활동(21%)이 많았는데, 1950년대부터 동상건립 활동이 활발하게 전개된 점도 두드러진다. 기타 선박, 교육, 정부기구, 단체연구소와 관련된 활동은 일제강점기나 광복 이후에 실시되었으며, 실시된 횟수는 적다.

그런데 2000년대에는 이순신의 선양사업에 대한 강력한 비판과 그에 따른 이순신의 영웅화·신격화를 배제하고 인간적인 모습을 보려는 움직임이 나타났다. 박정희 대통령 시절에 대한 혐오에서 비롯된 이러한 움직임은 결과적으로 이순신의 영웅적 면모에 대한 폄하와 원균의 상대적인 부각 그리고 역사적 사실의 왜곡을 초래하였다. 한편 이러한 '이순신 죽이기'에 반발하여 이순신의 영웅적 모습을 있는 그대로 보아야 한다는 사람들도 적지 않다.

이순신 평가와 현창 그리고 그에 대한 논란에서 주목해야 할 점은 다음 몇 가지로 요약될 수 있을 것 같다. 첫째, 이순신에 대한 칭송과 현창활동은 임진왜란이 발발한 1592년부터 오늘날까지 420여 년 간 계속되어 왔으며, 해군도 정부수립 이전 창군기인 1945년부터 줄곧 이순신을 숭앙해왔다. 둘째, 선양사업이 활발하게 전개된 1970~80년대에는 학술적인 연구결과물이 적고 현창활동 자료가 많이 나타나며, 이는 선양사업의 의도와 목적을 정치적인 것으로 간주할 수 있는 근거가 된다. 셋째, 박정희 대통령이 정치적 목적을 위해 선양사업을 실시했다는 것은 이순신을 유신체제 그리고 유신정신과 연계시킨 사실로 분명히 드러난다. 넷째, 이순신을 중화세계에서 가장 존경하는 인물인 제갈량보다 더 뛰어나고 천지신명이나 하늘이 내린 인물로까지 칭송한 때는 조선시대이며, 이것은 이순신을 성인이나 성웅으로 간주하기 시작한 때가 조선시대임을 의미한다. 다섯째, 성웅은 인간이 다다를 수 있는 최고 수준의 이상적인 인간이거나 문재(文才)와 무재(武才)가 남다르게 뛰어난 사람을 지칭하는 단어이며, 따라서 성웅으로 호칭한다 하여 인간적인 모습이 가려지는 것이 아니다. 여섯째, 자국의 역사적 위인에 대한 현창활동은 세계적으로 일반적인 현상이다. 따라서 이순신에 대한 평가와 현창 활동이 조선시대부터 현재까지 계속되고 있는 것은 이상한 일이 아니다. 세계에 자랑할 수 있는 국가와 민족의 위인을 숭앙하고, 그 정신을 이어받으려는 노력은 오히려 시대를 불문하고 권장되어야 할 것이다.

그러나 우리는 이순신에 대한 평가와 현창 활동을 통해 이순신에 대한 지나친 미화나 정치적 이용을 금기시해야 한다는 교훈을 현대사에서 배웠다. 그렇기 때문에 박정희 대통령이 실시한 이순신 선양사업의 의도와 이용에 대해 비판할 때, 우리는 비판의 근거와 대상을 분명히 설정해야 한다. 어느 한 시대의 어느 한 집단이 저지른 행위를 비판하면서 이순신 선양활동 자체를 혹은 전체를 함께 매도하거나 아니면 비판자들을 비난하면서 특정 집단의 시각으로만 이순신을 평가하려는 것은 자료와 근거를 중시하는 역사연구의 태도가 아닌 것이다.

제7장

1930년대 이충무공유적보존운동

1. 머리말

 1932년 6월 5일에 현충사 낙성식과 영정 봉안식이 거행되었기 때문에, 2022년은 90주년이 되는 해이다. 또한 문화재청은 2022년 8월 8일에 「일제강점기 이충무공 묘소 보존과 현충사 중건 민족성금 편지 및 자료」 4,254점을 국가등록문화재로 등록했다고 발표했다.1) 이 자료들을 보관하고 있는 현충사관리소는 겹경사를 맞게 되었다.2)
 1931년 5월부터『동아일보』와 충무공유적보존회의3) 추진으로 전개된 이순신과 관련된 일련의 활동은 이충무공유적보존운동으로4) 불린다. 이

---

1) 2022년 6월 9일부터 7월 8일까지 등록 예고되었다가 8월 8일 8건 4,254점이 확정되었다. 문화재청 홈페이지(문화재청(cha.go.kr))
2) 현충사관리소는 2019년에 이충무공탄신 474주년 기념 특별전을 열었는데, 당시 도록으로『겨레가 지킨 위토, 겨레가 세운 현충사』를 발간하였다. 2022년 8월에는 국가등록문화재 지정과 때를 맞추어 사단법인 역사문제연구소에 의뢰한 용역 결과물을『현충사 중건 민족성금 기록물 해제 및 번역 용역』으로 공개했다. 문화재청 현충사 관리소(cha.go.kr) 〈정기간행물〉을 참조.
3) 당시 신문에는 忠武公遺蹟保存會와 李忠武公遺蹟保存會가 혼용되고 있었으며, 채무변제영수증에는 "李忠武公遺蹟保存會 貴中"으로 또한 성금대장의 표지에는 「李忠武公遺蹟保存誠金臺狀」으로 표기되어 있다. 본고에서는 1937년 설립된 李忠武公顯忠祠及遺蹟保存會와 구별하기 위해 충무공유적보존회로, 후자는 이충무공 현충사 및 유적보존회로 표기했다.
4) "1930년대 초반 민족의식을 일깨우고 이충무공의 유적·유물을 보존하기 위한 전민족적 차원으로 승화된 것을 일괄하여 필자는 '이충무공유적보존운동'으로

보존운동에 대한 연구는 그 성격을 민족주의 계열의 국수주의적 문화운동의 한 양상으로 규정하거나,5) 이 운동의 전개 과정과 대중운동으로 발전된 원인을 규명하는데 초점이 맞춰져 왔다.6) 또한 일제강점기 동안 이순신의 유물과 유적 관리의 종합적인 상황을 기술하면서 이 보존운동을 간단하게 언급한 논문도 있었다.7)

본고는 이 보존운동이 조선총독부의 제약을 받지 않은 이유와 일제강점기 동안 지속되지 못한 이유를 밝히려는 목적을 지니고 있다. 이를 위해 먼저 보존운동의 전개 상황을 개략적으로 살펴본 후 당시 보존운동에 대한 사회여론을 살펴보았다. 이어서 주도세력의 인적 구성, 주도세력의 이순신에 대한 인식, 조선총독부의 대응으로 나누어 내적인 한계와 외적인 한계를 동시에 규명하려고 했다.

2. 이충무공유적보존운동의 전개와 여론

1) 보존 활동의 전개

1930년 9월 20일 『동아일보』 2면의 왼쪽 아래 9~10단에 걸쳐 작은 기사가 다음과 같이 게재되었다.

> 리충무공(李忠武公)의 묘소와 묘각이 모다 퇴폐되고 그 향사(享祀)까지도 거이 폐지될 지경에 있다 한다함은 두루히 들은 바이나 이제 그 자세한

명명하여 보았다." 김도형, 「1930년대 '이충무공유적보존운동'의 전개와 그 성격」, 『이순신연구논총』 통권 제15호, 2011년 봄·여름, p.11.
5) 이지원, 「1930년대 民族主義系列의 古蹟保存運動」, 『東方學志』 77·78·79합호, 1993. 6, p.775.
6) 김도형, op. cit., pp.11-12, 31.
7) 김주식, 「일제강점기 이순신 유적과 유물의 관리—1930년대와 1940년대를 중심으로」, 『이순신연구논총』 통권 제35호, 2021년 가을·겨울.

형편을 들으면 충남 아산군 음봉면 삼거리(忠南牙山郡陰峯面三巨里)에 있는 충무공산소의 산판 일백이십여 정보와 또 그 약 사십석 추수하는 제토(祭土)는 칠십여 인의 연명으로 공중재산이 되어 있으나 지난 을축년에 호서은행(湖西銀行)에다가 이천원에 전당한 이래 아즉도 돈을 갑지 못하야 불원간 일허버릴 지경이라 하며, 그 사손(嗣孫) 리종옥(李種玉)씨도 생계가 극빈하야 가족들은 이곳저곳의 친척의 집으로 흐터져 있서 기제(忌祭)도 거이 궐할 지경이오, 묘소를 수호하든 묘직이도 벌써 흐터져버렸다고 한다.8)

그로부터 약 8개월 이후인 1931년 5월 12일자『동아일보』에는 평론가 고영환(高永煥)의 유적순례기가 실렸다.9) 이것은 3월 18일에 아산 온천에 병환치료를 간 김에 현충사를 찾아가 유물을 보고 왔다는 내용이었으며, 하편은 5월 14일자 신문에 게재되었다. 주요 내용은 현충사 문이 퇴락하고, 주변 산은 벌거벗어져 있으며, 일본인들은 찾아와 유물을 보고 가는 경우가 많은데 조선인은 거의 없어 부끄럽다는 것이었다. 다음날인 5월 13일자 『동아일보』의 2면 왼쪽 1~4단에는 다음과 같은 기사가 게재되었다.

임진란, 거북선과 함께 력사를 지은 민족적 은인 리충무공(李忠武公)의 위토 60두락지기가 장차 경매에 부를 운명에 있다고 한다. 그 위토는 충무공의 묘소가 있는 충남 아산군 음봉면 사정리(忠南牙山郡陰峯面沙亭里)에 있어서 충무공의 묘소와 사당의 유지-순전히 이 토지에서 어더 써왔었는데, 지난 대정 8년이래로 그 13대 종손 리종옥(李鍾玉)씨의 살림이 차차 영세해지면서 그 토지를 1,300원에 빚을 어덧든바 지금은 리자까지 2,400원이 되어 동일은행(東一銀行)에 드러가 있다.

---

8) 『동아일보』, 1930년 9월 20일자 「李忠武公墓閣이 頹落, 제로는 은행에 저당되고 春秋亨祀도 끄칠 地境」. 김주식, op. cit., p.60에는 현충사의 위토 문제를 기사로 처음 게재한 신문을 1930년 10월 16일자『신한민보』라 했는데, 이는 틀린 주장이다. 『신한민보』는 약 1개월 전의『동아일보』기사를 전재한 것으로 보인다.
9) 『동아일보』, 1931년 5월 12일자 「〈遺跡巡禮記〉忠武公의 遺物을 拜觀하고 (上)」.

동일은행에서는 그 채무자인 전기 리종옥씨와 그 토지의 공동소유자인 리씨 일족 70여명에게 대하야 여러 번 독촉을 했으나 모다 빈한한 살림이라 가플 도리가 업서 오늘까지 왔었는데, 얼마 전 동일은행에서는 돌연히 최후 통지를 하게 되어 오는 5월 말일까지 갚지 않으면 단연히 경매처분을 하겠다고 했다. 그러나 문제는 위토뿐이 아니라 충무공의 묘소가 있는 산판도 역시 다른 곳에 채무관계가 되어 있으며, 딸하 묘소와 사당과 종가집 등은 여러 해 동안 수리를 하지 못하야 한업시 퇴락해있다고 한다.

충무공의 위토를 경매한다는 동일은행(東一銀行) 두취 민대식(閔大植) 씨는 임(任) 비서를 통하야 아래와 같이 말했다.

"그 채무관계는 10여년을 끌어온 것입니다. 그러나 사건 전체를 천안지점(天安支店)에서 맡어가지고 있으니, 그 내용을 도모지 모릅니다. 오늘 당장 천안지국에 통지를 해보겠지마는 기정 방침이 경매로 되어 있다면 그야 어찌할 수 없겠지요."10)

1930년의 기사는 그야말로 사실 위주의 간단한 기사이다. 그런데 1931년에는 먼저 평론가의 현충사 참배와 유물 배관기(拜觀記)를 게재하여 이순신에 대한 독자들의 주의를 환기시킨 후 그 다음날 위의 기사를 실은 것으로 보인다. 이 기사는 사실과 대담까지 겸한 심층취재기사이거나 기획기사라 할 수 있는데, 구체적인 내용과 다급한 상황임을 알리려는 의도가 나타난다.

다음날인 5월 14일 『동아일보』는 이 위토 문제를 '민족적 수치'로 간주하는 사설을 실었다. 5월 15일에는 이 위토 문제를 조선인의 은행이 경매당사자라는 것을 통탄하고서 그 책임을 전 조선인이 공동으로 져야 한다는

---

10) 『동아일보』, 1931년 5월 13일자 「二千圓빗에 競賣當하는 李忠武公의 墓所位土, 묘소가 잇는 산판도 빗에 들어가, 債權者東一銀行에서 最後通知//莫不得已」. 이 기사는 동아일보의 朴錦 기자가 쓴 것으로 보이며, "내가 사명(社命)을 가지고 동 은행 민두취(閔頭取)의 담(談)을 들어다가 신문에 보도 후 분껴(忿激)에 넘치는 투서와 노호가 빈발"했다고 회고하였다. 『동광』 제28호(1931. 12. 1), 회고수기 「新聞記者 失敗談, 忠武公의 位土競賣事件」.

정인보(鄭寅普)의 기고문이 게재되었다.[11] 그리고 5월 15일부터 동아일보사에 전국에서 성금이 답지하기 시작했다. 5월 17일에는 충무공의 묘지문제에 대한 독자평단 2편(朴元根, 金商武)을 게재했다. 『동아일보』는 그후 계속해서 위토와 현충사 문제와 관련된 내용을 사설, 기사 등으로 실었고, 성금관련 기사와 성금현황의 광고성 기사도 계속 실었다.

한편 『동아일보는』는 현충사나 위토 문제가 아닌 이순신 자체에 대한 여러 유형의 글도 게재했다. 1931년 6월 1일부터 14회에 걸쳐 이광수(李光洙)의 「충무공 유적 순례」가 게재되었다. 또한 이광수의 장편소설 「이순신」이 연재될 것을 수차례에 걸쳐 알리는 기사를 실었고, 실제로 6월 26일부터 그해 말까지 39회를 그리고 1932년에는 4월 3일까지 139회를 총 178회 연재되었다. 그밖에도 이순신의 초상화(崔禹錫 작), 『이충무공전서』 독후감, 충무공의 유물 설명문(朴頤陽) 등을 게재하기도 했다.

『동아일보』가 1931년부터 1935년까지 이순신이나 현충사관련 글을 실은 횟수는 〈표 1〉과[12] 같다.

〈표 1〉 『동아일보』에 게재된 이순신 관련 기사 현황(1931-5)

연도	현충사·충무공유적보존회 관련 기사	기타 이순신 관련 기사(연재소설)	계 (연재소설)
1931	31	27(39)	58(39)
1932	9	20(139)	29(139)
1933		9	9
1934	1	4	5
1935	3	7	10
계	44	67(178)	111(178)

1931년에는 5월 13일부터 이순신 관련 글이 게재되었기 때문에 약 8개월 동안 58회 기사가 실렸고, 장편연재소설까지 더하면 총 97회 실렸다.

---

11) 『동아일보』, 1931년 5월 14일자 「〈사설〉「民族的羞恥 債務에 시달린 李舜臣 墓所」」; 5월 15일자 「李忠武公 墓山競賣問題(鄭寅普)」.
12) 〈표 1〉은 국사편찬위원회 한국사데이터베이스(history.go.kr)에서 자료를 뽑아 작성된 것이다.

1932년에는 12개월 동안 29회 실렸고, 연재소설을 더하면 168회 실렸다. 1931년에는 1개월 당 12회가 그리고 1932년에는 14회가 실린 셈이다. 동아일보사가 신문에 이순신 관련 글을 이렇게 1931~1932년 동안 집중적으로 게재한 것은 무엇보다도 성금 모집을 독려하기 위함이었던 것으로 볼 수 있다.

한편 사회 유지들이 모여 대책을 강구한 끝에 1931년 5월 23일 서울 수표정(水標町)에 있는 조선교육협회 사무실에서 남궁훈(南宮薰)과 유진태(兪鎭泰)의 명의로 묘소위토문제 선후강구회를 개최하자는 통문을 보냈고, 강구회에서 전국에서 모인 70여 명이 충무공유적보존회(忠武公遺蹟保存會)를 결성하고 임원 15명을 임명하였다. 사무소는 수표동 조선교육협회 안에 두었다.13)

위원장(1) : 윤치호(尹致昊)
위 원(14) : 남궁훈(南宮薰) 송진우(宋鎭禹) 안재홍(安在鴻)
　　　　　　박승빈(朴勝彬) 유억겸(兪億兼) 최규동(崔奎東)
　　　　　　조만식(曺晩植) 정광조(鄭廣朝) 김정우(金正祐)
　　　　　　김병로(金炳魯) 정인보(鄭寅普) 한용운(韓龍雲)
　　　　　　윤현태(尹顯泰) 유진태(兪鎭泰)

1931년 5월 26일 보존회가 발표한 성명서에 따르면, 보존회의 설립 목적은 이충무공의 유적을 영구히 보존, 법인 조직의 설립, 사료와 유물의 진열이었다.14) 그리고 보존회는 6월 8일 열린 회의에서 4가지 사항을

---

13) 『동아일보』, 1931년 5월 29일자 〈사설〉「忠武公遺蹟保存會設立 當然한 順序」, 〈기사〉「各方面의 有志會合遺跡保存會創立, 작일 조선교육협회안에서 모이어 리충무공유적보존회를 창립했다. 蘇生된 忠武公崇拜熱/地方代表도 數氏가 參席/保存會委員 十五人選擧/墓所 位土遺物 永久保存을 目的, 遺蹟에 對한 各項報告/사무실 설치」.

14) 『신한민보』, 1931년 6월 25일자 「이충무공유적보존회 성명서」. 또한 『동아일보』, 1931년 5월 25일자 기사 「忠武公遺蹟保存會創立 當然한 順序」에 따르면, 충무공유

결행하기로 결의했다.

1. 충무공 위토 채무상환에 관한 보상위원으로 윤현태(尹顯泰), 김병로(金炳魯) 양씨를 선정
2. 현충사를 중건하기로 결정
3. 현충사 중건에 관해 위원 유억겸(俞億兼), 정인보(鄭寅普) 양씨를 아산에 파견하여 실지 조사하기로 결정. 백관수(白寬洙) 씨를 위촉하여 3명이 동반
4. 본회 사무집행의 일체 경비를 위원이 각자 갹출하여 부담[15]

성금은 동아일보사(본사와 지국 포함)와 충무공유적보존회(5월 25일부터 접수)에 답지되었는데, 대부분은 동아일보사에 들어왔다. 1932년 5월 29일까지 해외교포를 포함한 2만 1천명 이상이 보낸 성금은 총 16,021원 30전(동아일보 13,969.68, 보존회 2,028.42 이자 23.20)이었다. 이 성금은 〈표 2〉처럼[16] 사용되었고, 잔금은 281원 62전이었다. 이 성금은 성금대장과 지출대장 등이 모두 동아일보사에서 기록하고 보관한 것으로 보아 동아일보사에서 보관하고 관리하되, 집행은 보존회가 한 것으로 보인다.

〈표 2〉는 보존회가 채무상환, 현충사 중건, 기존 비각과 고옥 수리, 유물보관용 금고 설치, 위토 매입 등의 활동을 한 것을 알 수 있게 해준다. 이후 보존회는 11월 10일 한산도 제승당 중건에 대해 보조금(1,000원)을 지원하였다.[17]

적보존회는 "충무공의 묘소, 위토, 유물 등을 영구히 보존"하고, "민족적 은인에 대한 우리 정성의 구상화"하며, 묘소와 위토문제를 해결하는 것뿐만 아니라 공의 유물을 철저히 수집하는 것을 목표로 삼았다.
15) 『동아일보』, 1931년 6월 10일자 「李忠武公遺蹟保存會委員會 四個條件을 決議」.
16) 『동아일보』, 1932년 5월 29일자 「萬衆의 血淚로 重建된 顯忠祠. 新祠에 奉安될 忠武公影幀」의 기사는 6면 전체에 걸쳐 사진과 함께 게재되었는데, 말미에 수입과 지출의 항목으로 성금 내역이 게재되어 있으며, 1932년 6월 7일 현충사 낙성식 때 배포한 전단 「忠武公遺蹟保存事業報告」에도 같은 내용이 실려 있다.
17) 『동아일보』, 1932년 5월 29일자 「制勝堂重修補助金千圓 不日發送 李忠武公遺跡保存

〈표 2〉 성금의 지출 내역(1931년 5월 29일)

지출일	내용	금액
1931. 6/13	동일은행 채무 상환	2,372.22
1931. 7/18, 8/31, 9/21. 1932. 1/29, 3/14	현충사건축, 설계	5,389.50
1931. 9/25	고옥 수리	600.00
1931. 12/16	비각 수리	300.00
1931. 11/13 1932. 1/16, 1/26	보물(유물)저장금고 설치	1,050.00
1932. 1/4, 1/27, 1/28	위토 매입	5,655.41
1931. 6/25. 9/25	동아일보사 경비	19.93
1931. 9/12, 1932. 1/26, 1/28	보존회 경비(출장, 사무 등)	244.59
	계	15,631.65

충무공유적보존회는 1936년 11월 2일 재단법인 설립 허가 요청서를 총독부에 보냈다. 김철중(金鐵中)이 위원장인 윤치호를 위시하여 21인의 대리인으로 제출한 문서였다. 총독부는 1937년 2월 24일 불허한다는 공문을 충청남도에 발송했다. 그러자 이 보존회는 5월 18일 이충무공현충사 및 유적보존회(李忠武公顯忠祠及遺蹟保存會)라는 '임의단체'를 만들었던 것으로 추정된다.18) 이 보존회의 규칙에 따르면, 목적은 "이충무공현충사 및 유적보존회를 영구히 보존하고, 그 제사를 행하며, 유물을 보관하는"것이었다. 기본 재산은 부동산과 기부금품이나 물품이었다.19) 유물은 『난중일기』, 서간장 등이었는데, 소유권은 사손(嗣孫)에게 있지만, 현충사의 보관금고에 보관하되 어떤 경우에도 이관할 수 없다고 규정하였다. 부동산은 아산군 염치면 백암리의 건물, 임야, 대지, 전답 등이었는데, 사손이 관리하는 부동산에서 얻는 수확은 사손의 생활비로 충당하고, 보존회가 매수한 토지의 수입 중 3할은 춘추 향사비로 사용하게 했다.20)

會」;『겨레가 지킨 위토, 겨레가 세운 현충사』(현충사관리소, 2019), p.21.
18) 김도형,「'이충무공유적보존운동'과 현충사 소장 관련 자료」,『겨레가 지킨 위토, 겨레가 세운 현충사』, p.103.
19) 「이충무공현충사 및 유적보존회규칙」,『겨레가 지킨 위토, 겨레가 세운 현충사』, pp.22-23.

1937년 6월 19일자 부민관(府民館)에서 열린 평의원회의에 참가한 6인 (정인보, 백관수, 이완희, 김성수, 박승빈, 여운형)이 평의원과 이사 및 감사를 아래와 같이 선출했다.

평의원(10) : 김병로(金炳魯) 정인보(鄭寅普) 백관수(白寬洙) 이완희(李浣熙)
　　　　　　이규방(李奎昉) 유진태(兪鎭泰) 박승빈(朴勝彬) 오긍선(吳兢善)
　　　　　　김성수(金性洙) 여운형(呂運亨)
이사(7) :　　윤치호(尹致昊) 송진우(宋鎭禹) 유억겸(兪億兼) 김철중(金鐵中)
　　　　　　이종옥(李種玉) 이종복(李種復) 이건희(李建熙)
감사(2) :　　김용무(金用茂) 이민시(李敏始)[21]

현재 현충사관리소에서 소장하고 있는 각종 영수증철은 2권인데, 1937년부터 1939년까지 보존회가 덕수이씨 충무공파 종중에게 지급한 각종 경비를 알 수 있게 해준다. 충무공 제향 비용과 현충사 묘소의 사직(祠直) 급여, 현충사의 지세(地稅) 등의 영수증이 주를 이룬다.[22] 그런데 이 보존회가 언제까지 활동했는지는 자료가 없어 알 수 없다. 다만 이충무공유적보존회가 모금한 성금의 지출내역장부가 1931년 5월 16일부터 1942년 3월 30일까지 기록된[23] 것으로 미루어 볼 때, 1942년 1/4분기까지는 활발하지는 않지만 활동하여 보존회의 맥을 이어왔음을 알 수 있을 뿐이다. 그리고 2012년에 이 자료들이 충무공 고택 안에서 발견되었는데,『동아일보』가 폐간 당할 무렵에 이 보존회관련 서류철들이 충무공 고택으로 이송되어 보관되어온 것으로 보인다.[24]

---

20)『현충사 중건 민족성금 기록물 해제 및 번역 용역』(현충사관리소, 2022), p.4.
21)「평의회회의록」,『겨레가 지킨 위토, 겨레가 세운 현충사』, pp.24-25.
22)『현충사 중건 민족성금 기록물 해제 및 번역 용역』(현충사관리소, 2022), p.5.
23) 같은 책, p.6.
24)『한경라이프』, 2022. 5. 30자「점심 굶어 모은 11원입니다 … 이순신장군 묘 지켜주세요」.

2) 보존운동에 대한 여론

조선인들이 이순신 유적을 보존하는데 사용해달라고 성금을 보내게 된 결정적인 계기는 『동아일보』의 기사였다. 신문기사의 위력은 사회에 큰 영향을 주었는데, "또 요새 이충무공성금모집도 2만원을 돌파했으니 이 돈 없는 조선에서 그만한 돈을 모은다는 것은 신문의 위력이 아니고는 못할 일이 아닌가"25)라는 주장이 후일에 나오기도 했다.

『동아일보』가 성금 모집에 미친 영향은 성금을 보낼 때 함께 보낸 쪽지나 편지를 보면 바로 알 수 있다. "귀 신문에 게재하신 기사를 보니", "귀보 신문지상을 통해 비로소 이충무공을 알았으며", "귀 신문사의 여러 선생님들께서 최근에 이르러 여러 갑절의 노력과 활동을 하시는 것에 관하여", "귀 신문사에 연재된", "이충무공묘소문제가 처음 동아일보에 보도된 것을 보았을 때" 등의 문구들이 편지나 쪽지에 적혀있는 경우가 많은 것은 실제로 『동아일보』 기사의 영향력이 얼마나 컸는지 알 수 있게 해준다. 다음으로는 일가친척, 지인, 선생님, 어른 등으로부터 소식을 전해들은 것도 성금을 내게 하는데 계기가 되었다. "이충무공장군의 이야기를 어른들께 듣고", "농촌에서 농사짓다보니 신문도 못보고 아무 소식도 몰랐는데 출가하신 누님께서 본사 신문 한 장과 이충무공묘지문제를 쓴 편지를 보고", "이충무공 묘소에 대한 말씀을 선생님께 듣고", "부모님과 선생님께서 거북선 만드신 어른의 유적을 보존하려고", "귀지의 사설과 정인보씨의 논강설을 다 읽고 … 신문을 동지들에게 읽게 했고, 동네 유지를 일일이 방문하여 이충무공 묘소 문제에 대해 신문에 기재된 사실대로 말하였더니" 등의 문구가 적혀있는 편지나 쪽지도 볼 수 있다.26)

---

25) 『동광』 제28호(1931. 12. 1), 「朝鮮新聞界縱橫談(無名居士)」.
26) 이러한 문구들은 『겨레가 지킨 위토, 겨레가 세운 현충사』와 『현충사 중건 민족성금 기록물 해제 및 번역 용역』에서 많이 볼 수 있어, 출제 제시를 생략하였다. 그런데 특이한 점은 기생, 날품팔이, 어린이, 학생, 농부 등 일반 서민들이 성금을 보냈지만, 부유층이 성금을 보낸 경우는 거의 보이지 않는다는 것이다. 잃을 것이 많은 부유층은 조선총독부의 눈치를 보았거나, 관심이 없었던 것으로 보인다.

『동아일보』기사는 성금모금으로 그치지 않고 다른 단체를 결성하게 하는 파급효과를 가져오기도 했다. 예를 들면, 부산에서 다음의 글이 적혀있는 성금쪽지가 왔다.

> 충무공의 크신 공덕을 추모하고 숭배하려고 지난 19일 다수 인사가 모여서 협의한 결과 우선 이충무공보은회를 조직하여 장차 재단법인을 설립하려고 준비위원으로 이직손, 이병일, 이희영, 허종, 이찬구 5명을 지정하였습니다.[27]

한편, 이순신 묘소 문제를 게재한 잡지들도 있었다.『삼천리』제16호 (1931. 6. 1)에 박윤석의 기행문「이충무공묘 참배기」가 게재되었다. 이 기행문에는 울창한 수목이 없어 황막하고, 묘비각이 헐어가고 있고, 묘병석 (墓屛石)도 자빠질 것 같아 주인 없는 산소 같다는 산소의 상태, 채무 상황, 종손의 빈곤한 생활모습 등이 소개되어 있다. 박윤석은 "유물을 완전히 보존하고 천추만대로 후생에 교재와 학구적 연구이며 배관(拜觀)을 시킬 수 없는가!"라고 한탄하였다. 그밖에도『별건곤』,『동광』,『새벽』과 같은 잡지에도 이순신 관련 글들이 많이 실렸다.[28] 1931년에 비교적 많은 글이 잡지에 게재되었는데, 이것은 당시 이충무공의 묘소와 유적이 사회적 이슈로 등장했기 때문이겠지만,『동아일보』의 성금모금을 간접적으로 지원하려는 의도도 있어 보인다.

그러나 다른 신문들은 이순신 위토 문제에 대해 냉담한 반응을 보였던 것 같다. 특히『조선일보』는 이 문제 때문에 비판을 받았다.

> 리충무공 말이 낫스니 말이지 실상 신문게에 잇서서 제일 리충무공을

---

27) 『현충사 중건 민족성금 기록물 해제 및 번역 용역』, pp.82-83. '이충무공보은회'의 활동에 대해서는 자료가 없어 알 수 없다.

28) 국사편찬위원회 한국사데이터베이스(history.go.kr)를 검색하면, 잡지에 실린 이순신 관련기사는 1930년 3회, 1931년 16회, 1932년 6회, 1933년 1회, 1934년 4회, 1935년 7회로 나타난다.

> 숭배한 이는 새로 조선일보 사장되신 안재홍(安在鴻)씨다. 충무공의 생신
> 날(3월 8일)이면 해마다 그의 긔사와 사진을 잇지 안코 충실하게 그
> 지면에 긔재하고 그의 머리 우에는 공의 초상을 모시여 시시때때로 그를
> 흠모 하얏다.
> 그러나 불행이 이번에 동아일보에 락제를 하고는 그 지면까지 아주
> 랭정하야 겨우 보존회(保存會)란 명의로 몃츨 소개할 뿐이엿다. 조선일보-
> 특히 안사장으로 말하면 맛치 효성스러운 긔출의 서자가 집 다른 령리한
> 양아들에게 유산과 시체까지 빼앗긴 심이다.29)

안재홍은 1931년에 조선일보사의 사장이었다. 한편 조선일보사의 냉랭한 태도와 동아일보사의 지나친 몰입을 함께 비판하면서 신문사들이 공동으로 주관하면 더 좋았을 것이라는 여론도 있었다.

> 신문을 일부러 상품화하고저 하야 공통한 특징을 공통히 발표케 하지
> 못하고 상호 반발 대척하는 점이 만히 잇다.
> 동일한 이순신 문제에 잇서서도 동아에서 소비한 지면은 너무도 불경
> 제적인 동시에 조선에서 취급한 기사는 너무도 심하며 냉정하엿다.30)

> 이순신을 거하야 정신적으로 민족적 동원을 시험하야 성공한 동아일보
> 의 태도 근래에 상영(爽英)하다.-그런데 조선은 싸홈하기에, 동아는 죽은
> 이순신찾기에 너무 취하여 예년의 하기봉사(夏期奉仕)도 금년(今年)은
> 물로 씨슨 듯 이것다.31)

> 동아일보가 리충무공 유적 보존에 관하야 성심성의를 다하는 것을
> 감사한 동시에 큰 성공이라 하겟스나 넘우 오래동안을 두고 신문 전

---

29) 『별건곤』 제42호(1931. 8. 1), 「소식 號外의 號外」.
30) 『개벽』 신간 제4호(1935. 3. 1.), 「논설 朝鮮新聞의 特殊性과 其 功過(李敦化)」.
31) 『삼천리』 제3권 제9호(1931. 9. 1.), 「회고·수기 新聞夜話」.

폐지를 희생하는 것은 도로혀 독자로 하야금 지리한 감을 준다.32)

위의 인용문들은 동아일보사의 지나친 여론몰이에 치중하여 다른 일들을 소홀히 하고 있으며, 장기간 동안 몰입하는 것에 독자들이 피곤함과 지리함을 느낄 수 있다고 경고하는 여론도 있었음을 알 수 있다. "조선에도 근래에 사회사상(社會事象)에 대한 인식의 상위(相違)에서 생긴 충돌이 얼마나 만헛는가? 김윤식(金允植) 사회장(社會葬) 문제를 위시하야 충무공성금(忠武公誠金) 문제, 만보산사건(萬寶山事件) 등등에 관하야"의 문구가 포함된 기사는 '충무공성금문제'에 대해 동아일보사와 의견을 달리하는 사람들도 있었음을 시사해주고 있다.33)

이 보존운동을 확대하고 체계적으로 해야 한다는 건설적인 비판시각이었던 것으로 보인다.

> 이것을 충무공 추모사업에만 너허버리지 말고 근대의 무덤조차 못가진 숨은 사상운동, 정치, 사회, 인문과학 등 온갖 방면의 선구자를 기념하는 사업에까지 전개식혀야 총명한 노력이 될 것이다. 무명의인의 묘! 아하 벌서부터 가지고 잇서 조흘 것이 아니엇든가. 그래서 행혀 뜻잇는 이 땅의 후손들이 가을 봄철 차저 꼿도 뿌리고 눈물도 뿌리게 함이 떳떳하지 안엇든가.
>
> 백관수, 안재홍, 이광수, 윤치호, 송진우 등 당사자 제씨여 오히려 충무공의 본의가 이 저간에 잇슬 것을 잇지 말고저 획시기적(劃時期的)의 기념사업에 제하야 이 방면에 대한 노력이 잇기를 바라노라.34)

『동아일보』도 현충사에 국한하지 말고 유적보존활동을 폭넓게 해야

---

32) 『별건곤』 제42호(1931. 8. 1), 「소식 號外의 號外」.
33) 『삼천리』 제4권 제1호(1932. 1. 1.), 「논설 志士流의 社會觀 批判,—社會現象의 認識體型에 대하야(辛一星)」.
34) 『삼천리』 제17호(1931. 7. 1), 「문예기타 雜感 -無名義人의 墓(파인)」.

한다는 것을 훨씬 전에 주장한 적이 있었다. "어찌 충무공의 분묘를 위함뿐이랴. 이것을 계기로 하여 우리는 일층 민족문화에 대한 숭앙심(崇仰心)과 애착심(愛着心)을 불길질할 필요가 있다." 이 기사에는 이순신의 "전기와 문집을 한문과 순조선문을 간행하여 널리 반포하도록 하는 사업을" 해야 하고, "공의 유물에 있어서도 이번 기회에 철저히 수집"해야 한다는 주장도 포함되어 있었다.[35] 그러나 그로부터 1달 반 뒤에 사업 확대의 주장이 나온 것은 『동아일보』의 초기 의지가 실현되지 못하고 있었다는 것을 뜻한다. 또한 이것은 이 보존운동에 대한 사회의 기대가 그만큼 컸는데, 보존운동의 세력이 그 기대를 만족스럽게 충족시켜주지 못했음을 뜻한다.

이와 같이 볼 때, 충무공 위토 문제가 발단이 된 유적보존 활동은 위토 문제의 해결, 현충사 중건, 제승당 중건 지원 등 나름대로 성공을 거두었지만, 몇 가지 문제가 있었던 것을 알 수 있다. 첫째, 이충무공의 유적과 유물을 보존하려 하면서 유적과 유물에 대한 전수조사를 하려 하지 않았으며, 현충사에만 국한하여 운동이 전개되었다. 둘째, 현충사와 관련된 종합대책이나 기본대책을 수립하지 않았다. 셋째, 이 운동을 다른 역사적 위인이나 '무명의인(無名義人)' 등에 대한 추모나 기념사업으로 발전시킬 의도가 전혀 없었다. 넷째, 다른 언론사들의 전폭적인 지지를 받지 못하고 동아일보사에 의해서만 추진됨으로써 운동의 기반을 확대시킬 수 있는 여지를 아예 없애버렸다. 다섯째, 이 운동이 1930년대 말부터 약화되었으며, 1942년 무렵부터는 유명무실해짐으로써 일제강점기 동안 꾸준히 전개되지 못했다. 다음 절에서는 이러한 문제점들이 대두하게 된 원인을 살려보려 한다.

---

35) 『동아일보』, 1931년 5월 14일자 「사설 民族的羞恥 債務에 시달린 忠武公 李舜臣 墓所」; 5월 21일자 「李忠武公과 우리」; 5월 25일자 「논설 忠武公遺蹟保存會創立 當然한 順序」.

3. 이충무공유적보존운동의 한계

1) 주도 인물의 구성

이충무공유적보존운동을 주도한 사람은 무엇보다도 충무공유적보존회의 위원장과 위원 및 사무원 16명, 보존회의 회원여부는 알 수 없지만 활동을 한 인사 11명, 그리고 이충무공 현충사 및 유적보존회의 평의원과 이사 및 감사 19명을 통해 알 수 있다. 총 46명의 활동인물들이 보여주는 주요 경력은 〈표 3〉과36) 같다.

〈표 3〉 보존회 임원과 활동인사의 경력

구분	충무공유적보존회 임원		충무공유적보존회 임원 외 활동인사		이충무공 현충사 및 유적보존회		계
	수	인명	수	인명	수	인명	
기독교청년회	4	윤치호 유억겸 조만식			2	윤치호 유억겸	6
학교·교육종사자	6	윤치호 김병로 유억겸 조만식 최규동 정인보	2	김형배 이옥인	4	김병로 유억겸 오긍선 윤치호	12
보성전문학교	3	김병로 박승빈 정광조			4	김병로 박승빈 김성수 김용무	7
민립대학기성준비회	6	김병로 남궁훈 송진우 유진태 최규동 한용운	1	신명균	4	김병로 송진우 유진태 김성수	11
조선교육협회	4	남궁훈 송진우	1	신명균	2	송진우 유진태	7

---

36) 〈표 3〉은 〈부록 1〉을 근거로 작성된 것이다. 〈부록 1〉은 『동아일보』, 1931년 5월 29일자 「〈사설〉忠武公遺蹟保存會設立 當然한 順序」, 「〈기사〉各方面의 有志會合遺跡保存會創立, 작일 조선교육협회안에서 모이어 리충무공유적보존회를 창립했다. 蘇生된 忠武公崇拜熱/地方代表도 數氏가 參席/保存會委員 十五人選擧/墓所位土遺物 永久保存을 目的, 遺蹟에 對한 各項報告/사무실 설치」; 『동아일보』 1931년 6월 10일자 「李忠武公遺蹟保存委員會 四個條件을 決議」; 『겨레가 지킨 위토, 겨레가 세운 현충사』(현충사관리소, 2019); 『현충사 중건 민족성금 기록물 해제 및 번역 용역』(현충사관리소, 2022)에서 인물과 활동을 밝히고, 그들의 주요 경력은 국사편찬위원회 한국사데이터베이스(https://db.history.go.kr), 인명사전, 인터넷 검색 등을 이용한 결과이다.

동아일보	3	유진태 최규동 송진우 윤현태 정인보	6	백관수 김철중 이상범 이종국 이헌영 이인영	5	송진우 백관수 김성수 김용무 동아일보		14
타 신문사	5	남궁훈 안재홍 유진태 조만식 정인보	2	백관수 이상범	3	유진태 백관수 여운형		10
조선어사전편찬회	9	윤치호 정인보 유진태 박승빈 송진우 조만식 안재홍 최규동 유억겸	2	신명균 백관수	8	윤치호 박승빈 송진우 유억겸 유진태 백관수 김성수 정인보		19
신간회	5	김병로 안재홍 유억겸 유진태 조만식	1	백관수	4	김병로 유억겸 유진태 백관수		10
조선우생협회	3	윤치호 송진우 유억겸			6	윤치호 송진우 유억겸 오긍선 김성수 여운형		9
이순신 후손					1	이종옥		1
아산주민					1	이종복		1
불명					2	이건희 이민시		2
계	48		15		46			109

〈표 3〉은 다음과 같은 몇 가지 특징을 보여주고 있다.

① 학교에 근무하거나 교육활동을 한 경력(학교·교육종사자, 보성전문학교, 민립대학기성준비회, 조선교육협회)은 37건(34%)으로 가장 많고, 이어서 언론 경력(동아일보, 타 신문사)이 24건(22%) 많으며, 나머지는 조선어사전편찬회 경력 19건(17%), 신간회 경력 10건(9%), 조선우생협회 경력이 9건(8%), 기독교청년회 6건(6%)의 순으로 나타난다.
② 학교에 근무하거나 교육활동을 한 경력 중에서 동아일보사와 관련이 있는 보성전문학교의 경력(7건)이 다른 학교의 경력(12건)보다 적게 나타난다.
③ 조선교육협회의 경력은 7건(7%)으로 적게 나타난다.
④ 동아일보사의 경력은 14건으로 타 신문사 경력(10건)보다 많이 나타난

다.

⑤ 이충무공 현충사 및 유적보존회에서는 이순신의 후손과 아산 주민이 포함되어 있다.
⑥ 이충무공 현충사 및 유적보존회에서는 조선우생협회 경력(9건)이 충무공유적보존회보다 2배로 늘어나 전체적으로 보면 신간회 경력(10건)과 비슷하게 나타난다.
⑦ 동아일보와 보성전문학교와 관련된 경력은 20건(19%)으로 조선어사전 편찬 경력과 동일하게 나타난다.
⑧ 이충무공 현충사 및 유적보존회에서는 학교·교육 경력이 줄고, 그 대신 동아일보, 조선우생협회, 아산 거주 경력 등이 추가되었다.
⑨ 활동 인사들 중 『친일인명사전』에 수록된 인물은 6명(윤치호, 유억겸, 정광조, 이광수, 김성수, 오긍선)이다.[37]

이 특징들을 보면, 이충무공유적보존운동은 학계와 교육계 및 언론계의 인사들이 주도한 것으로 볼 수 있지만, 이순신 전문연구자는 없었다. 또한 이 인물들은 신간회, 조선어사전편찬회, 민립대학기성준비회 같은 모임에 함께 참여한 적이 있어 서로 알고 지내는 사이였던 것으로 볼 수 있다.[38]

위토 문제가 보도되고 나서 1931년 5월 23일 선후강구회를 개최한다는

---

[37] 친일활동의 대표적인 예를 들면, 興亞報國團의 위원장 겸 상임위원은 윤치호였고, 경기도 위원으로 김성수, 오긍선, 유억겸이 있었다. 朝鮮臨戰保國團에서는 고문으로 윤치호가, 이사로 유억겸, 전시생활부장으로 이광수가 있었지만, 너무 많아 출전을 생략하려 한다. 친일인명사전편찬위원회 편, 『친일인명사전』 전3권(민족문제연구소, 2007)을 참조.,
[38] 『삼천리』, 제2호, 1929년 9월 1일, 「〈회고·수기〉 金炳魯 放浪, 敎授, 歸護士」;『삼천리』, 제3호, 1929년 11월 13일, 「회고·수기〉 延禧專門學校敎授 兪億兼 太平洋會議에 갓다가, 美領希哇에서 개최」;『삼천리』, 제14호, 1931년 4월 1일, 「〈회고·수기〉 最近 十年間 筆禍, 舌禍史」;『동광』, 제25호, 1931년 9월 4일, 「〈논설〉 李光洙人物月旦, 金性洙論」;『별건곤』, 제52호, 1932년 6월 1일, 「〈소식〉 그가 新聞社長이 되기까지」 등을 통해 송진우, 김성수, 유진태, 안재홍, 유억겸, 이광수, 백관수, 조만식 등의 관계를 알 수 있다.

통문을 보낸 것은 조선교육협회의 회장 남궁훈과 부회장 유진태였으며,[39] 개최 장소도 조선교육협회의 건물 안이었다. 그리고 충무공유적보존회도 그 강구회에서 결성되었다. 따라서 조선교육협회가 보존회를 주도한 것으로 보일 수 있으나, 사실은 달랐다.

처음부터 보존운동을 기획하고 주도한 것은 당시 동아일보사의 사장이었던 송진우였던 것으로 보인다. 그는 1917년 중앙학교장시절에 삼성사건립기성회(三聖祠建立期成會)를 조직하여 단군, 세종대왕, 이순신의 사당을 남산에 건립하려 했으나 일제의 조선신궁 건립으로 실패한 적이 있었다.[40] 1931년 5월 13일 묘소문제에 대한 기사가 나간 후, 송진우는 정인보를 찾아가 "삼성사 계획이 실패한 뒤로 이런 일을 하나 하지 못해서 늘 꺼림칙하더니 마침 잘 되었소. 그 산판을 후손들에게 도로 찾아주고 거기다가 현충사를 짓는 것이 어떨까요"하고 상의했다. 나아가 송진우는 "은행이나 왜정을 공격해서는 도리어 화를 일으켜 일을 그르치는 결과를 가져올 염려가 있으니", "충무공의 후손을 치는 논조로 쓰도록 하지요"라는 글쓰기의 가이드라인까지 제시했다.[41] 5월 21일에는 "이를 기회로 이순신의 무덤과 유적을 보존하는 일은 그의 종손에게서 떼어서 전민족적인 어느 기관이 맡도록 해야 할 것이다."라는 정인보의 사설이 게재되었다.[42] 이틀 뒤인 5월 23일에는 충무공유적보존회가 발족되었다. 보존운동은 먼저

---

39) 당시 조선교육협회의 업무는 실질적으로 부회장인 유진태가 도맡아 보았으며, 유진태는 조선일보사의 고문을 겸하고 있었다. 『별건곤』, 제45호, 1931년 11월 1일, 「〈논설〉 私設檢事局 大探査錄, 朝鮮敎育協會는 무엇을 하는가?(柳東漢)」.
40) 이지원, op. cit., 1993. 6, p.766.
41) 김학준, 『古下 宋鎭禹 評傳 – 민족주의 언론인·정치가의 생애』(동아일보사, 1990), p.132. 정인보는 송진우의 부탁대로 은행이나 왜정을 공격하지 않고 이충무공의 후손들을 질타하는 방향으로 글을 써서 『동아일보』에 게재했다. 『동아일보』, 1931년 5월 15일자 「李忠武公 墓山競賣問題(鄭寅普)」. 또한 송진우는 편집국장인 이광수를 현충사에서 고금도까지 이충무공 유적들을 순례하여 그 기행문을 14회 (5. 21~6. 11) 연재하게 했으며, 이어서 장편소설 『이순신』을 139회(1931. 6. 26~1932. 4. 3) 연재하도록 했다.
42) 『동아일보』, 1931년 5월 21일자 「〈사설〉 李忠武公과 우리(鄭寅普)」

『동아일보』에서 기사. 기고문, 순례기, 연재소설 등의 방법을 통해 여론을 조성하고 주장을 한 후 이를 실행하는 방식으로 진행되었는데, 모든 것이 송진우의 계획대로 실행되었던 것으로 보인다.

통문을 조선교육협회의 회장단의 이름으로 보내고, 회의도 조선교육협회의 건물에서 열고, 또한 여러 분야의 인물들로 보존회의 임원을 구성한 것은 "전민족적인 기관"이라는 외관상의 틀이 필요했기 때문이었다.[43] 채무변제영수증은 이충무공유적보존회 명의로 되어있고, 중건 공사계약서도 보존회장 윤치호의 명의로 작성되었다. 그런데 영수증은 동아일보사장에게 제출하는 형식으로 작성되어 있어 동아일보사가 대금을 지불했음을 알 수 있다. 계약자와 기금관리자가 달랐던 것이다. 더욱이 충무공유적보존회의 사무실이 조선교육협회의 건물에 별도로 있었음에도 불구하고, 각종 영수증과 서류철이 동아일보사가 자사의 서류철 묶음으로 관리하고 보관해 왔다.[44]

현충사 중건과 낙성식 및 이순신 영정 제작의 실무 작업은 동아일보사측 인물들(본사와 지국)에 의해 이루어졌다.(〈부록 1〉) 이것은 동아일보사가 보존회 명의로 보존 활동을 했다는 것을 의미한다. 그 한 예로 조선일보사 사장인 안재홍도 보존회 위원이었지만, 보존회에서 그의 활동이 전혀 나타나지 않을 뿐만 아니라 『조선일보』가 이 문제에 대해 냉랭한 태도를 보이고 거의 보도한 적이 없었던 사실을 들 수 있다. 그는 명의만 빌려주었던 것이 아닌가 싶다. 그렇기 때문에 위원들이 "민족주의 계열의 대표적인 인물들이 망라되어"[45] 구성되었더라도, 실제로 보존 활동과 실무 작업에는 거의 참여하지 않았던 것으로 보인다. 이런 까닭에 "민족주의 우파계열이 중심이 되어 추진"했다고[46] 보는 것보다는 송진우 동아일보사장이 진두지

---

43) 교육협회 인물들이 송진우나 동아일보사측과 사전에 만났는지 여부와 만났다면 어떤 이야기를 나누었는지는 자료가 알 수 없어 알 수 없다. 그러나 전후사정으로 미루어 볼 때, 양쪽이 사전에 교감을 한 것으로 추측할 수 있다.
44) 『겨레가 지킨 위토, 겨레가 세운 현충사』(현충사관리소, 2019), pp.17-19.
45) 이지원, op. cit., p.763.
46) 김도형, 「1930년대 '이충무공유적보존운동'의 전개와 그 성격」, 『이순신연구논총』

휘하여 추진한 것으로 보는 것이 더 타당할 것으로 보인다. 『동아일보』는 1936년 8월 29일 일장기 말소사건으로 무기정간을 당했다가 1937년 6월 3일 속간되었다. 속간될 때, 사장은 백관수로 바뀌었고, 송진우는 고문이 되었으며, 사실상 이때부터 친일지로 전락했다. 그리고 1940년 8월 11일 폐간되었다. 『동아일보』와 송진우 사장이 보여준 1930년대 후반기 이후의 행보와 보존운동이 비슷한 운명을 보여주고 있는 것은 송진우 사장과 『동아일보』의 주도설을 더욱 수긍하게 한다.

2) 주도 인물의 이순신에 대한 인식

대중들의 이목을 이순신에게로 돌리기 위해 이론적 근거를 제시하면서 여론을 조성하는데 주도적인 역할을 한 논객은 고영환, 정인보, 이광수 세 명이었다. 그들은 주로 『동아일보』에 글을 게재하는 방식을 사용했지만, 다른 신문이나 잡지에 기고하기도 했다.

고영환은 1921년부터 1939년까지 『동아일보』에 246회나, 그리고 일반 잡지에도 1919년부터 1938년까지 여러 번 국제정세, 정치, 경제 등에 대해 평론을 기고하여 게재한 대표적인 평론가 중 한 명이었다.[47] 그는 이충무공유적보존에 대한 기고문을 4회에 걸쳐 연재했는데, 주요 내용은 아래와 같다.

> … 단군과 … 세종대왕 … 이충무공 … 세 어른들 중에서 우리 충무공이야말로 국가에 대하여 재건지공(再建之功)이 있으며 민족에게 재생지은(再生之恩)이 있을 뿐만 아니라 세계 최초로 잠행정(潛行艇, 거북선)을 제조하시

통권 제15호, 2011년 봄·여름, p.32 ; 김도형, 「'이충무공유적보존운동'과 현충사 소장 관련 자료」, 『겨레가 지킨 위토, 겨레가 세운 현충사』, p.109.
47) 국사편찬위원회 한국사데이터(https://db.history.go.kr/)에 따르면, 고영환은 일제강점기동안 1921년부터 1939년까지 『동아일보』에 246회에 그리고 일반 잡지(『삼천리』, 『민성』, 『사해공론』, 『학지광』. 『별건곤』, 『동광』 등)에는 37회에 걸쳐 1919년부터 1938년까지 국제정세, 정치, 경제 등에 대해 평론을 기고했다.

었으니 인류의 문화발전사상으로 보아서 막대한 공헌을 하신 터인즉 비단 조선에서만 이공에 필적할만한 인물이 없을 뿐만 아니라 세계사상에도 그와 대등할만한 인물이 희귀한 것은 세계 주지의 사실이다.

… 유물을 직접 목도하는 것이 감사의 뜻과 열망을 환기시키는 가장 좋은 방법 … 위인의 유물을 각기 자손 특히 사손되는 한 개인의 집에 심장(深藏)하면 일반대중은 배관할 기회가 없다. … 그런 가치 있는 유물을 사회의 공적 보물로서 한 곳에 보관하되 … 일족의 가보에 불과하던 것이 국보 내지 국제보로 그 가치가 고양하게 될 것이다. 이것이 위인의 유물을 사회에서 보관하자고 주장하는 제2의 이유이다.

셋째로는 … 도난과 유실의 위험성, 기한(飢寒)시 취사(取捨) 여유 부재. 민족적으로 소중한 모든 위인들의 각종 유물을 영구히 보존하려는 가장 안전책으로 그 모든 것을 사회에서 보관하자고 주장하는 제2의 이유는 여기에 있는 것이다.

먼저 위인유물의 사회적 보관책에 간담회같은 것을 유지자들의 … 그 대책을 강구해보는 것이 선결문제. − 충무공유적보존회는 충무공의 유적을 보존하자는데 국한된 것이나 이 기회에 민족적으로 가치 있는 모든 유물의 영구보존회까지도 토의할 필요가 있다는 것을 충무공유적보존회의 위원 제씨들에게 다시 한 번 지상으로 긴탁(緊託) …48)

고영환은 이순신을 숭배해야 하는 이유, 유물의 보관방법, 보존회 활동의 확대 방법까지 제시했던 것이다.

정인보는 1931년 5월 15일자 기고문에서 "그가 없었다면 국가가 없고 민족이 없었을 다시 말하면 그 한 분의 힘으로 국가라고 있었고 우리의 노유남여(老幼男女)가 보존하게 된 이만한 대공(大功), 성렬(盛烈)을 이루신

---

48) 『동아일보』, 1931년 7월 5일, 7월 9일, 7월 10일, 7월 12일, 「偉人의 遺物을 社會에 서 保管하자 忠武公遺蹟保存에 際하야全4回」(高永煥).. 2회 기고문에 "그런데 지금 이와 같은 주장을 당돌히 발표하게 되는 데에는 이미 「충무공유적보존회」 석상에 서도 구두로서 대개 진술한바와 같이"라는 구절이 있는 것으로 보아, 그가 보존회에 참석하여 자신의 의견을 진술한 것으로 보인다.

분은 일인(一人)이 계실 뿐이다."라고[49] 하여 공적을 높이 샀다. 그러나 6일 뒤인 5월 21일자 사설에서는 약간 논리가 달라졌다.

> 원래 충무공 리순신은 결코 전공으로만 감사하고 흠모할 인물이 아니라 그의 정말 값은 '나라에 대한 충성'과 '사람으로의 더욱이 조선사람으로의 참되고 정성되고 저를 잇는 인격'과에 있는 것이다. 역사상에 나타나는 인물 중에 우리 충무공처럼 오직 덕망이 티만큼 흠도 없는 인물은 드물 것이니 … 어떻게 뭇 소인들이 충무공의 공을 시기하여 임금께 참소하고 충무공에게 죄를 주고, 그를 없애라고 핍박하였든가. 그러하건만은 충무공은 조금도 원망하는 빛도 없이 오직 정성으로 오직 자기희생으로 국가에 대한 의무를 다하였든가, … 어떻게 그가 용기 있게 정성되게 자기의 사명을 수행하였든가, 다행히 우리 민족에게 의기가 멸하지 아니하였으니 이번을 기회로 우리 민족의 영웅이오, 은인이오, 모범인 …[50]

위의 글에서 이순신의 공훈보다 인격에 강조점이 놓여 있음을 알 수 있다.

인격을 본격적으로 강조한 것은 이광수였다. 자신의 장편소설『이순신』을『동아일보』에 연재하게 된다는 5월 23일자 예고기사에서 다음과 같이 말했다.

> 내 찬구 고하(古下)는 과거 조선에 숭앙할 사람은 단군, 세종대왕, 이순신 3인이라고 말 … 나보고 이 3명에 대해 3부곡 소설을 쓰라고 권 … 내가 진실로 그를 숭앙하는 것은 자기희생적, 초훼예적, 그리고 끝없는 충의(애국심)입니다. 내가 그리려는 이순신은 이 충의로운 인격입니다. 상상이

---

49)『동아일보』, 1931년 5월 15일자「〈기고문〉忠武公 墓山競賣問題(鄭寅普)」. 이것은『동아일보』, 1931년 5월 14일자「〈사설〉民族의 羞恥 債務에 시달린 忠武公 李舜臣 墓所」의 논조와 일맥상통하고 있다.
50)『동아일보』, 1931년 5월 21일자「〈사설〉李忠武公과 우리」.

아닌 고기록에 나타난 그의 인격을 내능력껏 구체화하라는 것이 이 소설의 목적입니다."51)

그로부터 약 40여일 뒤인 7월 1일에는 파인 김동환에게 답하는 형식의 글에서 "이순신에 내가 흥미를 가진 것이 혜성기자(慧星記者)의 억측과 같이 이번 충무공 묘소문제를 기회로 생긴 저날리스틱한 동기만은 아닙니다."라고 연재소설의 집필 계기를 부언하면서 "나 자신을 위하야 혹 「사람」이란 것을 위하야 이 「사람」을 그릴 것이라고" 집필 방향을 밝혔다.52) 그가 보기에, 이순신은 "조선을 위하야 자기의 가정과 고락과 이해와 사생을 잊은 사람이다. 일민족의 역사는 이러한 자기를 초월한 개인들의 힘으로 회전되고 갱신되는 것이다."53)

이광수의 이순신론이 가장 명확하게 드러난 것은 1932년 6월 6일자 사설이었는데, 여기에는 다음의 구절이 포함되어 있다.

> 그의 공적이 크지 아니한 것이 아니나 그것은 이미 지나간 일이오, 우리 조선사람에게 오늘날까지도 이 다음 언제까지도 값이 있는 것은 그의 인격이다. … 리순신과 같이 … 모든 것을 구비한 인격자는 드물다. 참으로 리순신은 조선사람이 모범할 완전한 모범이다.
>
> 그의 인격의 가장 중심이 되는 것은 "우리를 위하여 나를 잊"는 맘이다. … 둘째로 … 제가 맡은 직무에 충실한 것이다. … 셋째로 그의 "사람을 대하는 법"이다. … 이밖에도 그의 용기, 끊임없는 수양, 골육에 대한 지극한 정, 부하와 동포에 대한 사랑, 하늘과 사람을 원망치 않고, 아무리 어려운 경우라도 낙담치 않는 등 여러 가지 덕이 있거니와 그 어느 점이든지 오늘날과 오늘날의 젊은이에게 모범이 아니되는 것이 없다. 우리가 충무공

---

51) 『동아일보』, 1931년 5월 23일자 「장편소설 춘원 李光洙作 청전 李象範畵, 「李舜臣」(長篇小說) 六月中旬부터 揭載」.
52) 『삼천리』 제17호, 1931년 7월 1일, 「〈문예기타〉 李舜臣과 安島山(李光洙)」.
53) 『동광』 제36호, 1931년 8월 4일, 「〈논설〉 조선의 청년은 자기를 초월하라(李光洙)」.

리순신을 기념하는 가장 큰 것이 그의 인격을 흠모하고 본받는 것인가 한다.54)

이 인용문은 이광수의 인격론에서 핵심이 되는 내용인데, 그 기저에는 인간이 "교육으로, 자기수양으로 어떤 정도까지는 획득할 수도, 훈련할 수도 잇지마는 그 바탕은 천성이다."55)라는 생각이 깔려있다.

이광수가 쓴 『이순신』은 『동아일보』의 계열잡지인 『신동아』의 주간이자 소설가였던 주요섭으로부터 다음과 같이 극찬을 받았다. "「이순신」에서 조선민족의 용기, 의기, 비겁, 당쟁, 무책임, 무기력, 무능, 다시 말하자면 왼갓 장점과 단점의 나열을 볼 수 잇습니다. 그는 한 개의 산 역사입니다. 「이순신」은 조선민족의 해부실이요 그 주인공인 「이순신」은 향상하려는 조선청년의 일지표요 갱생하려는 민족의 상징입니다."56) 이광수 자신도 "우리 민족의 단점"을 묘사했다고 자인하였다.57)

그러나 많은 문단 비평은 호의적이지 않았던 것으로 보인다. 김동환은 1932년 12월 1일 발표된 글에서 "조선인의 무기력한 묘사에 접할 때마다 낯을 가리고 싶도록 부끄럽다."고 했다. 그런 후 1935년에는 성금 모금을 위해 이 소설을 쓰게 함으로써 소설을 "기회적 이용물로" 여긴 이광수를 다음과 같이 혹평했다. "동아일보의 사원으로 앉아서 동아일보지상에 소설을 쓰는 춘원이매 거기 얼마간 구속되지 않을 수는 없을 것이다. 그러나 너머 저두평신(低頭平身)하였다. 본시 호인인 춘원은 자기주장을 강조하지 못한다."58) 1934년 6월 1일에는 문단의 인물 11명의 좌담기가

---

54) 『동아일보』, 1932년 6월 6일자 「〈사설〉 리충무공의 인격, 현충사 락성식 날에」.
55) 『동광』 제36호, 1932년 8월 1일, 「〈논설〉 默想記錄 難得三寶, 民族과 人材(李光洙)」.
56) 『동광』 제39호, 1932년 11월 1일, 「〈설문 愛人에게 보내는 冊子〉 李光洙著 李舜臣 (新東亞 朱耀燮)」.
57) 『삼천리』 제9권 제1호, 1937년 1월 1일, 「〈대담·좌담〉 百萬讀者 가진 大藝術家들」. 이광수는 연희전문 언더우드 박사가 『船의 硏究』를 쓸 때 이 『이순신』을 많이 참고했으며, 이 책을 영역하려 했다가 "조선 민족의 단점"을 그려내 구미독자들에게 좋지 않은 인상을 줄까 두려워 그만두었다고 부언하고 있다.
58) 『삼천리』 제4권 제12호, 1932년 12월 1일, 「水標橋畔吟(파인)」 ; 『삼천리』 제7권

발표되었는데, 현빙허(玄憑虛)는 "역사를 통속적으로 강의한 것을 복사한" "강담(講談)이나 야담(野談)과" 다를 바 없다고 말했으며, 주요한(朱耀翰)도 실패작이라고 맞장구쳤다.59) 공산주의자이자 문학비평가였던 김태준도 "시민적 감탄과 또 역사적 진보성을 볼 수가 없고 다만 소주관(小主觀)에 속박된 충효관념으로써 선악을 정하야 좀 더 이를 신비화하고 영웅화시켜 그를 통하여 작가의 환상을 그리고 있다."라고 평했다.60) 『동광』(제31호)에는 이 책의 신간소개를 다음과 같이 했다.

이 소설에서 이순신을 명장으로서 보다도 인격자로서 나타내고저 노력한 흔적이 보인다. …
(1) 그는 당시의 색론(色論)에 초월하고 오직 자기의 맡은 임무에만 충실하였다. (2) 그는 소인의 초소(譖訴)에 의해 여러 번 무실(無實)의 죄를 입었으되 변명도 않고 원망도 아니 하였다. (3) 그는 후덕(厚德)으로서 병사, 인민, 상관, 명장 등을 열복케 하였다. … 이것을 강조하기 위하야 작자는 당시의 조정의 소인배들을 여지없이 그려냈다. … 이순신의 인격은 물론 사승(史乘)에 나타난 것을 참조하야 된 것이려니와 그중에는 다시 저자의 사상과 일치되고 맞는 그 사상으로 옷 입혀 이상화한 흔적이 많다고 할 것이다. … 「이순신」에 있어서도 「이순신」하나만이 우뚝 솟고 기여(其餘)의 문무백관이며 인민군졸까지도 하나도 잘난 놈은 없는 것 같은 감상을 준다. 이 의미에서 이 소설은 「영웅숭배적」 전형에 드는 소설이다. … 하여간 위인을 아니가진 조선, 자기의 영웅을 모르는 조선에게 한 개의 신앙의 대상을 주려하는 작자의 의도는 충분히 달성했다고 할 것이다.61)

제8호, 1935년 9월 1일, 「문예평론(金東仁) 春園硏究(九)」.
59) 『삼천리』 제6권 제7호, 1934년 6월 1일, 「〈대담·좌담〉 三千里社主催 文學問題評論會 (2)歷史小說의 盛行問題」.
60) 『삼천리』 제7권 제11호, 1935년 12월 1일, 「〈문예평론 三千里文藝講座(第2回 開講)〉 小說講座 朝鮮小說發達史(金台俊)」.
61) 『동광』 제39호, 1932년 11월 1일, 「〈문예평론 新刊紹介〉 讀書室 李光洙 著 『李舜臣』」.

이광수의 이순신 영웅론은 『신생활』의 주간이었던 김명식(金明植)으로부터도 비판을 받았다. 김명식은 "이순신의 묘지문제는 더욱 조선인의 영웅주의에 대한 감격을 도발한 듯하다."면서 사회적 관계와 실제 사실에서 떠나서 "추상적인 관념적인 표면에 나타난 사실만으로써 선전하는 영웅우상숭배의 반동사상을 경계하지" 않으면 안 된다고 부언하였다.[62]

문단에서의 인격논쟁이나 영웅논쟁과는 무관하게, 일반 지식인들은 대체로 이순신을 명장이나 위대한 군인으로 인식했던 것으로 보인다. 민족주의사학자 권덕규는 "이순신 같은 대영웅"이 "마지막 꺼지는 등불이 갑작이 불길이 밝아지는 것과 같다"고 하면서 정치적으로 이순신의 위공(偉功)보다 더한 것이 없다고 했다.[63] 언론인 신영철은 이순신 함대의 1차와 2차 출전에서 치른 해전들을 설명하면서 "동서양 역사에 명성이 높으신 만고충신이요 전무후무한 명장"으로 이순신을 간주했다.[64] 1931년 12월 말에 실시한 세계 10대 인물 설문조사에서는 조사대상자 10명 중 6명이 군인으로는 이순신을 꼽았다.[65] 1935년 3월에 역사상 위대한 어른들에 대한 실시된 설문조사에서는 설문대상자 13명 중 7명이 이순신을 꼽았다.[66] 그런데 이 조사에서 법조인 허헌(許憲)은 "명장"을, 『개벽』의 창간자 중 한 명이었던 차상찬(車相瓚)은 "철두철미하게 민족을 위해 심혈을" 다했다는 것을 천거 이유로 들었다. 그러나 안재홍은 "절대한 책임 지상주의"를, 송진우는 "희생적 정신과 관후한 성자적 성격"을, 이광수는 "자기의 소임에 전력을 다하려다가 생명까지 바쳐서 마침내 모든 것을 구출"했다는 것을, 의사이자 고미술품수집가였던 박창훈(朴昌薰)은 "불굴불요(不屈不撓)의 정

---

62) 『동광』 제31호, 1932년 3월 5일, 「英雄主義와 파시즘, 李光洙氏의 蒙을 啓함(金明植)」.
63) 『개벽』 신간 제1호, 1934년 11월 1일, 「〈기행문〉 八道江山遍踏記(權悳奎)」.
64) 이 글은 총 2회나 발표되었다. 『별건곤』 제29호, 1930년 6월 1일, 「〈잡저〉 壬辰史話 玉浦大捷과 閑山大捷(申瑩澈)」; 『별건곤』 제41호, 1931년 7월 1일, 「〈논설〉 壬辰史話, 李忠武公의 三大勝捷記(蒼石生)」.
65) 『동광』 제29호, 1931년 12월 27일, 「〈설문〉 世界 10代人物 公薦」.
66) 『삼천리』 제7권 제3호, 1935년 3월 1일, 「〈설문(13명)〉 先驅者를 우러러, 偉大한 史上의 큰 어른들」.

신"을 이유로 들었다. 이러한 설문조사의 결과는 『동아일보』가 주도한 이순신의 인격론 주장이 사회에 어느 정도 뿌리내리고 있었음을 보여주는 실례라 할 수 있다.[67]

3) 조선총독부의 이순신 관련 정책과 대응

흔히 일제가 1919년 기미독립운동 이후 1931년까지 문화통치를 표방한 것으로 이해되고 있다. 그러나 문화재나 고적관련 분야에서는 달랐으며, 다음의 특징을 보여주고 있다.

첫째, 문화 정책은 한일합병 이전부터 시작된 고적조사사업을 통해 사실상 시작되었다. 조선총독부는 1902년부터 1915년까지 고건축물부터 시작하여 고분, 성지, 사지 등을 매년 조사했다. 이 조사의 목적에는 고건축물 중에서 안정성이 있는 것을 관청 건물로 사용하고 조사과정에서 발굴하거나 발견되는 유물을 보존처리라는 명분으로 일본으로 유출하려는 것도 있었다.[68]

둘째, 고적조사사업은 한국사의 타율적 역사를 문헌과 고고학으로 확인하여 식민지배의 정당성에 대한 증거를 확보하려는 의도로 전개되었다. 따라서 한사군과 삼국시대의 고분을 주요 대상으로 삼았으며, 이에 따라 조사도 경주, 부여, 평양, 개성, 공주를 중심으로 전개되었다.[69]

셋째, 문화재 정책은 기본적으로 문화재가 교화 정책의 한 수단이라는 생각을 토대로 전개되었다. 이것은 조선총독부에서 고적이나 문화재관련 담당부서가 지방국 사사과→ 제1과(1910)→ 총무과(1916. 4)→ 서무부

---

67) 漢城圖書株式會社의 조사에 따르면, 史話나 역사소설이 가장 많이 팔리는데, 이광수의 『마의태자』와 『이순신』이 단연 수위를 점령하고 모두 4천부 이상 팔리고 있었다. 대형서점인 以文堂에서도 "꽤나가는 편"이었다. 『삼천리』 제7권 제9호, 1935년 10월 1일, 「〈소식〉 書籍市場調査記, 漢圖·以文·博文·永昌等書市에 나타난」.
68) 이순자, 「일제강점기 고적조사사업 연구」, 숙명여지대학교 박사학위논문, 2007. 6, pp.26-27.
69) 이순자, op. cit., , pp.310-312.

문서과(1920)→ 학무국 고적조사과(1921. 10)→ 종교과(1924)→ 사회과 (1932. 3)→ 사회교육과(1936)의 순으로 바뀐 것을 통해 알 수 있다.

넷째, 1930년대부터는 문화재 정책이 조사에서 보존으로 바뀌었다. 이것은 만주사변부터 시작된 전쟁이 계속되자 조선인이 자발적으로 '충량한 황국 신민'이 되도록 하기 위해서였다. 문화재를 내선일체의 증거로 삼아 조선인들의 향토애착정신과 국토존중을 키워 새로운 황국 중심 문화를 건설하려 했던 것이다.[70]

다섯째, 1940년대에는 문화재 정책이 제도적인 파괴정책으로 변했다. 1930년대 말기부터 중국과 동남아를 침략하고 마침내 1942년에 태평양전쟁이 발발한 후부터는 고등경찰의 판단과 권한이 문화재 정책보다 우위에 있게 되었고, "형식적 법치주의"마저 무시되어 "유림(儒林)의 숙정(肅正) 및 반시국적 고적의 철거"(1943)가 감행되었다.[71]

여섯째, 국조신앙, 건국자, 역대 명군의 유적처럼 민족관념의 지주가 되는 고성지(古聖地)나 전설의 무대는 고적에서 철저히 배제되었다. 동해안의 왜성 11개가 고적으로 지정되었지만, 이순신의 유적은 하나도 지정되지 않은 것은 바로 이 때문이었다.[72]

일곱째, 이순신의 유적에 대한 활동은 1930년대 후반까지 전개되었지만, 완전히 민간 주도로 전개되었다. 고적 지정에서 제외된 이순신 관련 유적은 총독부나 지방부처의 지원을 전혀 받지 못했으며, 종가의 제위답이나 유지 혹은 지역주민들이 십시일반으로 모금한 돈으로 운영되었다. 게다가 1930년대 말부터는 "반시국적 고적"으로 간주되어 철거나 파괴의 대상이 되기까지 했다.[73]

---

70) 金志宣,「조선총독부 문화재정책의 변화와 특성－제도적 측면을 중심으로」, 고려대학교 석사학위논문, 2008. 6, pp.54-55.
71) 오세탁(吳世卓),「일제(日帝)의 문화재정책(文化財政策)－그 제도적(制度的) 측면(側面)을 중심(中心)으로」,『문화재』통권 29호, 1996. 12, pp.19-20.
72) 이지원, op. cit., p.758 ; 김종수,「일제강점기 문화재 법제 연구－「조선보물고적명승천연기념물보존령, 1933년」제정·시행 관련」,『문화재』Vol.53, No.2, June 2020, pp.161-162, 173.

이충무공의 유적에 대한 보존운동은 문화통치가 끝나는 시기에 시작되었다. 이처럼 미묘한 시기에 시작되고 전개되었음에도 보존회 활동은 적어도 현충사 중건과 제승당 중건이 끝날 때까지 아무런 견제 없이 진행된 것으로 보인다. 보존운동이 아무런 제약 없이 전개될 수 있었던 이유는 무엇이었을까? 이순신이 반일의 대명사가 되고 또한 민족의식의 고취와 대동단결의 구심점 역할을 할 수 있었기 때문에, 이 의문은 당연히 나올 수밖에 없다. 필자는 이 의문에 대한 답으로 두 가지를 들려고 한다.

하나는 『동아일보』와 보존회 임원들이 이순신의 전공(戰功)이 아닌 인격을 중시하고 강조했기 때문이었다고 할 수 있다. "보존운동을 통해 강조된 국수사상은 인격수양론과 결합되어 이 시기 동아일보가 주도하던 청년들의 계몽운동, 브나로드운동 등의 정신적 기초로 활용되고 있었다. 국가정신, 희생정신으로 개인 수양과 사회전체 이익을 위해 일하라는 계몽의 지침이었다."74) 이것은 이광수가 주장한 이순신의 인격과 상통하는 논리였다.75) 인격의 강조는 정신의 강조라고 할 수 있다. "1930년대 이후 실시된 사회교화사업은 '문화의 흥륭과 국력의 신장'에 기여하는 것을 목적으로 농촌진흥운동, 정신작흥운동, 심전개발정책 등 일련의 정신주의를 강조하는 지배정책의 실시와 함께 더욱 강화"76)되었던 사실을 감안할 때, 인격의 강조와 총독부의 정신운동은 내용과 지향점이 거의 같았다. 그렇기 때문에 총독부는 이순신의 전공이 아닌 인격만 강조한다면 이순신의 유적이 "향토애의 함양→본업에 충실→생산력의 증강→'총후(銃後)' 조건의 역할 수행"이라는 구조77)가 형성하도록 내선일체의 증거 역할을 할 수 있다고 보았을

---

73) 김주식, op. cit., pp.56, 83.
74) 이지원, op. cit., p.771.
75) 이순신의 인격을 강조하는 과정에서 "조선이 식민지로 전락하게 된 주된 이유를 자기 민족 내부에 전가시키면서 동시에 민족성 개조의 가능성을 자민족의 구성에서 발견하려는" 모습을 보였다는 주장도 있다. 김성진, 「이순신 역사 소설에 투영된 작가와 시대의 욕망」, 『문학치료연구』 제45집, 2017. 10, p.142.
76) 이순자, op. cit., p.129.
77) 김지선, op. cit., pp.38-39.

수도 있는 것이다.78)

　다른 하나는 보존운동이 전개되던 1930년대 초까지만 해도 이순신에 대한 일본인의 인식이 반드시 부정적이었던 것만은 아니었기 때문이라고 할 수 있다. 일본인들은 1892년부터 이순신에 관한 서적을 발간하기 시작했으며, 1920년대에는 이순신을 언급한 서적들이 학계와 군에서 많이 출간되었다. 이 서적들은 대부분 이순신을 "천년만년 이어질 영명(英名)", "털끝만큼도 비난할 수 없는 명장", "세계 제일의 해군 장수", "동·서 해군장수의 제1인자", "불세출의 명장", "절대적인 명장" 등으로 긍정적으로 묘사하였다.79) 심지어 참모본부가 1924년에 발간한 임진왜란 관련 서적에는 「이순신의 훈공(勳功)」과 「이순신의 전사(戰死)」가 별도 항목으로 설정되기까지 했다.80) 또한 1928년 5월에는 조선사편수회의 수사관(中村榮孝)이 이순신의 종손가를 방문하여 사료를 수집하였다. 그는 이순신을 "조선 수군의 명장"으로서 "국민적 숭배의 대상"이며 "임진왜란의 대표인물"이라고 평했다.81) 이순신은 일본인들에게 존경과 숭배의 대상 인물이자 반시국적인 성향의 인물이라는 양날의 칼이었다.

　이런 까닭에 1930년 전반기까지는 성금 모금에 대해 『동아일보』의 기사 삭제나 보도 금지 등과 같은 총독부의 간섭이 없었던 것으로 보인다.

---

78) "조선적인 것을 강조하여 정신적으로는 반일적일 수 있었으나, 현실적으로는 일제의 통치체제의 합법적인 틀에서 이루어지기 때문에, 이 운동은 독립이라는 정치적 목적과는 거리를 둔 채 전통문화의 보존이라는 문화운동으로의 기능만 부각하였다." 이지원, *op. cit.*, p.773.

79) 김주식, 「이순신에 대한 일본인의 연구와 평가」, 『해양문화재』 제4호, 2011, pp.202-203. 물론 "우수한 점을 찾을 수 없다"고 부정적으로 묘사한 서적도 있었다 (杉村勇次郎, 『朝鮮史家の記せる豊太閤朝鮮役 - 慶長の役』, 京城: 京城新聞社出版部 藏版, 1930, pp.27, 57).

80) 參謀本部 編纂, 『日本戰史: 朝鮮役』(東京: 偕行社, 1924).

81) 김준배, 「문화통치기 조선사편수회 소속 일본인 연구자의 이순신 서술 - 나카무라 히데타카(中村榮孝)의 「충무공 이순신의 유보(忠武公李舜臣の遺寶)」(1928)를 중심으로」, 『韓日關係史研究』 제68집, 2020. 5, pp.154, 158-159. 한편, 朝鮮史編修會編, 『朝鮮史料叢刊 第6: 亂中日記草, 壬辰壯抄』(京城: 朝鮮總督府, 1935)는 이때 수집한 자료를 이용하여 발간된 것으로 보인다.

제7장 1930년대 이충무공유적보존운동 251

마찬가지로 충무공유적보존회도 활동의 제약을 받은 적이 없었던 것으로 보인다. 다만 보존운동과 관련된 몇 가지 부정적인 에피소드가 발생하기는 했다. 예를 들면, 보존운동을 위해 모은 성금을 다른 용도로 유용했다는 경찰의 정보 수집이 있었다.

> 만몽(滿蒙)에서 농민노동자의 구제단체의 자금은 동아일보사에서 모금하는 충무공이순신의 유적보존금의 잔금(약 1만원)을 받아 충당했고, 만약 동아일보사에서 이에 전체 사회에 큰 여론을 만들어 이 회사를 성토하고 또한 비매동맹(非買同盟)의 수단을 농간하는 예라 유적보존회의 잔금양수가 불가한 것도 이 회사를 이용하여 어떤 방법으로 그 자금을 지키려 획책 …82)

이것은 동아일보사가 모금한 충무공유적보존성금의 일부가 1931년 10월 27일 결성된 재만조난동포문제협의회(在滿遭難同胞問題協議會)에 흘러 들어갔다는 경찰 정보였다. 그런데 1931년 5월 16일부터 1942년 3월 30일까지 성금의 지출내역 장부나 현충사 중건 낙성식에 배포된 결산보고서 등에는83) 이 정보를 뒷받침할 수 있는 여지가 전혀 없으며, 따라서 이 정보의 신빙성은 의심을 사기에 충분하다.

물론 성금 모금운동에 대해 지방 경찰의 견제가 완전히 없었던 것은 아니었다.

> 평북 삭주 삼육사(三育社). 귀지의 사설과 정인보씨의 논강설을 다 읽고 … 신문을 삼육사 동지에게 읽게 하였습니다. 그 후 동네 유지를 일일이 방문하여 이충무공 묘소 문제에 대해 신문에 기재된 사실대로

---

82) 1931년 10월 31일 思想에 關한 情報 1 京鍾警高秘 제13335호 集會禁止에 관한 건 발신 : 京城 鍾路警察署長 수신 : 京城地方法院 檢事正(국사편찬위원회 한국사 데이터베이스(history.go.kr).
83) 『겨레가 지킨 위토, 겨레가 세운 현충사』, p.6.

말하였더니 모두가 감흥해서 나는 30전, 나는 50전 이런 식으로 마침내 40여 명의 성금을 모았습니다. 다시 다른 동네에서도 소문이 돌아 돈을 낼 때에 의외로 본 경찰당국이 금지하여 (5월 28일) 부득이 모은 성금은 그만 아깝게도 각 사람에게 다시 돌려줘버려 매우 유감이었습니다.[84]

직접적인 것은 아니지만, 이충무공유적보존운동을 사례로 들은 문구가 잡지에서 검열되어 삭제되는 경우도 있었다. 1931년 6월 1일, 『삼천리』(6월호)에서 "일전운동(一錢運動)-이충무공의 묘를 연구하기 위해 성금을 모집하고 있지만, 우리에게는 충신희생자의 장충단(奬忠壇)이 없으므로 … 모국(某國)의 88함대 일전운동과 같은 것을 일으켜 기념해야 한다."가 삭제되었다.[85] 여기에서 모국은 일본을 지칭한다. 일본이 러일전쟁 후 전함 8척과 순양전함 8척으로 구성된 88함대를 건설하기 위해 그리고 충무공의 유적을 보존하기 위해 성금을 모금한 것처럼, 충신과 희생자들을 기리는 장충단을 건설하기 위해 모금운동을 전개하자는 내용의 글이 일제 경찰에 의해 삭제된 것이다.

이순신과 관련된 글을 삭제하고, 관련 서적의 발간을 불허하며, 관련 서적이나 자료를 압수하는 경우는 일제강점기 동안 줄곧 있어왔다. 이 모든 사례는 이순의 영웅담, 전투담, 전공(戰功), 일본군과의 전쟁 등을 서술한 것들이 거의 대부분을 차지한다. 이순신의 인격을 강조하는 글이나 서적은 여기에서 찾아볼 수 없으며, 따라서 인격을 강조하는 글은 일제의 견제, 금지, 불허의 대상이 아니었음을 알 수 있다.[86]

---

84) 『현충사 중건 민족성금 기록물 해제 및 번역 용역』, pp.149-150.
85) 경성지방법원 검사국 문서, 朝鮮出版警察月報 第34號 1931년 06월 01일 不許可 差押 및 削除 出版物 要旨-『三千里』 六月號 再追加(국사편찬위원회 한국사데이터베이스(history.go.kr). 이때 삭제된 문구는 1개월 후에 발행된 다음호에서 '無名義仁의 墓'를 돌보고 보존하자는 주장으로 변형되어 실렸다. 『삼천리』 제17호, 1931년 7월 1일, 「〈문예기타〉 雜感-無名義人의 墓(파인)」.
86) 국사편찬위원회 한국사데이터베이스(history.go.kr)에 있는 「국내항일운동 자료 경성지방법원 검사국 문서」만 해도, 이순신 관련 글의 삭제, 책자발간의 불허, 자료의 압수가 1927-1930년 11회, 1931년부터 1935년까지 5회, 1936-1940년 8회가

그러나 국제정세와 전쟁의 연속으로 사태가 긴박해지기 시작한 1930년
대 후반이나 말기부터는 사정이 달랐다. "이 시기 일제는 고적보존운동에
대해 개량적이면서도 민족주의를 촉발할 수 있는 '통치상의 불안한 요소가
농후한' 타협적 운동으로 평가하여 치안상 주의를 요할 것을 강조하였다."[87]
이충무공 현충사 및 유적보존회가 1936년 11월 2일 재단법인 설립 허가
요청서를 제출했을 때 조선총독부가 1937년 2월 24일에 불허한 것은 바로
이 때문이었을 것으로 보인다. 뿐만 아니라 조선총독부는 조직적으로
'반시국적' 고적을 파괴하는데 주저하지 않았으며, 이순신 관련 유적도
상당수 파괴대상에 포함되었던 것이다.

4. 맺음말

1930년대의 이충무공유적보존운동은 일제강점기에 보기드문 조선인들
만의 자발적이고 전국적인 문화재보호운동이었는데, 몇 가지 아쉬운 점이
나타난다. 첫째, 이충무공의 유적과 유물을 보존하려 하면서 유적과 유물에
대한 전수조사를 하려하지 않았으며, 현충사에만 국한하여 운동이 전개되
었다. 둘째, 이 운동을 다른 역사적 위인이나 '무명의인' 등에 대한 추모나
기념사업으로 발전시킬 의도가 전혀 없었다. 셋째, 다른 언론사들의 전폭적
인 지지를 받지 못하고 동아일보사에 의해서만 추진됨으로써 운동을 확대
시킬 수 있는 여지를 아예 없애버렸다. 넷째, 이 운동이 1930년대 말부터
약화되었으며, 1942년 무렵부터는 유명무실해짐으로써 일제강점기 동안
꾸준히 전개되지 못했다.
　통문을 조선교육협회의 회장단의 이름으로 보내고, 회의도 조선교육협
회의 건물에서 열고, 또한 여러 분야의 인물들로 보존회의 임원을 구성한

있었다.
87) 조선총독부, 「최근에 있어서의 조선치안상태」, 1936, pp.94-95. 이지원, *op. cit.*,
    p.773, n. 130에서 재인용.

것은 "전민족적인 기관"의 외관상 틀이 필요했기 때문이었다. 성금의 모집과 관리를 주로 동아일보사가 맡고, 관련서류나 장부도 동아일보사가 관리하며, 현충사 중건과 낙성식 및 이순신 영정 제작의 실무 작업을 동아일보사측 인물들이 한 것으로 보아 보존회 명의로 동아일보사가 보존운동을 한 것으로 생각할 수 있다. "민족주의 우파계열이 중심이 되어 추진"했다기보다는 송진우 동아일보사장이 진두지휘하여 추진했다고 하는 것이 옳은 것으로 보인다. 『동아일보』는 1936년 8월 29일 일장기 말소사건으로 무기정간을 당한 1937년 6월 3일 속간되었다. 속간될 때, 사장은 백관수로 바뀌었고, 송진우는 고문이 되었으며, 사실상 이때부터 친일지로 전락했다. 그리고 1940년 8월 11일 폐간되었다. 『동아일보』와 송진우 사장이 보여준 1930년대 후반기 이후의 행보와 보존운동이 비슷한 운명을 보여주고 있는 것도 송진우 사장과 『동아일보』의 주도설을 더욱 수긍하게 한다.

보존운동의 이론을 제공한 것은 고영환, 정인보, 이광수 3명이었다. 고영환은 자신을 희생하고 인류의 문화사상에 기여한 이순신의 유물을 사회가 관리하고, 이순신 유물뿐만 아니라 우리 민족의 모든 유물을 보존해야 한다고 주장했다. 정인보와 이광수는 이순신의 인격을 우리를 위해 나를 잊는 마음, 맡은 직무에 충실, 사람을 대하는 법, 용기, 끊임없는 수양, 골육에 대한 지극한 정, 부하와 동포 사랑, 하늘과 사람을 원망하지 않고 역경에도 낙담하지 않는 것으로 설명하면서 모든 것을 구비한 인격자로 이순신을 본받아야 한다고 주장했다.

이광수는 문단에서 소설을 "기회적 이용물"로 간주, 회사에 "저두평신(低頭平身)," 영웅 우상 숭배 등의 비판을 받았다. 그가 쓴 연재소설이자 후에 책으로 출판한 『이순신』은 대중의 인기가 높았으며, 그 소설을 통해 이순신을 인식하는 사람이 많았다. 잡지들의 설문조사에 이순신을 숭앙하는 이유로 그의 정신과 인격을 드는 사람이 많았던 것은 이광수의 인격론이 미친 영향이 어느 정도였는지 가늠할 수 있게 한다.

조선총독부는 조선을 식민지로 통치하고 식민지 통치의 업적을 국제적으로 이용하고 선전하는데 필요한 유적들만 연구하고 관리했다. 이순신의 유적은 관리와 보존 대상에서 제외되었으며, 따라서 조선총독부는 이순신의 유적과 유물에 대해 어떤 지원도 하지 않았다.

그런데 조선 민간인 주도의 이충무공유적보존운동이 시작된 1931년은 조선총독부의 문화통치가 끝나는 시기였다. 그럼에도 조선총독부는 이충무공보존운동에 대해 거의 아무런 제약을 가하지 않았는데, 본고에서는 그 이유를 두 가지로 살펴보았다.

하나는 보존운동의 주도 인물들이 이순신의 전공(戰功)보다는 인격을 강조했기 때문이다. 인격의 강조는 개인 수양과 사회를 위해 일하라는 동아일보사의 계몽운동 지침과 같은 맥락에 있었다. 나아가 이것은 1930년대 조선총독부의 정신 위주 교화사업과 지향점이 같았다. 따라서 조선총독부는 오히려 이 보존운동을 내선일체의 한 방편이 될 수 있다고 판단하여 제약을 가하지 않았던 것으로 보인다.

다른 하나는 이순신에 대한 일본인들의 인식이 부정적이지 않았기 때문이다. 19세기 말부터 1920년대까지 일본 학계와 군인들이 이순신에 대한 글을 발표하고, 소설에 등장시키며, 연구서에서 언급한 경우가 많았다. 일본인들의 이순신에 대한 평가는 "세계 제일의 해군 장수", "천년만년 이어질 영명(英名)" 등이었다. 1928년에는 조선사편수회에서도 이순신의 종손가를 방문하여 수집한 자료를 1935년에 사료집으로 번역하여 출간하기도 했다. 이순신은 일본인들이 보기에도 숭배해야 할 위인이었기 때문에, 조선총독부가 방해하지 않았다고 볼 수 있는 것이다. 그러나 이순신의 영웅담, 전투담, 전공, 일본군과의 전투상황 등을 묘사한 글들은 검열에서 삭제처분을 받았고, 그런 내용이 들어있는 서적의 출판은 불허되었다.

1930년대 후반과 1940년대에는 상황이 완전히 달라졌다. 조선총독부는 전쟁이 중국, 동남아, 미국으로 확대되자 전시동원과 후방질서유지와 안전을 위해 전력을 다했다. 조선총독부는 고적보존운동을 개량적이고 민족주의를 촉발할 수 있는 "통치의 불안한 요소"가 농후한 타협적인 운동으로 판단했으며, 따라서 치안상 주의가 필요한 운동으로 간주했다. 조선총독부는 실제로 "치안상 불안한 요소"가 있는 "반시국적" 유적들을 전국에서 대대적으로 파괴하기 시작했는데, 이순신의 유적도 주요 파괴대상목록에 들어있었다. 1936년 보존회가 재단설립신청서를 제출했을 때 불허된 것은 바로 이 때문이었던 것으로 보인다.

이충무공유적보존운동의 주도 세력은 이순신의 유적과 유물의 기초조사도 하지 않았으며, 유물을 연구하거나 사료를 간행한 적도 없었다. 제승당 중건을 보조한 것 외에 다른 이순신의 유적에 대해서는 신경을 쓴 흔적조차 없다. 이때 기초조사가 이루어졌더라면, 후대에 이순신이나 임진왜란의 연구나 유적 복원과 보수 및 관리에 크게 도움이 되었을 것이다. 이 운동을 동아일보사가 후원과 협조만 하고 보존회가 모든 일을 처리하도록 했다면 명실상부한 거국적인 운동이 되었을 것이고, 활동의 추진력과 지속성도 그만큼 강해졌을지 모른다.

무인이 위인일 경우에는 그의 전공이나 공훈을 중시하고 기리는 것이 상식이다. 인격을 강조하는 것은 주로 학자나 선비 혹은 문관이 위인일 경우이다. 이순신은 수군 장수였다. 이순신의 인격을 강조하는 것은 이순신을 장수가 아닌 성인(聖人)으로 변신시키는 것이 아닐까? 오늘날 이순신의 표준영정이 장수보다는 인자한 문관의 인상을 느끼게 하는 것도 인격자로 숭배하려는 경향으로부터 영향을 받았기 때문인지 모르겠다.

주도세력 중 조선우생협회 회원은 9명이나 된다. 우생학은 인간을 우열로 구분하여 열등인을 제거해야 한다고 주장하는 학문이며, 우등문화가 열등문화를 발전시켜주어야 한다는 제국주의이론과도 연관되어 있다. 『친일인명사전』에 수록된 인물도 6명인데, 주도 인물의 대표와 이론을 제공하고 여론을 조성하는데 앞장을 섰던 인물들이 포함되어 있다. 특히 그 대표는 1920년대부터 친일성향의 활동을 시작한 인물이었다. 이러한 것들이 이충무공유적보존활동에 어떤 영향을 주었을까?

그러나 이충무공유적보존운동에서 유적이 현충사와 위토 및 종가소장 유물을 지칭했기 때문에, 이 운동은 원래의 목적을 어느 정도 달성했다고 할 수 있다. 그런데 가장 큰 성공을 거둔 것은 『동아일보』와 송진우 사장이었다고 할 수 있다. 『동아일보』가 어린이부터 어른에 이르기까지 시골에서 도시에 이르기까지 전국적으로 민족신문의 위상을 널리 알릴 수 있었기 때문이다. 그러나 사회 여론은 보존운동이 더 체계적으로 이루어지고 더 확대되길 원했는데, 보존운동은 그 기대에는 미치지 못했던 것으로 보인다.

□ 부록 □ 이충무공유적보존운동의 주도 인물

이름	보존회 직책	보존회 활동	일반 직책
윤치호(尹致昊)*	위원장 (대장) (평의원) (이사)	영정봉안식 참석	중앙기독교청년회 회장 대성, 송도학교장 조선우생협회장 조선어사전편찬회
김정우(金正佑)	위원		충렬사 원장 성균관 사업
박승빈(朴勝彬)	위원 (평의원)		변호사, 한글학자 보성전문학교 교장 조선어사전편찬회 조선체육회 위원장
안재홍(安在鴻)	위원		조선일보 사장 신간회 총무간사 조선어사전편찬회
유진태(俞鎭泰)	위원 (평의원)	강구회 통문 발송 임시위원회 위토상황보고 제승당 조사위원 영정봉안식 참석	조선교육협회 부회장 신간회 경성지회장 민립대학기성준비회 조선어사전편찬회 조선일보 사장
정광조(鄭廣朝)*	위원		천도교 대령 보성전문학교 교감/이사
조만식(曺晚植)	위원		오산고등보통학교 교장 신간회 평양지회장 평양기독교청년회 조선어사전편찬회 조선일보 사장 민립대학기성회
한용운(韓龍雲)	위원		승려 민립대학기성준비회
신명균(申明均)		충무공유적보존 회 임시회장	한글학자, 동덕여고 조선교육협회 이사 민립대학기성준비회 조선어사전편찬회
김철중(金鐵中)		영정설비위원 (이사)	동아일보 편집/발행인/서무부장 현충사 낙성식 참석
김타(金陀)		현충사건축공사 담당자	
이종국(李鍾國)		영정설비위원	동아일보 풍기분국기자

이인영(李寅永)		영정설비위원	동어일보 아산지국기자
이광수(李光洙)*		여론조성	소설가 동아일보 편집국장 조선일보 부사장 경성일보 사장
이완희(李浣熙)	(평의원)		아산 주민
오긍선(吳兢善)*	(평의원)		의사 세브란스의전 부교장/학감 조선우생협회
여운형(呂運亨)	(평의원)		신한청년당 대표 조선우생협회 중앙일보 사장
이종복(李種復)	(이사)		아산군 염치면장
김용무(金用茂)	(감사)		변호사 동아일보 취체역 보성전문학교 교장
김병로(金炳魯)	위원 (평의원)	채금보상위원	변호사, 판사 신간회 조선변호사협회장 보성전문학교 이사 민립대학기성회 경성전수학교 강사
남궁훈(南宮薰)	위원	강구회 통문 발송 충무공유적보존 회 임시회장 영정봉안식 참석	조선교육협회 회장 황성신문, 조선일보, 시대일보 사장 민립대학기성준비회
송진우(宋鎭禹)	위원 (이사)	제승당조사위원 영정봉안식 참석	동아일보 사장 조선교육협회 평의원 조선어사전편찬회 민립대학기성준비회 조선어사전편찬회 조선우생협회
유억겸(兪億兼)*	위원 (이사)	현충사건축위원 영정설비위원 영정봉안식 참석	연희전문학교 학감 신간회 발기인 조선어사전편찬회 조선체육회 부회장 조선중앙기독교청년회 조선우생협회
윤현태(尹顯泰)	위원	채금보상위원	백산상회 전무취체역 동아일보 창립 발기인
정인보(鄭寅普)	위원	현충사건축위원	동아, 조선일보 논설위원

	(평의원)(전형위원)		연희전문 교수 조선어사전편찬회 문예구락부
최규동(崔奎東)	위원		민립대학기성준비회 조선어사전편찬회 대성, 오산, 성호, 중앙, 휘문, 융희 교사 조선교육협회 평의원
김형배(金亨培)	사무원		휘문고등보통학교 교장
백관수(白寬洙)	촉탁 (평의원) (전형위원)	현충사건축위원 영정설비위원 영정봉안식 참석	조선일보 상무취체역 조선어사전편찬회 신간회 동아일보 취체역 사장
이옥인(李玉仁)		현충사건축위원 영정설비위원	배화여전 인수
이상범(李象範)*		영정설비위원 영정 제작	조선일보 삽화가 동아일보 삽화가
이헌영(李憲永)		영정설비위원	동아일보 천안지국기자 천안면장
김광현(金光鉉)		현충사 설계	연흥학교 측량과 졸업
고영환(高永煥)		여론조성	동아일보 평론가
이규방(李奎昉)	(평의원)		한글학자 조선어사전편찬회
김성수(金性洙)*	(평의원)		동아일보 사장 조선민립대학기성회 조선어사전편찬회 보성전문학교 교장 조선우생협회
이종옥(李鍾玉)	(이사)		이충무공 후손
이건희(李建熙)	(이사)		불명
이민시(李敏始)	(감사)		불명

* :『친일인명사전』수록자
( ) : 이충무공현충사 및 유적보존회 직책(1937)

제8장

일제강점기 이순신 유적과 유물의 관리

1. 머리말

일제강점기에 이순신 유적과 유물[1]의 관리는 언뜻 보기에 활발하게 진행된 것으로 보인다. 유적을 보존하기 위해 전국적으로 성금이 모아지고, 이 성금을 가지고 여러 유적을 신축하고, 복원하며, 중건하였다. 이러한 유적관련 건축 사업을 진행하면서 이순신의 영정을 제작하여 봉안하기도 했다. 이순신의 전기가 여러 종류 출판되었으며,[2] 신문의 연재소설로 장기간 연재되는 경우도 있었다.[3] 또한 이순신의 유물이 전시되기까지 하였다.[4]

---

1) 유적은 장소나 건축물로서 출생지, 묘지, 사당, 전적지, 비각 등을 가리킨다. 유물은 금속류, 석기류, 토기류, 직물류, 지류 등 여러 가지를 지칭한다. 이 논문에서 유적은 사당과 묘지를 그리고 유물은 비석을 주로 다루고 있다.
2) 박은식,『이순신전』(1923) ; 최찬식,『이순신실기』(1925) ;『이순신』(고려관, 1925) ;『충무공이순신실기』(영창서관, 1925) ;『이순신전』(회동서관, 1925) ; 이윤재,『성웅 이순신』(한성도서주식회사, 1931) ; 이광수,『이순신』(문성서림, 1932) 등이 있다.
3) 이광수의『이순신』이「동아일보」에 1931년 7월 16일부터 1932년 4월 3일까지 178회 연재되었다.
4) 1930년 6월 조선총독부가 개최한「朝鮮史料特別展覽」에는『亂中日記』초본이 전시되었고, 1935년 11월 1~7일 조선총독부박물관이 개최한「朝鮮名家筆跡展觀」에는 이순신의 간독(簡牘)이 전시되었다. 박형준,「조선총독부박물관의 전시운영과 성격」, 동국대학교 교육대학원 석사학위논문, 2016, pp.74-76.

널리 알려져 있는 것처럼, 이순신은 임진왜란 때 일본군을 패배시키고 철수하게 하는데 결정적인 역할을 한 수군 장수였다. 따라서 이순신은 조선인들의 민족혼을 일깨우고 독립운동을 촉구하는데 구심체 역할을 하는데 가장 적합한 인물이었다. 그렇다면 위에서 열거한 이순신 관련 활동은 일제강점기에 어떻게 가능했을까? 조선총독부는 이순신 관련 활동들을 왜 방해하거나 막으려 하지 않았을까? 일제강점기 말기에는 대대적인 조선유적 파괴활동이 있었다. 이순신 유적과 유물의 보존활동과 파괴활동은 왜 발생하였고, 양자의 관계는 어떤 것이었을까? 이러한 의문들이 드는 것은 지극히 당연한 현상이 아닐 수 없다. 본고는 이러한 의문에 대한 답을 일부나마 찾아보려는 목적을 갖고 있다.

일제의 문화정책은 제도적 특징을 기준으로 삼을 때 식민통치 준비기(1894~1910), 무단통치 구축기(1910~1919), 문화통치 표방기(1919~1931), 민족말살정책 강행기(1931~1945)의 4시기로 구분되고 있다.5) 그러나 문화재관련 법령을 기준으로 삼으면, 1933년「조선보물고적명승천연기념물보존령」의 제정을 기준으로 이전 시기는 조사정책기로, 이후 시기는 보존정책기로 구분된다.6) 그런데 이순신의 유적과 유물에 대해서는 이러한 시대구분이 적용되기 어렵다. 1920년대까지는 대체로 서원철폐 이후 계속 쇠락했으며, 1930년대에는 민간인들에 의한 전국적인 유적복구와 보존활동이 전개되었고, 1940년대에는 총독부와 경찰에 의해 유적파괴활동이 전국적으로 실행되었기 때문이다. 본고가 1930년대와 1040년대를 중점적으로 살펴보려는 이유는 바로 이것이다.

기존의 연구들은 문화재 정책, 문화재관련 법령, 고적조사사업, 유물

---

5) 오세탁,「일제(日帝)의 문화재 정책(文化財政策) - 그 제도적(制度的) 측면(側面)을 중심(中心)으로」,『문화재』No.29, 1996. 12, p.3 ; 이순자,「일제강점기 고적조사사업 연구」, 숙명여대 박사학위논문, 2007. 6, p.9.
6) 金志宣,「조선총독부 문화재정책의 변화와 특성 - 제도적 측면을 중심으로」, 고려대 석사학위논문, 2008. 6, p.6. ; 오춘영,「일제강점기 문화재 정책 형성과정 연구 - 위원회 구성과 목록 변화를 중심으로」,『문화재』Vol.51, No.1, March 2018. p.103.

전시 등을 주로 살펴보고 있다.[7] 이순신의 유적에 대해서는 다른 주제를 논하는 과정에서 간단히 언급되거나 지역이나 시기를 한정하여 고찰되고 있다.[8] 따라서 이순신 유적과 유물에 대한 전반적인 연구는 유적도감이나 전시관련 도록만 발간되었을 뿐,[9] 거의 진행되어오지 않았다고 해도 과언이 아닐 듯싶다.

본고는 일제강점기 특히 1930년대와 1940년대의 이순신 관련 유적과 유물에 대한 전국적인 활동을 종합적으로 보려고 한다. 먼저 1930년대에 일어났던 이순신유적복구활동과 1940년대의 이순신 관련 유적의 파괴활동을 살펴보려 한다. 이어서 이 정반대되는 두 가지 활동이 연이어 전개된 이유를 조선인 중심의 내적인 원인과 일제의 식민지통치와 문화재정책 중심의 외적인 원인으로 나누어 밝혀보려 한다. 연구 자료로는 당대의 신문기사를 주요 기본 자료로 삼았다.[10] 본고는 새로운 자료를 발굴하여 이용하거나 새로운 사실을 밝히는 것이 아니고, 기존 자료와 연구결과들을 종합하여 살펴보고 정리한다는 성격을 갖게 될 것이다.

---

[7] 문화재의 정책과 법령에 대한 연구는 이구열, 『한국문화재 수난사』(도서출판 돌베개, 1996) ; 황수영 편, 『일제기 문화재 피해자료』(국외소재문화재단, 2014) ; 오세탁, op. cit. ; 金志宣, op. cit. ; 오춘영, op. cit. ; 김종수, 「일제강점기 문화재 법제 연구-「조선보물고적명승천연기념물보존령(1933년)」 제정·시행 관련」, 『문화재』 Vol.53, No.2, 2020. 6을, 유적관리와 고적조사에 대해서는 이순자, op. cit. ; 유물 전시에 대해서는 박형준, op. cit. 등을 들 수 있다.

[8] 이지원, 「1930년대 민족주의 계열의 고적보존운동」, 『동방학지』, 77·78·79합호, 1993. 6, pp.745-777 ; 김도형, 「1930년대 '이충무공유적보존운동'의 전개와 그 성격」, 『이순신연구논총』 통권 제15호, 2011년 봄/여름호, pp.9-35.

[9] 『忠武公李舜臣遺跡圖鑑』(海軍士官學校博物館, 1992) ;『삶에서 신화까지 忠武公 李舜臣』(국립진주박물관, 2003) ;『충무공 이순신과 임진왜란』(현충사관리소 충무공 이순신 기념관, 2011).

[10] 일제강점기에 이충무공의 유적보존활동이 동아일보사를 중심으로 전개되었기 때문에 주로『동아일보』를 이용하였다.

2. 1930년대의 보존활동

조선총독부는 1916년「고적 및 유물보존규칙」을 제정하였다. 일종의 문화재등록제도에 대한 법률이었던 이 규칙은 모든 문화재가 아닌 총독부가 선별한 고적과 유물만을 대상으로 삼았다.[11] 이순신의 유적은 이 규칙을 적용할 수 있는 대상이 아니었으며, 그 때문에 조선총독부의 지원을 받지 못하였다.

아산의 현충사는 동일인을 배향하는 다수의 서원은 하나만 남기고 모두 철폐한다는 서원철폐령에 의해 1868년에 철폐되었다. 1906년 을사늑약이 체결되자 분노한 유림들이 현충사에 유허비를 건립하였다. 1910년에는 조선총독부의 압박으로 존폐 위기에 놓이기도 했지만, 위기를 모면하였다.[12] 현충사는 철폐된 이후 일제강점기에 이순신 종가에 의해 관리되고 있었다.

통영의 충렬사는 이순신의 대표사당으로 철폐되지 않고 유지되었다. 이 충렬사는 통제영이 관리해왔으나, 1895년 통제영이 폐영되자 재산은 진위대가, 향사는 유림이 관리하게 되었다.[13] 제206대 통제사 민형식(閔炯植)이 1894년 상급 무임(武任)들을 중심으로 조직한 충무공 생신계에 의해 관리되다가 1895년 통제영이 폐지되면서[14] 지방 유림들이 이순신대감 생신계와 협력하여 제향을 관리해왔던 것이다.[15] 1897년에는 진남대(鎭南

---

11) 김종수, op. cit., p.157.
12)『역사 속의 이순신, 그 기억의 어제와 오늘』(문화재청 현충사관리소, 2012), p.59 ; 문화재청 현충사 관리소(cha.go.kr)/
13)「박형균-6 충렬사에 전해지는 "3가지 전설"」(나의 삶 나의 통영), 통영인뉴스 (tyinnews.com)
14)『고종실록』33권, 고종 32년(1895) 7월 15일 계축 기사, "칙령(勅令) 제139호,「삼도 통제영의 폐지에 관한 안건(三道統制營廢止件)」과 칙령 제140호,「각 도의 병영과 수영의 폐지에 관한 안건(各道兵營水營廢止件)」과 칙령 제141호,「각 진영의 폐지에 관한 안건(各鎭營廢止件)」과 칙령 제142호,「각 진보의 폐지에 관한 안건(各鎭堡廢止件)」과 칙령 제143호,「감목관 폐지에 관한 안건(監牧官廢止件)」을 모두 재가(裁可)하여 반포(頒布)하였다."

隊)가 조직되어 제향을 관리했는데, 이 관리체제가 1910년까지 13년간 지속되었다. 1919년에는 3·1독립운동을 계기로 생신계, 기신계, 착량묘관리회를 통합하여 설립된 충렬사영구보존회에 의해 관리되었다.16)

현충사와 통영 충렬사를 제외한 이순신 유적들은 대체로 지방 유림이나 유지들에 의해 관리되었다. 남해의 충렬사는 1871년 서원철폐령이 발포되자 원사(院祠)를 헐어 없애고, 위패와 위패함을 본당 뒤편에 묻었다. 또한 제기를 향교로 이관했으며, 토지를 매각하였다. 그리하여 충렬사에는 비각만 남게 되었다.17) 1921년 남해면 남면동에 거주하는 향사(鄕士) 박진평(朴晋平)과 정민주(鄭民柱)는 충렬사가 황폐지고 있음을 개탄하고 각자 100여 원을 내어 비각 1동과 수직사(守直舍) 문 3간에 대해 중수공사를 하였다. 1922년에는 향사 윤기섭(尹驥涉)과 고준홍(高晙洪) 등이 모여 사당과 강당을 복설하고 또 이를 유지하기 위해 고적영구보존회를 조직하였으며, 진주에서는 이 보존회를 지원하는 후원회를 조직하였다. 실제로 그해 이 보존회는 자체 기금으로 사우를 건립했다. 1925년에는 충무공의 11대손 이민봉(李敏鳳)이 청해루(淸海樓)를 지었다.18)

순천의 충무사(忠武祠)는 1926년까지 향유(鄕儒)가 관리하다가 순천향교도 관리에 참여하기 시작하였다. 그리하여 순천향교의 전교(典校)였던 서병규(徐丙奎)가 제향하게 되었으며, 후에는 광양과 구례 및 곡성의 유림도 참여하였다.19) 충무사는 1925년에는 흙벽으로 된 2간과 나무 서까래가 있는 초가였으며, 1944년 이전에 신성포 주민 백낙희가 동민의 협조로

---

15) 이진욱, 「한말 식민지기 통영 충렬사와 이순신 장군에 대한 새로운 추모의례 조직」, 『사회와 역사』 제121집, 2019년 봄, p.267.
16) 통영충렬사(tycr.kr)
17) 『南海忠烈祠誌』(社團法人 南海忠烈祠, 2006. 12), p.22.
18) 『남해군지』 상권(남해군지편찬위원회, 2010), p.437 ; 남해문화관광 〉남해 충렬사(namhae.go.kr) ; 『동아일보』, 1921년 9월 26일자, 「鄭民柱 朴晋平 兩氏의 美擧, 南海郡 露梁津에 있는 忠武公 李舜臣의 祠堂 重修工事에 着手」 ; 『동아일보』, 1922년 1월 24일자, 「古蹟永久保存會組織, 南海郡露梁津에 있는 忠武公 李舜臣의 祠堂 忠烈祠의 보호를 위해」.
19) 『忠武祠誌』(사단법인 순천지구이충무공유적영구보존회, 2007. 4), p.77.

영당을 초가 단간으로 재건하였다.20) 완도 고금도의 유적은 지방 유지와 지방관들이 조직한 회록계와 탄보묘향수사수계에 의해 유지되고, 보수되었다. 1922년 관유(官有)재산처분령이 반포된 후에는 고금도 유림이 조직한 계(契)가 관왕묘 부지 1,550평과 사당 건물을 매입하여 관리하였다.21)

한편 조선총독부는 고적조사사업을 시행하면서 1910년대부터 각 지방에 고적보존회를 조직하여 보조하고 지원하게 하였다. 일제강점기 동안 지방고적보존회는 총 50여 개가 설립되었는데, 이순신의 유적과 관련된 지방보존회는 6개가 총독부에 등록되었다.22) 보존회의 구성원은 거의 지역민들로 채워져 있었으며, 그 내용은 다음과 같다.

전라남도에는 2개가 등록되었는데, '여수 충무공 단제강(壇祭講)'은 충무공 기일 기제(祀祭)를 지낼 목적으로 1909년 11월 9일 설립되었다. 여수군 여풍면, 삼구면, 소나면, 율촌면, 화면이 해당구역이었으며, 재정은 기본재산의 소작료와 이자로 충당되었다. '여수군 충계(忠契)'는 이충무공비각을 수호할 목적으로 1911년 10월 조직되었다. 해당 구역은 여수면 동정(東町)과 서정(西町)이었으며, 재정은 기본재산인 토지의 소작료와 계원들의 갹출금이었다.

경상남도에는 4개가 등록되었는데, '이순신비수선영구보존회'는 남해군 설천면 노량리에 있었는데, 나머지 구체적인 사항은 자세한 설명이 없다. '충렬사(忠烈祠, 대표 金平日)'는 이순신의 신위에 대해 제사를 지내기 위해 1920년 8월 31일 설립되었다. 남해군 일원이 해당구역이었고, 재정은 기본재산인 전답의 소작료, 원 충렬사영구보존회의 재산, 가입평의원의 입회금으로 충당되었다. 남해군 설천면 노량리의 '남해군노량충렬사비각영구보존회'(회장 李浚模)는 비각과 이순신 고전장유적의 영구보존 그리고 평의회 사무의 처리를 위해 1921년 11월 29일 조직되었다. 재정은 소유재산

---

20) 『忠武祠誌』, pp.26, 37.
21) 이수경·임성춘, 「완도 古今島의 이순신 史蹟 검토」, 『이순신연구논총』 통권 제27호, 2017년 봄·여름, p.306.
22) 이순자, op. cit., pp.viii, 233-240, [표 6-1] 지방고적본존회 현황 일람표.

의 이익, 회원 입회시 금 2원 징수, 측별입금 등으로 충당되었다. '제승당 모충계(慕忠契, 대표 劉有根)'는 이순신 영정각의 유지와 향사(춘추 2회) 거행을 위해 1926년 8월 18일 조직되었다. 한산면 일원을 관할했고, 재정은 계원의 회비로 충당했는데, 당시 계원은 105인이었다.

국가나 정부가 아닌 지역민에 의해 관리되는 이순신 유적들의 관리 상황이 이러했기 때문에, 유적의 상태는 좋을 수 없었다. 심지어 공식 사우로 서원철폐령을 모면한 통영 충렬사도 예외가 아니었다. 자료가 없어 이순신의 유적 전체에 대해서는 알 수 없지만, 통영 충렬사의 경우를 예로 들면, 외삼문 앞에 있던 강한루(江漢樓)가 1915년 폭우로 무너졌지만, 수리하지 못하고 그대로 방치되었다.[23]

이순신의 유적을 전국적인 사회문제로 만든 것은 위토(位土) 사건이었다. 위토는 선조의 제사(祭祀) 또는 그와 관련된 일에 드는 비용을 마련하기 위하여 장만한 토지로 그 땅에서 나는 소출을 가지고 비용을 충당한다. 위토는 제위토(祭位土), 묘위토(墓位土), 제전(祭田)으로도 불리고, 넓게 보면 종토(宗土)에 속하며, 종류로는 위토답(位土畓), 위토전(位土田) 등이 있다.

이순신과 관련된 위토가 언론에 기사화되어 대중에게 처음으로 널리 알려진 것은 아산에 있는 현충사(顯忠祠)의 위토였다. 이 문제를 최초로 보도한 것은 미국 샌프란시스코의 국민회가 매주 수요일마다 한글판으로 발행하는 기관지『신한민보(新韓民報)』였다. 1930년 10월 16일자 신문에「리츙무공묘각이 퇴락－제토는 은행에 저당되고 춘추제사 못함」이라는 제목의 기사가 실렸는데, 전문을 현대문으로 옮기면 다음과 같았다.

> 이충무공의 묘소와 묘각이 모두 퇴폐되고 그 향사까지도 거의 폐지될 지경에 있다는데, 이제 그 자세한 형편을 들으면, 충남 아산군 음봉면 삼거리에 있는 충무공 산소의 산림 120여 정보와 또 그 외 40석을 추수하는

---

23) 통영충렬사(tycr.kr)

제토는 72인의 연명으로 공중재산이 되어있으나, 지난 을축년 호서은행에 다가 2,000원에 저당 잡히고서 아직도 돈을 갚지 못하여 불원간 잃어버릴 지경이라 하며, 그 자손 리종옥씨도 생계가 극빈하여 가족들은 이곳저곳의 친척의 집으로 흩어져 있어 가세는 거의 기절할 지경이요 묘소를 수호하는 묘지기도 벌써 흩어져 버렸다고 한다.24)

국내신문에는 해외교포신문보다 7개월 늦은 1931년 5월 13일에 이 사실이 소개되었다. 이날『동아일보』2면 좌측 상단부터 5단에 걸쳐 이 사실이 자세하게 소개되었다. "민족적 은인" 이충무공의 13대 종손(李鐘玉)의 형편이 1919년부터 나빠지기 시작하여 1,300원의 빚을 졌고, 이자를 더해 2,400원을 동일은행(東一銀行) 천안지점에 갚아야 했다. 10여 년 동안 채무가 상환되지 않자 은행측은 덕수이씨 일족 70여 명에게 여러 차례 독촉했으나 반응이 없었다. 은행측은 5월 말까지 빚을 갚지 않으면 저당 잡혀있는 60두락지기의 위토는 물론 묘소가 있는 산판까지 경매하겠다는 "최후통첩"을 보냈다.25)

다음날 같은 신문에 게재된「민족적 수치-채무에 시달린 충무공 이순신묘소」라는 제목의 사설(鄭寅普)은 위토와 묘소의 경매 사실을 민족적 수치이자 민족적 범죄로 간주하였다.26) 15일자『동아일보』에는「이충무공 묘지경매 문제」의 제목으로 정인보의 기고문이 게재되었다. 이 기고문에서 그는 "이충무공의 묘산(墓山)을 보존하는 책임은 조선인이 공동으로 부하(負荷)할 것이라 … 마땅히 전조선적으로 공수(公守)하여야 할 것이나, 일인이라도 다각기 기책(己責)으로 알지 아니하고는 정신의 융결(融結)이

---

24)『新韓民報(The New Korea)』, 1930년 10월 16일자.
25)『동아일보』, 1931년 5월 13일자,「二千圓빗에 競賣當하는 李忠武公의 墓所位土 ◇묘소가 잇는 산판도 빗에 들어가◇ 債權者東一銀行에서 最後通知', '莫不得已 처리는 지점서, 閔大植氏談」.『新韓民報』에는 호서은행으로『동아일보』에는 동일은행으로 서로 다르게 나타나는데, 1928년 조선총독부의 민족계 은행 강제합동합병정책에 따라 1931년 호서은행과 한일은행이 합병되어 동일은행이 창설되었다.
26)『동아일보』, 1931년 5월 14일자.

있을 수 없다."고 했다.27)

　5월 15일부터 성금이 동아일보사에 전국으로부터 답지하기 시작하였으며, 『동아일보』는 그 현황을 광고란에 게재하고, 때때로 성금과 관련된 에피소드나 이순신 관련 기고문, 기획기사, 유적 기행문, 연재소설 등을 게재하기도 했다. 『동아일보』는 성금이 답지하는 현상을 "평소 자못 무관심한 듯한 조선인이 어떻게 그 내심에는 불같은 민족의식을 품었는가하는 것을 보이는 증거"로 보았다. 나아가 이런 일을 계기로 "무덤과 유적과 유물을 영원히 보존하는 일을 그의 종손에서 떼어 전민족적인 어느 기관이 맡도록 해야 한다."고까지 주장하였다.28)

　그로부터 거의 1년이 지난 1932년 5월 29일 『동아일보』는 6면 전면을 할애하여 성금 모집과 집행 내력, 위토와 묘소 저당 해제 과정, 영정 봉안식, 현충사 중건 과정 등을 게재하였다.29) 그 내용을 요약하면 다음과 같다.

　1932년 5월 29일 5월 23일 조선교육협회가 서울 수표정(水標町)에서 남궁훈(南宮薰)과 유진태(兪鎭泰) 등의 통문으로 묘소위토문제 선후강구회를 개최하였으며, 전국에서 모인 70여 명이 즉석에서 총 15명으로 구성된 이충무공유적보존회를 조직하였다.

위원장 : 윤치호(尹致昊)
위　원 : 남궁훈(南宮薰) 송진우(宋鎭禹) 안재홍(安在鴻) 박승빈(朴勝彬)
　　　　 유억겸(兪億兼) 최규동(崔奎東) 조만식(曺晚植) 정광조(鄭廣朝)
　　　　 김정우(金正祐) 김병로(金炳魯) 정인보(鄭寅普) 한용운(韓龍雲)
　　　　 윤현태(尹顯泰) 유진태(兪鎭泰)

　해외교포를 포함한 2만 1천명 이상이 1년 동안 보낸 성금은 16,000원이

---

27) 『동아일보』, 1931년 5월 15일자.
28) 『동아일보』, 1931년 5월 21일자.
29) 『동아일보』, 1932년 5월 29일자, 「萬衆의 血淚로 重建된 顯忠祠 新祠에 奉安될 忠武公影幀」.

넘었다. 보존회는 이 성금으로 다음과 같은 사업을 하였다.

- 위토의 부채 상환 : 1931. 6. 11. 채무보상위원 윤현태와 김병로가 동일은행에서 채무 변상
- 현충사 중건 : 현충사중건위원 2명(정인보·유억겸)과 위촉 1명(백관수)이 현지조사 후 중건 결정. 건축위원 4명(유억겸·정인보·백관수·이옥인), 설계 1명(김광현), 영정 제작 1명(이상범). 1931. 7. 26 기공식, 12월 준공, 1932. 6. 5 낙성식 및 영정봉안식(3만 명 참석)
- 제승당 중건 보수 협조 : 보존회원 2명(유진태·송진우)을 통영에 특파하여(1931. 8. 30) 제승당중건기성회와 협의한 후 1천원 보조30)

통영에서는 1932년 3월 15일 한산도제승당중건기성회가 조직되었다. 한산도 주민들은 모충계(慕忠契)를 결성하여 충무영당의 건립과 영정의 봉안을 추진하였다.31) 제승당이 거의 전복될 지경에 이르자 지방 유지인사가 모여 발기인회를 조직한 후 1932년 3월 15일 오후 1시 제승당중건취지문 발기인 총회를 개최하였다. 임시의장(金址沃)이 사회를 보고, 임시서기(金榮健)가 경과보고를 했다. 규약기초위원은 4명이었고, 중건기성위원은 20명이었다. 19일 오후 2시에는 중건기성회사무소로 사용하고 있던 동아일보사 통영지부에서 집행위원회(위원장 金胤逸)를 개최하여 12일부터 공사를 시작하기로 결정하고서 공사감독으로 6명을 선출하였다.32)

---

30) 朴尹錫, 「李忠武公墓 參拜記」, 『三千里』 제16호, 1931. 6. 1에는 필자가 이충무공의 후손 이종옥씨와 대화한 내용이 포함되어 있다. 이 기사에 따르면, 근저당 잡힌 일자는 1925년 8월 29일이었고, 은행은 湖西銀行이었고, 저당 잡힌 위토는 약 40두락이고, 빌린 돈은 원금 2,000원과 이자를 합하여 총 2,400원이었다. 1930년 봄부터 은행에서 독촉장이 오기 시작했고, 당시 40두락의 위토에서 소출한 39석 중 이것저것을 제하고 단돈 86원으로 일년을 살고 있었다. 아들(慶列)은 보성고보에 다니다가 돈이 없어 그만두고 당시 집에서 방문객을 안내하고 있었다.
31) 『통영시지』 제4권(통영시사편찬위원회, 2018), p.365.
32) 『동아일보』, 1932년 2월 24일자, 「制勝堂重建期成會를 組織, 성금은 본사 통영지국 취급 聲明書를 各地에 配布」. ; 『동아일보』, 1932년 3월 20일자, 「閑山島 制勝堂

중건 사업은 잘 진행된 것처럼 보였으나,[33] 자금 부족으로 중단되었다. 4월 18일 집행위원회는 이충무공유적보존회와 교섭하라고 경성에 보냈던 교섭위원(崔天)으로부터 교섭결과를 보고받은 후 성금을 기대하고 있었다. 다행히 비각과 영정각은 성금과 기채를 이용하여 준공했지만, 다른 공사는 자금 부족으로 중지되었다. 5월 8일 집행위원회는 다시 기채하기로 결정하였다.[34] 6월 3일 영정각과 비각을 준공했지만, 다른 공사들은 여전히 중단된 상태였으며, 모든 공사를 끝내려면 3천여 원이 더 필요하였다. 설상가상으로 영구보존회와 유계(儒契) 간의 알력까지 발생하였다. 18일 두 단체 간부 15명이 향교에서 구수회의를 연 결과 8월 11일 합동총회를 열기로 결정했다. 10월 6일에는 통영군 면장회의를 통영에서 개최하여 16개 면장들의 책임 하에 성금을 조달하기로 결정하였다. 그 결과 한산도민 모충계의 모금활동으로 영정각을 건립하여 7일 상량식을 거행하였으며, 이때 현충사의 영정(李象範 작)을 모사하여 봉안하기로 하였다. 경성의 이충무공유적보존회는 11월 12일 총결산을 하면서 제승당 증수에 1천원의 보조금을 지원하기로 결정하였다. 제승당 공사는 6월 1일 완료되어 중건을 마치고 영정도 봉안하였다.[35]

重建期成會創立, 목수들도 무료로 착공 不遠間 工事에 着手//重建期成委員」.;『동아일보』, 1932년 3월 22일자, 「閑山島制勝堂 重建工事起工 二十二일부터 공사 시작 執行委員會에서 決定」.

33) 『동아일보』, 1932년 4월 18일자, 「閑山島制勝堂 重建期成會 四千여 원의 예산으로 十一日 上樑式擧行」.;『동아일보』, 1932년 3월 22일자, 「李忠武公遺蹟인 閑山島制勝堂 重建基金이 遝至한다 統營支局에 依賴//閑山島制勝堂重建 木手無賃工事 완성될 때까지 일하겠다고」.

34) 『동아일보』, 1932년 4월 22일자, 「閑山島制勝堂의 重建進行難, 통영서 집행위원회 열고 一般의 誠金을 企待」.;『동아일보』, 1932년 5월 12일자, 「統營制勝堂 碑閣工事 未完, 자금부족으로 공사가 중지, 委員會서 起債決議」.

35) 『동아일보』, 1932년 6월 3일자, 「制勝堂重建 工事費不足 對策을 講究中」;『동아일보』, 1932년 5월 12일자, 「制勝堂 影幀閣 한산도민긔공」;『동아일보』, 1932년 7월 23일자, 「忠烈祠保存會와 儒契合同키로 決定」;『동아일보』, 1932년 10월 11일자, 「閑山島制勝堂 重修工事不足額은 十一面長이 負責 募集」;『동아일보』, 1932년 11월 11일자, 「李忠武公 影幀閣新築 閑山島民의 熱誠으로 七日 上樑式 擧行」;『동아일보』, 1932년 11월 12일자, 「制勝堂重修補助金千圓 不日發送 李忠武公遺跡保存會」

1936년 7월에는 남해군 관음포의 이충무공비각이 풍우에 퇴락한 것을 알고 충무공영구보존회와 향교의 유림회 두 단체가 기증한 중수비 200원으로 중수를 마쳤다.36)

현충사의 위토가 문제로 대두한지 6년 후인 1937년에도 이순신 유적의 위토가 다시 언론에 보도되었다. 이번에는 통영 충렬사의 위토가 문제였다.37) 당시 일본어로 발행되었던 『부산일보』는 3월 14일에 「권리를 되돌려 달라고 연대도민이 청원, 영걸 이순신 사당을 둘러싼 보존회와 소작인의 다툼」의 제목이 달린 기사를 실었다. 통영군 산양면 미륵도 남방 연대도(延臺島)에 있는 이순신 제위토의 소작료가 원래 엽전 30냥(6원)이었다가 340원으로 오르자 잘 납부되지 않았다. 고적영구보존회는 필요한 비용을 마련하기 위해 100두락(斗落)의 제위토를 산업조합에게 1만원에 매각하는 계약을 체결하려 하였다. 그러자 반농반어의 생활로 생계유지가 어려웠던 연대도민 600명이 통영군수(大沼)에게 진정하였다. 군수는 24일 충렬사에서 보존회원 120명 전원을 모아놓고 영리를 목적으로 한 이 매각이 섬 주민에게는 사활문제이며, 국가에서 하사한 제위토를 보존회가 마음대로 매각하는 것을 보고 이순신이 지하에서 울 것이라고 설득하였다. 군수의 이러한 설득으로 보존회는 매매 계획을 철회했다.38) 충렬사보존회는 계속

;『동아일보』, 1933년 4월 27일자,「閑山島制勝堂 工事는 完成 영정각의 공사 마저 마쳐 來月中旬에 落成式(統營)」;『동아일보』, 1933년 5월 28일자,「追慕의 熱情 얽힌 誠金으로 閑山島制勝堂重建 來月二日엔 影幀奉安式 重建問題에서 影幀奉安式까지 起工한 지 一年三個月 만에」;『동아일보』, 1933년 6월 4일자,「閑山島上의 一大盛儀參拜群衆數萬名 東海의 蒼浪같이 넘치는 人波 忠武公 影幀奉安」;『동아일보』, 1933년 5월 28일자 부록,「閑山島制勝堂 重建 忠武公影幀奉安式, 山河도 斂容 奉拜者累萬의 大盛儀畵報」.

36)『동아일보』, 1936년 8월 7일자,「李忠武公 碑閣重修」. 1938년 8월 17일에 따르면, 동래불교여자청년동맹의 가정부인 모임이 제승당을 관광한 후 성금을 모아 제승당 입구에 홍문을 건립하여 낙성식을 거행하였다(『동아일보』, 1938년 8월 23일자, 「統營制勝堂에 紅門을 建立 東萊佛敎女子靑年 美擧」).

37) 1908-10년에는 충렬사 위토가 사회문제로 대두한 적이 있었다. 당시 군수와 경남관찰사가 충렬사 위토의 일부를 방매하여 학교를 설립하려고 시도했는데, 이순신의 후손과 충렬사 인원들이 금지를 청원하였다. 이진욱, op. cit., p.281.

해서 어수선한 분위기로 유지되다가 9월 29일 드디어 숙정되었다. 간부들 간의 파쟁으로 충렬사의 재산관리에서 여러 문제가 폭로되었는데, 원인은 재산관리를 보존회에 일임하고서 아무런 간섭이 없었기 때문이었다. 9월 29일 임시긴급총회가 충렬사 승무당에서 50여 명이 참가한 가운데 개최되었다. 통영군수는 이 회의에서 보존회의 해체와 재산관리의 군청으로의 이전 및 충렬사유지보존회로의 개칭을 강력히 주장하여 관철시킨 후 평의원 24명을 선출하였다. 그리고 군(郡) 내에 1년 이상 거주한 사람이면 누구나 평의원이 될 수 있도록 문호를 개방하였다.[39]

목포에서는 고하도 주민들이 매년 정월이나 2월에 이순신의 제사를 올려왔으며, 1928년 6월 2일에는 신간회 목포지부 회원 50여명이 고하도 이충무공의 비각으로 원유회(園遊會)를 가기도 했다.[40] 고하도 주민들 사이에는 일본인들이 이 비를 의도적으로 훼손했다는 구전이 전해오고 있다. 또한 1928년 8월 14일자 신문기사에 따르면, "심사가 괴악한 어떤 일본 사람이 수 년 전에 총을 메고 비석 앞에 엎드려 글자를 겨냥하고 총을 놓아 오륙자의 자획을 없앴다고 한다. 과연 오륙 글자에는 완연히 총 맞은 자리가 보인다."[41] 실제로 1917년 목포신문사가 발행한 『전남사진지』에 실린 비의 사진에서 훼손된 자국을 볼 수 있다.[42] 따라서 적어도

---

38) 『釜山日報』, 1937년 3월 14일자, 「權利を返せと烟臺島民の願ひ: 英傑李舜臣祠堂を繞リ保存會と小作人爭ひ(統營)」. 다음날인 3월 15일에도 같은 내용의 기사가 같은 신문에 「[功臣李舜臣に賜る由緣の地] '烟谷島' 賣却說に島民色を失ひ陳情; 保存會員 全部を招集して大沼郡守反省を促す」의 제목으로 게재되었다. 15일자 기사에는 延臺島가 烟谷島로 그리고 섬 주민 600명이 500명으로 다르게 표기되어 있다. 연대도는 통영항에서 18km 떨어지고 미륵도 남단에 위치한 작은 섬으로 통제영이 봉수를 운영하기 위해 연대를 세운 사실에서 유래된 도서명이며, 섬에 烟谷里가 현재도 존재하기 때문에 같은 섬임을 알 수 있다.

39) 『동아일보』, 1937년 10월 2일자, 「統營 忠烈祠에 潛在한 暗鬪, 肅正을 斷行, 재산은 군에서 관리키로 緊急總會에서 決議」.

40) 『동아일보』, 1928년 6월 7일자, 「木浦 新幹園遊」.

41) 『동아일보』, 1928년 8월 14일자, 「島嶼巡禮」.

42) 최성환, 「목포의 '로컬리티'로서 고하도 이충무공 문화유산의 전승 내력과 가치」, 『지방사와 지방문화』 21권 2호, 2018, pp.175-176.

이 비가 1917년 이전에 일본인에 의해 총으로 훼손되었음을 알 수 있다.

3. 1940년대의 파괴 활동

1940년대에 이르면 이순신 유적과 유물에 대한 조선총독부의 태도가 1930년대와는 확연히 다르게 나타난다. 1942년 제12대 전라남도지사[43]는 조선총독부 학무국장에게 3월 4일자 비밀문서(全南高秘 第149號)를 보냈다. 문서명은 「이순신대첩비 이전에 관한 건」이었고, 주요 내용은 "지금으로부터 360년 전 임진난에서 이른바 우수영 해전의 총지휘관이었던 이순신의 공훈을 기리기 위해 유생 등이 건립한 것인데, 그 비문이 별지와 같이 현재 민심의 지도상으로 보아 그대로 방치하여 두는 것은 적당하지 …" 않다는 것이었다. 그로부터 4일 뒤인 3월 8일 학무국장은 당일 결재하여 「이순신대첩비 이전에 관한 건(여수읍내 및 해남군 둔내면 소재, 비석 2기)」의 문서를 전라남도 도지사에게 발송하였다. 내용은 다음과 같았다.[44]

> 제목의 비석은 고적보존의 입장에서는 현재 위치에 적당한 시설을 마련하여 보존하는 것이 타당하다고 사료되나, 일반 민심의 지도에 있어서 지장이 있는 것이라면 이전이 불가피한 것으로 인정되므로, 비신(碑身)과 대석(台石)을 함께 전부 포장하여 본부 박물관 앞으로 송부바람.

여수 읍내에 있는 이순신대첩비는 통제이공수군대첩비(보물 제571호)를, 그리고 해남군 문내면의 이순신대첩비는 우수영에 있는 통제사충무이

---

43) 당시 전라남도지사는 12대 엄창섭 (嚴昌燮)으로 재위기간은 1940. 9. 2-1943. 9. 30이었다. 그는 1890년 평안남도 대동군 출신으로 창씨명은 다케나가 가즈키(武永憲樹)였다. 전라남도지사-나무위키 (namu.wiki). 학무국장은 오노 로쿠이치로(大野綠一郎)였다.

44) 황수영 편, op. cit., pp.373-374.

공명량대첩비(보물 제571호)를 의미하였다. 후자는 흔히 명량대첩비로 불리기도 한다. '본부 박물관'은 조선총독부 박물관을 지칭하였다. 이 공문을 받은 전남경찰부는 현지답사를 한 후 경찰관 3명을 운송책임관으로 임명했다. 3월 25일 이 경찰관들은 목포에서 인부 10명을 데리고 현지에 도착하여 철거작업을 하려 했지만, 주민들이 도와주지 않았다. 경찰관들은 500미터 떨어진 서하리에서 목수 2명(김정삼·이재행)을 데려와 비각을 뜯고 비를 해체하였다. 이어서 우수영 초등학교생 200여 명을 동원하여 해체한 비를 밧줄로 묶어 우수영 선창까지 옮기고, 그곳에서부터는 선편으로 경성으로 운송하였다. 경찰은 최종 운송지를 숨기기 위해 도착지마다 인부를 새로 고용하였다.[45] 여수에서는 당시 마쓰키(松木) 경찰서장이 통제이공수군대첩비의 비각을 헐고 비를 반출하였다.[46]

 1943년 전북 남원군 유림의 명단이 충렬사 협찬회 명부에 포함된 것에 대한 출판법위반사건과 관왕묘 축문의 보안법위반사건을 적발한 경찰이 이러한 사건의 발생 원인을 반시국적 고적이 정신적 지주 역할을 하고 있기 때문이라고 생각하여 황산대첩비(荒山大捷碑)의 철거를 획책했다. 지역 유림들은 이에 격렬하게 반발했으며, 결국 7월 30일 관왕묘, 충렬사, 소속재산의 처분은 경찰서장에게 일임되었다. 전북 경찰부장은 8월 18일 총독부 경무국장과 경찰부장 및 관하 각 경찰서장에게 관련 유적과 유물의 폭쇄(爆碎)가 불가피하다는 의견이 담긴 공문(전북고 제1455호)을 보냈다. 총독부 경무국장은 학무국장에게 의견을 물었으며, 학무국장은 사료적 가치가 있기 때문에 보존할 수 있게 해달라는 내용의 공문(9월 22일)을 작성하였으나, 상부의 결재를 받지 못해 폐기되고 말았다. 그로부터 3주일 뒤 10월 14일 사료적 가치가 높기 때문에 입석과 대석을 총독부박물관으로 옮겨 보존할 수 있게 해달라는 학무국의 공문이 경무국장에게 발송되었으나, 이 공문도 폐안되었다. 이 공문에는 '현존유사비일람첨부(現存類似碑一

---

45) 『海南郡誌』 上(海南郡誌編纂委員會, 2015), pp.472-473.
46) 『여수 통제이공수군대첩비·여수 타루비 정밀실측 조사보고서』(여수시, 2019), p.56.

覽添附)'라는 학무국장의 지시가 기재되어 20개의 비석이 열거되어 있는데, 그 중 4개가 이미 철거되었고 황산대첩비를 철거대상으로 표시하고 있었다.[47]

1943년 11월 24일에는 학무국장이 경무국장에게 「유림(儒林)의 숙정(肅正) 및 반시국적(反時局的) 고적(古蹟)의 철거에 관한 건」이라는 공문을 보냈다.

> 수제(首題) 철거 물건 중 '황산대첩비(荒山大捷碑)'는 학술상의 사료로 보존할 필요가 있는 것이지만, 그 존치에 관해서는 관할 도(道) 경찰부장의 의견과 같이 현재와 같은 시국에서는 국민의 사상통일에 지장이 있다면 이것의 철거도 어쩔 수 없는 일로 사료되오니 다른 것과 함께 적당한 처치가 있기를 바람.
> [참조]
> '황산대첩비'는 보존령에 의해 지정을 필요로 하는 정도의 것은 아니지만, 이성계가 왜구를 격파한 사적을 기록한 것으로서, 그것의 존재는 당시 일본인의 해외발전 업적의 증거도 될 것이고, 그 비의 형식은 미술사학에 있어서 하나의 시대기준이 되므로 현지에서 보존하는 것이 이상적이나, 그 존치가 치안상 철거가 필요하다는 관할 경찰국의 의견은 현 시국에서 어쩔 수 없음이 있고, 또한 이것을 경성으로 가져오기에는 수송의 곤란함이 적지 않으므로, 그 처분을 경찰당국에 맡기려고 하는 바이다.
> (첨부 : 유사품 일람표)[48]

이 공문은 당일 기안된 것으로서 언뜻 보면 남원의 황산대첩비(荒山大捷碑)를 대상으로 한 것 같아 보이지만, '다른 것'이라는 단서가 붙어 있었다.

---

47) 오세탁, op. cit., pp.18-19.
48) 황수영 편, op. cit., pp.370-372. 전북경찰은 황산대첩비는 다이너마이트로 폭파하여 현지에 파묻어버렸다. 1957년에 새 비석을 세웠고, 1977년에 깨진 비석 조각들을 모아 파비각(破碑閣)을 세워 보관해오고 있다. 이구열, op. cit., p.122.

첨부에는 '다른 것'을 '유사품'이라고 하여 황산대첩비와 유사한 것들로 표현되어 있다. 첨부한 '유사품'은 총 20가지인데, 모두 왜구나 일본군과 싸워 직접 패배시키거나 패배시키는데 중요한 역할을 한 위인들과 관련된 비들이었다. 이중에서 이순신과 관련된 비는 아산 이순신신도비(李舜臣神道碑), 여수 타루비(墮淚碑), 여수 이순신좌수영대첩비(李舜臣左水營大捷碑), 해남 이순신명량대첩비(李舜臣鳴梁大捷碑), 남해 이순신충렬비(李舜臣忠烈碑)로 모두 5가지였다. 그런데 이 표의 비고란에는 이순신좌수영대첩비에 대해 '(1942년 박물관으로 3월 철거)'가, 그리고 바로 밑에 기록된 이순신명량대첩비에 대해서는 '(위와 동일)'이 표기되어 있다. 이것은 두 비가 모두 1942년 3월의 명령에 의해 이미 조선총독부 박물관으로 철거되었음을 알 수 있게 해준다.[49]

 1945년 광복된 지 3개월 후인 11월 초 우수영 주민 박몽익(朴夢益)이 상경하여 비를 찾다가 박물관 안에 있는 것을 알고 군정청 폴 미첼(Paul C. Mitchell) 교화과장에게 수송 지원을 요구하여 허락받은 적이 있었다.[50] 우수영의 유지들은 일인이 떠나기 전에 이 비를 찾자는데 합의하여 이충무공명량대첩비복구기성회를 조직하고, 회장(張志洪)과 부회장(李用善)을 선출하였다. 이 기성회는 1946년 3월 23일 회원 2명(이용효·김시열)을 서울에 파견하였다. 그들은 상경하기 전에 전남경찰부를 방문하여 대첩비를 수소문하자, 경찰부장은 서울로 보냈을 뿐 어디로 갔는지 모른다고 했다. 다음날 상경하여 총독부에 문의하니 경복궁으로 가서 알아보라 했고, 경복궁 직원이 근정전 뒤뜰로 안내해주어 찾았다. 그들은 여러 날 서울에 머물면서 미 군정청과 교섭한 끝에 3월 28일 미군트럭에 싣고 서울역으로 가서 기차편으로 목포로 운반하였다. 목포역에서는 목포부윤이 직접 역으로 나와 우수영으로의 운송비를 부담하겠다고 자청하였고, 3월 29일 우수

---

49) 전라북도, 『내고장 전북의 뿌리』(1984), p.447 ; 전라북도, 『전라북도지』 제3권 (1991), p.1049에 의하면, 황산대첩비는 1945년 1월에 폭파된 것으로 보인다. 오세탁, op. cit., p.19에서 재인용.
50) 『매일신보』, 1945년 11월 2일자, 「일제하 행방불명되었던 명량대첩비 찾음」.

영에 도착하였다.51) 2006년 향토사학자가 이 대첩비의 비가 당초의 것이 아닌 조작된 것이라고 주장했지만, 명량대첩사업회 회장(홍형덕)은 이를 부인했으며, 문화재청도 2006년 2월 발표한 보도자료를 통해 부인하였다.52)

통영에서는 전쟁 말기에 "악랄한 수구배들의 칼끝에 위패 스물네글자 중 유명수군도독조선국(有明水軍都督朝鮮國)의 9글자를 깍끼기까지" 하여 주민들이 분격하였다.53) 이 사건에 대해 재단법인 통영충렬사 이사장(박형균)은 다음과 같이 증언하였다.

> 통영경찰서에 왜경 고등계 아라이 타네타마(新井鐘玉, 朴鍾玉)라는 형사가 어느 날 제사에 뛰어들어 "너희는 국가가 망하여 다 없어진 주제에 제사는 무슨 제사냐" 하면서 이충무공의 위패를 칼로 쳐서 부수고, 외삼문의 태극문양을 일장기로 덧칠하여 바꾼 뒤, 정당에 각목으로 못질을 한 악질 형사였다. 원래는 조선사람이라, 친일형사다.
>
> 어느 날 밤에 이충무공의 명예와 민족정기를 완전히 꺾어놓기 위해 정당의 담벽을 넘어 들어와 귀도 같은 팔사품을 훔쳐 대숲으로 달아났다고 해. 밤새도록 헤맸어도 밖으로 못나가고 그대로 대밭이라. 그야말로 미로에 빠져버린거라. 탈진한 끝에 신령한 힘을 깨닫고 칼을 도로 제자리에 돌려놓자, 눈앞이 보여 황급히 뒷산 여황산상으로 도망을 했다가, 뒤에

---

51) 『海南郡誌』上(海南郡誌編纂委員會, 2015), pp.473-475. 이 책에 따르면, 3월 23일 광주에서 여수와 해남의 전첩비각 중수 그리고 수직을 위해 집과 약간의 위토를 마련한다는 목표를 가지고 이충무공유적복구기성회가 조직되어(회장 이은상, 호남신문사) 150만원의 성금을 모집하는 계획을 세웠다. 광주시에서는 호당 5원 이상, 학생 1인당 1원 이상의 성금을 거출하였다. 전남 22개 군도 이에 호응하여 1달 만에 15만원을 모금했다. 해남 기성회는 60명으로 농악대를 조직하여 문내, 황산, 화원, 목포를 돌아 1달간 10만원을 모금했다. 해남 비각 복구지는 원래의 자리인 동외리의 터가 좁아 남장대로 결정하였다. 진도목수 3명이 3년간 작업하여 완공했고, 1966년 해남교육장(김주익)의 기부로 사당이 건립되었다.
52) 연합뉴스 2006. 1. 31 ; 문화재청 보도자료, 2006. 2,「해남「명량대첩비」조작된 바 없다」.
53) 『동아일보』, 1948년 8월 18일자,「忠烈祠의 國營國祀 統營有志들이 運動」.

자수를 하고, 죄상을 실토했다고 해.54)

그런데 「동아일보」의 기사는 1948년 8월의 기사이며, 정확한 일시가 보이지 않는다. 지방언론의 인터뷰 기사인 후자는 더 자세한 상황을 알 수 있게 해주지만, 여전히 일시는 언급되지 않고 있다. 따라서 이 비각 일부에 대한 훼손 사건이 일제강점기에 발생했지만, 정확한 연도와 일자는 알 수 없다. 그리고 이 박종옥은 이 사건 때문에 『친일인명사전』에 이름이 올라갔다.

순천의 충무사는 산신당과 사당동 2간이 석축, 상부 흙벽, 목재 단청, 와가의 상태로 있었는데, 1944년 가을에 해룡주재소 순사들이 영정을 뜯어가고 건물을 철거해버렸다.55) 고금도에서는 1940년경 일제의 훼절 시도가 있자 도민과 유림이 경찰에 관왕묘를 폐쇄하고 그 건물을 사찰 건물로 사용하겠다는 계획을 제출하여 허가받아 철거를 면했다. 황산대첩비가 파괴될 무렵에는 고금주재소부장(馬庭)이 관우상을 철거하여 소각하고 위패를 제거하였으며,56) 거기에 세워져 있던 비석의 허리를 부러뜨렸다.57)

여수의 통제이공수군대첩비는 1946년 여수사람 김수평(메이지대 졸. 해방후 미군정에 의해 여수경찰서장에 임명)과 김중태(1920~1990. 도

---

54) 「박형균-6 충렬사에 전해지는 "3가지 전설"」(나의 삶 나의 통영), 통영인뉴스(tyinnews.com), 2020년 3월 19일.
55) 『忠武祠誌』, p.38.
56) 이수경·임성춘, op. cit., p.307. 이어서 "왜군섬멸기념비 제거 때 고금도관왕묘비를 야산에 버리고 관우상을 바다에 버렸다"고 부기되어 있다.
57) 『고금고 연혁지(古今高 沿革誌-古今島誌略)』, 고금고등학교, 2011. 2, p.490. 이와 같이 볼 때, 관우상을 바다에 버렸다는 설과 소각했다는 설 그리고 관왕묘비를 야산에 버렸다는 설과 절반으로 부러뜨렸다는 설이 공존하고 있음을 알 수 있다. 그러나 1953년 장준기 도지사가 사우명을 충무사로 개칭하고 현판을 설치하면서 야산에 버려진 고금도관왕묘비를 되찾아 비각을 세웠다는 기록으로 볼 때(이수경·임성춘, op. cit., p.307), 관왕묘비의 경우에는 야산에 버려졌다는 설이 맞는 것으로 보인다.

쿄대 정치학과 졸. 조일산업 사장, 8대 국회의원)에 의해 경복궁 근정전에서 발견되었다. 이듬해인 1947년 여수 시민들은 '충무공비각복구기성회'를 조직했으며, 미군 트럭을 이용하여 서울에서 여수로 대첩비를 옮겨와 세우고 비각 짓는 일을 추진하였다.[58]

1940년대에 이르러 이순신 관련 유적은 내외 양면으로 어려운 상황에 놓일 수밖에 없었다. 한편으로 전시동원과 일제의 억압으로 경제·정신적 여력이 없던 지역주민들의 관심이 약해지고 비용 마련이 어려워져 유적과 유물의 관리가 부실해지고 방치되는 경우가 많았다. 다른 한편으로 일부 유적은 조직적으로 파괴되고 철거되었으며, 매장이나 서울로 운송하여 원래의 자리에서 흔적이 사라져버리기도 하였다.

4. 이순신 유적과 유물 관리의 의미

관리 주체를 기준으로 삼으면, 이순신과 관련된 유적은 종손과 지역민에 의해 관리되었다고 할 수 있다.

종손이 관리한 유적은 아산 현충사였다. 이순신 묘소 위토와 산판의 사건[59]이 신문기사로 보도되자, 성금이 전국에서 답지하기 시작하였고,

---

58) 「일제강점기 말에 사라진 대첩비, 그리고 '복구'」, 오마이뉴스(ohmynews.com), 2019. 2. 26.
59) 이순신의 종손들은 근래에도 여러 차례 사회적 물의를 일으켰다. 2002년 15대 종손 이재국이 후사 없이 사망한 후 종부와 문중이 양자 문제로 다투었으며(「충무공 이순신 후손 수년째 땅싸움」, 『한겨레』(hani.co.kr), 2009년 3월 27일 문중에서 들인 양자가 퇴출되었다(2009년 3월 28일자, 「비운의 이순신가…경매 이어 종가 명맥끊길 위기」, 『조선일보』(chosun.com)). 2009년 3월 30일에는 15대 후손 종부(宗婦)가 7억 원의 빚을 갚지 못해 이충무공 고택 부지와 문화재보호구역 내 임야와 농지 4필지 등 총 7건 98,000평방미터에 대해 경매 실시되었는데, 입찰자가 없었다(2009년 3월 30일자, 「충무공 이순신 고택 터 경매 '유찰'」, 『충청신문』(dailycc.net). 2009년 7월 9일에는 덕수이씨 충무공파 종회가 15대 종부를 상대로 『난중일기』를 포함한 이순신 관련 유물 33점에 대한 '유체동산 점유이전 및

전국에서 2만여 명 이상이 성금을 보냈으며, 많은 학자와 소설가 및 언론인들이 모금을 독려하는 활동을 했으며, 동아일보사도 주도적으로 활동하였다. 또한 이충무공유적보존회라는 단체가 전국적인 규모로 조직되었다. 낙성식에는 3만여 명 이상이 참여하였다. 그렇게 많은 인원이 자발적으로 참여한 유적보호활동이라고 하는 대중운동은 일제강점기 동안 전무후무하였다. 모금운동의 규모와 그 여파가 그렇게 컸던 것이다.

다른 유적들은 지역주민들에 의해 관리되었다. 주민들은 대개 그 지역 유지들로서 지역 유림이나 유계 혹은 자발적으로 조직된 주민단체를 통해 유적을 관리하였다. 물론 사당이 있는 경우에는 위토가 있었으며, 향사비용과 관리비용 때문에 지역주민들 간의 갈등이 불거지기도 하였다. 위토가 없는 유적들은 사적인 비용 거출로 유적을 관리하거나 비용이 없을 경우에는 방치 상태로 놓아두는 경우가 많았다.

시기별로 보면, 이순신 관련 유적의 관리는 1930년대와 1940년대로 구분하여 볼 수 있다. 1930년대는 이충무공 묘소와 현충사와 관련된 위토와 산판의 경매 사실이 언론에 노출되어 이충무공유적보존이 사회문제로 확산된 경우이다. 근 1년이 넘는 기간 동안 지속되었을 뿐만 아니라 지방에서도 계속해서 유적보존활동이 이루어졌기 때문에, 1930년대는 이충무공 유적의 보존활동기간이라고 할 수 있다.

1940년대는 이충무공 유적이 수난을 겪은 시기였다. 경찰과 총독부는 조선인들의 민족의식 강화 그리고 반일사상이나 항일활동의 강화를 염려

처분 금지' 가처분 신청을 받아 승소했다(충무공 이순신 (choongmoogong leesoonsin.co.kr) 덕수이씨 충무공파 종회 홈페이지). 2015년 8월에는 종가에서 도난당한 유물 6점을 구입한 구입자나 구입기관을 경찰이 장물구입으로 고발하는 사건이 일어났는데, 장물이 아니라 종가에서 돈을 주고 쓰레기로 버린 것으로 판명되었으며, 유물의 유실은 막을 수 있었다(「사라졌던 '충무공 유물' 고물상에 팔렸다」, 『연합뉴스』, 2015. 8. 13, 〈충남〉 daum.net. ; SBS 뉴스 2015. 08. 17, 「충무공 유물 '충민공계초' 장물시비 사실과 달라」). 2018년 11월 22일에는 숙종이 현충사에 사액한 현판의 소유권에 대해 종손이 정부를 상대로 소송을 했으나, 패소하였다(「법률신문」 판결큐레이션, 서울중앙지방법원2018가합529573, lawtimes.co.kr).

하여 일본이나 왜구와 관련된 문화재를 없애버리기 위해 비밀리에 그러나 조직적으로 활동하였다. 파괴 대상이었던 20개의 유적 중에서 이충무공과 관련된 유적은 5가지로 25%를 차지하였다. 이 정도의 비율은 이충무공과 관련된 문화재가 파괴활동의 주요 대상이었던 것으로 생각하게 만든다. 그들은 이충무공과 관련된 비각과 석비들을 파괴하고 철거했으며, 그 잔재를 땅에 묻어버리거나 서울로 운송하여 방치해두었다.

1930년대와 1940년대가 바로 이어지는 시기인데도 불구하고 이처럼 정반대의 모습을 보여주게 된 이유는 무엇이었을까? 그 이유는 두 가지 측면에서 생각해볼 수 있는데, 하나는 보존활동 자체에서 찾는 내적인 이유와 다른 하나는 총독부의 정책에서 찾을 수 있는 외적인 이유이다.

먼저 내적인 이유를 살펴보자. 1930년대의 보존운동을 주도한 인물들은 주로 민족주의 계열의 인물들이었다. 민족주의는 제국주의에 대항하는 방법으로 대두했으며, 민족주의자들은 현실의 위기를 타개하고 민족을 수호할 존재로 초월적인 영웅을 주목하였다. 이순신은 언제든지 민족적 자부심과 독립의지의 표상으로 대두될 수 있는 존재였다. 이 시기에 출간된 이순신 관련 문학작품들은 그러한 현상을 반영하고 있었다. 이 문학작품들이 많이 읽혀질수록 이순신에 대한 존경심은 더 커져갔을 것이다. 일제의 압제를 직접 겪고 있는 식민지 피지배민족들에게 일본을 물리치고 조국을 구한 이순신은 그 자체로서 위안과 희망의 상징적인 존재였다.[60]

1930년대 전반기 민족주의 계열이 주도하는 문화운동으로서 조선고적 보존운동의 효시를 이루고 가장 활발하게 전개된 것은 이순신유적보존운동이었다. 이 유적보존운동은 정신적으로는 반일적일 수 있었으나 현실적으로는 일제의 통치체제라는 합법의 틀 안에서 이루어졌으며, 독립이라는 정치적 목적과는 거리를 둔 채 전통문화의 보존이라는 문화운동의 기능만 부각하였다.[61] 물론 이 운동을 계기로 잠재되어 있는 민족의식을 대중적

---

60) 고경석, 「해군창설기 충무공정신 구현의 역사적 연원-손원일 제독 활동의 사상적 배경을 중심으로」, 『충무공 이순신과 한국 해양』(해군사관학교충무공연구회), 창간호, 2014, pp.114, 118, 130.

차원의 민족운동으로 승화시켰다는데 그 역사적 의미가 적지 않다고 보는 견해도 있다.62) 그러나 이 유적보존운동은 민족적 긍지와 민족혼을 불러일으키는 데는 성공했으나 독립운동으로 발전하지 못했고, 다른 운동으로 확대되지도 못했다. 이 운동을 주도하던 인물 중에서 이 운동의 발전이나 확대에 대한 의지를 보여준 인물을 찾기가 어려우며, 이 운동이 어느 정도 성과를 거둔 1930년대 후반기에 점차 소멸되어간 것은 바로 이 때문이라고 할 수 있다.

다음으로 외적인 이유를 살펴볼 것인데, 이 문제는 주로 조선총독부의 문화재정책을 통해 살펴보려 한다. 일제는 통치 초기부터 민족문화유산의 합법적인 보호가 문화적 혜택을 베푸는 선정으로 보이기 때문에 내무부 지방국 1과가 고적조사사업을 담당하였으며, 1916년 7월「고적유물보존규칙」을 발포하여 관 주도의 조선고적조사위원회를 전담기구로 설치한 후, 조선총독부 박물관을 건립하였다. 1920년대에는 사이토 마코토(齊藤實) 총독이 조선 고유의 문화와 관습을 중시한다는 문화정치를 시정방침으로 설정했고, 1930년대 우가키 가즈시게(宇垣一成) 총독은 동아민족의 입장과 조선의 진가를 자각하는 정신작흥운동(精神作興運動)을 통한 내선일체의 강화를 위해 조선 고적 관리, 문화시설의 정비와 선전을 중시하였다. 1933년 8월 9일에는 총독부 학무국 종교과의 주관으로「조선보물고적명승·천연기념물보존령」을 제정하였다. 이런 까닭에 1920년대부터는 실정법 내에서 고적보존회(古蹟保存會), 보승회(保勝會) 등이 지방 관리가 후원하는 관민협동조직으로 설립되었으며, 1933년 무렵에는 지방 민간유지나 군수 등을 중심으로 관민합작 고적보존회가 창립되었다.63)

1930년대는 일본제국이 대륙침략을 본격적으로 추진하던 시기였다. 1931년 만주사변을 일으키고 1932년에 만주국을 선포하였기 때문에, 조선총독부는 전시동원체제에 대한 자발적 참여 유도와 내선일치를 기치로

---

61) 이지원, op. cit., pp.747, 760, 774.
62) 김도형, op. cit., p.11.
63) 이지원, op. cit., pp.754-756.

내세운 동화정책 수단으로 문화재를 적극 이용하려 했다. 실제로 이 시기의 정책은 유화정책이나 회유정책으로서 내선융화(內鮮融和)와 내지연장주의(內地延長主義)의 구호를 내세우고 있었고, 1936년에는 미나미 지로(南次郎) 총독이 내선융화를 내선일치(內鮮一致)로 바꾸었다.[64] 식민지배 정당화이론의 입증을 위한 고적조사를 마친 일제는 조선의 문화재를 이용하여 내선일체 이데올로기를 강화고자 하였는데, 전시동원체제를 본격적으로 구축하기 위해서는 조선인을 이른바 충량한 황국신민으로 만들어야 했던 것이다.[65] 그러기 위해서는 조선 문화재의 보존이 시급하였다. 1930년대 이순신유적보존활동을 총독부가 예의주시만 하고 제지하지 것은 이러한 통치정책 덕분이었던 것으로 보인다. 사실상 총독부는 이 운동이 일정선을 넘지 않는 한 조선인들의 불평이나 울화를 어느 정도 해소시킬 수 있는 역할을 할 수 있어 식민지 통치에 도움이 되는 것으로 간주했다고 볼 수 있는 것이다.

1933년의 보존령은 (피식민지인들이) "편안히 각자의 업무에 장려하기를 기대"하면서[66] 조선의 문화재가 "역사의 증징(證徵) 혹은 미술 공예의 모범"이기 때문에 영구보존한다는 명분을 제시하였다.[67] 이것은 조선 문화재의 역사·학술·예술적 가치를 일본인의 시각에서 평가하고 선택한다는 뜻이었다. 그 결과, 임진왜란과 관련된 동남해안의 왜성 11개가 고적으로 지정되었지만(1935년 2, 1536년 2, 1938년 6, 1939년 1), 이순신의 유적은 하나도 지정되지 않았다.[68] 국조신앙(國朝信仰), 건국자(建國者), 역대 명군(名軍)의 유적처럼 민족관념의 지주가 되는 고성지(古聖地)나 전설(傳說)의 무대는 지정에서 전적으로 배제되었다.[69]

1932년 2월 13일 만주침략이 한창일 때 총독부 학무국은 종교과를 폐지하

---

64) 김종수, op. cit., pp.157, 159.
65) 金志宣, op. cit., p.47.
66) 김종수, op. cit., p.160.
67) 『동아일보』, 1937년 6월 10일자, 「古蹟保存會 總督人事要旨」.
68) 김종수, op. cit., pp.161-162, 173.
69) 이지원, op. cit., p.758.

고 사회과를 신설하여 문화재 업무를 담당하게 하였으며, 중일전쟁이 발발하기 9개월 전인 1936년 10월에는 사회교육과를 신설하여 그 업무를 맡게 하였다. 사회과와 사회교육과의 신설은 문화재를 시국과 연관시켜 관리하겠다는 의미였다.70) 일제는 조선의 고유문화를 말살·탄압했다기보다는 조선 민중에 대한 정신적 지배를 강화하기 위하여 천황제 이데올로기로 대표되는 일본적 국민의식을 주입하는 것과 더불어 조선의 고유문화 장악에 주목하였다. 일제 문화정책의 기조는 고유문화의 왜곡·변형을 통한 이데올로기적 활용이었던 것이다.71)

태평양전쟁 초기 일제에게 우세했던 전황이 연합군의 반격으로 불리해지고 있던 1942년과 1943년에 문화재 파괴활동이 학무국과 경찰의 공동작업으로 이루어진 것은 이를 단적으로 입증하고 있는 역사적 사실이라 할 수 있다. 총독부는 식민지 지배의 정당성을 확보하는데 필요하거나 동화이데올로기에 부합되는 문화재에 대해서는 조사하여 보존했지만, 식민지를 지배하는데 지장을 줄 수 있는 것은 '반시국적 문화재'로 간주하여 파괴하거나 철거하였으며, 이순신에 대한 유적도 예외가 아니었다.

5. 맺음말

일제강점기 동안 이순신의 유적과 유물의 관리는 종가와 지역유지에 의해 관리되었다. 종가는 아산 현충사와 종가에서 보관 중인 유물을 관리하였다. 나머지 유적과 유물은 지역민에 의해 관리되었다.

1930년대 전반에는 이순신 묘소의 위토와 산판의 경매 문제가 대두되어 이순신유적보존운동이 전개되었다. 전국에서 2만 명 이상이 성금을 보내왔고, 전국적인 유적보존단체가 결성되었으며, 많은 사회지도층과 언론사가 이 활동을 주도하였고, 낙성식에도 3만 명 이상의 인파가 모였다.

---

70) 김종수, op. cit., p.161.
71) 이순자, op. cit., p.9.

1940년대에는 지방과 중앙의 경찰과 조선총독부가 공동으로 비밀리에 작업하여 비밀리에 유적을 파괴하거나 철거하고, 그 흔적까지 없애버렸다. 이순신의 유적과 유물은 이 파괴활동에서 가장 큰 피해를 보았다.

두 시대의 이러한 차이는 내적인 이유와 외적인 이유로 나누어 설명될 수 있다. 내적인 이유를 보면, 이순신유적보존활동을 주도한 사람들과 신문사가 조선총독부가 허락하는 틀 내에서만 활동하였고, 유적보존활동만 하였을 뿐 다른 사회활동이나 문화활동으로 확산하거나 독립운동으로 발전시키지 못했으며, 그럴 의도조차 없었던 것으로 보인다. 그 결과 이 보존활동은 1930년대 중엽부터 약화되기 시작하여 소멸되어 버렸고, 일회성 활동으로 흐지부지되어 버렸다.

외적인 이유를 보면, 조선총독부가 추진해온 문화재 정책의 일관성을 들 수 있다. 문화재 정책은 동화 정책에 도움이 되거나 식민지 통치에 도움이 되는 경우에 한해 지원하는 것이었다. 따라서 임진왜란 동안 축성된 동남해안의 왜성들은 고적으로 지정되었으나, 이순신 유적은 하나도 지정되지 못했다. 조선총독부가 1930년대의 보존활동을 용인한 이유도 조선인들이 마음의 응어리를 이 운동으로 해소하여 "편안히 각자의 업무에 장려" 할 수 있기를 기대했기 때문이다. 그렇지 않은 유물과 유적은 '반시국적인' 것으로 간주하였다. 이순신의 유물과 유적은 '반시국적인' 것이었으며, 1940년대에 이르러 전세가 불리해지자 그 속마음을 노골적으로 드러내 파괴활동을 비밀리에 감행하였다.

이순신의 유적과 유물은 제대로 관리되어 오지 않다가 1930년대의 보존활동을 통해 관리체계가 바로 서는 것처럼 보였다. 그러나 이것은 잠시 동안이었을 뿐이었다. 4, 5년이 지나자 다시 관리가 부실하여 유적과 유물이 거의 방치상태가 되었다. 1940년대에는 파괴활동이 전개되어 많은 유물과 유적이 훼손되었고, 남아있는 다른 것들은 방치상태에 있었다. 이 모든 유적과 유물의 제자리와 본모습 찾기는 1945년 광복이 될 때까지 기다려야만 했던 것이다.

제9장

호남지역 이순신 관련사업의 개선 방안

1. 문제의 제기

　20세기 후반까지만 해도 이순신 동상은 전국의 모든 초등학교에 세워졌다고 할 정도로 많았으며, 이 동상이 없는 학교가 발견되면 이상할 정도였다. 이러한 현상이 나타나게 된 이유는 여러 가지로 파악되지만, 이 현상은 이순신만큼 숭앙받는 우리나라의 역사 위인이 없었음을 보여주기도 한다.
　『난중일기』, 『충민공계초』, 『충무공유사』 등과 같은 자료에 나타나는 이순신과의 유관지역[1]은 충청북도, 경상북도, 강원도, 그리고 제주도를 제외하고 거의 전국에 걸쳐 있다. 이 유관지역은 현재 우리나라의 지형 중 ㄴ자 모양으로 분포되어 있는 것이다. 대략적이지만 이를 도별로 살펴보면, 전라남도 지역이 100여 곳으로 가장 많이 나타나고, 경상남도 지역도 96곳으로 거의 비슷하게 나타난다. 다음으로는 전라북도 11곳, 충청남도 8곳, 경기도 6곳, 서울 2곳의 순으로 나타난다. 전라남도와 경상남도가 약 90%를 차지하고 있는 것이다. 이러한 이유인지 몰라도 이순신의 선양활동과 관련사업은 전라남도와 경상남도에서 집중적으로 이루어지고 있다. 그밖에는 충청남도의 현충사관리소와 아산시가 주관하여 여러 행사를 하고 있을 뿐이며, 나머지 지역에서의 활동이나 사업은 국민들에게 많이 알려져 있지 않다. 물론 최근에 충청남도와 전라북도의 백의종군로 탐방

---

[1] 여기에서 이순신과의 유관지역은 이순신이 잠시 머무르거나 숙박을 한 곳으로 일기나 장계에 표기되어 있는 지명들을 뜻한다.

행사 등 새로운 움직임이 나타나고 있지만, 방치되어 있다고 표현할 수 있을 정도로 관심이 적은 지역이 아직도 존재하고 있다.

본고는 이순신 관련사업의 문제점을 도출하기 위해 우리나라 전역에서 근래까지 진행되어온 선양사업을 전반적으로 먼저 살펴볼 것이다. 이어서 호남지역의 이순신 관련 자원의 현황과 호남지역이 지금까지 실시해온 이순신 관련사업을 대략적으로 살펴보려 한다. 이러한 고찰들은 이순신 관련사업에서 보완하고 개선해야 할 사항이 무엇인지 알아보기 위함이다.

2. 이순신 선양사업의 현황

임진왜란이 종료된 직후 즉 17세기부터 2009년까지 우리나라에서 행해져 온 선양활동이나 현창활동2)을 대략적으로 정리하면 다음 표3)와 같다.

내 용	세기			일제 강점기	연대							계
	17	18	19		45-50	51-60	61-70	71-80	81-90	91-00	01-09	
공신	4	2										6
사당	12	9	11	3	5	2	3	2	3			50
비/탑	8	5	3	4	5	9		3	8	2		47
문화유적	2		2	3	1	5	6	7	3	3	1	33
선박					1	1		2	1	1	4	10
교육					2					1		3
정부 기구							1		1	1		3
단체/ 연구소				1	1		1	1		1	4	9
계	26	16	16	11	15	17	11	15	16	9	9	161

---

2) 사전적 의미로 볼 때, 선양(宣揚)은 명성이나 권위 따위를 널리 떨치게 하는 것을, 현창(顯彰)은 밝게 나타내는 것을 뜻한다.
3) 이 표는 김주식, 「이순신에 대한 평가와 현창(顯彰)」, 『海洋戰略』 제152호, 2011. 12, pp.43-44, 〈표 7〉을 요약한 것이다.

이 표를 보면, 첫째, 사당, 비/탑, 문화유적, 선박으로 이루어지는 유형물에 대한 활동이나 사업이 중점적으로 실시되어 왔음을 알 수 있다. 둘째, 유형물은 임진왜란이후 300년간의 조선시대(52회)보다 광복 이후 65년간의 현대(78회)에 이르러서 더 많이 설치되거나 증·보수되었으며, 일제강점기(10회)에도 실시되었다. 셋째, 광복 이후에 이 유형물 활동과 사업은 1950년대부터 1980년대까지 연대마다 거의 10회 이상 비슷하게 나타나며, 광복 직후인 1940년대와 군사정권이 종료된 1990년대에도 이루어졌음을 보여준다. 이후 2000년대에는 거의 나타나지 않다가 2010년대 후반에 다시 많이 나타나고 있다. 넷째, 선박의 경우에는 광복 이후 지금까지 10여 회 이상 이루어져 왔다.

교육, 정부기구, 연구는 상대적으로 아주 적게 나타난다. 교육 분야에서는 주로 해군 장병의 이순신유적 참배 정례화와 사관생도 교과과정에 충무공정신 교과목 신설이 주를 이루었다. 정부기구 분야에서는 통영읍의 충무시와 통영시로의 연이은 개명, 현충사 성역화 사업의 실행과 현충사관리소의 신설, 해군의 충무공해전유물발굴단과 충무공수련원 설립 등이 있었다. 단체와 연구소의 경우에는 일제강점기부터 연구회가 발족되었으며, 광복 이후에는 꾸준히 신설되어 오다가 2000년대에 이르러 민간 주도로 연구소나 연구회가 많이 나타나고 있다.

이를 시대별로 정리하면 다음과 같다. 조선시대와 일제강점기에는 사당과 비/탑의 건립이 대부분을 차지했다. 광복 이후에는 비/탑의 건립, 문화유적, 사당의 순으로 많은 활동이 있었고, 그밖에도 활동 영역도 다양해졌다. 1950년대에는 동상이 많이 세워졌다. 1960년대와 1970년대에는 현충사의 성역화사업과 정부 주도적인 활동이 많이 이루어졌다. 1980년대와 1990년대에는 사당, 비/탑의 건립, 기념공원 등이 신설되었다. 2000년대에는 사당과 비/탑의 건립이 사라지고 그 대신 이순신 관련 선박이 많이 건조되고 민간 연구소가 많이 창설되었다. 2010년대에는 지자체와 민간인의 활동이 훨씬 더 두드러지고 있다.

전체적으로 보면, 1990년대까지는 중앙정부 주도의 활동과 하드웨어에 대한 활동이 주류였을 뿐이고 그 대신 소프트웨어에 해당하는 유형물을 활용하는 사업이 거의 이루어지지 않았기 때문에 콘텐츠의 태부족이라는 결함을 야기한 것으로 보인다.

3. 호남지역 이순신 관련자원의 가치

호남지역의 이순신 관련유적 수는 전라남도 112곳4)과 전라북도 3곳으로 총 115개이다. 이순신 관련유적이 존재하는 곳은 전라남도의 총 21개 시군 중 17곳이며, 이는 약 80%에 해당한다. 유적이 10개 이상인 시군은 4곳(보성·여수·고흥·완도)이며, 이 4곳에 있는 유적 수가 전라남도 전체 유적 수의 절반을 차지하고 있다. 전라북도의 경우는 총 14개 시군 중에서 2곳에만 이순신 관련유적지가 존재하고 있다.5) 이순신 유관지역이 8곳(전주시·군산시·익산시·남원시·완주군·임실군·고창군·부안군)인데, 그중에서 2곳에만 유적이 있다.

유적은 이순신 관련사업의 가장 근간이 되는 자원이며, 이순신 관련사업이 이 유적으로부터 시작된다고 해도 과언이 아니다. 실제로 이순신과 관련된 사업은 선양사업이나 현창사업과 불가분의 관계에 있다. 왜냐하면 선양과 현창사업의 기반으로 활용하려는 목적 하에 지자체나 유관단체가 각종 축제, 건축시설사업, 공원 조성, 문화예술사업 등을 계획하고 집행해 오고 있기 때문이다. 따라서 이 유적들의 가치는 이순신 관련사업에서 평가할 수 없을 정도로 크고, 절대적이라 할 수 있다.

---

4) 전라남도의 이순신 관련 유적 수는 전라남도·국립순천대학교박물관, 『이순신 문화자원 총조사 및 선양 활용방안』, 제2권 : 유적·유물분야(2016), p.8의 표 〈이순신 문화자원 총조사 유적 현황〉에서 인용하였다.
5) 정읍시에는 1836년에 건립된 유애사(有愛祠)와 1949~63년에 건립된 충렬사(忠烈祠)가 있다. 남원시에는 2017년에 복원된 백의종군로 53㎞가 있다.

〈호남지역 이순신 관련유적 수〉

도명	시군별	유적 수	시군별	유적 수
전라남도	목포시	3	화순군	1
	여수시	17	장흥군	1
	순천시	9	강진군	1
	나주시	1	해남군	8
	광양시	0	영암군	2
	담양군	0	무안군	4
	곡성군	4	함평군	0
	구례군	8	영광군	1
	고흥군	14	장성군	0
	보성군	18	완도군	12
	진도군	4		
	계		112	
전라북도	정읍시	2	남원시	1
	계		3	

4. 이순신 관련사업의 현황

 호남지역이 추진해온 이순신 관련사업은 전라남도 위주로 진행되어 왔으며,[6] 그간 추진해온 주요 사업을 대략 정리하면 다음과 같다.

가. 지자체 추진 사업
* 여수 :
- 거북선축제(67~현재) : 진남제 보존회 설립(77), 하멜과 거북선축제전시관(12)
- 선소 복원(85)
- 이순신 밥상 개발(10)
- 전라좌수영 복원사업(15~19) : 215억원, 건물 8동(진남관 해체 복원사업 포함)

---

[6] 전라북도의 사업은 정읍에서 매년 4월 28일 거행되는 '이충무공탄신제'와 남원시가 2017년부터 연간 1회씩 거행하는 '이순신장군 백의종군로 걷기행사' 뿐이다.

* 해남 :
- 국민관광지 지정(86), 명량대첩기념공원 건립(91)
- 우수영관광지 조성계획(03~현재) : 우수영권역 종합정비, 우수영권역 역사관광촌 건립, 원형거북선크루즈사업(06~11), 명량대첩축제(05~현재. 해남·진도), 이순신장군 전승대첩 승전광장 조성(12)
* 강진 : 전라병영성 복원(05~07)
* 고흥 : 명량이순신광장 마케팅사업(14)
- 이순신장군 전승탐방사업, 이순신 평화공원 조성, 백의종군로 건설, 조선수군 체험장, 절이도해전기념관 건립, 1관4포 조성복원사업, 학술대회, 충무공난중일기 테마여행
* 목포 :
- 수군문화제(17) : 충무공탄신제, 학술대회, 공연, 전시회, 수군 프로그램, 사진촬영대회, 백일장대회, 개선장군 수군행진
- 고하도 이충무공 역사테마파크(12)

나. 전라남도 추진 사업
* 이순신호국관광벨트 조성사업(17~현재, 전남)[7] : 13개 시군(목포, 여수, 순천, 광양, 곡성, 장흥, 해남, 진도, 완도, 고흥, 강진, 보성, 영광)
- 기간 : 2017~2023년 7개년 계획
- 예산 : 4,717억원('18 72,67억원, '19 203,92억원)
- 내용 : 34개 사업(콘텐츠활용·선양 4, 관광문화사업 21, 문화유산복원·정비 9)
- 지자체 사업
  · 도청(4) : 국립이순신충의센터 구축, 이순신테마극 공연, 호국벨트콘

---

[7] 전라남도 문화자원과, 『이순신호국관광벨트사업』(2018. 12. 6), pp.4-5 ; 유영광(전남 문화자원과장), 「이순신과 호남백성의 위대한 여정 : 이순신 호국관광벨트」, 『한반도 서남해역의 전략적 가치 그리고 이순신 구국의 항로』, 2019년 민·학·관·군 합동세미나, 국립목포대학교 해군사관학부, 2019, 11, 8, pp.49-59.

텐츠 개발, 전남이순신포털 구축
- 목포(2) : 고하도역사유적공원 조성, 창작콘텐츠개발
- 여수(4) : 선소유적 거북선테마공원 조성, 전라좌수영 동헌일원 복원, 방답진성 복원, 석보 정비
- 순천(2) : 정유재란 역사공원화, 정유재란 전적비 복원
- 광양(2) : 의병창 역사유적지 명소화, 이순신 호국항쟁 현창
- 곡성(1) : 능파설산역사공원
- 고흥(6) : 절이도역사체험파크, 1관4포이순신 순시길 조성, 조명연합 수군해상기지역사공원 조성, 의병(승)장 역사테마파크 조성, 의(승)병장 활동지 역사탐방로 조성, 이순신장군역사문화탐방로 조성
- 보성(2) : 의향의 도시 보성의 의병길 조성, 군영구미 관광지 조성
- 장흥(3) : 호국영웅역사테마파크 조성, 회령진성 복원정비, 회령포 해군기지 복원
- 해남(1) : 울돌목체험형관광명소화 조성
- 강진(1) : 전라병영성 복원
- 완도(2) : 묘당도 이충무공기념공원 조성, 가리포진 자원화
- 신안(1) : 장산도 역사문화 관광지화
- 영광(1) : 법성진성 복원정비

* 전라천년문화권 광역관광개발계획 기본구상(18, 전남·전북)

전라남도에서 추진하는 사업은 2017년부터 시작되었다. 사업 내용은 탐방로 사업, 기념관 건립, 테마파크 건립 등 5가지로 크게 나눌 수 있지만, 18년부터 진행되고 있는 지자체의 구체적인 사업 내용은 학술대회, 문화사업, 공연, 복원 등 훨씬 더 다양하다. 또한 2018년부터는 전라북도와 함께 전라천년문화권 광역관광개발계획을 구상하고 있는데, 여기에도 이순신 관련사업이 약간이나마 포함될 예정인 것으로 보인다.

전라남도의 이순신 관련사업은 몇 가지 특징을 보여주고 있다.
1) 이순신 관련사업은 여수와 해남에서 시작되었으며, 2000년 이후에

다른 지역으로 확산되었다. 이 사업이 확산된 이유는 의사소통 도구와 수단의 발전, 소설과 드라마 및 영화의 주제로 이순신의 높은 인기와 그에 따른 대중의 인식 변화 덕분에 발생한 것으로 보인다.[8]

  2) 도 단위의 사업은 2016년부터 시작되었다. 2016년에 '이순신 문화자원'에 대한 전체적인 조사가 이루어졌으며, 2017년부터 '이순신 호국관광벨트 조성사업'이 시작되었고, 2018년에는 '전라천년문화권 광역관광개발계획'이 수립되고 있다.[9] 이처럼 소규모 지자체별로 사업이 주로 추진되고 광역 자치체의 추진이 늦게 시작된 것은 이순신의 활동 지역에 대해 전라도 해역과 지명 및 인력을 먼저 연상하는 국민이 상대적으로 적어진 이유 중 하나가 되었던 것으로 보인다.

  3) 이순신 관련지역 중 정확한 지명이 밝혀지지 않은 경우가 아직도 존재하고 있다. 그 대표적인 예로 명량 해전을 치른 후 잠시 건너가 있었던 우수영 반대편 포구와 고하도에 임시 통제영을 설치하기 전 머물렀던 안편도 등의 실제 위치를 들 수 있다.

  4) 이순신 관련사업이 유적 복원, 기념물과 사당 건립, 공원 조성 등 건축시설분야의 위주로 진행되어 왔다. 그런데 좌수영의 복원은 임진왜란 당시 좌수영이 삼도수군통제영을 겸하고 있었다는 사실을 간과하고 있다.[10] 그래서 전라좌수영이 임란 당시 조선 수군 활동의 중심지이자 이순신의 본영이고 그 대신 전라우수영은 보조 역할을 했다고 볼 수 있음에도, 전라우수영의 복원사업이 전라좌수영 복원사업보다 12년 먼저 추진되어

---

  8) 그 예로 『불멸의 이순신』(2004. 9~2005. 6, KBS 104부작), 『징비록』(2015. 2~8, KBS 50부작), 『임진왜란 1592』(2016. 9, KBS 5부작)이라는 드라마들이 방영되었는데, 『불멸의 이순신』은 33.1%의 시청률을 보였다. 또한 영화 『명량』(2014, 김한민 감독, 최민식 주연)은 1,760만 명 이상의 관객을 모아 한국 영화사상 최대의 관객 수치를 기록했다. 2001년도에 출판된 김훈의 소설 『칼의 노래』는 2015년에 이미 100만부 이상 팔렸다.
  9) 경상남도는 1995년부터 2013년까지 9년간 '삼도수군통제영 복원사업'을 추진했으며, 2005년부터 현재까지 14년 동안 '이순신 프로젝트'를 추진해오고 있다.
  10) 이순신이 『난중일기』에서 삼도수군통제사로 임명된 이후 좌수영을 '영(營)'으로 한산도를 '진(陣)'으로 표현한 사례가 많다.

왔다.

5) 전라좌수영의 복원은 성곽과 관아건물 위주로 실시되어 왔다. 그런데 수군과 육군의 병영이나 진(鎭)의 차이는 선창(船倉)과 선소(船所)의 존재 여부였다. 나루나 부두에 선박을 정박시키는 선소와 각종 선구(船具), 장비, 보급품 등을 넣어두어야 할 선창은 수군 병영과 수군진에게 필수 시설이었던 것이다.

6) 여수의 선소 유적지에도 선가(船架)와 선재 야적장(船材 野積場)이 없다. 원래 선박은 육지의 선가 위에서 건조되어 진수대를 통해 해상에 띄운다. 또한 선박을 수리할 경우나 선체에 해충이 달라붙는 것을 방지하기 위해 훈연(燻煙)작업을 할 때에도 상가하여 수리했다가 다시 해상에 띄우는 경우가 많다. 군용 선박이나 민간 선박은 모두 이러한 작업 절차를 따랐다. 또한 선박을 건조하거나 보수하기 위한 목재와 철재의 야적장도 선소의 필수 시설이었다.

7) 함선의 복원사업이 거북선과 판옥선 위주로만 진행되어 왔다. 전라남도의 여러 기념관이나 전시관에는 이 두 종류의 함선 모형이나 실물 크기의 복원선이 전시되어 있다. 일기와 장계에 나타나는 함선 유형이 많음에도 불구하고, 이 두 가지 유형의 함선에만 시선이 몰려 있어 임진왜란 당시 함선의 종류가 이 두 가지밖에 없다는 오해를 야기할 수 있으며, 심지어 임진왜란 당시 주력함이 거북선이었고 많은 척수가 건조되어 운영되었다고 잘못 알고 있는 국민도 많다.

8) 각종 사업이 육지사업 위주로 전개되어 왔다. 이순신의 주요 활동영역이 해상이었음에도 바다가 부각되지 못하고 해안, 진성과 건물, 공원, 사당, 기념비 위주로 추진되어 다른 역사위인들과의 차별화가 부각되지 못하고 있다.

9) 보유하고 있는 자료는 물론 복원, 건립, 조성된 각종 건물, 공원, 기념물도 그 활용도가 극히 제한적이다. 주로 교육 목적의 참배와 체험지, 문화사업으로서 축제 개최, 관광명소로서의 관광지 등으로만 이용되어 왔다.

10) 이순신 관련사업은 대체로 아직까지 하드웨어 중심으로 전개되고 있으며, 그 결과 콘텐츠가 그다지 눈에 띄지 않고 있다. 물론 최근에 이르러 뮤지컬이 창작되었으나 대중에게 널리 알려지지 않고 있으며, 이순신 관련 상품 개발도 거의 없다.11)

11) 이미 개발된 상품도 관리가 제대로 되지 않아 오히려 없는 것이 나을 정도이다.

12) 전라북도에서 추진되는 사업이 극히 적다. 전라좌수사로 부임하기 직전 1589년 12월부터 1591년 1월까지 14개월간 정읍현감 겸 태인현감의 직책을 수행했으며, 여산-삼례-전주-임실-남원을 잇는 길이 백의종군 부임로에 포함되어 있었고, 명량 해전 이후 이순신 함대가 북상하여 잠시 후퇴할 때 1597년 9월 21일부터 10월 2일까지 12일간 고군산도에 정박하여 주둔했으며, 1593년 12월 광해군이 주재하여 과거를 시행했으며, 그 과정에서 수군은 수군진에서 시험을 보게 해달라고 이순신이 요청하여 조정과 갈등을 일으키기도 하였다.12) 그럼에도 전라북도는 이러한 역사문화자원을 제대로 활용한 적이 거의 없으며, 전남의 이순신 호국관광벨트 사업에도 끼지 못하고 있다. 전라북도 사람들은 다른 지역 사람들이 부러워하는 이순신 관련 혹은 임진왜란 관련 유적지와 자원을 애써 망각하고 있는 것처럼 보인다.

5. 호남지역 이순신 관련사업의 개선 방안

일기나 장계 혹은 전서 등의 자료를 근거로 활용할 수 있는 항목을

---

11) 경상남도에서는 2009년 7월 77가지의 음식을 선정하고 이를 9가지 밥상으로 복원하여 '이순신밥상'을 개발하고 특허를 냈으며, 함양군에서는 2008년에 '생 이순신막걸리 1592'를 개발하였다.

12) 또한 1593년 12월 전주에서 광해군의 주도로 전시 과거(별시)가 시행되었다. 전주시는 '2018년부터 '1593 전주 별시(別試)'를 재현하고 있다.

찾아보면, 8가지(의례의식, 유적유물, 함선, 해전지, 항로, 육로, 상품, 의료)로 나눌 수 있다.

가. 의례의식
1) 근거
- 매월 초하루 : 망궐례(望闕禮)

　　93. 2/5 독제(纛祭)
　　93. 2/6 : 동트기 전에 첫 나발을 불고, 날이 밝을 무렵 두 번째와 세 번째 나발을 불고 나서 배를 풀고 돛을 달음(四更初吹 平明二吹三吹 放船掛帆)
　　93. 2/9 : 첫 나발을 불고 두 번째 나발을 불고 나서 다시 천기를 본즉 비가 내릴 것 같아 떠날 것을 그만두었다. 종일토록 큰비가 와 그대로 머무르고 떠나지 않았다(初吹二吹 庚觀日勢 則多有雨徵 故不發 大雨終日 仍留不發)
　　93. 2/20 : 호각을 불고 초요기를 세워 전투를 중지시킴(卽令角立招搖止戰)
　　94. 4/3 : 여제(厲祭)

2) 키워드 : 망궐례, 독제, 여제, 출항의식, 전투중지신호
3) 활용방안
- 축제나 행사시 망궐례, 독제, 여제의 재현
- 출항의식과 전투중지신호 등 각종 수군 의식을 수조(水操) 절차와 혼합하여 함대 출정의식과 해전 절차를 재현
- '임진왜란 전사·순국자 합동 위령제(진혼제)'나 '임진왜란 수군 전사·순국자 합동 위령제(진혼제)'를 매년 개최
　　· 삼도수군에 포함된 전라남도, 충청남도, 전라북도, 경상남도와 공동 주최
　　· 정부에서 총리나 대통령 참석 유도
　　· 개최일자는 임진왜란 발발일(4월 13일), 명량해전 발발일(9월 16일), 종전일(12월 16일) 중 택일
　　· 개최지는 본영인 전라좌수영 겸 삼도수군통제영

나. 유적유물

1) 근거
- 전라좌수영이 깃발에 '영(營)'으로, 한산도가 '진(陣)'으로 표기
- 이순신의 공식 직함이 전라좌수사 겸 삼도수군통제사
- 일기에 등장하는 각종 함선 유형
  · 지휘선, 대장선, 전선, 병선, 판옥선, 거북선, 사후선, 협선, 탐후선, 수토선, 정찰선, 좌별도선, 경강선, 복병선, 천자선, 순환선, 첨입선, 경완선
- 92. 2/8 : 동헌 뜰에 화대 돌기둥을 세움(東軒庭 立石柱火臺)
- 92. 2/3 : 화대석 4개를 실어올림(火臺石四箇輸上)
- 92. 2/4 : 서문 해자구덩이(西門垓坑)
- 92. 2/8 : 동헌 뜰에 화대 돌기둥을 세움(東軒庭 立石柱火臺)
- 92. 2/15 : 석수들이 새로 쌓은 포구 구덩이가 너무 많이 무너졌으므로 벌을 주고 다시 쌓게 함(石手等以新築浦坑 多致頹落 決罪 使之史築)
- 93. 4/12 : 노대석(路臺石)
- 92. 4/19 : 품방에 해자 파고 쇠사슬 구멍 뚫는 일로 아침에 군관을 보냄(品防掘鑿事 定送軍官)
- 97. 8/19 : 회령포 함대(12척) 인수

2) 키워드 : 전라좌수영, 삼도수군통제영, 화대, 노대석, 해자, 포구, 수군재건지, 함선

3) 활용방안
- 전라좌수영 겸 삼도수군통제영
  · 선소와 선창을 포함하여 원형대로 복원
  · 토지와 건물의 매년 구입으로 순차적 장기 복원
  · 화대와 화대석으로 일부 조명
  · 축제 장소, 참배지, 관광지, 교육장소, 조선 함대의 출동의식 재현지 등으로 활용
- 선소와 선창

·좌수영의 선소와 선창은 선가(船架), 선목(船木) 야적장, 굴강(掘江)을
　　 포함하여 원형대로 복원
　　·광양 선소는 보완
　　·복원 함선 해상 전시장, 조선함대 출동 체험지, 함선 신호 및 의식
　　 체험지, 교육장소, 관광지 등으로 활용
－ 회령포
　　·수군 재건지의 기념관, 기념물 건립
　　·전선 12척 복원 해상 전시
　　·교육 및 관광지로 활용
－ 고음천
　　·모친 거주지 복원 및 주변 정비
　　·효행 교육장소, 참배지, 관광지 등으로 활용

다. 함선
1) 근거 :
－ 일기에 기록된 함선의 유형 : 18종 이상
　　·지휘선, 대장선, 전선, 병선, 판옥선, 거북선, 사후선, 협선, 탐후선,
　　 수토선, 정찰선, 좌별도선, 경강선, 복병선, 천자선, 순환선, 첨입선,
　　 경완선 등
2) 키워드 : 함선 유형 18종
3) 활용방안 :
－ 기록에 나타나는 함선 유형을 연구하여 유형을 확정
－ 유형별로 함선을 복원 및 전시
－ 항해, 해상 행정 연락, 정보 수집, 보급 등의 활동 함선 체험 수단으로
　 활용
－ 유형별 선박 모형의 개발로 상품화

라. 해전지

1) 근거
- 절이도 해전 (98. 7/24)
- 장도 해전 (98. 8/28)
- 벽파진 해전 (98. 9/7)
- 감보도 해전 (98. 9/9)
- 명량 해전 (98. 9/16)
- 광양만 해전 (9/21, 22, 10/2. 3. 4)
2) 키워드 : 해전지 6곳 (절이도·장도·벽파진·감보도·명량·광양만)
3) 활용방안
- 해전 기념물, 기념관 설치
- 해상에 기념물 설치
- 해전 상황 시각 프로그램 개발(AR/VR)복수
- 교육지, 참배지, 답사지, 관광지로 활용
- 해전지 연계 해상 답사 프로그램 운영

마. 항로
1) 근거
- 모친 방문 항로 : 좌수영-고음천 (94. 1/11-12, 96. 1/1, 윤8/11-13, 9/27-28)
- 평시 예하부대 종합순시로 (92. 2/19-27 9일간 14개 지명)
- 좌수영-한산도 전진기지 왕래항로 (94. 1/17-19, 96. 1/3-4)
- 전시 출동 항로
  ·92년 1차 : 5/4-9 (해전 : 옥포, 합포, 적진포)
        2차 : 5/29-6/10 (해전 : 사천, 당포, 당항포, 율포)
        3차 : 7/613 (해전 : 한산도, 안골포)
        4차 : 8/24-9/2 (해전 : 화준구미, 다대포, 서평포, 절영도, 초량, 부산포)
  ·93년 1차 : 2/6-3/10 (해전 : 웅천웅포 8회)
        2차 : 7/3-5 (해전 : 견내량)

· 94년 1차 : 3/3-7 (해전 : 진해, 저도, 어선포, 시굿포, 당항포, 흉도)

　　　　2차 : 8/13-20 (해전 : 춘원포)

　　　　3차 : 9/27-10/8 (해전 : 장문포, 영등포 6회)

· 98. 9/15-11/19 (해전 : 광양만, 노량)

- 전시 체찰사 동행 순시로

　· 95. 8/20-24 : 4일간 진주

　· 95. 12/16-19 : 4일간 삼천진

　· 96. 8/26-윤8/1 : 6일간 사천

- 후퇴 항로

　· 1차 : 97. 8/19-9/15 회령포-우수영 6개 지명(26일간)

　· 2차 : 97. 9/16-10/2 우수영- 고군산도 8개 지명(17일간)

- 전진 항로

　· 97. 10/3-10/29 고군산도-보화도 6개 지명(26일간)

2) 키워드 : 모친 방문 항로, 평시 예하부대 종합순시로, 전시 체찰사 동행 순시 항로, 좌수영-한산도 전진기지 왕래항로, 전시 출동 항로, 후퇴 항로, 전진 항로

3) 활용방안

- 모친 방문 항로

　· 효행항로로 설정, 개발

　· 청소년 교육용 답사 프로그램 운영

　· 성인용 효행항로 체험 프로그램 운영

- 평시 예하부대 종합순시로, 좌수영-한산도 전진기지 왕래항로, 전시 체찰사 동행 순시 항로, 전시 출동 항로, 후퇴 항로, 전진 항로

　· 청소년 체험답사 프로그램

　· 공직자 연수 프로그램에 포함

　· 성인용 해상 체험 답사 프로그램

　· 해상 관광 프로그램 (경유지 향토음식 연계)

　· 요트 혹은 수영 대회

· 장병 및 함정의 해상 체험과 답사

 바. 육로
 1) 근거
 - 평시 예하부대 종합순시로 : 92. 2/19-27 14개 지명(9일간)
 - 전시 체찰사 동행 순시로 : 96. 윤8/14-9/25 전라도 38개 지명(40일간)
 - 백의종군지 부임로 : 97. 4/1-18 한성-본가, 4/9-6/4 본가-모여곡
 - 재임명 시 전선 순시로 : 97. 8/3-18 정성-회령포 14개 지명(16일간)
 2) 키워드 : 평시 예하부대 종합순시로, 전시 체찰사 동행 순시로, 백의종군 부임로, 재임명시 전선 순시로
 3) 활용방안
 - 평시 예하부대 종합순시로, 전시 체찰사 동행 순시로, 재임명시 전선 순시로
   · 장병 행군로
   · 청소년 호국 유적지 답사
   · 공직자 연수 프로그램에 답사 과정 포함
 - 백의종군 부임로
   · 행군로 복원 및 정비
   · 장병 행군로
   · 청소년 호국 유적지 답사
   · 공직자 연수 프로그램에 답사 과정 포함
   · 일반인 체험 답사 프로그램
   · 구간별 트래킹 코스 개발

 사. 상품
 1) 근거
 - 무기(총통 제외)
   · 92. 2/13 : 크고 작은 살대 100개(箭竹大中百箇)

- 92. 6/2 : 대승자통통, 소승자충통, 편전(大中勝字銃筒片箭)
- 92. 2/16 장전, 편전용 화살대(長片竹)
- 93. 5/12 : 흑각궁(黑角弓), 후시(帿矢)
- 93. 5/27 : 화전(火箭)
- 94. 2/5 : 아침에 군기시에서 받아온 흑각궁 1백장을 낱낱이 세어 수결, 화피궁 89장도 계산하여 수결(朝軍器等受來黑角一百張 計數著署 樺皮八十九張 亦著署圖)
- 95. 7. 2 : 철전 5순, 편전 3순
- 95. 7. 4 : 흑각궁
- 95. 7/12 : 철전 5순
- 95. 7/13 : 철전 2순
- 95. 7/20 : 철전 4순
- 96. 2/12 아침에 살대 50개를 경상수사에게 보냄(朝箭竹五十 送于慶尙水使處)
- 96. 2/15 : 아침에 화살대를 골라 큰 것 111개와 그 다음치 154개를 옥지에게 내줌(朝箭竹擇出大竹百十一介 次竹百五十四介 玉只受)
- 96. 3/34 : 헌 활집 중 배로 만든 것이 8개, 무명으로 만든 것이 2개였는데, 그 중 활집 한 개를 고쳐 만들려고 감을 내줌(舊弓家布八綿二張 弓家一改洗作次出給)
- 96. 5/24 : 박옥, 옥지, 무재 등이 살대 150개를 처음 만듬(朴玉玉只武才等 箭竹一百五十介始造)
- 96. 5/25 : 무재 등이 만든 화살은 흰굽에 톱질 넣은 것 1,000개, 흰 굽이 그대로 있는 것 870개(武才等白蹄引鉅者千 白蹄在者八百七十介)
- 96. 6/5 : 아침 박옥, 무재, 옥지 등이 연습용 화살 150개를 만들어 바침(朝 朴玉武才玉只等 造帿箭 一百五十介納)
- 96. 6/25 : 철전 오순, 편전 3순, 보통화살(帿) 5순
- 96. 6/26 : 철전 5순, 편전 5순
- 96. 6/27 : 철전 5순, 편전 3순, 보통화살 7순

- ·96. 6/29 철전, 편전, 보통화살 도합 18순
- ·96. 7/28 : 철전 36분, 편전 60분, 보통화살 26분, 게 123분
- ·96. 8/3 : 흑각궁
- ·97. 8/8(I) : 장편전

- 돗베
  - ·92. 2/8 : 거북선 돛베 29필(龜船帆布二十九疋)
  - ·92. 4/11 : 비로소 돛베를 만듬(始製布帆)

- 해산물
  - ·92. 2/1 : 마침 망천 안에 피라미떼가 몰려 들어와 그물을 쳐 2천여 마리를 잡음(時水場內鰷魚雲集 張網獲二千餘箇)
  - ·94. 3/23 : 견내량이 미역 53동(530가리)을 따옴(見乃梁甘藿五十三同採來)
  - ·94. 3/24 : 미역 60동(600가리)을 따옴(甘藿六十同採來)
  - ·95. 2/19 : 송한련이 와서 고기를 잡아 군량을 산다고 함(宋漢連來言 捉魚貿軍糧云)
  - ·95. 5/21 : 포어, 소어, 젓갈 어란쪽들을 어머님께 보냄(鮑魚及蘇魚鹽卵片 送于天只前)
  - ·95. 11/21 : 이날 저녁 청어 13,240두름을 곡식과 바꿔 사려고 이종호가 받아감(是夕 碧魚一萬三千二百四十級 貿穀事 李宗浩受去)
  - ·96. 1/4 : 송한련 등이 와서 청어 천여두름을 잡아 왔는데, 내가 간 동안 잡은 것이 모두 1,800여 두름이나 되었다고 한다(宋漢連等云 碧魚千 餘級捉掛 大槩行次後所捉 一千八百餘級云)
  - ·96. 1/6 : 오수가 청어 1,310두름, 박춘양이 787두름을 바치고, 하천수가 받아다가 말리기로 함. 황득중은 202두름을 받침(吳壽〈水〉碧魚一千三百 十級 朴春陽七 百八十七級納 河天壽逢乾 黃得中二百二冬音納)
  - ·96. 1/9 : 오수가 잡은 청어 360두름을 하천수가 실러 감(吳水所捉碧魚三 百六十級 河天壽載去)
  - ·96. 2/6 : 송한련이 숭어를 잡아 갖고 왔기에 같이 먹었음(宋漢連捉秀魚 而來 同共破)

• 96. 3/24 : 새벽에 미역을 따러 나갔음(曉 採藿出去)
• 96. 5/16 : 송한련 형제가 물고기를 잡아옴(宋漢連兄弟捉魚而來)

- 농산물
  • 94. 1/17 : 원수사 군관 양밀이 제주판관의 편지와 말안장, 해산물, 귤, 유자 따위를 보냈기에 곧 어머님께 보냄(故捧招元水軍官梁密持濟判官簡與馬粧及海産柑橘及柚子 卽送天只前)
  • 94. 8/19 : 칡 60동을 캠(採葛六十同)
  • 94. 10/8 : 흉도에서 띠 260동을 벰(胸島刈茅二百六十同)
  • 95. 9/17 : 유자 30개를 영의정 유성룡에게 보냄(柚子三十箇 送于首台)
  • 95. 10/25 : 띠를 베어 오도록 군졸 80명을 보냄(以刈茅事 卒軍八十名出去)
  • 95. 11/6 : 띠 400동과 칡 100동을 실어옴(刈茅四百同 生葛一百同載來)
  • 96. 2/8 : 흥양 둔전에서 추수한 벼 352석을 받아들임(興陽屯租三百五十二石納上)
  • 96. 2/11 : 보성에서 군량 내는 일을 맡은 임찬이 소금 50섬을 실러 감(寶城繼饋有司林瓚 鹽五十石載去)
  • 96. 2/23 : 아침을 먹은 후 둔전에서 받아들인 벼를 다시 작석하여 새로 지은 창고에 쌓은 것이 167섬, 줄은 것이 48석이다(朝食出坐 屯租改正 新庫入積 壹百六十七石 流數四十八石)
  • 96. 2/24 : 식후에 나가 둔전에서 받아들인 벼를 고쳐 작성하는 것을 감독했음. 둔전에서 받아들인 벼를 다시 작석한 결과 창고에 들여쌓은 것이 170여 섬이고, 줄은 것이 30여섬이다(食後出坐 監屯租改正 屯租改正之數 百七十石入庫 流數三十石)
  • 96. 2/26 : 둔전에서 걷어들인 벼 230섬을 다시 작성한 수가 198섬이고, 줄은 것이 32섬이라 함(屯租二百三十石 改正一百九十八石 縮數三十二石云)
  • 96. 2/27 : 둔전에서 걷어들인 벼 220여섬을 고쳐 적석한 결과 줄은 것이 여러 섬이었음(屯租二百二十石 改正縮數石)
  • 96. 6/1 : 윤연이 자기 포구로 돌아간다기에 동야장의 종자콩이 부족하거든 김덕록에게서 가져가도록 체지를 서주어 보냄(尹連往其浦

云 故 道陽場太種不 則金德祿處太種取去事 帖送)
- 96. 8/8 : 의능이 삼마 120근을 가져다 바침(宜能生麻 百二十斤來納)
- 96. 8/9 : 아침에 수인에게서 삼마 230근을 받아들임. 하동에 종이를 가공해달라고 도련지 20권, 주지 32권, 장지 31권을 김응겸과 곽인수에게 주어보냄(朝捧守仁生麻二百三十近 河東改擣紙擣鍊二十卷注紙三十二卷 狀紙三十一卷 令金應謙郭彦水等授送)
- 96. 8/19 : 아침에 송한련에게 그물을 만들라고 삼마 40근을 보냄(朝 宋漢連生麻四十斤 造網次給送)
- 97. 10/20(Ⅱ) : 김종려를 소음도등 13개 섬에 있는 염장의 감자도감검으로 정해 보냄(金宗麗 則所音島等十三島鹽場 監煮都監檢 差定)
- 97. 10/28(Ⅱ) : 염장의 도서원(鹽場都書員)

- 음식
  - 93. 3/8 : 어란 만호가 쇠고기로 만든 음식 두어 가지를 보내옴(於蘭亦送 桃林數物)
  - 93. 5/17 : 고성원이 추로와 쇠고기 음식 한 꼬치와 꿀통을 보냄(固城倅 送軍官來問 且致秋露與桃林一枝及蜂筒)
  - 94. 4/3 : 삼도 군사들에게 술 1,080동이를 먹임(三道戰軍饋酒一千八十盆)
  - 95. 9/9 : 전라우수영 군사들에게 떡 한 섬을 나눠줌(而營軍士則分餅一石)
  - 96. 8/19 : 늦게 두 조방장과 충청 우후를 불러 상화 떡을 만들어 같이 먹음(晚 兩助防及忠淸虞候 招致而作床花同之)
  - 97. 8/21(Ⅰ) : 날이 채 새기 전에 곽란이 일어 몹시 앓았음. 차게 해서 그런가 싶어 소주를 마시고 인사불성이 되어 깨어나지 못할 뻔함(未曉 得霍亂重痛 而觸冷爲意 飮燒酒 有頃不省人事)
  - 97. 8/9(Ⅱ) : 점심 후 길을 떠나 10리쯤 오니 늙은이들이 늘어서서 다투어 술병을 가져다 바치는데 받지 않으면 울면서 강권했음(點後 登程到十里許路傍父老等 列立爭獻壺獎 不受則哭而强之)

2) 키워드 :
- 무기 : 살대(箭竹), 장편죽, 편전, 철전, 화전, 피령전, 후전, 후시, 흑각궁,

화피궁(벗나무 껍질), 활집
- 돛베
- 해산물 : 미역, 물고기, 피라미(鰷魚), 절인 물고기(鮑魚), 벤댕이(蘇魚), 청어(碧魚), 알젓(鹽卵)
- 농산물 : 귤, 유자, 칡, 띠, 둔조, 소금, 염장, 종자콩, 삼마, 염장, 둔전
- 음식 : 쇠고기 음식(桃林), 술, 술병, 추로(秋露), 소주, 꿀통, 떡, 상화(床花)

3) 활용방안
- 무기
  · 무기별 제조 장인 발굴
  · 무기별 제작 체험장 건립
  · 원형 복원품과 모형을 기념품으로 판매
  · 지역별 재료와 고유 무늬를 이용한 지역별 상품 개발
  · 육지와 해상에서 활쏘기 체험장 운영
  · 이순신 해상(혹은 선상) 궁술 대회 개최
- 돛베
  · 거북선, 판옥선, 해전도, 이순신과 그 가족 등의 이미지를 무늬화
  · 돛베 재질의 천으로 손수건, 보자기, 의복, 모자, 우산, 가방, 스카프 등 상품 개발
- 해산물
  · 국난극복 해산물로 브랜드화
  · 선정된 산지의 관광지화
  · 해당 어종별 도내 경진대회 : 최고 상품에 이순신 상표의 1년간 사용 권한 부여
  · 해당 물고기 잡기 체험
- 농산물
  · 국난극복 농산물로 브랜드화
  · 선정된 산지의 관광지화
  · 해당 품목별 도내 경진대회 : 최고 상품에 이순신 상표의 1년간 사용

권한 부여
　　　· 대표적인 염전과 둔전의 복원
　　　· 염전과 둔전의 생산물 브랜드화
　　　· 염전과 둔전의 체험 프로그램 운영
　- 음식
　　　· 술병의 개발 및 상품화
　　　· 술(소주, 추로)과 떡(상화)의 개발 및 상품화
　　　· 쇠고기로 만든 음식을 개발 및 상품화
　　　· 상기 해산물과 농산물로 만든 음식 개발

아. 의료
1) 근거
　- 93. 5/18 : 온백원 4알을 먹음(呑溫白元四丸)
　- 94. 4/7 : 침 16군데를 맞음(受針十六處)
　- 96. 4/19 : 습열로 인해 침을 20여 군데나 맞았더니 속에서 번열이 나는 것 같아 종일 방에서 나가지 않음(以濕熱受針二十餘庫 氣似煩熱 終日入房不出)
2) 키워드 : 온백원, 침
3) 활용방안
　- 온백원을 브랜드 의약품으로 개발 및 상품화
　- 이순신상표 침 개발 및 상품화
　- 소화기질환 치료용 침술 개발 및 상품화
　- 수군 장졸과 의·승병 치료약과 치료술 개발 및 상품화

6. 맺음말

이순신의 유관자원은 전라도에 아주 많이 존재하고 있으며, 이는 이순신 유관지역의 절반 이상이 전라도에 존재하고 있기 때문일 것으로 보인다.

이 자원들은 선양사업은 물론 이순신 관련사업을 하려 할 때 가장 근간이 되기 때문에 무궁무진한 의미와 가치를 갖고 있다.

그런데 이순신 선양사업이나 현창사업은 복원, 건립, 건조 등과 같은 유형물 사업에 치우쳐 왔으며, 특히 광복 이후에는 연구와 교육사업이 본격적으로 시작되었다. 따라서 언제 만들어졌는지를 차치하면, 이순신 관련 자원은 전국적으로 많으며, 전라도도 예외가 아니다. 그러나 자원의 활용이나 이용의 측면에서 보면, 아직 초기 단계에 불과하다. 심지어 자원 개발 때 소홀히 한 점들이 눈에 띄고, 이미 존재하고 있는 각종 자원의 관리도 좋지 않은 상태이다. 전체적으로 이순신 관련사업에서 우리는 무어라 표현하기 어렵지만 어떤 틀에 매여 있거나 고정관념이나 선입견에 빠져 있는 것으로 생각된다. 그러나 이순신 관련 콘텐츠를 무궁무진하게 개발할 수 있고 또한 이를 활용하는 방안도 많이 찾을 수 있을 것으로 보인다. 본고에서는 그 활용방안의 몇 가지 실례를 제시하였다.[13]

마지막으로 이순신 사업에 대해 몇 가지 사항을 첨언하려 한다. 첫째, 외국의 순례길 표시가 곳곳에 있듯이, 이순신 유관지역과 유형물마다 표시석과 안내판을 세우는 것이 필요하다. 둘째, 복원, 건립, 개발 등이 완료된 사항, 장소, 프로그램 등에 대한 종합적인 관리체계의 구축이 필요하며, 운영과 관리도 지속적으로 이루어져야 한다. 이 모든 것을 민간인이나 업체에 위탁하거나 경제논리만 내세우면 품질이 떨어져 찾는 사람들로 하여금 눈살을 찌푸릴 수 있게 할 수 있다. 셋째, 활용방안을 8가지로 구분하여 정리했는데, 이 8가지 중 여러 가지를 함께 이용한 사업도 구상할 필요가 있다. 넷째, 이순신과 그 가족, 휘하 장병, 함선, 해전도, 수군진영, 유관지역 등의 이미지를 추가로 확보하고, 이를 이용하여 고유 무늬와 디자인을 개발하며, 이 무늬와 디자인이 적용된 문방구, 장난감, 의류, 생활도구, 장식품 등을 지역 특화상품으로 개발해야 한다. 다섯째, 이 모든 것을 유관지역에 와야만 볼 수 있고, 체험할 수 있고,

---

[13] 본고에서 제시하는 활용방안은 필자의 개략적인 조사와 연구를 기반으로 하고 있기 때문에, 실행하기 위해서는 더 깊은 연구가 필요하다는 점을 부언한다.

살 수 있고, 먹을 수 있도록 관리해야 한다. 여섯째, 개발된 상품은 특허 출원 그리고 판매 기법의 특화와 고급화로 호기심과 구매력을 높여야 한다. 한마디로, 이순신의 위상에 걸맞는 관련자원과 상품 및 콘텐츠가 필요하며, 이를 위해서는 무엇보다 지자체의 지속적 관심과 지역민들의 참여와 협력이 절대적인 전제조건이자 필요조건인 것으로 생각된다.

제3부

이순신의 참 모습은 어떤 것일까?

제10장

이순신의 새로운 장계자료, 『충민공계초(忠愍公啓草)』

1. 머리말

　조선시대의 공문서 관리는 중앙과 지방의 관아에서 원본을 보존하는 시스템이 아니었다. 누층적(累層的) 자료일 경우 시행 당시의 원본을 파기하고 등록(謄錄)의 형태로 보관했기 때문이다. 이러한 시스템 때문에 공문서의 관리와 보존은 철저하지 못하였다. 따라서 지방 수령이나 관찰사 등이 새로 부임하게 되면 전임자의 재임 당시 공문서들이 어떠한 연유로 흩어져버리는 경우가 많았다. 또한 지방의 감영(監營)이나 관부(官府)에서 중앙에 보고한 문서의 경우에도 이를 수령한 한성(漢城)의 중앙 관부가 제대로 보존하지 못하였다. 게다가 일제강점기에 이르러서는 중앙 관부의 문헌이 대부분 소실되거나 유출되어 버리기까지 했다.

〈표 1〉 조선시대 공문서의 보존 형태

구분	소장처	사례	특징
원본(原本)	-중외(中外)의 관부(官府) -향청(鄕廳) 등 -사가(私家), 문중(門中) -서원(書院), 향교(鄕校) 등	-『단성현호적대장(丹城縣戶籍大帳)』(단성현→단성향교) -『보제록(報題錄)』(충청감영, 필사본 38책, 동경대 아가와문고) -『호방등록(戶房謄錄)』(영남대학교) -해유문서(解由文書)	교지(敎旨), 홍패(紅牌), 백패(白牌), 시권(試券), 녹패(祿牌), 입안(立案) 등과 같은 교지류(敎旨類)와 과거류(科擧類)를

			제외하면 대부분 파기됨.
등록 (謄錄)	-중외(中外)의 관부(官府) -서원(書院), 향교(鄕校) 등	『훈국등록(訓局謄錄)』(장서각) 등 『소수서원등록(紹修書院謄錄)』	극히 일부만 전존(傳存)
문집 (文集)	사가(私家), 문중(門中)	『서애집(西厓集)』(柳成龍), 『농포집(農圃集)』(鄭文孚), 『이충무공전서(李忠武公全書)』 (李舜臣) 등	인물의 일대기와 관련된 자료
전사본 (傳寫本)	관부(官府), 사가(私家), 문중(門中)	『충민공계초(忠愍公啓草)』 등	공문서인 계본등록(啓本謄錄) 을 전사(傳寫)

〈표 1〉에서 보는 것처럼, 조선시대에 공문서의 보존 형태는 원본, 등록, 문집, 전사본으로 4가지가 있었다. 원본은 교지류(敎旨類)와 과거류(科擧類)를 제외하고 대부분 파기되었으며, 남아있는 것은 관부, 향청, 사가나 문중, 서원, 향교 등에서 소장하고 있다. 등록은 관부, 서원, 향교 등에 보관되어 있는데, 남아있는 건수가 매우 적다. 문집은 어떤 한 인물의 일대기나 글모음집인데, 사가나 문중에서 많이 보관하고 있다. 전사본은 공문서인 계본등록을 전사하는 것인데, 관부, 사가나 문중에서 보관하고 있다.

장계(狀啓)는 조선시대 관찰사, 병사, 수사 등이 왕에게 보고하거나 청하는 문서를 말한다. 장계는 승정원에서 열어보고 담당 승지가 이를 왕에게 올려서 왕의 재가를 받은 다음, 계하인(啓下印)을 찍고 그 장계의 내용과 관계있는 관서에 하달(下達)된다. 따라서 『임진장초』와 『충무공전서』에 수록되어 있는 장계들은 실제로는 계본(啓本)이라 할 수 있다.

『충민공계초(忠愍公啓草)』는 임진왜란 당시 이순신(李舜臣)이 작성한 공문서인 장계의 전사본(傳寫本)이며, 후대에는 이와 관련된 자료의 정고본(定稿本)[1]이 되었다. 그런데 『충민공계초』는 세상에 얼굴을 드러낸 지 얼마 되지 않았으며,[2] 따라서 그에 대한 연구도 많지 않다. 이제 『충민공계

---

[1] 稿本은 편자나 저자가 내용을 고안하여 처음으로 써서 책을 말하며, 定稿本은 고본을 교정하거나 첨삭하여 定稿한 책을 말한다.

초』와 함께 이순신 장계의 여러 이본들에 대한 종합적 조사와 연구를 통해 이순신 관련 기록의 원본성과 계열성을 밝힐 필요가 있다.[3]

2. 서지사항[4]과 구성

『충민공계초』는 임진왜란 당시 이순신(李舜臣, 1545~1598)이 국왕과 세자에게 올린 계문(啓文)과 달문(達文)을 작성일자별로 분류하여 등서한 장계등록류(狀啓謄錄類)의 편찬물이다. 이 편찬물의 서지사항은 다음과 같다.

〈표 2〉『충민공계초』의 서지사항

서명	충민공계초(忠愍公啓草)
편저자	편자 미상 / 이순신(李舜臣) 저
판본사항	필사본(筆寫本)
간행사항	간사지(刊寫地) : 미상 / 간사년(刊寫年) : 1662년(현종 3)
형태사항	크기 : 23.9 × 41.2㎝ / 선장(線裝), 1책(73장) / 저지(楮紙) / 한문 판식 : 무계(無界), 13행 자수부정(字數不定)
인기(印記)	무(無)
현소장처	국립해양박물관

이 책의 표제는 『忠愍公啓草』이며, 오른쪽에 「壬辰兵亂事」라는 부제가 쓰여 있다. 서말(書末)에는 '康熙元年壬寅三月念日書終'이라고 기록되어 있는

---

2) 『忠愍公啓草』는 국립해양박물관이 2013년 4월 공개 구입하여 공개함으로써 비로소 그 존재가 세상에 알려지게 된 유물이다.
3) 朴宣姃, 「임진왜란 시기 狀啓에 나타난 朝鮮式 漢文 연구」, 고려대학교 석사학위논문, 2014. 2 ; 박선이, 「朝鮮式 漢文의 문체적 특징에 대한 小考－임진왜란 시기 狀啓를 중심으로－」, 『泰東古典硏究』 36, 2016 ; 노승석, 「이순신의 충민공계초(忠愍公啓草)에 대한 서지적 고찰」, 『문화재』 72, 2016 ; 전경호, 「『忠愍公啓草』, 『忠武公壬辰狀啓』에 대한 검토－국립해양박물관 소장본을 중심으로」, 『도서문화』 48, 2016.
4) 『忠愍公啓草』의 서지사항은 朴宣姃, 「임진왜란 시기 狀啓에 나타난 朝鮮式 漢文 연구」의 '附錄 : 『忠愍公啓草』」, pp.83-94를 근거로 작성하였다.

데, '1662년 3월 20일에 필사를 마치다'라는 뜻이다. 재질이 닥나무껍질로 만든 저지(楮紙)이고 오침안정법(五針安定法)으로 장정되어 있는 이 책에는 총 68편의 장계가 작성일자 순으로 해서(楷書)와 초서(草書)의 중간격인 행서(行書)로 쓰여 있다. 장계는 1592년 4월 15일 술시(戌時)부터 1594년 4월 20일까지 작성된 것들이다. 더 구체적으로 살펴보면, 1592년에 작성된 장계가 14편이고, 1593년에 작성된 것이 29편이며, 1594년에 작성된 장계가 22편이다. 나머지 3편은 작성일자가 누락되어 있다. 이 장계들을 정리하면 〈표 3〉과 같다.

〈표 3〉 『충민공계초』의 구성

(임-임진장초, 계-충무공계초, 충무공임진장계-장, 전-이충무공전서)

번호	연월일 (만력)	『충민공계초』 번역본의 제목***	『이충무공전서』의 제목	수록처
1	20.4.15 戌時	왜적의 출몰과 침입에 대비하는 일을 아뢰는 보고서(1)	狀啓一 因倭警待變狀	임,계,장,전
2	20.4.16 辰時	부산포에서 왜적 400여 척의 출몰과 이에 따른 경비태세 대한 일을 아뢰는 보고서(2)	因倭警待變狀(二)	임,계,장,전
3	20.4.16 亥時	변란에 대비하는 일을 아뢰는 보고서(3)	因倭警待變狀(三)	임,계,장,전
4	20.4.27	경상도 수군을 구원하는 일을 아뢰는 보고서(1)	赴援慶尙道狀	임,계,장,전
5	20.4.30 未時	경상도 수군을 구원하는 일을 아뢰는 보고서(2)	赴援慶尙道狀(二)	임,계,장,전
6	20.5.4	경상도 수군을 구원하는 일을 아뢰는 보고서(3)	赴援慶尙道狀(三)	임,계,장,전
7	20.5.10	옥포에서 왜병을 무찌른 일을 아뢰는 보고서	玉浦破倭兵狀	임,계,장,전
8	20.6.14	당포 등에서 왜병을 무찌른 일을 아뢰는 보고서	唐浦破倭兵狀	임,계,장,전
9	20.7.10[5]	견내량과 한산도에서 왜병을 무찌른 일을 아뢰는 보고서	見乃梁破倭兵狀	임,계,장,전
10	20.7.10[6]	군량을 옮겨 조처하는 일을 아뢰는 보고서(순천과 흥양의 군량을 지급해 주시기를 청하는 보고서)	移劃軍糧狀	임,계,전
11	20.9.10[7]	부산포에서 왜병을 무찌른 일을 아뢰는 보고서	釜山破倭兵狀	임,계,장,전

12	20.9.1[8]	포위되었던 한산도 왜병이 도망친 일을 아뢰는 보고서	被圍倭兵逃還狀	임,계,장,전
13	20.9.10[9]	정운을 이대원 사당에 추가 배향해 주기를 청하는 보고서	請鄭運追配李大源祀狀 謹啓	임,계,장,전
14	21.1.26	의승(義僧)을 파견하여 요충지를 지키게 하는 일을 아뢰는 보고서	分送義僧把守要害狀	임,계,전
15	21.1.26	피난민에게 돌산도에 들어가 살면서 농사짓게 해주시기를 요청하는 보고서	請令流民入接突山島耕種狀	임,계,전
16	21.1.22	수군을 파견하여 적선들의 귀로를 차단하라는 왕의 유서에 대한 보고서(1)	卷首 命率舟師載賊歸路諭書(一)*	임,계
17	21.1.25	수군을 파견하여 적선들의 귀로를 차단하라는 왕의 유서에 대한 보고서(2)	卷首 命率舟師載賊歸路諭書(二)*	임,계
18	21.2.17	육군 수군 장수들에게 웅천의 적을 쳐부수라고 하신 것에 대한 보고서	令水陸諸將直擣熊川狀	임,계,전
19	20.12.10	군인을 족징하지 말라는 명령을 취소해 주기를 거듭 청하는 보고서(1)	請反汗一族勿侵之命狀	임,계,전
20	21.4.1[10]	군인을 족징하지 말라는 명령을 취소해 주기를 거듭 청하는 보고서(1)	申請反汗一族勿侵之命狀	임,계,전
21	[11]	적을 무찌른 일을 아뢰는 보고서	討賊狀	임,계,장,전
22	21.4.6	통선 1척이 전복된 뒤에 죄를 기다리고 있음을 아뢰는 보고서	統船一艘傾覆後待罪狀	임,계,장,전
23	21.4.6	수군에 소속된 고을의 수령들은 수전에만 전속시켜 주기를 청하는 보고서	請舟師屬邑守令專屬水戰狀	임,계,전
24	21.4.1[12]	광양현감 어영담의 유임을 청하는 보고서(1)	請光陽縣監魚泳潭仍任狀	임,계,전
25	21.5.2	수군을 파견하여 적선들의 귀로를 차단하라는 왕의 유서에 대한 보고서(4)	卷首 命率舟師載賊歸路諭書(4)*	임,계
26	21.5.10	호서지방 수군이 전라도 수군과 협력하여 적을 토벌할 것을 요청하는 보고서(1)	請湖西舟師繼援將	임,계,전
27	21.5.14	전선을 정비하여 적의 토벌을 권하는 왕의 유서에 대한 보고서	卷首 命整船勸滅諭書*	임,계
28	21.5.14	호서지방 수군이 전라도 수군과 협력하여 적을 토벌할 것을 요청하는 보고서(2)	請湖西舟師繼援將(二)	임,계,전
29	21.7.1	왜선을 구축하는 일을 아뢰는 보고서	逐倭船狀	임,계,전
30	21.8.10	왜군의 사정을 아뢰는 보고서	陳倭情狀	임,계,전

31	21.8.	조정에 조총을 제작하여 올려보내는 일을 아뢰는 보고서	封進火砲狀	임,계,전
32	21.9.	수군과 육전에 관한 일을 조목별로 아뢰는 보고서	條陳水陸戰事狀	임,계,전
33	21.8.	사로잡혔던 제만춘(諸萬春)이 보고한 왜적의 사정을 아뢰는 보고서	登聞被擄人所告倭情狀	임,계,전
34	21.11.21 (閏)	수군에 소속된 고을의 군병을 육군에 배정하지 말도록 요청하는 보고서	請舟師所屬邑勿定陸軍狀	임,계,전
35	21.11.17 (閏)	예하 수군을 점검하고 좌수영으로 돌아가는 것을 아뢰는 보고서	還營狀	임,계,전
36	21.11.17 (閏)	사로잡힌 왜인의 심문을 인용하여 왜군의 사정을 아뢰는 보고서	登聞擒倭所告倭情狀	임,계,전
37	21.11.17 (閏)	어영담을 조방장으로 임명할 것을 청하는 보고서	請以魚泳潭爲助防將狀	임,계,전
38	21.11.17 (閏)	총통 제작에 쓸 쇠를 거두기 위한 공문과 유황을 내려 주기를 청하는 보고서	請下納鐵公文兼賜硫黃狀	임,계,전
39	21.11.17 (閏)	문신을 종사관으로 임명해 주기를 청하는 보고서	請以文臣差從事官狀	임,계,전
40	21.11.17 (閏)	연안의 군병·군량·병기를 수군에 전속시켜 줄 것을 요청하는 보고서	請沿海軍兵糧器全屬舟師狀	임,계,전
41	21.11.17 (閏)	둔전을 설치하도록 요청하는 보고서	請設屯田狀	임,계,전
42	21.12.29	진중에서 취재(取才)를 요청하는 보고서	請於陣中試才狀	임,계,전
43	22.1.1	승장 유정의 면역·면천에 관한 위조문서를 봉하여 올리며 그 사정을 아뢰는 보고서	封進僧將僞帖狀	임,계,전
44	22.1.	배경남을 수군에 소속시켜 주기를 요청하는 보고서	請以裵慶男屬舟師狀	임,계,전
45	22.1.1	산골 사람을 수군으로 어촌 사람을 육군으로 바꾸어 방비하게 하는 일을 살펴 조처할 것을 요청하는 보고서	請量處水陸換防事狀	임,계,전
46	22.1.	방어 병력에 결원을 낸 수령을 법에 따라 처벌할 것을 요청하는 보고서	關防守令依軍法決罪狀	임,계,전
47	22.1.17	전라도 진영의 수군을 정비하고 통제사 본진으로 돌아가는 일을 아뢰는 보고서(2)	還陣狀(二)	임,계,전
48	22.1.19	원망이 자자한 흥양 감목관을 교체해 줄 것을 요청하는 보고서	請改差興陽牧官狀	임,계,전
49	22.1.16	해안 고을이 수·육군에게 교대로 침범당하는 폐단을 금지해 줄 것을 요청하는 보고서	請禁沿邑水陸交侵之弊事狀	임,계,전
50	21.12.25	족징(族徵)과 형벌 남용을 금하라는		임,계

		동궁(광해군)의 지시에 대한 보고서		
51	21.12.29	진중에서 취재(取才)를 요청하는 보고서		임,계
52	21.12.29	군량과 무기 등을 육군으로 옮겨가지 말도록 명령해 주기를 청하는 보고서	請沿海軍兵糧器勿令遞移狀	임,계,전
53	22.1.5	왜적의 사정을 세자에게 아뢰는 보고서	陳倭情狀	임,계,전
54	13)	족징하지 말라는 명령을 취소해 주기를 거듭 요청하는 보고서	更請反汗一族勿侵之命狀	임,계,전
55	22.1.10	전선의 건조를 점검하고 본진으로 돌아가는 일을 아뢰는 달본	還陣狀	임,계,전
56	22.1.15	호남 지방의 곡식을 사수하기 위해 적을 물리치라는 동궁의 명령에 대한 보고서		임,계
57	22.2.25	전라우수사 이억기 등에게 전선을 건조하여 빨리 도착하도록 재촉해 주기를 요청하는 보고서	請忠淸水軍節制使催促到陣狀	계,전
58	22.2.25	전선 조달과 수군 입대를 지체하는 여러 장수들을 처벌해 주기를 청하는 보고서	請罪遲留諸將狀	계,전
59	22.3.10	성응지(成應祉), 수인(守人), 의능(宜能), 이원남(李元男) 등에게 상을 내려 줄 것을 요청하는 보고서	請賞義兵諸將狀	전
60	22.3.10	수군 1만 7천여 명의 군량을 마련해 줄 것을 요청하는 보고서	請措劃軍粮狀	전
61	22.3.10	명나라와 일본의 강화(講和)에 관한 패문(牌文), 포로 희순(希順)의 심문을 통해 일본의 사정을 아뢰는 보고서	陳倭情狀	전
62	22.3.10	당항포 승첩을 아뢰는 보고서	唐項浦破倭兵狀	전
63	22.4.20	포로로 잡혔던 김응지(金應之) 등의 심문을 통해 왜군의 사정을 아뢰는 보고서	陳倭情狀	전
64	22.4.2	수군 차출 기한을 어긴 충청수사 구사직 등을 처벌할 것을 요청하는 보고서	請罪過期諸將狀	전
65	22.4.19	새로 파견된 왜선 100여 척 등 아군이 정탐한 내용을 아뢰는 보고서	哨探倭兵狀	전
66	22.4.11	무과 별시를 보고 합격자 100인 등을 기록하여 아뢰는 보고서	設武科別試狀	전
67	22.4.20	수군 소속의 여러 수령들에게 휴가와 교대 근무를 실시한 일을 아뢰는 보고서	舟師所屬諸將休番狀	전
68	22.4.20	남원부사 조의(趙誼) 등 수군 차출에 적극적이지 않은 수령들의 처벌을 요청하는 보고서	請罪闕防諸將狀	전
부록		이통제사비명(이항복)	李統制碑銘 鰲城府院君 李恒福	

	충민사기(박승종)	忠愍祠記 觀察使 朴承宗	
	고 통제사 이공유사(이항복)	故統制使李公遺事 李恒福	

* 밑줄:『이충무공전서』 권수(卷首)의 겨유(敎諭)에 수록된 유서(諭書)이다.
** 음영:『임진장초』에 없는 장계
*** 『충민공계초』 번역본의 제목 : 번역자가 독자의 이해를 돕고『이충무공전서』에 달린 제목의 부정확성을 보완하기 위해 임의로 붙인 제목임.

현존하는 자료들로서는 1592년 4월 15일부터 1594년 4월 20일까지 작성하여 보고된 이순신의 장계들만 알 수 있다.『이충무공전서』에 작성시기가 누락되어 있는 장계가 5편 더 실려 있지만, 이 장계들도 1594년 이후에 작성된 것들은 아닌 것으로 보인다. 이순신이 1598년 11월 19일 전사했기 때문에 1594년 4월 이후에도 장계를 계속 올려 보냈을 터인데, 남아있는 것이 없다. 혹자는 현재까지 전해오는 장계일자가 1594년에 멈추고 있는 이유로 1597년 2월에 통제사에서 파직되어 의금부로 잡혀갔을 때 그때가지 등초해두었던 장계 즉 '등초장계들'을 자신의 집으로 옮겼기 때문이라고 주장하고 있다.[14] 그렇다고 하더라도 왜 1594년 4월까지의 장계들만 남아있고 투옥되기 이전의 기간 즉 1594년 5월부터 1597년 1월까지 2년 9개월간의 장계들이 현존하지 않는가 하는 의문은 해소되지 않는다. 일종의 미스테리라 하지 않을 수 없다.

---

5) 『임진장초』와『충무공계초』에는 七月十五日로 기록되어 있음.
6) 『충무공계초』에는 七月十六日로 기록되어 있음.
7) 『임진장초』와『충무공계초』에는 九月十七日로 기록되어 있음.
8) 『임진장초』와『충무공계초』에는 九月十日로 기록되어 있음.
9) 『임진장초』와『충무공계초』에는 九月十一日로 기록되어 있음.
10) 『임진장초』와『충무공계초』에는 四月十日로 기록되어 있음.
11) 『임진장초』와『충무공계초』에는 萬曆二十一年 四月初六日로 기록되어 있음.
12) 『임진장초』와『충무공계초』에는 四月初八日로 기록되어 있음.
13) 『임진장초』와『충무공계초』에는 萬曆二十二年 正月初五日로 기록되어 있음.
14) 정진술,「『忠愍公啓草』의 書誌學的 조명」,『이순신, 충민공계초로 말하다』, 국립해양박물관·해군사관학교·현충사관리소 공동학술대회 발표문집(2017. 5), p.47.

『충민공계초』에서 본문의 기재 방식은 일률적이지 않다. 일반적으로 장계를 등서할 때 장계의 수신처가 승정원임을 알리기 위해 '승정원개탁(承政院開坼)'이라고 기재하는데, 『충민공계초』에는 기재되어 있지 않은 경우가 많다. 장계의 작성일자는 명나라의 연호인 '만력(萬曆)'을 이용하여 '연호간지월일(年號干支月日)'로 기재되어 있다. 문서발급자의 기재 방식을 보면, 문서마다 발급자의 직함성명이 모두 기재되어 있는 경우가 첫 장계의 첫 부분뿐이며, '전라좌도수군절도사(全羅左道水軍節度使) 신(臣) 이순신(李舜臣)'으로 기재되어 있다. 나머지는 '전라좌도수군절도사(全羅左道水軍節度使) 신(臣) 이(李)'나 '절도사(節度使) 신(臣) 이(李)'로 기재되거나 아니면 아예 기재되어 있지 않기도 한다. 본문도 계문의 경우에는 원래 '근계위모사운운(謹啓爲某事云云)'으로 시작하여 '위백와호사시량니(爲白臥乎事是良厼) 근구계문(謹具啓聞)'으로 끝을 맺는다. 그러나 『충민공계초』에서는 '운운근계위모사(云云謹啓爲某事)', 근계위모사(謹啓爲某事)', '위근계위모사(爲謹啓爲某事)' 등 여러 가지 방식으로 기재되어 있다. 한편 글자 좌측에 붉은 점(朱点), 붉은 원(朱圓), 붉은 선(朱線)이 있는 곳이 존재하기도 한다.

말미에는 전라좌수영 지역에 있는 이순신 관련 비(碑)나 유적에 대한 세 편의 글이 수록되어 있다. 하나는 이항복(李恒福, 1556~1618)이 작성한 「이통제비명(李統制碑銘)」과 「고통제사이공유사(故統制使李公遺事)」 그리고 박승종(朴承宗, 1562~1623)이 작성한 「충민사기(忠愍祠記)」가 수록되어 있다. 「이통제비명」은 이순신의 비명을 써달라는 해서절도사(海西節度使) 유형(柳珩)의 급한 편지를 받고 이항복이 1614년에 써 준 것인데, 「전라좌수영대첩비명(全羅左水營大捷碑銘)」으로 불리고 있다. 「고통제사이공유사」는 이항복이 1601년 왕명에 따라 충민사를 건립한 후 남긴 기록인데, 『이충무공전서』에는 「충민사기(忠愍祠記)」로 수록되어 있다. 「충민사기」는 박승종이 1609년 순찰사로서 전라좌수영을 순시하다가 충민사를 방문하고 제사를 지내면서 사당이 낡고 황폐해진 모습을 보고 순천부(順天府)에 노비를 주고 전답을 허락하여 제사가 끊이지 않게 했음을 기록한 것이다. 3가지 자료가 모두 전라좌수영 관할지역에 있고 또한 충민사와 관련된 것들임을 알 수 있다.

3. 표제(標題)에 함유된 의미

『충민공계초(忠愍公啓草)』는 언뜻 보아 이순신의 장계로 보기 어려운 표제이다. 왜냐하면 이순신의 시호는 충무공(忠武公)이고, 널리 알려진 인물 중에 충민공(忠愍公)의 시호를 하사받은 사람으로 임경업(林慶業)이 있으며, 충북 괴산군에 김시민(金時敏, 1554~1592)의 충민사(忠愍祠)가 있기 때문이었다.

그런데 혹자들은 이순신에게 1643년(인조 21)에 충무공(忠武公)이라는 시호가 내려졌지만, 『충민공계초(忠愍公啓草)』가 필사될 당시 즉 1660년대 전후에는 이순신에게 충민공과 충무공이 동시에 사용되었다고 주장한다.15) 그들의 주장에 따르면, 본래 '충민(忠愍)'은 이순신의 사후에 사용된 명칭이었다. 그들은 1600년 이항복의 주청으로 건립된 사액사당인 전남 여수 충민사(忠愍祠)에서 따온 것이었다고 주장하고 있으며, 그 주요 근거로 이항복의 「충민사기(忠愍祠記)」를 들고 있다. 그들은 다른 근거들도 제시하고 있는데, 예를 들면 다음과 같다. 1633년에 노량의 충렬사(忠烈祠)에 '충민공비(忠愍公碑)'가 건립되었다. 시호가 내려진 뒤에도 최시옹(崔時翁)은 1666년에 편찬된 『난중잡록(亂中雜錄)』의 서문에 이순신을 '이충민(李忠愍)'이라고 표기하였다. 그런데 '충민공비'를 세운 1633년은 아직 충무공이라는 시호가 내려지기 이전이며, 『난중잡록』은 전라도 남원의 의병장이었던 조경남(趙慶男)의 기록이다. 최시옹도 영리(榮利)를 버리고 수행독학(修行篤學)하고 향촌에 거의 은거했던 인물이다.

---

15) 노승석, 「이순신의 『충민공계초(忠愍公啓草)』에 대한 서지적 고찰」, 『文化財』(국립문화재연구소), 제49권 제2호/통권 제72권, pp.7-8 ; 정진술, 「『忠愍公啓草』의 書誌學的 조명」, 『이순신, 충민공계초로 말하다』, 국립해양박물관·해군사관학교·현충사관리소 공동학술대회 발표문집(2017. 5), pp.49-50.

충민사는 1600년이나 1601년에 선조의 명으로 창건된 것이 아니었다. 선조는 이순신이 전사한 지 6일 후인 11월 30일 승정원에 해상에도 사우(祠宇)를 세우는 일을 비변사에게 의논하도록 지시했다. 다음날인 12월 1일 비변사는 이순신이 "국가 회복을 하는데 공이 제일"이라는 이유로 사당 건립의 후보지로 여수 지방을 추천했다. 그로부터 4개월 후인 1599년 4월에는 홍문관은 이순신의 사당 건립을 관청과 백성 중 누가 해야 하는지 보고하라는 전교를 받고 두 가지 사례를 모두 아뢰었다. 그러나 4월 25일에 전례를 재조사하여 보고하라는 왕명에 답하였으나, 선조는 알았다고만 답했다. 1600년 1월 29일 도체찰사로 남쪽에 내려가는 이항복에게 선조는 수군의 전공에 대해 믿지 않고 실소를 금치 못한다고 하면서 이순신의 사당 애기를 꺼내면서 "민간에서 사사로이 세운 사당은 있지만 국가에서 명하여 세운 것은 없다"라고 하면서 국가나 관에 의한 사당 건립을 은연중 반대한다는 의도를 드러냈다. 선조는 진린(陳璘), 형개(邢玠), 양호(楊鎬)와 같은 명나라 장수들의 이순신 사당 건립에 대한 연이은 건의에 따라 이순신의 사당을 건립할 의도가 전혀 없었기에 이항복에게 알아서 하라고 미루어 버렸던 것이다. 그렇기 때문에 이항복은 임무를 마치고 돌아와 6월 15일 왕을 알현할 때 이 사당 문제를 거론하지 않았다.[16)]

반면에 유성룡(柳成龍, 1542~1607)은 『징비록(懲毖錄)』에서 형개가 사당을 세워야 한다고 말했으나 세워지지 않자 "해변가 사람들이 서로 힘을 모아 사당을 세워 충민이라 이름하였다."고 기록하였다. 이원익(李元翼, 1547~1634)도 『일사장(逸事狀)』에서 "군인과 백성들이 슬퍼하고 그리워하여 강상에 사당을 세우고 제사를 모셨다. 나라에서 충민이라는 이름을 내렸다"고 기록하였다. 뿐만 아니라 『선조수정실록(宣祖修正實錄)』의 1598년 11월 11일자 기사에는 "바닷가 사람들이 사우(祠宇)를 짓고 충민사(忠愍祠)라 불렀다."고 기록되어 있다.[17)] 이 기록들에 따르면, 선조는 이순신이

---

16) 이상은 김대현, 「여수 충민사의 건립경위 및 연대에 관한 재고찰」, 『이순신연구논총』(순천향대학교) 제22호, 2014년 가을/겨울, pp.13-25를 참조하였다.
17) Ibid., pp.26-32를 참조.

전사하자마자 백성들이 지어 제사를 지내고 있던 사당에 몇 년 후인 1600년에 사액하여 생색만 냈을 뿐이었다.

『충민공계초』는 충무공이라는 시호가 내려진 지 19년 후에 필사가 완료되었다. 국왕의 권위가 절대적이었던 왕정시대에 왕이 하사한 시호를 사용하지 않고 다른 명칭을 사용하는 것은 용납하기 어려운 행위였을 것이다. 또한 『충민공계초』의 말미에는 3편의 비명과 유적에 대한 글이 실려 있는데, 모두 충민사와 관련된 글이거나 충민사를 언급하고 있는 것들이다. 추측하건대, 『충민공계초』의 편찬자는 국왕이 하사한 충무공이라는 시호보다 백성들이 부여한 시호인 충민공을 의도적으로 사용했으며, 이것은 충민사와 관련된 글 3편을 모아 함께 수록한 사실로 더 명확해진다.

4. 공문서로서의 가치와 의의

이순신 장계의 이본은 국립해양박물관이 소장하고 있는 『충민공계초(忠愍公啓草)』와 『충무공임진장계(忠武公壬辰狀啓)』,[18] 현충사가 소장하고 있는 『임진장초(壬辰狀草)』, 해군사관학교 박물관이 소장하고 있는 『충무공계초(忠武公啓草)』, 규장각이 소장하고 있는 『이충무공전서(李忠武公全書)』 그리고 성균관대학교가 소장하고 있는 『이충무계초(李忠武啓草)』[19]가 있

---

18) 『충무공임진장계(忠武公壬辰狀啓)』의 표지에는 '要覽□'으로 책명이 적혀 있으며, 그 오른쪽에 작은 글씨로 '晋陽陷□敍事'와 '忠武公壬辰□'이라는 부제가 두 줄로 쓰여 있다. 따라서 제목을 『要覽□』으로 해야 하지만, 국립해양박물관 학예실은 장계의 의미를 살리기 위해 『충무공임진장계(忠武公壬辰狀啓)』를 유물의 명칭으로 사용하자는데 의견의 일치를 보았다. 이처럼 새로 붙여진 유물 명칭은 장계의 중요성을 살린다는 측면에서 적합하지만, 단점도 있다. 이 유물에서 장계는 관인이 많이 찍힌 釜山浦僉使鎭의 공문서의 이면지에 기록되어 있는데, 원래의 공문서가 朝鮮水軍史와 倭館史에서 갖는 중요한 의미가 이 새로 붙인 명칭에 의해 훼손될 수도 있는 것이다.
19) 성균관대학교가 소장하고 있는 『이충무계초(李忠武啓草)』는 한국학중앙연구원의 옥영정 선생이 국립해양박물관, 해군사관학교, 현충사관리소가 「이순신, 충민

다. 이것은 현재까지 존재 차체가 밝혀진 이본이 6건이라는 것을 의미할 뿐이며, 앞으로 계속 다른 이본이 나타날 가능성을 배제하지는 못한다.

〈표 4〉 이순신 장계(啓草)의 이본 비교

이본명	발간시기	발간 목적	필체·필사자	소장처	참고
충민공계초	1662년 (현종3)	-표제에 쓴 '壬辰年兵亂事'라는 부제(副題)가 있음. -공문서 원본을 전문 서리(書吏)가 필사함.	-초서 -일부는 행서 -관부(官府)의 서리(書吏)	국립해양박 물관	필사본 1책 73장 68편
임진장초	18세기 전후 (추정)	-임진왜란 승리의 전말을 기록함. -위선(爲先 : 충무공顯揚)	-해서, 행서, 초서가 혼재 -충무공 종가의 인물이 필사	충무공종가 (현충사)	필사 1책 61편
이충무공전서	1795년 (정조19)	-정조의 어명에 의해 편찬	해서	규장각 등	활자본 14권 8책 71편
충무공계초	조선 후기	-후손들의 충무공 공적 주지 차원	해서	해군사관학 교 박물관	필사본 1책 63편

공계초로 말하다」라는 주제로 2017년 5월 10일 공동으로 개최한 학술대회에서 토론자로 나와 존재한다는 사실을 처음 밝혔다. 成均館大學校 尊經閣의 소장품 서지사항을 홈페이지에서 찾으니, 책명이『忠武李公舜臣壬辰倭變狀啓』로 표기되어 있다. 그런데 소장처를 직접 찾아가 확인해보니, 이 자료의 표지에는 '李忠武啓草'라고 쓰여 있으며, 장계가 끝나는 마지막 부분에 '忠烈李公舜臣壬辰倭變狀 啓卷之一終'이라고 쓰여 있고, 그 다음장에 '晋州敍事'가 수록되어 있으며 그 마지막 부분에 '囗丑正月二十四日筆書'와 '丁丑後三年庚辰歲除日'이 줄을 바꿔 연이어 쓰여 있다. 성균관대학교가 소장하고 있는 이 자료가 여러 권 중 첫 번째 권이기 때문에 여러 권이 더 있었음을 알 수 있다. 또한 이 자료에서는 이순신을 충렬공이라 부르고 있다는 점도 알 수 있다. 1662년에 남해 노량에 忠烈祠라는 사액이 내려졌고 1662년 이후의 정축년이 1697년, 1757년, 1817년, 1877년임을 감안할 때, 이 자료가 4가지 연도 중 한 해에 편찬되었다고 할 수 있을 것 같다. 여기에서는 자료의 명칭을 자료의 표지에 쓰여있는 제목으로 사용하였다. 또한 옥영정 선생은 '萬曆二十年九月十三日'과 '萬曆二十一年一月二十一日'의 장계가 새롭게 이 자료에 나타난다고 했는데, '九月十三日'은 '九月十八日'의 오기이고, '正月二十一日'은 '正月 二十六日'의 오기임을 확인할 수 있었다. 따라서 지금까지 밝혀지지 않은 새로운 장계가 이 자료에 수록되어 있는 것은 없다고 할 수 있다. 이순신의 장계에 대한 이본이 더 있음을 밝히고 알려준 옥영정 선생에게 감사드린다.

이충무공임진장계	1724년 이후		행서	국립해양박물관	필사본 1책 14편
이충무계초	정축년 (丁丑年)		행서	성균관대학교 존경각	필사본 1책 27편

우선 각 이본에 수록된 장계의 편수를 비교해 보면, 『충민공계초』에 68편, 『임진장초』에 61편, 『이충무공전서』에 71편, 『충무공계초』에 63편, 『충무공임진장계』에 14편, 그리고 『이충무계초』에 27편이 수록되어 있다. 『충민공계초』에는 『임진장초』에 없는 12편이 수록되어 있고, 『임진장초』에는 『충민공계초』에는 없는 5편이 수록되어 있다. 『충무공계초』에는 총 63편이 실려 있으며, 그중에서 『임진장초』의 내용과 일치한 것은 61편이고, 나머지 2편은 『충민공계초』에 수록된 장계와 일치한다. 『충무공임진장계』의 14편은 『충민공계초』와 『임진장초』에 모두 수록되어 있는 장계들이다. 『이충무계초』에 수록되어 있는 27편도 대부분 『충민공계초』와 『임진장초』에 모두 수록되어 있거나 두 가지 중 어느 한 자료에만 수록되어 있는 것들이다. 또한 『이충무공전서』는 이러한 자료들을 모두 종합하여 작성한 것으로 보인다. 총 78편이 수록되어 있는데, 그중 5편은 다른 이본에는 없고 『이충무공전서』에만 수록된 것이다. 따라서 『이충무공전서』를 제외한 5가지 문헌 중 단연 중심이 되는 것은 『충민공계초』와 『임진장초』라고 할 수 있으므로, 여기에서는 이 두 자료를 중점적으로 비교 분석해 보려고 한다.

『충민공계초』는 공문서 원본을 전사(傳寫)한 것이며, 작성 시기(康熙 元年, 1662년)가 분명하다. 필체는 초서체이나 일부는 행서체로 쓰여 있다. 이러한 필체와 지질로 볼 때, 『충민공계초』는 전문 서리(書吏)가 특유의 공문서 서체로 쓴 것이라 할 수 있다. 또한 이 자료는 『임진장초』를 비롯한 다른 필사본과 비교 검토한 결과 공문서로서 그 원본에 가장 가까운 것으로 보이며, 바로 이점이 『임진장초』와의 가장 큰 차이 중 하나라고 할 수 있을 것 같다. 기존 연구들은 『임진장초』의 필사 시기를 18세기에 편찬된 것으로 보고 있다.[20] 따라서 『충민공계초』는 17세기 중엽에 작성되어 이순신 장계의 이본류 가운데 가장 오래된 것이라 할 수 있으며, 또한 조선중기 공문서의 원본에 가까운 계본(善本)이라 할 수 있다.

『임진장초』에는 이순신이 1592년 4월 1일부터 1594년 정월 1일까지 전라좌수사로 근무할 때 그리고 전라좌수사와 삼도수군통제사를 겸직할 때 군무에 관한 사항을 조정에 보고한 장계가 61편이 수록되어 있다. 『충민공계초』에는 1592년 4월 15일부터 1594년 4월 20일까지의 장계가 68편 수록되어 있다. 장계의 수록 편수를 보면, 『충민공계초』에는 『임진장초』보다 7편이 더 수록되어 있다. 그런데 『임진장초』에는 『충민공계초』에 수록되지 않은 5편의 장계가 수록되어 있고, 『충민공계초』에는 『임진장초』에 수록되어 있지 않는 12편의 장계가 더 수록되어 있다. 따라서 두 자료의 수록된 장계는 실제로 17편이나 차이가 있다고 할 수 있다.

게다가 『충민공계초』에 수록되지 않고 『임진장초』에 수록된 5편의 장계는 『충무공계초』와 『이충무공전서』에도 있지만, 『임진장초』에 수록되지 않고 『충민공계초』에 수록되어 있는 12편의 장계는 『이충무공전서』에만 수록되어 있다. 그런데 『이충무공전서』에 수록된 장계는 원문에서 이두식 표현을 모두 삭제하고 중국식 한문으로 많이 고쳐 수록된 것들이다. 따라서 이 12편의 원문은 『충민공계초』를 통해서만 짐작할 수 있다.

또한 이순신의 장계가 수록되어 있는 자료들이 편찬된 시기는 대부분 기록되어 있지 않아 알 수 없고 추정만 할 수 있다. 단지 『이충무공전서』의 경우만 기록이 있어 연대를 알 수 있다. 그런데 『충민공계초』에는 마지막 장 마지막 부분에 '康熙元年壬寅三月念日書終'이라고 기록되어 있다. '강희

---

20) 30여년 이상의 고문서와 고전적을 연구하여온 경험을 갖고 있는 안승준 박사는 필체와 지질로 볼 때 『임진장초』를 18세기에 작성된 것으로 간주하고 있다. 한편 정진술, 「『忠愍公啓草』의 書誌學的 조명」, 『이순신, 충민공계초로 말하다』, 국립해양박물관·해군사관학교·현충사관리소 공동학술대회 발표문집(2017. 5), p.56은 『임진장초』에 전라좌수사의 관인이 찍혔기 때문에 이순신의 후손으로 전라좌수사를 역임한 사람에 의해 작성되었을 가능성이 있다고 보았다. 정진술은 이순신의 후손 중 전라좌수사를 역임한 사람이 이봉상(李鳳祥, 1709), 이명상(李命祥, 1732), 이태상(李泰祥, 1747), 이한창(李漢昌, 1766)이기 때문에 『임진장초』가 18세기에 편찬되었다고 추정하고 있다.

원년(康熙 元年)'은 조선의 현종 3년 즉 서기 1662년이다. '염일(念日)'은 초하룻날부터 20번째 되는 날 즉 20일이다. 따라서 1662년 3월 20일에 전사를 마쳤다는 뜻이다. 이순신의 장계와 관련된 자료들 중에서 전사를 마친 날을 기록한 것은 이『충민공계초』와『이충무계초』두 가지뿐이다. 그런데 앞에서 본 것처럼 그 시대가 더 오래된 것은『충민공계초』이다. 이 자료는 임진왜란이 끝난 지 54년 후에 작성되었던 것이다.

이러한 이유들 때문에『임진장초』가 국보라면,『충민공계초』는 고문서학적으로 그 이상의 가치가 있다고 할 수 있을 것 같다.

5. 교감상의 특징

먼저『충민공계초』,『임진장초』,『이충무공전서』,『충무공계초』,『충무공임진장계』5가지 이본을 교감하기 위해 1592년(선조25) 4월 15일 술시(戌時)에 보낸 장계 1편을 사례로 제시하려 한다.『충민공계초』에 수록된 이 장계의 번역문, 5가지 자료의 원문을 제시하면 다음과 같다.[21]

가. **[번역문]** 啓本-因倭警待變狀(1) 사변에 대비하는 일을 아뢰는 계본(1)[22] : 전라좌도 수군절도사 신 이순신이 삼가 변고에 대비하는 일을 아룁니다. 금일 4월 15일 술시(戌時)에 관문(關文)을 받았습니다. 수군절도사 원균(元均)이 4월 14일에 보낸 것입니다. "당일 사시(巳時)에 접수한 가덕진 첨사 전응린(田應麟)과 천성보 만호 황정(黃珽) 등의 치보(馳報)에 따르면 '응봉(鷹峯) 봉수(烽燧)의 망군(望軍) 이등(李登)과 연대(煙臺)의 감고(監考) 서건(徐巾) 등이 달려와서「금일 4월 13일 신시(申時)에 몇 십 척인지

---

21)『李忠武啓草』는 이 자료가 존재한다는 사실을 너무 늦게 알았고, 원본 전체에 대한 자료도 구하기 어려워 교감 대상으로 삼지 못하였다.

22) [출전정보] 충민 1a : 1 / 전서卷2 1a : 2 狀啓一 因倭警待變狀 / 임진 1a : 1 / 계초 1a : 1 / 장계 1a : 1

알 수는 없었지만 왜선이 대략 보기에는 90척이 넘고, 본토에서 처음 나오기 시작해서 좌도의 유이도(柚伊島)를 지나서 부산포(釜山浦)까지 향해 가려고 합니다. 멀고 어둡기 때문에 몇 척이나 되는지 상세히 볼 수는 없었지만 연속하여 나왔습니다.」라고 보고하였습니다. … 연해안의 각 관(官)과 포(浦)에도 동시에 파발로 공문을 보내어 변고에 대비하도록 일렀습니다. 1592년(선조25) 4월 15일 술시(戌時) 절도사 신 이순신.

나. [충민] 全羅左道水軍節度使 臣 李舜臣謹 (壬辰年) 啓爲待變事 今四月十五日 戌時 到付 同月十四日施行 慶尙右道水軍節度使元均關內 當日巳時 到付 加德鎭僉使田應麟 天城堡萬戶黃珽等馳報內 鷹峯烽燧望軍李登 煙臺監考徐巾等進告內 今四月十三日申時倭船不知其幾十隻是喩 大槩所見九十餘隻亦 本土始出 左道柚伊島過 釜山浦了以 指向次 遠暗乙仍于 隻數詳細看望不得爲在果 連續出來是如 … 沿海各官浦段置 一時發馬 行移檢飭待變□白臥乎事是良尒云云23) 萬曆二十年 四月十五日 戌時 節度使 臣李

다. [임진] 全羅左道水軍節度使 臣 李 謹啓爲待變事 今四月十五日 戌時 到付 同月十四日施行 慶尙右道水軍節度使元均關內 當日巳時 到付 加德鎭僉節制使田應麟 天城堡萬戶黃珽等馳報內 鷹峯烽燧監考李登 烟臺監考徐巾等進告內 今四月十三日申時倭船不知其幾十隻是喩 大槩所見九十餘隻亦 本土始出 左道柚伊島過 釜山浦了以 指向次 遠暗乙仍于 隻數詳細看望不得爲在果 連續出來是如 … 沿海各官浦段置 一時發馬 行移檢勅待變爲白臥乎事是良尒 謹具啓 聞 萬曆二十年 四月十五日 戌時 節度使 臣李

라. [계초] 全羅左道水軍節度 臣 李 謹啓爲待變事 今四月十五日 戌時 到付 同月十四日施行 慶尙右道水軍節度使元均關內 當日巳時 到付 加德鎭僉節制使田應麟 天城堡萬戶黃珽等馳報內 鷹峯烽燧監考李登 烟臺監考徐巾等進告內 今四月十

---

23) '□白臥乎事是良尒云云'은 첨지로 덮혀 있다. □ 부분은 첨지로 인해 볼 수 없지만 다른 자료와 비교해 보면 '爲'임을 알 수 있다.

三日申時倭船不知其幾十隻是喩 大槩所見九十餘隻亦 本土始出 左道杻伊島過 釜山浦了以 指向次 遠暗乙仍于 隻數詳細看望不得爲在果 連續出來是如 … 沿海 各官浦段置 一時發馬 行移檢勅待變爲白臥乎事是良尒 謹具啓 聞 萬曆二十年 四月十五日 戌時 節度使 臣李

마. [장계] 全羅左道水軍節度 臣 李舜臣 謹啓爲待變事 今四月十五日 戌時 到付 同月十四日施行 慶尙右道水軍節度使元均移關內 當日巳時 到付 加德僉使田應 麟 天城萬戶黃珽等馳報內 鷹峯烽燧監考李登 烟臺監考徐巾等進告內 今四月十 三日申時倭船不知其幾十隻是隱喩 所見九十餘隻亦 本土始出 左道杻伊島過 釜 山浦了以 指向而 遠暗乙仍于 隻數詳細看望不得爲在果 連續出來是如 … 沿海各 官浦段置 一時發馬 行移檢勅待變緣由 謹具啓 聞 萬曆二十年 四月十五日 戌時

바. [전서] 狀啓一 因倭警待變狀 謹啓爲待變事。今四月十五日 戌時 到 慶尙右道水 軍節度使元均關內。當日巳時。加德鎭僉節制使田應麟・天城堡 萬戶黃珽等馳 報內。鷹峯烽燧監考李登·煙臺監考徐建等進告。今四月十三日申時。倭船不 知其幾十隻。大槩所見九十餘。左道杻伊島經過。釜山浦指向。連續出來 云。… 沿海各官浦。一時行移檢勅。

1) 문서 양식

우선 『충민공계초』와 『임진장초』는 문서 양식에서 차이를 보여주고 있다. 『임진장초』의 경우에는 원문서에 나타나는 기두어(起頭語), 종결어 (終結語) 등이 대부분 반영되어 기술되어 있는 데 비해, 『충민공계초』에서는 기두어나 문서 마지막의 종결어가 상당 부분 생략된 경우가 빈번하게 나타난다.

『충민공계초』에서는 기두어가 '謹啓爲待變事'와 같은 문구로 시작되는 경우가 많다. 그러나 이러한 기두어는 공문서의 양식이라 할 수 없다. '謹啓爲待變事' 앞에 있어야 할 공문서 양식이 생략되거나 '云云' 등으로 생략 처리되어 있는 것이다. 생략된 부분은 주로 의례적인 인사말이나 투식어(套式語) 부분이다. 즉 『충민공계초』는 그 작성 목적에 따라 인사성 투식인 기두어와 종결어를 생략하고 이순신의 계문이라는 보고문서가 내용 중심으로 엮어졌음을 알 수 있다. 『임진장초』는 관부(官府)에 보관되어 온 문서들의 전 문장을 고스란히 전사한 것이며, 반면에 『충민공계초』는 앞뒤 기두어와 종결어를 빼고 내용을 중심으로 편집한 것이라는 점이 두 문서의 중요한 차이점 중 하나인 것이다.

두 자료의 양식에서 또 다른 차이점은 관인(官印)의 유무이다. 관인은 『임진장초』에만 나타나는데, ① 문서의 발행일자 등 중요 부분과 ② 상하 글자의 도치, 수정 등 교정된 부분에 전라좌수영(全羅左水營)의 관인이 날인되어 있다. 발행일자 등 중요한 부분과 오자와 탈자의 교정 부분에 날인했다는 점은 관부가 소장해온 성책 문서의 통상적인 예와 유사하다. 그러나 이때 관문서에서 지그재그 형태로 홀수로 날인하던 관행은 『임진장초』에는 적용되지 않았다. 『임진장초』의 관인이 두 페이지에 걸쳐 날인되어 있는 부분도 종종 발견된다. 이것은 본래 『임진장초』가 여러 명의 전사자(傳寫者)가 장계를 낱장에 1편씩 전사한 후 이를 붙여 두루마리처럼 즉 한 장의 종이에 긴 축 형태로 제작되었는데, 어느 시점에 첩책 형태로 재구성되었기 때문이 아닌가 한다. 본문 위의 추기한 글자 즉 두주(頭註) 부분도 단절된 것들이 나타날 뿐만 아니라 페이지의 양 끝 부분의 글자가 잘려진 부분까지 나타나고 있는 점들은 이러한 추측을 뒷받침하고 있다. 요컨대 관부의 정식 문서로서 관인을 찍었으며 이때 오자(誤字)의 수정, 도치 등의 부분을 중심으로 찍었으며, 원래는 긴 축 형태로 제작되었다가 긴 축을 잘라 첩책하는 과정에서 글자나 문장이 절단되는 부분이 발생하기도 한 것이다.

두루마리 형태의 관문서가 첩책 과정에서 문서의 내용이 다소 훼손되거나 관인이 두 조각이 나는 것은 통상적인 관문서의 관리 상태라고 볼 수 없다. 다시 말해 관부에서 잘라서 관인이 잘리는 경우는 없다고 보았을 때, 이러한 첩책 과정은 뒷날 덕수이씨 종가가 관리 차원에서 실시한

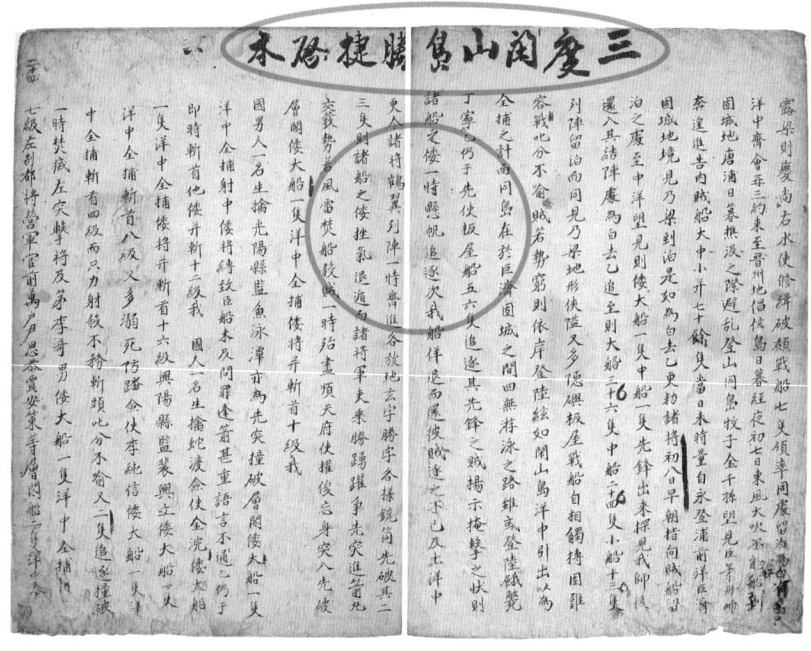

〈그림 1〉『임진장초』에서 글자가 잘린 사례 (출처 : 문화유산 디지털 허브)

것으로 판단된다. 『임진장초』가 원래 두루마리 형태의 문서로 되어 있다는 점은 매우 중요한 시사점을 주며, 이는 공문서 원본이 아닐지라도 그 원본을 일괄 전사한 것임을 간접적으로 알 수 있게 해주는 부분이다.

『임진장초』는 관인이 찍혀 있고 여러 사람의 필체가 나타나므로 여러 명에 의해 작성된 관부 문서임이 분명하고, 『충민공계초』는 필체를 볼 때 달필의 관리(1명으로 추정)가 전사한 공문서임이 분명하다.

2) 두주(頭註)

『충민공계초』와 『임진장초』에는 모두 첨지(籤紙)가 붙어 있는 부분이 있다. 『충민공계초』에서는 첨지로 두주(頭註)를 붙인 경우가 총 15회 나타난다. 이는 문서를 전사할 때 빠진 부분이 있는 경우 첨지를 붙였던 것으로 추정된다. 한편『임진장초』의 첨지는 내용이 없는 빈 종이이기 때문에 이 자료만 보면 왜 첨지를 붙였는지 그 의미를 알 수 없다. 그런데『충민공계초』에서 동일한 위치에 붙은 첨지와 비교해 보면,『임진장초』에 붙인 첨지의 의미를 알 수 있다.

『충민공계초』에서의 첨지는 원문 문서를 대조 확인하는 과정에서 누락된 부분을 첨지로 붙여 두주로 만들었을 가능성이 높다. 이 가능성은 첨지에 '… 不書'로 기재되어 있기 때문에 더 높아진다. 따라서 원본에는 있으나『충민공계초』에는 없는 부분을 대조 확인하고 그 내용을 첨지로 기록한 것으로 판단된다. 가설이기는 하지만,『충민공계초』는 원문을 직접 보고 베낀 것이 아니라 창준(唱準)[24] 형태로 작성된 것으로 판단되는데, 창준 과정에서 누락 부분이 발생하면 나중에 그 부분을 첨지에 적어 표시하였던 것으로 판단된다.『임진장초』에는 빈 첨지가 붙어 있고 반면에『충민공계초』에는 첨지에 부가 설명이 기재되어 있으므로, 만약『임진장초』가 먼저 작성되고 이를 베낀 것이『충민공계초』라고 주장한다면 두주의 첨지 부분을 작성한 이유가 설명되지 않는다.

두 문서의 동일 부분에 첨지를 붙인 것은 문중 차원의 사적으로 이루어진 것이 아니라 공문서의 생략 부분과 보완 부분을 보완하는 과정에서 표시한 것이라고 보아야 할 것이다. 이렇게 본다면『임진장초』와『충민공계초』는 동일한 관부에서 작성되고 관리되었을 가능성이 매우 높다.

한편『충민공계초』에서는 첨지 외의 두주가 나타나지 않지만,『임진장초』에서는 4회에 걸친 승첩(勝捷)이 두주로 기록되어 있다는 점이 매우 주목된다.[25] 이때 4회의 승첩에 대한 내용은 우리가 주지하는 옥포(玉浦) 해전, 당항포(唐項浦) 해전, 한산도(閑山島) 해전, 부산포(釜山浦) 해전이다. 이는 관부에서『임진장초』를 전사한 목적이 전쟁 과정을 이해하고 나아가 승전

---

24) 唱準 : 호적, 입안 등에서 두 사람 가운데 한 사람이 글의 내용을 부르고(昌) 이를 받아서 쓰는(準) 형식.
25)『임진장초』에서 원문의 필체에 비해 두주로 쓰여 있는 승첩 제목의 필체는 격이 낮으며, 원문과도 조화롭지 않다. 따라서 아주 후대에 보관하고 있던 이순신의 본가 사람이 이 승첩과 관련된 두주들을 달았을 가능성도 있어 보인다.

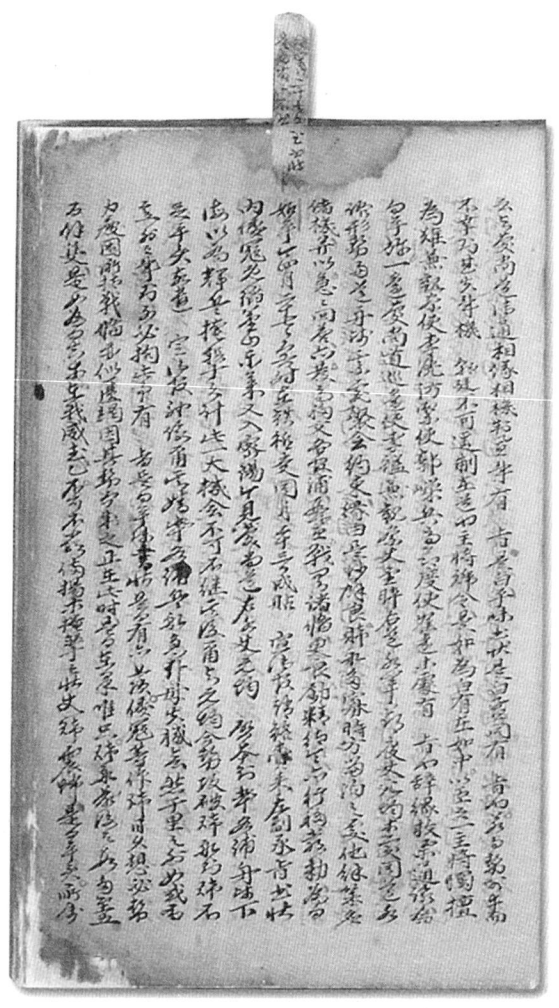

〈그림 2〉『충민공계초』에서 첨지에 두주가 쓰여 있는 사례

당시의 전투 상황을 정확하게 이해하는 데 있었기 때문이 아닌가 한다. 이것은 좌수영이나 승정원 등 중앙 관부에 보고할 주요 내용을 추출할 때 기재한 두주로 판단된다. 요컨대 지방 관부에서는 승전의 요인이 무엇이었는지 그 과정을 살피기 위해 그리고 중앙 관부에서는 승전 내용을 상부 기관(또는 인물)에 보고하려는 차원에서 두주가 쓰여 있는 것으로 짐작된다.

3) 표기

이순신의 장계와 관련된 자료들 중에는 이두가 사용된 것과 사용되지 않은 것들로 나눌 수 있는데, 〈표 5〉는 이를 정리한 것이다.

〈표 5〉 이순신 장계에 대한 이본들의 표기상의 특징

이본명	표기상의 특징
『충민공계초』	- 표기수단 : 이두 사용
『임진장초』	- 표기수단 : 이두 사용
『이충무공전서』	- 표기수단 : 이두 사용하지 않음. - 삭제 사항 : 발신자 없음. 날짜 없음.
『충무공계초』	- 표기수단 : 이두 사용
『충무공임진장계』	- 표기수단 : 이두 사용 - 삭제 사항 : 인명, 지명 나열을 생략함.

『이충무공전서』를 제외한 4가지 자료는 모두 이두를 사용하고 있는데, 『충민공계초』는 이두를 사용하고 있는 자료에 속한다. 또한 『이충무공전서』에는 발신자가 없고 날짜도 없다. 『충무공임진장계』에는 인명과 지명의 나열이 생략되어 있다. 이것은 조정에서는 발신자와 날짜보다는 내용을, 그리고 부산진첨사진에서는 참여자들이나 전투를 하거나 작전을 한 장소들보다는 이것들을 제외한 내용을 더 중시했음을 알 수 있다. 그런데 『충민공계초』에는 첫 장계의 경우 원문 전체가 원래의 양식대로 전사되어 있다. 나머지 장계들에서는 기두어와 투식어가 생략되어 있기도 하고, 발신자가 생략되어 있는 경우도 있다. 그러나 『임진장초』에는 거의 모든 사항이 전사되어 있다. 이러한 표기상의 차이는 자료들의 작성 과정이나 목적이 그대로 반영된 결과라고 할 수 있다. 『임진장초』는 긴 축으로 된 한 장의 두루마리 종이에 여러 명이 장계를 한 편씩 전사했던 것을 후에 성책한 것이기 때문에 원분이 그대로 전사되어 있다고 할 수 있다. 『충민공계초』, 『충무공계초』, 『충무공임진장계』는 처음부터 한 권의 책으로 만들려는 의도를 갖고 전사된 자료들이다. 『충민공계초』에서 첫 장계에

만 완전한 양식으로 전사하고, 나머지 장계들을 전사할 때에는 상투적인 부분을 생략한 이유는 그것이 첫 장계와 동일하기 때문이라고 할 수 있다.

4) 오기(誤記)

어느 한 자료의 글자가 다른 자료들과 다르게 기재되어 있을 때 문맥상으로 이해가 되지 않거나 혹은 다른 많은 자료들이 다른 한 글자로 동일하게 기재되어 있을 경우에는 오기된 글자로 간주할 수 있다.『충민공계초』에는 다른 자료들과 다르게 기재된 글자들이 간혹 눈에 띈다. 이처럼 오기인 것으로 간주되는 부분들을 몇 가지 나열하면 다음과 같다.

5번 기사 : 書狀是白乎等用良臣矣所屬船師各官浦諸將等乙馳援時
　　　　　⇒ 船 → 舟의 오기. [임진], [계초], [전서], [장계] 舟
7번 기사 : 兄卜龍段 不知去處 矣身乙 船 檄下入置
　　　　　⇒ 米변을 썼으나 문리상 檄의 오기로 보임.
　　　　　長在粧下 他餘節次
　　　　　⇒ 粧 → 檄의 오기. 檄을 借音한 글자
　　　　　順川寶城等官
　　　　　⇒ 川 → 天의 오기. 順天을 借音한 글자. [임진], [계초], [전서], [장계] 天
8번 기사 : 毋犯一捷
　　　　　⇒ 犯 → 狃의 오기로 보임. [계초], [전서] 狃
21번 기사 : 亦中皮翎箭
　　　　　⇒ 翎 → 翎의 오기로 보임.
26번 기사 : 接伴使尹銀壽書狀據
　　　　　⇒ 銀 → 根의 오기로 보임.
31번 기사 : 臣矣軍官訓鍊主簿鄭思峻亦
　　　　　⇒ 峻 → 竣의 오기로 보임.

41번 기사 : 非臣任檀
　　　　　⇒ 檀 → 擅의 오기로 보임.
42번 기사 : 關內辭辭相考施行事
　　　　　⇒ 辭 → 緣의 오기로 보임.
62번 기사 : 左斥候將固城縣令趙疑道
　　　　　⇒ 疑 → 凝의 오기로 보임. [전서] 凝
70번 기사 : 而公之忠烈 竟主殞身 何天之報施不同也
　　　　　⇒ 主 : 문리상 至의 오기로 보임.

　오기의 사례는 단순한 오기, 유사한 글자 형태에 의한 오기, 유사한 발음에 의한 오기, 유사한 뜻에 의한 오기 즉 4가지 유형의 오기로 구분할 수 있다. 먼저 단순한 오기를 보면, 4번 기사의 경우에는 어지러울 난(亂)자는 인연 연(緣)자의 오기이며 또한 70번 기사의 경우 임금 주(主)자는 이를 지(至)자의 오기이다. 유사한 글자 형태에 의한 오기는 7, 8, 26, 31, 41, 62번 기사 등을 들 수 있다. 쌀 미(米)변의 장(粧)자는 장롱 장(欌)자의 오기이고, 범할 범(犯)자는 친압할 뉴(狃)자의 오기이다. 은 은(銀)자는 뿌리 근(根)자의 오기이고, 높을 준(峻)자는 마칠 준(竣)자의 오기이다. 박달나무 단(檀)자는 멋대로 할 천(擅)자의 오기이고, 의심할 의(疑)자는 얼길 응(凝)자의 오기이다. 유사 발음에 의한 오기는 7, 21, 31번 기사를 예로 들 수 있다. 단장할 장(粧)자는 장롱 장(欌)자의 오기이고, 내 천(川)자는 하늘 천(天)의 오기이다. 우(翑)자는 깃 령(翎)의 오기이고, 높을 준(峻)자는 마칠 준(竣)자의 오기이다. 유사한 뜻에 의한 오기는 5번 기사를 예로 들 수 있는데, 배 선(船)자는 배 주(舟)자의 오기이다.
　다른 자료들과 비교할 때 오기인 것으로 알 수 있는 경우를 예로 들어보자. 5번 기사의 경우 『충민공계초』에는 '船'으로 표기되어 있지만, 『임진장초』, 『이충무공계초』, 『이충무공전서』, 『이충무공임진장계』는 모두 '舟'로 표기되어 있어 '船'이 '舟'의 오기임을 알 수 있다. 또한 7번 기사의 경우 『충민공계초』에는 지명이 '順川'으로 표기되어 있으나, 『임진장초』, 『이충무공계초』,

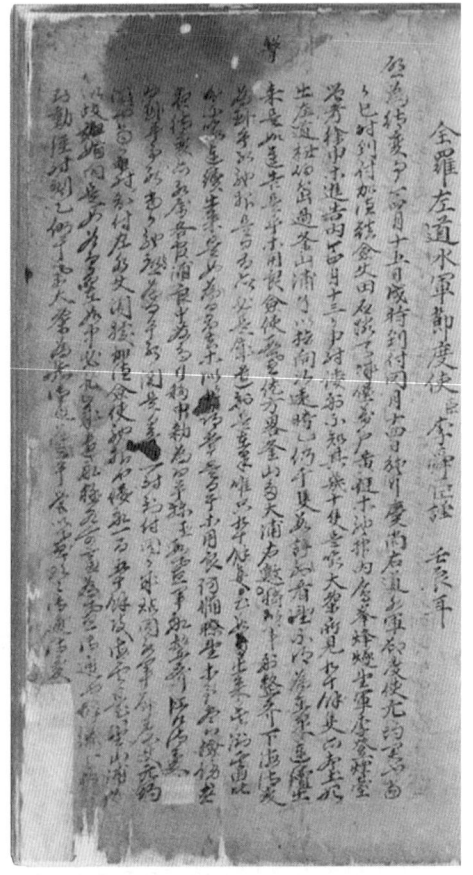

〈그림 3〉 빈 첨지를 사용한 사례(『충민공계초』)

『이충무공전서』, 『이충무공임진장계』는 모두 '順天'으로 표기되어 있어 '川'이 '天'의 오기임을 알 수 있다.

5) 교정

『충민공계초』에서 나타나는 교정부호는 첨지와 띄어쓰기로 나눌 수 있다. 그중에서 먼저 첨지의 사례를 모아 살펴보면 다음과 같다.

『충민공계초』에 나타는 것으로서 글자를 가린 첨지의 사례들은 다음과 같다.

1번 기사 : (1a : 9) 爲白臥乎事所 → 爲는 첨지로 가려짐.
(1a : 13) 變□事□…□ → 事는 첨지로 가려짐.
(1b : 1) 此非尋常歲遺之類是白 → 是白은 첨지로 가려짐.
(1b : 3) □白臥乎事是良尒云云 → 모두 첨지로 가려짐.

8번 기사 : (12b : 1) 臣等舟師段 → 段은 첨지로 가려짐
→ [임진], [계초], [장계] 段, [전서] 없음

24번 기사 : (31b : 11) 差員封庫爲有臥乎所 → 所는 첨지로 가려짐.

4번 기사 : (2b : 10) 本道監兵使處幷以通議爲白有如乎今四月二十六日 → 이에 대한 頭註로 첨지에 "四月卄六日至(書)狀是白置不書"라고 기록함.
[임진] 같은 위치에 빈 첨지가 붙어 있음
'至(書)狀是白置'를 안 써서 이 문구가 있어야 고문서가 완성된다는 의미.

(3a : 7) 今四月二十七日 寅時 在鎭祗受 同月二十三日成貼 宣傳官趙銘賫來左副承旨書狀內 → 同月二十三日에 대한 頭註로 첨지에 "今四月二十七日至 書狀是白有亦 不書"라고 기록함.
→ [임진] 같은 위치에 빈 첨지가 붙어 있음

13번 기사 : (24b : 7) 13번 기사 첫 행 위에 頭註로 첨지에 '□…□書'라고 쓰여 있다.

16번 기사 : (26a : 6) 去壬辰十二月卄八日成貼 宣傳官蔡津賫來右副承旨書狀內 → 16번 기사 첫행 위에 頭註가 쓰인 첨지가 있으나 결락됨, [임진]에는 狀內 위에 첨지가 붙어 있음.

17번 기사 : (26a : 10) 宣傳官安世傑賫來左副承旨書狀內 → [임진] 承政院開拆 正憲大夫具銜臣李宣傳官安世傑賫來左副承旨書狀內 ;『忠愍公啓草』에는 첨지가 없으나
[임진에는 宣 위에 첨지가 붙어 있음.

18번 기사 : (26b : 2) 宣傳官李齎來去正月卄九日成貼右副承旨書狀內節該 天兵旣
　　　　　　克平壤 → 『忠愍公啓草』에는 첨지가 없으나
　　　　　　[임진]에는 兵 위에 첨지가 붙어 있음.
21번 기사 : (28b : 10) 21번 기사 첫 행 위 첨지에 頭註로 '□…□月初六日'이라
　　　　　　고 쓰여 있음.
　　　　　　(28b : 21) 첫 행 위 첨지에 頭註로 '□…□月初六日'이라고 쓰여
　　　　　　있음.
25번 기사 : (32b : 3) 첫행 위 첨지에 頭註로 '□…□更'이라고 쓰여 있음,
　　　　　　[임진]에는 빈 첨지만 붙어 있음.
26번 기사 : (32b : 7) 첫 행 위에 첨지가 있으나 결락되어 읽을 수 없음.
27번 기사 : (33a : 5) 첫 행 위 첨지에 頭註로 '□…□更'이라고 쓰여 있음,
　　　　　　[임진]에는 빈첨지만 붙어 있음.
28번 기사 : (33a : 10) 兩南水軍戰船一時齊會
　　　　　　→ [임진] 頭註에 黑線이 그어진 첨지가 붙어 있음.
　　　　　　(33b : 6) 宣傳官高世忠齎來有旨書狀祗受良中 → 頭註가 쓰인 첨지
　　　　　　가 있으나 결락되어 읽을 수 없음.
29번 기사 : 첫행 위 頭註가 쓰인 첨지가 있으나 결락되어 읽을 수 없음.
　　　　　　'□…□更'으로 추정됨.
50번 기사 : 첫행 위 첨지에 頭註로 '□…□更'이라고 쓰여 있음.
　　　　　　→ [임진] 상단에 첨지가 붙어 있음.

첨지는 빈 첨지, 결락된 첨지, 누락 부분 기재용 첨지, 문서를 보완하는 글이 적힌 첨지로 유형화시킬 수 있다.

빈 첨지의 경우에는 1번 기사에서 많이 볼 수 있는데, '爲', '事', '是白', '□白臥乎事是良厼云云'이 첨지로 가려져 있는데, 첨지에는 아무런 표시도 글씨도 없다. 8번 기사에서는 '段', 24번 기사에서는 '所'가 역시 빈 첨지로 가려져 있다. 가려진 글씨들이 중요한 의미를 갖거나 그 글씨가 없었어야 하지는 않는 것 같아 보인다. 그 예로 8번 기사의 경우 『충민공계초』에서는

제10장 이순신의 새로운 장계자료, 『충민공계초(忠愍公啓草)』 341

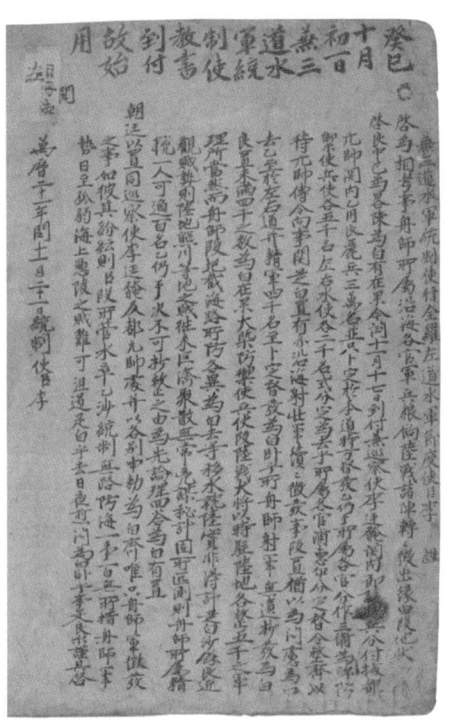

좌: 〈그림 4〉 '祗受'라는 두주가 적힌 사례 (『충민공계초』)
우: 〈그림 5〉 두주(日子相左)가 쓰인 사례 (『임진장초』 34번 기사. 출처: 문화유산 디지털 허브)

'段'이 빈 첨지로 가려져 있지만, 『임진장초』, 『이충무공계초』, 『이충무공임진장계』에는 첨지가 없이 '段'이 기재되어 있고, 다만 『이충무공전서』에는 '段'이 없을 뿐이다. 따라서 빈 첨지로 글자를 가린 이유는 알 수 없다.

결락된 첨지의 사례로는 16번, 26번, 28번, 29번 기사를 들 수 있다. 16번 기사에는 '狀內'에 첨지가 있었는데, 결락되어 있다. 『임진장초』에는 이 부분에 첨지가 있다. 16번과 26번 기사에서는 첫 행 위에 첨지가 있었는데 결락되어 있고, 28번 기사에도 두주가 쓰인 첨지가 결락되어 있다. 29번 기사도 마찬가지이다.

두주가 있는 첨지의 사례로는 13번, 21번, 25번 기사를 들 수 있다.

13번 기사에는 첨지에 '□…□書'라고 쓰여 있다. 21번 기사에는 '□…□月初六日'이라고 두주가 첨지에 기재되어 있다. 24번 기사에는 '□…□更'이라고 두주가 첨지에 기재되어 있다. 이렇게 첨지에 기재된 두주들은 날짜나 간단한 글자의 누락을 보충해주는 것들이다.

문서를 보완하는 글자가 적힌 첨지는 4번 기사를 예로 들 수 있다. 원문의 '本道監兵使處幷以通議爲白有如乎今四月二十六日'에 대한 첨지가 붙어 있고, 그 첨지에 "四月卄六日至(書)狀是白置不書"라는 두주가 기록되어 있다. 이것은 '至(書)狀是白置'를 쓰지 않았는데, 이 문구가 있어야 고문서가 완성된다는 의미이다. 『임진장초』에는 같은 위치에 빈 첨지가 붙어 있다. 또한 같은 4번 기사에 '今四月二十七日 寅時 在鎭祗受 同月二十三日成貼 宣傳官 趙銘賚來左 副承旨書狀內'가 있는데, 여기에서 '同月二十三日'에 대한 두주가 첨지에 "今四月二十七日至書狀是白有亦 不書"라고 기록되어 있다.『임진장초』에는 같은 위치에 빈 첨지만 붙어 있다.

첨지의 두주 중에는 '祗受'라고 쓰인 것도 있다. 56번 기사에서 첫 행위에 첨지가 붙어 있고, 그 첨지에 '祗受'라고 두주가 적혀 있다. 祗受는 '공경히 받았다'는 의미이다.

참고로 『충민공계초』에는 없지만, 『임진장초』에는 있는 첨지 중에는 '日子相左'라는 두주가 쓰여 있는 것들이 있다. 32번 기사에 '萬曆二十一年九月初 日'이 있고 그 상단의 첨지에 '日子相左'라고 쓰여 있는데, '일자가 서로 어긋난다.'는 의미이다. 34번 기사에서도 萬曆二十一年 閏十一月二十一日 統制使 臣李'에 붙인 첨지에는 '日子相左'라는 두주가 쓰여 있다. 이 두주들은 시간의 순서대로 편집되지 못하고 '9월'의 기사가 '8월'보다 앞에 쓰였다거나, '윤11월 21일'의 기사가 '윤11월 17일'의 기사보다 앞에 쓰여 있어 순서가 바뀌었다는 뜻이다.

이어서 『충민공계초』의 교정부호를 살펴보려 하는데, 『임진장초』의 교정부호와 비교하는 방법을 이용하려 한다. 다음은 이와 관련된 대표적인 사례들을 모아 놓은 것들이다.

제10장 이순신의 새로운 장계자료, 『충민공계초(忠愍公啓草)』 343

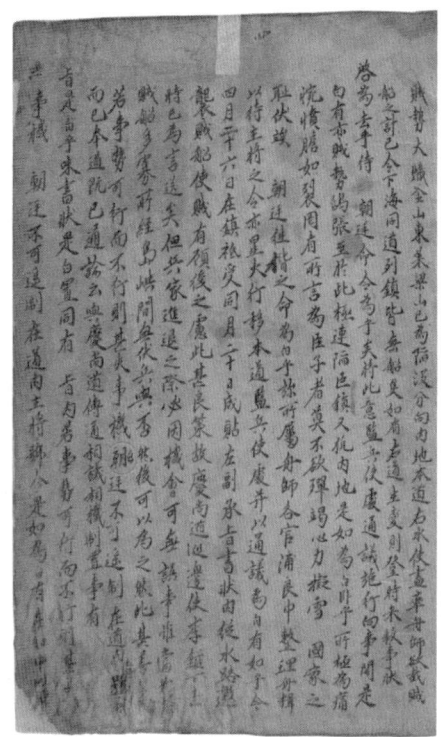

〈그림 6〉 부호 '§'의 사용과 띄어쓰기 사례
[『충민공계초』, 『임진장초』(출처 : 문화유산 디지털 허브) 4번기사]

1번 기사 : (1a : 10) 當日馳§啓爲白乎所 → [임진] 當日馳(줄바꿈)啓爲白乎所

4번 기사 : (2b : 13) 則甚失事機(한칸띄움)朝廷不可遙制 → [임진] 則甚失事機§朝廷不可遙制

7번 기사 : (6a : 5) 前矣祗受有§旨書狀內乙用良 → [임진] 前矣祗受有(한칸띄움)旨書狀內乙用良

8번 기사 : 倭船被擄我§國人 → [임진] 倭船被擄我(한칸띄움)國人

10번 기사 : 謹§啓爲移上事 → [임진] 謹(줄바꿈)啓爲移上事

14번 기사 : 臨機把阻截殺事有§旨及追乎到付有(한칸띄움)旨書狀內 → [임진] 臨機把阻截 殺事有(한칸띄움)旨及追乎到付有(한칸띄움)旨書狀內

19번 기사 : 獲成一§國之根本 → [임진] 獲成一(한칸띄움)國之根本

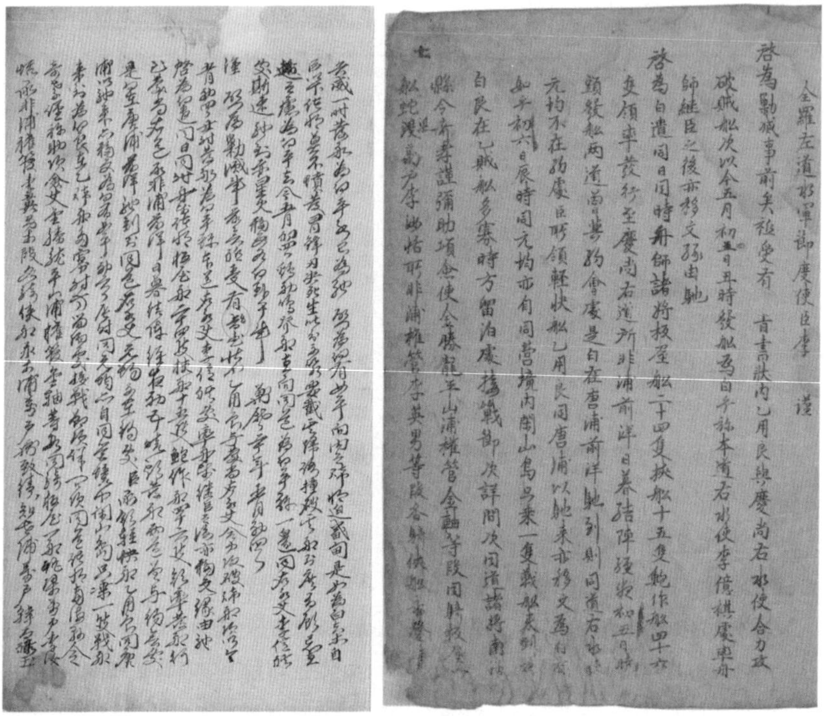

〈그림 7〉 부호 '§'의 사용과 띄어쓰기 사례
[『충민공계초』, 『임진장초』(출처 : 문화유산 디지털 허브) 7번기사]

19번 기사 : 勤(한칸띄움)王恢復 → [임진] 勤§王恢復

20번 기사 : 謹§啓爲相考事 → [임진] 謹(줄바꿈)啓爲相考事

23번 기사 : 道內奉§命帥臣等 → [임진] 道內奉命帥臣等 (줄바꿈도 띄어쓰기도 하지 않음)

24번 기사 : 謹§啓爲取稟事 → [임진] 謹(줄바꿈)啓爲取稟事

36번 기사 : 托以投附我§國爲言 → [임진] 托以投附我(한칸띄움)國爲言

40번 기사 : 幷以更良各別申勅§啓下爲白乎去 → [임진] 幷以更良各別申勅(한칸띄움)啓下爲白乎去

41번 기사 : 突山島§國屯田 → [임진] 突山島(한칸띄움)國屯田

42번 기사 : 謹(한칸띄움)啓爲取(한칸띄움)稟事 → [임진] 謹(줄바꿈)啓爲取§稟事

45번 기사 : 兼巡便否以§啓何如 → [임진] 兼巡便否以(줄바꿈)啓何如
57번 기사 : 弛緩至於此極是白置§朝廷以各別催促爲白乎去 → [임진] 기사 없음.
[전서] 弛緩至於此極 自(한칸띄움)朝廷各別催促
61번 기사 : 追到爲有齊節§唐兵持牌文出來事叚 → [임진] 기사 없음.

교정부호 중에서 가장 눈에 띄는 것은 §인데, 이 부호는 『충민공계초』와 『임진장초』에서 모두 사용되고 있는데, 사용하는 의미는 다르게 나타난다. 이 부호가 『충민공계초』에 기재되어 있는 부분이 『임진장초』에서 줄바꿈으로 나타나는 사례는 1번, 10번, 20번, 24번, 45번 기사이다. 이 부호가 『충민공계초』에 기재되어 있는 부분이 『임진장초』에서 한칸띄움으로 나타나는 사례는 7번, 8번, 14번, 19번, 36번, 40번, 41번, 57번 기사이다. 이 부호가 『충민공계초』에 기재되어 있는 부분이 『임진장초』에서는 아무런 표시나 교정이 되어 있지 않은 경우는 23번 61번 기사이다. 반대로 『충민공계초』에 한칸 띄어있는 부분이 『임진장초』에는 §의 부호가 기재되어 있는 사례는 4번, 19번, 42번 기사이다. 그 밖에도 『충민공계초』에 한칸 띄어져 있는 부분이 『임진장초』에서는 줄바꿈으로 되어 있는 사례가 있는데, 42번 기사가 그 사례에 속한다.

6. 맺음말

『충민공계초』가 세상에 얼굴을 드러낸 시기는 국립해양박물관이 공개 구입하여 자료를 공개한 2013년 4월이었다. 그동안 이순신과 관련된 새로운 자료가 있지 않을까 생각하던 사람들은 이 자료를 깊게 조사하지 못한 터라 그저 『이충무공계초』의 한 아류인 것으로만 생각했었다. 그러다가 2015년 4월 이 자료가 언론의 조명을 받으면서 소용돌이가 일어나기 시작했다. 급기야 이 자료는 경찰 수사의 대상이 되었으며, 그때부터 15개월 이후인 2016년 6월까지 국립해양박물관에 시련을 가져다주었다. 그러나 검찰의 조사 결과 혐의가 없는 것으로 최종 결정이 나『충민공계초』는 국립해양박물관으로 돌아왔다. 해양 위인으로서 이순신의 선양 활동에서 한 축을 담당하고자 했던 국립해양박물관은 자칫 쓰레기더미에 묻혀 소실될 뻔하거나 외국으로 유출될 수도 있었을 이순신 관련 귀중한 문화재를 구입하여 보존처리를 한 후 공개함으로써 학위논문까지 나오게 했다는 점에서 자부심과 긍지를 가질 수 있었다. 국립해양박물관은 시련의 보상으로 다른 것도 받았다. 이 유물이 언론과 학계 및 관계의 조명을 많이 받아 유명해져 버렸으며, 그 가치도 국보급이라는 주장이 심심찮게 제기되었다. 그러나 그럴수록 국립해양박물관은 이 자료의 의미와 성격 혹은 그 가치를 학술적으로 규명하는 것이 시급하다는 것을 절실하게 느꼈다.

2016년 12월부터 다음해 사업으로『충민공계초』의 교감 작업과 번역 작업을 하기 위해 준비하였다. 다행히 이 어려운 두 가지 작업은 한국학중앙연구원 안승준 박사의 주도로 이루어졌다. 안 박사는 고서와 고문서 분야에서 국내의 1, 2위를 다투는 전문가이다. 또한 국립해양박물관은 이순신을 현창하고 있는 국가 기관들끼리 힘을 모아 이 유물을 학술적으로 조사하려는 생각을 하게 되었다. 그 결과, 2017년 5월 17일에 국립해양박물관과 해군사관학교 및 문화재청 현충사관리소는『충민공계초』의 의미와 가치를 학술적으로 살펴보기 위해 공동으로 학술대회를 개최할 수 있었다. 이 학술대회에서 많은 학자들이 발표와 토론을 통해 다양한 의견을 많이 제시해주었다. 그런데 이 학술대회에서 뜻밖의 수확도 있었다.

그때까지는 이순신의 장계와 관련된 이본이 국립해양박물관이 소장하고 있는『충민공계초(忠愍公啓草)』와『충무공임진장계(忠武公壬辰狀啓)』, 현충사가 소장하고 있는『임진장초(壬辰狀草)』, 해군사관학교 박물관이 소장하고 있는『충무공계초(忠武公啓草)』, 그리고 규장각이 소장하고 있는『이충무공전서(李忠武公全書)』로서 총 5가지가 있는 것으로 간주되어 왔었다. 그런데 토론자 중 한 명으로 참석한 한국학중앙연구원의 옥영정 박사가 성균관대학교가『이충무계초(李忠武啓草)』를 소장하고 있다는 사실을 토론 시간에 공개하였다.『충민공계초』가『이충무계초』를 물어온 격이었으며, 이로써 총 6가지의 이본이 존재한다는 사실이 밝혀지게 되었다. 나라가 어려워지거나 위태로울 때마다 이순신과 관련된 자료를 참고했던 조정은 물론 군부대와 심지어 이순신을 흠모하는 개인들까지도 그의 자료를 전사하여 보관하고 있었기 때문에 이본이 앞으로 더 나타날 가능성이 있음을 공동학술대회를 통해 확신할 수 있게 된 것이다.

『충민공계초』를 교감하고, 번역하며, 학술대회를 연 결과 얻은 결론은 다음과 같다.

1) 『충민공계초』에는 총 68편의 장계가 실려 있어, 『이충무공전서』를 제외한 이본들 중에서 가장 많은 편수의 장계가 수록되어 있다. 또한 『임진장초』에는 『충민공계초』에 수록되어 있지 않은 5편의 장계가 실려 있지만, 『충민공계초』에는 『임진장초』에 수록되어 있지 않은 12편의 장계가 더 수록되어 있다.

2) 『충민공계초』의 말미에는 이항복(李恒福, 1556~1618)이 작성한 「이통제비명(李統制碑銘)」과 「고통제사이공유사(故統制使李公遺事)」 그리고 박승종(朴承宗, 1562~1623)이 작성한 「충민사기(忠愍祠記)」가 수록되어 있다. 이 3편의 글은 모두 충민사를 언급하고 있다.

3) 『임진장초』의 편찬 시기는 알려지지 않았지만, 『충민공계초』는 정확한 전사 시기가 적혀 있다. 서말에 '강희원년임인삼월염일서종(康熙元年壬寅三月念日書終)'이라고 기재되어 있는데, '1662년 3월 20일 전사를 마쳤다'는 뜻이다. 『임진장초』는 18세기에 편찬된 것으로 간주되고 있다. 이 편찬 시기는 현존하는 이본 6가지 중 『충민공계초』의 편찬 시기가 가장 오래되었음을 의미한다.

4) 『충민공계초』의 전사자에 대해서는 두 가지 주장이 있다. 하나는 달필의 전문교리 1명이 전사했다는 주장이고(안승준), 다른 하나는 이순신 본가의 후손 중 관계에 오르지 않았으나 달필이었던 사람에 의해 전사되었다는 주장(정진술)이다.

5) 따라서 『충민공계초』가 관부에서 편찬되어 관리되다가 어느 시기엔가

이순신의 종가로 흘러들어갔다는 주장(안승준)과 처음부터 이순신 종가에서 편찬되어 관리되어 왔다는 주장(정진술)도 있다.

6) 충무공(忠武公)의 시호가 하사된 지(1642년) 19년 이후에 전사되었음에도 불구하고 『충무공계초』가 아닌 『충민공계초』를 표제로 붙인 것은 편찬자가 백성이 붙여준 명칭을 국왕이 하사한 시호보다 더 중요하게 생각한 나머지 의도적으로 한 행위라고 할 수 있으며, 말미에 수록된 3편의 충민사 관련 글들은 이러한 추론의 근거가 될 수 있다.

7) 『충민공계초』는 본문에 이두가 그대로 사용되고 있어 『임진장초』와 함께 『이충무공전서』에 수록된 장계의 원문 파악에 결정적인 도움을 주고 있다.

8) 『충민공계초』는 『임진장초』와 『이충무공전서』의 누락, 결락, 마모된 부분을 밝히고 또한 다르게 기재되어 있는 부분을 비교하여 보완해주는 역할을 할 수 있다.

9) 『충민공계초』에는 처음부터 1권의 책으로 만들려는 의도로 전사된 자료이기 때문에 첫 편의 장계를 제외한 대부분의 장계에서 기두어, 종결어, 투식어 등이 생략되어 있다. 『임진장초』는 장계를 두루마리 형태의 종이에 여러 명이 장계를 나누어 전사한 것을 후에 다시 나누어 책자로 만든 것이라 문구, 글자, 관인이 분리된 부분들이 많다.

10) 『충민공계초』에서 오자와 탈자가 간혹 나타나고 있는데, 이것은 한사람이 장계 원본을 읽고 다른 사람이 이를 받아쓰는 창준(唱準) 형태로 전사되었기 때문이다.

11) 『충민공계초』에서 오기는 단순한 오기, 글자 형태의 유사성에 의한 오기, 발음의 유사성에 의한 오기, 뜻이 유사할 경우 나타나는 오기로 유형화할 수 있다.

12) 『충민공계초』에는 누락 부분을 두주로 기재한 첨지가 15곳에서 나타나고 있다.

13) 『충민공계초』에 사용된 교정부호는 §와 띄어쓰기가 사용되고 있는데, 그 사용법은 『임진장초』와 다르다. 또한 『임진장초』에서는 줄바꿈이

사용되고 있지만, 『충민공계초』에서는 나타나지 않는다.

　국립해양박물관이 『충민공계초』의 교감본과 번역을 합철하여 발간하는 이 작업은 『충민공계초』에 대한 연구의 시작일 뿐이다. 관련 기관이나 학계 혹은 관심 있는 사람들이 계속해서 『충민공계초』를 연구하고, 이순신과 관련된 자료를 계속 찾아나가는 작업을 중단하지 않기를 바라는 이유는 바로 이 때문이다. 국립해양박물관의 첫 작업이 학계와 문화재계 및 관계는 물론 대중들의 향후 활동에서 거름이 되었으면 좋겠다.

제11장

사토 데쓰타로(佐藤鐵太郎) 해군중장의 이순신 연구

1. 해군 경력

사토 데쓰타로(佐藤鐵太郎)

사토 데쓰타로(佐藤鐵太郎, 1866~1942)는 데와국(出羽國) 쓰루오카(鶴岡, 현 山形縣)에서 태어나 일본 해군병학교를 졸업(1884~1886)한 후 여러 수상함에서 근무하였다. 그는 청일전쟁 시기에는 포함 아카기함(赤城)의 항해장으로 그리고 러일전쟁 시기에는 2함대 총사령관 가미무라 히코노조(上村彦之丞) 중장의 참모로 참전하여 러시아 발트함대를 격파하는 데 공을 세웠다. 1899~1901년에는 주영국 무관으로 그리고 1901~02년에는 주미국 무관으로 근무했으며, 1915년에 해군소장으로 진급하여 해군대학 총장으로 근무하였고, 1916년에는 중장으로 진급하여 마이즈루(舞鶴)진수부 사령장관으로 근무하였다. 1931년에 퇴역했으며, 1934년에 학습원과 귀족원 의원이 되었다.

사토는 1890~91년에 조카이함(鳥海)의 분대사 겸 항해사로 근무하면서 한반도 연안을 조사할 때 러시아와 청국 및 조선의 관계와 일본제국의 진로에 대해 느낀 바 있어 해군대학 병호(丙号)를 졸업한 후 1892년에

『국방사설(國防私說)』을 저술하였으며, 이때부터 해군전략사상가와 해군이론가로 평가받았다.

미국과 영국에서 차례로 무관으로 근무할 때(1899~1902) 마한(Alfred Thayer Mahan)과 콜롬브(Philip Howard Colomb)의 저술을 탐독한 그는 귀국하여 해군대학 교관으로 근무하던 1902년에 『제국국방론(帝國國防論)』을 집필하였다. 1908년에는 해군대학 선과(選科) 학생 시절에 이를 보완하여 『제국국방사론(帝國國防史論)』을, 그리고 해군대학 교관생활을 마친 1912년에 이를 수정하여 『제국국

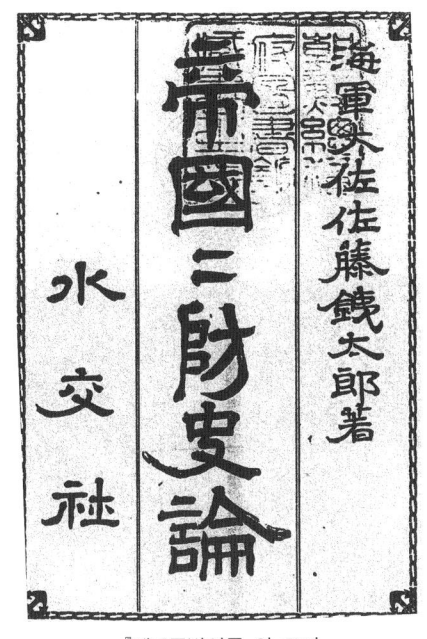

『제국국방사론』의 표지

방신론(帝國國防新論)』을 발간하였다. 그 밖에도 『대일본해전사담(大日本海戰史談)』, 『해군전리학(海軍戰理學)』 등의 저서가 있다.

2. 영관장교 시절

메이지 정부의 국방론은 육군의 육주해종(陸主海從)과 해군의 해주육종(海主陸從)으로 나뉘었는데, 해주육종론의 이론적 기초는 사토의 서적들에서 비롯되었다. 사토가 보기에, 육주해종론을 중시한 육군의 대륙 진출 주장은 러시아와의 대결, 중국과 조선의 민족주의와의 대결, 중국 시장을 겨냥하고 있는 영국의 적국화를 야기하여 궁극적으로 일본을 궁지에 몰리게 만들 수 있었다. 따라서 해양국가인 일본으로서는 무역입국에 입각한 해군의 정비 충실을 국방의 주안점으로 삼아야 했다. 그는 일본 안전의

핵심이 미국과 같은 가상적이 일본 본토의 인근 해역에 세력을 투사하는 것을 거부하는 것이라고 주장하였다. 또한 일본은 주력함을 가상 경쟁국인 미국의 70% 수준으로 유지해야 한다고 주장하였다. 이러한 연유로 사토는 일본의 마한(Mahan of Japan)으로 불린다.[1]

일본의 국방문제를 연구하면서 사토가 최초로 작업한 것은 히데요시의 조선 출병과 이를 격퇴한 조선의 영웅 이순신의 사적을 연구하는 것이었다. 그는 육주해종론 위주였던 일본 국방사상을 해주육종론으로 바꾸기 위한 자신의 이론적 근거를 동서양 역사에서 찾았는데, 그때 찾은 인물이 이순신이었다.

> 고래로 기정분합(奇正分合)을 교묘하게 사용한 전장(戰將)은 한, 두 명이 아니었다. '전(全)으로 분(分)을 치라'는 나폴레옹의 말도 바로 이 뜻에 불과하다. 그러나 해군장관 중에서 이를 살펴보면, 먼저 동양에서는 한국 장수(韓將) 이순신을, 서양에서는 영국 장수 넬슨을 들 수밖에 없다. 이순신은 실로 개세의 해군장수(海將)임에도 불구하고, 불행하게도 조선에서 태어났기 때문에 용명(勇名)과 지명(智名)이 서양에 전해지지 않았지만, 조선정벌과 관련된 문헌을 보면 실로 훌륭한 해군 장수였다. 서양에서 이와 필적할만한 사람으로는 틀림없이 네덜란드 장수 드 로이테르를 들 수 있다. 넬슨 같은 인물은 인격면에서 (이순신과) 도저히 견줄 수 없다. 이 장군은 실로 장갑함의 창조자이며, 300년 이전에 이미 탁월한 해군전술로 싸운 전장(戰將)이다.[2]

---

1) 이상은 海軍大佐 佐藤鐵太郎 著, 『帝國國防史論』(東京: 水交社, 1908) ; 石川泰志 著, 金一相 譯, 『日本海軍國防思想史』(서울: 韓國海洋戰略硏究所, 2000) ; 原剛·安岡昭男 編, 『日本陸海軍事典』 下卷(東京: 新人物往來社, 2003) ; "佐藤鐵太郎" Wikipedia, the free encyclopedia http://ja.wikipedia.org/wiki/%E4%BD%90%E8%97%A4%E9%89%84%E5%A4%AA%E9%83%8E (2001년 10월 29일 검색)을 근거로 필자가 요약, 정리하였다.
2) 佐藤鐵太郎, 『帝國國防史論』, p.464.

3. 제독 시절

이순신에 대한 사토의 생각을 좀 더 구체적으로 알 수 있는 자료는 그로부터 16년 이후인 1926년에 발표되었다. 1916년에 해군중장으로 진급한 사토는 1926년 7월 13일에 제대하여 예비역이 되었는데, 전역하기 전 1926년 2월에 다음과 같은 칼럼을 잡지에 기고하였다.

절세의 명 해장(海將) 이순신

해군중장 사토 데쓰타로(佐藤鐵太郞)

역사적 위인 중에서 내가 우러러 마지않는 인격자는 우선 첫째로 입정대사(立正大師)[3]이지만, 해군장관으로서 내가 평생 경모해 마지않는 해장은 네덜란드의 명장 드 로이테르(Michiel Adrianszoon de Ruyter)와 동양에서 조선의 명장인 이순신(李舜臣)이다.

이순신은 인격적인 면과 여러 가지 장수의 자질 면에서 털끝만큼도 비난할 수 없는 명장이며, 만약 감히 위의 두 장수의 순서를 정한다면 의심할 여지없이 이순신이 위에 놓인다. 영국에는 하워드(Charles, Lord Howard of Effingham)이래로 수많은 명장이 있다. 그중에서 넬슨(Horatio Nelson)이 세계적인 해장으로서 명성이 높다는 것은 널리 알려져 있지만, 넬슨은 인격과 천재적 창의성면에서 이 장군의 적수가 도저히 될 수 없다. 프랑스의 장수 쉬프랑(Pierre-André de Suffren de Saint-Tropez)과 미국의 장수 패러거트(James Glasgow Farragut)도 세계적인 명장으로 존경받을 만하지만, 오히려 넬슨 밑에 위치하는 인물들이다. 드 로이테르를 보면 인격과 역량 두 가지 면에서 나무랄 데 없고 경력도 이 장군과 비슷하지만, 군장(軍將)으로서 필요한 독창적 천재성 측면에서는 이 장군

---

[3] 日本 日蓮宗의 祖宗인 日蓮聖人(1222~1282). 일본 황실은 1922년에 그에게 立正大師의 시호를 추증하였다.

에게 미치지 못하는 것처럼 보인다.

　말할 것도 없이 이 장군은 도요토미 히데요시(豊臣秀吉)의 원정군이 목적을 달성하지 못하도록 만든 동시에 제해권(制海權)의 확보 여부가 국방에서 중요하다는 점을 사실적으로 증명한 명장이다. 그런데 이 장군은 도중에 핍박을 당해 병졸로 강등된 적이 있었지만, 어떠한 원한도 없이 그러한 대우를 잘 참아냈다. 이 사실은 이 장군의 인격이 고매하다는 것을 알려주고 있다. 이 장군은 군기가 엄하며, 위풍이 있었고, 게다가 부하를 자식처럼 사랑하였으며, 병졸에 이르기까지 그의 말에 복종했으며, 은신(恩信)이 분명하였고, 아는 것이 많았으며, 희로애락으로 일을 하지 않았고, 정말 모범적인 장군이었다. 이 장군은 뜻을 설명할 때 항상 대장부가 태어나 살면서 죽음을 무릅쓰고 충성을 다하고, 쓰이지 않으면 들판에서 논밭을 갈아야 하며, 아첨과 화려함을 쫓는 것을 수치로 여겨야 한다고 했는데, 이 한마디는 그의 인격이 어떠한가를 알리고도 남음이 있는 것이다. 또한 대중의 말을 듣고서 스스로 관영(官營)에 운주당(運籌堂)을 세우고서 장병들과 전법(戰法)을 논하려 한 것도 분명한 사실이다. 오늘날의 장군들도 과연 이처럼 진솔하고 도량이 클 수 있는지는 나에게 정말 궁금한 일이다.

　이 장군은 또한 독창적인 천재였다. 이 장군은 전쟁이 쉽게 끝나지 않을 것임을 알고 군비(軍備)를 충실히 하기 위해 부심했을 뿐만 아니라, 거북선이라는 신식 전함을 건조하였다. 이것이야말로 전투함의 효시이다. 거북선에는 노수들을 수용하는 방어공간이 있고, 거북이 머리를 설치하여 그 속에서 유황염초를 태워 연기를 내뿜도록 만들어 적을 미혹시키는 장치가 있었다. 또한 함수와 함미 및 현측에는 십 수 문의 대포를 비치하고, 적의 습격을 막기 위해 상갑판에 많은 화살과 창 및 도를 비치하였다. 지금으로부터 400년 전에 장갑전함을 만든 것은 세계의 모든 사람이 놀랄 일인 것이다. 장군은 또한 방어용 무기를 공격용으로 바꾸어 사용한 지장(智將)이기도 하다. 러일전쟁 때 아군(일본군)이 방어용 수뢰를 공격무기로 전용하여 러시아 기함 페트로파블로프스크함(Petropavlovsk)을 폭침시키고 러시아의 마카로프(Stepan Osipovich Makarov) 장군을 사망하게 한 것은 흥미롭고 독창적인 전술 덕분이었는데, 이 장군은 400년 전에 이미 이와 똑 같은 기계(奇計)를 사용하여 대성공을 거두었다. 이 장군이 다시 부름을 받고 수군장수가 되어 국방의 중책을 맡았을 때, 우리 일본 수군은 조선의 남서쪽을 향해 북상할 수 있는 유리한 상황에 있었다. 만에 하나라도 이 장군이 출현하지 않고 우리 수군에게 북상길을 열어주었더라면, 조선의 국방은 파괴되어 절망적인 상태가 되었을 것이다. 그러나 이 위험한 전쟁을 앞두고 다시 수군장수가 된 이 장군은 패잔한 노후함선 13척을 겨우 보유하고 중책을 맡았다. 이 장군은 명량도(鳴梁渡, 진도와 본토 사이의 좁은 해역으로서 조류속도가 6, 7해리에 이르는 무서운 水道이다)에 쇠사슬을 미리 가라앉히고 와키사카(脇坂), 스가(管), 모리(毛利) 등의 장수에게 소속된 병선 400여 척을 유인하여 전황과 조류를 보면서 기회를 노렸다가 양쪽 해안에서 쇠사슬을 끌어 올렸으며, 스가 마사카게(管政陰) 이하의 병선은 이 쇠사슬에 걸려 침몰하였고, 4,000여 명의 사상자를 내기에 이르렀다. 역사에 전해오는 이야기에 따르면, 와키사카 야스하루(脇坂安治)가 후진(後陣)에 있다가 이를 확실하게 보고 적의 계략에 빠진 것을 알고서 급히 후퇴하라고 명령하여도 대부분 쇠사슬에 걸려 빠져나올 수 없었고, 야스하루가 구원하려고 해도 조류가 빨라 노를 되돌릴 수 없어 진을 어지럽히며 조류에 의해 흘러갈 뿐이다. 그러므로 우리는 당시 상황을 손바닥 보듯이 알 수 있다. 뿐만 아니라 이 장군은 견내량 해전에서 지형을 이용하는 이른바 오늘날의 집중전술을 사용하여 놀라운 승리를 거두었는데, 이 또한 이 장군의 독창적인 전술이다.

당시 원정군 장수들은 군기가 무엇인지도 몰랐으며, 매일 밤 술 마시는 것이 다반사였고, 공명을 다투기만 하였으며, 활동하기만 하면 논공행상을 다투는 등 거의 혐오스런 상태가 되풀이되었다고 한다. 그런데 이 장군의 함대는 경계대비태세를 철저히 하고 야간 초계활동을 매우 엄중하게 실시했다고 한다. 나는 당시 이 장군이 갑옷을 입고 투구를 베개 삼아 갑판 위에서 자고, 그의 함대가 언제라도 닻을 올릴 수 있도록 준비를 하고 있으며, 초계정을 배치하고(이 장군은 때때로 직접 여러 함선을 순시하며 타이르면서 주의를 주었던 것으로 전해지고 있다), 기함에서 발포되는 첫 번째 포를 신호로 삼아 각 함선이 줄지어 출동하는 실황을 상상할 때 승패가 결코 우연하게 결정되는 것이 아님을 알고 감탄하는 바이다. 이 장군의 시 중에는 다음과 같은 것이 있다.

한 바다에 가을빛 저물었는데, 찬바람에 놀란 기러기 높이 떴구나. 가슴에 근심 가득 잠 못 드는 밤, 새벽 달 활을 들어 칼을 비추네.
水國秋先暮, 警寒歷陣高, 憂心輾轉夜, 殘月照弓刀[4]

나는 이 시를 통해 당시 이 장군의 실제 심사를 보니 감개무량하다. 이 장군은 실로 호기롭고 담대하면서 지기를 싫어하는 사람이었다. 노량 해전에서 총알을 등에 맞아 중상을 당했지만, 이 장군은 조금도 굴하는 기색 없이 전투를 지휘하여 승리한 후 스스로 칼을 이용하여 탄환을 빼냈다고 한다. 그러나 이때 의사가 탄환을 빼냈다는 다른 설도 있는데, 다른 부장들과 바둑을 두면서 얼굴색을 변하지 않은 채 치료하게 했다고 한다.

장군은 결국 순천 앞바다 해전에서 전사하였다. 이 해전은 실로 한·일 양국 간의 최후 해전으로 매우 격렬하였다. 역사가 전하는 바에 의하면, 이순신이 서둘러 일본군에게 육박하다가 날아오는 탄환에 가슴을 관통당했으며, 장병들이 휘장 안으로 들어오자 이순신은 전투에 힘쓰고 신중하되 자신의 전사 사실을 알리지 말라고 좌우에게 말하면서 절명하였다. 이 최후의 한마디 말은 실로 장수의 모범이다. 나는 영국장군 넬슨의 트라팔가르 해전을 보면서 명장의 뜻이 동서양에서 똑같이 나타나는데 찬탄하는 동시에, 이 몸이 그러한 상황에 놓인다면 두 선배들에게 부끄럽지 않을 수 있을지 의심스럽다.

---

4) 원문은 한문으로 기록되어 있으며, 번역문은 李殷相 譯, 『完譯 李忠武公全書』 上卷, p.201에서 재인용한 것이다.

장군의 위대함은 위에서 적은 바와 같았다. 뿐만 아니라 장군의 외교적 수단에 대해서도 놀랄 만한 일이 있었다고 한다. 명나라 장수 진린(陳璘)이 원군을 이끌고 왔을 때 위세를 부리며 약자에게 군림하는 소위 천장(天將)의 동정은 오늘날에도 볼 수 있는 것인데, 순신은 이를 교묘하게 대한 결과 며칠 지나지 않아 그를 굴복시켰고, 결국 장군의 말에 복종할 정도로 그를 회유할 수 있었다. 이와 같은 일은 장군의 인격이 얼마나 큰 것인지 증명해 줄 수 있는 동시에 옥처럼 온유하고 추상같은 기백을 가진 얼마나 놀라운 인격자였는지도 증명해주고 있는데, 실로 일관된 뜻으로 나라에 헌신하며 하등의 사심도 없는 군자로서의 풍모는 사람을 스스로 복종하게 만들었다. 구구한 수단으로 장군을 평가하는 것은 예로부터 부당하다.

내가 경모하는 이 장군은 실로 위와 같은 인물이었다. 이 경력을 대강 살펴보는 것은 드 로이테르 장군과 유사한 점이 많으며, 뿐만 아니라 이순신과 드 로이테르 및 넬슨 이 세 장군은 모두 대 승리라는 광영의 절정에서 전사한 것으로 특히 추모의 마음이 들게 한다. 나는 조선에 이순신이 있음을 자랑스럽게 생각하며, 일본 본토에 이 사람에 비견할 수 있는 장군이 하나도 없다는 것은 원통할 일이 전혀 아니라고 생각한다. 그러나 다행히 세계 제일의 명장 도고(東鄕) 원수가 역사를 새로 장식할 수 있음을 생각하면, 다시 한 번 유쾌해진다.

이상은 기억을 더듬어 이 장군에 대한 추모의 마음을 나타낸 것에 불과하며, 따라서 장군의 진면목을 소개하는 데에는 너무 빈약하나 이번에는 이 정도로 실례를 무릅쓰는 바이다.[5]

---

5) 海軍中將 佐藤鐵太郎, 「絶世の名海將李舜臣」, 『朝鮮地方行政』(帝國地方行政學會 朝鮮本部 發行), 第6卷 2月號, 通卷 第62號, 1926, pp. 56-59. 번역문의 영문은 일본어로만 표기된 인명과 지명을 번역자인 필자가 삽입한 것이다. 원문 pp. 57-58의 중앙에는 사각형이 그려져 있고 그 안에 『이충무공전서』의 「도설(圖說)」에 있는 통영거북선과 전라좌수영거북선에 대한 설명문 중 일부와 그림이 간단하게 인용되어 있는데, 이 부분의 번역은 기존의 글들과 다름이 없고 널리 알려진 사항이기 때문에 제외하였다.

사토 데쓰타로의 「절세의 명 해장 이순신」이 게재된 잡지의 표지와 글

4. 퇴역 이후

전역한 후 사토는 1930년에 일본해전사 개론에 해당하는 『대일본해전사담(大日本海戰史談)』을 발간하였는데, 이 책에서는 임진왜란 기간의 해전상황을 27쪽에 걸쳐 서술하였다.[6] 이 책에 의하면, 일본군은 임진왜란

---

[6] 阪谷芳郎 編, 『大日本海戰史談』(財團法人 三笠保存會, 1930), 「第四章 文祿慶長戰役に於ける海戰」, pp.32-58. 이 책의 표지에는 미쓰비시호(三笠)보존회가 편찬한 것만

초기부터 한산도 해전에 이르기까지 진중 규율이 없고 가토(加藤)와 와키사카(脇坂)가 자신의 주장만 고집하여 통제되지 못하고 있었다. 또한 일신의 공명만 생각하고 적군을 향한 추태가 이루 말할 수 없을 정도였으며, 승패를 안중에 두지도 않았다. "이런 상황에서 이순신과 같은 불세출의 명장이 통솔하고 있고 또한 진을 정비한 조선군과 싸우는 것은 승리를 생각할 수조차 없는 일이었다."7) "무엇보다도 우선 이순신은 일본군이 머지않아 침입해올 것을 예상하고 1592년 2월부터 거북선을 만들었으며, 경고한 판자로 내 위를 덮고 거북등과 같은 모양을 만들었으며, 전사(戰士)도 노수(櫓手)도 모두 그 안에서 활동하도록 장치하였고, 앞뒤좌우로 대포를 배치하여 종횡무진으로 포격했기 때문에, 일본군은 이에 항전할 힘을 모두 잃었다. 구루시마 야스치카(來島康親)는 전사했으며, 결국 대패를 피할 수 없는 형세가 되었기 때문에, 토도(藤堂)와 와키자카(脇坂) 등의 분투도 아무런 효과 없이 결국 승리의 영예로운 관을 적장에게 제공했다."8) 이어서 유성룡(柳成龍)의 『징비록(懲毖錄)』에 묘사된 이순신 관련 부분을 서술하면서 "절대의 명장임이 분명하다. 이순신 같은 사람은 진실로 동서 해군장수 중 제1인자라고 칭찬할 만하다."고 첨언했다.9) 그밖에도 사토는 『이충무공전서』의 「행록」과 「난중일기」 등을 이용하여 여러 해전을 서술하면서 "우리의 조선정벌전의 실패는 요컨대 해군의 실패에 따른 것이다"10)라고 단언했다. 마지막 해전인 노량 해전을 서술한 후, 사토는 자신의 생각을 이 책에서 다음과 같이 피력했다. "이렇게 하여 노량 해전은 끝나고,

---

기록되어 있고, 저자는 표기되어 있지 않다. 그러나 「序」(p.一)에서 이 보존회가 사토 데쓰타로(佐藤鐵太郎) 해군중장에게 이 책의 서술을 위촉했다고 밝히고 있기 때문에, 이 책의 저자를 사토 데쓰타로로 간주해도 무방할 것으로 보인다. 이 책은 明治維新 이전, 淸日戰爭, 露日戰爭의 해전들을 다루고 있는데, 淸日戰爭과 露日戰爭이 주요 내용이고, 明治維新 이전은 서론에 해당한다. 임진왜란기의 해전은 明治維新 이전의 해전을 구성하는 5개 장 중 한 장으로 구성되어 있다.
 7) Ibid., p.39.
 8) Ibid., p.38.
 9) Ibid., p.40.
10) Ibid., p.42.

명장 이순신은 전사했다. 이를 영국 장수 넬슨이 트라팔가르에서 전사한 사실과 비교하면, 그 장렬함에다가 정치(情致)의 깊이를 동서양 서로 비추어 볼 때 기이한 느낌이 든다. 요컨대, 이순신 같은 사람은 네덜란드 장수 드 로이테르의 인격과 영국 장수 넬슨의 영웅적 풍모를 겸비한 고금의 독보적인 명장이라 부를 만하고, 또한 조선의 역사에서 전해오는 대로 그 풍모를 생각하면 가장 경모할 만하고 품격 있는 체용(體容)을 지닌 귀공자라고 생각하지 않을 수 없다."11)

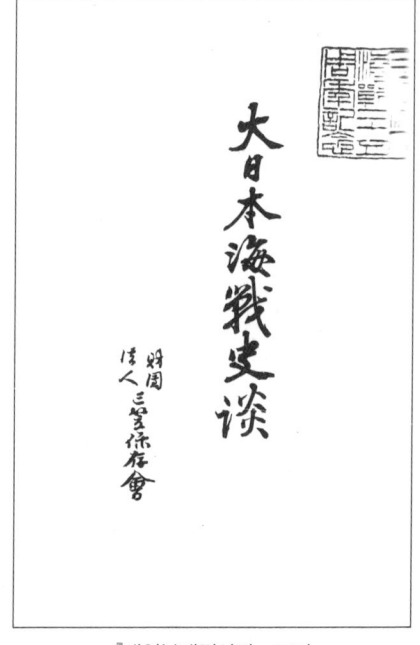

『대일본해전사담』 표지

5. 맺음말

일본인 중에서 사토 데쓰타로 만큼 이순신을 오랫동안 꾸준히 연구한 사람은 찾아보기 어렵다. 그는 위관장교 시절 자국의 지상중심 국방전략을 해상중심으로 바꾸기 위해 공부하는 과정에서 이순신을 알게 되었다. 이후 영관시절에도 이순신에 대한 그의 연구는 계속되었으며, 실제로 일본의 해양전략과 해군전략의 결정판이라 할 수 있는 책을 집필할 때 이순신에 대한 연구가 바탕이 되었다. 이처럼 오랫동안 이순신을 연구한 결과, 퇴역을 앞둔 시점에 자신의 이순신에 대한 생각을 종합적으로 정리하는 에세이를 학회지에 발표했다. 뿐만 아니라 은퇴한 이후에도 일본의

---
11) *Ibid.*, p.58.

해전사를 논할 때마다 이순신에 대한 자신의 생각을 잊지 않고 반영했다. 위관장교에서 중장에 이르는 현역 해군장교 시절은 물론 전역한 이후에도 이순신에 대한 사토의 생각은 가장 존경하는 세계 최고의 해군장수로서 일관되고 있으며, 오히려 약 40여 년 간 공부를 하면 할수록 이러한 생각이 더욱 견고해진 것처럼 보인다.

　러일전쟁의 쓰시마 해전에서 대승한 도고 헤이하치로(東鄕平八郎)가 그 자신은 감히 이순신과 비교할 수 없으며, 이순신이 그 자신은 물론 넬슨보다 다 위대하다고 말했다는 일화가 우리나라에서 나돌고 있다. 그러나 필자가 이 일화의 사실 여부를 밝히기 위해 도고의 전집과 관련 자료를 살펴보았을 때 이순신을 언급한 경우를 찾을 수 없었다. 일본에서 해군 제독 출신 중 이순신을 가장 많이 연구하고 가장 위대한 인물로 평가한 것이 사토 데쓰타로였음을 감안할 때, 사토의 이순신 평가가 세인들에게 회자될 때 사토가 도고로 바뀌고 내용의 각색이 이루어진 것이 아닌가 생각한다.

제12장

이순신의 여인들

1. 머리말

 이순신에 대한 관심과 주목은 선조 이후 조선시대부터 나라가 어려울 때마다 커져왔다. 최근에는 2005년에 방송 드라마가 방영된 후 이순신에 대한 열기가 '폭발적으로 증가'했으며,[1] 2010년대에 이르러 약화되는 것처럼 보이다가 2014년 이순신 관련 영화의 상영으로 다시 증가하고 있다.
 이러한 증가 현상은 한편으로 이순신에 대한 재조명과 평가라는 긍정적인 영향을 주어 이순신과 관련된 많은 글들이 여러 분야에서 발표되고 서적도 많이 발간되는 부수적인 결과를 가져다주기도 한다. 다른 한편으로 대중의 흥미 유발을 위한 극단적인 평가라는 부정적인 영향을 주어 입에 담지 못할 정도의 폭력적이고 자극적인 언어를 남용하게 하며, 나아가 허구가 사실인양 위력을 발휘하게 만들고 있다. 특히 정보 교환의 범위가 엄청나게 넓어지고 그 속도도 빨라진 현대 사회에서 부정적인 영향은 대중들의 잘못된 역사 인식이 일반화되고 사회의 도덕과 윤리 혹은 정신적 질서를 빠르게 와해시키는 결과까지도 야기할 수 있다.
 이와 같은 부정적인 영향을 가장 잘 보여주는 것은 이순신과 관련된 여성 문제이다. 다음 장에서 보겠지만, 오늘날 이순신을 재조명하고 평가한

---

 1) 김주식, 「이순신에 대한 평가와 현창(顯彰)」, 『해양전략』(해군대학), 2011. 12, pp.29-59 ; 김주식, 「이순신에 대한 연구 현황과 전망」, 『해양평론』(한국항해항만학회, 해양문화정책연구센터), 2012. 10, pp.87-112를 참조.

다는 명분하에 유독 여성 관계만을 위주로 이순신의 인간적인 면모를 보려는 경향이 있으며, 그 정도가 갈수록 심해져 이순신의 여성들에 대한 고찰은 더 이상 미루어서는 안 되는 지경에 이른 것처럼 보인다. 그럼에도 불구하고 이에 대해 인터넷상의 글이나 에세이 등으로 반박하는 경우는 있어도 학술적인 고찰을 통해 바로잡으려는 시도는 찾아보기 어렵다. 이 논문은 이 시도의 최초 사례라는 점에서 의미가 있을 것이다.

이순신의 여인들과 관련하여 먼저 의문을 갖게 하는 주요 문제는 이순신의 부인과 측실은 누구인가, 이순신이 여진과 잤다는 이야기는 과연 사실인가, 『난중일기』에서 볼 수 있는 여성관련 기록들은 이순신의 여성 관계를 알 수 있게 해주는 자료들인가 등이다. 이 의문들을 해소하려면, 그 주장들이 나오게 된 연유와 주장의 근거가 과연 맞는 것인지를 고찰할 수밖에 없는 것 같다. 이러한 고찰을 위해 이순신의 여성들이라는 주제의 등장에 대한 배경과 전개 양상을 먼저 살펴보는 것도 고찰에 도움이 될 것으로 생각된다.

2. 문제 제기의 배경과 과정

이순신의 여인들을 본격적으로 거론한 것은 김탁환의 소설 『불멸』(1998)[2])과 김훈의 소설 『칼의 노래』(2001)이다. 이전에는 기껏해야 본부인인 상주 방씨만 거론되었지만, 이 두 소설에서는 다른 여성들의 이름이 거론되고 있다. 아래의 인용문은 전자의 소설에 대한 문학평론 중 일부와 후자의 소설에서 관련 있는 부분을 인용한 것이다. 따라서 이순신의 여성들에 대한 화두를 처음 제시한 것은 문학계라고 할 수 있다.

더욱 기가 막힌 것은, 김탁환이 전혀 허구로 꾸며 넣은 이순신과 원균의

---

2) 총 4권으로 발간된 『불멸』은 2004년에 8권으로 증보되었으며, 제목도 『불멸의 이순신』으로 개명되어 발간되었다.

여인 관계 구도이다. 원균의 여자인 무옥은 아름답고 신원이 확실한 처녀로서, 여자 쪽에서 원균에게 반해서 접근하여 원균의 여인이 되었다. 반면에 이순신의 여자인 박초희는 여러 남자를 거친 여자이고 정신착란을 일으켜서 자신이 낳은 매국노의 아이를 죽인 살인자인데, 이순신 쪽에서 그 여자에게 반하여 접근하여 자신의 여자로 만든 것으로 되어있는 데다가, 심지어 그 여자 때문에 적장인 일본의 소서행장과 은밀한 거래까지 하는 것으로 만들어 놓았다.[3]

나는 병신년 가을에 처음으로 여진을 품었다. … 밤늦게, 함평 현감이 내 방으로 술상을 들여보냈다. 여진은 그 술상을 들고 들어온 관기였다. 그 때 서른 살이라고 했다. 기생이라기보다는 관노에 가까웠다. … 그날 밤, 나는 두 번째로 여진을 품었다. … (명량 해전 이후) 구례 관아의 창기였는데, 함평에서 순천으로 가는 산속에서 잡혔다 하더이다. 죽은 여자는 여진이었다. … 여진의 고향은 밀양이라고 했다. … 여진이 밀양에서 전라도 구례까지 흘러들어온 경위는 알 수 없었다. 적장의 씨가 몸에 붙은 것 같다고 말하면서 여진은 적장 몰래 울었다고 했다.[4]

문학계와는 달리, 역사학계는 이순신의 여자들에 대해 거의 침묵하고 있었다. 그런데 이 침묵을 깨는 『이순신의 난중일기 완역본』이 2005년에 출판되었다.[5] 이 역서는 『난중일기』 초고본, 『이충무공전서』에 수록되어 있는 『난중일기』, 조선사편수회의 「조선사료총간」으로 발간된 『난중일기초·임진장초』, 이은상의 『난중일기』 번역본 등을 철저하게 비교하여 바로잡은 놀라운 역작이었다. 그런데 이 책에는 이순신의 여성과 관련하여 다른 번역본에는 없는 새로운 사실이 번역되어 있었다. 1596년 9월 12일,

---

3) 송우혜, 「문학작품을 통해 진행되고 있는 이순신 폄훼 현상과 KBS 대하드라마 『불멸의 이순신』의 원작소설이 지닌 심각한 역사왜곡의 문제」, 『이순신연구논총』 통권 제2호, 2004년 봄여름, p.316.
4) 김훈, 『칼의 노래』(서울 ; 생각의 나무, 3판 2007), pp.45, 47, 121-3.
5) 노승석 옮김, 『이순신의 난중일기 완역본』(서울: 동아일보사, 2005. 11).

14일, 15일의 일기에 "저물 무렵 무장에 이르러 여진과 잤다"와 "여진과 함께 잤다"는 사실이 새롭게 번역하여 추가되어 있었고, 여진이 계집종이라는 주까지 달려 있었던 것이다.

이 책의 출판은 이순신의 여인들에 대한 문학계의 언급이 허구가 아닌 사실을 기반으로 하고 있다고 생각하게 하는 역할을 하였다. 이 책을 근거로 많은 글이 인터넷 카페에 게재되었는데, 그 중에는 "조선시대 풍속에서 벗어나지 아니한 것 아닌가? 그리고 이순신은 얼마나 정직한가! 그게 성웅 이순신의 이미지와 어울리지 않는다고 이은상은 한글로 번역하면서 삭제한 걸까?"라는 구절도 있다.6) 2009년에는 "여진과 잤다"(1596. 9. 12), "여진과 두 번 관계했다"(1596. 9. 14), "여진과 세 번 관계했다"(1596. 9. 15)는 번역문을 인용한 서적이 발간되었다. 이 책에는 "이것은 논란이 있기는 하지만 『난중일기』 중에서 가장 충격적인 장면 가운데에 하나다. 이순신이 다른 여자와 잠자리를 함께 했다는 것이 집중적으로 나타난 것도 그렇지만 성관계 횟수를 표시하고 있기 때문이다. 이렇게까지 하는 것으로 보아 이순신은 여진이라는 여인이 매우 맘에 들었던 모양이다"는 설명이 이어져 있다.7) 2010년에는 『이순신의 난중일기 완역본』을 근거로 '이순신의 여인들'이라는 글이 블로그에 실렸는데, 이 글에는 "천하의 장군님이라지만 변명의 여지가 없다고 두고두고 까이는 부분이죠. 대략 부정을 저지른 관리로부터 성상납을 받은 사례로 여겨지고 있습니다."와 "난중일기 길고긴 기록 중에 그가 혼외정사를 가진 기록은 총 4회 있습니다."라는 설명이 덧붙여져 있다.8)

---

6) 아리수, 「난중일기 속에서의 이순신장군 재발견」, 2006년 3월 7일 게재, http://cafe.naver.com/edutour/880
7) 김헌식, 『이순신의 일상에서 리더십을 읽다』(서울: 평민사, 2009), p.217. 이 책은 "이순신에게 여진이라는 애첩(?)이 있었다는 사실은 이 책을 통해 처음 접하게 된 사실이다."라는 서평이 나올 정도로 여파가 적지 않았던 것 같다. 엉경퀴, 「[서평] 이순신의 일상에서 리더십을 읽다, 김헌식, 평민사, 2009, 312p.」, 2009년 11월 3일 게재, http://cafe.daum.net/liveinbook
8) 다른시대 게시판, 「[가십] 이순신의 여인들」, 2010년 3월 12일 게재, http://blog.naver.com/vacation_map/10082499413

2014년에는 「명량」이라는 영화가 상영된 후 다시 이순신에 대한 기사들이 언론에 많이 보도되었다. 8월 20일자 보도 중 하나의 제목은 "'여진과 잤다.' … 이순신, 그도 인간이었다."이었으며, "인간 이순신 궁금하다면 〈명량〉 대신 〈난중일기〉를 … 희로애락 가감 없이 기록"이라는 부제가 달려 있었다. 그리고 기사 본문에는 다음의 문장이 들어있었다. "현실의 불안이 꿈으로 나타난 것이다. 이순신 또한 사랑을 잃을까 노심초사하고 질투심에 몸을 떠는 사내였다. '나라가 위급함에 처해 있는데 남해 부사 기효근이 어린 색시를 싣고 다니며 논다.'고 분노하던 이순신 또한 외로움을 견디지 못해 술을 마시고 시를 읊고 수시로 여인들을 품었다." "정치적 목적으로 이순신을 영웅화하는데 혈안이 됐던 군사정권은 〈난중일기〉에서 이순신의 인간적인 대목을 지워 버렸다."[9] 또한 10월 29일에는 "색다른 시각에서 본 '난중일기'"라는 제목의 기사가 보도되었다. 이 기사에 따르면, TV에서 11월 1일 '난중일기'를 통해 한 인간으로서, 한 남자로서의 이순신을 집중 조명할 예정이며, 최근 논란이 됐던 난중일기 속 '여진과 잤다.'는 부분에 대한 논쟁 등 흥미진진한 토론을 펼칠 예정이었다.[10]

이순신의 여인들이라는 문제는 문학계가 소설을 통해 먼저 제기했으며, 언론보도와 드라마가 대중에게 확산시키는 역할을 했고, 학계에서는 이 문제에 침묵해왔다. 학계는 이 문제가 비학술적인 주제이거나 점잖지 못한 주제이기 때문에 굳이 나설 필요가 없다고 생각했는지 모른다. 그러나 이러한 문제일수록 엄격한 고증이나 고찰을 통해 허구나 조작된 사실과 역사적 사실을 밝혀 구분해주어야 하고, 그리하여 대중과 역사 이외의 다른 분야에 올바른 역사적 근거를 제시해주어야 한다고 믿는다. 유언비어나 잘못된 인식을 막는 것은 진실뿐이며, 진실을 밝히는 것은 학계의 책임이자 의무일 것이다.

---

9) 강제윤 기자, "'여진과 잤다' … 이순신, 그도 인간이었다.", 2014년 8월 20일 게재, http://www.ohmynews.com

10) 정윤희 기자, "색다른 시각에서 본 '난중일기'," 2014년 10월 29일 게재, http://www.dt.co.kr

3. 이순신의 부인과 측실

이순신의 부인은 상주 방씨인데, 상주 방씨는 오늘날 온양 방씨로 불린다. 그녀의 부친은 온양 방씨 22세손으로서 현감공파(縣監公派)의 국형파(國亨派)에 속하고 제주 현감(1535)과 보성 군수(1537)를 지낸 방진(方震, 1514~?)이다. 〈그림 1〉[11])에서 보는 것처럼, 『온양방씨대동보』에는 방진이 홍윤필(洪胤弼)의 딸인 남양 홍씨와 결혼하여 1남 1녀를 두었으며,[12]) 그 딸은 이순신과 결혼하여 세 아들(李薈, 李𦬊, 李葂)을 두었다고 기록되어 있다. 딸이 있었다는 기록은 없다.

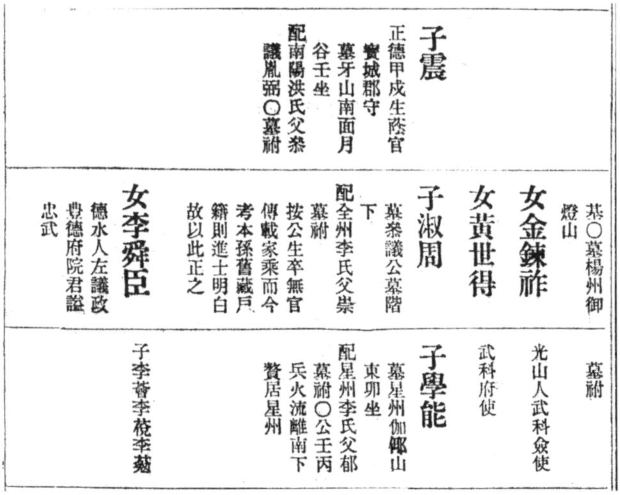

〈그림 1〉『온양방씨대동보』의 이순신 부인에 대한 기록

---

11) 『溫陽方氏大同譜』, 卷之甲上, p.2.
12) 위의 대동보는 方震에게 아들 方淑周, 손자 方學能, 증손자 方承靜 등으로 이어지는 후손이 있었음을 보여주고 있다. 따라서 "이순신의 부인 상주 방씨는 그의 무남독녀 외동딸이었기에, 방진의 재산은 모두 이순신의 부인 몫이었다."(이민웅, 『이순신 평전』, 파주: 성안당, 2012, p.29)와 "1565년 명종 20년 21살 8월 보성군수 방진의 무남독녀인 상주 방씨(尙州方氏)와 혼인함."(『충무공 이순신과 임진왜란』, 문화재청·현충사관리소, 2011, p.240) 등의 주장은 재고되어야 할 것으로 생각된다.

子 舜臣
字汝諧萬曆丙子武
科正憲三道統制使
大明神宗皇帝特授水
軍都督○嘉靖乙巳
生壬辰以全羅左水
使討倭屢戰全勝戊
戌十一月十九日督
戰於南海露梁中丸
配貞敬夫人尙州方
氏父郡守震祖縣監
中規郡守弘曾孫外
祖南陽洪胤弼○忌
二月十六日○墓祔
○育三子一女

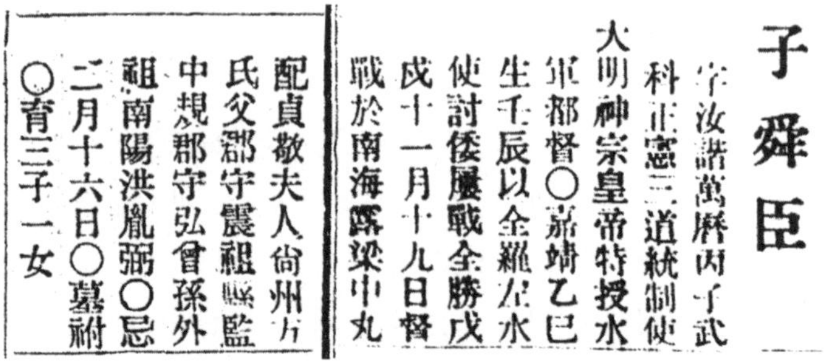

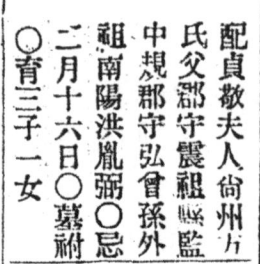

〈그림 2〉『덕수이씨세보』의 이순신 부인에 대한 기록

『덕수이씨세보』(〈그림 2〉)[13]에는 상주 방씨가 3남 1녀를 두었는데, 딸은 남양인 홍비(洪棐)와 결혼하였다. 그런데 이 세보에는 2남 2녀가 더 기록되어 있다. 이 세보에 의하면, 아들은 훈(薰)과 신(藎)이었으며, 두 딸은 현령 임진(任振)과 문참판 윤효전(尹孝全)의 부실(副室) 즉 첩으로 출가했다. 그러나 이 세보에는 그들이 누구의 자식인지 기록되어 있지 않다.

측실에 대한 기록은 2001년에 출판된 『구간증보 덕수이씨세보』[14]에서 찾을 수 있다(〈그림 3〉). 이순신의 기사 말미에 "배우자 해주 오씨 부친 병마우후 수억. 해주 오씨의 옛 세보에는 기록되어 있지 않고, 순천 김씨가 와병 중에 남긴 유언장에 의거 수록했다.(配海州吳氏 父兵馬虞候壽億 註吳氏舊譜未記 順天金氏 臥病中 遺言書에 依據 收錄辛酉譜)"라는 문구가 있다.

子 舜臣 수신
字汝諧
一五四五年仁宗
乙巳三月八日子
時生(陽四月二
十八日)於漢城
乾川洞 一五七
配貞敬夫人尙州
方氏 一五四七
年明宗丁未八月
十日巳時生 父
寶城郡守震 祖
永同縣監中規
平昌郡守弘曾孫
外祖南陽洪胤弼
生三男一女▲忌
二月十六日▲墓
祔 夫人年甫十
二 火賊突入
方寶城公射賊矢
盡呼索房中箭而
侍俾爲賊內應潛
偸無餘矣 夫人
應聲曰 有急取
織具雜竹二抱擲
之 賊畏射 駭散
配海州吳氏 父
兵馬虞候壽億
註吳氏舊譜未記
順天金氏 臥病
中遺言書에 依據
收錄辛酉譜

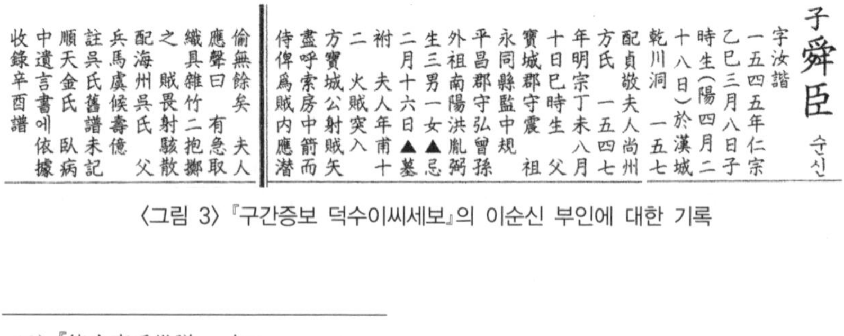

〈그림 3〉『구간증보 덕수이씨세보』의 이순신 부인에 대한 기록

13) 『德水李氏世譜』, 十二.

14) 『九刊增補 德水李氏世譜』, 信編上(德水李氏世譜刊行委員會, 2001), pp.15-18.

제12장 이순신의 여인들 369

그런데 『해주오씨세보』(〈그림 4〉)15)에 따르면, 군기소윤공파(軍器少尹公派) 12세손 오경운(吳慶雲)의 차남이 오수억(吳壽億, 1519~1594)이다. 무과에 급제하여 경상좌도 수군만호를 지낸 그에게는 아들이 없어 맏형 오수천(吳水千)의 삼남 오정방(吳定邦)을 양자로 입양하였다. 그러나 딸에 대해서는 아무런 기록이 없다.

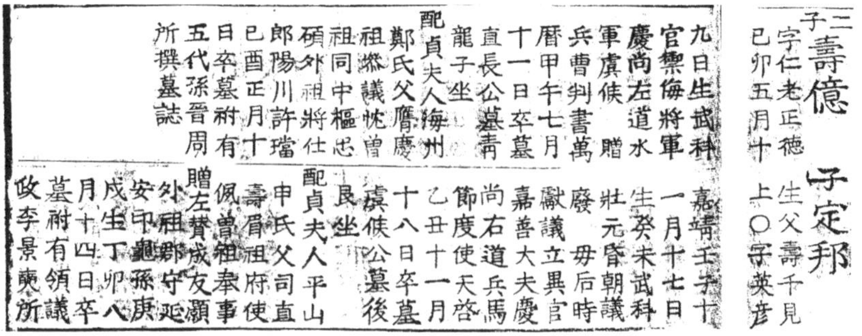

〈그림 4〉『해주오씨세보』의 오수억 관련 기사

〈그림 5〉『구간증보 덕수이씨세보』(2001)의 이훈에 대한 기록

2001년도판 『구간증보 덕수이씨세보』에 해주 오씨를 기록하게 만든 순천 김씨가 누구인지는 같은 책의 이훈과 관련된 기사에서 실마리를 찾을 수 있다.(〈그림 5〉) 이순신의 4남이자 서자 중 장남이었던 이훈(1574~1624)의 부인이 김춘여(金春汝)의 딸인 순천 김씨였다. 그렇기 때문

---

15) 『海州吳氏世譜』, 丙編下, 卷之一(1771).

에 이순신의 서자인 훈의 부인으로서 숙부인으로 봉해진 순천 김씨가 자기 남편의 생모에 대한 유언장을 남겼거나 그녀의 친정 쪽 인물이 유언장을 남겼다고 보아야 하지 않을까 생각한다.

한편,『난중일기』에는 또 다른 여성이 등장하고 있다. 1594년(甲午) 8월 2일 일기에 다음의 문구가 있다. "한밤중에 꿈을 꾸니, 부안사람이 아들을 낳았다. 달수로 따져보니 낳을 달이 아니었으므로 꿈이지만 내쫓아 버렸다.(子中 夢扶安人生男 以月計之則生月非月 故夢亦黜送之)." 이 문장으로만 보아서는 '부안사람'이 부안 출신 여성을 뜻하는지 '부안에 살고 있었던 여성인지 불분명하다. 이은상이 번역한『이충무공전서』와『난중일기』16)에는 "부안사람—공의 첩을 가리키는 것으로서 부안 출신이므로 그렇게 부른 것이다"라는 각주가 달려있다. 그런데 이순신의 측실인 해주 오씨의 인물들 즉 오경운, 오수억, 오정방의 묘는 모두 안성시 양성면 덕봉리 고성산에 있으며, 부안지역에는 해주 오씨의 집성촌이 없다.『가승』에 의하면, 이훈이 "임란 때에는 전라도 보성 땅에서 자랐다."17)고 기록되어 있다. 〈그림 5〉에서 "이훈의 부인 즉 순천 김씨의 부친 김춘여의 묘가 보성(寶城) 미력면(彌力面) 내죽방(內竹方)에 있음을 순천 김씨의 유언서에 의거 추록했다"는 기록과 임진왜란이 발발한 1592년에 이훈의 나이가 19세였음을 고려할 때, 이 기록은 임란 발발 당시 이훈이 처가인 보성에서 살고 있었음을 의미한다고도 할 수 있다. 따라서 부안은 이훈과도 아무런 연관성이 없는 곳임을 알 수 있다. '해주 오씨'와 '부안사람'을 별개의 여성으로 간주할 여지가 있다고 말할 수 있는 것은 이 때문이다.

그런데 '부안사람'이 이순신의 두 번째 소실이며, 윤연(尹連)의 누이를 지칭한다고 주장하는 사람도 있다.18) 1594년 11월 13일 일기에는 다음의

---

16) 李殷相 譯,『完譯 李忠武公全書』上(서울: 成文閣, 1989), p.333. ; 노산 이은상 역주해,『난중일기』(서울: 현암사, 1968), p.82.
17) 李殷相 譯,『完譯 李忠武公全書』下, p.180.
18) 다른시대 게시판, "[가십] 이순신의 여인들", 2010. 03. 12일 게재, http://blog.naver.com/vacation_map/1008249941

기록이 있다. "저녁 때 윤연이 자기 누이 편지를 가져왔는데, 망언이 많았다. 우스웠다. 버리고자 하면서 버리지 못하는 것에 까닭이 있다. 세 아이가 마침내 의지할 곳이 없게 되는 까닭이다.(夕尹連來 持其妹簡 則多有妄言 可笑 慾棄未能者有之 乃遺兒三息 終無依歸故也)" 또한 1597년 10월 25일자 일기에는 "윤연이 부안에서 왔다.(尹連自扶安來)"는 기록이 있다. 이 주장자는 이 두 가지 근거를 바탕으로 만일 "해주 오씨 외 다른 첩-즉 부안댁-의 존재가 있다고 한다면, 그 부안댁이란 이 윤연의 누이가 아닐까 생각"한다고 부언하고 있다. 그러나 1596년 6월 1일자 일기에는 "윤연이 자기 포구로 간다고 하기에 도양장의 종자 콩이 부족하거든 김덕록에게서 가져가도록 하라고 체지를 써주어 보냈다.(尹連往其浦云 故道陽場太種不足 則金德祿處太種取去事 帖送)"는 기록이 포함되어 있다. 이 기록은 윤연이 당시 도양장에서 일하고 있었던 것이 아닐까하는 생각을 갖게 한다. 도양장은 오늘날 고흥군 도덕면 도덕리를 지칭한다. 따라서 윤연이 부안 출신이라는 근거가 없으며, 그가 "부안에서 왔다."는 기록은 자기 고향이나 거주지인 부안에서 왔다는 것인지 부안에서 일을 보고 왔다는 것인지 명확하지 않은 표현이다. 또한 윤연의 누이에게 '남은 세 아이'는 누구의 자식이었을까? 이순신의 서자가 기록되어 있는 2001년판 『구간증보 덕수이씨세보』에는 해주 오씨 외에 다른 측실과 측실이 낳은 '남은 세 아이'에 대한 기록이 없을 뿐만 아니라 해주 오씨가 낳은 자식이 2남 2녀이기 때문에 '부안사람'의 '세 아이'와 차이가 있다.

이와 같이 볼 때, 이순신의 부인으로 본부인 상주 방씨와 측실 해주 오씨 두 명이 있었던 것은 분명하다. 그러나 그 외에 '부안사람'이 누구였으며 또한 그 여성을 이순신의 또 다른 측실로 간주해야 하는지는 명확한 근거가 없어 확언하기 어렵다. 단지 1594년 8월 2일 일기에 비록 꿈이지만 아들을 낳고 달수를 계산해보아 맞지 않으므로 내쫓았다는 사실만 알 뿐이다. 그러나 꿈에 "아들을 낳았다"는 것은 그가 이순신과 같이 잔 사실이 있는 여성이었음을 뜻하며, "내쫓아 버렸다"는 같이 살고 있었던 여성이었음을 뜻한다. '부안사람'은 제3의 측실이 아니었을까 하고 추측할 수 있을 뿐이다.

4. 이순신 주변의 여인들[19]

1) 여진(女眞)

'여진(女眞)'은 오늘날 소설과 드라마 덕분에 세인들의 입에 많이 오르내리고 있는 단어 중 하나이다. 이 단어가 등장하는 곳은 1596년(丙申) 9월 12일, 14일 그리고 15일의 일기이다. 〈그림 6〉은 이 3일간의 초고본 일기이며, 여진이 기록되어 있는 곳은 타원으로 표시된 부분이다.

『이충무공전서』의 원문(〈그림 7〉)과 이에 대한 이은상의 번역문에는 이 부분이 누락되어 있다.[20] 그런데 이은상이 역주해를 담당한 다른 번역서(〈그림 8〉)의 원문에는 '女眞,' '女眞二十,' '女眞三十'으로 표기되어 있지만, 번역문에는 이 문구들이 생략되어 있다.[21] 다른 한 번역서(〈그림 10〉 우)에는 이은상이 역주해한 번역서의 해당 부분이 그대로 이용되어 있으며, 단지 원문에 '(女眞)', '(女眞二十)', '(女眞三十)'처럼 여진과 관련된 문구를 ( ) 안에 표시한 점만 다르다.[22] 1935년에 편찬된 『조선사료총간』에는 '女眞', '女眞卄', '女眞

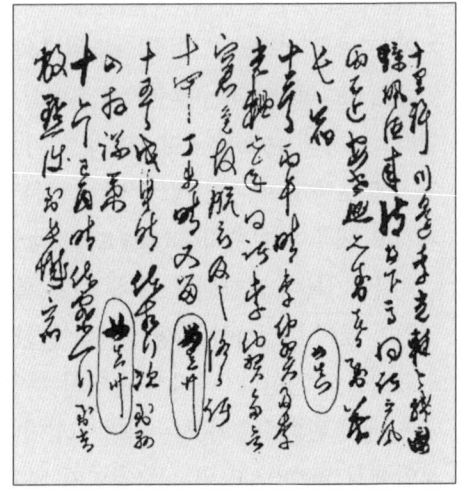

〈그림 6〉 초고본 『난중일기』의 1596년 9월 12일, 14일, 15일 기록

---

19) 이순신 주변의 여인들은 본부인과 측실을 제외하고 이순신과 관계를 맺은 적이 있는 여성들을 뜻한다.
20) 『影印 李忠武公全書』(서울: 成文閣, 1989. 2), p.231-232.
21) 노산 이은상 역주해, 『난중일기』(서울: 현암사, 1968. 5), pp.151-152와 295.
22) 李舜臣 著, 李珞浩 譯, 『李忠武公陣中日記 : 亂中日記』(서울: 東光文化社, 2005. 4), pp.300과 542.

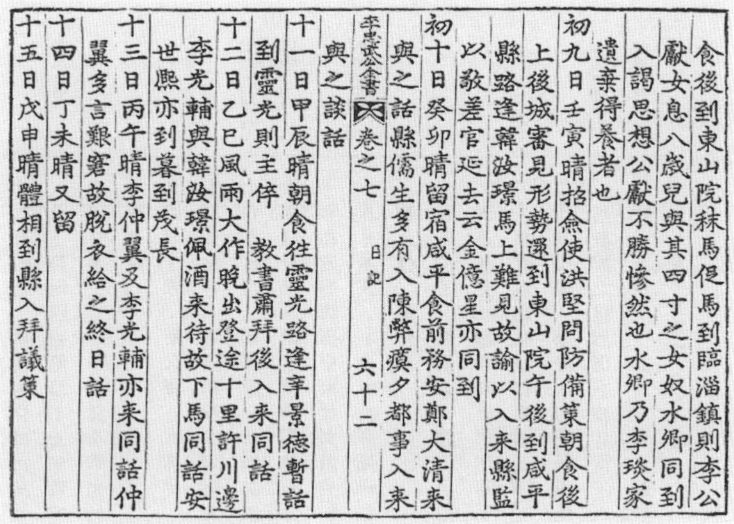

食後到東山院秣馬促馬到臨淄鎮則李公
獻女息八歲兒與其四寸之女奴水卿同到
入謁思想公獻不勝慘然也水卿乃李琰家
遺棄得養者也
初九日壬寅晴招僉使洪堅問防備策朝食後
上後城審見形勢還到東山院午後到咸平
縣路逢韓汝璟馬上難見故諭以入來縣監
以敬差官延去云金億星亦同到
初十日癸卯晴留宿咸平食前務安鄭大清來
與之話縣儒生多有入陳弊瘼夕都事入來
李忠武公全書 卷之七 日記 六十二
與之談話
十一日甲辰晴朝食往靈光路逢辛景德暫話
到靈光則主倅 教書肅拜後入來同話
十二日乙巳風雨大作晩出登途十里許川邊
李光輔與韓汝璟佩酒來待故下馬同話安
世熙亦到暮到茂長
十三日丙午晴李仲翼及李光輔亦來同話仲
翼多言艱窘故脫衣給之終日話
十四日丁未晴又留
十五日戊申晴體相到縣入拜議策

〈그림 7〉 『이충무공전서』의 1596년 9월 12일, 14일, 15일 기록

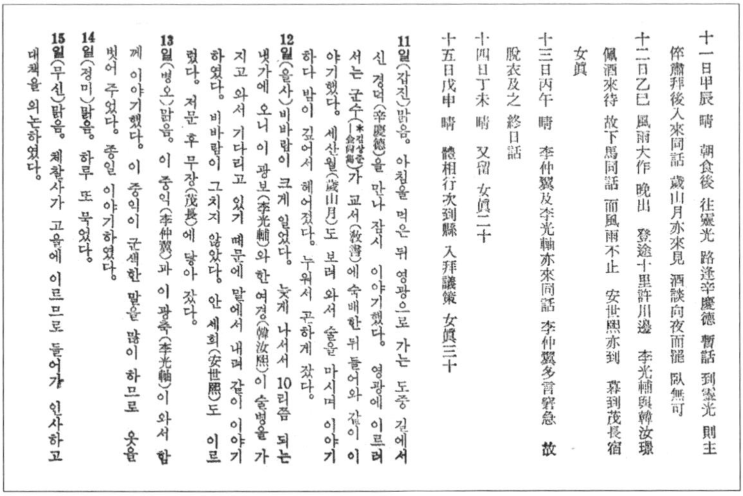

十一日甲辰 晴 朝食後 往靈光 路逢辛慶德 暫話 到靈光 則主
倅肅拜後入來同話 歲山月亦來見 酒談向夜而罷 臥無可
十二日乙巳 風雨大作 晩出 登途十里許川邊 李光輔與韓汝璟
佩酒來待 故下馬同話 而風雨不止 安世熙亦到 暮到茂長宿
女眞
十三日丙午 晴 李仲翼及李光輔亦來同話 李仲翼多言窘急 故
脫衣及之 終日話
十四日丁未 晴 又留 女眞二十
十五日戊申 晴 體相行次到縣 入拜議策 女眞三十

11일(갑진) 맑음. 아침을 먹은 뒤 영광으로 가는 도중 길에서 신경덕(辛慶德)을 만나 잠시 이야기했다. 영광에 이르러서는 군수(*김상준 金尙寯)가 교서(敎書)에 숙배한 뒤 들어와 같이 이야기했다. 세산월(歲山月)도 보러 와서 술을 마시며 이야기하다 밤이 깊어서 헤어졌다. 누워서 곤하게 잤다.

12일(을사) 비바람이 크게 일었다. 늦게 나서서 10리쯤 되는 냇가에 오니 이광보(李光輔)와 한여경(韓汝璟)이 술병을 가지고 와서 기다리고 있기 때문에 말에서 내려 같이 이야기하였다. 비바람이 그치지 않았다. 안세희(安世熙)도 이르렀다. 저문 후 무장(茂長)에 닿아 잤다.

13일(병오) 맑음. 이중익(李仲翼)과 이광축(李光軸)이 와서 함께 이야기했다. 이중익이 군색한 말을 많이 하므로 옷을 벗어 주었다. 종일 이야기하였다.

14일(정미) 맑음. 하루 또 묵었다.

15일(무신) 맑음. 체찰사가 고을에 이르므로 들어가 인사하고 대책을 의논하였다.

〈그림 8〉 이은상 역주해, 『난중일기』의 1596년 9월 12일, 14일, 15일 기록

卌'으로 표기되어 있다(〈그림 9〉).[23]

23) 朝鮮史編修會 編, 『朝鮮史料叢刊』, 第六 : 亂中日記草·壬辰狀草(京城: 朝鮮總督府, 1935), pp.216-217. 1922~5년에는 조선사편수회의 구성원이 33명(한국인 16,

茂長ニ宿ス

體察一行高敞ヨリ長城ニ到ル。體相立岩山城ニ往ク

光州ニ到ル

和順ニ宿ス

綾城ニ到ル

十二日乙巳 風雨大作、晩出、登途十里許川邊、李光輔與韓汝璟、佩酒來待、故下馬同話、而風雨不止、安世熙亦到、暮到茂長宿、 女眞

十三日丙午 晴、李仲翼及李光軸亦來同話、李仲翼多言窘急、故脫衣及之、終日話、

十四日丁未 晴、又留、 女眞廿、

十五日戊申 晴、體相行次到縣、入拜議策、 女眞卅、

十六日己酉 晴、體察一行、到高敞、點後到長城宿、

十七日庚戌 晴、體相與副使、往立岩山城、(長城郡北上面城內里) 吾獨到珍原縣、(長城郡珍原面珍原里) 與主倅同話、從事官亦到、暮到衙中、兩姪女出坐、叙久、還出小亭、與主倅(沈倫)及諸姪、向夜同話、

十八日辛亥 小雨、食後到光州、與主倅(崔鐵堅)話、雨勢大作、三更月色如晝、四更風雨大作、 領台、

十九日壬子 風雨大作、朝行迪來見、在珍原從事官簡及尹侃・蕣・荄問簡亦到、是朝光牧來、同朝飯因作酒不食而醉、入光牧別室處、大醉終日、午綾城(李繼命)入來、封庫、光牧、體相罷黜云、崔女貴之來宿、

二十日癸丑 雨勢大作、朝各項色吏論罪、晩見牧伯、登程之際、唐人二者、邀話、故醉之以酒、出來、終日雨下、未能遠行、到和順宿、

二十一日甲寅 或晴或雨、早到綾城(和順郡綾州面)、上最景樓、望見連珠山、主倅請酒、故暫

亂中日記草 (丙申九月) 二七

〈그림 9〉 조선사편수회, 『조선사료총간』의 1596년 9월 12일, 14일, 15일 기록

최근의 초고본 번역서는 이 부분에 대한 각주까지 달아 새롭게 해석하고 있다(〈그림 10〉 좌). 이 번역자는 '二十'과 '三十' 그리고 '廿'과 '卅'으로 판독한 기존의 연구결과들을 오독으로 간주하고 그 대신 그 두 문자를 모두 '共'으로 판독했다. 나아가 이 번역자는 "저물 무렵 무장에 이르러

일본인 17)이었으며, 1925~45년에는 41명(한국인 12, 일본인 29)이었다. 그들 중에는 한학과 한문에 조예가 깊은 사람들이 있었다고 보아야 할 것이다.

| 12일_을사. 비바람이 크게 불었다. 늦게 나서서 길에 오른 지 10리쯤 되는 냇가에 이광보李光輔와 한여경韓汝璟이 술을 갖고 와서 기다리고 있었다. 그래서 말에서 내려 함께 이야기를 하는데 비바람이 그치지 않았다. 안세희安世熙도 왔다. 저물 무렵 무장茂長 현이 고창에 이르러 여진女眞과 잤다.[560]
13일_병오_맑음. 이중익李仲翼과 이광축李光軸도 와서 같이 이야기했다. 이중익李仲翼이 군색한 말을 많이 하므로 내 옷을 벗어주었다. 종일 이야기했다.
14일_정미_맑음. 하루를 더 묵었다. 여진女眞과 함께 잤다.[561]
15일_무신_맑음. 체찰사가 현(무장현)에 이르렀기에 들어가 인사하고 대책을 의논하였다. 여진女眞과 함께 잤다.[562]

560 여진(女眞): 계집종의 이름. 조선시대의 노비에 관계된 자료중 신최흥(辛最興)이 관에 올린 소지(所志)를 보면, 女眞이 노비의 이름으로 쓰인 예를 볼 수 있다. "右謹言以牒事 ... 而二分·介也之·女眞等俱是加外德之所生..." | ○ 병신 9월 12일 을사 풍우 대작(1596년 11월 1일)
늦게 길을 떠나 십리쯤 되는 천변(川邊 : 전남 영광군 영광읍 계송리 와탄천)에 오니 이광보(李光輔)와 한여경(韓汝璟)이 술을 가지고 와서 기다린다. 말에서 내렸다. 안세희(安世熙)도 왔다. 저물어서야 무장(茂長)에 도착했다.
○ 병신 9월 13일 병오 맑음(1596년 11월 2일)
이중익(李仲翼)과 이광축(李光軸)이 또 와서 같이 이야기하는데 이중익(李仲翼)이 군색한 말을 하므로 옷을 벗어주고 종일 이야기했다.
○ 병신 9월 14일 정미 맑음(1596년 11월 3일)
또 무장에서 머물렀다.
○ 병신 9월 15일 무신 맑음(1596년 11월 4일)
도체찰사가 현(縣 : 무장현)에 도착했다 하므로 들어가 절하고 대책을 의논했다.

十二日乙巳 風雨大作 晩出 登途十里許川邊 李光輔與韓汝璟 佩酒來待 故下馬同話 而風雨不止 安世熙亦到 暮到茂長縣 (女眞)
十三日丙午 晴 李仲翼及李光軸來次同話 李仲翼多言窘急 故脫衣及之 終日話
十四日丁未 晴 又留 (女眞二十)
十五日戊申 晴 體相行次到縣 入拜講策 (女眞三十) |

〈그림 10〉 좌 : 노승석 옮김, 『이순신의 난중일기 완역본』
우 : 이용호 옮김, 『이충무공진중기록 난중일기』

여진과 잤다," "여진과 함께 잤다," "여진과 함께 잤다"고 번역하였다. 또한 이 번역자는 여진이 계집종의 이름이었다고 각주를 달고서 그 근거로 조선시대의 노비와 관계된 자료 중 신최흥(辛最興)이 관에 올린 소지(所志)에 여진이라는 노비의 이름이 적혀 있는 사실을 들었다.[24]

'여진'에 대한 판독과 번역은 이처럼 여러 가지가 있으며, 이 때문에 '여진'과 관련된 논란이 일어나고 있다고 할 수 있다. 따라서 '여진'의 문제에 대한 고찰은 원자료인 초고본 『난중일기』의 해당 부분(〈그림 6〉)을 세밀하게 살펴보는 것부터 시작해야 할 것으로 보인다.

논란의 핵심 중 한 가지는 '여진' 이후의 글자를 '二十'과 '三十', '卄'과 '卅', '共' 중 어느 것으로 보아야 하는가이다. 〈그림 11〉은 초고본 『난중일기』에서 관련된 글씨들을 집자한 것이다. 앞 두 글씨는 '여진' 바로 뒤에 이어져 있는 글씨이며, 중앙의 두 글씨는 '二十'이고[25], 뒤의 두 글씨는 '共'이다. '二十'과 '共'을 집자한 글씨들이 비슷해 보이지만, 위에서 아래로

---

24) 노승석 옮김, 『이순신의 난중일기 완역본』(서울: 동아일보사, 2005. 11), pp.375와 539-540.
25) 〈그림 12〉의 좌측 그림에는 20이 왼쪽에서 보듯이 보통 '二十'으로 쓰여 있지만, 오른쪽 그림에는 초서체로 쓴 부분들도 보인다. 〈그림 11〉에서 집자한 글자들은 〈그림 12〉의 우측 그림에서 발췌한 것들이다.

〈그림 11〉 초고본 『난중일기』에서 집자한 글씨

내리그은 오른쪽 선에서 확연한 차이를 발견할 수 있다. 꺾어지는 형태와 꺾어진 후 이어지는 선의 길이 면에서 '卄'이 '二十'보다 더 완만하고 길다. 한편 앞의 두 글씨는 '二十' 그리고 '卄'과 확연히 달라 보인다. 또한 앞 두 글자도 서로 달라 보인다. 두 글자는 오른쪽 수직선이 꺾임이 없이 거의 수직으로 쭉 뻗어 있으며, 수직선의 수는 14일자 글씨에서 2개이고 15일자 글씨에서는 3개이다. 따라서 〈그림 11〉에서 '二十'과 '卄'의 집자한 글씨들은 '여진' 다음에서 집자한 글씨들과 완연히 다르며, '여진' 다음에서 집자한 두 글씨도 서로 다른 것으로 볼 수 있는 여지가 있다고 할 수 있다. 오히려 이 두 글자의 글꼴은 '卅' 그리고 '卌'과 훨씬 더 비슷해 보이기까지 한다.

다음으로 문장의 형태를 살펴볼 필요가 있다. 〈그림 6〉에서 유의해볼 점이 또 있다. 9월 12일자 일기에는 '여진'과 그 앞 구절이 한참 떨어져 있는데, 그 떨어진 간격이 띄어쓰기 수준을 훨씬 넘어서는 것처럼 보인다. 9월 15일의 일기에서도 간격이 상당히 크게 나타나는데, 앞 구절과 지면 하단 끝부분과의 간격이 차이를 고려하면 12일의 일기와 다르지 않다고 할 수 있다. 간격이 비교적 짧은 것으로 나타나는 14일 일기도 본문을 쓰고 난 후 그 줄의 남은 여백이 좁아 간격이 상대적으로 좁게 나타날 뿐 12일과 15일의 형태와 같은 것으로 볼 수 있다. 이러한 문장 형태는 『난중일기』의 다른 부분에서는 전혀 찾을 수 없으며, 오로지 이 3일간의 일기에서만 나타나고 있다(〈그림 12〉와 비교해보라). 따라서 앞 구절과 '여진'을 이어지는 한 문장으로 붙여 해석하면 안 되는 것처럼 보인다.[26]

---

26) 1596년 6월 4일 일기의 원문에 若扼此險 則萬夫難過也 毛汝谷이라는 문구가 있는데,

제12장 이순신의 여인들 377

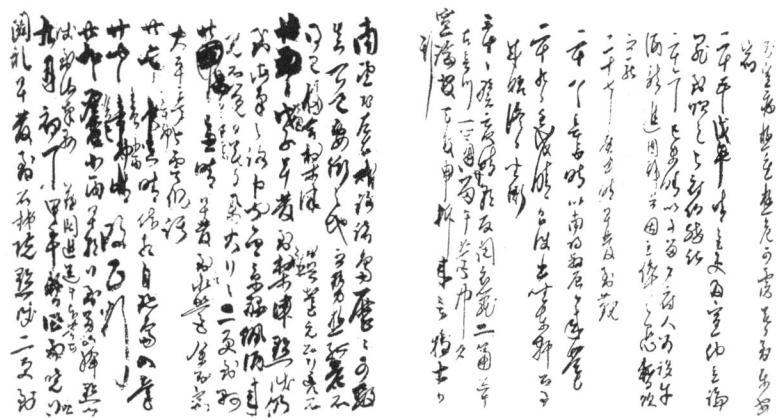

〈그림 12〉 초고본 『난중일기』

그럼에도 불구하고 최근 번역서에는 9월 12일 일기의 해당 부분이 "저물 무렵 무장에 이르러 여진과 잤다"라고 번역되어 있다.27) 이렇게 번역하려면 원문이 '暮到茂長宿 女眞共'이 아닌 '暮到茂長宿女眞共'의 형태로 쓰여 있어야 할 것으로 생각된다.

마지막으로 시간적 상황을 고려할 필요가 있다. 〈지도 1〉은 이순신이 1596년 윤8월 11일부터 9월 28일까지 47일간 이동한 경로를 『난중일기』를 근거로 작성한 것이다. 통제사 이순신은 1595년 가을에 삼남지역 도체찰사가 된 이원익의 각 지역 시찰을 수행하기 위해 1596년 8월 11일 한산도 진영을 선편으로 떠났으며, 12일에는 모친이 기거하는 여수 고음천에서 1박하였고, 순찰사 일행을 쫓아 바삐 행군하여 15일 순찰사를 만났다.

노승석 옮김, 『이순신의 난중일기 완역본』(서울: 동아일보사, 2005. 11), p.407에는 "만일 이 험한 곳을 눌러 지킨다면, 만 명의 군사라도 지나가기 어려울 것이다. 이곳이 모여곡이다"라고 번역되어 있고, 노산 이은상 역주해, 『난중일기』(서울: 현암사, 1968. 5), p.165에는 "만일 이 험한 곳을 눌러 지킨다면, 만 명이라도 지나가기 어렵겠다. 여기가 모여곡(毛汝谷)이다"라고 번역되어 있다. 초고본에서 '毛汝谷'이 앞 글자들과 이어져 있지만, 별개의 문장으로 번역되어 있음을 알 수 있다.

27) 노승석 옮김, 『이순신의 난중일기 완역본』(서울: 동아일보사, 2005. 11), pp.375와 539-540.

이어 순찰사 일행과 함께 낙안, 고흥 대곡리 산성, 흥양, 도양, 녹도, 장흥, 병영, 가리포, 우수영, 해남, 영암, 나주, 고막원, 다경포, 임치진, 함평, 영광을 거쳐 9월 12일 무장에 도착하였다. 무장에서 4일간 머문 후 16일 다시 출발하여 장성의 진원면, 광주, 화순, 능성, 보성군, 낙안, 순천, 여수 고음천 등을 거쳐 28일 좌수영으로 돌아왔다. 이순신은 체찰사를 모시고 자신의 전라도 관할 구역을 48일간(8. 11~9. 28)에 걸쳐 순시하였다. 여진이 등장하는 9월 12일, 14일, 15일은 바로 이 순시의 중간 기간으로 전라북도 고창과 무장 지방을 순시하고 있을 때에 해당된다. 또한 3개월 전인 6월에 이미 선조가 이순신에 대한 적대감을 노골적으로 표시하기 시작했으며, 두 달 전인 7월에는 전라도 의병장 김덕령이 억울하게 옥사하는 사건이 발생했고, 이 옥사사건으로 인해 흉흉해진 전라도 지방의 민심을 수습하기 위해 원균을 통제사와 동급인 전라병사로 임명했다. 자신에 대한 조정의 시선이 매우 나빠지고 있고, 죄는 없고 공만 있는 김덕령이 옥사했으며, 자신을 적대시하는 원균이 전라병사로 부임해 있는 상황에서 이순신이 도체찰사를 모시고 장기간 수행하는 도중 3일간 거의 계속해서 여성을 품을 수 있었을까? 또한 이때 갑자기 여진이라는 여인이 어떻게 등장할 수 있었을까? 이순신이 이동할 때 여진이 수행하기 위해 동행한 것일까? 그녀가 미리 그곳에 와있었던 것일까? 그도 저도 아니면 그녀가 그곳에서 살고 있었던 것일까? 여진을 여인으로 간주하고 또한 이순신과 3일간 동침했다라는 주장을 믿기에는 너무 강한 의문이 든다.

그렇다면 '여진', '여진□', '여진□', 이 세 가지 문구는 어떤 의미를 갖고 있는 것으로 보아야 할까? 필자의 경험으로 볼 때, 교수가 강의안을 직접 써서 작성하는 경우 자신만이 알 수 있는 기호, 축약어, 상징어 등을 사용하는 경우가 종종 있다. 고위관리나 군 지휘관이 군사기밀이든[28]

---

28) 군사기밀로 보는 사례도 있다. "丙申年 9月 12, 13, 14日字의 文章 끝에 女眞20, 女眞30은 忠武公만의 암호로 적은 것을 어느 소설가는 애인 여진으로 묘사하고 있다. 또 1977년 연세대출판부 하태웅 교수도 「진」을 연인으로 번역하고 있는데 이것도 오역이다. 이두를 잘 쓰던 이순신은 암호로 군사기밀 때문에 수군 모병의 뜻으로 余鎭을 기록한 것이 아닌가 싶다"(李舜臣 著, 李璩浩 譯, 같은 책, p.17

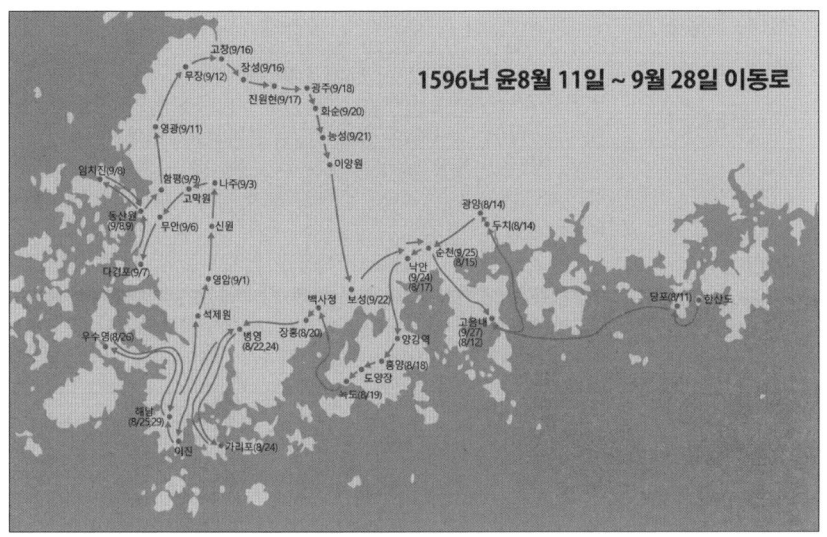

〈지도 1〉 이순신의 이동로(1596. 윤8. 11 ~ 9. 28)

사적인 사항이든 간에 자신만이 아는 비밀스런 사항을 일기나 비망록 혹은 개인수첩에 간단하게 기록해두는 것도 흔히 있는 일이다. 심지어 어떤 사실을 망각하지 않기 위해 여백에 문자로 표시를 해놓는 경우도 있을 수 있다. 이 모든 점들을 고려할 때, '여진'과 관련된 문구들은 앞 문구들과는 별개의 것들이며 또한 그 뜻이 무엇인지는 몰라도 이순신만 아는 비밀스런 표현으로 보는 것이 옳은 것처럼 생각된다. 모든 사람이 쉽게 알 수 있도록 일기를 써야만 하는 것은 아닌 것이다.

2) 그 밖의 여인들

『난중일기』에서 부인, 측실, '여진'을 제외하고 이순신과 관련이 있어 보이는 여성들에 대한 기록을 모아보면 〈표 1〉과 같다. 이 표에 등장하는 여성들은 6개 부류로 분류할 수 있다.

주).

〈표 1〉 이순신과 관련된 여성들이 등장하는 『난중일기』의 기록

번호	연도	월일	내용
①	1592	2. 19	순시를 떠나 백야곶 감독관 있는 곳에 이르니 승평부사가 그 아우를 데리고 와서 기다리고 있었다. 기생도 왔다.(妓生亦來)
②	1594	2. 5	어떤 미인이 혼자 앉아 손짓을 하는데, 나는 소매를 뿌리치고 응하지 않았으니 우스운 꿈이었다.(有一美人 獨坐指示 余拂袖不應 可笑)
③	1594	11. 13	저녁 때 윤연이 자기 누이 편지를 가져왔는데, 망언이 많았다. 우스웠다. 버리고자 하면서 버리지 못하는 것에 까닭이 있다. 세 아이가 마침내 의지할 곳이 없게 되는 까닭이다.(夕尹連來 持其妹簡 則多有妄言 可笑 慾棄未能者有之 乃遺兒三息 終無依歸故也)
④		11. 23	저녁 때 이경복이 소실을 데리고 들어왔다.(夕李景福與其房入來)
⑤	1596	2. 8	늦게 손인갑과 좋아지내던 여인이 들어왔다.(晩孫仁甲所兩人來)
⑥	1596	2. 11	날이 어두워질 무렵 영등포 만호가 자기 소실을 데리고 술병을 들고 와서 마시기를 권했다. 어린아이도 놓아두고 갔다.(初昏永登率其房人佩酒來勸 小者亦來 落歸)
⑦	1596	3. 9	개가 같이 잤다.(介與之共)
⑧	1596	3. 23	밤 9시 영등포만호가 자기의 어린 딸을 데리고 술병을 들고 왔다하나 나는 보지 않았다. 11시가 지나 돌아갔다.(初更後永登率其小女 佩酒來云 吾則不見 二更後還歸)
⑨	1596	9. 11	세산월도 와서 만나고 술 마시며 이야기하다가 밤이 깊어서 헤어졌다.(歲山月亦來見 酒談向夜而罷 臥無可)
⑩	1596	9. 19	최씨의 딸 귀지가 와서 잤다.(崔女貴之來宿)
⑪	1596	10. 4	저녁나절 남해가 자기 소실을 데리고 도착했다.(夕南海率其房人來到)
⑫	1597	7. 23	곤양 십오리원에 이르니 배백기의 부인이 먼저 도착해 있었다. 말에서 내려 잠깐 쉬었다.(隨發到昆陽十五里院 則裵伯起夫人行先到 下馬暫歇)

1) 기생(①, ⑨). ①은 이순신이 전란 전 관할 부대들에 대해 종합순시를 할 때 한 지방관리가 기생을 데리고 영접하러 나왔다는 내용이다. ⑨는 역시 도체찰사를 수행하는 도중 영광에서 세산월[29]이라는 기생과 술을 마셨다는 내용이다.

2) 타인의 부인과 소실(④, ⑥, ⑪, ⑫). ④는 이경복이 자기 소실을 데리고 한산도 진영에 왔다는 내용인데, 이경복은 목재 수송, 장계 송달,

---

[29] 노승석 옮김, 『이순신의 난중일기 완역본』(서울: 동아일보사, 2005. 11), pp.375에 서 역자는 歲山月이 아니라 萊山月로 판독하는 것이 옳다고 주장하고 있다.

탈영선 나포 등의 활동을 한 군관으로서 1592년 전란 초기부터 일기에 여러 차례 등장하는 이순신의 충복 중 한 명이다. ⑥은 한산도 진영에 있을 때 영등포만호 조계종이 자기의 소실과 딸을 데리고 와 이순신과 술을 마셨다는 내용이다. ⑪은 삼남지역 도체찰사 이원익의 시찰을 수행한 후 좌수영에 잠깐 머물렀을 때, 남해현감 박대남이 자기 소실을 데리고 왔다는 내용이다. ⑫는 칠천량 해전의 대패 소식을 듣고 패전의 현장을 조사하러 노량으로 갔다가 곤양으로 가던 이순신을 만나기 위해 배백기 즉 배홍립의 처가 기다렸다는 내용이다. 그런데, 이날 일기의 말미에는 "백기도 와서 잤다."는 문구가 있다.

3) 타인의 딸(⑧, ⑩). ⑧은 영등포만호 조계종이 자기 소실과 어린 딸(小女)을 데리고 와서 술을 마시자고 했으나 이순신이 조계종을 만나지 않았다는 내용이다. ⑩은 이원익 도체찰사의 시찰을 수행하던 중 체찰사가 파직시킨 광주목사 최철견의 딸이 와서 잤다는 내용이다. 이날 이순신은 최철견과 아침부터 술을 마셔 많이 취해 있었다.

4) 타인의 여인(⑤). ⑤는 전 장령이었던 정인홍에 의해 합천의 가장(假將)으로 추대되었으며 또한 마진(馬津) 전투와 낙동강에서의 왜선단 급습에 성공한 후 잔적을 추격하던 중 전사한 손인갑이 사랑하던 여인이 이순신의 진영에 왔다는 내용이다. 이 여인은 손인갑이 전사한 후 그의 미망인으로 대우받고 있었다.

5) 윤연의 누이(③). ③은 앞서 이순신의 측실을 고찰할 때 언급한 내용이다.

6) 미지의 여성(⑦). ⑦은 한산도 진영에 머물던 때 쓴 일기의 한 구절로서 '개(介)'라는 이름을 가진 사람이 와서 잤다는 내용이다. 이은상은 자신이 역주해한『난중일기』에 '개'가 "어떤 사람의 이름인 듯"이라는 주를 ( ) 안에 달아놓았다.[30] 노승석의 번역본에는 '개'가 여자종이었다는 역자주가 달려 있다. 이순신의 형제들이 물려받은 재산목록[31]에는 전주 계집종

---

30) 노산 이은상 역주해,『난중일기』(서울: 현암사, 1968. 5), p.132.
31) 현충사관리소 편저,『충무공 이순신과 임진왜란』(2001), p.229에 있는「초계변씨

석을개(石乙介), 나주 종 말석(末石)의 여섯째 여종 온개(溫介), 여종 춘금(春
今)의 첫째 여종 춘개(春介) 3명이 나타난다. 그런데 이 여종들은 재산을
별급한 시기가 1564년, 1575년, 1576년이었기 때문에 최소 20년에서 최대
33년 전의 일이다. 순신의 장형 희신(羲臣)에게 별급될 당시 석을개의
넷째 여종 은춘(銀春)의 나이가 26세였으니, 1596년에는 석을개의 나이가
60세가 지났을 것이다. 1564년 동생 우신(禹臣)에게 별급될 당시 춘개의
나이가 30세였으니, 1596년에는 50세 이상이었을 것이다. 그러나 온개의
나이는 알 수 없으며, 단지 그녀가 둘째형 요신(堯臣)에게 별급된 해가
1573년이니 1596년에는 최소한 23세 이상이었을 것으로 추측할 뿐이다.
한편 『난중일기』에는 이름에 '개(介)' 자가 들어있는 계집종(婢)이 나타나지
않으며, '개'자가 들어가는 남자종(奴)으로는 '개남(介南)'만 나타난다(1594
년 9월 6일). 따라서 ㉠의 '개'가 남성인지 여성인지, 그 신분이 무엇인지는
알 수 없으며, 단지 나이가 많은 사람이었던 것으로 추측할 수 있다.

한편 『난중일기』에는 불륜과 성폭행 같은 비정상적인 남녀관계에 대한
이순신의 생각을 알 수 있게 해주는 문구들이 있으며, 〈표 2〉는 이 문구들을
모아놓은 것이다.

ⓐ는 원균 수사가 자기 부하들인 공연수와 이극함이 좋아하는 여자들을
데리고 잤다는 내용이다. ⓑ는 이순신이 음란한 여성을 처벌했다는 내용이
다. ⓒ는 삼도순변사 이일이 순천에 주둔하고 있었을 때 관사가 아닌
성 밖에 있는 행위를 꾸짖었다는 꿈 이야기이다. ⓓ는 구례현감 조사겸이
사망한 후 수절하고 있던 미망인을 서산군수 안괄이 사통하려 한 사실을
알고 놀랐다는 내용이다. ⓔ는 원균이 자신이 데리고 온 서리를 육지로
출장 보내고서 그 틈에 서리의 부인을 사통하려 하자 그 부인이 거부하면서
밖으로 뛰쳐나와 악을 써 만인에게 알렸다는 내용이다. ⓕ와 ⓖ는 강간범을
효시하고 심문했다는 내용이다.

이와 같이 볼 때, 〈표 1〉의 6가지 부류의 여성 중에서 이순신이 관계를

별급문기』의 원문과 번역문을 참조.

〈표 2〉 비정상적인 남녀관계에 대한 『난중일기』의 기록

번호	연도	월일	내용
ⓐ	1594	1. 19	원 수사가 공연수와 이극함이 좋아하는 여자들과 모두 다 관계했다고 한다.(元水孔連水李克諴所眄 幷皆私之云)
ⓑ	1594	7. 3	음란한 계집을 처벌하였다.(淫女決罪)
ⓒ	1594	11. 25	새벽꿈에 이일과 만나 내가 많은 말을 하여, "이같이 국가가 위태롭게 된 날을 당하여 몸에 무거운 책임을 지고서도 나라의 은혜를 갚겠다고 생각은 하지 않고 배짱 좋게 음란한 계집을 끼고서 관사에는 오지 않고 성 바깥 여염집에 있으면서 남의 비웃음을 받으니 그래 어떠하며, 또 각 고을과 포구에 배정된 수군의 병기를 육군에서 독촉하기에 바쁘니 이것은 또한 무슨 까닭이냐?" 하니 순변사가 말이 막혀 대답을 하지 못했다.(曉夢與李鎰相會 余多費辭而言之曰 當國家危亂之日 身受重寄 不留心於報效 强畜淫女不入官舍 私處城外之家 取人譏笑 於意如何 又以舟師各官浦分定陸戰軍器 督促無定暇 是亦何理耶 巡邊言塞不答 缺身而覺 乃一夢也)
ⓓ	1597	5. 7	서산군수 안괄이 구례에 갔을 때 조사겸의 수절녀와 사통하려 했으나 뜻을 이루지 못했다고 한다. 놀랄 일이다.(适到求禮 欲私趙士謙守節而未能 可愕 可愕)
ⓔ	1597	5. 8	원가가 데리고 온 서리를 곡식을 사는 구실로 육지로 보내놓고, 그 처를 사통하려고 하니 그 계집이 말을 듣지 않고 밖으로 나와서 악을 쓴 일이 있었다고 한다.(多言元兇之事 又言其率來書吏 以貿穀爲名 送于陸地欲私其妻 而其者揚惡不從 出外高聲云)
ⓕ	1597	10. 30	늦게 적에게 붙었던 해남의 정은부와 김신웅의 계집 등 왜놈을 지시하여 우리 사람을 죽인 2명과 선비의 집 처녀를 강간한 김애남을 모두 목 베어 효시하였다.(晩海南附賊鄭銀夫及金信雄妻 倭奴指示殺戮我人者二名 士族處女奪奸金愛南幷斬梟)
ⓖ	1597	12. 5	해남의 강간하고 약탈한 죄인들을 함평이 자세히 심문했다.(海南辱掠人 詳覈咸平)

맺거나 정을 나눈 여성이 존재할 수 있는 가능성은 희박한 것으로 보인다. 어떤 여성이 진영에 "와서 잤다."는 표현은 문자 그대로 진영의 어딘가에서 잤다는 것인지 누구와 함께 정을 나누거나 관계를 맺으면서 잤다는 것인지 분명하지 않다. 그러나 "어떤 사람이 우리 집에 와서 잤다."라고 일기에 기록했다고 해서 일기를 쓴 사람과 함께 관계를 맺으면서 잤다는 것으로 그 기록을 해석하는 것은 지나친 비약일 뿐이다. 더구나 이순신은 수하들의

여자와 관계를 맺고 강제로 사통하는 행동은 물론 고위 장수의 문란한 음란행위도 한탄하고 엄히 꾸짖었으며, 또한 강간범에 대해서는 효시와 같은 중벌을 가하는 성품을 지니고 있었다. 그는 남녀 간의 도덕과 윤리를 중시하는 전형적인 유교시대의 인물이었던 것이다.

5. 맺음말

이순신의 여인들은 공식적인 부부관계에 있는 부인과 측실 그리고 다른 여인들로 나눈 후 후자를 소설과 방송에서 많이 다루어지고 있는 '여진'과 그 밖의 여인들로 다시 나누어 살펴보았다. 부인의 경우에는 덕수 이씨, 상주 방씨, 해주 오씨의 족보를 주요 근거로 추적했다. '여진'의 경우에는 '여진'의 출전인 『난중일기』의 해당 부분을 재고찰하였다. 그 밖의 여인들은 그 여성들의 신분, 타인들의 불륜에 대한 이순신의 생각, 그 여성이 일기에 등장하는 시대의 상황 등을 고려하여 살펴보았다.

이순신의 본부인이 상주 방씨이며, 측실이 해주 오씨임은 분명한 것으로 보인다. '부안사람'은 근거가 없어 측실인지 여부를 밝히기 어려운 인물로 보인다. 그러나 비록 꿈속이지만 그녀가 '득남'을 했으며, 산달을 계산하니 틀려 그녀를 내쫓았다는 일기의 내용으로 볼 때, 이순신과 관계를 맺은 적이 있고 같이 살았던 여성인 것으로 추측할 수 있다. 그럼에도 불구하고 엄밀하게 말하면, '부안사람'은 그녀와 관련된 기록을 『난중일기』 외의 어느 곳에서도 찾을 수 없기 때문에, 밝힐 수 없는 여성으로 남을 수밖에 없을 것으로 보인다.

'여진'과 관련된 문구가 『난중일기』 초고본에 기록되어 있는 형태와 '여진' 이후의 글자에 대해 여러 가지 의견이 있지만, '여진'이 사람을 지칭하는지조차 불분명하며, 사람을 지칭한다고 하더라도 계집종이나 관기로 보기에는 무리가 따르는 것으로 보인다. '여진' 다음의 글자가 '共'이 아닌 'ㅐ'과 'ㅒ'일 가능성을 배제할 수 없기 때문에 해석에도 재고의 여지가 많아 보인다. 이 문구는 비밀스런 사항이나 중요한 특이사항을 자신만 알 수 있도록 기록해놓은 문구인 것으로 생각된다.

그 밖의 여인들의 경우에는 기생, 타인의 부인과 소실, 타인의 딸, 타인의 여인, 윤연의 누이, 미지의 여성으로 총 6가지 부류로 나눌 수 있었다. 기생이 술좌석에 합석한 경우는 분명히 나타나고 있다. 휘하 장수들이 자기 부인, 소실, 딸을 군영에 데리고 온 후 이순신과 술을 마신 경우는 있었던 것으로 보이는데, 그 술좌석에 그 여성들이 참석했는지는 알 수 없으며, 그리고 이순신이 그 여성들과 같이 잠을 잤을 가능성은 없어 보인다. 휘하 장수의 미망인의 경우도 같은 상황이었던 것으로 보인다. 윤연의 누이는 그녀에게 세 아이가 있다는 것으로 보아 유부녀이거나 과부였을 것으로 보인다. 미지의 여성을 지칭하는 '개'는 남성인지 여성인지 혹은 종인지 여부 자체가 불확실한 인물이었다. 더구나 장졸들의 불륜이나 사통, 고위관리의 비도덕적인 여성편력, 강간 등에 대해 엄히 꾸짖고, 조소하며, 처벌했다는 기록이 『난중일기』에 여러 차례 나타나고 있는 것은 이순신이 이 6가지 부류의 여성들과 관계를 가졌을 가능성을 더욱 희박하게 만들고 있다.

이와 같이 볼 때, 이순신의 여성들은 본부인 1명(자식 3남 1녀), 측실 1명(자식 2남 2녀), 측실로 추정되는 여성 1명이라 할 수 있으며, 이를 도표로 정리하면 다음과 같다.(〈표 3〉)

이순신의 인간적인 면모는 여성과의 관계를 통해서만 알 수 있는 것이 아닐 것이다. 『난중일기』에서 수없이 볼 수 있는 국왕과 사직에 대한 걱정, 가족에 대한 걱정, 모친과 자식의 죽음에 대한 통곡, 부인이 와병 중일 때 걱정, 피난민에 대한 염려, 부하 장졸들의 생활환경에 대한 걱정, 지인들에 대한 의리, 아파서 잠을 못자거나 아픔을 잊기 위해 술을 너무 마셔 인사불성이 된 사실, 고관이나 동료 장수들의 언행에 대한 비분강개, 적에 대한 분노 등이야말로 이순신의 인간적인 면모를 알 수 있게 해주는 요소들이 아닐까? 이제 이순신에 대해서만큼은 문학계에서 허구를 사실로 왜곡하는 사람, 현대사에 대한 선입견으로 위인과 영웅에 대한 호칭을

〈표 3〉 이순신의 부인과 자녀의 가계도

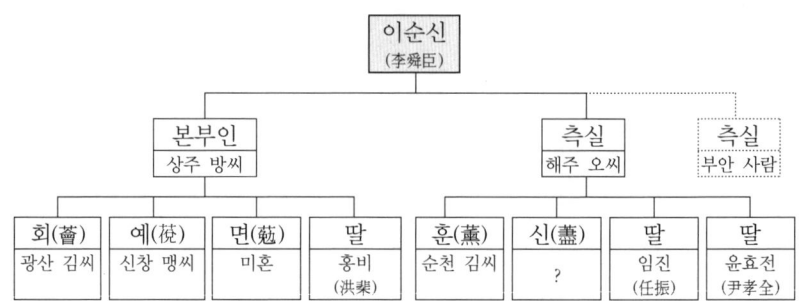

거부하는 사람, 대중의 흥미를 유발하기 위해 지나치게 자극적인 용어를 사용하는 사람 등이 없기를 바란다.

제4부

세계 군함의 역사에서 거북선의 자리는 어디일까?

제13장

서구 언론에 소개된 거북선(1894~1921)

1. 머리말

   1890년대 중반부터 1920년대 초까지 서구에서 거북선 관련 기사가 많은 지방의 신문과 잡지에 여러 차례 게재되었다. 이 기사들은 대부분 미국의 언론매체에 게재되었고, 일부는 캐나다와 영국의 언론매체에 게재되었다. 조선이라는 나라가 미국인들에게 잘 알려지지 않았고 또한 미국의 외교정책에서 조선이 중국이나 일본에 비해 상대적으로 중시되지도 않았던 시기에 갑자기 이러한 현상이 나타난 것은 기이하고 흥미로운 현상이라 아니할 수 없다.

   이 사실은 우리나라에 최근에야 알려졌기 때문에 제대로 연구되지 못하고 간략하게 일부를 소개한 것이 전부이다.[1] 이 글은 이 사실을 좀 더 깊게 살펴보아야 할 필요성을 느껴 작성되었다. 고찰 방법으로는 먼저 언론기사의 게재 현황을 살펴본 후, 그 기사의 내용을 살펴볼 예정이다. 이어서 그 기사 내용을 분석하고, 이 시기에 언론기사가 집중적으로 많이 게재된 이유 그리고 이 현상이 학계에 미친 영향을 살펴볼 예정이다.

   우리나라에서는 거북선의 개판 위에 철갑을 씌웠다는 주장과 철갑이 아니라 목판을 씌웠다는 주장 그리고 아직 명확한 자료가 없으니 신중하자

---

  1) 조지 클레튼 포크 저, 사무엘 홀리 편집·소개, 조법종·조현미 번역·주석, 『화륜선 타고 온 포크, 대동여지도 들고 조선을 기록하다』(서울: 알파미디어, 2021), pp.44-60의 「서양에 거북선을 최초의 철갑함으로 알린 포크」를 참조.

는 주장이 있어 왔다.2) 그러나 여러 기관이 복원한 거북선이나 모형은 대부분 철갑 씌운 것이었다가, 최근에는 목판을 씌운 복원선이 등장했다.3) 서구에서는 철갑론과 목갑론이 제기되어 왔지만, 목갑론을 주장하는 사람은 극히 소수이고, 대부분의 외국인은 거북선을 철갑선으로 간주해왔다. 이 글은 거북선이 철갑선이라는 인식이 서구에 어떻게 확산되기 시작했는지를 알 수 있는 단초를 제공해줄 것이다.

2. 거북선 관련 언론기사의 게재 현황

거북선 관련 기사는 1894년 8월 9일부터 게재되기 시작했는데, 이 기사를 게재한 것은 모두 미국의 언론매체였다. 그해 8월부터 10월까지 3개월 동안 거북선 관련 기사를 게재한 언론매체는 〈표 1〉과 같았다.4)

미국에서 거북선 관련 기사는 13개 주5)의 22가지 지방신문에 22회 게재되었으며, 이 기사를 게재한 신문의 종류도 22가지였다. 월별로 보면, 관련기사가 8월에 13회, 9월에 2회, 그리고 10월에 7회 게재되어 8월과 10월에 집중적으로 많이 게재되었음을 알 수 있다. 이 사실만 보아도 놀라운 일이 아닐 수 없는데, 더욱 경악하게 만드는 것은 거북선 관련

---

2) 김주식, 「거북선 구조에 대한 연구사적 고찰」, 『Strategy 21』, Vol.10, No.2, 2007. 10.
3) 『임진왜란기 거북선 건조 결과 보고서』(해군사관학교 박물관, 2024).
4) 미국 언론의 거북선 관련 기사에 대한 모든 자료는 우석대학교 조법종 교수로부터 제공받았다. 조 교수는 이 자료들이 ed. and int., Samuel Hawley, Inside the Hermit Kingdom : The 1884 Korea Travel Diary of George Clayton Foulk (Lanhan & Plymouth : Lexington Books, 2008)을 번역하는 과정에서 각고의 노력으로 직접 발로 뛰어 찾은 자료임을 알려주었는데, 그럼에도 불구하고 귀한 자료의 이용을 흔쾌하게 허락해준 것에 깊은 감사를 드린다.
5) 거북선 관련 기사가 게재된 언론매체들의 소속 주(게재 횟수)는 New York(4), Kansas(4), Pennsylvania(2), Nebraska(2), Illinois(2), Delaware(1), Ohio(1), North Carolina(1), California(1), Oklahoma(1), Missouri(1), Hawaii(1), Michigan(1)이었다.

〈표 1〉 1894년 미국 언론에 거북선 관련 기사가 게재된 현황

게재일	언론매체명 (지역)	게재일	언론매체명(지역)
8. 9	The Sun (New York, New York)	8. 26	St. Louis Post-Dispatch (St. Louis, Missouri)
8. 9	The New York Times (New York, New York)	8. 26	The San Francisco Examiner (San Francisco, California)
8. 9	The Morning News (Wilmington, Delaware)	9. 18	The Honolulu Advertiser (Honolulu, Hawaii)
8. 10	Democrat and Chronicle (Rochester, New York)	9. 19	Chicago Tribune (Chicago, Illinois)
8. 11	The Semi-Weekly New Era (Lancaster, Pennsylvania)	10. 4	Weekly Review (Beaver Crossing, Nebraska)
8. 11	The Inquirer (Lancaster, Pennsylvania)	10. 4	The Pilot (Blair, Nebraska)
8. 11	Buffalo Courier (Buffalo, New York)	10. 5	The Argentine Eagle (Argentine, Kansas))
8. 11	The Piqua Daily Call (Piqua, Ohio)	10. 11	The Jewell County Review (Mankato, Kansas)
8. 12	The Wilmington Morning Star (Wilmington, North Carolina)	10. 11	The Peoples Herald (Quenemo, Kansas)
8. 19	Chicago Tribune (Chicago, Illinois)	10. 12	The Yale Expositor (Yale, Michigan)
8. 25	Newspaper (Cleveland County Leader Lexington, Oklahoma)	10. 16	The Coffeyville Daily Journal (Coffeyville, Kansas)

기사가 이후에도 1921년 3월까지 계속해서 나타났다는 사실이다.

〈표 2〉에서 보는 것처럼, 미국에서 거북선 관련 언론기사는 1894년 이후에도 1895년 1회, 1897년 2회, 1899년 34회, 1900년 1회, 1903년 1회, 1904년 2회, 1905년 1회, 1906년 1회, 1915년 3회, 1920년 3회, 1921년 1회 게재되었다. 관련기사를 게재한 언론매체의 소재 주는 1894년보다 12곳[6]이 더 늘었다. 미국에서 23개 주의 43가지의 언론매체에서 50회

---

6) 새로 증가한 주는 North Dakota(2), Wisconsin(2), Distrct of Columbia(2), Massachusetts(1), Montana(1), Iowa(1), Georgia(1), Alabama(1), Wisconsin(1) Indiana(1), Louisiana(1), Misnnesota(1), New Jersey(1)였다. 한편 1899년에 기사를 게재한 언론매체의 소속 주 중에서 이 기간 동안 게재 횟수가 증가한 주는 다음과 같았다. Kansas(4→15), New York(4→10), Ohio(2→5), Missouri(1→5),

〈표 2〉 1895~1921년 서구 언론에 거북선 관련 기사가 게재된 현황

연월일	언론매체명(지역명)	연월일	언론매체명(지역명)
1895. 9.23.	The Butte Miner (Butte, Montana)	1899. 8. 3.	Greensboro Watchman (Greensboro, Alabama)
1897.10.24	The Sun (New York, New York)	1899. 8.10.	Chase County Leader (Cottonwood Falls, Kansas)
1897.11. 3	The Boston Daily Globe (Boston, Massachusetts)	1899. 8.31.	Chase County Leader (Cottonwood Falls, Kansas)
1899. 2.20.	Courier Democrat (Langdon, North Dakota)	1899. 9. 7.	The Pick and Gad (Shullsburg, Wisconsin)
1899. 2.22.	The Washburn Leader (Washburn, North Dakota)	1899. 9. 8.	The Blanchardville Blade (Blanchardville, Wisconsin)
1899. 5.26.	Marietta Daily Leader (Marietta, Ohio)	1899. 9.16.	The Olpe Optic (Olpe, Kansas)
1899. 5.29.	The Brooklyn Citizen (Brooklyn, New York)	1899.10.20.	Dawes County Journal (Chadron, Nebraska)
1899. 5.29.	The Macon Telegraph (Macon, Georgia)	1899.10.21.	The Windsor Star (Windsor, Ontario, Canada)
1899. 5.30.	The Morning News (Wilmington, Delaware)	1899.10.26.	The Waterloo Press (Waterloo, Indiana)
1899. 6. 1.	Harper's Magazine (New York, New York)	1899.11. 1	The Homer Index (Homer, Michigan)
1899. 6. 1.	The Atchison Daily Globe (Atchison, Kansas)	1899.12. 8.	Crawford County News (Bucyrus, Ohio)
1899. 6. 2.	The Victoria Daily Times (Victoria, British Columbia, Canada)	1899.12.21.	Poplar Bluff Citizen (Poplar Bluff, Missouri)
1899. 6. 6.	The Bucyrus Evening Telegraph (Bucyrus, Ohio)	1900. 8. 3.	The Madisonian and Index and News (Madison, Kansas)
1899. 6. 8.	The Morning Post (London, Greater London, England)	1903. 3. 8.	The Honolulu Advertiser (Honolulu, Hawaii)
1899. 6. 9.	Bucyrus Journal (Bucyrus, Ohio)	1904. 4.30.	The Dispatch (Moline, Illinois)
1899. 6.18.	Buffalo Courier (Buffalo, New York)	1904.10. 1.	The Cincinnati Enquirer (Cincinnati, Ohio)
1899. 6.22	Sioux City Journal (Sioux City, Iowa)	1905. 9.19.	The Times-Democrat (New Orleans, Louisiana)

Pennsylvania(2→5), Illinois(2→4), Oklahoma(1→3), Delaware(1→2), Nebraska(1→2), Michigan(1→2), Hawaii(1→1).

1899. 6.22.	St. Louis Post-Dispatch (St. Louis, Missouri)		1906. 2.18.	The Washington Times (Washington, District of Columbia)
1899. 6.23.	The Gazette (York, Pennsylvania)		1908. 6.18.	The Guardian (London, Greater London, England)
1899. 6.25.	Democrat and Chronicle (Rochester, New York)		1915. 9.22.	Buffalo Evening News (Buffalo, New York)
1899. 7. 1.	The Atchison Daily Globe (Atchison, Kansas)		1915. 9.22.	Chicago Tribune (Chicago, Illinois)
1899. 7. 5.	Harrisburg Telegraph (Harrisburg, Pennsylvania)		1915. 9.22.	The Washington Post (Washington, District of Columbia)
1899. 7. 7.	The Madisonian and Index and News (Madison, Kansas)		1920. 1.19.	The Guardian (London, Greater London, England)
1899. 7. 7.	The Sedalia Democrat (Sedalia, Missouri)		1920. 2.14.	Star Tribune (Minneapolis, Minnesota)
1899. 7.14.	The Galena Daily Republican (Galena, Kansas)		1920. 3.30.	The Vancouver Sun (Vancouver, British Columbia, Canada)
1899. 7.15.	The Galena Daily Republican (Galena, Kansas)		1920. 4.24.	The Morning Call (Paterson, New Jersey)
1899. 7.26.	South McAlester Review (McAlester, Oklahoma)		1920.10. 1.	St. Joseph Gazette (St. Joseph, Missouri)
1899. 7.27.	Western Herald (Jetmore, Kansas)		1921. 3.24.	The Tonkawa News (Tonkawa, Oklahoma)

게재되었고, 또한 이 기사들이 1899년 6월부터 12월 사이에 34회나 집중적으로 많이 게재되었다.

전체적으로 보면 미국에서 1894년 8월 9일부터 1921년 3월 24일까지 28년 동안 미국의 25개 주의 언론매체에 거북선 관련 기사가 72회나 게재되었다. 1921년 당시 미국 주는 48개였기 때문에 절반 이상의 주에서 거북선 관련 언론기사가 게재되었음을 알 수 있다. 그런데 〈표 2〉에는 캐나다와 영국의 언론매체도 포함되어 있다. 캐나다에서는 2개 지역의 3가지 언론매체에서 3회 그리고 영국에서는 1개 지역의 2가지 언론매체에서 3회 게재되었다.[7] 따라서 미국, 영국, 캐나다를 모두 합하면 1894년부터 1921년까지 거북선 관련 기사가 28개 지역에서 70여 가지의 언론매체에서 78회 게재되었다고 할 수 있다.

3. 언론기사의 내용

관련기사를 최초로 게재한 1894년 8월 9일자 『더 선(The Sun)』의 기사는 「한국의 한 철갑선(COREA'S ONE IRONCLAD)」이라는 제목과 「1619년 일본과의 전쟁 때 사용하려고 건조-지금도 존재」의 부제를 달고 있었는데, 그 내용은 다음과 같았다.

> 워싱턴, 8월 8일 : 1883년 해군성에 제출한 보고서에서 서울주재 미국공사관에 근무하며 한국에서 몇 년을 보낸 조지 C. 포크(George C. Foulke) 해군소위는 한국의 해상전력에 대해 이렇게 썼다.
> "구 해군은 사각갈고리(grapnels), 구멍을 내는 창(punching pikes), 소형화기(small firearms)로 무장한 정크선들로 구성되어 있었다. 현재는 전쟁 목적으로 보관되고 있는 선박들이 전혀 없다. 1619년 일본과의 마지막 전쟁 중에 한국인이 만든 철제 거북등 함선은 일본의 목제 정크선들에 대해 매우 성공적으로 사용되었다. 거북등 밑 현창(舷窓, ports)에서 사각갈고리가 일본 정크들에게 던져졌고, 일본 정크선들은 선체에 구멍이 나 전복되거나 침몰했다. 이 철갑선은 용용(Yong Yong)에 여전히 존재하고 있으며, 세계에서 가장 오래된 것은 아니라 해도 가장 오래된 철갑선 중 하나이다."[8]

같은 날 게재된 다른 언론기사들도 형식과 내용이 거의 동일했으며,

---

7) 캐나다에서는 Ontario(3)와 British Columbia(3)에서 그리고 영국에서는 Greater London(3)의 신문에서 게재되었다.
8) *The Sun* (New York, New York), 1894. 8. 9.

제13장 서구 언론에 소개된 거북선(1894~1921) 395

> **COREA'S ONE IRONCLAD.**
> **It Was Built for Use in the War with Japan in 1619—Still in Existence.**
> WASHINGTON, Aug. 8.—Ensign George C. Foulke, U. S. N., who spent several years in Corea, in charge of the American Legation at Seoul, in a report to the Navy Department in 1883, wrote regarding Corean strength at sea:
> "The old navy consisted of junks, which were armed with grapnels, punching pikes, and small firearms. At present there are no vessels kept for war purposes at all. During the last war with the Japanese in 1619 an iron turtle-backed vessel was built by the Coreans and very successfully used against the Japanese wooden junks. From ports under the turtle-back grapnels were thrown on the Japanese junks, which were then capsized or sunk by having holes punched in them. This ironclad is still in existence at Yong Yong; it is one of the oldest, if not the oldest, ironclad in the world."

> **ANCIENT AND FISHLIKE.**
> **Corea Said to Have an Ironclad Built in 1619.**
> WASHINGTON, Aug. 8.—Ensign George C. Foulke, United States Navy, who spent several years in Corea, in charge of the American Legation at Seoul, in a report to the Navy Department in 1883, wrote regarding Corean strength at sea:
> "The old navy consisted of junks which were armed with grapnels, punching pikes, and small firearms. At present there are no vessels kept for war purposes at all.
> "During the last war with the Japanese, in 1619, an iron turtle-backed vessel was built by the Coreans, and very successfully used against the Japanese wooden junks; from ports under the turtle-back grapnels were thrown on the Japanese junks, which were then capsized or sunk by having holes punched in them. This ironclad is still in existence at Yong Yong; it is one of the oldest, if not the oldest, ironclad in the world."

좌: *The Sun* (New York, New York), 9 Aug 1894, Thu, Page 1
우: *The New York Times* (New York, New York), 9 Aug 1894, Thu, Page 5

다만 기사 제목만 달랐다.9) 예를 들면, 『더 뉴욕 타임즈(*The New York Times*)』의 기사 제목은 「고대의 물고기 모양 함선(ANCIENT AND FISHLIKE)」이었고, 「한국이 1619년에 철갑선을 건조했다고 전해진다.」라는 부제가 달려 있었다. 『더 모닝 뉴스(*The Morning News*)』는 관련기사에 부제 없이 「한국 해군의 전력(Korean Navy's Strength)」이라는 제목을 달았다.10) 또한 같은 해 8월 19일자 『시카고 트리뷴(*Chicago Tribune*)』은 「한국인이 최초의 철갑선을 건조하다(Corean Built First Ironclad)」라는 제목을 달았으며, 기사 서두에 "한국인이 최초의 철갑선을 건조한 것으로 알려져 있으며, 이 배는 여전히 존재한다고 한다. 1883년 포크 해군소위는 그 자신이 서울에서 보낸 보고서에서 다음과 같이 설명했다."고 쓰여 있다.11)

> **Coreans Built the First Ironclad.**
> The Coreans are credited with constructing the first ironclad, and it is said the vessel is still in existence. In 1883 it was described as follows by Ensign Foulke of the navy, in a report from Seoul: "The old navy consisted of junks, which were armed with grapnels, punching pikes, and small firearms. At present there are no vessels kept for war purposes at all. During the last war with the Japanese in 1619 an iron turtle-backed vessel was built by the Coreans, and very successfully used against the Japanese wooden junks. From ports under the turtle-back grapnels were thrown on the Japanese junks, which were capsized or sunk by having holes punched in them. This ironclad is still in existence at Yong Yong; it is one of the oldest, if not the oldest, ironclad in the world."

Chicago Tribune
(Chicago, Illinois), 19 Aug 1894

---

9) *The New York Times* (New York, New York), 9. Aug. 1894, Thu, page 5.
10) *The Morning News* (Wilmington, Delaware), 1894. 8. 9.
11) *Chicago Tribune* (Chicago, Illinois), 1894. 8. 19.

The Sun (New York, New York), 24 Oct 1897, Sun, Page 19   *The Boston Daily Globe* (Boston, Massachusetts), 03 Nov 1897, Wed, Page 8

이 기사들은 8월 8일 워싱턴에서 취재하고 내용이 동일한 것으로 보아 서울주재 미국공사관대리로 근무하던 포크 해군소위가 1883년 미국 해군성에 보낸 보고서에 대한 해군성의 보도자료를 근거로 한 것처럼 보인다.

그로부터 3년 뒤인 1897년 10월 24일자『더 선』의 기사와 같은 해 11월 3일자『더 보스턴 글로브(The Boston Globe)』의 기사도 제목과 부제가 각각 다르다. 전자는「중국의 초기 철갑선(Early Chinese Ironclads)」이라는 제목과「한국과 일본 간의 전쟁에서 사용하려고 수세기 전에 건조된 특이한 함선」이라는 부제를, 후자는「모두를 위한 좋은 이야기(GOOD STOTTRIES FOR ALL)」라는 제목과「1619년 중국에서 건조된 장갑전함(Armed Battleship)」이라는 부제가 달려있으며, 그 내용 중 하나는 다음과 같다.

브루클린(Brooklyn)에서 살던 그의 아버지가 막 소유하게 된 고 포크(George C. Foulke) 해군대위의 개인 소지품 중에는 특이한 옛 한국 인쇄물이 있다. 그것은 전에 건조된 적이 없는 최초의 철갑전함 함대에 속했던 2척의 함선과 그에 대한 오래된 설계도가 그려져 있다.

인쇄물에 첨부된 두루마리는 한문으로 쓰여 있다. 거북선이라고 불리는 이 함선은 1619년 한국과 일본의 전쟁 기간 동안 한국을 돕기 위해 파견된 중국사령관 리춘신(Rischunshin) 장군에 의해 건조되었다고 전해진다.

이 두루마리에는 "이 함선들이 그때부터 수리되지 않았고, 이제 두 척만 남아있다."라고 쓰여 있다.

현재는 이 선박들 중 한 척만 존재하는 것으로 알려져 있다. 이 함정은 1884년이나 1885년에 포크 대위에 의해 한국의 용용(Yong Yong)에서 발견되었다. 당시 미 해군소위였던 포크는 1876년부터 1882년까지 일본에서 근무했으며 일본어와 한국어, 중국어를 배웠다. 그는 1883년 12월 미국함정 트렌튼함(USS *Trenton*)에 승함해 워싱턴에서 귀국하는 조선 외교사절을 호위한 것으로 알려졌다. 포크는 바로 다음 해에 서울에서 미국 공사로 근무했다. 즐기는 동시에 관찰도 할 겸 조선을 여행하는 동안, 그는 오래된 철갑선에 대해 듣고 그것을 추적했다. 그 후 그는 현재 우리나라에 있는 두루마리 자료를 확보했다.

포크는 몇 년 전 해군을 떠나 교토 도시샤(Dosisha, 同志社) 대학의 수학과 천문학 교수가 되었다. 그는 1893년 사망했을 때 그곳에 묻혔다. 이 인쇄물은 언뜻 보기에 같은 함선을 나타내는 것처럼 보이지만, 첫 번째 것은 철갑 갑판이 없이 전투 장비를 갖추고 있어 실제로는 두 척의 함선으로 보인다. 이 거북선들은 그 안의 모든 병사들이 거북등껍질처럼 건조된 갑판에 의해 은폐되고 보호되어 전쟁 준비가 이루어진 함선이다.

다른 함선은 전반적인 구조가 동일하지만 현측마다 8개가 아닌 10개의 노가 각각 있고 또한 개방되어 있다. 덮개가 있는 함선에서와 같이 노 구멍 바로 위에 돌출된 멍에(timber head)의 동일한 선이 있으며, 그 위에서는 두 번째 노열(櫓列)을 위한 구멍에 이를 때까지 선체가 위쪽으로 뻗어 있다. 따라서 이 함선은 거북갑판이 있거나 없을 때 모두 사용할 수 있다. 전투를 하려면, 갑판을 들어 올렸다. 그 갑판은 선체의 윗부분에 꼭 맞고 멍에의 돌출선 위에 놓였고, 아마 내부에서도 고정되었을 것이다.

당시 해전은 조잡한 무기로 며칠 동안 계속되었다. 전투원은 소형화기,

창, 검을 사용했다. 한편 상대 함선에 대한 공격은 사각갈고리와 구멍내는 장창(長槍)으로 이루어졌다.

전투원들은 포구 바로 안쪽의 통로 위에 서서 거북껍질 측면의 포혈(砲穴)과 포곽(砲廓)을 통해 사격했다. 여기에서는 당시 화력이 약한 무기를 막기에 충분할 정도로 두꺼운 수공예 철판을 두름으로써 그들은 위와 옆을 보호받았다. 갑판 위의 철판들은 거북판을 모방한 양식으로 적용되었고, 측면에는 화려한 목판들이 있었다.

이 함선들은 길이가 40피트(12m)에서 60피트(18m)까지 다양했으며, 폭은 거의 길이만큼 넓었다. 이 함선들을 운용하려면 100명에서 150명까지의 인원이 소요된 것으로 보인다.[12]

이 기사의 출처는 서두를 읽으면 바로 알 수 있다. 포크가 일본에서 1893년 8월 6일 사망하자 그의 개인 소지품이 뉴욕에 살던 부친에게 양도되었는데, 양도일은 알 수 없다. 그의 부친은 아들의 유품을 정리하던 중 특이한 인쇄물이 있어 그것을 기자들에게 알렸고, 기자들은 포크가 남긴 자료를 근거로 기사를 작성했다.

1894년 3월부터 미국 언론매체에 계속 게재된 거북선 관련 기사들은 포크가 1883년부터 미국 해군성에 보낸 보고서의 자료와 유품으로 남긴 자료를 근거로 한 것이었다. 1894년의 기사들은 해군성의 보도자료를 그리고 1897년의 기사들은 포크의 부친이 기자들에게 사적으로 제공한 자료를 각각 이용했었던 것으로 보인다.

4. 언론기사의 분석

1894년의 기사들은 분량이 길지 않지만, 거북선의 건조 주체와 배경,

---

12) *The Sun* (New York, New York), 24 Oct 1897, Sun, Page 19.

무장, 구조, 해전에서 사용하는 방법, 현존 여부, 역사적 의의 등을 밝히고 있다. 이 기사는 거북선이 일본과 전쟁하는 동안 한국인이 건조했음을 명확하게 알려주고 있다. 무기 중에서 사각갈고리는 사조묘(四爪錨)를, 구멍을 내는 창은 장군전(將軍箭)이나 차대전(次大箭), 소형화기는 각종 총통(銃筒)을 의미할 것으로 보인다. 전투 때 개판(蓋板) 밑 현측의 포혈에서 총통을 사격하여 적함에 구멍을 냈다는 것은 실제 있었던 전투 양상이다. 이 기사는 거북선이 1893년에 용용이란 곳에 남아있지만, 전투용으로 사용할 수 있는 거북선은 한 척도 없다고 밝히고 있다. 그러나 이 기사는 거북선이 유일하게 가장 오래된 철갑선이 아니지만, 가장 오래된 철갑선 중 하나라는 역사적 의미를 부여하고 있다.

이 기사들은 몇 가지 오류도 내포하고 있다. 먼저, 임진왜란의 기간이 1592~1598년이었음을 감안할 때, 1619년을 건조한 해로 표현한 것은 잘못이다. 다음으로, 전쟁의 와중에 건조되었다고 표현한 것은 전쟁이 발발하기 직전에 건조가 완료되었기 때문에 오류이다. 그 밖에도 이 철갑선이 남아있는 곳으로 용용이라는 곳을 제시한 것은 통영(統營)을 오기한 것으로 보인다.

1897년의 기사 2개는 언뜻 보기에 분량이 많고 1개의 삽화까지 게재되어 있어 1894년의 기사보다 훨씬 상세함을 알 수 있다. 실제로 이 기사는 보도하게 된 이유, 포크 자료의 구성과 내용, 포크의 개인 경력, 거북선의 건조자, 구조, 제원, 승조원, 무장, 전투방식 등 제공하는 정보가 그만큼 더 많다.

그런데, 이 기사에는 1894년의 기사들과는 다른 내용들이 많이 포함되어 있기 때문에 먼저 그 출처가 되는 포크의 자료를 살펴볼 필요가 있다. 포크의 유품 중에는 거북선과 관련된 인쇄물이 있었다. 이 인쇄물은 2장의 그림처럼 보이지만, 한 장의 종이에 두 가지 거북선이 목판으로 인쇄되어 있어 1장의 그림이다.[13] 왼쪽의 그림에는 '귀선(龜船)'이라고 오른쪽 그림에

---

13) 현재 George C. Foulk의 자료는 New York Public Library에 'George Clayton Foulk papers'로 소장되어 있다. 이 자료는 1884년 4월 8일부터 1887년 6월 18일까

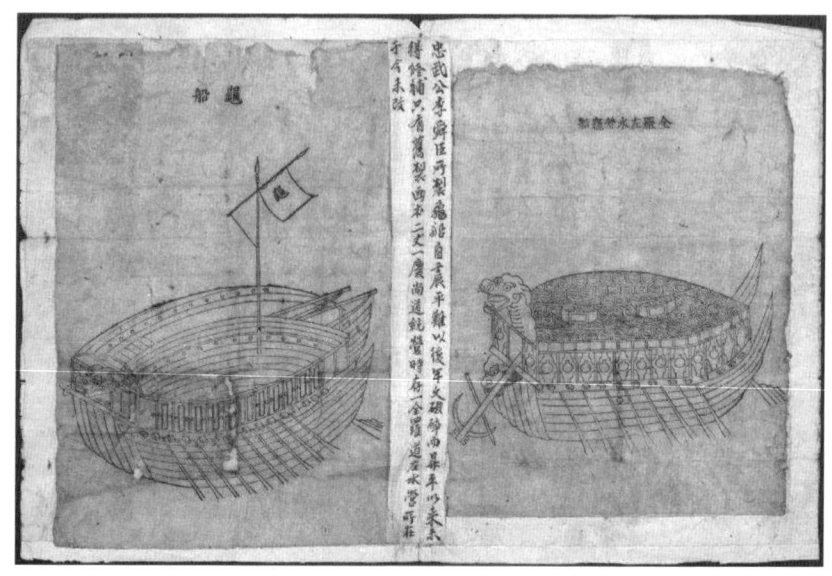

포크 문서의 거북선 관련 인쇄물

는 '전라좌수영귀선(全羅左水營龜船)'이라는 화제가 적혀 있다. 이 그림들은 『이충무공전서(李忠武公全書)』의 권수도설(卷首圖說)에 게재되어 있는 두 가지 귀선도와 동일한 모습을 보여주고 있다. 그러나 또한 두 그림 사이의 여백에는 다음과 같은 글이 쓰여 있는데, 권수도설(卷首圖說)에는 없는 것으로서 인쇄 후 누군가가 기록해놓은 것으로 보인다.

忠武公李舜臣所製龜船 自壬辰平難以後年久破碎而昇平以來未得修補 只有舊製畵本二丈一慶尙道統營時存一全羅道左水營所在于今未改

충무공 이순신이 건조한 귀선(龜船)은 임진년의 난이 평정된 이후 오래

지의 자료가 망라되어 있는데, 거북선 관련 인쇄물은 이 자료에 포함되어 있다. 이 인쇄물은 조지 클레튼 포크 저, 사무엘 홀리 편집·소개, 조법종·조현미 번역·주석, 『화륜선 타고 온 포크, 대동여지도 들고 조선을 기록하다』, p.50에서 재인용했다. 이 그림은 '조선 철갑함 2장과 한국어 문서(Prints of two ironclads and Korean language documents)'로 설명되어 있는데, 두 그림 사이에 쓰여 있는 3줄의 한문을 한국어 문서로 표현하고 있다.

되어 파쇄되었는데, 평정된 이후에 보수되지 못하였다. 단지 예전에 만든 그림 2장이 있다. 하나는 경상도 통영에 있고, 다른 하나는 전라도 좌수영에 있는 것인데, 현재까지 고치지 못하고 있다.

1897년 기사의 첫 문단은 이 그림에 대해 설명하고 있다. 거북선이 전례가 없는 최초의 철갑전함함대의 함선인데, 그림 사이의 설명문을 "그때부터 수리되지 않고 두 척만 남아있다."고 인용하고 있다. 이 기사에 따르면, 이 두 척 중 현재까지 남아있는 한 척을 포크 대위가 1884~1885년에 용용에서 보았다. 다음으로 기사는 포크 대위의 이후 경력과 전역 후 일본에서의 활동상황을 간략히 소개하고 있으며, 조선을 여행할 때 철갑선에 대한 이야기를 듣고 추적하여 이 자료를 확보하게 되었음을 밝히고 있다.

이 기사는 두 장의 그림을 서로 다른 거북선으로 설명하고 있다. 왼쪽의 거북선은 철갑갑판(Ironclad deck)이 없는 것으로 거북등처럼 보이는 갑판에 의해 승조원이나 전투원을 보호하고 은폐해준다. 여기에서 철갑갑판이 없다는 것은 철갑선이 아니라는 뜻이며, 거북등 모양의 갑판은 개판을 말하는 것 같다.

한편, 이 기사는 오른쪽 거북선이 왼쪽 것과 구조가 거의 동일하지만, 노를 꽂는 노좃 위에 돌출된 멍에가 있고, 두 번째 노열이 그 위에 있다고 하여 포판이 아닌 별도의 위치에 노좃이 있을 뿐만 아니라 거북선을 2단 노선으로 설명하는 것처럼 보인다. 이어서 이 기사는 개판이 포판이나 멍에가 있는 곳까지 내려놓을 수 있어 개방과 폐쇄를 할 수 있는 것으로 간주하고 있으며, 전투 때에는 개판을 개방하는 것으로 기록하고 있다. 또한 이 기사는 개판과 포혈이 있는 포판 위 현측에 철판을 두르고 있다고 한 것으로 보아 이 거북선을 양현과 개판에 철판을 두르고 씌운 철갑선으로 간주하는 것 같다. 이 배가 소형화기, 창, 검으로 무장되어 있었다는 것은 1894년 기사의 것과 비교할 때 사조묘가 검으로 바뀌어 있는 것만 다르다. 그밖에도 노수의 수, 선체 길이, 승조원 수가 밝혀져 있다.

이와 같이 볼 때, 1897년의 기사들에도 몇 가지 중요한 오류가 있음을 알 수 있다. 첫째, 거북선이 중국사령관 리춘신(Richunshin)에 의해 1619년 건조되었다고 한 점이다. 1894년의 기사들에서는 분명히 한국인이 건조했다는 사실이 밝혀져 있지만, 1897년의 기사에는 중국인이 건조한 것으로 바뀌어 있다. 이것은 포크의 부친이 기자들에게 잘못된 정보를 제공했기 때문인 것으로 생각된다. 둘째, 1884~1885년 사이에 포크가 남아있는 거북선 1척을 용용에서 직접 본 것으로 기록되어 있는데, 용용은 앞서 말한 것처럼 통영의 오기이며, 그가 조선을 여행할 때 통영지방에 가지 않았기 때문에 이 부분 또한 잘못된 기록이라 할 수 있다.14) 셋째, 노좆이 포판이 아닌 삼판의 윗부분 어딘가에 위치하며, 그 위 방패판 어딘가에 노좆이 또 있는 2단 노선으로 묘사되어 있는데, 거북선의 실제 모습과는 완전히 다르다. 넷째, 인쇄물에 있는 거북선의 두 그림을 서로 다른 거북선으로 파악하고 있다. '귀선'으로 화제가 달린 것은 '통영귀선'을 말하는데, 철갑전함이 아닌 것으로 기록하고 있다. '전라좌수영귀선'의 화제가 달린 다른 하나는 현측 방패판과 개판이 철갑으로 두르거나 씌워진 철제장갑선으로 간주되고 있으며, 개판이 돔 경기장처럼 개폐가 가능하되 전투 때에는 개방한다고 설명되어 있다. 이것은 우리가 알고 있는 거북선의 모양과는 완전히 다른 형태의 선박을 묘사한 것으로서 잘못된 것이라 할 수 있다.

그런데, 1899년도의 기사들부터는 거북선이 한국인이 건조한 철갑선임을 다시 밝히고 있다. 그해 6월 22일자『세인트 루이스 포스트디스패치(St. Louis Post-Dispatch)』의 기사에는 「최초의 철갑선」이라는 제목과 「한국인이 최초로 건조한 것으로 전해진다」라는 부제가 달려 있다.15) 6월 23일자

---

14) 포크가 통영을 여행하지 않았기 때문에 용용에서 그 잔해를 보았다는 기사는 잘못된 것이라 할 수 있다. 그러나 당시 거북선의 잔해가 바닷가에 있었다는 것은 1885년 부산항 통상사무서 서기관(閔建鎬)이 휴가를 얻어 고향에 가기 위해 부산에서 영암까지 배를 타고 갔는데, 12월 15일자 일기에 전라좌수영을 지나면서 "충무공이 사용한 거북선 1척이 형체(形體)만 갖춘 채 강가에 놓여 있다."(閔建鎬, 『海隱日錄 I』, 부산근대역사관, 2008, p.484.)는 기록을 통해 사실로 입증된다.

15) 「The First Ironclad -Korean are said to Have First Invented Them」, St. Louis

『가제트(The Gazette)』의 관련기사에는 「최초의 철갑선」이라는 제목과 「한국인이 건조하고 일본인에 대항하기 위해 사용되었다」는 부제가 달려 있다.16) 7월 14일자 『더 갈레나 데일리 리퍼블리칸(The Galena Daily Republican)』은 「최초의 철갑선」이라는 제목과 「초인적 기원을 가진 결과물로 알려졌다」는 부제를,17) 7월 21일자 『더 윈저 스타(The Windsor Star)』 기사에는 「최초의 철갑선」이라는 제목과 「한국인이 이 유형의 선박을 최초로 발명했다」라는 부제가 달려 있다.18) 이후에 게재된 신문기사들은 거의 대부분 이와 같거나 비슷한 제목과 부제가 달려 있다.

1899년의 기사들부터 거북선을 건조했거나 발명한 것이 중국인에서 다시 한국인으로 바뀌는 이유는 1899년 6월 1일자 문예평론지 『하퍼즈 매거진(Harper's Magazine)』에 헐버트(Homer Bezaleel Hulbert)의 「한국의 발명품들(Korean Inventions)」이라는 글이 게재되었기 때문인 것으로 보인다. 그는 이 글에서 한국의 발명품 다섯 가지(금속활자, 철갑선, 현수교, 폭탄과 박격포, 한글)를 설명했는데, 그 중에서 철갑선 부분의 일부를 발췌하면 다음과 같다.

> 조선인들은 최초로 철갑전선(iron-clad war-ship)을 발명했다. 1592년 히데요시 무리는 중국 국경을 넘어 명나라를 무너뜨리겠다는 목적으로 남한 해안에 상륙해 한반도를 북쪽으로 휩쓸었다. … 이러한 암울한 필연성으로 인해 귀선 혹은 거북선이 발명되었는데, 거북이라는 동물과 닮았기 때문에 그렇게 불렸다. 이순신 제독(Admiral Yi Sun-sin)의 전기에 보존된 삽화에서 우리는 이 배가 곡선형 철판으로 덮여 있고, 충각이

Post-Dispatch (St. Louis, Missouri), 22 June 1899.
16) 「The First Ironclad -It was made by Korean and was used Against the Japanese」, The Gazette (York, Pennsylvania), 23 June 1899.
17) 「The First Ironclad -It was deemed to Be a Work of Super-human Origin」, The Galena Daily Republican (Galena, Kansas), 14 July 1899.
18) 「The First Ironclad -The Coreans Were the First to Invent This Type of Boat」, The Windsor Star, 21 July 1899.

Harper's Magazine (New York), 1st June 1899, pp.102-108에 게재된 헐버트의 기고문 첫 페이지 모습.
https://archive.harpers.org

마련되어 있는 것을 볼 수 있다. 이 두 가지가 방어 장비이자 공격 장비였다. 이순신 장군은 속도가 유난히 빠른 이 배로 600척의 일본 함대를 대담하게 공격하여 좌우에서 충돌시켰으며, 고군분투하는 일본군들을 물속에 남겨 둔 채 지나치면서 한국 함대의 평범한 함선을 타고 부하들과 함께 나아갔다. 적들은 거북선을 초인적 기원의 것(work of superhuman origin)으로 여겼고, 그 안에서 "뼈가 녹아내렸다(bones melt)." … 그러나 침략의 중추가 부러지고 한국의 살라미스(Salamis) 해전이 일어났고, 세계 최초로 방호순양함(protected cruiser)의 장점이 입증되었다. … 압박이 사라지자 마자 철갑선이 남한 해안에 녹슬도록 방치된 것은 이상하지만 특유의 한국적인 현상이다. 하지만 철갑선이 부식되어간 바로 그곳에서 연례적으로 축제가 열리고, 마을 주민들은 이순신의 유명한 거북선과 닮은 화려하

게 장식된 보트를 타고 항구를 돌아다니고 있다. ···19)

 이 글은 이순신이 1592년에 거북선을 발명하여 침략군인 일본함대를 격파한 사실뿐만 아니라 이순신의 이름 자체와 영문표기도 분명하게 밝히고 있다. 이 잡지의 글과 언론기사의 직접적인 상관관계는 자료가 없어 알 수 없지만, 추론은 가능해 보인다. 1899년 이 글이 발표된 이후부터 미국 언론기사들은 1619년이 아닌 1592년에 중국인이 아닌 한국인이나 이순신 제독이 거북선을 건조했다고 표현하고 있다. 심지어 헐버트가 구사한 용어인 '초인적 기원(Super-human Origin)', 거북선을 '발명품(invention)'으로 간주한 사실, 그리고 '발명했다(invented)'는 표현들이 언론기사의 부제에 등장하는 것도 헐버트의 글이 신문기사에 영향을 주었다는 증거라 할 수 있다. 또한 1903년 3월 8일과 1906년 2월 18일의 신문기사에는 '미국 해군대위 포크는 1884년 거대한 선박의 늑재(肋材, ribs)가 여전히 백사장에 보였다고 서술했다.'는 내용이 들어있다.20) 따라서 1899년 6월 이후의 언론매체들은 거북선 관련 기사를 작성할 때 포크의 자료와 헐버트의 기고문을 동시에 참고했었을 것이라는 추정은 그 근거가 전혀 없는 것이 아니라 할 수 있다.

5. 언론기사의 집중적인 증가 이유

 풀턴(Robert Fulton)이 데몰로구스호(*Demologus*)를 건조한 1814년부터 피셔(Jackie Fisher) 제독이 드레드노트함(*Dreadnought*)을 건조한 1906년까

---

19) HOMER BEZA HULBERT, 「Korean Inventions」, *Harper's Magazine* (New York), 1st June 1899, pp.104-105.

20) 「Lieut. Foulke, U.S.N., in 1884 wrote that the ribs of the giant craft were still visible in the sand-The Nation」, *The Honolulu Advertiser* (Honolulu, Hawaii), 8 March 1903 ; *The Washington Times* (Washington, District of Columbia), 18 Feb 1906.

지 92년 동안은 세계 함정의 역사에서 증기선, 철갑선, 강선의 시대가 연이어 등장하는 혁신적인 시기였다. 그중에서 1815~1865년은 외륜선시대였으며, 1845~1860년은 스크류 프로펠러 시대였다. 이로써 범선시대는 1850년대에 막을 내리게 되었다.[21]

이 시대의 후반기에 속하는 1850~1890년의 40년간은 군함의 역사에서 가장 중요한 시기 중 하나였다. 과학기술의 극적인 발전에 따라 증기기관, 철갑, 강철, 함포, 어뢰, 스크류 프로펠러, 외륜 등 여러 가지의 새로운 요소들이 나타났으며, 함정 유형도 달라졌다. 이 기간 중에서 1860~1870년은 철갑함시대로 불린다. 19세기 중엽까지 세계열강의 해군들은 목제 범선을 주력함으로 사용해왔었다. 그러나 1859년부터 새로운 유형의 함정인 철갑함(ironclad)이 건조되기 시작했으며, 1890년대 초반까지 계속 건조되었다. 철갑함은 목제 선체의 범선에 강철이나 철제 장갑을 두르거나 철제 선체로 이루어진 증기추진함이었다. 1862년경에는 유럽의 모든 해군이 철갑함을 채택하여 건조했다. 철갑함은 19세기 후반의 금속공학과 철강업의 발전과 그에 따른 군함 설계의 급격한 혁신에 힘입어 1890년대 말부터는 철갑이라는 용어를 사용하지 않게 되었다. 함포와 포탑, 철이나 강철로 만든 선체, 더 정교해진 증기기관을 가진 함정들이 건조되었기 때문이다. 그 결과, 20세기부터는 철갑함이라는 용어가 전함(battleship)과 장갑순양함(armored cruiser)으로 대체되었다.[22] 뿐만 아니라 이 시대는 근대사에서 가장 중요한 사건들이 일어난 시기였는데, 대부분 해양력과 관계가 있었다. 이 시대는 '대영제국의 평화시대(Pax Britannica)'이자 세력균형정책의 전성기였다. 또한 이 시대는 독일, 이탈리아, 미국, 일본과 같은 새로운 강국들이 발흥했던 시기이기도 했는데, 그 열강들은 해양력을 통해 다양하게 해외팽창의 날개를 펼치고 있었다. 이 증기선, 철갑선, 강철선의 시대는 전투함과 해양력 부분에서 진정으로 경이로운 시대였다.[23]

---

21) 이상은 James L. George, *History of Warships from Ancient Times to the Twenty-First Century* (Annapolis: Naval Institute Press, 1998), pp.60-82를 요약하였다.
22) Ironclad warship - Wikipedia

1906년 영국에서 중구경의 전장거포(全裝巨砲, all-big-gun)와 증기터빈 기관을 보유한 전함 드레드노트함(Dreadnought)을 건조했다. 이 전함은 국력의 상징으로 간주되어 많은 국가가 이 유형의 전함을 건조하려 했다. 그후 이 함정을 모델 삼아 건조된 함정은 드레드노트급(dreadnought) 전함으로, 그 이전의 전함은 드레드노트급 이전(pre-dreadnought) 전함으로 불리게 되었다. 1910년대에는 무장, 장갑, 추진력이 훨씬 강력해진 전함을 전조하기 시작했는데, 이러한 유형의 전함은 슈퍼드레드노트급(super-dreadnought) 전함으로 불리었다. 드레드노트급 전함은 제1차 세계대전 이후 사라졌지만, 슈퍼드레드노트급 전함은 제2차 세계대전까지 사용되었다.[24]

미국 해군은 독립혁명 (1776~1783) 이후 범선을 주력함으로 운영하면서 발전하고 있었다. 그러나 19세기 후반기에 이르면, 계속된 전쟁에 대한 국민의 싫증, 서부로의 확장이라는 당면문제, 보급기지의 부족에 따른 증기선 운영의 어려움, 소극적인 해안방어론의 대두, 일부 지역들에서 해군 확장에 대한 반대 등 여러 문제가 국내에서 대두되었다. 그 결과 1864년에 700척이던 해군 함정이 1870년에는 200척 그리고 1880년에는 48척으로 감소할 정도로 해군력의 쇠퇴가 가속화되었다.

미국에서는 남북전쟁 기간 동안 철갑함을 확보하기 시작했는데, 1862년 3월 9일 햄프턴 로즈(Hampton Roads) 전투에서 철갑함들간의 전투가 최초로 벌어지기도 했다. 그러나 미국은 스페인 철갑함 1척이 뉴욕 항만에 투묘한 버지니어스호 사건(Virginius Affair)이 발생한 1873년에 이 함정을 물러나게 할 해군력을 보유하지 못했고, 남미전쟁(1879~1884) 때 미국의 해군력은 칠레보다 열세였다. 1881년에는 미국이 보유한 140척의 함정 중 52척만 작전이 가능했고, 그중 17척만 철선이었으며, 그중 14척이 남북전쟁(1861~1865) 때 운용하던 철갑함이었다.

미국은 1882년부터 신형 함정들을 건조하여 해군력을 강화하려는 '새로

---

23) 이상은 James L. George, op. cit.,, pp.60-82를 요약하였다.
24) Dreadnought -Wikipedia

운 해군(New Navy)'의 건설작업을 시작했다. 1883년에 순양함 3척과 수송선 1척을 건조하기 시작했고, 1883년과 1885년에는 증기추진순양함 1척과 포함 2척을 건조하는 등 일련의 노력으로 1889년 이전까지 30척 이상의 함정을 건조할 수 있었다. 1890년에는 전함 3척, 1892년에는 전함과 장갑순양함 각 1척, 1898년에는 전함 5척 등의 건조안이 채택되었다.[25]

1890년 알프레드 세이어 마한(Alfred Thayer Mahan)의 『해양력이 역사에 미치는 영향(The Influence of Sea Power upon History, 1660-1783)』이 발간되었다. 이 책은 세계의 주요 해군에 강한 충격을 주었다. 미국에서도 이 책을 계기로 카리브 해, 하와이, 태평양을 주목하면서 해군력을 아메리카대륙의 한계를 극복하고 세계로 팽창할 수 있는 수단으로 간주하기 시작했다. 마한의 서적은 미국을 해양국으로 변모시키고, 해군을 국가 정책의 중심부에 위치시켰다. 심지어 해군주의 저술가들은 해군을 국가와 동일시하기까지 했다.[26]

포크가 1883년 한국에 왔을 때 철갑선의 원형으로 전해지는 거북선에 관심을 갖고 관련 자료를 수입하여 본국 해군성에 도면까지 첨부하여 보고서를 보낸 것은 이러한 미국의 국내외 상황을 감안할 때 당연한 일이었다. 미국 해군성은 포크의 보고서를 대외비로 보관하고 있었다. 그런데 1894년 7월 25일 인천 앞바다에서 풍도(豊島) 해전을 시작으로 청일전쟁이 발발하였다. 이 전쟁은 국제사회의 주목을 받았는데, 발발 장소가 중국이 아닌 한국이었다. 해군성이 이러한 점들을 고려하여 포크의 문서를 공개하게 되었으며, 8월 8일 워싱턴에서 간단한 내용의 보도자료를 제공하는 형식으로 공개했었을 것으로 추정된다. 미국 언론매체에 1894년 8월 9일부터 포크의 보고서 중 거북선 관련 내용만 집중적으로 보도되기 시작했고, 8월 8일 워싱턴 발이라고 기사 서두에 표기한 것은 바로 이 때문이라고

---

25) 이상은 김주식, 「알프레드 세이어 마한의 생애와 업적」, 알프레드 세이어 마한, 김주식 역, 『해양력이 역사에 미치는 영향 2』(서울: 책세상, 1999), pp.871-873을 요약한 것이다.

26) George W. Baer, 김주식 역, 『미국 해군 100년사』(한국해양전략연구소, 2005), pp.1-3.

할 수 있다. '최초의 철갑선'이라는 타이틀, 아시아에서 '철갑선'이 서양보다 훨씬 전에 건조되었다는 사실, 청일전쟁의 발발지가 한국이라는 사실 등은 앞서 서술한 국내외 상황으로 볼 때 언론매체의 주목을 받기에 충분했을 것이다. 포크가 사망한 후 1897년 그의 부친이 그의 거북선 자료를 공개했을 때에는 그림까지 제시되었기 때문에 다시 언론매체의 주목을 받았을 것이다.

1898년 미서전쟁이 발발하자, 미국의 아시아전대(Asiatic Squadron)가 마닐라 만(Manila Bay) 해전에서 스페인함대를 격퇴했다. 또한 미국의 북대서양전대(North Atlantic Squadron)는 카리브 해의 쿠바에서 발생한 산티아고(Santiago) 해전에서 스페인 중형함들을 대부분 파괴하는데 성공했다. 게다가 헐버트의 거북선을 소개하는 글이 1899년 초에 잡지에 게재되었다. 1899년에 거북선 관련 기사가 다시 집중적으로 보도된 데에는 이러한 국내 상황과 거북선 관련 정보의 확보가 상호작용을 한 결과였던 것으로 보인다.

미국은 20세기에 들어섰을 때 영국 다음으로 강한 해군력을 보유하게 되었다. 1904년 2월 23일에는 파나마운하를 소유하게 되었으며, 이 운하를 방어하기 위해 쿠바의 관타나모 만(Guantanamo Bay)에 해군기지를 건설했다. 1904년 러일전쟁의 발발과 1906년 영국 전함 드레드노트함이 진수되자, 미국은 지속적으로 해군력 증강을 위해 노력했으며, 1907년 말에는 드레드노트 이전급 전함 16척을 보유하여 대백색함대(Great White Fleet)를 창설했다. 이러한 해군력 증강활동은 국제적인 건함경쟁의 추세에 발맞추어 제1차 세계대전이 발발할 때까지 지속되었다.[27] 〈표 2〉에서 보는 것처럼, 1899년 이후에도 거북선 관련 기사가 언론매체에 계속 게재되었던 것은 철갑함이 서구보다 400여 년 전에 한국에서 건조되었다는 사실에 대한 흥미로움 그리고 철갑선에 대한 관심의 탓도 있었겠지만, 해군력 증강활동의 지속을 위한 지속적인 국내 여론의 조성과 유지라는 목적도

---

27) History of the United States Navy -Wikipedia

중요한 역할을 했었을 것으로 보인다.

6. 결론 : 언론기사의 영향

헐버트는 1899년 기고문에서 다음과 같이 기술했다. "압박이 사라지자마자 철갑선이 남한의 해안에 녹슬도록 방치된 것은 이상하지만 특유의 한국적인 현상이다. 하지만 철갑선이 부식되어간 바로 그곳에서 연례적으로 축제가 열리고, 마을 주민들은 이순신의 유명한 거북선과 닮은 화려하게 장식된 보트를 타고 항구를 돌아다니고 있다."[28] 또한 헐버트는 1906년에 발간한 자신의 저서에서 "철갑선이 부식되어간 바로 그곳에서"에 대해 보다 구체적으로 기술했다. "한국인들은 이순신 제독이 일본군에 대해 벌인 유명한 해전들에서 사용했던 그 유명한 거북선(tortoise boat)의 선체가 남해안 모래밭에 묻혀 있다고 말한다. 그리고 미국 해군소위 포크가 1884년 갑신정변이 발발할 즈음 한국의 남부지방을 여행하던 중 어떤 한 배의 잔해가 진짜 거북선으로 드러났다고 필자에게 말해주었다."[29] 헐버트가 포크로부터 위와 같은 이야기를 전해들은 시기는 헐버트가 1886년 7월 5일 제물포에 입국하여 서울에 왔고 또한 포크가 1887년 6월 29일 일본으로 출국했기 때문에 1886년 7월~1887년 6월의 1년 중 어느 날이었을 것이다.

헐버트는 1901년부터 1906년까지 월간지 『코리아 리뷰(Korea Review)』를 발간했다. 그는 포크가 한국에서 어떤 활동을 했는지 소개하는 글을 1901년 8월호에 「조지 포크」라는 제목으로 실었는데, 이 글에는 다음의 내용이 있다. "포크 씨는 해군 무관으로 미국 공사관에 배속되었고, 정부의 지시를 받아 서울 접근로를 지키는 4대 주요 도시를 장기간 여행하게 되었다. 그의 빠른 언어 습득과 한국에 대한 깊은 관심은 그를 이 작업에

---

28) HOMER BEZA HULBERT, op. cit., p.105.
29) Homer B. Hulbert, *The Passing of Korea* (New York: Doubleday, 1906), p.298.

매우 적합한 인물로 만들었다. 그가 이 임무를 완수한 모든 성공은 미국 외교저널에 게재된 인쇄 보고서에 나타나 있다. 이 보고서는 한국에 관한 기사 중 가장 명확하고 완전하며 가장 읽기 쉬운 기사 중 하나이다. 그가 한국에 머문 시간이 짧았다는 점을 고려할 때, 그가 상황을 충분히 파악하고 오늘날에도 수정할 만한 것이 거의 없다는 것은 상당히 놀라운 일이다."30) 헐버트는 포크의 보고서가 미국의 외교잡지에 게재되었음을 밝히고 있는 것이다.31)

또한 헐버트는 이 잡지에 1901년부터 1904년 12월호까지 「한국역사 (Korea History)」를 연재했는데, 그 중 1902년 9월호부터 1903년 4월호까지 임진왜란을 다루었다.32) 이 잡지에서 초기 해전들을 묘사한 부분에는 거북선이 '귀선(Kwi-sŭn)'이나 '거북선(Tortoise Boat)'으로 표기되어 있으며, "이 놀라운 배의 늑재가 오늘날 경상도 해안에 있는 고성 마을의 모래 위에 놓여 있었다고 하는데, 1884년 미국 해군대위 조지 C. 포크가 이 배를 목격한 것으로 추정된다. 이 마을 사람들은 매년 축제를 여는데, 위대한 이순신(great Yi Sun-sin)과 그의 '거북선'을 기리기 위해 보트와 범선 타고 선단을 이루어 항구를 항해한다."33) 이 자료는 포크가 고성

---

30) 「George Foulk」, THE KOREA REVIEW, Volume 1, No.8(August, 1901), pp.344-399. 인용문은 8월호 p.345를 참조. 이 잡지에 대해서는 anthony.sogang. ac.kr/The Korea Review 의 KoreaReviewVolume1-09.docx 를 이용했다.
31) 이 외교잡지가 어떤 것인지는 밝히지 못했다.
32) 「한국역사」는 서론, 고대, 중세(890-1392), 근대(1392-1897)로 구성되었다. 서론은 참고한 한국자료와 도움준 한국인을 간략히 소개하고 있고, 고대는 고려 건국 이전까지의 시기를 서술하고 있다. 중세는 고려시대를 그리고 근대는 조선시대를 서술하고 있다. 임진왜란에 대한 서술은 근대편에 들어있는데, 한국사 전반에 서술이 총 54개 장으로 구성되었는데, 그중 10개 장이 임진왜란에 대한 서술이다 (15.8%).
33) THE KOREA REVIEW, Volume 2, No.11(November, 1903), pp.520-521. 이 연재물은 Homer B. Hulbert, *The History of Koreas*, Vol.II (Seoul: Methodist Pub. House, 1905)라는 단행본으로 출판되었는데, 본고에서는 ed. Clarence Norwood Weems, *Hulbert's History of Korea*, Vol.II (New York: Hillary House Publishers LTD, 1962), p.377.을 인용하였다.

해안의 모래밭에 놓여있는 거북선의 잔해를 1884년에 실제로 목격한 것으로 전해지고 있는 사실을 밝혔다.

그 밖에도 헐버트는 1906년에 발간한 다른 서적에서도 이에 대해 언급했다. "한국인들은 이순신 제독이 일본군에 대해 벌인 유명한 해전들에서 사용했던 그 유명한 거북선(tortoise boat)의 선체가 남해안 모래밭에 묻혀 있다고 말한다. 그리고 미국 해군소위 포크가 1884년 갑신정변이 발발할 즈음 한국의 남부지방을 여행하던 중 어떤 한 배의 잔해가 진짜 거북선으로 드러났다고 필자에게 말해주었다."34)

1903년에는 스코틀랜드 출신으로 호주로 이민을 간 저널리스트이자 언어학교수인 머독(James Murdoch)이 자신의 책에서 거북선의 잔해가 용용(Yong-yong)에서 발견되었다고 기술했다. 또한 그는 1883년 영국 해군의 조선원정대가 기이한 함선을 보고서 작성한 공식보고서(British Naval Report of 1883 from Korea)의 내용이 시카고의 한 신문에 게재되었다고도 기술했다.35)

이와 같이 포크는 1883년에 거북선 관련 보고서를 해군성에 제시했으며, 이 보고서가 미국 외교잡지에 게재되었고, 이를 근거로 1894년부터 미국의 많은 언론매체에 기사와 글이 게재되었다. 또한 그 과정에서 포크가 고성지방을 여행했을 때, 거북선의 잔해가 경상도 고성지방의 모래밭에 놓여있거나 묻혀 있었다는 것을 직접 목격했다거나 다른 사람에게서 전해 들었다는 것은 사실로 인정되어 헐버트가 관심을 갖게 되었다. 헐버트는 이 사실을 잡지 기고문과 저서를 통해 분명히 밝혔으며, 그런 과정을 통해 이 사실이 널리 퍼지고 관련 학자들도 주목했었던 것 같다.

그러나 이러한 주장들은 두 가지 문제점을 내포하고 있다. 첫째, 포크는 그 해 11월 1일 서울을 출발하여 43일간 900마일에 이르는 남해안 여행을

---

34) Ibid., p.298.

35) James Murdoch, M. A., *A History of Japan during the Century of Early Foreign Intercourse, 1542-1651* (Kobe: Office of the Chronicle, 1903), p.336, n. 17. 여기에서 Yong-yong은 통영의 오기인 것으로 보인다.

한 기록을 남겼지만, 고성지방을 가지 않았다. 그의 기행문에 따르면, 11월 21일 거창 지역을 지나면서 수행원 정수일과 조선 관리들에 대해 대화를 했는데, 정수일은 "백성들 사이에서 육체적으로 그리고 정신적으로 강건한 남자들을 제거하는 것이 이 왕조 정부의 관례였다고 했다. 그들이 정부에 대항해 힘을 쓸까봐 두려워서 그랬다는 것이다." 이어서 정수일은 그 대표적인 사례를 다음과 같이 말했다. "국가와 백성을 위해 일본군을 많이 죽인 통영의 영웅(hero of Tongyong)은 자신의 힘의 과시가 목숨을 잃게 한다는 것을 알고 일본 함대가 잘 볼 수 있도록 기함의 높은 곳에 서 있다가 적의 권총이나 소총에 명중당해 죄인으로 죽는 것을 피했다."36) 여기에서 통영은 삼도수군통제영이 위치해 있던 남해안 요충지를, 그리고 통영의 영웅은 이순신을 분명히 지칭하고 있는 것 같다. 따라서 포크가 거북선의 잔해를 직접 목격한 것이 아니라 정수일 같은 수행원으로부터 여행 도중에 들었거나 아니면 서울에서 근무할 때 주변 사람들에게서 들었을 것으로 보아야 할 것 같다.

둘째, 1883년에 영국해군의 원정대가 거북선 관련 보고서를 본국에 제출했는데, 그 내용이 미국 시카고의 한 신문에 보도되었다는 주장은 오류였을 것으로 생각된다. 영국 해군원정대의 1883년 조선관련 보고서는 아직까지 밝혀지지 않고 있으며, 영국해군 보고서의 내용이 영국신문이 아니고 미국신문에 보도되었다는 점도 믿기 어렵다. 그런데 미국의 포크 해군소위가 거북선 관련 보고서를 미국 해군성에 제출했다는 점은 사실이며, 그 보고서가 거북선 그림 2장과 함께 미국 공립도서관에 보존되어 있는 것도 사실이다. 미국해군이 1883년에 접수한 포크의 보고서를 미공개 상태로 보관하다가 1894년 여름에 보도자료를 통해 공개했으며, 이를 근거로 1894년 많은 미국 언론기관이 보도했다는 점도 역시 사실이다. 게다가 1894년 8월 19일 미국신문 『시카고 트리뷴』에 게재된 기사는 포크의 보고서를 근거로 했다는 점을 분명히 밝히고 있다. 따라서 1883년 영국

---

36) 조지 클레튼 포크 저, 사무엘 홀리 편집·소개, 조법종·조현미 번역·주석, *op. cit.*, p.287.

해군원정대의 보고서를 미국의 포크 해군소위의 보고서로 바로 잡는 것이 필요할 것 같다.

어쨌든 간에 포크의 보고서가 거북선에 대한 우리나라 사람이나 외국인의 인식에서 아주 중요한 위치를 차지한다고 할 수 있다. 포크의 보고서가 거북선을 최초의 '철갑선'으로 묘사했는데, 이것이 미국의 많은 언론매체에 소개되어 이후 오랫동안 16세기 말 즉 1592년에 한국에서 이순신이 건조한 거북선이 세계 최초의 철갑선이라는 인식이 서양에서 확산되었다. 뿐만 아니라 서양의 이러한 인식은 우리나라로 다시 전래되어 많은 우리나라 사람들도 거북선을 철갑선, 철갑함, 심지어 잠수함으로까지 인식하기에 이르렀던 것으로 보인다.

제14장

거북선은 철갑함인가, 목갑함인가?

1. 머리말

우리는 충무공 이순신을 생각할 때마다 거북선을 동시에 생각하는 경향을 갖고 있다. 어느 때부터인지는 몰라도 우리의 의식 속에는 이순신과 거북선이 등식을 형성하고 있는 것이다. 많은 화폐와 주화 그리고 우표에 이순신과 거북선이 그려지거나 새겨진 것은 이러한 상황을 입증하는 것으로 간주될 수 있다. 또한 이순신과 거북선을 알고 싶어 하고 자료를 요구하는 외국인들이 적지 않음을 볼 때,[1] 그러한 현상은 외국인들에게서도 나타날 수 있는 것처럼 보인다.

거북선은 세계 선박사에서 확고한 자리를 차지하고 있음에 틀림없는 것 같다.[2] 그러나 국내든 국외든 간에 그 모형들은 제각각의 모습을 보여주

---

[1] 필자는 해군사관학교 교수로 박물관장을 겸하던 시기에 많은 외국인들로부터 이순신과 거북선에 대한 자료를 보내달라는 요청을 받았다. 그들 중에는 교수, 교사, 학생 등이 포함되어 있었다. 또한 외국 매스컴에서 취재 협조요청을 한 경우도 몇 차례 있었다. 한편, 해군사관학교를 내방한 외국인들을 안내할 경우, 그들은 사관학교와 해군관련 전시실보다 이순신 전시실과 복원된 거북선에 대해 훨씬 더 많은 관심을 보였다. 심지어 일반 전시실을 보지 않고 복원 거북선만 자세히 살펴보고 질문을 하는 외국인도 적지 않았다.
[2] 거북선의 모형이 전시되어 있는 박물관을 외국에서 자주 발견할 수 있다. 중국과 일본은 물론 미국, 영국, 프랑스 같은 서구의 선박박물관, 해양박물관 혹은 해군박물관에서도 그러하다. 그 한 예로 지중해 연안의 작은 국가인 모나코의 Musée Navale에도 거북선의 모형이 전시되어 있다.

고 있어 거북선에 대한 이미지를 혼란스럽게 만들기에 족하다. 이처럼 다양한 모형이 존재하게 된 데에는 제작자들이 임의로 모형을 제작하고 또한 자랑하려는 생각이 앞서있던 기증자들이 무분별하게 기증했기 때문이라고 할 수 있다. 그러나 보다 더 근본적인 이유는 거북선에 대한 논란이 끊이지 않고 이어지고 있는 데에서 찾을 수 있다. 개판에 철갑이 덮여 있었는가, 돛·함교·노 등이 어떤 것이었으며 어떻게 설치되었는가, 내부에 갑판이 몇 개 있었는가, 화력과 병력이 내부에 어떻게 배치되었는가, 용두는 어떤 모습이었으며 어떻게 사용되었는가, 함수의 귀면상이 충각이 있는가 등에 대해 많은 주장들이 지금까지 제기되어 왔다. 나아가 거북선에 대한 논란이 끊이지 않고 있기 때문인지 몰라도 관련 자료가 나타나기만 하면 국내 매스컴은 이를 대서특필하거나 집중적으로 조명해왔다.3) 그러므로 거북선의 모습에 대한 정설은 존재하지 않는 것으로 생각될 수밖에 없다.

　거북선과 관련된 논란 중에서 가장 일찍부터 존재해왔으며, 가장 격렬하고, 가장 중요한 것 중 하나는 철갑선 여부이다. 이것은 거북선이 철갑선이라면 1861년에 출현한 미국의 모니터함(Monitor)보다 270년이나 앞선 시기에 철갑선이 세계역사상 최초로 출현한 것으로 평가될 수 있기 때문에 한국선박사나 한국사뿐만 아니라 세계선박사의 문제이기도 하다. 그렇기 때문에 연구자들의 주장은 그만큼 높은 과학성과 신뢰성을 가져야만 하며,

---

3) 최근의 경우 몇 가지 사례를 들면 다음과 같다. 거북선 모형의 사진이 실린 영문책자가 나타났을 때, 그 사실은 1996년 11월 16일자 중앙일보에 대서특필되었다. 2면에 걸쳐 게재된 그 기사의 제목은 '아! 거북선의 숨결 역사서 긴잠깨다'와 '다시 그려야 할 철갑선 원형'이었다. 미국 동포가 발굴한 거북선이 들어있는 그림을 소개한 2005년 2월 11일자 연합뉴스의 기사제목은 '미 동포 360년전 거북선 영인본 재현'이었다. 일개 모형 사진이나 고증되지 않은 그림을 가지고 호들갑을 떠는 언론의 모습에 실소를 금할 수 없는 한편, 외국인들에게 창피하기까지 하다. 그런가하면 2005년 4월 3일자 국방일보는 '군사문화재 순례〈71〉'에서 거북선의 내부구조에 대해 2층설과 3층설이 팽팽하며, 철갑선·척수·활약상·발명자에 대해 논란이 진행 중임을 비교적 소상하게 소개하고 있어 다른 신문들과 대조를 이루고 있다.

이에 대해 관심이 있는 일반인들도 언론몰이식으로 혹은 심정적으로 언급하는 것을 자제해야 한다.

본고는 거북선의 철갑선 문제에 대한 연구가 어떻게 진행되어 왔는지 고찰하려는 목적을 갖고 있다. 이를 위해 필자는 먼저 기존의 연구들을 철갑론, 목갑론, 신중론으로 삼분했으며, 이어서 각 주장을 연대기적으로 고찰하였다. 다음으로 서로 다른 주장이 나오게 된 결정적인 근거라 할 수 있는 역사자료들이 어떤 것들인지 살펴보았다. 이러한 이론과 자료의 검토를 바탕으로 우리가 거북선의 철갑론에 대해 어떤 입장을 취해야 하는지 고찰하였다. 그렇기 때문에 이 논문은 일종의 연구사적 고찰에 해당한다고 할 수 있다.

2. 기존 이론의 검토

거북선의 최상부가 개판으로 덮여있다는 것은 모든 기록에 의해 입증되고 있는 사실이며, 이에 대해 이의를 제기하는 연구자도 전혀 없다. 그러나 개판의 재질에 대해서는 상황이 다르다.

거북선의 개판에 대해서는 세 가지 의견이 존재하고 있다. 하나는 판자로 개판을 덮은 후 그 위에 철판을 깔았다는 철갑론(鐵甲論)이며, 다른 하나는 판자만으로 덮었다는 목갑론(木甲論)이다. 마지막 하나는 거북선의 철갑론과 목갑론에 대해 결론을 유보하자는 신중론(愼重論)이다. 이 세 가지 이론을 주장한 연구물들을 요약하면 〈표 1〉과 같다.

〈표 1〉 거북선 개판의 형태에 대한 연구 현황

철갑론(鐵甲論)			신중론(愼重論)			목갑론(木甲論)		
연도	연구자명	내용	연도	연구자명	내용	연도	연구자명	내용
1882	W. E. Griffis	covered with metal						
1884	시카고 신문	불명						
1892	G. H. Jones	prototype of the Monitor						
1894	서구 언론기사	ironclad						
1921	78회							
1899	H. B. Hulbert	ironclad warship						
1899	일본건축학회	甲鐵船艦						
1903	James Murdoch	ironclad warship				1901	林泰輔	板
1905	H. B. Hulbert	curious ironclad, iron-plates				1921	德富猪一郎	板
						1930	今村鞆	板
1921	G. A. Ballard	covered by an iron-plated turtle deck				1933	H.H. Underwood	armor-plate
1929	Britannica	first ironclad war vessel				1937	A. L. Sadler	covered with thick heavy timbers
1943	Alexander Kiralfy	armored kopukson						
1944	US Naval Institute	world's first ironclad warship				1942	有馬成甫	
						1948	申采浩	板 裝甲船의 鼻祖
1944	洪以燮	최초로 실용화된 鐵甲船						
1954	海軍戰史編纂室	鐵板, 세계 철갑선의 원조	1954	金在瑾	속단 곤란 신중 필요 결판이 나지 않음	1958	崔永禧	木板
1957	G. M. Hagerman	first iron-clads in history covered with armor plate	1965	趙成都		1974	金在瑾	木板
			1978	박윤희		1976	南天祐	木板
						1978	金在瑾	裝甲艦
1965	崔碩南	鐵甲船				1987	南天祐	木板
1967	George M. Hagerman	first ironclads in history				1990	李元植	木板
						1995	張學根	木板
1968	Bernard Law Montgomery	철갑 전함				2004	張學根	覆板
						2005	Samuel Hawley	얇은 板子
1968	金龍國	縛鐵板						
1970	大保滋郎	동판과 철판으로 덮음				2007	李元植	板子
1977	朴惠一	薄鐵板, ironclad turtle-boat				2010	鄭鎭述	목판
						2019	鄭鎭述	목판
1979	朴惠一	鐵甲扉, 쇠비늘(鱗甲, 鐵葉)				2024	鄭鎭述	목판
1982	朴惠一	iron-armour-clad(鐵裝 裝甲船)						
1985	朴惠一	세계최초 철갑선 쇠비늘(鱗甲, 鐵葉)						
1989	정광수	中世紀型 鐵甲船 개판·포구·용두 철갑						
1991	오봉근	세계 최초 철갑						
1996	가다노 쓰기오	얇은 철판						
1999	崔斗煥	쇠로 장갑, 鐵甲艦						
2005	이순신연구회	鐵板						
2009	Iain Dickie 외 4명	Iron Turtles						

1) 철갑론(鐵甲論)

(1) 외국인의 주장

연구사의 측면에서 보면, 철갑론은 조선 말기부터 제기된 것으로 세 의견 중 가장 일찍부터 나타났다. 철갑론은 또한 서구인들에 의해 먼저 제기되어왔다는 특징도 내포하고 있다.

서구인에 의한 철갑론 주장은 조선 말기에 해당하는 19세기 말부터 시작되었다. 1883년 한국에 대한 영국 해군원정대의 공식보고서가 한국에서 본 거북선을 기이한 모습의 함정으로 묘사했는데, 이 보고서의 내용이 미국 시카고(Chicago)의 한 신문에 게재되었다.[4] 그 이듬해인 1884년에는 미국의 포크(George C. Foulk) 해군대위가 한반도를 여행하던 중 거북선에 대한 이야기를 들었으며, 경남 고성(固城) 지방에서 선박의 늑재부분이 모래 속에 묻혀있는 것을 보았다. 주민들은 그것이 거북선의 잔해라고 그에게 설명하였다.[5]

이러한 상황에서 일본에 교수로 초빙되어 활동하고 있던 그리피스(William Elliot Griffis)는 "가공하리만큼 무섭게 적선에 충돌하기에 넉넉할 정도로 육중했을 뿐만 아니라, 아마 금속으로 씌운 듯한 나무 창틀"을 가진 전선을 묘사하였다. 그의 묘사에 따르면, 이순신이 이 전선들을 가지고 정유재란 때 해상에서 대승하였는데, 이때 언급된 전선이 거북선이었던 것처럼 보인다.[6]

그로부터 10년 후인 1892년에는 미국인 선교사였던 존스(George Heber

---

[4] James Murdock, A History of Japan during the Century of Early Foreign Intercourse (1542-1651), Kobe: The Office of the "Chronicle," 1903, p.336, n. 17. 그러나 거북선 관련 기사가 실린 1884년 시카고의 신문은 찾을 수 없었다.

[5] ed. Clarence Norwood Weems, Hulbert's History of Korea, Vol.II, New York : Hillary House Publishers LTD, 1962, p.377.

[6] W. E. 그리피스, 신복룡 역주, 『은자의 나라 한국』, 서울: 집문당, 1999, p.189. 이 책의 원명은 Corea : The Hermit Nation이며, 1882년에 초판이 간행되었다.

Jones)가 거북선을 미국남북전쟁(American Rebellion) 당시 모니터함(Monitor)의 전형(prototype)으로 간주하고서, 한반도 연안 해역에서 이 거북선으로 일본 전선들을 쓸어버렸다고 서술하였다.[7]

1894년부터 1921년까지 28년 동안 서구에서 거북선 관련 언론기사가 총 78회 게재되었다. 미국에서는 25개 주에서 72회, 캐나다에서는 2개 지역에서 3회, 그리고 영국에서는 1개 지역에서 3회 게재되었다. 특히 1894년에는 22회 그리고 1899년에는 34회나 게재되었다. 이 기사들은 서울에서 근무하던 포크 해군무관의 보고서를 근거로 삼았는데, 모두 거북선을 '철갑함(ironclad)'의 원조로 간주하고 있다.[8]

1899년에 헐버트(H. B. Hulbert)는 거북선이 최초의 철갑전함(iron-clad war-ship)이었으며, 일본군이 "초인적인 기원(superhuman origin)"을 가진 배로 간주했다고 보았다. 그는 이 거북선 때문에 "한국의 살라미스(Salamis) 해전"에서 "침략의 중추가 부러지고", "세계 최초로 방호순양함(protected cruiser)의 장점이 입증되었다."고 부언했다.[9]

1903년이 되자 일본에서 영어교사로 활동하고 있던 머독(James Murdoch)은 거북선을 철갑선(ironclad warship)으로 간주하면서 "철갑전선(ironclad warships)이 거의 300년 전에 나타난 것처럼 보인다."라고 기술했다[10]

---

7) George Heber Jones, "The Japanese Invasion," *The Korean Repository*, Vol.I, 1892, p.187.
8) 조지 클레튼 포크 저, 사무엘 홀리 편집·소개, 조법종·조현미 번역·주석, 『화륜선 타고 온 포크, 대동여지도 들고 조선을 기록하다』(서울: 알파미디어, 2021), pp.44-60의 「서양에 거북선을 최초의 철갑함으로 알린 포크」를 참조.
9) HOMER BEZA HULBERT, "Korean Inventions", *Harper's Magazine* (New York), 1st June 1899, pp.104-107. 崔永禧, 「龜船考」, 『史叢』 제3집, 1958, pp.12-13, 각주 25-1에는 "금속활판, 갑철선함(甲鐵船艦), 조교(弔橋), 구포폭열탄(臼砲爆烈彈), 음운적 자모를 볼 때, 조선은 세계적인 발명국이다"라는 제목의 헐버트의 글이 일본의 『건축학잡지』(No.168)에 게재되었다는 사실이 소개되어 있는데, 崔永禧는 이 글이 거북선을 철갑선으로 묘사한 최초의 기록이자 가장 오래된 것이라고 부연하였다.
10) James Murdock, *op. cit.*, p.335.

1905년에는 헐버트(Homer Bezaleel Hulbert)가 철갑론을 다시 주장하였다. 그가 보기에, 임진왜란 때 조선 수군이 해상에서 전대미문의 성공을 거둔 주된 이유는 이순신의 거북선 건조였다. 거북선의 등은 철판으로 덮인 갑판이었으며, 쇠로 된 이 갑판은 불화살에 손상되지 않도록 선체를 보호했었다.[11]

헐버트는 1901년부터 1906년까지 월간지『코리아 리뷰(Korea Review)』를 발간했다. 그는 이 잡지에 1901년 창간호부터 1904년 12월호까지 「한국사(Korea History)」를 연재했다. 그 중에서 임진왜란을 다룬 것은 1902년 9월호부터 1903년 4월호까지였는데, 여기에서 그는 이순신이 해상에서 승리한 주된 이유로 거북선의 발명과 건조를 다시 내세우면서 거북선의 구조적 특징을 서술했다. "거북등과 같은 곡선형 철판갑판이 그 아래 전사와 노 젓는 사람들을 완전히 보호했다는 점이 가장 큰 특징이다. 앞쪽에는 화살과 기타 미사일을 발사할 수 있는 입을 크게 벌린 끔찍한 볏이 있는 머리가 있었다. 뒤쪽에는 또 다른 구멍이 있었고 양쪽에는 같은 목적으로 6개의 구멍이 있었다. 곡선형 갑판 위에는 선미에서부터 거북등의 중간을 가로지르는 좁은 통로가 있었지만, 등의 다른 부분은 철창으로 가득 차 있어 적이 그 배에 올라타는 즉시 창끝에 찔릴 수 있었다. 이 갑판이 철로 되어 있어 화살을 막아주었기 때문에, 탑승자들은 근대 전선이 한 세기 전의 목조 전선들과 교전할 수 있었던 것만큼 안전하게 활동할 수 있었다. 이 외에도 이 배는 빠른 속력을 낼 수 있도록 건조되었기 때문에 해상에 떠 있는 모든 배들을 쉽게 추월할 수 있었다." 이어서 여기에는 다음과 같이 부기되어 있다. "이 놀라운 배의 늑재(肋材, ribs)가 오늘 경상도 해안에 있는 고성 마을의 모래 위에 놓여 있었다고 하는데, 1884년 미국 해군대위 포크(George C. Foulk)가 이 배를 목격한 것으로 추정된다. 이 마을 사람들은 매년 축제를 열며, 위대한 이순신 제독과 그의 거북선을 기리기 위해 배를 타고 항구를 항해한다."[12]

---

11) ed. Clarence Norwood Weems, *Hulbert's History of Korea*, Vol.I, p.376.
12) THE KOREA REVIEW, Volume 2, November 1903. chapter VII, pp.519-521.

서구인의 철갑론 주장은 일제강점기 하에서도 계속 제기되었다. 1911년 주일 영국영사관에 근무한 후 일본학 교수였던 롱포드(Joseph H. Longford)는 이순신을 "예리한 기술적 마인드와 혁신적인 공학 능력을 바탕으로 해전에서 승리하는데 크게 기여한 인물"13)로 간주했다. 그는 거북선을 남북전쟁 때 출현한 이중외륜선(double paddle ship)과 비교하면서 이순신의 천재성을 "19세기 해군함정의 발전 방향을 예견했다."고 격찬했다. 또한 그는 "조선공학의 개념이 아예 없었던 시대에 가장 과학적인 전선을 건조할 수 있었던 이순신의 능력은 넬슨 제독의 해군정신과 비교된다."고까지 기술했다.14)

영국 해군의 밸러드(George Alexander Ballard) 중장은 1921년에 이순신이 넬슨(Horace Nelson)과 여러 면에서 닮은 위대한 제독이지만, 거북선을 발명한 능력을 가졌다는 점에서 더 훌륭하다고 평가하였다. 그에 따르면, 거북선은 빠른 속력, 편리한 기동성, 화살과 탄알을 막기 위해 철판으로 덮은 거북등, 거북등에 스파이크 설치, 함수의 충각, 전후좌우에 총통의 설치를 특징으로 하며, 그 특징들을 통해 뱃전오르기(boarding), 활과 화승총의 발사, 불화살을 이용한 적함 소각과 같은 기존의 해전술을 일시에 뛰어넘는 동양의 드레드노트함(Dreadnought)으로 불릴 수 있었다. 이어서 그는 미국 남북전쟁 때 메리맥함(Merrimack)이 콩그레스함(Congress)과 컴버랜드함(Cumberland)에 가져다 준 놀라움을 거북선이 일본군에게 안겨주었다고 부언하였다.15) 이러한 서구인들의 주장 때문이었는지는 모르겠

---

13) J. H. Longford, The Story of Korea(London : T Fisher Unwin, 1911), p.171. 이안 바우어스(Ian Bowers), 「영국인과 유럽인들이 알고 있는 이순신 제독」, 『이순신연구논총』 통권 제27호, 2017. 봄/여름, p.12에서 재인용. Joseph Henry Longford(1849~1925)는 포모사와 나가사키 주재 영국영사를 역임한 후 King's College London에서 1902~16년 동안 일본어교수로 근무한 후, University of London의 명예교수가 된 자로서 런던일본협회 회원으로 일본에 관한 서적들을 여러 권 발간하고 친일 경향의 글들을 기고했다.

14) Ibid., pp.21과 32에서 재인용.

15) vice-admiral G. A. Ballard, The Influence of the Sea on the Political History of Japan, New York : E. P. Dutton & CO., 1921, pp.51-52.

지만, 1929년에 발간된 『브리태니카사전』은 거북선을 "최초의 철갑전함(first ironclad war vessel)"으로 묘사하기에 이르렀다.16)

1943년에는 미국의 군사학자이자 저널리스트인 키랄피(Alexander Kiralfy)는 일본의 해군전략에 관한 글에서 "이 중요한 순간에 이순신이라는 한 조선의 제독은 신기한 함선을 많이 포함한 함선들의 합류를 주도했던 거북등의 드레드노트급 전함(turtle back dreadnought)이나 장갑거북선(armored kopukson)을 타고 나타났다."17)고 기술했다.

1944년에는 미국 해군잡지에 이순신에 대한 글이 게재되었는데, 여기에는 거북선에 대해 다음과 같이 언급되어 있었다. 이순신은 동양에서 당시까지 알려진 어떤 것보다 우수한 함선을 건조했는데, 그것은 당대의 드레드노트 전함(Dreadnought of her day)이자 세계 최초의 철갑선(world's first ironclad warship)이었다."

1967년에는 미국 해군의 해거먼(George M. Hagerman) 대령이 거북선과 이순신에 대한 글을 자국의 해군잡지에 기고하였다. 그는 그 글에서 거북선을 "역사상 최초의 철갑선(first ironclads in history)"으로 간주하고서 언더우드의 책을 근거로 거북선과 총통을 자세히 설명하였다. 그가 보기에, 거북선은 대양용 전선이 아니라 연안용 전선이었고, 또한 거북등의 구조로 장갑되어 있는 점이 방어를 위한 특징이라고 서술하였다.18)

1968년에는 제2차 세계대전의 영웅 중 한 명인 영국의 몽고메리(Bernard Law Montgomery) 원수가 책을 발간하였다. 그가 보기에, 이순신은 "기계제작의 뛰어난 재능"을 갖고 있었으며, "어떤 공격에도 버틸 수 있고 대단한 방어력을 지닌 배를 고안했다." "일본 수군 장병은 용감하게 싸웠지만,

---

16) *The Encyclopaedia, of Britanica*, Vol.XIII, 14th ed., 1929, p.489.
17) Alexander Kiralfy, "Chapter 19. Japanese Naval Strategy," ed. Edward Mead Earle, *Makers of Modern Strategy : Military Thought from Machiavelli to Hitler* (Princeton: Princeton University Press, 1943), p.465.
18) captain George M. Hagerman, "Lord of the Turtle Boat)," *Proceedings*, Vol.93, No.12, December 1967, pp.67-68. 그는 이 글에서 김용만 화백의 삽화 6점을 함께 게재하였다.

이순신 장군의 철갑 전함에 대항할 수 없었다."19)

1970년에는 이순신이 직접 설계한 귀갑포함(龜甲砲艦)이었던 거북선의 둥근 지붕이 동판과 철판으로 덮여 있었다는 주장이 일본인에 의해 제기되었다. 이 주장에 따르면, 거북선은 소각시킬 수 없었을 뿐만 아니라 화살을 쏘아도 튀어나와 버렸기 때문에 마치 1914년에 프랑스 전선에서 독일병사가 전차를 처음 보았을 때 느낀 것과 똑같은 놀라움을 일본군에게 안겨주었다.20)

1996년에는 일본인으로 한국을 연구하고 있는 가다노 쓰기오(片野次雄)가 거북선의 지붕 전체에 얇은 철판을 깔았다고 주장하였다. 그는 그 철판을 성문에 붙이는 장식용 철판과 같은 것으로 간주하였다.21)

1999년에 일본인 항공학자인 다케오 사쿠라이는 김재근과 조성도의 연구결과를 이용하여 거북선의 복원력 문제를 조선공학적 방법으로 규명한 논문을 발표하였다. 그의 연구에 의하면, 개판 위에 철갑을 두르는 것은 선체구조의 무게중심을 높게 만들어 배를 불안정하게 만들지만, 오히려 흘수를 증가시킴으로서 배를 안정하게 만든다. 그는 후자의 영향이 전자보다 크기 때문에 32㎜ 두께의 철갑도 가능하다고 보았으며, 판옥선의

---

19) Montgomery of Alamein, *A History of Warfare* (London: Collins, 1968). 여기에서 인용한 것은 번역서인 버나드 로 몽고메리 지음, 승영조 옮김, 『전쟁의 역사』, II권(서울: 책세상출판사, 1995), p.608이다. 한편 1986년 4월 전두환 대통령의 방영 때 대처 수상이 만찬사에서 이순신을 인용하기도 했다. "우리는 대한민국을 위대한 역사를 가진 나라로 알고 있습니다. 이순신 장군은 우리나라의 가장 유명한 트라팔가르 해전의 승리보다 2백여 년이나 앞선 1592년에 이미 일본 함대를 섬멸시켰던 것입니다." "대처 首相 晩餐辭 〈요지〉,"「동아일보」, 1986년 4월 10일자 기사. 제2차 세계대전에서 영국군이 일본군에게 승리한 경우가 없고, 오히려 동남아에서 육군과 해군의 패배로 철수해야만 했던 기억을 갖고 있는 영국인으로서는 일본 수군에 대한 이순신의 승리가 놀라웠던 것 같다.

20) 大保滋郎,『世界軍船物語』, 歷史物語叢書7(東京: 雄山閣出判株式會社, 1970), p.114. 그는 임진왜란 시 거북선이 노에 의해 추진력을 얻었지만, 후대의 거북선은 배 안에 설치된 水車를 인력으로 회전시켜 추진력을 얻었다고 부언하였다. 이 언급은 잘못된 것이라고 할 수 있다.

21) 가다노 쓰기오, 윤봉석 옮김,『이순신과 히데요시』(서울: 우석, 1997).

복원력도 거북선과 유사한 특징을 갖고 있는 것으로 결론지었다.22)

2009년에는 영국의 군사학자 5명이 공동으로 해전의 전투기술에 대한 서적을 편찬하였다. 이 책의 공동저자들은 거북선을 철갑거북선(Iron Turtles)으로 간주하였다.23) 또한 그는 "이순신과 거북선은 그가 구하고자 했던 나라에서 영원한 전설(enduring legend)이 되었다."24)고 부언하였다.

(2) 한국인의 주장

한편, 국내에서도 철갑론이 꾸준히 제기되었다. 일제강점기 하에서 철갑론을 주장한 홍이섭(洪以燮)은 1944년에 출판된 자신의 저서에서 거북선이 일종의 갑선(甲船)이며, 임진왜란 때 이순신에 의해 실용화되었고, 세계 역사에서 철갑선의 선구적 위치를 차지한다고 주장하였다.25)

광복 이후에도 철갑론이 한국인들에 의해 주장되었다. 1954년에 일단의 한국인 사학자들은 공동으로 펴낸 책에서『이충무공전서』와『징비록』에 근거하여 거북선의 외형이 철판으로 덮였었으며, 외판이 철판으로 덮였기 때문에 적탄이 명중되어도 아무런 피해를 입지 않았다고 서술하였다.26) 최남선(崔南善)도 이 책의 서문(「序에 代하야」)에서 거북선이 판옥선에서 철갑선으로 크게 진보한 것으로서 세계 철갑선의 원조라는 것이 이미 일반적으로 공인되었다고 보았다.27)

---

22) 다케오 사쿠라이,「거북선의 복원력에 대한 조선공학적 소고」,『해양연구논총』제23집, 1999, pp.17-18.
23) 이에인 딕키 외 공저, 한창호 옮김,『해전(海戰)의 모든 것』(서울: Humand & Books, 2010), pp.126과 129. 이 책의 원전은 Iain Dickie, Martin J. Dougherty, Phyllis J. Jestice, Christer Jörgansen, Rob S. Rice, Rice, *Fighting Technique of Naval Warfare 1190 BC -Present : Strategy, Weapons, Commanders, and Ships* (New York: Thomas Duane Books, 2009)이나, 여기에서는 번역본을 인용하였다.
24) Ibid., pp.137-139.
25) 洪以燮,『朝鮮科學史』(東京: 三省堂, 1944). 이 책은 1946년 한국어로 다시 출판되었다.
26) 海軍本部,『韓國海洋史』(釜山: 啓文社, 1954), pp.213과 215.

1965년에는 육군 장성출신으로서 역사를 공부한 최석남(崔碩男)이 조총의 관통력에 따라 거북선 철갑의 필요성 여부와 철갑을 했을 때 그 두께가 결정된다고 보았다. 그의 견해에 따르면, 거북선의 철갑 문제는 일반적으로 방어무기가 공격무기와 상대적인 것이라는 카테고리에서 예외가 아니었다. 우리의 기록에 철갑에 대한 언급이 없는 것은 일상적으로 김치를 먹는 사람이 일기에 김치를 먹었다고 쓰지 않는 것과 같았다. 거북선이 철갑선인 것을 확인한 것은 일본인이었다. 철갑선이라 하면 일반적으로 현대식 군함을 연상하지만, 적의 조총탄을 막아내는 범위 내에서 선박의 균형을 이루는 한도 내의 철갑선이었다. 그는 동대문이나 남대문의 성문에 부착한 철갑을 연상하면 된다고 주장하였다.[28]

1968년에는 국방사학자였던 김용국(金龍國)이 철판 포장에 관한 기록이 없어 일본인 학자들 사이에서 거북선의 철갑포장에 대해 이론이 제기되고 있지만, 일본측 기록(『志摩軍記』)에 거북선이 철로 포장되어 있음을 말해주는 기록이 있다고 주장하였다. 이어서 그는 거북선의 명칭이 철갑과 같은 배판(背板)에서 유래한 것으로 보아 배판을 중심으로 한 중요한 부위에 철첨류(鐵尖類)와 함께 박철판(薄鐵板)을 고정하는 방식으로 무장했을 것으로 본다는 견해를 피력하였다.[29]

그런데 이러한 주장들은 단편적인 설명이나 근거를 제시하지 못한 채 거북선이 철갑선이었다고 단정해버리는 경우가 대부분이었다.[30] 철갑

---

27) Ibid., p.39.
28) 崔碩男, 『韓國水軍活動史』(서울: 鳴洋社, 1965). 이 책은 거북선에 대해 23쪽 (pp.278-300)이나 서술하고 있는데, 아마 최초의 본격적인 거북선 관련 연구서이자 가장 긴 서술일 것으로 생각된다. 또한 그는 '이순신이 창제한 거북선'이라는 용어를 사용하면서, 그 제원과 선형을 규명하려고까지 하였는데, 이것은 이후 연구자들이 '李舜臣龜船', '原型龜船', '원형 거북선', '1592년식 거북배', '이순신 창제 거북선' 등과 같은 말을 사용하고 연구하게 된 계기를 마련해준 것처럼 보인다.
29) 金龍國, 「壬辰倭亂後 龜船의 變遷過程」, 『學術院論文集 : 人文社會科學編』第VII輯, 1968. 12, p.142, n. 5. 그는 전시에 필요성이 대두됨에 따라 "… 鐵板 包裝 및 刀錐類 揷入 같은 裝備는 손쉽게 실시될 수도 있었을 것이다"라고 부언하였다 (p.163).

론을 체계적으로 연구한 결과물들이 나타나기 시작한 것은 1970년대 후반이었다.

이러한 철갑론을 처음 제기한 사람은 사학자도 조선공학자도 아닌 원자핵공학자인 박혜일(朴惠一)이었다. 그가 보기에 임진왜란 때 방화재(防火材)로 사용할 수 있는 것이 철판뿐이었는데에도 불구하고 후대인들이 이분(李芬)의 행록(行錄)만 아무런 이의제기 없이 인용해왔다. 그 결과 철갑거북선(iron-clad turtle-boats)이라는 구승적 전통(口承的 傳統)이 학술적 기반의 결여라는 이유로 무시되어왔다. 그는 이 구승적 전통의 증거로 남대문과 남한산성의 동문에 씌워진 박철판(薄鐵板)을 들었다. 이어서 그는 거북선 1척당 포판을 덮는데 필요한 철의 양을 6.4톤으로 계산하였다.31)

그는 이듬해인 1979년에 전년도의 영문 논문을 보완하여 한국어 논문으로 발표하였다. 이 논문에 따르면, 철갑선의 전설은 임진왜란 때 해전에 참가한 사람들과 대장장이들의 전후담(戰後談)에서 비롯된 것으로서 거북선에 대한 민중의 구전적 전설(口傳的 傳說)이자 대중적 정설(大衆的 定說)이었다. 그는 이 주장을 입증하기 위해 기존 사료들을 먼저 검토했으며, 이어서 안골포 해전에 대한 일본측 기록인 「고려선전기(高麗船戰記)」를 추가로 제시하였다. 또한 그는 기존 자료들과 연구결과들을 바탕으로 5~9톤의 철이 거북선 1척을 건조하고 무장하는데 필요했다고 추정하였다. 거북선의 철갑 시공은 조선시대 성문의 철갑비(鐵甲扉)를 통해 유추할 수 있다고 생각하였다.32)

1982년에 이르자, 박혜일은 1979년에 발표한 논문에 대한 보유적 주석을 달고 또한 자신의 주장을 뒷받침할 수 있는 자료를 보완한 논문을 발표하였

---

30) 崔碩男의 경우는 예외라고 할 수 있다.
31) Bak Hae-ill, "Short Note on the Iron-clad Turtle-boats of Admiral Yi Sun-Sin," Korea Journal, Vol.17, No.1, 1977, pp.37-39.
32) 朴惠一, 「李舜臣龜船의 鐵裝甲과 李朝鐵甲의 現存原型과의 對比」, 『한국과학사학회지』 Vol.1, No.1, 1979, pp.27-38.

다. 그는 이 논문에서 병인양요 때(1866) 대원군이 거북선과 같은 철갑선을 건조하라고 명령했던 사실을 들고 또한 부봉(富峰)미술관이 소장하고 있는 항아리(靑白粉靑鐵畵龜船紋壺, 현재는 해군사관학교 박물관 소장)에 그려져 있는 거북선 문양을 소개하였다. 이어서 일본자료인 「고려선전기」의 원본 사진을 소개하면서 일본측 자료들(『志摩軍記』와 『征韓偉略』 등)이 모두 이것을 인용하고 있다고 밝혔다. 그는 거북선을 미국의 모니터함(Monitor, 1862)보다 270년이나 앞서 존재한 것으로서 목선시대가 낳은 세계 최초의 철장갑목제전선(iron-armour clad wooden fighting ship)으로 간주하였다. 심지어 그는 영국의 니덤(Joseph Needham) 교수로부터 거북선이 세계사에서 최초로 시도된 완전한 장갑선이었다는 견해를 서신을 통해 듣기도 하였다.33)

그는 1985년에 전남 담양에서 새로 발견된 고문서를 이용하여 철갑론을 더욱 확고히 하려는 논문을 발표하였다. 이 고문서는 1748년에 경상좌도수군절도사 이언섭(李彦燮)이 작성한 장계의 필사본이었는데, "이른바 거북선은 누각을 만들지 않고, 판으로 덮개를 만들었으며, 그 위에 인갑을 하였다(所謂龜船則不以樓 以板爲蓋仍作鱗甲)"라는 구절이 있었다. 박혜일은 인갑이 원래 비늘모양의 갑옷이라는 뜻이지만, 선박에서는 쇠비늘을 뜻하는 것으로 보았다. 그에 의하면, 쇠비늘은 대장간에서 단조된 얇은 철엽(鐵葉)이며, 인갑이 비늘모양으로 포개어 붙이는 철갑의 시공방식을 암시해주는 것이었다. 그는 이러한 해석을 바탕으로 철갑과 철첨의 설치형태에 대한 도면을 제시하기까지 하였다.34)

1989년에는 회사원인 정광수(鄭光秀)가 다른 시각에서 철갑론을 주장하였다. 그는 먼저 20년간 철갑론 여부에 대한 지독한 논쟁에서 벗어나기 위해 실학적인 자세로 제작기술면에서 고증해야 한다고 생각하였다. 그의

---

33) 朴惠一, 「李舜臣龜船의 鐵裝甲에 對한 補遺的 註釋」, 『한국과학사학회지』 제4권, 제1호, 1982, pp.27-45.
34) 朴惠一, 「李舜臣龜船(1592)의 鐵裝甲과 慶尙左水使의 鱗甲記錄(1748)에 대한 註釋」, 『한국과학사학회지』 제7권 제1호, 1985.

주장에 따르면, 조총탄이 아닌 도끼공격과 화공에 대비하기 위해서는 철갑일 수밖에 없다. 또한 이순신은 서구보다 250년 전에 이미 중세기형 철갑선을 만들고 백병전이 없는 순수한 함포전을 7년간의 전란기간 내내 줄곧 실시해왔다. 세계의 해전연구가들은 해전사에서 철갑전함만 할 수 있는 철갑선 해전을 한 사실을 계기로 삼아 거북선을 세계 최초의 철갑전함으로 평가해왔다. 이어서 그는 개판뿐만 아니라 현측 포구의 주변과 용머리 좌우부분도 철갑되어 있었다고 주장하였다.35)

1991년에는 북한 사학자들의 수군사연구서가 발간되었다. 그들은 배의 머리가 용처럼 생겼으며, 꼬리는 거북처럼 만들었고, 그리하여 전체적으로 엎드려 있는 거북이처럼 생겼으며, 전체 표면을 철판으로 씌운 것으로 생각하였다. 이어서 그들은 각주를 통해 일본측 자료인 『정한위략』에 인용된 「고려선전기」를 예로 들면서 우리 기록에 철판에 관한 이야기가 없지만 16세기 말 조선의 생산력을 미루어 볼 때 얼마든지 철갑을 만들어 씌울 수 있다고 보았다. 또한 그들은 갑판 위에 송곳을 빈틈없이 박으려 해도 갑판 전체가 철로 장갑되어야만 하는 것으로 생각하였다. 이러한 연유로 그들은 거북선을 세계 최초의 철갑선이라고 간주하였다.36)

20세기 마지막 해인 1999년에는 해군의 임란연구가인 최두환(崔斗煥)이 김용국, 남천우, 정광수, 박혜일 등의 연구를 고찰한 후 나무판자 위에 칼 모양의 송곳을 꽂았지만 그것만으로는 장갑함의 위력을 충분히 발휘할 수 있었을 것으로 보았다. 그렇기 때문에 16세기의 무기체계였던 거북선을 세계 최초의 철갑선으로 부르더라도 아무런 손색이 없다고 그는 생각하였다.37)

---

35) 정광수, 『삼가 적을 무찌른 일로 아뢰나이다』(서울: 정신세계사, 1989), pp.361-363, 367-371.
36) 오봉근, 손영종, 지승철 공저, 『조선수군사』(평양: 사회과학출판사, 1991), pp.206, 208. 이 책은 한국문화사가 오봉근을 저자로 영인하여 1998년에 국내에 소개되었다.
37) 崔斗煥, 「임란시의 원형 거북선에 관한 연구」, 『해양연구논총』 제22집, 1999, p.148.

한편 정광수를 위주로 한 일단의 이순신연구자들이 결성한 이순신역사연구회는 2005년에 연구결과를 서적으로 발간하였다. 이 책에 의하면, 거북선은 등에 철판을 두르고 있었기 때문에 안전하였다. 왜군은 조총으로 조준사격을 하면 탄환이 튕겨져 나왔기 때문에 철제 장갑선인줄 알게 되었을 수 있거나 아니면 이미 그런 사실을 전해 들어 알고 있었을 수도 있었다. 「고려선전기」에 "조선의 배들은 선체 전체를 쇠로 만든 것이 있어 아군의 포가 파괴할 수 없었다."고 기록되어 있는 것은 바로 이 때문이었다.[38]

이와 같이 볼 때, 철갑론은 조선 말기부터 최근에 이르기까지 꾸준히 제기되고 있음을 알 수 있다. 세 가지 이론 중에서 가장 오래 전부터 제기되었으며, 각 시대마다 고루 나타났고, 지지자가 가장 많기도 하다.

2) 목갑론(木甲論)

거북선의 개판이 판자로 덮였다고 주장하는 목갑론은 철갑론보다는 약간 늦지만, 어쨌든 구한말부터 나타났다.

(1) 외국인의 주장

1901년 하야시 다이스케(林泰輔)는 자신의 저서에서 거북선이 철갑으로 덮였다는 주장이 한국측 사료에 전혀 나타나지 않고 판자로 덮였다는 기록만 있다는 점을 주목하였다. 그는 사실상 철갑론을 부정하고 목갑론을 최초로 주장한 외국인이었다.[39]

일제강점기인 1921년에는 역시 일본인 도쿠도미 이이치로(德富猪一郎)

---

38) 이순신역사연구회, 『이순신과 임진왜란 1 : 삼가 적을 무찌른 일로 아뢰나이다』 (서울: 비봉출판사, 2005), pp.354-355.
39) 林泰輔, 『朝鮮近世史』, 1901.

가 한국선박사에 대한 자신의 저서에서 거북선의 "선상(船上)에 판(板)을 포(鋪)하고"라고 서술하였다. 그와 비슷하게 1930년 이마무라 도모(今村鞆)는 "선상(船上)을 복(覆)하는데 판(板)으로 …"라고 서술하였다.[40]

1933년에는 한국에서 선교활동을 하던 언더우드(Horace Horton Underwood)가 한국의 선박사에 대한 연구결과를 서적으로 발간하였다. 그는 이마무라 도모의 도움을 받았으며, 그 결과인지는 몰라도 이마무라의 견해를 그대로 따르고 있다. "이 마지막 대규모 해전에서 이순신은 … 이 승리는 항상 거북선의 발명과 소유 덕분이다. 오늘날 대체로 잠수함이었던 것으로 전해지는 거북선은 장비를 갖추고 연막을 내뿜었다. 이순신은 이 배 안에 있어 거의 완전하게 은폐되었다.[41] "이순신의 머리가 실제로 서구보다 250년이나 앞서 장갑판(armor plate)을 고안하여 실용화했는지는 확신할 수 없다. 그러나 이 전역을 조심스럽게 연구하면, 그가 당시 이용되고 있던 모든 해전양상을 포기하고서 지구 반대편에서 거의 동시에 드레이크 그리고 하워드(Howard)와 같은 아이디어를 갖고 있었다. … 그는 조총 탄환과 화살에 대한 보호만 필요했기 때문에 철갑을 두를 필요가 없었다."[42]

언더우드의 주장에 따르면, 거북선은 기존의 선박을 발전시킨 것이었지만, 해전사에 한 획을 새로 그었던 선박이었다. 거북선은 철갑일 수도 아닐 수도 있었다. 이 분야에 대한 영국의 최고권위자였던 헐버트가 대중적

---

40) 德富猪一郎, 『近世日本國民史 : 豊臣時代 丁篇』(東京: 民友社, 初版 1921, 改版 1925), p.618. ; 今村鞆, 『船の朝鮮』(京城: 螺炎書屋, 1930), p.57.
41) *Ibid.*, p.74
42) Horace H. Underwood, *Korean Boats and Ships*, Seoul : The Literary Department Chosen Christian College, 1934, pp.79-80. 이 책은 거북선에 대해 무려 11쪽(pp.74-84)이나 서술되어 있으며 또한 4개의 도면(Fig.46-49)을 제작하여 게재하고 있기 때문에 사실상 거북선에 대한 최초의 본격적인 연구서라고 할 수 있다. 이 책은 원래 1933년에 발표되었지만, 이듬해인 1934년에 *Transactions of the Korea Branch of the Royal Asiatic Society*, Vol.XXIII에 전재되었으며, 같은 해 2월에 The Literary Department Chosen Christian College에서 두 번째 영문서적으로 출판되었다.

인 전통에 따라 철갑선이었다고 주장했지만, 언더우드는 철갑선에 대한 기록의 결여 때문에 거북선이 세계 최초의 철갑선이라는 한국인들의 주장에 분명히 의문을 제기하였다. 그는 같은 학교의 한국인 교수 정인보(I.P. Cheung)에게 자신의 주장을 확인하기도 했다.43)

언더우드의 서적은 다른 사람들에게 영향을 주었다. 그 한 예로 호주 시드니 대학과 군사대학의 교수였던 영국인 새들러(Arthur Lindsay Sadler)는 언더우드의 서적을 통해 거북선에 대한 유용한 정보와 도면을 많이 얻을 수 있었다고 밝혔다. 그가 보기에, 조선 수군의 우수성은 장거리포(longrange artillery)와 함대사령관이었다. 특히 조선의 함대사령관이었던 이순신은 … 함정의 건조와 운용에서 천재적 능력을 갖고 있었다.44) 또한 그는 거북선에 대해 길게 설명하고서 "거북선이 어뢰정(torpedo boats)과 같았고, 다른 함정들의 보조함으로 사용되었다"고 주장하였다.45) 또한 그는 거북선의 여러 부분이 두껍고 무거운 판자로 덮여 있었으며, 거북등과 같은 모습을 하고 있었던 것으로 보았다.46)

1942년에는 일본인 해군대좌였던 아리마 세이호(有馬成甫)가 『이충무공전서』를 인용하여 이마무라 도모와 하야시 다이스케처럼 거북선의 선상이 판자로 덮여 있었다고 주장하였다.47)

2005년에는 캐나다인 홀리(Samuel Hawley)가 임진왜란에 대한 영문판 서적을 발간하였다. 그는 이 책에서 거북선에 대해 무려 6쪽을 서술하였다.48) 그는 먼저 『이충무공전서』에 묘사된 거북선을 서술한 후 거북선에

---

43) Ibid., preface와 pp.75-76.
44) A. L. Sadler, "The Naval Campaign in the Korean War of Hideyoshi," *The Transactions of the Asiatic Society of Japan*, second series, Vol.XIV, 1937, pp.180-181.
45) A. L. Sadler, "The Naval Campaign in the Korean War of Hydeyoshi (1592-1598)," *The Transactions of the Asiatic Society of Japan*, second series, Vol.XIV, 1937, p.190.
46) Ibid., p.188.
47) 有馬成甫, 『朝鮮役水軍史』(東京: 海と空社, 1942), pp.78-82, 178-181.
48) Samuel Hawley, *The Imjin War*, Seoul : The Royal Asiatic Society Korea Branch, Berkley: The Institute of East Asian Studies in the University of California, 2005,

대한 단연 가장 큰 논쟁점이 철정이 꽂힌 지붕이 철판으로 덮여 있었는지 여부라고 말하였다. 철갑론에 대해서는 2가지의 증거가 부족하다고 보았다. 하나는 이순신의 자필 기록(편지·일기·보고서 등), 이분의 행록, 유성룡의 『징비록(懲毖錄)』, 『선조실록(宣祖實錄)』 등 당대의 어떤 기록에도 철갑에 대한 언급이 없다는 것이었다. 다른 하나는 거북선 1척을 덮는데 필요한 6톤의 철을 정부로부터 지원받지 못했다는 것이었다. 따라서 그는 거북선이 철갑이 아니라 두꺼운 목재로 건조되고 철정을 박은 얇은 판자로 덮여져 있었는데, 이 정도의 무장으로도 일본군의 조총을 충분히 견딜 수 있었다고 보았다.

그렇다면 이러한 증거부족의 상황에서 철갑론이 어떻게 대두되었을까? 그는 서구인들이 철갑론을 제기했을 것으로 보았다. 18세기 말부터 한국을 방문한 서구인들이 거북선의 외관을 보고 남북전쟁 시의 모니터함(Monitor)과 메리맥함(Merrimack)을 연상하면서 서구에 소개하는 글을 썼다. 그 과정에서 서구인들은 거북선을 자연스럽게 철갑선으로 간주하게 되었으며, 어려운 국제관계 속에 있었던 한국인들은 역사적 가공물인 철갑론을 민족적 프라이드의 상징으로 여기게 되었다. 거북선이 철로 덮였다는 일본자료들은 철갑을 의미하는 것이 아니라 지붕의 철정을 표현한 것일 수 있었다.[49]

(2) 한국인의 주장

목갑론은 광복 이후 한국학자들에 의해서도 꾸준히 제기되어 왔다. 1948년 사후(死後) 출판된 저서에서 신채호(申采浩)는 한국고대사에 관한 개설서의 총론부분에서 목갑론을 주장하였다. 그의 주장에 따르면, 일본인들은 이순신을 세계철갑선의 비조(鼻祖)로 서술하고 있는 영국역사서들을 반박하고서 그 대신 일본선박이 철갑선의 비조라고 주장하고 있기 때문에

---

pp.195-199.
49) Ibid., p.196, n. 18.

조선인과 일본인 사이에서 어느 나라가 먼저 철갑선을 만들었는지 여부가 암암리에 논쟁거리가 되었다. 『이충무공전서』에 의하면, 배를 판자로 덮었지 철갑을 덮은 것이 아닌 듯 하기 때문에 이순신은 철갑선이 아닌 장갑선의 비조라 할 수 있다. 철갑선의 창제자가 장갑함의 창제자보다 더 명예로운 호칭이지만, 창제하지 않은 것을 창제했다고 하는 것은 역사발전의 단계를 어지럽힐 수 있다. 그는 거북선에 대해 감정에 좌우되어서는 안 된다고 충고까지 하였다.[50]

1958년에는 최영희(崔永禧)의 논문이 발표되었는데, 이것은 한국인이 작성한 것 중 거북선에 대한 최초의 본격적인 논문이었다. 그는 이 논문에서 거북선의 건조경위, 구조의 변천, 척수, 개판을 고찰하기 위해 먼저 기존의 국내외 연구들과 사료들을 일별하였다. 특히 그는 철갑선의 근거로 이용되는 일본측 자료들을 이순신의 장계를 이용하여 조목조목 반박하였다. 그는 개판이 철로 덮였다는 기사를 우리 문헌에서 발견할 수 없으며, 후판(厚板)으로 덮고 철추(鐵錐)를 꽂은 것만으로도 왜군의 총포탄을 막을 수 있었다고 결론지었다. 나아가 그는 헐버트가 말한 것과 같이 판자로 덮은 개판 위에 철판을 씌웠을지도 모르지만, 이를 확증할 수 있는 문헌을 볼 수 없다고 부언하였다.[51]

1974년에는 조선공학자인 김재근(金在瑾) 교수가 거북선을 조선공학적 측면에서 연구한 논문을 최초로 발표하였다. 그는 이 논문에서 거북선의 구조, 크기, 선형 등을 다루고 철갑문제를 다루지 않았지만, 『이충무공전서』에 전혀 언급이 없는 것을 보아 철갑선임을 믿기 어렵다고 말했다. 이어서 그는 『이충무공전서』에 나타나는 통제영거북선의 거북문양을 철갑선의 논리로 간주하는 것을 안설(按設)의 '覆板上畵龜紋'이라는 문구를 들어 부정하였다. 그러나 그는 설령 철판이라 하더라도 철판만으로 개판을 덮지 않았고, 그 밑에 반드시 목판을 깔아야 했을 것인데, 그 이유는 용접과

---

50) 단재 신채호 원저, 박기봉 옮김, 『조선상고사』(서울: 비봉출판사, 2006), pp.72-73.
51) 崔永禧, 「龜船考」, 『史叢』, 1958, pp.12-19.

같은 유효한 철 구조방식이 당대에 없었기 때문이라고 주장하였다.52)

그로부터 2년 후인 1976년에는 물리학자인 남천우(南天祐) 교수가 거북선의 구조를 다시 검토한 논문을 발표하였다. 그는 조선시대 군선(軍船)에서 거북선의 위치와 구조를 살펴본 후 귀선도와 비교하는 작업을 하였는데, 결어 부분에서 철갑 문제를 언급하였다. 그에 의하면, 개판이 철갑이었다는 기록이 국내에 없는 이상 장계와 행록에 의거하여 철첨(鐵尖)이나 도추(刀錐)를 밀식한 목판이었다고 평가하는 것이 온당하였다. 이어서 그는 화공(火攻)에 대한 방어가 염려되지만, 상장의 상층부분에도 사람이 있었기 때문에 그 어떤 화공대처방법이 있었을 것이라는 유보조건을 달았다.53)

1978년에는 거북선 관련 단행본 서적이 최초로 발간되었다. 김재근 교수는 거북선의 우상화와 신격화에 대한 활발한 움직임 혹은 수수께끼나 신화를 만들어내는 것 같은 현상이 나타나고 있음을 지적하고서 환상을 버리고 겸허한 마음으로 대하는 것에서부터 거북선의 참모습을 보기 시작해야 한다고 주장하였다.54) 그가 보기에 거북선이 철갑선이라는 기록은 일본 고문서와 구한말에 내한한 서양인의 글에서 찾아볼 수 있었다. 그러나 『지마군기(志摩軍記)』, 『정한위략(征韓偉略)』, 『등강양정문서(藤江良亭聞書)』 같은 일본서적들은 야담 수준의 것들이며, 그렇기 때문에 터무니없이 과장되어 역사의 왜곡, 변조, 신격화의 현상을 불러일으킨다. 반면에 한국 자료에서는 이상하게도 철갑기록을 전혀 발견할 수 없다. 심지어 거북선에 관해 가장 믿을만한 자료라 할 수 있는『이충무공전서』에서도 철갑선임을 뒷받침할 편린을 찾아볼 수 없다. 이런 연유로 그는 거북선이 철갑이 아니라고 주장하였다.55)

1987년에는 남천우 교수가 자신의 저서에서 4가지 점을 들어 철갑론을 다시 비판하였다. 첫째, 정유재란 때 이순신 밑에서 근무한 적이 있었던

---

52) 金在瑾, 「龜船의 造船學的 考察」, 『學術院論文集』, 1974, pp.32, 40.
53) 南天祐, 「龜船構造에 대한 再評價」, 『歷史學報』 제71집, 1976, p.174.
54) 金在瑾, 『거북선의 神話』(서울: 正宇社, 1978), pp.94, 96.
55) Ibid., pp.74-86.

이분의 행록에 "上覆以板"이라는 기록이 나타나는 것으로 보아 목판임이 분명하였다. 둘째, 실용적인 면에서 덮개로서는 목판이 더 좋고, 철갑은 불필요하다. 철판은 목판보다 15배 이상 무겁고, 녹 쓸기 쉬워 수명이 짧고 지저분하며, 고가이고, 쇠 송곳을 꽂기에 목판보다 불편하였다. 또한 배가 무거워 속도가 많이 느려졌다. 셋째, 전라좌수영 거북선의 6각형 거북문양은 적에게 겁을 주기 위해 철선으로 위장할 목적을 내포하고 있었을 가능성이 컸다. 넷째, 철갑선설은 잠수함설처럼 뒷받침할 자료가 전혀 없고 그에 대한 타당성도 없었다. 결론적으로 그는 거북선을 지나치게 영웅시하던 시대를 보내고 올바르게 이해하는 시대를 맞이해야 한다고 주장하였다.[56]

1990년에는 고대선박연구가이자 모형선제작자인 이원식(李元植)이 목갑론을 주장하였다. 그는 그 근거로 『이충무공전서』를 들었으며, 특히 도면을 제시하여 통제영 귀선과 전라좌수영 귀선의 거북잔등에 있는 판자들이 비늘처럼 엇대어 기와지붕처럼 포개졌으며, 끝과 끝을 직접 이어 평면을 이루었다고 주장하였다.[57]

1995년에는 장학근(張學根) 교수가 임진왜란 당시 사용된 거북선을 '원형 거북선'으로 호칭하면서 거북선의 선형변화, 판옥선과의 선형적 연관성, 군선으로서 거북선의 구조, 원형거북선의 복원도 등을 다룬 논문을 발표하였다. 이 논문에서 그는 거북선 덮개 위에 철갑을 했다는 기록이 우리나라 기록에 한군데도 없으며, 철갑을 했다는 간략한 기록이 단지 일본기록에만

---

56) 남천우, 『遺物의 재발견』(서울: 정음사, 1987), pp.70-71.
57) 이원식, 『한국의 배(韓船)』(서울: 대원사, 1990), pp.45-57. 1998년에는 이원식이 『이충무공전서』를 근거로 거북선의 이모저모를 소개하는 논문을 발표하였다. 그는 「李舜臣 創制 龜船(거북배)의 設計構造와 復元에 대한 考察」, 『대한조선학회지』 제40권 제1호, 2003.에서 이순신이 창제한 거북선을 '1592년식 거북배(龜船)'로 호칭했으며, 배의 이름도 '거북선'이 아닌 '거북배'나 '귀선'으로 정정해야 주장하였다. 그는 "1592年式 李舜臣 創制 龜船(거북배)의 設計 復元 硏究", 『대한조선학회지』, 제41권 제3호, 2004와 "1592年 龜船의 主要 値數 推定에 關한 硏究」, 한국해양대학교 공학박사학위논문, 2007에서도 "선상을 판자로 복개하고 판자에는 철첨을 꽂았다"는 견해를 피력하였다.

있으나 신빙이 없는 것들로 판명되었다고 주장하였다. 나아가 그는 일본의 주 무기가 조총이었고 임진왜란 시 화전 등을 이용한 화공전법을 구사하지 않았기 때문에 철갑을 할 필요가 없었다고 부언하였다.[58]

2010년 이후에는 정진술이 작업한 일련의 거북선 연구가 주목을 받았다.[59] 그는 『이충무공전서』가 발간된 1795년 이후의 거북선과 임진왜란 당시의 거북선 복원을 위해 연구를 지속했다. 그는 『당포파왜병장』, 『행록』, 『귀선도설』의 "등에 철정을 박았다"와 "위는 판자로 덮고 판자 위에 십자형 세로가 있다"는 기사들을 근거로 목판설을 주장했다.

철갑론보다 20여년 후에 나타난 목갑론은 철갑론과 마찬가지로 오늘날까지 꾸준히 제기되어 왔다. 지지자의 수도 철갑론만큼은 아니지만 상당한 수에 이르며, 특히 1970년대부터 많이 나타났다고 할 수 있다.

3) 신중론(愼重論)

신중론을 주장한 사람은 세 명이었는데, 1954년과 1965년 그리고 1978년에 각각 나타났다.

1954년에 김재근(金在瑾)은 『대학신문(大學新聞)』(5월 27일)에 기고한 글에서 다음과 같이 서술하였다. "귀선은 철갑선이라고 인정되어 있어

---

58) 張學根, 「軍船으로서의 原型龜船-龜船改造論을 中心으로」, 『昌原史學』 제2집, 1995, pp.277-302. 이 논문은 해군사관학교 박물관이 "임진왜란과 거북선"이라는 주제 하에 1994년 6월 4일 주최한 학술발표회에서 발표한 것을 대폭 보완한 것이었다. 그 발표문은 張學根, 『韓國海洋活動史』(해군사관학교박물관, 1994)에도 그대로 게재되었다.
59) 정진술, 「조선후기 거북선의 구조-『李忠武公全書』의 龜船圖說을 중심으로」, 『海洋文化研究』(전남대학교 이순신해양문화연구소) 제4집, 2010. ; 정진술, 「이순신 정론 Ⅳ-거북선 구조, 철갑 문제」, 『이순신연구논총』 통권제17호, 2012년 봄/여름 ; 정진술, 「임진왜란 시기 거북선의 복원을 위한 구조 탐색」, 『충무공 이순신과 한국 해양』 제6호, 2019 ; 정진술, 「임진왜란 시기 거북선의 구조」, 『임진왜란기 거북선 건조 결과 보고서』(해군사관학교 박물관, 2024), pp.184-212.

요즈음 학자들의 발표문에는 아무 거리낌 없이 철갑선으로 단정되고 있으나 속단키 어려운 일이다." 그의 주장에 따르면, 그 자신의 조선기술상의 직감에서 비롯된 이 글은 거북선 철갑설에 대해 해방 후 처음으로 이의를 제기한 것이었다. 그러나 그는 1974년부터 이러한 신중론을 버리고 목갑론을 주장하기 시작하였다. 그가 자신의 주장을 바꾸게 된 데에는 1958년 5월 12일 고려대학교 월례 사학회에서 최영희의 논문발표를 듣고 갖게 된 확신이 결정적인 역할을 하였다.60)

1965년에는 조성도(趙成都) 교수가 신중론을 주장하였다. 그의 주장에 따르면, 개판의 철판여부에 대해 지금까지 학자들 간에 결론을 내리지 못하고 있었다. 그것은 이순신의 장계에만 '背植鐵尖'의 문구가 있고, 그 외의 기록에는 '上覆以板'과 '上設板蓋'의 문구가 있을 뿐 철판을 덮었다는 문구가 없기 때문이었다. 그러나 일본의 수군장수들의 실전기(實戰記)나 견문기(見聞記)에 철판의 기록이 있기 때문에 신중하게 검토해야만 하였다. 그와 동시에 그는 임진왜란 이전의 전선발달과정, 임진왜란기 해전의 양상, 임진왜란 이후 적선의 형태 등을 규명해야만 철갑 문제를 해명할 수 있는 가능성이 있는 것으로 보였다.61)

그는 이러한 현상이 우리 선조들의 과학적 관심의 결핍과 중문주의적(重文主義的) 사관들의 무관심에서 비롯되었다고 보았다. 그의 주장에 의하면, 거북선 관련 문헌이 극히 제한되어 사실이 오전(誤傳)되기 쉽고 또한 막연하게 알려져 있었다. 거북선 관련 그림들은 전혀 다르게 제작되어 있는 것도 지난날의 화가들이 무책임한 그림을 남겨놓았고 또한 거북선 관련 문헌이 과학성을 결여하고 있었다.62)

1978년에는 한국의 영자신문 기자로서 저널리스트였던 박윤희가 이순

---

60) 金在瑾, 『거북선의 神話』(서울: 正宇社, 1978), pp.83-86.
61) 趙成都, 「龜船考」, 『研究報告』(海軍士官學校), 1965, 1, p.29. 이 논문은 같은 저자의 "거북선에 대한 小考-포문수와 속력을 중심으로」, 『海軍大學論文集』, 1964. 6을 보완한 것이었다.
62) Ibid., p.15.

신과 거북선에 대한 영문서적을 발간하였다. 그는 이 책에서 거북선이 철갑으로 덮였었는지 여부가 아직 결판나지 않았지만, 적의 뱃전오르기 전술(boarding tactics)을 좌절시키기 위해 쇠 송곳(iron spikes)을 꽂은 것은 분명하였다고 서술하였다.[63]

신중론은 이처럼 거북선 연구에서 차지하는 비중이 매우 낮다. 지금까지 세 명이 신중론을 주장했지만, 그나마 한 명이 목갑론으로 돌아서는 바람에 이제 두 명밖에 남지 않았다. 신중론은 거북선의 철갑선 여부에 대한 논쟁에서 극소수를 차지하고 있는 것이다.

3. 자료의 검토

우리는 세계문화유산으로 지정된 역사기록을 많이 보유하고 있다.[64] 그러나 역사자료의 이러한 명성은 일부에만 해당할 뿐이며, 우리의 역사자료에는 구체성과 정확성 면에서 명성이 훨씬 뒤지는 것들이 많다. 거북선과 관련된 역사자료는 넓게 보아 후자의 경우에 속한다고 할 수 있다.

거북선과 관련된 역사자료는 〈표 2〉[65]와 같다. 임진왜란이 발생한 1592

---

63) Park Yune-Hee, *Admiral Yi Sun-shin and his Turtleboat Armada*, Seoul: The Hanjin Publishing Company, 1978, p.72.
64) 2007년 6월 30일자 유네스코의 자료에 따르면, 세계기록유산으로 지정된 것이 총 158종이고, 그중에서 우리나라의 자료는 6종이다. 우리보다 많이 지정된 세계기록유산을 보유한 나라는 3개국(오스트리아 10·폴란드 7·멕시코 7)이며, 우리와 같은 수를 보유한 국가도 3개국(덴마크·프랑스·러시아)이다. 동양에서는 우리가 가장 많은 종류를 보유하고 있으며, 중국(5)과 인도(4)가 그 뒤를 잇고 있다. 일본은 하나도 지정받지 못하고 있는데, 지정신청을 한 것이 1종류 있을 뿐이며, 2008년에야 그 결과가 나올 예정이다. 이것은 우리나라의 역사기록 중에서 기간의 장기성, 분량의 방대함, 내용의 정확성, 형태의 예술성, 의미의 역사성, 영향의 세계성 등의 이유로 세계적 가치를 인정받고 있는 것이 많음을 의미한다. 그 예로 조선왕조의궤는 총 3,895권으로 구성되었으며, 사실적인 그림으로 가득 차 있다.

〈표 2〉 거북선 관련 자료 현황

국명	연도	저자	출전	내용
한국	1592	李舜臣	二度唐項浦等四處勝捷啓本	背植鐵釘 內能窺外 外不能窺外
	1592	李德弘	上王世子疎(艮齊先生文集)	其制則背着鎗劒頭設伏弩
	1593	李德弘	上行在疎(艮齊先生文集)	背着鎗劒頭設伏弩
	1596	11月 7日 (己亥)條	宣祖實錄	사면을 판옥으로 꾸민 거북등과 같으며, 쇠못은 옆과 양 머리에 꽂았는데 …
	불명	李芬	行錄	上覆以板 板上有十字形細路 以容人之上行 餘揷以刀錐 四無着足處
	1601	李恒福	忠愍祀記	上設蓋板
	1587-1641	崔有海	行狀	船上覆以大板 板上十字細路 以容人行 悉以刀錐布之 四無着足處
	1643	李植	諡狀	上覆以板 釘以錐刀 使敵不能登蹋
	1660	金堉	神道碑	覆板加釘
	1634	李睟光	芝峯類說	船上設蓋板
	1632~?	李星齡	春坡堂日月錄	舟形如龜 上蔽蓋板 遍揷鍮釘尖銳難犯
	1643	5月 1日 (庚申)條	宣祖修正實錄	배위에 판자를 펴서 거북등처럼 만들고 … 그밖에는 몽땅 칼 송곳을 꽂았다.
	1696~1778	宋奎斌	風泉遺響	以堅木厚板 上覆以蓋
	불명		李舜臣 宗家 藏書	龜船圖, 無頭龜船圖
	1736~1806	李肯翊	燃藜室記述	其制船上 鋪板如龜背 上有十字細路
	1742~1806	李秉模	龜船頌	上覆以板 而列蠹錐刀
	1748	李彦燮	慶尙左道水軍節度使狀啓	鱗甲爲蓋 不以爲樓 以板爲蓋 仍作鱗甲
	1751	朴文秀	英宗大王實錄	上覆厚板
	1795		李忠武公全書 圖說	俗名蓋版又龜背版鱗次相向而覆幛 … 以便堅桅偃桅 …左右覆版又各穿十二礮穴揷龜字旗左右鋪版下屋各十二間二間藏鐵物三間分藏火礮弓矢槍劒十九間爲軍兵休息之所左鋪版上屋一間船將居之右鋪版上屋一

65) 한국자료의 대부분은 『이충무공전서』에 게재되어 있으며, 나머지 자료들과 일본 자료들은 崔永禧,「龜船에 몇 가지 문제점」,『한국과학사학회지』Vol.1, No.1, 1979 ; Idem,「龜船考」,『史叢』제3집, 1958에 소개되어 있다. 또한『艮齊先生文集』의 자료는 金龍國,「龜甲圖와 龜甲船論」,『海軍』, 1963에 그리고 李彦燮의 장계는 林惠一,「李舜臣 龜船(1592)의 鐵裝甲과 慶尙左水使의 鱗甲記錄(1748)에 대한 註釋」, 『한국과학사학회지』 제7권 제1호, 1985에 소개되어 있다.

제14장 거북선은 철갑함인가, 목갑함인가? 441

			間將校居之軍兵休則處鋪版下戰則登鋪版上納礮于衆穴糚放不絶
	1795 이후 (추정)	李舜臣 宗家藏書	龜船圖, 無頭龜船圖
	1808	徐榮輔, 沈象奎 萬機要覽	船上 覆以大板 板上十字細路 以容人行 悉以刀錐布之 四無着足處
	불명	國朝寶鑑	上鋪板如龜背 上有十字細路 容我人通行 餘皆列揷刀錐
	불명	宣廟中興志	船上鋪板 如龜背上 有十字細路 餘皆列揷刀
	불명	增補文獻備考	船上 覆以大板 板上十字細路 以容人行 悉以刀錐布之 四無着足處
일본	1592	外岡甚左衛門 高麗船戰記	門三艘目船鐵ニテ要害レ
	1831	川口長孺 征韓偉略	敵船 有以全鐵裝者 我砲不能復
	불명	藤江良亭聞書	朝鮮の船は鯨船などの樣に包み廻して固に造りたる故容易く驅合也難し … 三艘目ら船 鐵にて要害し
	불명	兵法神武雄備四十五 船戰	盲船と云は四方にまきなく窓へ楯を以てかてひ天井にき板か竹にて覆をしたる船也. 船戰の 秘事なり
	불명	續武將感狀記	大阪冬陣二 … 守階盲船ヲ造リテ水底ヲ潛行シ終ニ佛狼機ヲ以テ隅矢倉ヲ打破リ此ヨリ盲船ノ法世ニ傳ハルハ九鬼家ヨリ始テ所制也
	불명	難波戰記 三	抑今度カ九鬼ガ支度シケル盲船尋常ニ事替レリ先胴壁天井トモニ竹束ヲ以テ丈夫ニ圍シ舳先ト艫トニ箇所ニロヲ開取楫ドモニハ四ケ所ニロヲ開キ戶ロニ打鑰ヲ付天井ヲ筈ノ如ク竹束ヲ葺キ逆櫓ヲ立テ打鑰ノ本ニ六尺界ノ鎖ヲ付其先ニ細引ヲゾ付タリケル船拵異ニシテ船中ノ軍兵手モ負ハズ味方ノ働自在ナリ
	불명	志摩軍紀	三艘目くら船鐵にて要害し

년부터 19세기 말까지 3세기 동안의 자료 중에서 현재 남아 전해지고 있는 것은 총 31종이다. 그중에서 77%에 해당하는 24종은 한국자료이고, 23%에 해당하는 7종은 일본자료이다. 이러한 거북선 관련 자료들은 다음과 같은 몇 가지 특징을 보여주고 있다.

첫째, 임진왜란이 발생한 1592년부터 18세기 말에 이르기까지 3세기 동안 계속해서 나타나고 있다. 이를 시대별로 보면, 17세기의 기록이 8건으로 가장 많으며, 그 나머지는 18세기의 기록(6)과 16세기의 기록(4)이 많다. 연대를 알 수 없는 자료는 5건이다. 아울러 임진왜란 당시의 기록도 4점이나 존재하고 있다. 한편, 일본자료도 임진왜란 당시부터 19세기의 기록까지 골고루 존재하고 있다.

둘째, 자료들이 간단명료하게 서술되어 있다. 거북선의 모습이 두, 세 줄로 묘사되어 있는 자료가 대부분이며, 한 줄도 채 되지 않는 자료도 있다. 그러나 임진왜란이 발발한 지 200년 후인 1795년에 편찬된『이충무공전서』만큼은 예외적이다.[66] 이 기록은 총 8쪽으로 구성되어 있을 뿐만 아니라 그림 2장도 포함되어 있다.

셋째, 대부분의 자료가 거북선의 외형을 묘사하고 있으며, 특히 개판의 모습에 대해 많이 언급하고 있다. 한편, 거북선의 내부구조를 묘사하거나 내부에서 전투하는 모습을 언급하고 있는 자료는『이충무공전서』를 제외할 때 사실상 없는 것처럼 보인다.

넷째, 이러한 역사자료들은 거북선을 실사한 적이 없는 사람들에 의해 묘사된 것처럼 보이는데, 공식적인 관찬사료인 왕조실록을 보아도 같은 생각이 든다.[67] 그 대신 대부분의 기록은 이분의『행록』에서 묘사된 것과 거의 유사한 내용처럼 보인다.[68] 이것은 그 기록들이 거북선에 실제로

---

[66]『李忠武公全書』, 卷首, 圖說 龜船條.
[67] 그 한 예로 宣祖 29年 11月 27日(己亥)의 기사를 들 수 있다. "선조가 귀선이 어떻게 생겼는지 묻자 남이공이 '사면을 판옥으로 꾸미고, 형상은 거북등 같으며, 쇠못을 옆과 양머리에 꽂았는데, 왜선과 만나면 부딪치는 것은 다 부서지니 수전에 쓰이는 것으로 이보다 좋은 것이 없습니다' 하였다. 이어서 선조가 거북선을 많이 건조하지 않는 이유를 묻자, 조인득은 자신이 황해도에서 근무할 때 그와 비슷한 신묘한 배를 만든 적이 있다고 자랑했으며, 남이공은 전선이 아닌 군사부족이 더 중요한 문제라고 답하였다." 김주식 외 3인 공편,『조선시대 수군: 실록발췌 수군관련 사료집 3-1』(서울: 신서원, 2000), p.702.
[68] "이에 앞서 순신은 … 자의로 거북선을 만들었다. 이 제도는 배 위에 판옥을 깔아 거북등처럼 만들고, 그 위에는 우리 군사가 겨우 통행할 수 있을 만큼 십자로 좁은 길을 내고, 나머지는 모두 칼·송곳같은 것을 줄지어 꽂았다." 이후에는

승선해보거나 이를 타고 실전에 참가한 사람들의 것이 아니며,『행록』의 묘사를 그대로 전사하는 수준에 있었음을 의미한다.[69]

한편 일본역사자료들은 대체로 비슷한 내용을 보여주고 있다.[70] 일본자료의 근간이 되는 출처는 1592년 7월 10일 안골포 해전에 대한 기록인『고려선전기(高麗船戰記)』였다. 이 자료는 전투하는 과정에서 거북선을 보고 느낀 것을 간결하게 기술한 것이기 때문에 거북선의 모습을 자세하게 묘사하고 있지 않다. 그러나 그 후 나타나는 일본자료들은 이 자료의 내용을 그대로 인용하거나 따르고 있다.

다섯째, 거북선과 관련된 자료가 줄곧 발견되어 왔다. 1979년 6월에는 통영에 있는 한 고옥(古屋)의 벽지에서 거북선의 치수가 기록된 수군고문서가 발견되었다. 1982년에는 16세기 말에 제작되었을 것으로 추정되는 거북선 문양이 그려진 백자가 소개되었다. 같은 해에 간제 이덕홍이 1592년 11월(上王世子疎)과 1593년 1월(上行在疎)에 작성한 장계초고도 발견되었다. 1985년 5월 8일에는 경상좌수사 이언섭이 1748년에 작성했을 것으로 추정되는 장계초본이 발견되었는데, 특히 '인갑(鱗甲)'이라는 문구 때문에 세인의 주목을 받았다. 1996년에는 거북선모형의 사진이 게재된 서양서적 (A Pictorial Treasury of the Marine Museums of the World, 1967)이 신문에 대서특필되었다. 2005년 2월에는 전해 4월에 미국 동포가 소장하고 미국 교포신문에 게재된 거북선전투도가 국내신문에 소개되었다.

총통과 총 그리고 용머리에 대한 기사가 이어지고 있다. 김주식 외 3인 공편,『조선시대 수군 : 실록발췌 수군관련 사료집 3-2』(서울: 신서원, 2000), p.1323.
[69] 실전 참가자의 기록은 이순신의「제2차당포·당항포 등 네곳의 승첩을 아뢰는 계본」(조성도 역주,『임진장초』, 서울: 동원사, 1973, p.51)과『난중일기』뿐이다. 1751년에 嶺南均稅使였던 朴文秀가 충무공 이순신과 거북선에 대해 기록한 것을 본 적이 있었는데(영조 27년 2월 21일〈기축〉조, 김주식 외 3인 공편,『조선시대 수군 : 실록발췌 수군관련 사료집 5』(서울: 신서원, 2002), p.163), 당시 그가 본 것이 어떤 기록이었는지 알 수 없다.
[70] 일본자료는 崔永禧,「龜船考」,『史叢』, 1958 ; 朴惠一,「李舜臣龜船의 鐵裝甲과 李朝 鐵甲의 現存原型과의 對比」,『한국과학사학회지』Vol.1, No.1, 1979와「李舜臣龜船의 鐵裝甲에 대한 補遺의 註釋」,『한국과학사학회지』Vol.4, No.1, 1982에 자세하게 소개되어 있다.

이러한 자료들은 기존의 다른 자료들처럼 거북선에 대한 묘사가 단편적이라는 특징을 갖고 있다. 또한 그중 일부(거북선모형사진과 거북선전투도 등)는 국내에서 고증되지 않아 진위여부와 정확한 제작연도 등을 알기 어렵다. 거북선과 관련된 자료가 이처럼 계속해서 발굴되고 있지만, 우리의 의문을 시원하게 풀어줄 수 있는 자료는 여전히 나타나지 않고 있다. 그러나 어떤 것일지 예측할 수 없지만, 자료가 앞으로도 계속 나타날 개연성은 높다고 할 수 있다.

거북선의 철갑론과 목갑론을 주장하는 사람들은 제시하고 있는 근거자료가 서로 다르거나 같은 자료라 하더라도 서로 다르게 해석하고 있음을 알 수 있다. 그 중에서 자료에 대한 해석과 고찰을 비교적 자세하게 하고 있는 대표적인 사람으로는 철갑론자에서 박혜일을, 그리고 목갑론자에서 김재근을 각각 들 수 있다. 따라서 이 두 사람이 어떤 자료를 어떻게 해석하고 있는지 살펴보는 것은 두 이론의 근거를 알 수 있는 지름길이라 할 수 있다. 박혜일은 자료를 체험기록과 구전기록으로 분류하였는데, 체험기록은 이순신과 일본군 참전자가 직접 남긴 기록이 있다고 보았다. 그의 주장에 따르면, 해전에 대한 이순신의 장계(二度唐項浦等四處勝捷啓本 혹은 唐浦破倭兵狀)는 전투경과와 그 결과를 보고하기 위한 것이기 때문에 거북선의 모양보다 전투장면에 중점을 두고 기록될 수밖에 없었다. 거북선의 철갑에 대한 자세한 묘사가 부족한 것은 바로 이 때문이었다. 일본군 참전기인『고려선전기』는 전투를 지척에서 목격하고 기록한 것이기 때문에 신뢰성이 있다고 보아야 한다. 거북선을 목격하고서 정유재란 때 일본군이 철판을 제작하고 대포를 전선에 장착하기 위해 노력한 것은 거북선 관련문구에 신뢰성을 주고 있다. 그러나 일부 학자들은 일본기록을 신빙성이 없는 것으로 간주하고 있다.

구전기록은 대개 회고담이나 전기류가 주류를 이루는데, 추모문필에 의한 칭송이 주류를 이루었다. 따라서 이러한 기록은 관념적 특징과 전설적 조선술 위주로 기술되어 있으며, 중복성이 많이 나타난다. 그 예로『이충무공전서』에 '上覆以板', '上設板蓋', '覆板加釘'이라는 문구들이 나타나는데,

이것들은 이분(李芬) 『행록(行錄)』의 기록을 신빙성 없이 그대로 답습한 것으로 볼 수 있다. 이분은 정유재란 이전에도 수영을 몇 차례 방문한 적이 있지만, 거북선 자체와 거북선의 화공방어체제에 관심이 없었다. 사실상 거북선 배면(背面)의 기본재료가 목판인 것은 당연한 일이며, 사실상 목판을 얹지 않고서는 철갑을 시공할 수 없다. 그럼에도 불구하고 혹자들이 이 기록만으로 철갑론을 부정하고 있는 것은 잘못된 일이다. 또한 『이충무공전서』에 많은 분량의 문필기록이 수집되어 있지만, 『난중일기』에 누락된 부분이 많은 것에서 알 수 있는 것처럼, 편찬자들의 작업은 불완전한 것이었다. 그들은 거북선에 관한 기술자료를 편집하는데 소홀히 했고, 정확하지 않은 귀선도 2가지를 게재함으로써 오히려 혼란을 유발하고 있다.[71]

반면에 김재근은 "거북선의 철갑선에 대한 의문이 그것을 뒷받침할 만한 우리나라 사료를 찾아낼 수 없다는 데서 싹트고, 한걸음 나아가 일본측 사료를 검토해 보아도 그것이 그다지 미덥지 못하다는 데서 그 의문은 더욱 굳어지게 된다"고 보았다. 그의 주장에 따르면, 일본 기록에 철갑 이야기가 유난히 많이 나타나고 있는데, 그 자료적 가치와 신빙성은 어떤 것인지 신중히 알아볼 필요가 있다. 황당무계한 이야기를 아무 거리낌 없이 기술한 일본기록의 가치는 터무니없는 야담 수준을 벗어나지 못하고 있으며, 일부 일본학자들도 이 점을 인정하고 있다. 이러한 일본 사료의 성격 때문에 사실(거북선)이 터무니없이 과장되고 있으며, 역사가 왜곡, 변조 또는 신화화되고 있다.

『이충무공전서』의 거북선에 대한 안설(按設)은 충실한 기록이다. 이 책은 거북선에 대한 종합자료이면서도 소홀히 취급되어 왔으며, 철갑에 대한 언급이 없다는 이유로 불완전한 것으로 간주되어 왔다. 그러나 치수표

---

71) 이상은 朴惠一의 "李舜臣龜船의 鐵裝甲과 李朝鐵甲의 現存原型과의 對比", 『한국과학사학회지』 Vol.1, No.1, 1979, pp.31-34, 'III. 龜船에 대한 關係記錄의 評價'와 「李舜臣龜船의 鐵裝甲에 대한 補遺的 註釋」, 『한국과학사학회지』 Vol.IV, No.1, 1982, pp.38-41, 'IV. 壬辰年(1592)의 倭側記錄 「高麗船戰記」에 對한 補遺的 註釋'을 참조.

현이 한선구조방식에 맞고, 선체와 상장 묘사부분도 간결하게 밝히고 있으며, 여러 거북선의 차이도 분명하게 나타나 있다. 안설의 내용은 아주 합리적이고 충실하며, 거북선 연구의 구심점으로서 그 권위와 가치를 보다 높이 평가해야 한다. 『이충무공전서』의 두 귀선도와 설명문은 절대적으로 정확하고 믿을만한 사료이다. 또한 그 책은 "공의 몰후 약 200년이 지난 때에 편찬되었다고는 하지만 왕명에 의하여 당대에 수집할 수 있는 모든 자료를 망라하고 또한 그 당시 어엿하게 현역 군선으로 취역하고 있던 거북선을 참고해가며 관찬(官撰)된 것이므로 그 귀선도와 설명문이 절대적인 권위와 가치가 뒷받침되는 것은 하등 이상할 것이 없다."[72]

이와 같이 볼 때, 거북선의 철갑론과 목갑론은 자료 해석에서 평행을 달리고 있다고 할 수 있다. 철갑론자들은 우리 자료의 불완전성과 일본자료의 신뢰성을 근거로 하며, 목갑론자들은 우리 자료에 대한 절대적 신뢰와 일본자료의 신빙성 부재를 근거로 하고 있는 것이다.

4. 맺음말 : 아직 밝힐 수 없는 거북선의 진실

거북선이 철갑선이었는가 하는 문제에 대해서는 철갑론과 목갑론 그리고 신중론으로 이루어지는 세 가지 이론이 있다. 그 중에서 신중론은 극소수이기 때문에 무시되어 왔으며, 연구자들은 대체로 철갑론과 목갑론 중에서 하나를 지지하고 있다. 그 과정에서 각 이론은 나름대로 주장할 수 있는 근거를 제시해왔으며, 그 근거의 추가발굴로 각 이론을 더욱 보강한 적도 있었다.

각 이론을 주장한 연구물들에 대한 현황을 요약하면 〈표 3〉[73]과 같다.

---

72) 이상은 金在瑾의 「龜船의 造船學的 考察」, 『學術院論文集』, 1974, p.40, 'V. 結語'와 『거북선의 神話』(서울: 正宇社, 1978), pp.76-79, '거북선은 철갑선인가'와 pp.92-93, '神話는 밝혀져야 한다'를 참조.

73) 〈표 3〉은 〈표 1〉을 주장한 시기와 주장자의 국적을 기준으로 필자가 재분류한

〈표 3〉 각 이론별 연구물 현황

연도	철갑론				목갑론				신중론				총계
	서구	일본	한국	계	서구	일본	한국	계	서구	일본	한국	계	
-1910	7	1		8		1		1					9
1910-45	4		1	5	2	3		5					10
1945-60	1		1	2		2		2		1		1	5
1961-70	2	1	2	5						1		1	6
1971-80			2	2			3	3		1		1	6
1981-90			3	3			2	2					5
1991-2000		1	2	3			1	1					4
2000-	1		1	2	1		5	6					8
계	15	3	12	30	3	4	13	20		3	3	53

철갑론을 주장한 연구물은 전체의 57%를 차지하며, 목갑론을 주장한 연구물은 38%를 차지하고 있다. 신중론을 주장한 연구물은 단지 5%를 차지할 뿐이다. 이를 시대별로 살펴보면, 철갑론 연구물은 조선 말기와 구한말 시대에 8건이 나왔으며, 일제강점기와 광복 이후 십년마다 2~5건이 발표되었다. 목갑론 연구물은 2000년대 이후에 6건 그리고 일제강점기에 5건이 발표되었으며, 1960년대에는 1건도 발표되지 않았다. 신중론 연구물은 광복 이후 1980년대까지 매번 1건씩 발표되었다. 특히 2000년 이후에는 철갑론 연구물이 1건 그리고 목갑론 연구물이 3건 발표되었다. 이 표는 현대에 이를수록 철갑론 주장이 줄어들고 그 대신 목갑론이 많아지고 있음을 보여주고 있다.

이어서 이 현황을 연구자수와 그들의 국적별로 살펴보면 다음과 같다. 철갑론을 주장한 연구자는 19명으로서 54%를 차지하고 있다. 그들은 서구인이 15명으로 가장 많고, 이어서 한국인이 12명이며, 일본인은 3명에 불과하다. 목갑론을 주장한 연구자는 한국인이 13명으로 절반 이상을 차지하며, 그밖에 서구인은 4명 그리고 일본인은 4명으로 비슷한 수치를 보인다. 신중론을 주장한 연구자는 3명으로서 9%를 차지하고 있으며,

것이다.

모두 한국인이다.

　이러한 통계를 기반으로 각 이론의 현황을 비교평가하면 다음과 같다. 철갑론은 조선 말기부터 서구인에 의해 그리고 목갑론은 일제강점기에 일본인에 의해 주로 주장되기 시작했다고 할 수 있다. 광복 이후에는 주로 한국인들에 의해 세 가지 이론이 모두 주장되었는데, 특이한 점은 일본인 2명이 철갑론을 주장한 반면에 목갑론을 주장한 일본인이 없다는 점이다. 또한 대체적으로 우리나라의 역사학자들이 목갑론을 주장하고 있는 반면에 일반인 연구가와 우리나라의 이공계 학자들이 철갑론을 주장하고 있는 점도 주목해야 할 사항이다. 뿐만 아니라 철갑론과 목갑론의 이론적 근거를 가장 많이 발굴하여 제시한 연구자들이 이공계 학자들이라는 점도 눈길을 끌기에 충분하다.

　각 연구자들이 제시하고 있는 자료들은 정사의 사료에서부터 구승적 전설에 이르기까지 다양하다. 그러나 많은 연구자들은 같은 자료를 가지고 서로 다른 해석을 함으로써 서로 다른 주장을 하고 있는 것이 사실이다. 자료에 대한 이러한 입장이나 해석의 차이를 야기하는 이유는 연구자의 주관적 판단이 다르기 때문이다. 따라서 거북선이 철갑인가 목갑인가 하는 것은 결코 판단하거나 명쾌한 결론을 내리기 어려운 문제라 할 수 있다. 어쩌면 철갑이든 목갑이든 명확하게 설명되어 있거나 그려져 있는 자료가 발굴되기 이전에는 그러한 평결과 결론이 불가능할지 모른다.

　한편 거북선에 대한 국내 학술회의는 필자가 알기로 두 차례 개최되었다. 하나는 한국과학사학회가 1976년 6월 12일에 성신여자대학교에서 '귀선에 관한 토론회'라는 주제로 개최한 것이다.[74] 이 학술회의에는 거북선 연구자와 역사학자가 많이 참석한 회의였는데, 주로 국내 사료의 부재를 들어 철갑선에 대한 회의론이 지배적이었다고 한다. 다른 하나는 해군사관학교

---

74) 이 학술회의에서 남천우씨가 사회를 보았으며, 발표자가 4명(김용국·김재근·전상운·최영희)이고 토론자는 7명(남천우·낭원식·박용숙·박혜일·강만길·조성도·허성도)이었다. 그러나 토론자 중에서 3명(강만길·조성도·허선도)은 참석하지 않았다.

박물관이 1994년 6월 4일 해군사관학교에서 '임진왜란과 거북선'이라는 주제로 개최한 것이다.75) 그러나 거북선 자체에 대한 발표자가 1명뿐이었기 때문에 사실상 거북선 관련 학술토론회의 성격을 부여하기 어렵다. 〈표 1〉에서 볼 수 있는 것처럼, 거북선에 대해 의견을 말하는 사람이 많았지만, 철갑론과 목갑론을 두고 공개적인 토론을 한 것은 1976년 한 차례뿐이었다.

그러나 관 주도로 거북선의 모형을 제작한 경우는 학술회의보다 많았다. 1969년에 현충사를 중건할 때 현충사 전시용으로 실물 크기의 1/6로 모형을 제작하였다. 1970년에는 인천에서 실물 크기의 1/2로 모형을 제작했는데, 해군사관학교에 전시하기 위한 것이었다. 1985~1986년에는 Expo '86의 한국관 전시용으로 실물 크기의 1/5로 모형을 제작하였다.76) 이 모형들은 한 사람에 의해 제작되었기 때문에 그 형태가 거의 같을 수밖에 없었다.

거북선을 실물 크기대로 정부 주도하에 복원한 것은 1979~80년이었으며, 해군이 이 복원사업을 주관하였다. 이 복원사업에 대해 고증위원 12명과 특별자문위원 8명 그리고 개인적으로 자문한 사람 2명, 즉 22명의 전문가들이 3회의 공식 회의를 통해 자문을 했으며, 그밖에도 전통 한선을 제작하는 배목수 4명을 4회에 걸쳐 초청하여 자문을 받기도 하였다.77) 이것은 당시 거북선 관련 전문가와 관심자들의 의견을 대부분 수렴했음을 말해주고 있다. 그 결과 1980년부터 복원선을 해군사관학교 박물관의 부두에서 전시할 수 있었으며, 현재 전시되고 있는 거북선 복원선은 같은

---

75) 이 회의에는 이민호, 깐수, 황동환, 장학근이 발표와 토론을 겸했는데, 거북선 자체에 대해서는 원형귀선에 대한 한 편의 논문만 발표되었다.
76) 이원식, 『한국의 배(韓船)』(서울: 대원사, 1990), pp.54-55.
77) 고증위원은 최영희, 이은상, 이병도, 이선근, 김용국, 박혜일, 한우곤, 전상운, 허선도, 강만길, 낭원식, 장사홍이었으며, 특별자문위원은 김정기. 박병주, 이원기, 김동욱, 조자용, 이종학, 최순우, 맹인재였다. 개인적인 자문을 해준 사람은 김재근과 이원식이었다. 자문을 한 배목수들의 이름은 밝혀지지 않고 있다. 이 복원사업의 개요에 대해서는 Jo Seong-do, revised and & enlarged by Kim Joo-sik and Jeong Jin-sool, *Admiral Yi Sun-sin : A National Hero of Korea*, Seoul: Sinseowon, 2005, Appendix I, pp.256-263에 소개되어 있다.

설계도로 1999년에 다시 건조된 것이다. 이 거북선은 개판을 판자로 덮은 후, 그 위에 육각형 모양의 얇은 철판들을 씌웠으며, 다시 그 위에 많은 철첨을 꽂은 형태이다. 따라서 이 거북선은 철갑선의 형태로 복원되었다고 할 수 있다. 목갑론 주장자들이 자문위원에 많이 포함되었는데, 그들은 철갑론과 목갑론의 토론에서 절충 또는 타협하여 목판 위에 철판을 씌우는 데 합의한 것으로 보인다. 이러한 합의와 그에 따른 복원선들은 철갑론 여부에 대한 혼란을 지속시켰다고 할 수 있다.

2011년 6월에는 경상남도 도청이 거북선을 3층 구조로 건조했다. 경남 도청은 8명의 전문가들로부터 자문을 받아 원형 거북선을 복원했다고 주장했지만, 이론이 많았다. 건조 과정과 건조 후 운영 단계에서 많은 문제를 일으켜 2023년에 폐선하고 매각되었다.[78] 2024년에는 해군사관학교 박물관이 임진왜란 당시의 거북선을 2.5층 형태로 복원했는데, 역사·설계·건조·무기·복식 분야의 전문가 18명의 자문을 받아 6년간 작업하여 건조를 마쳤다.[79] 이처럼 건조된 거북선들 중에서 2024년에 건조된 거북선만 목판으로 만들었고, 다른 거북선들은 철판이 씌워져 있다.

이 모든 점들로 미루어 볼 때, 거북선의 참 모습에 대해 어느 누구도 완벽한 결론을 내리기 어렵다고 할 수 있다. 왜냐하면 철갑론이나 목갑론 혹은 신중론을 주장하는 사람들의 주장에는 논리적 타당성과 부당성이 동시에 존재하고 있기 때문이다. 그런 연유인지 몰라도 아직도 거북선에 전혀 다른 주장을 하는 사람이 나타나고 있다.[80] 자료가 부족하고 연구자들

---

78) 자문위원은 나종우, 박재광, 서인한, 이민웅, 이상훈, 장학근, 조원래, 정진술이었다. 건조 기간은 2009~2011년이었다. 거북선·판옥선 복원 관광상품화 〈행정 〈자치 〈기사본문－경남도민일보 ; 20억 들인 경상남도 짝퉁 거북선, 154만원에 팔리고도 철거 위기.

79) 자문위원은 역사분야 8명(김주식·송은일·이민웅·임원빈·정진술·제장명·최권호·최병문), 설계분야 4명(이기표·이신형·이원식·채연석), 건조분야 4명(곽유석·마광남·민계식·홍순재), 무기분야 1명(박제광), 복식분야 1명(이주영)이었다. 건조 기간은 2018~2023년이었다. 『임진왜란기 거북선 건조 결과 보고서』(해군사관학교 박물관, 2024)를 참조.

80) 2005년 4월 28일자 한국일보 사회면에는 대구에 1978년부터 거북선을 연구하고,

의 주관이 뚜렷한 상황에서 거북선의 진실에 대해 자신 있게 말할 수 있는 사람은 없는 것이다. 거북선의 철갑론 여부와 기존 복원선에 대한 논란은 자칫 소모적인 논쟁으로 이어질 수 있으며, 연구자들의 학문적 유희로 전락할 수 있고, 연구자들의 아집으로 보일 수도 있다. 앞서 연구하고 작업한 사람들이 노력한 결과, 그 결과물이 국내외에 널리 소개되어 현재 사회에서 널리 통용되고 있는 현실을 감안할 때, 이를 마구잡이식으로 비판하거나 자신만의 상상력을 이용하여 다른 의견을 개진하는 것은 거북선에 대해 관심을 갖고 있는 사람들에게 자칫 혼란만 가져다 줄 수 있다. 다만, 철갑에 대한 명확한 자료가 나타날 때까지는 기존 자료들에 따라 목판론을 따를 수밖에 없는 것으로 보인다. 이럴 경우, 널리 인식되어 있는 철갑론의 현 상황을 어떻게 할 것인지에 대한 지혜를 모을 필요가 있을 것으로 보인다. 왜냐하면 우리나라의 화폐와 우표 등에 철갑으로 표시되어 있다는 점을 생각할 때, 철갑론을 마냥 무시하는 것은 국격에까지 영향을 줄 수 있기 때문이다.

복원작업을 하며, 모형을 제작해온 김영성씨가 사진과 함께 소개되었다. 그는 거북선에 8가지 종류가 있으며, 그 중에서 철갑판에 용머리를 쳐든 전라좌수영 타입과 나무 갑판에 용머리가 선체와 수평을 이룬 통제영 타입이 널리 알려져 있다. 그는 자신이 거북선의 88%를 복원하는데 성공했다고 주장하였다.

제15장

해전술을 통해 본 거북선의 구조

1. 머리말

　임진왜란 때 사용된 거북선의 구조는 오늘날까지도 완전하게 밝혀지지 않았고 또한 정설도 없지만, 많은 사람들이 관심을 갖고 있는 연구주제 중 하나이다.[1] 거북선에 대한 연구가 일부 학자들의 전유물이 아니라 대중화 연구시대가 되었다는 주장[2]을 실감할 수 있는 것이 오늘의 현실이다.

　거북선에 대한 연구는 문헌 위주의 연구와 조선공학적 연구가 주류를 이루어왔다. 전자는 『임진장초』, 『난중일기』, 『행장』, 『행록』, 『조선왕조실록』 등을 위주로, 그리고 후자는 이러한 문헌자료에 이공학적 요소를 가미하여 과학적으로 거북선의 실체를 밝히려고 노력해왔다. 그런데 필자는 이순신이 실전에서 거북선을 어떻게 사용했는가를 고찰하는 것도 거북선의 실체를 규명하는 한 방법이라고 생각한다.

　실전에서 거북선의 이용은 이순신의 해전술을 지칭하는데, 해전술에 대해서는 여러 주장이 있다. 예를 들면, 최석남은 이순신의 해전술을 당파, 귀선 사용, 화포 활용으로 분류했으며,[3] 이민웅은 임란 첫해의 해전술

---

[1] 2008년 6월 22일자 국회도서관 소장자료 검색에서 거북선을 검색어로 입력하면, 단행본 52건, 학위논문 38건, 학술지 59건, 인터넷자원 9건이 나타난다. 인터넷 다음(daum)에서 거북선이란 단어를 검색하면, 카페글은 30,630개이고, 블로그는 10,692개이며, 웹문서는 84,600개로 나타난다.

[2] 정광수, 『삼가 적을 무찌른 일로 아뢰나이다』(서울: 정신세계사, 1989), p.395.

을 각개격파전술, 화공전술, 유인전술, 돌격전술로 요약했다.4) 또한 제장명은 선제공격전술, 당파전술, 화공전술, 진법의 적용으로 분류했다.5) 본고에서는 이순신의 이러한 전술들 중에서 거북선과 관련이 있는 것을 일차로 선별한 후, 그 중에서 거북선의 선체구조와 연관이 있는 돌격전술(突擊戰術)과 당파전술(撞破戰術)을 최종적인 고찰대상 전술로 다시 선정했다.

연구방법으로는 먼저 각 전술이 거북선의 선체구조와 어떤 연관성이 있는지 개략한 후 기존 연구결과들을 요약하고 정리했으며, 이를 바탕으로 필자의 의견을 피력하는 방식을 택했다. 이러한 연구방법을 택한 이유는 두 가지이다. 하나는 이미 연구된 자료들 외에 새로운 자료가 발굴되지 않고 있다는 자료의 한계이며, 다른 하나는 기존 연구들이 간과하고 있는 점들을 발견할 수 있는 자료 재해석의 이점이다.

2. 돌격전술과 노(櫓)

거북선이 돌격선이라는 점은 이론의 여지가 없는 사실로 인식되어 왔다. 사천 해전 때에는 거북선이 적선이 있는 곳으로 돌진했으며, 당포 해전 때에는 적의 층루선 밑으로 직충(直衝)했고, 적의 철환이 빗발치던 당항포 해전 때에도 먼저 거북선이 적진으로 돌입했다.6) 거북선이 이처럼 실전에서 돌격작전을 전개했다는 기록은 거북선의 주 역할이나 임무가 돌격이었

---

3) 崔碩男, 『韓國水軍活動史』(서울: 鳴洋社, 1965), p.278.
4) 李敏雄, 「임진왜란 해전을 통해 본 朝·明·日 삼국의 전략전술 비교」, 『軍史』 제51호, 2004. 4, pp.94-101.
5) 諸章明, 「李舜臣의 水軍戰略과 閑山大捷」, 『軍史』 제60호, 2006. 8, pp.116-122. 그밖에도 나종우는 이순신의 탁월한 전략전술로 계비책, 정신전력의 강화, 치밀한 정보활동, 전투환경의 적절한 이용, 위계책, 선제공격과 방화전법, 거북선의 당파전법, 진법의 8가지를 들었다. 羅鍾宇, 「忠武公 李舜臣 提督의 戰略戰術」, 『壬亂水軍活動研究論叢』(海軍軍史研究室, 1993), pp.105-128.
6) 萬曆 20年 6月 14日 唐浦破倭兵狀, 조성도 역주, 『임진장초』(서울: 동원사, 1973), pp.51, 53, 57.

다는 것에 대한 가장 확실한 근거이다.7)

거북선이 돌격선 역할을 하기 위해서는 무엇보다도 기동성이 좋아야 한다. 거북선의 추진력은 노와 돛을 통해 얻어진다. 그런데 전투가 시작되기 직전이면, 노와 돛을 혼용하는 함선은 대개 전투행위에 방해가 되고, 적군의 목표물을 크게 만들어주고, 또한 쉽게 화재가 일어날 수 있다는 염려 때문에 돛을 미리 접어둔다. 따라서 실제 전투 때 추진력은 노를 통해서만 얻는다고 해도 과언이 아니며, 거북선도 마찬가지이다.

거북선의 노에 대해서는 노와 노수가 어느 곳에 고정되고 배치되며, 노의 종류가 서구식 노인가 아니면 전통적인 한노(韓櫓)인지, 그리고 실제로 그 속력이 어느 정도였는지가 문제시되어 왔다. 각 문제들의 연구경향을 일별하면 다음과 같다.

거북선에서 노의 위치를 처음으로 도면으로 제시한 것은 언더우드 (Horace H. Underwood)였다. 그는 1934년에 〈그림 1〉과 〈그림 2〉를 제시하면서8) 거북선의 구조가 2층이며, 저판 위에 발디딤판을 만들어 노수들이 위치했고, 노가 현측 제4판에 고정된다고 주장했다. 1965년에는 조성도가 〈그림 3〉을 제시했다. 이것은 언더우드의 〈그림 2〉와 아주 유사하며, 다만 현측 제4판 대신 제5판에 노를 고정시킨 점만 다르다. 조성도는 서서 노를 젓는다고 가정할 때 노 위치에서 위로 2척 이상의 공간이 있어야만 몸을 자유롭게 활동할 수 있고, 또한 노판(艣板)과 축판(舳板)에 마련된 포혈(礮穴)과 타혈(舵穴)이 노의 위치와 밀접한 관련을 갖고 있다고 주장했다.9)

---

7) 萬曆 21年 9月 初 條陳水陸戰事狀, 조성도 역주, 『임진장초』, p.145 ; 李芬, 「行錄」, 李殷相 譯, 『完譯 李忠武公全書』下卷(서울: 成文閣, 1989), p.21 ; 李恒福, 「忠愍祠記」, 같은 책, p.128을 보면, 거북선의 돌격행위가 이순신의 일반적인 해전양상이었음을 알 수 있다.

8) Horace H. Underwood, *Korean Boats and Ships* (Seoul : Transactions of the Korea Branch of the Royal Asiatic Society, 1934), fig. 47 and 48.

9) 趙成都, 「龜船考」, 『硏究報告』(海軍士官學校) 第2輯, 1965. 1, pp.20-21. 이 논문은 한 해 전인 1964년 6월자 『海軍大學論集』에 발표한 「거북선에 대한 小考-砲門數와 速力을 中心으로」를 보완한 것이다.

1974년에 김재근은 〈그림 4〉와 〈그림 5〉를 제시했다. 그는 한국식 노가 거북선에 사용되었으며, 거북선의 흘수가 낮고 건현이 높기 때문에 저판 위에 상판을 놓고 노수가 위치하며, 현측 제7판과 제6판 사이의 이음부분에 노를 고정시켰을 것이라고 주장했다.[10]

1976년에는 이러한 주장들과 전혀 다른 주장이 남천우에 의해 제기되었다. 그는 선체 측면 쪽으로 돌출되고 확대된 포판 위에 노수석이 있었다고 주장했다(〈그림 6〉). 또한 그는 "노판은 4개의 목판이 이어졌으며 그 높이는 4척이고, … 축판은 7개의 목판이 이어졌으며 그 높이는 7.5척이다"는 『이충무공전서』의 기록을 근거로 함수 선체의 높이가 4척이고 함미 선체의 높이가 7.5척인 선체구조를 제시했다(〈그림 7〉). 그는 19세기 도해선(渡海船)의 구조를 증거로 이 두 가지 사항이 조선시대 대형 선박의 일반적인 구조양식이었으며, 거북선도 여기에서 예외가 아니라고 말했다.[11] 〈그림 6〉은 거북선의 선체구조가 3층 갑판이었음을 보여주고 있는데, 3층 갑판설이 최초로 등장한 사례이다. 그로부터 1년 후, 김재근은 〈그림 4〉와 〈그림 5〉가 잘못된 것이라 하면서 〈그림 8〉을 제시했다.[12] 이러한 김재근의 의견 수정은 그 배경에 대해 남천우와의 논란을 일으켰다.[13]

---

10) 金在瑾, 「龜船의 造船學的 考察」, 『學術院 論文集－人文社會科學篇』第13輯, 1974. 9, pp.34, 48-49.
11) 南天祐, 「龜船構造에 대한 再檢討」, 『歷史學報』第71輯, 1976. 9, pp.146-171.
12) 金在瑾, 『朝鮮王朝 軍船 硏究』(서울: 일조각, 1977. 4), p.129.
13) 김재근은 조선후기 선박구조를 더 연구하고, 한국식 노로 실제 노역하는 경험을 하며, 기존 거북선 복원모형을 보고서 노수 위치에 대한 종전의 견해를 바꾸게 되었다고 했다. 이에 대해 남천우는 「조선왕조 군선에 관한 고찰－김재근 교수의 연구를 계기로 하여」, 『한국과학사학회지』 Vol.1, No.1, 1979, pp.54-55에서 새로운 노 설치방법을 착상하게 된 동기에 대해 강한 의문을 제기했다. 이러한 두 학자의 논란은 후에 출판된 각자의 서적에서 재연되었다. 김재근은 거북선의 노를 순수한 한국식 노라고 단정하면서도 노역 장소에 대해서는 갑판 위가 아니고 갑판 밑이라고 한 사실이 거북선을 연구해오는 가운데 저지른 두 차례의 큰 실설(失說) 중 하나라고 했다(『거북선의 神話』, 서울: 정우사, 1978, p.5). 남천우는 김재근이 노역 위치문제에 대한 견해를 1975년에 이미 변경했다 하여 자신보다 1년 먼저 그런 착상을 했다는 주장을 다시 반박했다. 발간된 단행본의 소홀한 뒤처리와 일련의 학회와 학술활동을 미루어 볼 때, 남천우는 김재근의 견해변경이

1989년 정광수는 〈그림 12〉와 〈그림 13〉을 제시했다.[14] 이 그림을 보면, 노수는 주갑판이 아니라 선체의 중간에 별도의 갑판을 만들어 위치했으며, 노도 선체에 고정된 것을 알 수 있다.

노역 위치에 대한 이설은 1990년대에도 등장했다. 1995년에 장학근은 〈그림 9〉를 제시했는데, 이는 전체적인 모습이 언더우드의 제안과 같은 형태이며, 다만 상장이 2개의 갑판으로 완전히 구분되어 있고 또한 상갑판에 총통이 주갑판에 노가 완전히 구분되어 배치된다는 점이 다르다. 3층 갑판의 구조는 남천우의 제안(〈그림 6〉)과 거의 비슷하다.[15] 그는 그로부터 10년 후에 〈그림 10〉을 제시했다.[16] 이곳에는 언더우드식 선체와 상장구조 양식을 기본으로 하되 3층 구조로서 2층을 노를 젓는 곳으로 3층을 총통을 발사하는 곳으로 그려져 있다. 이 그림에 따르면, 상장이 선체보다 더 넓고 돌출되어 있고, 그에 따라 노를 설치한 장소도 〈그림 9〉와 확연히 다르다. 그러나 주장을 변경한 이유는 아무런 언급이 없어 알 길이 없다.

노의 종류와 그에 따른 노 젓는 방식은 거북선이 후진할 수 있었는지 여부와도 관련된 문제이다.

언더우드는 길이가 최소한 20피트이며, 단정이나 조정의 노와 같은 서구식 노(oar)가 거북선에 비치되었다고 단정했다(〈그림 1〉). 이에 반해 김재근은 1974년의 논문에서 한국식 노를 주장했다. 그 이유는 서양식 노가 서로 맞서서 노를 저을 수 없고, 서양식 노 한 개에 4~5명의 노수가 배치되는 것은 선폭 제한 등의 이유로 불가하며, 임란 이후 일본 선박들이 한국 선박을 모방하여 한국식 노를 사용했다는 것이었다.[17]

자신의 논문에 의거한 것이라고 주장했다(『遺物의 재발견』, 서울: 정음사, 1987, pp.98-102).
14) 정광수, 앞의 책, pp.342-343.
15) 張學根, 「軍船으로서의 原型龜船 — 龜船改造論을 中心으로」, 『昌原史學』, 第2輯, 1995, p.300. 이 논문은 1994년 6월 4일 해사박물관이 주최한 "임진왜란과 거북선"에 대한 학술발표회에서 발표된 것을 수정 보완한 것이다.
16) 張學根, 「戰場環境과 거북선 船型變化」, 『軍史』, 第51號, 2004. 4, p.58.
17) 金在瑾, op. cit., p.34.

제15장 해전술을 통해 본 거북선의 구조 457

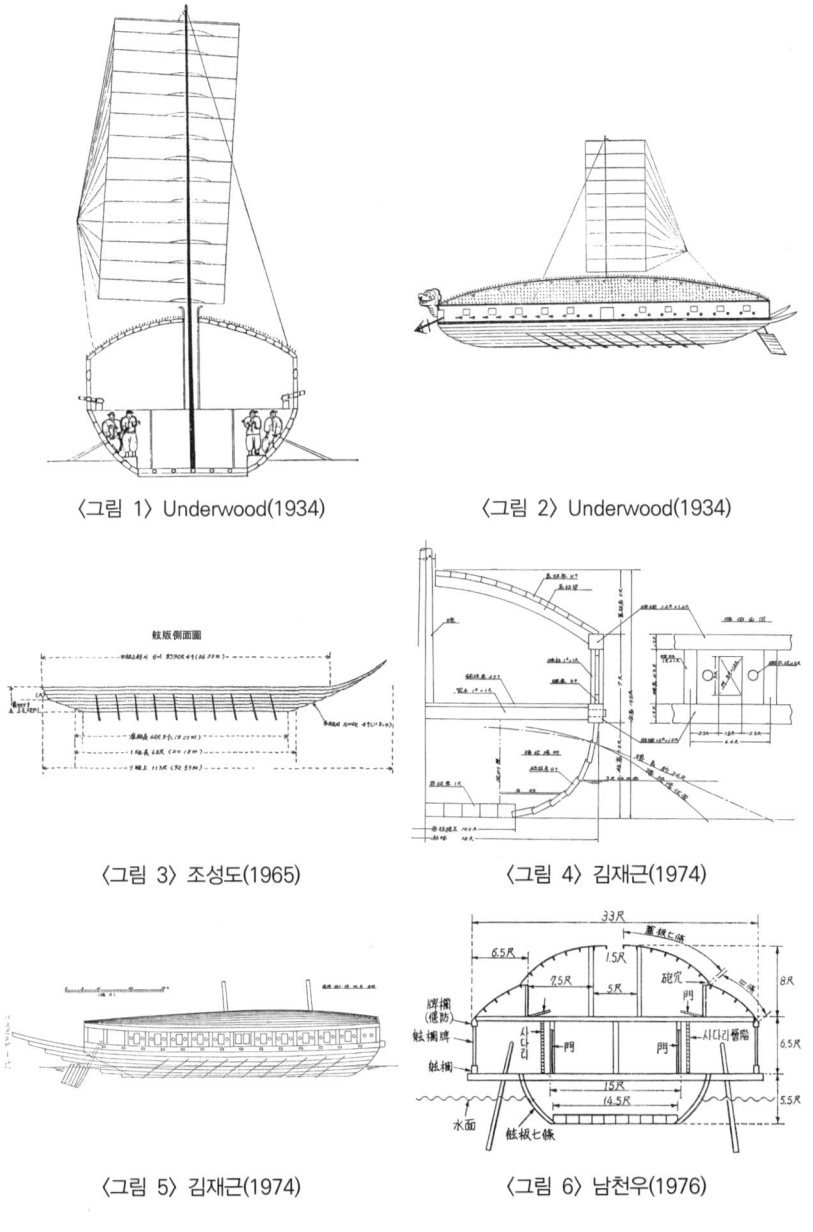

〈그림 1〉 Underwood(1934) 〈그림 2〉 Underwood(1934)

〈그림 3〉 조성도(1965) 〈그림 4〉 김재근(1974)

〈그림 5〉 김재근(1974) 〈그림 6〉 남천우(1976)

458 제4부 세계 군함의 역사에서 거북선의 자리는 어디일까?

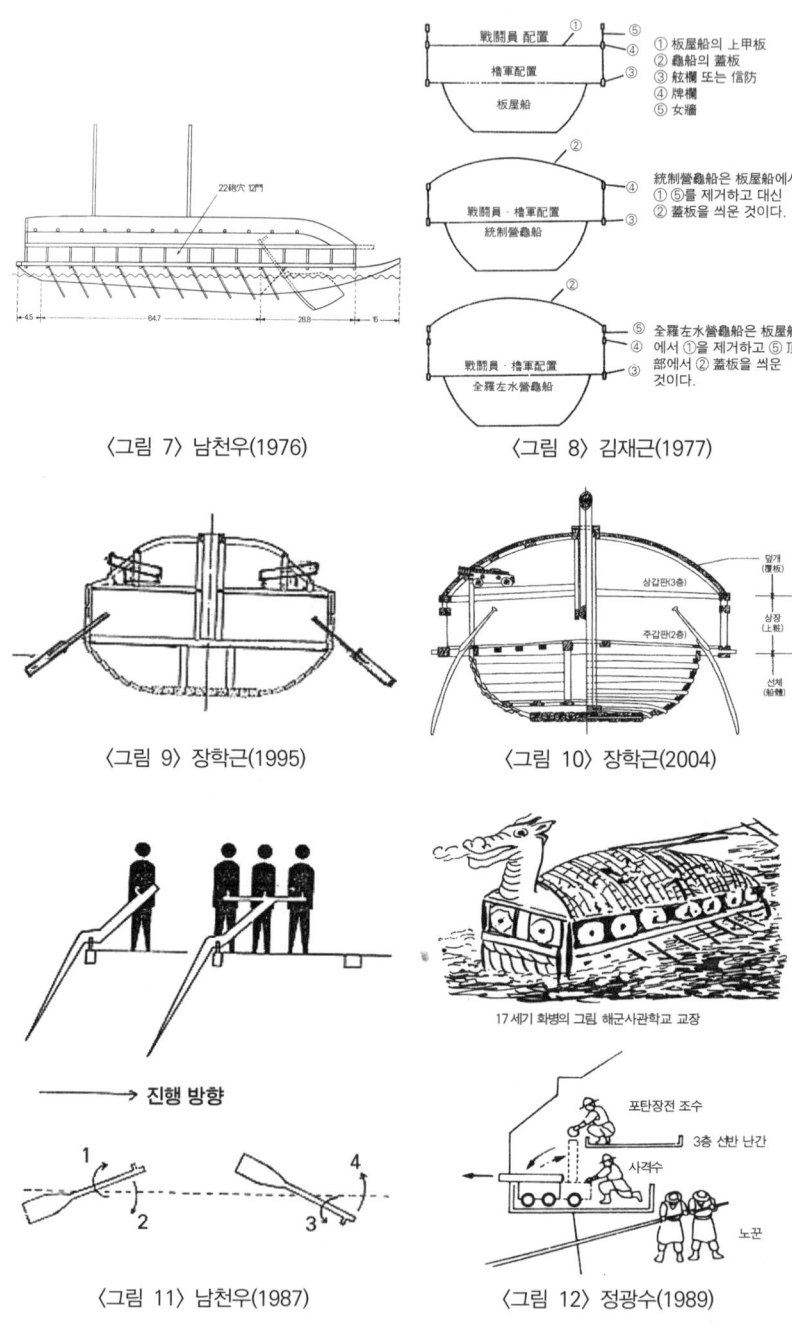

〈그림 7〉 남천우(1976)   〈그림 8〉 김재근(1977)

〈그림 9〉 장학근(1995)   〈그림 10〉 장학근(2004)

〈그림 11〉 남천우(1987)   〈그림 12〉 정광수(1989)

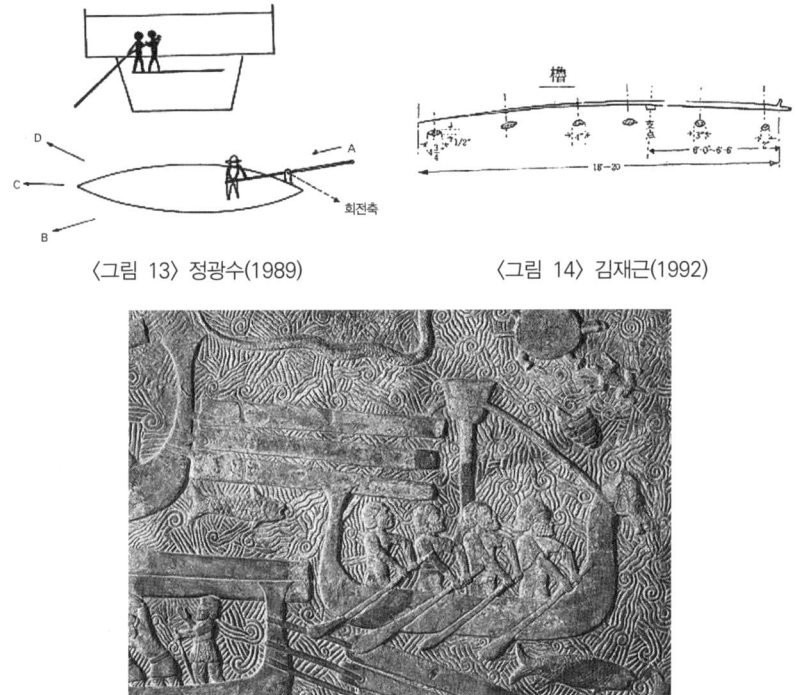

〈그림 13〉 정광수(1989)   〈그림 14〉 김재근(1992)

〈그림 15〉 B.C. 700 페니키아 화물선의 노(Lionel Casson, 1971)

1979년에 박혜일은 언더우드의 〈그림 1〉에서 보는 것처럼 선축에 직각인 직각 노형을 거북선에 배열했다고 주장했다. 그는 종래의 다른 전선에 비해 추진방식이 강화되어야 했으며 또한 거북선과 비유되는 몽충(艨衝)과 비교할 때 직각 노형이었음이 분명하다고 보았던 것이다.[18] 이때 직각 노형은 서구식 노일 수밖에 없으며, 따라서 그는 서구식 노를 주장한 것 같다.

남천우는 1987년판 저서에서 〈그림 11〉을 제시했다. 그는 한국식 노를 사람 팔에 비유하여 설명한 후 그 특징을 6가지로 정리했다. ① 물고기 꼬리처럼 불필요한 동작이 없어 힘의 낭비가 없다. ② 자연스럽게 서

---

18) 朴惠一, 「李舜臣龜船의 鐵裝甲과 李朝鐵甲의 現存原型과의 對比」, 『한국과학사학회지』 Vol.1, No.1, 1979, p.35.

있는 자세에서 온 몸 동작으로 노를 저어 큰 추진력을 얻을 수 있다. ③ 추진력의 방향을 마음대로 조절할 수 있어 선회능력이 대단히 좋은데, 이 점은 전투용 선박에게 더할 수 없는 장점이 된다. ④ 노 운동방향이 침로의 90도 방향이라 여러 개의 노가 측면에 설치되어도 노가 서로 부딪치지 않는다. ⑤ 노 젓는 동작이 단순하여 농사만 짓던 사람도 곧바로 노군이 될 수 있다. ⑥ 노가 잘 보호되고, 배가 서로 접해있을 때라도 노를 저을 수 있어 근접전을 할 때 더할 수 없는 장점이 된다.[19]

1989년에 정광수는 거북선의 노를 보트식 노(〈그림 12〉)와 뒤에서 젓는 노(〈그림 13〉)로 구분하여 설명했다. 전자는 급선회와 순발력이 양호하며, 그 근거로 1900년까지 대동강 상선들이 이 노를 사용한 사실과 옛 백자의 귀선문양(해사 박물관 소장)을 들고 있다. 후자는 큰 배의 선수쪽 양 옆이나 적은 배의 선미 현측에 비스듬히 설치되는데, 명·송 시대에 사용되었다. 그러나 그는 연구 부족으로 아직 단정할 단계가 아니라고 말했다.[20]

김재근은 1992년에 〈그림 14〉를 제시했다. 이것은 길이 20자의 한국식 노였다. 그는 이러한 노가 금세기 초까지 한국 어선에 사용되었으며, 1촉의 노에 5명의 노군(조장 1·노수 4)이 배치되었다고 말했다.[21]

1995년에는 전혀 다른 형태의 노가 사용되었다는 주장이 나왔다(〈그림 5〉). 장학근은 남천우 교수가 주장한 노를 사용할 경우 군선에 반드시 필요한 후진능력이 없다고 보았다. 후대의 기록(『練藜室記述』)에 의하면, 거북선은 앞뒤를 자유자재로 항해할 수 있었다. 또한 그는 견내량 해전과 부산포 해전에서 발생한 거북선의 사상자 중에서 많은 수가 격군과 사수였던 사실을 들어 노가 설치된 곳의 방패가 완전히 밀폐되지 않았을 것으로 간주했다. 그가 보기에 거북선의 노는 전통 한노가 아니라 몽충의 노와 같은 곧은 노였으며, 내심방 현측 중앙에 설치되었다(〈그림 9〉).[22] 그러나

---

19) 남천우, 『遺物의 재발견』(서울: 정음사, 1987), pp.21-24.
20) 정광수, 앞의 책, pp.377-381.
21) 김재근, 『거북선』(서울: 정우사, 1992), p.87.
22) 張學根, 「軍船으로서의 原型龜船」, 『昌原史學』第2輯, 1995, pp.290-296. 이러한

그의 곧은 노에 대한 주장은 2004년에 한노로 바뀌었는데(〈그림 10〉), 주장을 변경한 이유는 설명이 없어 알 수 없다.

1999년에는 전통적인 굽은 노를 사용했다는 주장이 나왔다. 최두환은 굽은 노의 수직 손잡이가 속력을 내기 위한 것이 아니라 방향전환을 위한 일종의 방향전환 키의 역할을 한다고 보았다. 또한 그는 굽은 노가 선수미 선상에 나란하며, 그 노가 현측 밖으로 난간을 만들어 거기에 노좆을 꽂아 난간 밖으로 나가지 않는 특성이 있고, 또한 노들이 현측을 바라보게 된다고 생각했다. 키의 역할을 하는 이 노는 배가 클수록 현측에 한 개씩 더 달았다.[23]

거북선의 속력에 대해서도 일찍부터 연구결과가 나왔다. 1965년에 조성도는 1~3차 출전 때 항해한 거리와 시간을 계산한 후 가변 요소를 첨삭하여 시속 6노트를 계산해냈다. 그는 거북선이 단독행동을 하지 않고 다른 전선과 집단행동을 했기 때문에 일반 전선의 속력을 거북선의 속력으로 보아야 하지만, 6노트 이상의 속력을 낼 수도 있었다고 말해도 무방하다고 했다.[24]

김재근은 1957년에 "귀선은 근대조선학 이론으로 보더라도 속력을 낼 수 있고 합리적인 선형임이 입증된다."고 주장한 적이 있었다. 이 주장은 1978년에 수정되었다. 그는 "길이와 넓이 등 주요 치수의 비례 등만을 가지고 내린 견해였지만, 그때에는 거북선의 선형이 판옥선과 동일하다는 것을 미처 몰랐으므로 속력이 일반 전선보다 빠를 것으로 착각했었다. 거북선과 판옥선은 선형은 물론이고 크기와 노의 수가 모두 같다. 따라서 속력도 동일하게 보아야 옳은 일이다."[25]

형태의 노는 〈그림 15〉에서 보는 것처럼 B.C. 700년경 페니키아의 화물선에서 이미 사용되었다. Lionel Casson, *Ships and Seamanship in the Ancient World* (Princeton: Princeton University Press, 1971), Fig. 92.
23) 崔斗煥,「임란시의 원형거북선에 관한 연구」,『海洋硏究論叢』제22輯, 1999, pp.109-110. 이어서 그는 장학근, 정광수, 남천우, 김재근, 폰 시볼트, 언더우드의 주장을 소개하고 있다.
24) 趙成都, 위의 논문, pp.22-26.

1987년에 남천우는 거북선이 시속 약 20km(10.8노트) 이상의 속력을 낼 수 있었다고 주장했다. 그가 보기에, 선수보다 선미의 선체 높이가 훨씬 더 높고, 현판이 본체 뒤로 11m나 더 연장되어 있는 선형과 120명의 노군 배치는 거북선이 실제로 대단히 빨랐음을 증명해주고 있다. 그는 이를 입증하기 위한 방법으로 1차 출전과 4차 출전 때 귀환속도를 계산하는 방법을 택했다.[26]

1993년에 정진술은 한산도 해전 때 항해한 기록을 근거로 조선함대의 평균속력을 3노트로 추정했으며, 이것이 판옥선의 속력이 될 수도 있다고 주장했다. 나아가 그는 일본함대의 속력도 이러한 조선함대의 속력과 거의 같았다고 주장했다.[27]

1999년에 최두환도 거북선의 속력을 평균 3노트, 즉 시속 약 6km로 추정했다. 이것은 출항시간과 도착시간을 분명하게 기록한 출전기록만을 뽑아 산출한 결과였다.[28]

거북선에서 노의 고정위치와 노수석에 대한 주장은 두 가지이다. 하나는 하부구조인 선체였다는 주장(언더우드·조성도·김재근·장학근)이며, 다른 하나는 상부구조인 상장의 포판이었다는 주장(남천우·김재근·장학근)이다. 일부 연구자의 이름이 중복되는 것은 그들이 견해를 변경한 탓이다. 노의 종류에 대해서는 서구식 노(언더우드·박혜일), 한국식 노(김재근·남천우·최두환), 서구식 노와 유사한 한국식 곧은 노(장학근), 결론 유보(정광수)의 4가지이다. 속력에 대한 주장은 6노트 이상(조성도), 10.8노트 이상(남천우), 그리고 3노트(정진술·최두환)의 3가지이다.

---

25) 김재근, 『거북선의 神話』, p.53.
26) 남천우, 『遺物의 재발견』, pp.54, 56-49.
27) 鄭鎭述,, 「閑山島海戰 研究」, 『壬亂水軍活動研究論叢』(海軍軍史研究室, 1993. 5), pp.168-170. 한편 그는 로마시대 갤리가 지중해를 순항한 속력을 4.5-6노트로, 서긍의 순항 속력을 3노트로 밝힌바 있다. 鄭鎭述, 「韓國先史時代 海上移動에 관한 研究」, 『忠武公李舜臣研究論叢』(海士 博物館, 1991), pp.451-452.
28) 崔斗煥, op. cit., p.139.

노수석에 대해서는 선체 밖으로 돌출된 상장부의 포판이라는 남천우의 주장이 널리 인정되고 있는 것처럼 보인다. 이러한 선체구조의 새로운 인식과 그에 따른 노수석의 위치확정은 무엇보다도 거북선에서 한국식 노가 사용되었다는 점을 전제로 한다. 그 이유는 그처럼 돌출된 포판에서는 거의 수직으로 내려 고정시키는 한국식 노가 적합하며, 서구식 노는 그곳에 고정하기가 불가능하기 때문이다.

한편, 거북선의 속력에 대해서는 먼저 다음과 같은 후대의 기록들이 있다.

- 종횡으로 출입하여 베 짜는 북과도 같고 물오리 같기도 했다.(申炅, 『再造藩邦誌』)
- 조선의 거북선은 돛대를 세우고 눕히기를 임의로 하고 역풍이 불건 썰물이건 마음대로 간다.(華鈺, 『海防議』)
- 앞뒤좌우로 다니는 것이 마치 날아가는 것 같다.(李肯翊, 『練藜室記述』)
- 그리고 앞에 키를 설치하여 전후로 갈 수 있게 하고, 풍향과 조수의 물결에 구애됨이 없이 마음대로 질주하여 전진과 후퇴를 자유자재로 하게 한다.(宋奎斌, 『風泉遺響』)
- … 가파르고 뾰족하여 가볍고 날래니 … 누선과 비교한다면 그 빠르고 둔함이 하늘과 땅의 판이함으로나마 비할 수 있겠습니다. … 빠르기가 육군의 군마와 같사오니 … 노를 젓는데 편하여 나아가고 물러가기를 뜻대로 할 수 있어 바람을 맞아 물을 가름에 빠르기가 날랜 말과 같사온 바 … 누선이 둔하여 귀선에 뒤지고, 귀선의 빠름이 누선을 크게 앞서니, 그 격차가 천연의 차와 같사온바 … (慶尙左水使 李彦燮의 乾隆 13년 9월 29日字 狀啓草稿, 朴惠一, 「李舜臣龜船〈1592〉의 鐵裝甲과 慶尙左水使의 鱗甲記錄〈1748〉에 대한 註釋」, 『한국과학사학회지』 제7권 제1호, 1985. 12, p.35에서 재인용)[29]

---

[29] 이 예문들은 모두 임진왜란 이후인 후대의 기록이며, 거북선을 만들거나 운용해본 경험이 전혀 없는 문관이나 유학자들의 기록이다.

이 기록들은 거북선의 속도가 매우 빠르며, 전장에서 거리낄 것 없이 종횡무진할 수 있는 성능을 보유한 배였음을 말해주고 있다. 현대의 모터보트일 경우에도 전진하다가 후진하려면 타력 때문에 약간의 시간이 필요하며, 변침하거나 선회할 경우에는 일정한 반경이 필요하다. 이러할진대, 과연 노선시대에 그럴 수 있는 배가 있었을까? 거북선이 그렇게 빠른 속력을 가질 필요가 있었을까?

이순신은 대체로 해안에 정박해 있는 적함을 공격하거나 너른 바다로 유인한 후 기다렸다가 포위하여 공격하는 방식으로 해전을 했다. 또한 거북선이 적함을 추적하거나 단독으로 전투를 한 경우는 없었다. 이러한 방식의 해전에서는 거북선이 다른 함선들보다 먼저 전진하고, 다른 함선들은 조금 기다렸다가 전진하면 거북선이 돌격선 역할을 하는데 지장이 없었을 것처럼 보인다.

그렇다면 거북선의 실제 속력은 어느 정도였을까? 10노트 이상이라는 주장은 타당하지 않다. 이 정도의 속력은 엔진을 사용하는 선박도 내기 쉽지 않다. 그 예로 20세기의 구식 함정이기는 하지만, 거북선처럼 평저선 형태의 상륙함(LSM과 LST)이 낼 수 있는 최대속력(full speed)도 10노트 이하였다. 6노트는 바람과 조류를 받는 상태에서 노를 저어 단거리를 항해했을 때 가능했을지 모른다. 그러나 순항 속력이 3노트였다는 주장은 타당성이 있어 보인다. 노젓기는 쉽지 않은 일이다. 단정이나 조정을 10분만 저어보면 노젓기가 얼마나 힘든 작업인지 알 수 있을 것이다. 호수나 강이 아니라 끊임없이 파도가 치고 풍랑이 일어나는 바다에서 노젓기는 더욱 힘들기 마련이다. 거북선의 속력이 빨랐다는 기록은 대부분 임란 이후 바다와 선박 및 항해를 잘 모르는 사람들의 것이며, 과장이 심한 수식어가 내포되어 있는 것이다.

3. 당파전술과 귀신머리(鬼頭)

당파전술은 이순신의 해전술 중에서 가장 논란이 많은 것 중 하나이다. 논란의 요점은 이순신이 거북선을 이용하여 적선과 충돌하거나 서구의 충각작전(ramming)과 같은 전술을 사용했는지, 아니면 접근전을 피하고 총통과 활을 이용하여 적함을 원거리에서 격파하는 전술을 사용했는지 여부이다. 이 문제는 거북선 함수부분의 모양 및 구조와 직결되는 문제이다.

1965년에 최석남은 당파해전술을 이순신의 3대 해전술 중 하나로 간주했다. 그의 주장을 따르면, 함포가 출현하기 이전에는 단병접전(短兵接戰)이 주요 해전법이었지만, 아군선으로 적선을 부딪쳐 파쇄하는 당파해전술은 간단하고도 효율적이었다. 이 당파전술은 고려 수군이 여진해구(女眞海寇)를 대파할 때부터 사용되었다.[30] 비록 우리 함선이 견고하고 적선이 약하다 하여 부딪히기만 하면 적선이 부서진다는 말은 전술이 무엇인지 모르는 부유(腐儒)들의 말장난에 불과했다. 그는 전선과 거북선의 함수에 당파용 귀두가 있었는데, 고려 때에는 당파용 철각(鐵角)이 그리고 조선조에는 견고한 참나무 조각상이 사용되었다고 보았다.[31]

1976년에 남천우는 매우 민첩하고 경쾌한 군선이었던 거북선의 주요 역할이 적진 속에 돌격하여 적을 교란시키는 것이라고 보았다. 그러나 그는 거북선이 적선과 물리적으로 충돌하여 적선을 파괴하는 육탄선이 아니었으며, 따라서 『행록』이나 『태종실록』 등에서 보이는 충돌이라는 구절을 물리적 충돌로 해석하지 않아야 한다는 점을 부언했다.[32]

1989년에 정광수는 거북선의 도깨비머리를 오늘날 어뢰의 원조이자 거북선의 신비를 푸는 양대 실마리 중 하나로 간주했다. 그는 이것을 서구 갤리의 충각(ram)과 같은 것으로 인식했으며, 도깨비머리 코끝에

---

30) 崔碩男, 『韓國水軍活動史』(서울: 鳴洋社, 1965), pp.278-279.
31) 崔碩男, 『救國의 名將 李舜臣』上卷(서울: 교학사, 1992), p.431.
32) 남천우, 앞의 논문, p.174. 그러나 그는 물리적 충돌로 보지 않아야 하는 이유를 언급하지 않았다.

무쇠돌기(鐵角)나 박달나무 돌기를 부착하고 평소에 출동 전에 연습을 많이 했을 것으로 보았다. 이것은 항해 시 파도를 헤쳐 속력을 높여주며, 근접해서는 왜선의 노를 모두 부러뜨려 표류시키거나 수리가 불가능하게 큰 구멍을 뚫는다(〈그림 16〉). 그의 주장을 따르면, 옛 그림에 도깨비 머리의 위치가 다소 높게 그려진 이유는 눈에 잘 띄게 하려 했기 때문이다.[33]

1996년에 가다노 쓰기오(片野次雄)는 당파를 격파의 뜻으로 이해하고서 거북선이 포격을 하고 그 뱃머리를 돌려 견고한 선체를 그대로 적의 배에 부딪치는 것을 말한다고 주장했다. 그의 주장을 따르면, 거북선이 왜선에 한번 부딪치기만 하면 3척(90cm)이나 되는 구멍이 사방에 뚫렸다. 당연히 일본 배는 그대로 가라앉고 말았으며, 큰 구멍을 보수하려고 우왕좌왕하는 배 만드는 목수들의 모습이 거북선에 탄 병사들에게 잘 보였다.[34]

1992년에 김재근은 귀신머리를 적선의 옆구리를 찔러 받아 침몰시키는 이른바 충각으로 간주하기 위해서는 좀 더 예리하고 수선 밑에 붙어 있어야 한다고 충돌전술의 주장을 반박했다. 그 대신 그는 귀신머리를 통신사선의 선수재나 방패의 그림에서 보는 것처럼 배의 위세를 과시하기 위한 상징적인 조각물이라고 주장했다.[35]

1993년에 나종우는 적함을 충격하는 것이 당파이며, 그 기원을 고려시대로 소급했다. 그에 의하면, 거북선은 육전에서 전차와 같이 적 함대의 대열을 돌파하여 좌충우돌하면서 적 함대의 전투대열을 교란시키는 한편 소리 없이 적선에 근접하여 충격을 가함으로써 완전 격침시키는 것이었다. 배가 빠르지 않으면 당파전술을 사용할 수 없었으며, 우리 수군이 당파전술을 사용하여 목적을 달성할 수 있었던 것은 우리 배가 그만큼 빨랐기 때문이다.[36]

---

33) 정광수, 앞의 책, pp.351-357.
34) 가다노 쓰기오, 윤봉석 옮김, 『이순신과 히데요시』(서울: 도서출판 우석, 1997. 4), p.199.
35) 金在瑾, 『거북선』(서울: 정우사, 1992), p.84.
36) 羅鐘宇, 「忠武公 李舜臣 提督의 戰略戰術」, 『壬亂水軍活動硏究論叢』(海軍軍史硏究室, 1993), pp.123-125.

1999년에 최두환은 도깨비머리를 어뢰의 원조로 보는 것을 군사지식의 결여 탓으로 보았다. 그는 김재근의 상징적인 조각물 주장을 『이충무공전서』의 통제영 거북선에 이것이 없다는 이유로 먼저 부정했다. 이어서 그는 좌수영거북선의 도깨비머리가 주갑판에 이어져 아래쪽 돌기물로 앞쪽으로 튀어나와 있다는 이유로 분명 충돌용으로 보아야 한다고 주장했다(〈그림 17〉). 그가 보기에 충돌(衝突)은 정면으로 바로 부딪치는 것이며, 당돌(撞突)은 장애물을 헤치고 들어가 마구 부딪치면서 나간다는 뜻이다. 그러기에 당파는 곧 당돌처럼 적선 속으로 들어가 마구 헤치며 부딪치면서 깨부수는 행동을 뜻하는 것으로 풀이된다.[37]

2005년에 이순신역사연구회는 다시 충각을 주장했다. 이 연구회는 이은상이 「당포파왜병장」의 직충(直衝)을 "치고 들어가"로, 우충(又衝)을 "뚫고 들어가"로 잘못 번역한 이유를 해전 전문가가 아니라 ramming을 몰랐기 때문이라고 설명했다. 또한 이 연구회는 조성도도 직충을 "근접하여"로 그리고 우충을 "돌진하여"로 잘못 번역했다고 주장했다. 그들의 주장을 따르면, 직충은 ramming을 뜻했다.[38]

2007년에는 김무일이 거북선의 충돌전법에 대해 근본적인 의문을 던졌다. 그는 당파를 부딪치는 전술로 보는 견해가 많다면서 거북선의 선체가 충각을 이용한 충돌전법을 사용할 수 없는 구조라고 주장했다. 귀신머리로 충각전술을 사용하려면, 귀신머리가 먼저 좀 더 예리하고 수선 밑에 있어야 한다. 이어서 거북선 선체가 견고하더라도 충격을 가하면 거북선의 선체도 크게 손실되고, 그 안의 인원과 무기 및 물질 등이 곤두박질쳤을 것이다. 뿐만 아니라 목선을 사용불능 상태로 만들려면 충돌전법으로 침몰하지 않기 때문에 분멸을 해야 하는 이중 노력이 필요하다. 그는 당파를 충돌하여 격침시키는 것이 아니라 함포로 적선을 파괴 분멸하는 격파와 같은 뜻으로 사용되었다고 주장했다.[39]

---

37) 최두환, 앞의 논문, pp.106, 143-145.
38) 이순신역사연구회, 앞의 책, pp.262-267.
39) 김무일, 「거북선은 충돌전법이 가능한 전선인가?」, 『바다』 제23호(대한민국 해양

이러한 논란을 이해하고 판단하기 위해서는 서구의 충각이 무엇이었는 지 살펴볼 필요가 있다. 서구에서 충각이 처음 나타난 것은 청동기시대에서 철기시대로 전환하는 B.C. 1000년 이후였다. 충각의 도입은 그로부터 2,500년 후 나타난 해군함포의 도입만큼이나 혁신적인 것이었다. 그동안 부대를 수송하거나 지상군을 가까운 전장에 데려다주는 특별한 고속운송 수단에 불과했던 군함은 충각 덕분에 완전히 새로운 전선이 되었다. 군함은 적 선체를 찌르기 위해 뾰족한 파도가르기(cutwater)로 무장된 일종의 "수동식 어뢰(man-driven torpedo)"가 되었다.

이 신무기의 출현은 선박 설계와 건조에도 큰 변화를 일으켰다. 모든 군함은 충각작전(ramming) 때 발생하는 충격을 견딜 수 있도록 더 강력하게 건조되고, 더 무거운 재료를 사용해야 했다. 특히 타격이 가장 먼저 그리고 가장 강하게 가해지는 함수부분은 가능한 한 육중하게 보강되어야만 했다.[40]

시대가 흐름에 따라 충각의 모습도 바뀌었다. 〈표 1〉[41]은 충각이 시기별로 어떤 모습으로 변했는지를 보여준다.

〈표 1〉 서구 충각의 모양 변화

시기	충각 모양	비고
B.C. 1000 경	충각 출현, 뾰족한 모양	
B.C. 600-500	멧돼지 머리와 들창코 모양	〈그림 18〉
B.C. 431-404	王자형 모양	〈그림 19〉
B.C. 400	2갈래 모양	
B.C. 300	3갈래 모양	〈그림 20〉
B.C. 31 이후	뭉뚝한 모양	

초기에는 끝이 뾰족하며, 그 끝을 보호하기 위해 동이나 철로 장갑을

연맹), 2007. 6, pp.60-65.
40) Lionel Casson, 앞의 책, pp.49-50.
41) 〈표 1〉은 Lionel Casson, 앞의 책, pp.49, 85, 117과 라이오넬 카슨 저, 김훈 옮김, 『고대의 배와 항해 이야기』(서울: 도서출판 가람기획, 2001), pp.98-99, 126-128을 근거로 필자가 작성한 것이다.

입혔다. B.C. 600~500년에는 충각의 선수가 멧돼지 머리와 들창코 모양이었다. 뾰족한 충각은 충돌한 후 신속하게 뽑아낼 수 없어 인근 적선의 공격을 받을 위험이 있었으며, 반면에 끝이 뭉뚝한 충각은 선체를 꿰뚫는 것이 목표가 아니라 크게 벌어지게 만들었다. 펠로폰네소스전쟁 기간(B.C. 431~404)에는 끝이 세 개인 수평지느러미의 중앙을 수직선 형태의 부위가 가로지르는 형태의 王자형 충각이 등장했다. 이것은 적선에게 강력한 타격을 주지만, 적선에 박혀 빠져나오지 않는 위험성이 크게 줄어든 충각이었다. 1980년 이스라엘 하이파(Haifa)의 아틀리트(Atlit)에서 발굴된 王자형 충각은 길이 2.6m, 폭 76㎝, 높이 96㎝, 무게 465kg이었으며, 외피가 청동으로 둘러싸였다. 따라서 이 충각을 제작하려면 많은 양의 구리, 복잡한 주물설비, 고도의 야금술 등이 필요했을 것으로 짐작된다. 삼단 갤리(trireme)가 등장(B.C. 500년경)한 후에는 끝이 두 갈래(B.C. 400)이거나 세 갈래(B.C. 300)인 충각이 연이어 나타났다. 그러다가 악티움(Actium) 해전(B.C. 31) 이후 아우구스투스(Augustus) 시대에는 끝이 뭉뚝한 충각으로 다시 변했다. 마지막 변화는 충각의 효과가 적어지고, 제작이 용이하며, 제작 단가가 저렴했기 때문에 일어났으며, 이후 충각은 공격무기보다는 군함의 상징물로 점차 변해갔다.

충각작전을 전개하기 위해서는 먼저 필요할 때 가능한 한 신속하게 후진할 수 있도록 타격속도를 정확하게 계산해야 했다. 너무 세게 충돌하여 충각이 적함 깊숙이 박히면 적의 갈고리가 걸리고 뱃전오르기(boarding)와 백병전을 피할 수 없게 된다. 일반적으로 함수는 선체의 가장 강력한 부분이었으며, 충각이 출현한 이후에는 모든 함정의 함수부분 선체구조가 견고하게 보강되었다. 따라서 함수와 함수가 부딪치는 것은 서로 피하고, 적함의 현측이나 함미를 충각으로 공격하기 위해 노력했다. 이를 위한 공격전술은 두 가지였다. 하나는 우회전술 혹은 포위전술(periplos)인데, 양 함대가 횡렬진으로 대치한 상황에서 적진의 양 끝을 돌아간 후 일제히 회전하여 적함의 현측이나 함미를 공격하는 것이었다. 다른 하나는 돌파전술(diekplos)인데, 적선을 돌파하여 가장 가까운 적함의 함수를 지나자마자

선회하여 그 적함의 현측을 공격하는 것이었다.[42]

거북선과 일본 함선의 높이에 대한 연구결과를 비교하면 〈표 2〉와 같다.

〈표 2〉 거북선과 일본 함선의 높이 비교(단위 : m)

구분	거북선					일본 함선		
	조성도[43]	김재근[44]	남천우 [45]	정광수 [46]	이원식 [47]	변재선 (弁財船)[48]	관선 (關船)	안택선 (安宅船)[49]
선체 높이	2.26	2.3	1.7	2.2	1.92	2.1	2.1	1.8-2.9
상장 높이	1.27	2.0	2.3	1.33	2.44	1.7	2.1	1.8-2.7
등배 높이	0.81	1.6-2.2	2.5	2.0				
전체 높이	4.34	5.9-6.5	6.2	4.53	4.36	5.6	5.8	3.6-5.6

1592년의 치수를 추산한 이원식의 계산에 따르면, 거북선의 제원은 일본 선박의 제원과 대체로 비슷하다. 특히 귀신머리가 달려있을 선체높이는 거의 20㎝의 차이밖에 나지 않는다. 따라서 이점을 염두에 두면 거북선의 귀신머리가 충각을 할 수 있기 위해서는 그 길이가 〈그림 21〉의 가로방향 점선과 같아야 한다. 거북선의 선체에서 상장 끝단까지의 길이를 50㎝로

---

42) 라이오넬 카슨 저, 김훈 옮김, 앞의 책, pp.127-128 ; Jacques Barzun, Paul H. Beik, etc., *Introduction Naval History : An Outline with Diagrams and Glossary* (Chicago·Philadelphia·New York: J. B. Lippincott Company, 1944), p.4.
43) 趙成都, 앞의 논문, pp.23과 29. 이것은 『이충무공전서』의 수치이다.
44) 金在瑾, 「壬辰倭亂中 朝·明·日 軍船의 特性」, 『壬亂水軍活動硏究論叢』(海軍軍史硏究室, 1993), p.240, 제8도. 이것은 『이충무공전서』의 수치인데, 그는 임란기의 거북선의 경우 이보다 더 작았을 것으로 추정했다.
45) 남천우, 『遺物의 재발견』, p.38, 그림 18. 이것은 통제영거북선에 관한 수치이다.
46) 정광수, 앞의 책, pp.338-342. 이것은 『이충무공전서』의 수치이다.
47) 李元植, 「1592年 龜船의 主要 數値 推定에 關한 硏究」, 韓國海洋大學校 工學博士學位論文, 2007. 2, p.150. 이것은 1592년 거북선에 관한 수치이다.
48) 金在瑾, 앞의 논문, p.248, 제10도와 p.249, 제11도. 弁財船과 關船의 경우 임란기의 수치가 없어 江戶時代의 그림을 이용하여 수치를 계산했다.
49) 金在瑾, 같은 논문, pp.257-258. 그는 임진란에 출전한 安宅船의 주종이 伊勢家型 중 작은 것이나 二形船型이라고 했는데, 여기에서는 그 중 작은 二形船型의 수치만 골랐다.

제15장 해전술을 통해 본 거북선의 구조 471

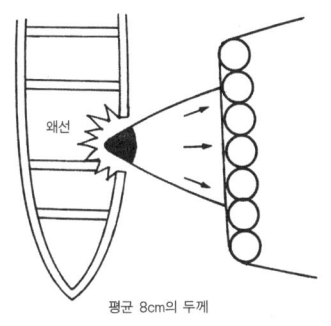

〈그림 16〉 정광수(1989)

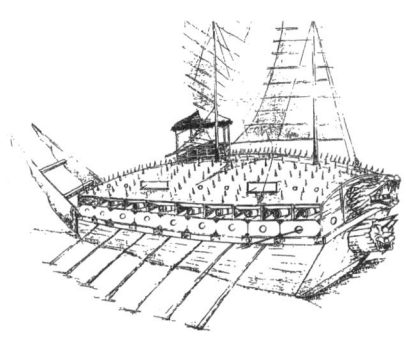

〈그림 17〉 최두환(1999)

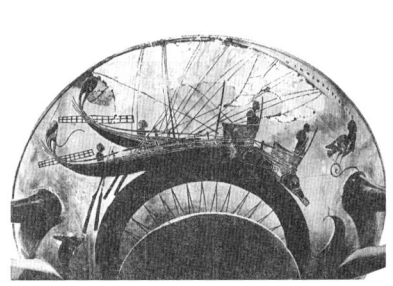

〈그림 18〉 B.C. 600~500 멧돼지머리,
들창코 모양 충각(Lionel Casson, 1971)

〈그림 19〉 B,C. 431~404 포자형 충각
(Lionel Casson, 2001)

〈그림 20〉 B.C. 300 3갈래 모양 충각
(Lionel Casson, 1971)

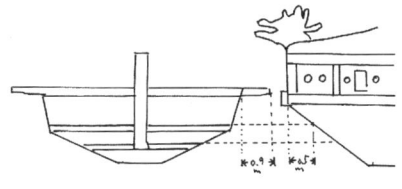

〈그림 21〉 충각길이 추정도

또한 일본 함선의 선체 밖으로 돌출된 시창(矢倉)의 길이를 90㎝로 각각 간주하고, 여기에 일본선체가 시작하는 곳부터 충각이 닿을 수 있는 부분까지의 길이와 선체 안으로 박히게 될 부분의 길이를 감안하면 거북선의 충각은 거의 2m 이상의 길이가 되어야 함을 알 수 있다. 이것은 귀신머리의 길이가 2m 이상이어야 한다는 것을 의미한다. 충각은 수선의 위치에 놓여야 하기 때문에, 거북선의 수선이 내려가면 내려갈수록 그 길이는 더 길어질 수밖에 없다. 그뿐만 아니라 귀신머리의 끝 부분은 청동이나 철로 장갑해야 한다. 게다가 그만한 길이의 귀신머리, 즉 충각을 함수에 달려면, 그 무게와 충돌했을 때의 충격력을 견딜 수 있도록 주변 선체구조를 강력하게 보완해야만 한다. 그러나 『이충무공전서』를 비롯하여 그 어떤 기록에도 귀신머리가 그처럼 길다거나 함수의 선체구조를 보강한다는 기록이 전혀 없다.

거북선은 실제로 어떻게 전투를 했을까? 이에 대한 자료는 다음과 같다.

- (사천 해전) … 먼저 거북선으로 하여금 적선이 있는 곳으로 돌진케 하여 천·지·현·황 등 여러 종류의 총통을 쏘게 하자 … (당포 해전) … 먼저 거북선으로 하여금 층루선 밑으로 직충하여 용의 입으로 현자총통을 치쏘게 하고 또 천자, 지자총통과 대장군전을 쏘아 그 배를 당파하자 뒤따르고 있던 여러 전선들도 철환과 화살을 교발했는데 … (당항포 해전) … 여러 전선이 포위하고 먼저 거북선을 돌입케 하여 천자, 지지총통을 쏘아 적의 대선을 꿰뚫게 하고, 여러 전선은 서로 번갈아 드나들며 총통과 전환을 우뢰처럼 쏘면서 한참동안 접전하여 … (萬曆 20年 6月 14日 「唐浦破倭兵狀」)
- 거북선이 먼저 돌진하고 판옥선이 뒤따라 진격하여 연이어 지·현자총통을 쏘고, 또 따라서 포환과 시석을 빗발치듯 우박 퍼붓듯 하면 적의 사기가 쉽게 꺾이어 물에 빠져 죽기에 바쁘니 이것은 해전의 쉬운 점입니다.(萬曆 21年 9月 初 「條陳水陸戰事狀」)
- 뒷날 전쟁할 때에는 … 또 에워싸고 엄습하려 들다가는 좌우 앞뒤에서

한꺼번에 총알이 터지므로 …(李芬, 「行錄」)
- … 또 만일 엄습하여 오면 일제히 대포를 쏘아 향하는 곳마다 적이 쓰러지지 않는 자 없어 …(崔有海, 「行狀」)

이 기록들은 모두 거북선이 돌진하여 각종 총통을 발사했으며, 이어서 다른 전선들이 일제사격을 했다는 사실을 명확하게 말해주고 있다. 만일 거북선이 적선에 대한 충돌이나 충각작전을 했다면, 이는 거북선과 적함이 서로 붙어있었음을 의미한다. 그랬을 경우, 다른 전선들이 일제사격을 할 수 있었을까? 거북선과 적함이 붙어 있었다는 것은 두 함선이 사실상 하나의 목표물이 되었음을 의미하며, 다른 전선의 사격으로 거북선도 피해를 입을 수밖에 없다. 또한 이 기록 중 마지막 2가지는 적함이 거북선에 접근하는 것을 총통으로 거부했던 사실을 말해주고 있다. 이러한 거부행위는 거북선이 원거리에서 총통을 발사하여 항상 적함과 일정한 거리를 유지했음을 의미한다. 충돌이나 충각작전은 이순신이 극력 피하려 했던 백병전(단병접전)을 야기하기 마련이다. 게다가 『이충무공전서』의 귀선도 중 전라좌수영 귀선도에는 귀신머리가 그려져 있지 않은데, 충각과 충돌의 전술이 그처럼 중요한 전술이었다면 그러한 누락은 있을 수 없는 일이다. 이와 같이 볼 때, 귀신머리는 충각이 아니라 적에게 위압감과 공포심을 불러일으키는 일종의 심리적 도구였다고 할 수 있다. 귀신머리는 장식용 조각이었던 것이다.

충각과 충돌전술을 주장하는 사람들의 중요한 다른 한 근거는 우리 함선은 크고 육중하며 견고하지만, 일본 함선은 작고 가벼우며 약하다는 것이다. 그리하여 그들에 주장에 따르면, 마치 판옥선과 거북선이 일본 함선에 부딪치거나 스치기만 해도 일본 함선은 파괴되어버리고, 그 대신 우리 함선은 안전했던 것 같다.

일반적으로 판옥선과 거북선이 일본 함선보다 훨씬 큰 것으로 이해되고 있다. 그러나 저판만을 보면, 판옥선과 거북선의 길이는 50~55척 혹은 65척이었다. 일본 안택선의 길이는 56척이었으며, 관선의 길이는 36척 혹은 48.7척이었다.50) 관선은 조선의 전선보다 작은 것이 분명하나 안택선은 작았다고 말하기 어려운 것이다. 하부구조인 선체의 두께를 보면, 거북선이 4촌으로 약 12㎝였으며, 안택선의 두께는 6~9㎝였다.51) 일본 함선들은 전국시대에 일본에서 전쟁을 치른 바 있으며 또한 임진왜란 때 쓰시마 해협과 대한해협을 횡단해왔었다. 이러한 사실들은 일본 함선이 우리가 알고 있는 것처럼 형편없이 작고 약한 배가 아니었음을 말해주고 있다.52) 게다가 목선들 간의 해전에서 두 함선이 충돌하면 한 선박만 일방적으로 큰 피해를 입는 경우는 없다. 특히 두 함선의 크기와 견고성이 그리 큰 차이를 보이지 않을 경우에는 더 말할 것도 없을 것이다. 목선끼리 부딪힌다면, 함수에 아무런 보강재도 없고 용골도 없이 단지 저판 위에 판자들만 이어 세워놓은 상태이기 때문에 무조건 일부 부서지거나 판자 이음 부분에 틈이 발생하기 마련이다. 특히 흘수 밑 부분에 약간의 틈만 발생하면, 그 틈으로 바닷물이 침수되기 시작하여 큰 피해를 입게 된다. 그렇기 때문에 목선 간의 충돌은 양패구상 현상을 발생시킬 것이고, 결국 자멸하는 결과를 초래할 것이다. 그렇기 때문에 충돌전술은 사실상 불가능한 해전술로 간주할 수밖에 없다고 생각된다.

---

50) 金在瑾, 앞의 논문, p.275.
51) 須藤利一 編, 『船』(東京: 財團法人 法政大學出版局, 初版 1968, 17版 1995), p.132.
52) 당시 조선의 선박이 진짜 배였으며, 그리고 일본 선박은 거의 장난감 배 정도였다는 주장이 일본에서 제기되었다(德富猪一郎, 『近世日本國民史 豊臣時代-丁篇 朝鮮役 上卷』, 東京: 民友社, 1922, p.610). 또한 "판옥선은 일본 배와 비교도 안될 만큼 크다"거나 "조선 군선은 크고 일본 군선은 작아서 대적하기 힘겨우므로"라는 기록도 일본에서 나타났다(金在瑾, 앞의 논문, p.276). 그러나 다음과 같은 주장도 있음을 알아야 한다. "이와 같이 안택형 군선은 당시 생각할 수 있는 최첨단의 창의력과 기술을 결집한 대형선으로 공격력, 방어력, 항행성능 모두 탁월하여 많은 水軍書가 〈바다의 城〉으로 찬양하고 있는 것도 당연하다고 생각된다. 그리고 이 안택형이야말로 당시 최대의 군선이었을 뿐만 아니라 和船型 軍船의 전 시대를 통해 그 발달의 정점에 위치한 배이기도 했다."(須藤利一 編, 위의 책, p.133)

4. 당파전술과 용머리(龍頭)

  판옥선과 마찬가지로 거북선에서 총통을 발사하는 전술은 앞 장에서 살펴본 것처럼 당파전술로 부를 수 있다. 그런데 이 전술에 대해서 몇 가지 이견이 나타나기도 한다. 이견 중 중요한 것 하나는 총통을 어느 곳에 배치했는가 하는 것인데, 이것은 노를 젓는 갑판과 포를 발사하는 갑판이 구분되었는지 여부와 함께 거북선의 2층 구조설 및 3층 구조설과도 연관된다. 다른 하나는 함수 부분의 총통 배치에 관한 것인데, 특히 용두에서 총통을 발사했는지 아니면 연막을 내품었는지의 여부가 중요한 문제이다.

  1965년에 조성도는 〈그림 22〉를 제시했다. 노수가 저판 위에 마련된 상판에 위치하기 때문에, 포판은 총통을 발사하는 곳임을 알 수 있다. 검은 색으로 그려진 현측포가 6문이고, 함미포가 1문이며, 함수포는 그려져 있지 않지만 분명히 존재했다.[53]

  1976년에 남천우는 노역과 같은 비전투성 작업을 하층부에서 그리고 화포발사 등의 전투성 작업을 가능한 보다 더 높은 위치에서 행하는 기본 구조의 양식을 군선의 이상적인 양식으로 간주했다. 이에 따라 그는 상장부를 2층으로 가정하고서 하층의 포혈은 한낱 장식에 불과하고 상층개판의 포구가 실제 화포를 위한 포혈이라고 주장했다. 또한 그는 함수의 포 배치도를 〈그림 23〉으로 제시했는데, 6문의 총통이 함수에 배치되었다.[54]

  1989년에 정광수는 『이충무공전서』의 전라좌수영 거북선과 통제영 거북선을 현대식으로 그린 그림을 제시했다. 〈그림 24〉에서는 노수가 주갑판 밑에 위치하고, 주갑판과 상갑판에서 모두 총통을 발사하고 있다. 함수의 용두에는 총통을 배치하고, 바로 그 밑에 함교가 위치한다. 〈그림 25〉는 역시 주갑판과 상갑판에 모두 포혈이 있으며, 함수부분(〈그림 26〉)은 〈그림 24〉와 확연히 다르다. 용두는 계단을 통해 오르내리면서 연막을

---

53) 趙成都, 앞의 논문, p.30.
54) 남천우, 앞의 논문, pp.139, 146-147, 161. 그런데 수선에 비해 노판의 총혈 2개는 그 위치가 너무 낮아 큰 파도에 침수될 가능성이 농후해 보인다.

내품고, 용두 위에서 총통을 발사한다. 그러나 그는 총통의 무게를 감안하여 2층에서는 천자, 지자총통 등 대형 총포를 발사하고, 3층에서는 소형이나 중형 화기가 사용된 것 같다고 말했다.55) 또한 총통을 수직으로 세우고 갑판 위에 별도로 설치된 부분 갑판에서 피사체를 장전하는 모습도 이채롭다(〈그림 12〉).

1994년에 장학근은 거북선이 3층 구조임을 전제하고서 주갑판은 노를 젓는 곳이고 상갑판이 총통을 발사하는 곳이라 주장했다(〈그림 9〉). 그러나 이 주장은 노와 주갑판에 관한 주장과 마찬가지로 2004년에 이르러 바뀐다(〈그림 10〉). 이 그림에서는 포혈과 총통의 높이를 맞추기 위해 상갑판에 판자 한 줄이 더 깔려 있다. 그밖에도 그는 본체를 창고와 침실로, 주갑판을 격군과 사수의 전투장소로, 그리고 상갑판을 포군·신호수의 전투장소로 간주했다.56)

1999년에 최두환은 전체적인 기본구조가 2층이지만, 내부를 변칙적으로 조정하여 3층으로 만들었다는 정광수의 주장을 상식에서 벗어난 착상으로 간주하고, 그 대신 판옥선에 바로 덮개를 씌운 3층 구조였다는 남천우의 주장을 상당히 발전된 지적으로 이해했다. 또한 그는 판옥선에서는 패란을 따라 상갑판을 깔고 거북선에서는 패란에 따라 둥그런 개판을 덮었기 때문에 거북선이 2층 구조를 갖고 있다는 김재근의 주장에 대해 여장을 간과한 탓에 모든 거북선을 2층 구조로 획일화하는 우를 저질렀다고 비판했다. 그의 주장에 따르면, 현측에 현란을 설치하고, 현란에 패를 세우며, 패 위에 난간을 두어 패란을 설치하고, 패란 위에 여장을 만들어 그곳에 포구를 만들었다. 여기에서 여장이 곧 언방이고, 총통을 발사할 때 뉘었다가 쏘지 않을 때는 세워둔다. 그는 이런 연유로 거북선이 3층 구조였다라고 주장했다.57)

---

55) 정광수, 앞의 책, pp.336-337, 342, 345. 총통을 몇 차례 발사하면 포신이 뜨겁게 달아올라 손으로 만질 수 없다는 점을 상기해야 할 것이다.
56) 張學根, 앞의 논문.
57) 崔斗煥, 앞의 논문, pp.121-126.

2005년에 이순신역사연구회는 『이충무공전서』의 전라좌수영 거북선을 현대화법으로 그린 〈그림 27〉을 제시했다. 이 그림에 의하면, 주갑판은 노를 젓고, 활을 쏘며, 총통을 발사하는 곳이었다. 상갑판은 활과 총통을 발사하는 곳이었다. 함수부분은 주갑판과 용머리에서 총통을 발사하고, 그 중간 위치에 함교가 있었다. 용머리 부분을 좀 더 자세히 살펴보면 〈그림 26〉과 같았다. 이 그림에서는 용머리를 상갑판에서 계단으로 올라가며, 용머리 포대 바로 밑에 함교가 있었다. 그런데 같은 책에 〈그림 28〉이 거북선 내부구조도 중 하나로 제시되어 있는데, 〈그림 26〉과 전혀 다르다.[58]

2007년에 김무일은 임란 당시 조선 수군이 현대적 개념의 전법, 즉 함포사격으로 적선을 무력화시켜 깨뜨리고, 불화살로 태우거나 화살로 적군을 사살시키는 전법으로 싸워 이겼다고 주장했다.[59]

총통을 발사한 장소에 대해서는 주갑판설(언더우드·조성도·김재근), 상갑판설(남천우·장학근·최두환), 기타(정광수)로 3가지가 있다. 주갑판설은 노수가 선체에서 노를 젓고 포수가 상장의 주갑판에서 포를 발사하거나 포수와 노수가 주갑판에서 같이 일한다는 것인데, 이 주장은 거북선의 내부구조가 2층이라는 사실을 전제로 하고 있다. 이 주장은 일견 일리가 있어 보인다. 그러나 전자의 경우에는 노수석이 포판이 아닌 선체에 위치한다는 점 때문에 이해하기 어렵다. 후자의 경우에는 주갑판에 노수, 사수, 포수 등이 혼재하여 지나치게 혼잡해지고, 그럼으로써 전투행위를 할 수 없다는 비판을 야기하고 있다. 상갑판설은 내부구조가 3층이라는 전제 하에 주갑판에 노수와 사수가, 그리고 상갑판에 포수와 사수가 각각 위치한다는 주장이다. 이것은 가장 그럴듯하게 보이는 주장이다. 그러나 총통을

---

[58] 이순신역사연구회, 앞의 책, pp.14, 175. 함교는 함정 전체를 지휘하는 곳이다. 이 책의 주장대로 함수의 용머리 밑에 함수가 위치했다면, 그곳에서는 함수방향 즉, 전방만을 보고 지휘해야 했을 것이다. 함미와 현측의 상황을 현장에서 동시에 총체적으로 인식하지 못하고 함수 쪽 상황만 파악하고 함정의 기동과 전투를 지휘한다는 것은 해전과 함정의 특성을 올바르게 이해하지 못한 것에서 비롯된 주장이라고 할 수밖에 없다.

[59] 김무일, 앞의 논문, p.65.

478 제4부 세계 군함의 역사에서 거북선의 자리는 어디일까?

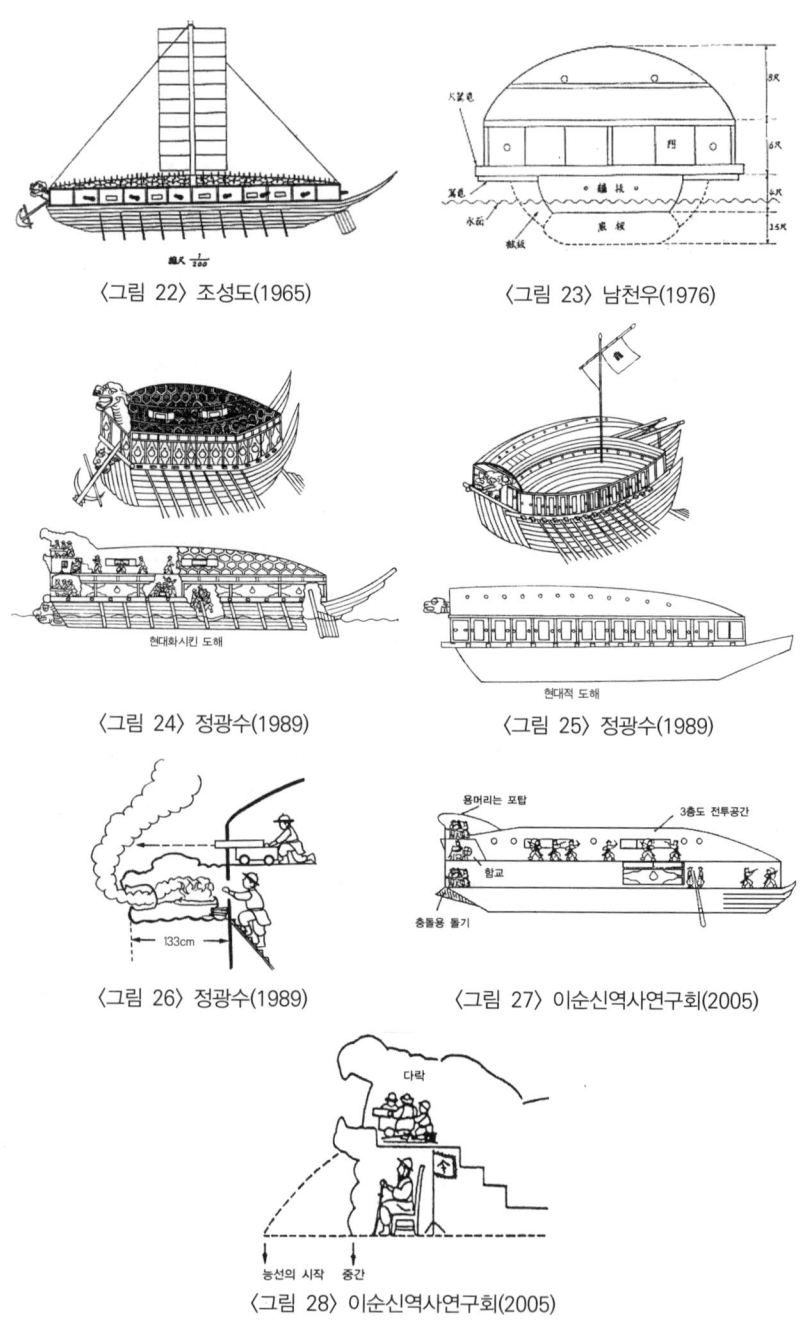

〈그림 22〉 조성도(1965)   〈그림 23〉 남천우(1976)

〈그림 24〉 정광수(1989)   〈그림 25〉 정광수(1989)

〈그림 26〉 정광수(1989)   〈그림 27〉 이순신역사연구회(2005)

〈그림 28〉 이순신역사연구회(2005)

조작하고 발사하려면 상갑판의 높이가 주갑판만큼이나 높아야 한다. 그럴 경우, 거북선의 전체 높이가 증가할 수밖에 없으며, 따라서 높이 증가에 따른 복원력과 같은 조선공학적 요소들을 검토하고 실험을 해보야 할 필요성을 제기한다. 다른 한 가지는 전체적으로 2층 구조이고 주갑판에서 총통을 발사하나 상장 내부에 별도의 상판이나 선반식 갑판을 만들어 그 위에서 피사체를 장전하고, 또한 노수는 선체 내부에 선반식 갑판을 만들어 위치한다는 혼합설이다. 이 경우에 발사한 후 달구어질 포신과 상장 내에 별도의 선반식 갑판을 높게 설치해야만 한다는 것은 상장의 높이, 노젓기, 사수의 활동, 선박운용 등을 감안할 때 사실상 불가능하다고 할 수밖에 없다.

함수와 관련된 문제는 용두에서 함포를 발사했는가 아니면 연막을 내품었는가의 여부이다. 이것은 관련된 자료들의 작성 시기를 검토하면 자동적으로 해결될 수 있는데, 관련 자료는 다음과 같다.

- … 용의 입으로 현자총통을 치쏘게 하고 …(萬曆 20年 6月 14日「唐浦破倭兵狀」)
- … 앞에는 용의 머리를 만들었는데, 입은 총구멍이 되고 …(李芬,「行錄」)
- … 앞에는 용의 머리 뒤에는 거북꼬리인데, 모두 다 총구멍이 있어 전후좌우에 각각 6개씩으로 큰 탄환을 쏘게 되었다.(崔有海,「行狀」)
- … 뱃머리에는 거북머리를 만들었는데 … 그 속에서 유황 염초를 태워 입으로 연기를 안개 같이 토하여 적을 혼미하게 만들었다. … 거북머리 위에도 2개의 대포 구멍을 뚫었고, 그 아래 2개의 문을 만들었으며, 문 곁에는 각각 대포구멍 1개씩이 있다.(龜船圖說 2,『李忠武公全書』)

용의 머리에서 총통을 발사했다는 기록들은 임진왜란 때 이순신이 직접 작성하거나 종전 후 얼마 되지 않았을 때 임진왜란 당시의 상황을 서술한 것들이다. 마지막 기록은 종전된 지 197년이 지난 후인 1795년에 작성된 것이다. 이 자료들은 197년 동안 거북선의 선형변화가 있었음을 시사하고 있는 것이다. 따라서 임진왜란 때 용머리는 포를 발사한 곳으로 간주하는 것이 합당한 것처럼 보인다. 용의 머리에서 총통을 발사했다면, 그것의 모습은 『이충무공전서』의 전라좌수영 귀선이 아닌 통제영 귀선의 용머리와 유사했을 것으로 보인다.

5. 맺음말

거북선의 돌격전술은 노수석의 위치, 노의 종류, 그리고 거북선의 속력을 알 수 있게 해주는 전술이다. 노수석은 선체 밖으로 돌출된 상장의 포판이었으며, 사용된 노는 전통적이고 한국적인 노였으며, 그리고 순항속력은 3노트였던 것 같다. 특히 거북선의 속력에 대해서는 "나르는 것 같다," "지상의 군마(軍馬)와 같다," "날랜 말"과 같다는 후대의 기록들이 있는데, 모두 과장된 수식어라 할 수 있다. 거북선은 판옥선과 같은 속력을 낼 수 있으면 되었을 뿐, 그보다 빠른 속력을 낼 필요가 없었던 것이다.

당파전술은 귀신머리의 용도와 형태를 알 수 있게 해주는 전술이다. 이순신 자신의 기록과 임란 직후의 기록들은 총통발사만 묘사할 뿐, 충돌이나 충각작전을 설명하고 있지 않다. 귀신머리가 충각이었다면, 서구의 경우를 미루어 볼 때 크고 길쭉해야 하며, 선박조종술이 뛰어나야 하고, 함수부분의 선체가 크게 보강되었어야만 한다. 그러나 그와 관련된 자료는 나타나지 않고 있다. 따라서 귀신머리는 조각상이었으며, 적에게 위압감과 공포심을 불러일으키려는 의도로 설치되었다고 할 수 있다. 게다가 거북선이 적함과 충돌하려면, 거북선의 함수부분 전체의 선체구조를 더욱 견고하게 보강해야만 했었다. 일본 함선들이 판옥선과 거북선에 비해 비록 작고 약했지만, 그 차이가 현저했던 것은 아니다. 충돌했을 경우, 일본 함선만 일방적으로 파괴되는 경우는 없었다고 할 수 있으며, 같은 목선인 거북선도 어느 정도의 선체 파괴가 있었을 것이다. 전선을 보호하기 위해 노심초사했던 이순신이 3척밖에 없는 거북선으로 하여금 충돌작전을 감행하게 하는 무모한 행동을 했을까?

당파전술은 갑판구조와 용머리의 용도도 알 수 있게 해주는 전술이다. 임란 시 기록과 그와 관련된 후대의 기록을 볼 때, 용머리의 용도는 총통을 발사하는 곳이었음을 알 수 있다. 그러므로 전라좌수영 귀선보다는 통제영 귀선의 용머리가 총통을 발사하는데 더 적합한 것으로 보이기 때문에 임진왜란 때 거북선의 용머리는 통제영 거북선의 것과 유사한 것이었다고 할 수 있다.

다음으로 근래 들어 각광을 받고 있는 3층 갑판설[60]은 총통을 조작하고 발사하기 위해 주갑판과 같거나 긴 상갑판 높이를 필요로 한다. 그리고 『이충무공전서』의 귀선도에 대한 면밀한 재해석도 동시에 이루어져 한다. 높이가 그처럼 높았을 때, 조선공학적 측면에서 문제가 발생할 소지가 없는지 정밀한 실험과 조사가 필요하다.

해사 박물관 부두에 전시 중인 복원 거북선은 2층 구조로 되어 있다. 이 거북선에서는 활을 쏘고, 총통을 발사하며, 노를 젓는 세 가지 행위가 주갑판에서 동시에 이루어질 수밖에 없다. 2층 구조에서는 3층 갑판설의 주장대로 정말 이러한 동시 활동이 불가능했을까?

일반적으로 선박은 외부에서 보는 것과 선내에서 보는 것이 서로 다르다. 밖에서 볼 때 작아 보이더라도 내부에 들어가면 길을 잃을 정도로 크고 복잡하게 느껴지기 마련이다. 또한 선박은 공간의 여유가 충분한 곳이 아니며, 좁은 공간에 더 많은 인원이 생활하는 군함의 경우에는 승조원의 생활조건이 상선보다 더욱 열악했다. 18세기 서구 범선의 경우, 몇몇 사관을 제외한 대부분의 승조원들은 음습하고 어두운 함 내에서 생활했다. 포수는 포대에 기대어 잠을 자고 식사를 했다. 갑판선원들도 그와 유사한 생활을 했다. 16세기 말 조선 수군의 함상생활도 이와 크게 다르지 않았을 것으로 생각된다. 거북선에서 활동하기가 불편했던 것은 다음과 같은

---

60) 경상남도는 거북선 탐사 등 '이순신 프로젝트'를 본격적으로 추진하면서 임란 당시 거북선을 3층으로 자체에서 결론내리고 복원에 나서기로 했다.〈연합뉴스 2008년 5월 29일자 기사〉

1606년(선조 39) 12월 24일(무오)의 선조실록을 통해서 알 수 있다.

    거북선은 전쟁에 쓰기에 좋지만 사수와 격군의 숫자가 판옥선의 125명 보다 적지 않고 활을 쏘기에도 불편하기 때문에 각 영에 한 척 씩만을 비치하고 더 이상 만들지 않고 있습니다.[61]

이 기사에 대해서는 "개판과 총포의 장치, 기타의 설비로 안하여 용적이 작아졌다는 뜻이 내포되었다"는 주장[62]과 "전투원과 노군이 모두 개판 밑의 한 장소에 모여 노역도 하고 궁사, 발포 등 전투행위도 해야" 했기 때문에 "거북선이 판옥선보다 불편했던 것은 분명한 이치"였다는 주장[63]이 일찍이 제기되었다.

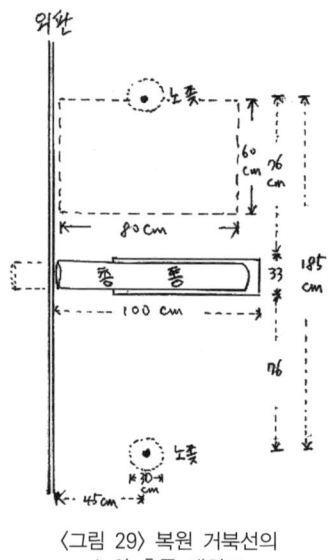

〈그림 29〉 복원 거북선의 노와 총통 배치도

〈그림 29〉는 복원 거북선의 노와 총통의 배치도이다. 노를 거는 노좆의 간격은 185cm이며, 총통을 설치한 동차의 가로는 33cm이다. 따라서 총통과 노좆까지의 길이는 76cm이다. 한편 상장 외판에서 노좆까지의 길이는 45cm이고, 동차와 총통의 길이는 100cm이다. 그런데 일본 관선의 노 간격이 약 55cm(1척 8촌)였으며,[64] 거북선의 노와 노 사이의 길이가 약 2.2m(7척)였다는 주장[65]이 있다. 이 주장들을 따르면, 실제 거북선의 총통과 노 사이의 길이가 1m로 더 길어진다. 따라서 거북선

---

61) 김주식 외 편저, 『조선시대 수군-〈실록〉 발췌 수군관련 사료집 3-2』(서울: 신서원, 2000. 12), p.1268.
62) 崔永禧, 앞의 논문, p.10.
63) 金在瑾, 『거북선의 神話』, p.57.
64) 金在瑾, 앞의 논문, p.262.
65) 남천우, 앞의 책, p.58.

의 노 간격은 결코 짧은 것이 아니었다고 할 수 있다.

한편, 복원 거북선의 경우 노를 걸려면 실선으로 표시된 부분(80×60cm)의 포판을 들어내야만 한다. 그럴 경우에는 노수들이 수면을 직접 바라보게 되며, 파도나 풍랑 혹은 전투 시 요동이 심할 때 바다에 빠질 위험이 크다. 이 문제는 그 부분을 지름 30cm의 원으로 만들면 간단히 해결된다. 그럴 경우, 노를 걸어 젓는데 문제가 없으며, 노군이 바다에 빠질 위험이 사라지고, 포수들의 활동공간이 더 넓어지며 안정성도 크게 향상된다. 그 정도의 공간이면 불편하지만 전투행위와 노젓기를 동시에 할 수 있을 것처럼 보이는 것이다.

이와 같이 볼 때, 거북선에 대한 연구는 아직도 미진한 부분이 많으며, 계속되어야만 한다고 할 수 있다. 연구 과정에서도 거북선과 관련된 조선시대 자료들은 수군, 바다, 항해, 선박, 해전에 무지한 관료들의 것이 거의 대부분이라 과장이 많고 비과학적인 경우가 많음을 인지하고서 어느 한 구절이나 자료에 일희일비하는 모습을 보여서는 안 된다. 새로운 도면이나 그림이 발견되었다는 보도에도 냉혹한 자세를 잃어서는 안 된다. 뿐만 아니라 선학들이 지적하거나 소개했음에도 불구하고 이를 무시하고서 자신이 새로운 것을 주장하는 행태를 보이는 것은 학자의 태도가 아닐 것이다. 게다가 지금은 거북선의 복원을 급하게 시행할 때가 아니며, 그러한 행동은 조급증의 발로로 볼 수밖에 없다. 발굴과 연구분석이 이루어진 후, 그 결과를 가지고 복원작업을 시작하는 것이 순리이다. 거북선의 복원사업과 잔해의 해저발굴사업을 동시에 시작하는 것은 제2의 별황자총통 사건과 아직까지 논란이 많은 1979년 거북선 복원사례의 반복이 될 가능성이 크다. 이 두 가지 우려사항은 모두 국가적 망신을 초래할 수 있다. 적어도 현 상황에서 거북선의 경우만큼은 복원을 위한 노력을 발굴과 장기적인 집중연구를 위한 노력으로 돌리는 것이 과거의 유감스러운 전철을 밟지 않는 지혜로운 행동이 될 것이다.

참고문헌

1. 자료

『九刊增補 德水李氏世譜』
『亂中日記 影印本』, 東光文化社, 1995.
『德水李氏世譜』
『李忠武公全書』
『影印 李忠武公全書』, 成文閣, 1989. 2.
『溫陽方氏大同譜』
『李忠武啓草』
『壬辰狀草』
『忠武公啓草』
『忠武公壬辰狀啓』
『忠愍公啓草』
『海州吳氏世譜』
『개벽』
『동광』
『별건곤』
『삼천리』
『동아일보』
『매일신보』
『釜山日報』
『新韓民報(The New Korea)』
南炳文·湯綱, 『明史』 下, 上海人民出版社, 1991.
노산 이은상 역주해, 『난중일기』, 현암사, 1968.

노승석 옮김, 『이순신의 난중일기 완역본』, 동아일보사, 2005. 11.
盧台俊 譯解, 『新譯 孫子兵法』, 弘新文化社, 1987.
閔建鎬, 『海隱日錄Ⅰ』, 부산근대역사관, 2008.
柳成龍 著, 南晩星 譯, 『懲毖錄』, 玄岩社, 1970.
李錫浩 譯, 『난중일기』, 集文堂, 1973. 5.
李舜臣 著, 北島万次 譯, 『亂中日記 1-3』, 東洋文庫 678, 682, 685, 東京 : 平凡社, 2001-2002.
李舜臣 著, 李殷浩 譯, 『李忠武公陣中日記 : 亂中日記』, 東光文化社, 2005. 4.
李殷相 譯, 『完譯 李忠武公全書』 上·下, 成文閣, 1989.
朝鮮史編修會 編, 『朝鮮史料叢刊』第六 : 亂中日記草·壬辰狀草, 朝鮮總督府, 1935.
趙成都 譯註, 『壬辰狀草』, 同元社, 1973.
국사편찬위원회 한국사데이터 https://db.history.go.kr/

2. 국내 논문

고경석, 「해군창설기 충무공정신 구현의 역사적 연원-손원일 제독 활동의 사상적 배경을 중심으로」, 『충무공 이순신과 한국 해양』 창간호, 2014.
권오헌, 「역사적 인물의 영웅화와 기념의 문화정치 : 1960-1970년대를 중신으로」, 고려대학교 사회학과 박사학위논문, 2009. 12.
권준석, 「북한의 역사 인식을 통해 본 이순신 인식과 평가」, 연세대학교 통일학협동과정 석사학위논문, 2006. 7
金龍國, 「거북선의 歷史的 考察」, 『한국과학사학회지』 Vol.1, No.1, 1979.
金龍國, 「龜船圖와 龜甲船圖」, 『해군』 1963. 11.
金龍國, 「壬辰倭亂後 龜船의 變遷過程」, 『學術院論文集』 제Ⅶ집, 1968. 12.
金在瑾, 「龜船 크기와 隻手의 變遷」, 『임진왜란과 해양력』(제12회 국제해양력심포지엄 발표문집), 해군, 1991.
金在瑾, 「龜船考」, 『大學新聞』, 1957. 5. 27.
金在瑾, 「龜船의 造船學的 考察」, 『學術院 論文集-人文社會科學篇』 第13輯, 1974. 9.
金在瑾, 「壬辰倭亂中 朝·明·日 軍船의 特性」, 『壬亂水軍活動硏究論叢』, 海軍軍史硏究室, 1993.
金在瑾, 「板屋船考」, 『한국사론』 제3집, 1976. 8.
김도형, 「1930년대 '이충무공유적보존운동'의 전개와 그 성격」, 『이순신연구논총』 통권 제15호, 2011년 봄·여름.
김도형, 「이충무공유적보존운동과 현충사 소장 관련 자료」, 『겨레가 지킨 위토, 겨레가 세운 현충사』(이충무공탄신 474주년 기념특별전 도록), 현충사관리소, 2019. 10.
김무일, 「거북선은 충돌전법이 가능한 전선인가?」, 『바다』 제23호, 2007. 6.
김성진, 「이순신 역사 소설에 투영된 작가와 시대의 욕망」, 『문학치료연구』 제45집, 2017. 10.

김종수, 「일제강점기 문화재 법제 연구-「조선보물고적명승천연기념물보존령, 1933년 제정·시행 관련」, 『문화재』 Vol.53, No.2, June 2020.
김주식, 「거북선 구조에 대한 연구사적 고찰」, 『Strategy 21』, Vol.10, No.2, 2007. 10.
김주식, 「알프레드 세이어 마한의 생애와 업적」, 알프레드 세이어 마한, 김주식 역, 『해양력이 역사에 미치는 영향 2』, 서울 : 책세상, 1999.
김주식, 「이순신에 대한 서구인의 연구와 평가」, 『해양평론』, 2011. 12.
김주식, 「이순신에 대한 연구 현황과 전망」, 『해양평론』, 2012. 10.
김주식, 「이순신에 대한 일본인의 연구와 평가」, 『해양문화재』 제4권, 2011. 12.
김주식, 「이순신에 대한 평가와 현창(顯彰)」, 『海洋戰略』, 제152호, 2011. 12.
김주식, 「일제강점기 이순신 유적과 유물의 관리-1930년대와 1940년대를 중심으로」, 『이순신연구논총』 통권 제35호, 2021년 가을·겨울.
김준배, 「문화통치기 조선사편수회 소속 일본인 연구자의 이순신 서술-나카무라 히데타카(中村榮孝)의 「충무공 이순신의 유보(忠武公李舜臣の遺寶)」(1928)를 중심으로」, 『韓日關係史硏究』 제68집, 2020. 5.
金志宣, 「조선총독부 문화재정책의 변화와 특성-제도적 측면을 중심으로」, 고려대 석사학위논문, 2008. 6.
김태준, 「日本에서의 李忠武公의 名聲」, 『現代思潮』 통권 제10호, 1978. 9 ; 「日本に於ける 李舜臣の名聲」, 『比較文學硏究』 제4호, 1981.
金泰俊, 「日本에서의 李忠武公의 名聲」, 『명지문학』 제10호, 1978. 2.
깐 수, 「壬亂에 대한 中國學界의 認識과 評價」, 『壬辰倭亂과 거북선』, 해군사관학교 박물관 학술발표회, 1994. 6. 4.
羅鍾宇, 「忠武公 李舜臣 提督의 戰略戰術」, 『壬亂水軍活動硏究論叢』, 海軍軍史硏究室, 1993.
難波專太郞, 「日人이 쓴 李舜臣論」, 『世代』 6월호, 1964.
南天祐, 「朝鮮王朝 軍船에 관한 考察-金在瑾 敎授의 硏究를 契機로 하여」, 『한국과학사학회지』 Vol.1, No.1, 1999.
南天祐, 「龜船構造에 대한 再檢討」, 『歷史學報』 第71輯, 1976. 9.
남천우, 「조선왕조 군선에 관한 고찰-김재근 교수의 연구를 계기로 하여」, 『한국과학사학회지』 Vol.1, No.1, 1979.
노승석, 「이순신의 충민공계초(忠愍公啓草)에 대한 서지적 고찰」, 『문화재』 72, 2016.
노영구, 「역사 속의 이순신 인식」, 『역사비평』 통권 69호, 2004. 겨울.
다케오 사쿠라이, 「거북선의 복원력에 대한 조선공학적인 소고」, 『海洋硏究論叢』 제23집, 1999. 12.
박계리, 「충무공 동상과 국가 이데올로기」, 『한국근대미술사학』 제12집, 2004.
박선이, 「임진왜란 시기 狀啓에 나타난 朝鮮式 漢文 연구」, 고려대학교 석사학위논문, 2014. 2.
박선이, 「朝鮮式 漢文의 문체적 특징에 대한 小考-임진왜란 시기 狀啓를 중심으로」, 『泰東古典硏究』 36, 2016.

朴尹錫, 「李忠武公墓 參拜記」, 『三千里』 제16호, 1931. 6. 1.
박창기, 「『조선군기대전』의 임진왜란 다시 쓰기와 『징비록』」, 『日本學報』 제47집, 2001. 6.
朴現圭·權赫泰, 「朴殷植 『李舜臣傳』의 全文 발굴과 분석」, 『이순신연구』 창간호, 2003.
박형준, 「조선총독부박물관의 전시운영과 성격」, 동국대학교 교육대학원 석사학위논문, 2016.
朴惠一, 「李舜臣龜船(1592)의 鐵裝甲과 慶尙左水使의 鱗甲記錄(1748)에 대한 註釋」, 『한국과학사학회지』 제7권 제1호, 1985. 12.
朴惠一, 「李舜臣龜船의 鐵裝甲과 李朝鐵甲의 現存原型과의 對比」, 『한국과학사학회지』 Vol.1, No.1, 1979.
朴惠一, 「李舜臣龜船의 鐵裝甲에 대한 補遺的 註釋」, 『한국과학사학회지』 제4권 제1호, 1982.
方相鉉, 「朝鮮 龜船의 接木性 硏究」, 『慶熙史學』 16·17합집, 1991. 1.
석영달, 「1920년대 초 영국 해군 장교의 일본사 서술 속 이순신 일기-조지 알렉산더 밸러드의 『해양이 일본 정치사에 미친 영향』을 중심으로-」, 『韓日關係史硏究』 제55집, 2016. 12.
석영달, 「세계 속의 충무공 일기-호머 헐버트의 이순신 관련 서술들을 중심으로」, 『충무공 이순신과 한국 해양』 제3호, 2016.
석영달, 「이순신 해외 전파의 연결고리 : 제임스 머독의 〈일본의 역사〉」, 『軍史』 제110호, 2019. 3.
小川晴久, 「조선의 수호신」, 『海洋戰略』 제128호, 2005. 10.
송우혜, 「문학작품을 통해 진행되고 있는 이순신 폄훼 현상과 KBS 대하드라마 『불멸의 이순신』의 원작소설이 지닌 심각한 역사 왜곡의 문제」, 『이순신연구논총』 통권 제2호, 2004년 봄·여름.
신동욱, 「이광수작 「이순신」의 인물형상화에 관한 고찰」, 『예술론문집』(예술원) 31권, 1992. 12.
楊通方, 「壬辰·丁酉亂과 明軍의 役割」, 『第二回 國際海洋力 심포지엄 發表文集-主題 : 壬辰倭亂과 海洋力』, 大韓民國 海軍·海軍海洋硏究所, 1991. 8.
오세탁(吳世卓), 「일제(日帝)의 문화재정책(文化財政策)-그 제도적(制度的) 측면(側面)을 중심(中心)으로」, 『문화재』 통권 29호, 1996. 12.
오종록, 「보통 장수에서 구국의 영웅으로-조선 후기 이순신에 대한 평가」, 『내일을 여는 역사』 18호, 2004. 가을.
오춘영, 「일제강점기 문화재 정책 형성과정 연구-위원회 구성과 목록 변화를 중심으로」, 『문화재』 Vol.51, No.1, March 2018.
元甲喜, 「우리의 思考·價値觀에 對한 反省」, 『高大文化』 5호, 1963. 9.
유영광, 「이순신과 호남백성의 위대한 여정 : 이순신 호국관광벨트」, 『한반도 서남해역의 전략적 가치 그리고 이순신 구국의 항로』, 2019년 민·학·관·군 합동세미나,

국립목포대학교 해군사관학부, 2019. 11. 8.
이덕일, 「일본 축출의 영웅에서 군사 정권의 성웅으로, 다시 인간 이순신으로」, 『내일을 여는 역사』 18호, 2004. 가을.
李敏雄, 「임진왜란 해전을 통해 본 朝·明·日 삼국의 전략전술 비교」, 『軍史』 제51호, 2004. 4.
이상록, 「이순신 : '민족의 수호신' 만들기와 박정희 체제의 대중규율화」, 권혁민·이종훈 엮음, 『대중 독재의 영웅 만들기』, 휴머니스트, 2005.
이수경·임성춘, 「완도 古今島의 이순신 史蹟 검토」, 『이순신연구논총』 통권 제27호, 2017년 봄·여름.
이순자, 「일제강점기 고적조사사업 연구」, 숙명여자대학교 박사학위논문, 2007. 6.
이안 바우어스(Ian Bowers), 「영국인과 유럽인들이 알고 있는 이순신 제독」, 『이순신연구논총』 통권 제27호, 2017. 봄/여름.
李元植, 「1592年 龜船의 主要 値數 推定에 關한 硏究」, 한국해양대학교 공학박사학위논문, 2007. 2.
李元植, 「1592年式 李舜臣 創制 龜船(거북배)의 設計 復元 硏究」, 『大韓造船學會誌』 제41권 제3호, 2004. 9.
李元植, 「거북배(龜船)에 대한 小考」, 『大韓造船學會誌』 제35권 제2호, 1998. 6.
李元植, 「龜船의 科學的 硏究(試案)」, 『국방사학회지』, 1965.
李元植, 「李舜臣 創制 龜船(거북배)의 設計構造와 復元에 대한 考察」, 『대한조선학회지』 40권 제1호, 2003. 3.
이준식, 「박정희시대 지배 이데올로기의 형성」, 한국정신문화연구원, 『박정희시대 연구』, 백산서당, 2002. 12.
이지원, 「1930년대 民族主義系列의 古蹟保存運動」, 『東方學志』 77·78·79합호, 1993. 6.
이진욱, 「한말 식민지기 통영 충렬사와 이순신 장군에 대한 새로운 추모의례 조직」, 『사회와 역사』 제121집, 2019년 봄.
李炯錫, 「聖雄 李舜臣將軍의 戰略觀」, 『정훈』 64호, 1979. 4.
張學根, 「軍船으로서의 原型龜船—龜船改造論을 中心으로」, 『昌原史學』 제2집, 1995.
장학근, 「임란 해전사 연구의 현황과 향후 연구방향—크라우제비츠(Clausewitz)의 삼위일체론을 중심으로」, 『임진왜란사 연구의 새로운 과제』, 임진왜란사연구 100주년기념 학술논문발표회 발표문집, 2008. 11. 19.
張學根, 「戰場環境과 거북선 船型變化」, 『軍史』 제51호, 2004. 4.
전경호, 「『忠愍公啓草』, 『忠武公壬辰狀啓』에 대한 검토—국립해양박물관 소장본을 중심으로」, 『도서문화』 48, 2016.
정두희, 「이순신—개인의 아픔을 넘어 나라를 위기에서 구한 장군」, 『한국사시민강좌』 제30집, 2002.
정두희, 「이순신에 대한 기억의 역사와 역사화 : 4백년간 이어진 이순신 담론의 계보학」, 『한국사학사학보』 14권, 2006. 12.

정두희, 「이순신에 대한 역사학적 반성」, 『鄕土서울』 제71호, 2008. 2.
鄭鎭述, 「韓國先史時代 海上移動에 관한 硏究」, 『忠武公李舜臣硏究論叢』, 1991.
鄭鎭述, 「閑山島海戰 硏究」, 『壬亂水軍活動硏究論叢』, 海軍史硏究室, 1993. 5.
諸章明, 「李舜臣의 水軍戰略과 閑山大捷」, 『軍史』 제60호, 2006. 8.
조덕현, 「미국인들이 이해하고 있는 이순신 제독」, 『이순신연구논총』 통권 제17호, 2017. 봄·여름.
趙成都, 「거북선에 대한 소고 : 포문수와 속력을 중심으로」, 『海軍大學論集』 6-1, 1964. 6.
趙成都, 「龜船考」, 『硏究報告』 제2집, 海軍士官學校, 1965. 1.
조성도, 「충무공과 점」, 『해군』 제189호, 1969. 4.
조성도, 「충무공과 형벌」, 『해군』 제192호, 1969. 7.
千寬宇, 「李舜臣論 - 公은 名將보담도 聖者다」, 『세대』 1963년 9월호.
최 관, 「일본문학에 나타난 임진왜란의 영향」, 『南冥學硏究』 제7집, 1997.
崔斗煥, 「임란시의 원형 거북선에 관한 연구」, 『海洋硏究論叢』 제22집, 해군사관학교, 1999. 6.
崔斗煥, 「충무공 이순신의 陣法 운용과 신호체계」, 『임진왜란과 이순신 장군의 전략전술』, 문광부·전쟁기념관, 1998. 12.
최성환, 「목포의 '로컬리티'로서 고하도 이충무공 문화유산의 전승 내력과 가치」, 『지방사와 지방문화』 21권 2호, 2018.
최연식, 「박정희의 '민족' 창조와 동원된 국민통합」, 『한국정치외교사논집』 제28집 2호, 2007. 2.
최영호, 「일본인의 시각에서 본 '임진왜란' 문학 연구 : 오다 마코토(小田實)의 「소설 임진왜란(民岩太閤記)」을 중심으로」, 『해양연구논총』 제39집, 2007. 5.
崔永禧, 「龜船考」, 『史叢』 제3집, 1958. 11.
崔永禧, 「龜船에 關한 몇 가지 問題點」, 『한국과학사학회지』 Vol.1, No.1, 1979.
충무공기념사업위원회, 「유신이념과 충무공정신」, 『국토통일』 1973년 5월호.
韓明基, 「정유재란 시기 명 수군의 참전과 조명연합작전」, 『軍史』 제38호, 1999.
황정덕, 「일본인이 이순신을 보는 눈」, 『이순신연구논총』 통권 제6호, 2006년 봄·여름.

3. 국내 단행본

가다노 쯔기오 지음, 윤봉석 옮김, 『이순신과 히데요시』, 도서출판 우석, 1997.
가다노 쯔기오 지음, 윤봉석 옮김, 『일본인이 쓴 조선왕조 멸망기』, 도서출판 우석, 1998.
姜萬吉, 「李朝造船史」, 『韓國文化史大系 III』, 고려대 민족문화연구소, 1968.
강봉룡, 『한국 해상세력 형성과 변천』, 재단법인 해상왕장보고기념사업회, 2004.
金在瑾, 『거북선의 神話』, 正宇社, 1978.
金在瑾, 『거북선』, 正宇社, 1992.

金在瑾, 『배의 歷史』, 正宇社, 1980.
金在瑾, 『續韓國船舶史硏究』, 서울대학교출판부, 1994.
金在瑾, 『우리의 배 : 구조와 역사』, 서울대학교출판부, 1996.
金在瑾, 『朝鮮王朝 軍船 硏究』, 일조각, 1977. 4.
金在瑾, 『韓國船舶史硏究』, 서울대학교출판부, 1984.
今村鞆, 『船の朝鮮』, 京城 : 螺炎書屋, 1930 : 박현숙 옮김, 『선의 조선 : 배를 통해 조선의 해사와 관련 법제를 논하다』, 민속원, 2015.
기타지마 만지, 김유성·이민웅 공역, 『도요토미 히데요시의 조선침략』, 경인문화사, 2008.
김종대, 『여해 이순신』, 예담, 2008.
김주식 외 공편저, 『조선시대 수군 : 실록발췌 수군관련사료집』 1-6권, 신서원, 1997~2003.
김태훈, 『이순신의 두 얼굴』, 창해, 2004.
김학준, 『古下 宋鎭禹 評傳－민족주의 언론인·정치가의 생애』, 동아일보사, 1990.
김헌식, 『이순신의 일상에서 리더십을 읽다』, 평민사, 2009.
김 훈, 『칼의 노래』(3판), 생각의 나무, 2007.
남천우, 『遺物의 재발견』, 정음사, 1987.
단재 신채호 저, 박기봉 옮김, 『조선상고사』, 비봉출판사, 2006.
라이오넬 카슨 저, 김훈 옮김, 『고대의 배와 항해 이야기』, 도서출판 가람기획, 2001.
石川泰志 著, 金一相 譯, 『日本海軍國防思想史』, 韓國海洋戰略硏究所, 2000.
신채호, 『을지문덕·이순신·최도통전』(독립운동사교양총서 1), 독립기념관 한국독립운동사연구소, 1989.
오붕근 편저, 『조선수군사』, 한국문화사, 1998.
오진근·임성채 공저, 『해군 창설의 주역 손원일 제독』 상권, 한국해양전략연구소, 2006.
이구열, 『한국문화재 수난사』, 도서출판 돌베개, 1996.
이민웅, 『이순신 평전』, 성안당, 2012.
이선호, 『이순신의 리더십』, 팔복원, 2001.
이순신역사연구회, 『이순신과 임진왜란』 1-4권, 비봉출판사, 2005~2006.
이에인 딕키 외 공저, 한창호 옮김, 『해전(海戰)의 모든 것』, Humand & Books, 2010.
李元植, 『한국의 배(韓船)』, 대원사, 1990.
이재범, 『원균을 위한 변명 : 기록을 남기지 않은 자의 비애』, 학민사. 1996.
李在範, 『元均正論』, 啓明社, 1983.
이진이, 『이순신을 찾아 떠난 여행』, 책과함께, 2008.
李炯錫, 『壬辰戰亂史』 下卷, 壬辰戰亂史刊行委員會, 1974.
張學根, 『韓國 海洋活動史』, 해군사관학교 박물관, 1994.
전라남도 문화자원과, 『아순신호국관광벨트사업』, 2018. 12.
전라남도·국립순천대학교박물관, 『이순신 문화자원 총조사 및 선양 활용방안』 제2권 :

유적·유물분야, 2016.
전인권, 『박정희 평전』, 이학사, 2006.
전재호, 『반동적 근대주의자 박정희』, 책세상, 2000.
정광수, 『삼가 적을 무찌른 일로 아뢰나이다』, 정신세계사, 1989.
정두희·이경순 엮음, 『임진왜란, 동아시아 삼국전쟁』, 휴머니스트, 2007.
제장명, 『이순신 파워인맥』, 행복한나무, 2008.
趙成都, 『忠武公 李舜臣』, 南榮文化社, 1991.
조원래, 『새로운 관점의 임진왜란사 연구』, 아세아문화사, 2005.
趙仁福, 『李舜臣戰史硏究』, 鳴洋社, 1964.
조지 클레튼 포크 저, 사무엘 홀리 편집·소개, 조법종·조현미 번역·주석, 『화륜선 타고 온 포크, 대동여지도 들고 조선을 기록하다』, 알파미디어, 2021.
조지프 니덤 지음, 왕링·루구이전 공동연구, 김주식 옮김, 『조지프 니덤의 동양항해선박사』, 문현, 2016.
조희연, 『박정희와 개발독재시대 : 5.16에서 10.26까지』, 역사비평사, 2007.
震檀學會 編, 『李忠武公－三百五十週忌紀念論叢』, 同硏社, 1950.
최 관, 『일본과 임진왜란』, 고려대학교 출판부, 2003.
최상천 지음, 『알몸 박정희』 개정판, 인물과사상사, 2007.
崔碩男, 『救國의 名將 李舜臣』 上·下, 교학사, 1992.
崔碩男, 『李舜臣과 그들』, 鳴洋社, 1961.
崔碩男, 『韓國水軍活動史』, 鳴洋社, 1965.
친일인명사전편찬위원회 편, 『친일인명사전』 전3권, 민족문제연구소, 2007.
한국해양수산개발원, 『독도 사전』, 한국해양수산개발원, 2011.
海軍本部, 『大韓民國 海軍史』 行政編 : 第1輯, 해군본부, 1954.
海軍本部, 『韓國海洋史』, 啓文社, 1954.
海軍忠武公硏究委員會, 『민족의 등불 忠武公 李舜臣』, 해군본부, 1967.
홍순승, 『이 시대에 충무공을 생각한다』, 오늘의문학사, 1998.
洪以燮, 『朝鮮科學史』, 三省堂, 1944.
황수영 편, 『일제기 문화재 피해자료』, 국외소재문화재단, 2014.
황원갑, 『부활하는 이순신』, 이코비즈니스, 2005.
Baer, George W., 김주식 역, 『미국 해군 100년사』, 한국해양전략연구소, 2005.
W. E. 그리피스 지음, 신복룡 역주, 『은자의 나라 한국』 한말 외국인 기록 3, 집문당, 1999.
『겨레가 지킨 위토, 겨레가 세운 현충사』, 현충사관리소, 2019.
『고금고 연혁지(古今高 沿革誌)-古今島誌略』, 고금고등학교, 2011.
『남해군지』 상권, 남해군지편찬위원회, 2010.
『南海忠烈祠誌』, 社團法人 南海忠烈祠, 2006. 12.
『여수 통제이공수군대첩비·여수 타루비 정밀실측 조사보고서』, 여수시, 2019.

『역사 속의 이순신, 그 기억의 어제와 오늘』, 문화재청 현충사관리소, 2012.
『이순신, 충민공계초로 말하다』, 국립해양박물관·해군사관학교·현충사관리소 공동학
　　　술대회 발표문집, 2017. 5.
『임진왜란기 거북선 건조 결과 보고서』, 해군사관학교 박물관, 2024.
『충무공 이순신과 임진왜란』, 문화재청·현충사관리소, 2011.
『忠武祠誌』, 사단법인 순천지구이충무공유적영구보존회, 2007. 4.
『통영시지』 제4권, 통영시사편찬위원회, 2018.
『海南郡誌』 上, 海南郡誌編纂委員會, 2015.
『현충사 중건 민족성금 기록물 해제 및 번역 용역』, 현충사관리소, 2022.

4. 일본 문헌

エドウイン·A·フォーク 著, 柴田賢一·木田重三郎 共譯, 『東鄕平八郎』, 東京:靑年書房, 1941.
京口元吉, 『秀吉の朝鮮經略』, 東京:白揚社, 1939.
舊參謀本部 編纂, 『日本の戰史:朝鮮の役』, 德間文庫, 東京:德間書店, 1995.
金素雲, 「魚睡園閑話」 第10回, 『アジア公論』 7月號, 1976.
金素雲, 「魚睡園閑話」 第22回, 『アジア公論』 10月號, 1977.
大保滋郎, 『世界軍船物語』, 歷史物語叢書 7, 東京:雄山閣出版株式會社, 1970.
德富猪一郎, 『近世日本國民史:豊臣時代』 丁篇:朝鮮役 上卷, 東京:民友社, 初版 1921,
　　　改版 1925.
藤居信雄, 『李舜臣覺書』, 東京:古川書房, 1992.
名越二荒之助, 『日韓2000年の眞實』, 東京:株式會社 國際企劃, 1997.
北島万次, 『壬辰倭亂と秀吉·島津·李舜臣』, 東京:校倉書房, 2002.
司馬遼太郎, 『街道をゆく二』, 東京:朝日新聞社, 1972.
司馬遼太郎, 『明治という國家』, 東京:日本放送出版協會, 1989.
杉村勇次郎, 『軍事的批判:豊太閤朝鮮役』, 東京:日本學術普及會, 1922.
杉村勇次郎, 『朝鮮史家の記せる豊太閤朝鮮役-慶長の役』, 京城:京城新聞社出版部藏版,
　　　1930.
惜香生, 『文祿征韓 水師始末 朝鮮 李舜臣傳』, 東京:偕行社, 1892;朴炯鈞 譯, 『文祿征韓
　　　水師始末 朝鮮 李舜臣傳』, 통영사연구회, 2007.
小笠原長生, 『東鄕平八郎全集』 全三卷, 東京:平凡社, 1930.
須藤利一 編, 『船』, 東京:財團法人 法政大學出版局, 初版 1968, 17版 1995.
水野廣德, 『此一戰』, 東京:博文館, 1911;水野廣德傑作集, 『戰影·此一戰·空爆下の帝都』,
　　　東京:潮文閣, 1939.
安藤彦太郞·寺尾五郎·宮田節子·吉岡吉典 編, 『日·韓·中 三國連帶の歷史と理論』, 東京:日
　　　本朝鮮研究所, 1964.
外山三郎, 『日本海軍史』, 東京:敎育社, 1987.

外山三郎, 『日淸·日露·大東亞海戰史』, 東京: 原書房, 1979.
原剛·安岡昭男 編, 『日本陸海軍事典コンパクト版(下)』, 東京: 新人物往來社, 2003.
有馬成甫, 『朝鮮役水軍史』, 東京: 海と空間, 1942.
林泰輔, 『朝鮮近世史』, 東京: 吉川半七, 1901.
笠谷和比古·黑田慶一 共著, 『秀吉の野望と誤算: 文祿·慶長の役と關ヶ原合戰』, 東京: 文英堂, 2000.
田中宏巳, 「海主陸從の理論的旗手 佐藤鐵太郎」, 『歷史讀本』 8月號, 別冊附錄 「特輯: 日本海軍の名將と名參謀」, 1985.
佐藤鐵太郎 著, 阪谷芳郎 編, 『大日本海戰史談』, 橫須賀: 財團法人 三笠保存會, 1926.
佐藤鐵太郎, 『帝國國防史論』, 東京: 水交社, 1908.
眞木洋三, 『東鄕平八郎』 上·下, 東京: 文藝春秋社, 1985.
參謀本部 編纂, 『日本戰史: 朝鮮役』, 東京, 借行社, 1924.
川田功·野田果重, 『砲彈を潛りて·斜陽と鐵血·軍服の聖者』, 東京: 戰記名著刊行會, 1929.
靑柳南冥 編著, 『朝鮮史家の記せる豊太閤朝鮮役-慶長の卷』, 京城: 京城新聞社出版部藏版, 1930.
靑柳南冥, 『李朝史大全』, 京城: 朝鮮史硏究會, 1922.
阪谷芳郎 編, 『大日本海戰史談』, 財團法人 三笠保存會, 1930.
片野次雄, 「壬辰·丁酉倭亂과 李舜臣 提督의 功勳」, 『第2回 國際海洋力심포지엄 發表文集: 壬辰倭亂과 海洋力』, 大韓民國 海軍·海軍海洋硏究所, 1991. 8.
片野次雄, 『李舜臣と秀吉: 文祿慶長の海戰』, 東京: 誠文堂新光社, 1983.
片野次雄, 『朝鮮滅亡』, 東京: 新湖社, 1995.
下村寅太郎, 『東鄕平八郎』, 講談社學術文庫 563, 東京: 講談社, 1981.
海軍大佐 佐藤鐵太郎 著, 『帝國國防史論』, 東京: 水交社, 1908.
海軍中將 佐藤鐵太郎, 「絶世の名海將李舜臣」, 『朝鮮地方行政』 (帝國地方行政學會 朝鮮本部 發行) 第6卷 2月號, 通卷 第62號, 1926.
『図說 東鄕平八郎: 目でみる明治の海軍』, 東京: 東鄕神社·東鄕會, 1992.
佐藤鐵太郎-Wikipedia, the free encyclopedia http://ja.wikipedia.org/wiki/%E4%BD%90%E8%97%A4%E9%89%84%E5%A4%AA%E9%83%8E (20011년 10월 29일 검색)

5. 중국 문헌

路宁·劉慶, 『世界戰爭故事叢書·弓馬篇·絞殺与征戰』, 浙江: 浙江少年兒童出版社, 2000.
李建立·張海濱, 『韓國崛起之謎』, 北京: 解放軍文藝出版社, 1995.
潘光·費成康, 『外國著名戰役故事』, 北京: 少年兒童出版社, 1985.
北京大學歷史系 編, 『簡明世界史: 古代部分』, 北京: 人民出版社, 1979.
孫中奇, 「〈朝鮮王朝實彔〉對李舜臣的歷史書寫」, 『古代文明』, 2024年 第4期.
孫中奇, 「朝鮮宣祖對李舜臣的制衡与打壓」, 『当代韓國』, 2024年 第3期.

楊金森·范中義, 『中國海防史』 上冊, 北京 : 海軍出版社, 2005.
楊昭全, 「論明代援朝禦倭戰爭的幾個問題」, 『中國關係史論文集』, 1988,
嚴圣欽, 『朝鮮民族英雄李舜臣』, 北京 : 商務印書局, 1987.
延邊歷史硏究所, 『延邊歷史硏究』 第2輯, 1987.
鄭勳新·方十可·馬合秋, 『中外名將彖(下)』, 北京 : 解放軍出版社, 1988.
中國海軍百科全書編纂委員會 編, 『中國海軍百科全書』 上, 北京 : 海潮出版社, 1999.
陳貞壽, 『図設 中國海軍史』 上 : 古代-1955, 福建敎育出版社, 2002.
楚水昂, 「李舜臣朝鮮海軍的戰魂」. 『艦載武器』 第2期, 2010.
許曉光, 『世界著名將帥彖』, 河南 : 河南人民出版社, 1999.

6. 서양 문헌

Chicago Tribune (Chicago, Illinois), 1894. 8. 19.
St. Louis Post-Dispatch (St. Louis, Missouri), 22 June 1899.
The Galena Daily Republican (Galena, Kansas), 14 July 1899.
The Gazette (York, Pennsylvania), 23 June 1899.
The Honolulu Advertiser (Honolulu, Hawaii), 8 March 1903.
THE KOREA REVIEW, Volume 2, No.11, November, 1903.
THE KOREA REVIEW, Volume 3, April 1903.
The Morning News (Wilmington, Delaware), 1894. 8. 9.
The New York Times (New York, New York), 9 Aug. 1894.
THe Sun (New York, New York), 1894. 8. 9.
The Sun (New York, New York), 24 Oct 1897.
The Washington Times (Washington, District of Columbia), 18 Feb 1906.
The Windsor Star, 21 July 1899.
"George Foulk", THE KOREA REVIEW, Volume 1, No.8, August, 1901. (Korea Review Volume1-09.docx in anthony.sogang.ac.kr/The Korea Review)
Aston, W. G., "Hideyoshi's Invasion of Korea," *Transactions of the Asiatic Society of Japan*, Vol.II, 1883.
Bak Hae-ill, "Short Note on the Iron-clad Turtle-boats of Admiral Yi Sun-sin," *Korea Journal*, Vol.17, No.1, 1977.
Captain Hagerman, George M., "Lord of the Turtle Boats," *United States Naval Institute Proceedings*, No.778, Vol.93 No.12, December 1967.
Casson, Lionel, *Ships and Seamanship in the Ancient World*, Princeton : Princeton University Press, 1971.
George, James L. *History of Warships from Ancient Times to the Twenty-First Century*, Annapolis : Naval Institute Press, 1998.

Glete, Jan, *Warfare at Sea, 1500-1650 : Maritime Conflicts and the Transformation of Europe*, Abinglo : Routledge, 2000.

Grant, R. G., *Battle at Sea : 3,000 Years of Naval Warfare*, New York : DK Pub., 2008 ; 『해전 3,000년』, 해군본부, 2012(비매품).

Guilmartin, JR., John F., *Galleons and Galley*, London : Cassell & Co, 2002.

Hawley, Samuel, *The Imjin War : Japan's Sixteenth-Century Invasion of Korea and Attempt to Conquer China*, Berkeley & Seoul : The Institute of East Studies University of California & The Royal Asiatic Society Korea Branch, 2005.

Hawley, Samuel ed. and int., *Inside the Hermit Kingdom : The 1884 Korea Travel Diary of George Clayton Foulk*, Lanhan & Plymouth : Lexington Books, 2008.

Hulbert, Homer B., "Korean History," THE KOREA REVIEW, Volume 2, September 1902 - Volume 3, April 1903 ; ed. Weems, Clarence Norwood, *Hulbert's History of Korea*, Vols. II, New York : Hillary House Publishers LTD, 1962.

Hulbert, Homer B., *The History of Koreas*, Vol.II, Seoul : Methodist Pub. House, 1905.

Hulbert, Homer B., *The Passing of Korea*, New York : Doubleday, Page & Company, 1906.

Hulbert, Homer Bezaleel, "Korean Inventions", *Harper's Magazine* (New York), 1st June 1899.

Hyun, Mingi, "The Construction of Admiral Yi Sun-Shin's Navy : Naval Warfare and Technological Development in Early Modern Korea (14th-16th Centuries)," Laughton Naval History Seminar Series in King's College London, 2007. 11. 14.

Iain Dickie, Martin J. Dougherty, Phyllis J. Jestice, Christer Jörgansen, Rob S. Rice, Rice, *Fighting Technique of Naval Warfare 1190 BC-Present : Strategy, Weapons, Commanders, and Ships*, New York : Thomas Duane Books, 2009.

Jacques Barzun, Paul H. Beik, etc., *Introduction Naval History : An Outline with Diagrams and Glossary*, Chicago·Philadelphia·New York : J. B. Lippincott Company, 1944.

Jones, George Heber, "The Japanese Invasion," *The Korean Repository*, Vol.I, 1892.

Joseph Needham, Wang Ling, Lu Hwei-Djen, Science and Civilisation in China, Volume IV : *Physics and Physical Technology*, Part 3 : Civil Engineering and Nautics, Press Syndicate of the Cambridge University, 1971, Chapt. 29. Nautical Technology, pp.379-699.

Jo Seong-do, revised and enlarged by Kim Joo-sik & Jeong Jin-sool, *Admiral Yi Sun-sin : A National Hero of Korea*, Seoul : Sinseowon, 2005.

Kiralfy, Alexander, "Chapter 19. Japanese Naval Strategy," ed. Edward Mead Earle, *Makers of Modern Strategy : Military Thought from Machiavelli to Hitler*, Princeton : Princeton University Press, 1943.

Lambert, Andrew ed., *Ship : a History in Art & Photography*, London : Conway, 2010.
Lavery, Brian, *The Colonial Merchantman Susan Constant, 1605*, London : Conway Maritime Press LTD, 1988.
Lieutenant Smith III, Roy Campbell, "Yi-Sun Sin Defeated Japan at Sea," *United Naval Institute Proceedings*, Vol.70, No.496, June 1944.
Longford, J. H., *The Story of Korea*, London : T. Fisher Unwin, 1911.
Lorge, Peter A., *The Asian Military Revolution from Gunpowder to the Bomb*, Cambridge : Cambridge University Press, 2008.
Marder, Arthur J., "From Jimmu Tenno to Perry : Sea Power in Early Japanese History," *The American Historical Review*, Vol.LI, No.1, October 1945.
Montgomery, Bernard Law, *A History of Warfare*, London : Collins, 1968 ; 승영조 옮김, 『전쟁의 역사』 II권, 서울 : 책세상, 1995.
Murdoch, M. A., James, *A History of Japan during the Century of Early Foreign Intercourse, 1542-1651*, Kobe : Office of the Chronicle, 1903.
Parker, Geoffrey, *The Military Revolution : Military Innovation and the Rise of the West, 1500-1800*, Cambridge & New York : Cambridge University Press, 1988.
Sadler, A. L. "The Naval Campaign in the Korean War of Hideyoshi (1529-1598)," *The Transactions of the Asiatic Society of Japan*, Second Series, Vol.XIV, 1937.
Sweetman, Jack ed., *The Great Admirals : Command at Sea, 1587-1945*, Annapolis : Naval Institute Press, 1997.
Strauss, Barry, "Korea's Legendary Admiral," *The Quarterly Journal of Military History*, Summer 2005, Vol.17, No.4. http://blog.daum.net/han0114/17045682.
Swope, Kenneth M., "A Dragon's Head & a Serpent's Tail : Ming & the First Greater East Asia War, 1592-1598," *The Journal of Military History*, 69, January 2005.
Swope, Kenneth M., *A Dragon's Head and a Serpent's Tail : Ming China and the First Great East Asian War, 1592-1598*, Norman : University of Oklahoma, 2009.
Tennant, C. R., *A History of Korea*, OXON : Routledge, 1996.
Turnbull, Stephen, *Fighting Ships of the Far East (2) : Japan and Korea AD 612-1639*, Botley & Long Island City : Oeprey Publishing, 2003.
Turnbull, Stephen, *Samurai Warfare*, London : Cassell Imprints, 1996.
Turnbull, Stephen, *The Samurai Invasion of Korea, 1592-98*, Oxford : Osprey Publishing, 2008.
Underwood, Horace H. M. A., Ph. D, *Korean Boats and Ships*, Seoul : Read before the Society, 1933 ; Underwood, Horace H., *Korean Boats and Ships*, Seoul : Transactions of the Korea Branch of the Royal Asiatic Society, 1934.
United States Naval Institute Proceedings, Vol.83, No.7, July 1957.
vice-admiral Ballard, G. A., *The Influence of the Sea on the Political History of Japan*,

New York : E. P. Dutton & Co., 1921.
Weems, Clarence Norwood ed., *Hulbert's History of Korea*, Vol.II, New York : Hillary House Publishers LTD, 1962.
Yune-Hee, Park, *Admiral Yi Sun-shin and his Turtleboat Armada*, Seoul : The Hanjin Publishing Company, 1978.

7. 기타

문화재청 cha.go.kr
문화재청 현충사관리소 cha.go.kr
통영충렬사 tycr.kr
충무공 이순신 덕수이씨 충무공파 종회 choongmoogongleesoonsin.co.kr
남해문화관광〉남해 충렬사 namhae.go.kr
Dreadnought—Wikipedia
History of the United States Navy—Wikipedia
Ironclad warship—Wikipedia
「불멸의 이순신」, 위키백과, http://ko.wikipedia.org(2012년 9월 23일 검색)
「전라남도지사」, 나무위키(namu.wiki)
「'불멸의 이순신' 드라마의 기획 의도」, www.kbs.co.kr/drama/leesoonshin (2012년 9월 23일 검색)
문화재청 보도자료, 「해남 「명량대첩비」 조작된 바 없다」, 2006. 2.
『법률신문』 판결큐레이션, 서울중앙지방법원 2018가합529573, lawtimes.co.kr
「이순신전」 우리역사넷 https://contents.history.go.kr
박형균-6 충렬사에 전해지는 "3가지 전설" 나의 삶 나의 통영, 통영인뉴스 (tyinnews.com)
2009년 3월 30일 뉴스, 「충무공 이순신 고택 터 경매 '유찰'」
386구충박멸, 「드라마 '불멸의 이순신' 비판(송우혜)」, 2008. 4. 2.(http://gall.dcinside.com/list.php?id=history&no=235018).
SBS 뉴스, 「충무공 유물 충민공계초 장물시비 사실과 달라」, 2015. 8. 17.
강제윤 기자, 「여진과 잤다… 이순신, 그도 인간이었다」, 2014. 8. 20. http://www.ohmynews.com
김덕수교수의 파워칼럼, 「47장 이순신과 박정희」(2007. 10. 6), http://expressnews.co.kr
김용래 기자, 「이순신에 대한 기억, 내선일체 기능 수행」, 『연합뉴스』 2006. 6. 14.. daum.net/nms/service/news 혹은 yonglae@yna.co.kr.
다른시대 게시판, 「(가십) 이순신의 여인들」, 2010. 3. 12. http://blog.naver.com/vacation_map/10082499413
번동아제, 「과연 제국주의 일본이 이순신 영웅화를 만들었나?」, 2007. 2. 5, http://lyuen.

tistory.com/84?srchid=BR1http%3A%sF%sFlyuen.tistorycom%sF84.
벽소명월, 「세계가 평가한 이순신 … 역시 성웅이다 (4)」, 2006. 10. 3, http://bbs1.agora.media. daum.net/gaia.
아리수, 「난중일기 속에서의 이순신장군 재발견」, 2006. 3. 7, http://cafe.naver.com/edutour/880
엉겅퀴, 「(서평)『이순신의 일상에서 리더십을 읽다』(김헌식, 평민사, 2009, 312p)」, 2009. 11. 3, http://cafe.daum.net/liveinbook
연합뉴스, 「사라졌던 '충무공 유물' 고물상에 팔렸다」〈충남〉 2015. 8. 13, daum.net
오마이뉴스 이기원, 「박정희는 왜 이순신 성역화에 집착했을까?-최상천의〈개정판 알몸 박정희〉서평」, 2007. 6. 19.
을파소, 「이순신과 원균 바로보기(2)-이순신과 원균에 대한 평가 : 근현대」, 2005.10. 8, http://cafe.daum.net/root2/lsk7/1029
정연식, 「북한에서 본 이순신 장군은 어떨까」, 2005. 9. 5, http://article.joins.com/article/article.asp?total_id=11674346.
정윤희, 「색다른 시각에서 본 '난중일기'」, 2014. 10. 29, http://www.dt.co.kr
조경래, 「성웅 이순신 장군에 대한 도고 제독의 평가」, 2008. 7. 19, http://cafe.daum.net/착1738/DjQP/62.
지승호, 「최상천의 알몸 박정희를 읽고(1)」, 2003. 9. 25, http://blog.naver.com/kenny666/20004521054
지승호, 「최상천의 알몸 박정희를 읽고(2)」, 2004. 7. 31, http://blog.naver.com/kenny666&logNo=20004521054
koryoemperur, 「불멸(不滅)의 상승장군(常勝將軍) 충무공(忠武公) 이순신(李舜臣) (1)」, http://enjoykorea.
ktlcats, 「박정희가 이순신을 그리 좋아한 이유」(2004. 7. 29)」와 「박정희가 이순신을 그리 좋아한 이유-두 번째」(2004. 7. 30), http://mibroad.miclub.com
napjai, 「이순신에 도와달라 기도한 일 장교」, 2007. 6. 21, http://www.ksgermany.com/_boardg/bbs/tb.php/peacekorea_pol/112.

찾아보기

ㄱ

가다노 쓰기오(片野次雄) 53, 54, 55, 58, 60, 72, 466 67, 424
『가도를 가다』 58
가미무라 히코노조(上村彦之丞) 350
가와다 이사오(川田功) 57, 60, 63, 64, 65, 66, 72
가장 주목할 만한 전선(remarkable warship) 117
『가제트(The Gazette)』 403
갈레온 118
갈리폴리 작전 176
감보도 해전 300
강봉룡 201
개남 382
갤리 118
거북등의 드레드노트급 전함(turtle back dreadnought) 145, 423
거북선(Tortoise Boats) 97, 137
거북선축제 291
거북선테마공원 293
거제도 해전 48
견내량 99
『慶尙左道水軍節度使狀啓』 440
경종 189

고금 수군의 제일 위인 198
고금에 볼 수 없는 명장 51
고금의 독보적인 명장 360
「고대의 물고기 모양 함선(ANCIENT AND FISHLIKE)」 395
「고려선전기(高麗船戰記)」 427, 430, 441, 443
고속순양함 104
고영환(高永煥) 223, 240, 254
고적 및 유물보존규칙 264
고적보존회(古蹟保存會) 266, 283
고적영구보존회 265, 272
「고적유물보존규칙」 283
고적조사사업 247, 266
고준홍(高晙洪) 265
「고통제사이공유사(故統制使李公遺事)」 321, 347
고하도 이충무공 역사테마파크 292
고하도역사유적공원 293
골든 하인드함(Golden Hind) 167
공연수 382
곽자의(郭子儀) 80, 160, 161, 163, 181, 195
관선 474
관왕묘 279
관우(關羽)=관운장 159, 161, 195, 210
관유(官有)재산처분령 266

찾아보기

관중(管仲) 159, 161, 164
광양만 해전 300
교구치 모토키치(京口元吉) 57, 60
교분키치(京文吉) 63
『구간증보덕수이씨세보』 368
구국의 군신 52
구국의 수호신 59
구국의 영웅 76
9년 전쟁(1688~1697) 176
구로다 게이이치(黒田慶一) 55, 58, 60, 68, 72
구루시마 야스치카(來島康親) 359
『구본(舊本) 이순신전』 78, 79
국가 중흥에 유일한 기초를 세운 이 80
국가 중흥의 원공(元功)이자 명장 중 최고 81
『국방사설(國防私說)』 43, 69, 351
국조 이래 최고의 공로자 80
國朝寶鑑 441
『군사적비판 : 풍태합 조선역』 57
군신(軍神) 38, 55, 59, 62, 75
권혁태 201
귀갑선 91
귀선(kwi-sun) 91, 98
『귀선도설』 437
귀선송(龜船頌) 440
그라블린(Gravelines) 해전 167
그랜트(R. G. Grant) 122
그레나다(Grenada) 해전 168
그리스-페르시아전쟁 169
그리피스(William Elliot Griffis) 96, 419
『근세일본국민사 : 풍신시대-조선역』 57
기독교청년회 236
기타지마 만지(北島万次) 55, 58, 60
길마틴(John F. Guilmartin) 118
김광현 270
김덕령 378
김덕록 371
김동환 243
김두헌 200

김명식(金明植) 246
김무일 467, 477
김병로(金炳魯) 226, 229, 270
김상기 200
김성수(金性洙) 229, 237
김성칠 200
김소운(金素雲) 66
김시민(金時敏) 322
김시양 81, 193
김영철 217
김용국(金龍國) 426
김용무(金用茂) 229
김육(金堉) 81, 192, 193, 440
김윤식(金允植) 사회장(社會葬) 233
김응남 192
김재근(金在瑾) 424, 434, 435, 437, 445, 455, 456, 460, 461, 466, 476
김정우(金正祐) 226
김종대 201
김중태 279
김철중(金鐵中) 228
김춘여 370
김탁환 363
김태준 39, 245
김태훈 201
김훈 363

나고시 후타라노스케(名越二荒之助) 71
나니와 센타로(難波專太郎) 50, 58, 60
나라에서 영원한 전설(enduring legend) 124
나일강(Nile) 해전 106, 108, 139, 167, 178
나종우 466
나카자토 노리모토(中里紀元) 54
나폴레옹 42, 70, 352
나폴레옹전쟁(1803~1815) 166, 175
『난중일기』 21, 228, 287, 359, 370, 375, 384, 452

『난중일기 완역본』 364
『난중잡록(亂中雜錄)』 322
『難波戰記』 441
남궁훈(南宮薰) 226, 238, 269
남미전쟁 407
남북전쟁 407
남천우(南天祐) 435, 455, 456, 459, 462, 465, 475
남해군노량충렬사비각영구보존회 266
넬슨(Horatio Nelson) 38, 42, 43, 44, 45, 46, 52, 59, 67, 70, 74, 82, 105, 107, 109, 130, 165, 166, 171, 172, 173, 179, 352, 353, 422
노량 해전 53, 101, 102, 140, 171, 359
노승석 381
노영구 187, 201, 215
노중련 161
노중련(魯仲連) 159
농촌진흥운동 249
니덤(Joseph Needham) 116, 428

ㄷ

다케시마의 날 33
다케오 사쿠라이 424
단군 242
『단성현호적대장(丹城縣戶籍大帳)』 313
당파전술(撞破戰術) 453, 465, 475
당파해전술 465
당포 해전 54
『당포파왜병장』 437
당항포(唐項浦) 해전 333
대백색함대(Great White Fleet) 409
대영제국의 평화시대(Pax Britannica) 406
『대일본해전사담(大日本海戰史談)』 57, 351, 358
대한해협 474
『더 갈레나 데일리 리퍼블리칸(The Galena Daily Republican)』 403
『더 뉴욕 타임즈(The New York Times)』 395
『더 모닝 뉴스(The Morning News)』 395
『더 보스턴 글로브(The Boston Globe)』 396
『더 선(The Sun)』 394
『더 윈저 스타(The Windsor Star)』 403
『덕수이씨세보』 368
데몰로구스호(Demologus) 405
도고 헤이하치로(東鄕平八郞) 38, 62, 64, 70, 72, 74, 85, 166, 169, 357, 361
도야마 미쓰루(頭山滿) 71
도요토미 히데요시(豊臣秀吉) 40, 42, 51, 55, 83, 104, 113, 137, 354
『도요토미히데요시의 조선침략』 58
도쿠가와 이에야스(德川家康) 40
도쿠토미 이이치로(德富猪一郞) 39, 46, 57, 60, 430
독제(纛祭) 297
독창적인 천재 44
돌격전술(突擊戰術) 453
돌파전술(diekplos) 469
『동광』 231
『동국명장전』 197
동서 해군장수 중 제1인자 45, 59
동아일보 221, 222, 236, 254
동양의 넬슨(Nelson of the Orient) 76, 113, 177
동양의 드레드노트함(Dreadnought) 106, 422
동양의 역사에서 가장 위대한 바다의 전사(the greatest sea fighter in eastern history) 113, 133
동양이 배출한 유일한 해군장수 59
동일은행(東一銀行) 223, 268
동해해전 72
두보(杜甫) 160
드 로이테르(Michiel Adrianszoon de Ruyter) 44, 45, 52, 59, 166, 168, 171, 182, 352, 353
드레드노트급 전함(turtle back dreadnought) 112, 113

드레드노트함(*Dreadnought*) 145, 405, 407, 409
드레이크(Francis Drake) 52, 109, 110, 165, 167, 172, 174, 175, 182
『등강양정문서(藤江良亭聞書)』 435, 441

ㄹ

램버트(Andrew Lambert) 124
러일전쟁 38, 63, 68, 75, 169, 409
레판토(Lepanto) 해전 110, 114, 138, 176
로즈(Peter A. Lorge) 122
롱포드(Joseph. H. Longford) 104, 422
리종옥(李種玉) 223, 268
리춘신(Rischunshin) 397

ㅁ

마더(Arthur J. Marder) 113
마사키 이쿠토라(正木生虎) 64
마진(馬津) 전투 381
마카로프(Stepan Osipovich Makarov) 355
마키 히로시(槇浩史) 53, 58, 60
마한(Alfred Thayer Mahan) 50, 106, 178, 351
『萬機要覽』 441
만력동정(萬曆東征) 87
만력원조(萬曆援朝) 87
만력조선전쟁(萬曆朝鮮戰爭=萬曆朝鮮之役) 87
만력지역(萬曆之役) 87
만보산사건(萬寶山事件) 233
말석(末石) 382
망궐례(望闕禮) 297
머독(James Murdoch) 103, 108, 130, 412, 420
메드웨이(Medway) 168
메리맥함(Merrimack) 422, 433
메이지 유신 77
멕시코-미국전쟁(1846~1848) 168

멕시코전쟁 146
명 수군 제독 리신신(Rishinshin) 96
명량 해전 100, 102, 129, 147, 300
명량대첩기념공원 292
명량대첩비 275
명량도(鳴梁渡) 50
명량에서의 기적(Miracle at Myongyang) 122, 140
명량이순신광장 292
명장 이순신 48
명장 중의 명장 54, 59
『명치와 국가』 58
모니터함(*Monitor*) 97, 137, 144, 416, 433
모리 요시로 32
모충계(慕忠契) 270
몽고메리(Bernard law Montgomery) 115, 130, 423
묘당도 이충무공기념공원 293
묘소위토문제선후강구회 226, 269
무단통치 구축기 262
무적함대 75, 114, 138, 167
문록경장(文祿慶長)의 역(役) 51
『문록정한 수사시말 조선 이순신전』 57, 69, 79
문화통치 249
문화통치 표방기 262
미국남북전쟁 420
미국독립전쟁(1775~1783) 175, 407
미국해군의 보고서 103
미나미 지로(南次郎) 284
미서전쟁 409
미즈노 히로노리(水野廣德) 65
미하일 박 94
민대식(閔大植) 224
민립대학기성준비회 236
민족말살정책 강행기 262
민족을 초월한 이상적인 인간상 56
민형식(閔炯植) 264

ㅂ

박대남 381
박몽익(朴夢益) 277
박문수(朴文秀) 192, 440
박성부 200
박승빈(朴勝彬) 226, 229
박승종(朴承宗) 321, 347
박윤석 231
박윤희 438
박은식 78, 197, 198
박정희 203, 210, 211, 212, 214, 217, 219
박진평(朴晋平) 265
박초희 364
박혁규 201
박혜일(朴惠一) 427, 444, 459
박환무 76
발트 함대 64, 72, 74
『방위백서』 33
방진(方震) 367
배흥립의 처 381
백관수(白寬洙) 227, 229, 240, 254, 270
백의종군로 287
밸러드(George Alexander Ballard) 105, 128, 134, 422
뱃전오르기(boarding) 422, 439, 469
버지니어스호 사건(Virginius Affair) 407
범선시대 406
법성진성 복원 293
벽파진 해전 300
『별건곤』 231
兵法神武雄備四十五 441
병자호란 194
보성전문학교 236
보승회(保勝會) 283
보제록(報題錄)』 313
보천욕일(補天浴日)의 공 91
부산포(釜山浦) 64, 329
부산포 해전 55, 178, 333
부안사람 370

북대서양전대(North Atlantic Squadron) 409
「불멸의 이순신」 32
불세출의 명장 45, 59
불세출의 수군사령관 55
불차탁용제(不次擢用制) 208
브나로드운동 249
블레이크(Robert Blake) 107, 174, 175
빅토리함(Victory) 167

##

사마의(司馬懿, 司馬仲達) 163
사이토 마코토(齋藤實) 283
사조묘(四爪錨), 399
사토 데쓰타로(佐藤鐵太郎) 43, 57, 60, 68, 82, 83, 166, 350
산타 크루즈(Santa Cruz) 해전 167
산티아고(Santiago)해전 409
살라미스(Salamis) 해전 110, 169
3국의 영웅 중 한 명 46
『삼국지』 182
삼남지역 도체찰사 377
삼성사건립기성회(三聖祠建立期成會) 238
『삼천리』 231
상주 방씨 367
새들러(Arthur Lindsay Sadler) 111, 432
새로운 해군(New Navy) 407
『새벽』 231
서병규(徐丙奎) 265
『서애집(西厓集)』 314
서영보(徐榮輔) 441
서원철폐령 264, 267
석을개(石乙介) 382
『宣廟中興志』 441
선조 190, 191
『선조수정실록(宣祖修正實錄)』 87, 323
『선조실록(宣祖實錄)』 87, 433
『선조중흥지』 81, 193
성웅이순신 197

세계 역사상 굴지의 영웅호걸 54
세계 제일의 해장(海將) 53, 134, 255
세계 최초의 방호순양함(protected cruiser) 98, 146, 404, 420
세계 최초의 철갑함(world's first ironclad warship) 113, 145
세계적인 명예의 전당(Hall of Fame) 110
세산월 380
세인트 루이스 포스트디스패치(St. Louis Post-Dispatch)』 402
세인트 빈센트 만(Cape St. Vincent) 해전 167
세종대왕 242
세키 고세이(惜香生) 41, 42, 57, 60, 68, 79, 82, 166
『소수서원등록(紹修書院謄錄)』 314
『續武將感狀記』 441
손원일 217
손인갑 381
『손자병법』 170
솔베이(Solebay) 해전 169
송규빈(宋奎斌) 440
송우혜 201, 216
송진우(宋鎭禹) 226, 229, 239, 254
『수길의 조선경략』 57
수동식 어뢰(man-driven torpedo) 468
숙종 194
순천 김씨 368
쉬프랑(Pierre André du Suffren) 165, 168, 171, 353
쉽킬러(ship-killers) 125, 146
스가 마사카게(管政陰) 355
스기무라 유타로 57
스미스 133
스워프 128
스워프(Kenneth M. Swope) 121
스크류 프로펠러 시대 406
스트라우스(Barry Strauss) 120, 129, 132
스헤베닝언(Scheveningen) 해전 168
시마네현 32

시마즈 요시히로(島津義弘) 53
시바 료타로(司馬遼太郞) 39, 51, 58, 60, 64, 69
시바야마 나오노리(柴山尙則) 42, 77
『시카고 트리뷴(Chicago Tribune)』 395, 413
식민통치 준비기 262
신간회 236
신문관 197
신식 전함 45
신영철 246
신장(神將) 53, 59
신중론(愼重論) 417
신채호(申采浩) 21, 82, 172, 197, 433
신최흥(辛最興) 375
신한민보(新韓民報) 267
심상규(沈象奎) 441
심전개발정책 249
16세기 드레드노트급 전함(a sort of sixteenth century dreadnought) 114, 145
쓰시마(對馬島) 해전 51, 71, 169
쓰시마 해협 474

◉

아라이 타네타마(新井鐘玉) 278
아리마 세이호(有馬成甫) 49, 58, 68, 432
아시아전대(Asiatic Squadron) 409
아오야기 난메이(靑柳南冥) 47, 57, 60, 166
아우구스타(Augusta) 해전 169
아우구스투스(Augustus) 469
아카기함(赤城) 350
악비(岳飛) 80, 160, 161, 195
악티움(Actium) 해전 469
안골포 해전 55, 427, 443
안괄 382
안사의 난 161
안영(晏嬰) 159, 161, 164
안재홍(安在鴻) 226, 232

안택선 473
알프레드 세이어 마한(Alfred Thayer Mahan) 408
애국의 상징(patriotic symbol) 119
애스턴(William George Aston) 96
야마야 다닌(山屋他人) 64
얀 글레테(Jan Glete) 118
양호(楊鎬) 323
어뢰정(torpedo boats) 111, 432
언더우드(Horace Horton Underwood) 109, 128, 179, 431, 454, 456
여수 충무공 단제강(壇祭講) 266
여수사람 김수평 279
여운형(呂運亨) 229
여제(厲祭) 297
여진(女眞) 364, 372
역사상 최초의 철갑선(the first ironclad in history) 115, 423
『燃藜室記述』 440
영국-스페인 전쟁(1654~1660) 175
영국-이집트 전쟁(1882) 175
영국해군의 보고서 103
영국해군의 아버지(Father of the Royal Navy) 175
영란전쟁(1652~1654) 168
영선의 큰 성(令鮮百雉) 88
영원한 전설(enduring legend) 133
영정 봉안식 221
영조 190, 191
『英宗大王實錄』 440
오가와 하루히사(小川晴久) 56, 58, 60
오경운(吳慶雲) 369, 370
오긍선(吳兢善) 229, 237
오봉근 200
오수억(吳壽億) 369, 370
오윤겸 81, 193
오정방(吳定邦) 369, 370
오종록 187
옥포(玉浦) 해전 54, 55, 98, 139, 333
온개(溫介) 382
온양 방씨 367

『온양방씨대동보』 367
와키사카 야스하루(脇坂安治) 355, 359
『완역 이충무공전집』 79
外岡甚左衛門 441
외륜선시대 406
외무청서』 32
용용(Yong Yong) 397
우가키 가즈시게(宇垣一成) 283
우수영관광지 292
우수영 초등학교 275
우수한 통수(統帥) 88
운주당(運籌堂) 354
워털루(Waterloo) 전투 106
원갑희(元甲喜) 200, 210
원경하 192
원균 110, 188, 194, 378, 382
원조항왜(援朝抗倭) 88
원형거북선 436
위대한 해군제독(The Great Admirals)』 150
위토(位土) 224, 267
위해위(威海衛) 해전 169
「유림(儒林)의 숙정(肅正) 및 반시국적(反時局的) 고적(古蹟)의 철거에 관한 건」 276
유성룡(柳成龍) 81, 192, 193, 323
유억겸(兪億兼) 226, 229, 237, 270
유이도(杻伊島) 329
유일한 무적장군 81
유진태(兪鎭泰) 226, 229, 238, 269
유틀란트(Jutland) 해전 110
유형(柳珩) 321
육주해종(陸主海從) 43, 351
윤기섭(尹驥涉) 265
윤두수 192
윤연(尹連) 370, 371
윤치호(尹致昊) 226, 229, 237
윤현태(尹顯泰) 226, 270
윤효전(尹孝全) 368
율포 해전 55
은춘(銀春) 382

을사늑약(乙巳勒約) 197, 264
이건희(李建熙) 229
이경복 380
이광수(李光洙) 197, 198, 212, 225, 237, 242, 244, 246, 254
이규방(李奎昉) 229
이극함 382
이긍익(李肯翊) 440
『이대장한풍실기』 81, 193
이덕일 187, 215
이덕형 192
이덕홍(李德弘) 440
이마무라 도모(今村鞆) 431
이면(李葂) 367
이민봉(李敏鳳) 265
이민시(李敏始) 81, 193, 229
이민웅 452
이바노비치 한 94
이백(李白) 160, 161
이병기 200
이병도 200
이병모(李秉模) 192, 440
이분(李芬) 440, 445, 473, 479
이상록 187
이상백 200
이상범 270
이석호 200
이선호 200
이성(李晟) 80, 160, 161, 195
이성령(李星齡) 440
이수광(李睟光) 440
『이순신 각서』 58, 73
『이순신과 수길 : 문록경장의 해전』 58
『이순신과 임진왜란』 72, 74
이순신대감생신계 264
이순신대첩비 이전에 관한 건 274
이순신명량대첩비(李舜臣鳴梁大捷碑) 277
이순신비수선영구보존회 266
이순신선양사업 211, 213
이순신 성웅화 77, 213, 214
이순신 신격화 212
이순신신도비(李舜臣神道碑) 277
이순신역사연구회 201, 209, 430, 467, 477
이순신의 초상화 225
이순신장군 전승탐방사업 292
이순신장군역사문화탐방로 293
『이순신전』 78, 172, 197
이순신 제독(Admiral Yi Sun-sin) 98, 403
『이순신 제독 : 그의 생애와 업적 (*Admiral Yi Sun-sin : A brief overview of his life and achievements*)』 149
이순신좌수영대첩비(李舜臣左水營大捷碑) 277
이순신 죽이기 216
이순신충렬비(李舜臣忠烈碑) 277
이순신 평화공원 292
이순신 호국관광벨트 사업 296
이순신 호국관광벨트 조성사업 294
이순신호국관광벨트 292
이순제독(Admiral Yi-sun) 108
이식(李植) 193, 440
이언섭(李彦燮) 428, 440
이영개(李英介) 71
이예(李蓰) 367
이옥인 270
이완희(李浣熙) 229
이요신 382
이우신 382
이원식(李元植) 436
이원익(李元翼) 192, 323, 377
이윤재 197
이은상 21, 200, 214
이이명 192
이일 382
이조(李朝) 굴지의 명장 51, 59
『이조사대전』 57
이조의 가장 뛰어난 장수 59
이종복(李種復) 229
이종옥(李種玉) 229
이중 외륜선(double paddle ship) 105,

146, 422
『이충무계초(李忠武啓草)』 324, 326, 346
이충무공기념사업회 21
이충무공묘소문제 230
이충무공성금모집 230
『이충무공실기』 197
이충무공유적보존운동 221, 235, 252, 255
이충무공유적보존회 271
이충무공임진장계 326
이충무공전서 197, 325, 472
『이충무공전서(李忠武公全書)』 21, 78, 189, 207, 314, 324, 328, 335, 346, 370, 372, 400, 425, 432, 434, 436, 437, 440, 445, 467, 477, 479
『이충무공전집』 79
이충무공현충사 및 유적보존회(李忠武公顯忠祠及遺蹟保存會) 228
「이통제비명(李統制碑銘)」 321, 347
이항복(李恒福) 81, 192, 193, 321, 347, 440
이형석 200
이호 197
이홍직 200
이회(李薈) 367
이훈 370
이희신 382
인류의 타고난 지도자 130
인조 191
일본군 참모본부 48
일본의 나폴레옹(Japanese Napoleon) 113
일본의 마한(Mahan of Japan) 352
「일본의 침략」 97
「일본이 저술한 이충무공전」 77
『일본전사 : 조선역』 57, 70, 79
『일사장(逸事狀)』 323
일인이 쓴 이순신론 58
일제강점기 이충무공 묘소 보존과 현충사 중건 민족성금 편지 및 자료 221
임경업(林慶業) 322

임제원 192
임진(任振) 368
임진년 승첩의 원훈 80
임진왜란(壬辰倭亂) 54, 86, 87, 105, 108, 118, 121, 135, 190, 219, 262
임진왜란 수군 전사·순국자 합동 위령제 297
임진왜란과 거북선 449
임진왜화(壬辰倭禍) 87
『임진장초(壬辰狀草)』 314, 324, 325, 328, 335, 346, 452
임진조국전쟁(壬辰祖國戰爭) 88
임홍량 193
입정대사(立正大師) 353
잉글랜드-스페인전쟁(1585~1604) 167

ㅈ

잘못이 없는 영웅(infallible hero) 124, 130
장갑거북선(armored kopukson) 112, 145, 423
장갑전함 45
장군전(將軍箭) 399
장도 해전 300
장도빈 197
장량(張良=張子房) 159, 164
장순(張巡) 80, 160, 161, 163, 181, 195
장충단(獎忠壇) 252
장학근(張學根) 187, 436, 456, 460, 476
재만조난동포문제협의회(在滿遭難同胞問題協議會) 251
쟝 바르(Jean Bart) 107, 174, 176
적벽대전 161
전라병영성 292
전라좌수영 복원사업 291
전라좌수영대첩비명(全羅左水營大捷碑銘)」 321
전라천년문화권 광역관광개발계획 294
전설적인 제독(Legendary Admiral) 120, 134

전장거포(全裝巨砲) 전함 176
전재호 211, 212, 213
『전쟁법과 해양조례(The Laws of War and Ordinances of the Sea)』 175
『전투지침서(Fighting Instructions)』 175
전투함의 효시 45
절세의 명 해장 이순신 57, 353
절이도 해전 300
절이도해전기념관 292
정경세 192
정광수(鄭光秀) 428, 460, 465, 475
정광조(鄭廣朝) 226, 237
정두희 187
정묘호란 194
정민주(鄭民柱) 265
정수일 413
정신작흥운동(精神作興運動) 249, 283
정유재란 137
정인보(鄭寅普) 225, 226, 229, 238, 241, 254, 268, 270, 432
정인홍 381
정자전술(丁字戰術, Togo Turn) 169
정조 81, 190, 191, 194
정진술 437, 462
정탁 192
『정한위략(征韓偉略)』 428, 435, 441
제1차 세계대전(1914~1918) 175
제1차 아편전쟁(1839~1842) 175
제1차 영란전쟁(1652~1654) 175
제갈량(諸葛亮) 47, 80, 160, 166, 170, 181, 195, 219
제갈무후 162, 163
제갈무후 이후 일인자 80
『제국국방론(帝國國防論)』 43, 351
『제국국방사론(帝國國防史論)』 43, 57, 69, 351
『제국국방신론(帝國國防新論)』 351
「제독과 장군의 전쟁위원회 지침(Admirals and Generals of the Fleet for Councils of War)」 175
제임스 1세(James I) 167

제장명 201, 215, 453
조경남(趙慶男) 322
조계종 381
조만식(曺晩植) 226
조명연합수군해상기지역사공원 293
조사겸 382
조선 민족의 영웅 88
조선 철갑함(Korean Ironclad) 144
조선고적조사위원회 283
조선교육협회 236, 238, 253, 269
『조선군기대전』 41
「조선보물고적명승천연기념물보존령」 262, 283
『조선사료총간』 372
조선사편수회 250, 255
조선어사전편찬회 236
『조선역수사』 58
조선연구회 197
『조선왕조실록』 189, 452
조선우생협회 236, 256
조선을 직접 구한 사람(the very salvation of Korea) 101, 131
조선의 1급전선(first-class man of war) 121
조선의 구세주 123
조선의 수호신 56, 58
조선의 애국 명장 89
조선의 영웅 46
조선의 운명을 구한 사람 42
조선의 으뜸가는 인물 59
조선의 저명한 해군 장령(將領) 89
조선의 주요 해군사령관(Korea's leading naval commander) 121
조선의 지도적인 해군사령관(Korea's leading naval commander) 132
조선의 트라팔가르(Korean Trafalgar) 해전 107, 141
조선의 항일민족영웅 89
『조선이순신전』 77
『조선일보』 231
조선임진위국전쟁(朝鮮壬辰衛國戰爭) 88

『조선태평기』 41
조성도(趙成都) 21, 200, 424, 438, 454, 461, 475
조인복 200
조카이함(鳥海) 43, 350
존경받는 사령관(revered commander) 131
존스(George Heber Jones) 97, 419
주요한(朱耀翰) 245
주유(周瑜) 160, 161, 163, 195
중국사령관 리춘신(Richunshin) 402
『증보문헌비고(增補文獻備考)』 441
『지마군기(志摩軍記)』 428, 435, 441
『지봉유설(芝峯類說)』 440
진남대(鎭南隊) 264
진도 100
진린(陳璘) 110, 323, 357
진해 68, 84
진해만 64
『징비록(懲毖錄)』 41, 78, 323, 359, 425, 433

ㅊ

차대전(次大箭) 399
차상찬(車相瓚) 246
차천로 81, 193
천관우 200
川口長孺 441
천년만년 이어질 영명(英名) 255
1712년 전쟁 175
철갑갑판 401
철갑거북선(Iron Turtles) 144, 425
철갑론(鐵甲論) 417, 444
철갑선 91
철갑선의 원조 91
철갑전선(iron-clad war-ship) 104, 403, 420
철갑전함(ironclad warships) 91, 144
철갑함(ironclad) 420
철갑함시대 406

철갑목제전선(iron-armour clad wooden fighting ship) 428
철종 189
청일전쟁 38, 68, 77, 83, 169, 350, 409
『초한지』 182
최규동(崔奎東) 226
최남선(崔南善) 197, 425
최두환(崔斗煥) 200, 429, 461, 462, 467, 476
최상천 201, 212, 213
최석남(崔碩男) 200, 426, 452, 465
최시옹(崔時翁) 322
최영희(崔永禧) 434
최유해(崔有海) 81, 193, 440, 479
최찬식 197
최철견 381
최초의 철갑선 402, 409
최초의 철갑전함(iron-clad war-ship) 98, 144, 420, 423
춘개(春介) 382
춘금(春今) 382
『春坡堂日月錄』 440
충각(ram) 465
충각작전(ramming) 99, 465, 468, 469, 473
충격전술(shock tactics) 116, 142, 146
충돌전법 467
충돌전술 473
충렬사(忠烈祠) 68, 70, 84, 264, 266
충렬사영구보존회 265
「충무공 유적 순례」 225
『충무공계초(忠武公啓草)』 324, 325, 328, 335, 346
충무공기념사업회 214
충무공비각복구기성회 280
충무공성금(忠武公誠金) 233
충무공수련원 289
충무공연구위원회 21, 209
『충무공유사』 287
충무공유적보존회(忠武公遺蹟保存會) 221, 226, 227, 235, 238

『충무공이순신실기』 197
『충무공임진장계(忠武公壬辰狀啓)』 324, 328, 335, 346
충무공정(PG-313) 217
충무공해전유물발굴단 209, 289
충무사(忠武祠) 265, 279
『충민공계초(忠愍公啓草)』 287, 314, 325, 328, 335, 346
충민공비(忠愍公碑) 322
충민사(忠愍祠) 322, 323
『충민사기(忠愍祠記)』 321, 322, 347, 440
『친일인명사전』 279
7년전쟁(1756~1763) 168
칠천량 해전 50, 381

ㅋ

카디즈(Cadiz) 원정 167
카디즈(Cadiz)만 해전 167
칼레(Calais) 해전 167
칼비(Calvi) 해전 167
『칼의 노래』 363
『코리아 리뷰(Korea Review)』 98, 421
코크레인(Thomas Cochrane) 106, 174, 175, 179
코펜하겐(Copenhagen) 해전 167
콜롬브(Philip Howard Colomb) 351
쿠달로레(Cuddalore) 해전 168
크림전쟁(1853~1856) 146, 175
키랄피(Alexander Kiralfy) 112, 423

ㅌ

타루비(墮淚碑) 277
탄보묘향수사수계 266
턴불(Stephen Turnbull) 117, 119, 122
테넌트(Charles Roger Tennant) 117
테스토클레스(Themistocles) 52, 166, 169, 172
텍셀(Texel) 해전 169
토도(藤堂) 359

통영(統營) 68, 399
통영 충렬사 267
통영 충렬사의 위토 272
통제사충무이공명량대첩비 274
통제이공수군대첩비 274, 275
트라팔가르(Trafalgar) 해전 70, 106, 120, 139, 167, 179, 356

ㅍ

파도가르기(cutwater) 468
파커(Geoffrey Parker) 116
판옥선 473, 475, 476
패러거트(James Glasgow Farragut) 59, 165, 168, 171, 353
페트로파블로프스크함(Petropavlovsk) 354
펠로폰네소스전쟁 469
포격전통(projectile tradition) 142, 146
포르투갈 독립전쟁(1640~1668) 168
포크(George C. Foulk) 97, 99, 394, 396, 410, 419, 421
『포탄을 잠재우고(砲彈を潛りて)』 63
풀턴(Robert Fulton) 405
품격 있는 체용(體容)을 지닌 귀공자 360
풍도(豊島) 해전 169, 408
『風泉遺響』 440
프랑스-네덜란드 전쟁(1672~1678) 176
프랑스혁명전쟁(1792~1802) 166, 175
프레베자 해전(1538) 176
프르토 프라야(Porto Praya) 해전 168
피셔 경(John Arbuthnot "Jacky" Fisher) 108, 174, 175, 179, 405

ㅎ

하늘이 내린 구국의 명장 53
하멜과 거북선축제전시관 291
하야시 다이스케(林泰輔) 430
하워드(Charles, Lord Howard of Effingham) 165, 167, 175, 182, 353

하이르 알 딘 바르바로사(Khaireddin Barbarossa) 119, 174, 176
하이파(Haifa)의 아틀리트(Atlit) 469
하퍼즈 매거진(Harper's Magazine)』 403
한국 민족의 가장 훌륭한 아들 56
「한국역사(Korea History)」 411
한국의 가장 위대한 국민 영웅(Korea's greatest national folk hero) 124, 132
한국의 가장 유능한 지도자이자 가장 위대한 영웅(Korea's ablest leader and greatest hero) 122, 132
한국의 구세주 131
한국의 넬슨(Nelson of Korea) 101, 102, 140, 179
한국의 발명품들(Korean Inventions)」 97, 403
한국의 살라미스(Salamis) 해전 98, 100, 102, 139, 404
한국의 철갑함(Corean's One Ironclad) 144
「한국의 한 철갑선(COREA'S ONE IRONCLAD)」 394
한민족이 대대손손 기리는 인물 89
한반도 역사에서 홀로 우뚝 서있는 인물 59
한산대첩 54
한산도(閑山島) 해전 49, 55, 99, 102, 139, 333
한산도제승당중건기성회 270
한용운(韓龍雲) 226
한일합방 70
한치연 197
항왜원조(抗倭援朝) 87
항일원조(抗日援朝) 88
『항해지침서(Sailing Instructions)』 175
해거먼(George M. Hagerman) 114, 132, 423
해군대학 69
해군병학교 69
『해군전리학(海軍戰理學)』 351
『해군』 93

『해동역사』 197
해방병단 217
해사충무공연구위원회 200
『해양력이 역사에 미치는 영향(The Influence of Sea Power upon History, 1660-1783)』 408
해주 오씨 368
『해주오씨세보』 369
해주육종론(海主陸從論) 43, 351, 352
햄프턴 로즈(Hampton Roads) 전투 407
『행록』 79, 87, 197, 359, 452
『행장』 452
항록 473
허원(許遠) 160, 161, 163, 195
허헌(許憲) 246
헌종 189
헐버트(Homer Bezaleel Hulbert) 97, 102, 103, 128, 129, 403, 410, 411, 420, 421
현공렴 197
현민기(Mingi Hyun) 125
현빙허(玄憑虛) 245
현양사(玄洋社) 71
현존유사비일람첨부(現存類似碑一覽添附) 275
현충사 213, 235, 237, 239, 280
현충사관리소 229, 287
현충사 낙성식 221
현충사 성역화 사업 209, 289
현충사 유허비 264
형개(邢玠) 323
『호방등록(戶房謄錄)』 313
홀리(Samuel Hawley) 119, 128, 432
홍석주 81, 193
홍순승 211
홍양호 81, 193, 197
홍윤필(洪胤弼) 367
홍이섭(洪以燮) 93, 425
환공(桓公) 161
황산대첩비(荒山大捷碑) 철거 275, 276
황정덕 39

황해(黃海) 해전　169
회록계　266
후지이 노부오(藤居信雄)　52, 58, 60, 67, 73, 166
『훈국등록(訓局謄錄)』　314
휴즈(Edward Hughes)　168
『히데요시의 야망과 오산』　58
히워드　174

ⓐ~ⓩ

Bucyrus Journal　392
Buffalo Courier　392
Buffalo Evening News　393
Chase County Leader　392
Chicago Tribune　393
Courier Democrat　392
Crawford County News　392
Dawes County Journal　392
Democrat and Chronicle　393
Greensboro Watchman　392
Harper's Magazine　392
Harrisburg Telegraph　393
Marietta Daily Leader　392
Poplar Bluff Citizen　392
Sioux City Journal　392
South McAlester Review　393
St. Joseph Gazette　393
St. Louis Post-Dispatch　393
Star Tribune　393
The Atchison Daily Globe　392, 393
The Blanchardville Blade　392
The Boston Daily Globe　392
The Brooklyn Citizen　392
The Bucyrus Evening Telegraph　392
The Butte Miner　392
The Cincinnati Enquirer　392
The Dispatch　392
The Galena Daily Republican　393
The Gazette　393
The Guardian　393
The Homer Index　392
The Honolulu Advertiser　392
The Macon Telegraph　392
The Madisonian and Index and News　392, 393
The Morning Call　393
The Morning News　392
The Morning Post　392
The Olpe Optic　392
The Pick and Gad　392
The Sedalia Democrat　393
The Sun　392
The Times-Democrat　392
The Tonkawa News　393
The Vancouver Sun　393
The Victoria Daily Times　392
The Washburn Leader　392
The Washington Post　393
The Washington Times　393
The Waterloo Press　392
The Windsor Star　392
Western Herald　393

출전

제1부 이순신을 어떻게 보아왔는가?

제1장 　한국인의 연구와 전망
　　　　「이순신에 대한 연구 현황과 전망」, 『해양평론』, 한국항해항만학회·한국해양대학교 장보고
　　　　연구실, 2012. 10.
제2장 　일본인의 연구와 평가
　　　　「이순신에 대한 일본인의 연구와 평가」, 『해양문화재』 제4권, 국립해양문화재연구소, 2011.
　　　　12.
제3장 　중국인의 연구와 평가
　　　　신규 작성
제4장 　서구인의 연구와 평가
　　　　「이순신에 대한 서구인의 연구와 평가」, 『해양평론』, 한국항해항만학회·한국해양대학교
　　　　장보고연구실, 2011. 12.
제5장 　이순신과 비교되는 세계 위인
　　　　신규 작성

제2부 이순신을 어떻게 기려왔는가?

제6장 　이순신에 대한 평가와 현창(顯彰)
　　　　「이순신에 대한 평가와 현창(顯彰)」, 『해양전략』, 해군대학, 2011. 12.
제7장 　1930년대 이충무공유적보존운동
　　　　「1930년대 이충무공유적보존운동의 전개와 한계」, 『이순신연구논총』 통권 제37호, 가을·겨
　　　　울호, 2022. 12.
제8장 　일제강점기 이순신 유적과 유물의 관리
　　　　「일제강점기 이순신 유적과 유물의 관리 : 1930년대와 1940년대를 중심으로」, 『이순신연구논

총』 통권 제35호, 가을·겨울호, 2021. 12.
제9장 　호남지역 이순신 관련 사업의 개선 방안
「호남지역 이순신관련 사업의 개선 방안」, 『해양담론』 제7호, 2020. 6.

제3부 이순신의 참 모습은 어떤 것일까?

제10장 　이순신의 새로운 장계자료, 『충민공계초(忠愍公啓草)』
안승준·김주식, 「충민공계초(忠愍公啓草)의 해제」, 국립해양박물관 엮음, 『충민공계초(忠愍公啓草)』(국립해양박물관 학술총서 1), 민속원, 2017. 12.
제11장 　사토 데쓰타로(佐藤鐵太郞) 해군중장의 이순신 연구
「사토 데쓰타로(佐藤鐵太郞)의 이순신 연구」, 『해양평론』, 한국항해항만학회·한국해양대학교 장보고연구실, 2011.
제12장 　이순신의 여인들
「이순신의 여인들과 관련된 기존 견해에 대한 비판적 검토」, 『해양담론』 제2호, 2015. 5.

제4부 세계 군함의 역사에서 거북선의 자리는 어디일까?

제13장 　서구 언론에 소개된 거북선(1894~1921)
신규 작성
제14장 　거북선은 철갑함인가, 목갑함인가?
「거북선 구조에 대한 연구사적 고찰」, 『Strategy 21』 Vol.10, No.2, 2007. 10.
제15장 　해전술을 통해 본 거북선의 구조
「거북선의 구조와 운영-해전술을 통해 본 거북선의 구조를 중심으로」, 『조선시기의 거북선과 선소』, 전남대학교 이순신해양문화연구소 학술대회 발표문집, 2008. 6.

김주식 金州植

해군사관학교 졸업, 고려대학교 사학과 졸업(문학사, 문학석사, 문학박사),
프랑스 파리1대학 및 사회과학고등연구원 연수, 해군사관학교 교수 겸 박물관장,
해군대령 전역, 한국해양전략연구소 해양사선임연구위원, 국립해양박물관 설립위원장,
국립해양박물관 상임이사 겸 운영본부장, 국가해양지도집 편찬위원 및 역사문화분과위원
장, 임란왜란기 거북선 복원 자문위원, 해양사학회 초대회장

해양사학회 해양사총서 01

다시 보는 이순신

김 주 식 지음

초판 1쇄 발행　2025년 11월 10일

펴낸이　오일주
펴낸곳　도서출판 혜안

등록번호　제22-471호
등록일자　1993년 7월 30일

주소　04052 서울시 마포구 와우산로 35길 3(서교동) 102호
전화　02-3141-3711~2 / **팩스**　02-3141-3710
이메일　hyeanpub@daum.net

ISBN　978-89-8494-760-3　93910

값 36,000 원